新时代法学教育丛书

NEW ERA LEGAL EDUCATION SERIES

新时代法学教育丛书

莫纪宏 总主编

中国法律史学教程

张 生 主编

当代中国出版社
Contemporary China Publishing House

图书在版编目(CIP)数据

中国法律史学教程 / 张生主编 . -- 北京 : 当代中国出版社 , 2024. 10. -- (新时代法学教育丛书 / 莫纪宏总主编). -- ISBN 978-7-5154-1457-7

Ⅰ . D929.7

中国国家版本馆 CIP 数据核字第 2024TA4456 号

出版人　王　茵
责任编辑　周显亮
责任校对　贾云华　康　莹
印刷监制　刘艳平
封面设计　乔智炜　李默涵
出版发行　当代中国出版社
地　　址　北京市地安门西大街旌勇里 8 号
网　　址　http://www.ddzg.net
邮政编码　100009
编 辑 部　(010) 66572180
市 场 部　(010) 66572281　66572157
印　　刷　中国电影出版社印刷厂
开　　本　787 毫米 × 1092 毫米　1/16
印　　张　24.25 印张　1 插页　543 千字
版　　次　2024 年 10 月第 1 版
印　　次　2024 年 10 月第 1 次印刷
定　　价　68.00 元

总　序

2023 年 2 月底，中共中央办公厅、国务院办公厅联合印发了《关于加强新时代法学教育和法学理论研究的意见》（以下简称《意见》）。《意见》明确指出，要完善法学教材体系。坚持以习近平法治思想为统领，通过抓好核心教材、编好主干教材、开发新形态教材等，构建中国特色法学教材体系。为了有效贯彻落实《意见》对构建中国特色法学教材体系提出的明确要求，中国社会科学院大学法学院组织学院全部师资力量和科研力量，出版了本套能够充分体现中国社会科学院大学“科教融合”成果、面向高等法律院校本科、硕士和博士的通用法学教材。本套教材严格按照《意见》提出的完善法学学科专业体系，构建自主设置与引导设置相结合的学科专业建设要求，立足目前高等法律院校教学体系现状，依托中国社会科学院法学研究所和国际法研究所强大的科研能力，用两年左右的时间编写而成，是一套适应新时代高等法律院校教学特点的“新时代法学教育丛书”。丛书主要面向高等法律院校的法学硕士、法律硕士，同时可以作为提升本科生阅读和理解能力的教学辅导资料，并可以成为夯实法学博士生法学知识基础的参考文献。

此套丛书分两批完成。第一批主要根据中国社会科学院大学法学院 2023 年 6 月的教学管理体制改革方案，建立以 17 个教研室为基础的教学管理单位，负责各门法学核心课程的设计、教材的编写以及法学本科、硕士和博士的培养计划等教学管理工作，围绕《意见》强调的法学主干学科编写各门法学核心课程的教程，包括《法理学教程》《中国法律史学教程》《宪法学教程》《行政法学教程》《刑法学教程（上、下册）》《民法学教程（上、下册）》《商法学教程（上、下册）》《刑事诉讼法学教程》《民事诉讼法学教程》《行政诉讼法学教程》《经济法学教程》《社会法学教程》《环境与资源法学教程》《知识产权法学教程》《国际公法学教程》《国际私法学教程》《国际经济法学教程》《军事法学教程》，同时按照中国社会科学院大学法学院目前各学科教研室设置的布局，与上述核心课程教程一起推出《网络与信息法学教程》《监察法学教程》。每册教程 50 万字左右，按照教育部规定的高等法律院校专业课程教学的基本要求编写，既有正文讲解，又有引导性、提纲性的内容提示，还有思考题和参考文献。鉴于有些学科知识量较大，将《刑法学教程》《民法学教程》《商法学教程》分为上、下两册编写，给主体为法学硕士、法律硕士的学习群体全面和系统地掌握法学基础知识提供高质量的教学辅导读物。第一批出版 20 本教程（23 册），2024 年底出齐。第二批教程预计 16 本左右，主要为落实《意见》加强新兴学科建设的要求，拟编写的教程包括《立法学教程》《文化法学教程》《教育法学教程》《国家安全法学教程》《区际法学教程》《社会治理法学教程》《科技法学教程》《气候法学教程》《海洋法学教程》《涉外法学教程》《党内法规学教程》《法学论文写作指导教程》《法学方法论教程》《法学文献阅读辅导教程》《法律职业伦理教程》《法学学术规范与学术道德教程》等。第二批教程拟于 2025 年底出齐。为了加深学习者对教程内容的理解，在第二批教程出版的同时，从每一本教程中抽象出 50 余个常用的学科名词术语，汇编成《新时代法学教育大辞典》，作为辅导学生学习和理解教材的必备参考。“新时代法学教育丛书”共计 30 余本，构成了《意见》要求设置的法学教学体系的整体框架和全部内容，可以为全面和系统地培育高等法律院校的本科生、硕士生和博士生提供最富有实效的教学参考资料，形成系统化的法学知识体系，以因应新时代对法学人才之需。本套丛书是全国 600 多所高等法律院校或法学院率先贯彻落实《意见》对法学教材体系建设要求形成的重要教学科研成果，丛书的出版可以为全国高等法律院校编写同类教材或者直接采用作为教材提供帮助。

为保证按时按质地组织“新时代法学教育丛书”的编写和出版工作，中国社会科学院大学、中国社会科学院法学研究所和国际法研究所举全力支持中国社会科学院大学法学院组织的“新时代法学教育丛书”的编写和出版，这将是 2020 年 9 月 20 日中国社会科学院大学法学院成立后由法学院独立组织出版的充分反映法学院教学能力和科研实力的系列法学教材，是法学院为争创“双一流”建设学科而进行的带有前瞻性、创新性、战略性的重大教学改革和创新举措。

“新时代法学教育丛书”由中国社会科学院大学法学院组织，法学院院长莫纪宏教授任总主编，执行院长吴用教授、党委书记张初霞副教授任副总主编，法学院院务会组成人员、17 位教研室主任以及法学研究所、国际法研究所若干研究室主任作为丛书编委会成员，同时聘请中国社会科学院李林、陈甦、孙宪忠学部委员，中国社会科学院大学党委书记崔唯航教授、校长张政文教授、常务副校长王新清教授以及中国社会科学院大学法学院特聘教授李明德、田禾等教授作为丛书总顾问，集中中国社会科学院大学法学院全部在编教学人员编写。

总共两批 30 余本教程的编写采取两种模式的主编责任制。一是以法学院现有 17 个教研室为单位，主干和核心课程以教研室主任作为学科教程的主编，教研室全体在编教学人员参加编写；二是由法学院根据具体情况指定特定人员负责教程编写工作。

“新时代法学教育丛书”是面向高等法律院校在读学生的教学参考书，知识点全面覆盖，以问题为导向，带有思考性特点，主要群体是法学硕士和法律硕士，难度中等，适合本科生提升和博士生夯基使用。丛书使用 2008 年出版的社科法硕教材和中国社会科学院研究生教材编写体例，每本教材的名称统一为《 × × 法学教程》。

中国社会科学院大学法学院是中国社会科学院实行“科教融合”的改革举措，吸收中国社会科学院法学研究所、国际法研究所、研究生院以及原中国青年政治学院法学院四个方面的科研和教学力量汇集起来的科研型教学单位，从 2020 年 9 月 20 日成立至今尚不足 4 年，是全国 600 多所高等院校法学院中较年轻的法学院。尽管起步较晚，但法学院可以追溯的历史却源远流长。

我们的法学研究生教育最早可以追溯到 1961 年。1978 年成立了中国社会科学院研究生院法学系，正式开启了中国社会科学院系统的规范化法学教育历程，1981 年我们成为新中国首批设立法学一级学科博士点的 3 家单位之一。我们的法学本科教育也于 2009 年入选教育部第四批高等学校特色专业建设点，2012 年入选教育部、中央政法委首批卓越法律人才教育培养基地（应用型、复合型法律职业人才教育培养基地），当然也都是北京市的特色专业和法律人才教育培养基地。因为有了这样良好的法学教育基础，2019 年，中国社会科学院大学法学院入选了国家级一流本科专业建设点。

数十年来，法学院人才培养成效卓著，大量优秀毕业生在法学科研、教育领域以及党政机构、司法和监察部门、律师事务所、大型企业等实务部门就职，为法治中国建设作出了杰出贡献。

“科教融合”以后的法学院现有本科专业学位点、法学一级学科硕士学位点、法律硕士专业学位点、法学一级学科博士学位点，还有博士后流动站，目前在读学生 1100 余人。

我们希望通过我们自己的努力，将“科教融合”的成果和中国社会科学院大学法学院的办学特色体现到“新时代法学教育丛书”中去，积极探索中共中央办公厅、国务院办公厅联合印发的《关于加强新时代法学教育和法学理论研究的意见》中明确提出的“抓好核心教材、编好主干教材、开发新形态教材等，构建中国特色法学教材体系”各项要求的新路子，力争在不久的将来跻身中国高等法律院校的“名院”行列，为国家培养更多合格的法治人才。

中国社会科学院大学法学院院长

中国社会科学院法学研究所所长

2024 年 4 月于北京沙滩北街 15 号

目 录 CONTENTS

导　论

一、中国法律史学的概念与研究范围

中国法律史学是法学体系的基础理论学科之一，也是法学与历史学的交叉学科。

中国传统法律的发展源远流长，是中华文明的重要组成部分，在数千年的历史发展进程中，其价值理念、制度体系、运作机制代代相因，却又因应时势屡有持续发展。中国自古重视对于历史经验的总结和归纳，对于法律发展史方面的专门叙述和评论也起源很早，是为中国法律史学的滥觞。晚清以来，梁启超等学者以近代科学方法研究法制史学，进而创建中国法律史学科。

中国法律史学是在法律史料考据的基础上，对中国历史上法律思想、法律制度、法律事件、法律人物等各种法律现象加以叙述分析，对法律秩序类型的演变、价值做出评判，对法律发展的规律加以总结，从而为当代建设有中国特色的社会主义法治国家服务的学科。中国法律史学是对历史上的法律文化、法律制度等现象进行研究的学科。其研究范围主要包括：

1. 法律思想史的研究

法律思想史以研究历史上法律思想、观点、理论和学说以及它们的产生、发展规律为主要内容。思想对制度有着深刻的影响，是制度建设和发展的基础和前提，制度则是思想指导下形成的客观结果。法律思想是当时的法学家、学派对于法律“应然”性的表达。中国传统社会，产生了不同的法律思想和学说对治国理政、法律治理等内容进行阐释，从而对传统社会产生了深远的影响。如法家学派对于法的概念本质的阐释，影响了古代社会法律的特点；儒家学派的伦理道德思想，造就了古代法律伦理法的特征。同时，不同时期的法律思想下产生了不同的法律制度。如在夏商时代因对鬼神的崇拜，产生了神权法的法律制度。西汉以后，随着儒家思想占统治地位，出现春秋决狱、亲亲得相首匿、八议等法律制度。法律思想史与立法史、司法制度史有着密切的联系。只有在考察思想史的基础上，才能更深刻地理解当时社会产生的各种法律现象。

2. 立法活动、法律制度的研究

从长期的历史发展来看，我国各个立法时期对于法律、典章制度的制定十分重视，形成了丰硕的立法成果。对于我国历史上各个时期立法根据、立法的社会背景、立法活动、立法体制、立法技术、形成的法律规范等进行研究，可以更全面地了解每个历史时期法制的基本情况和形态。

在我国古代社会生活中，除了国家立法之外，还存在着大量的非成文法的规则。如礼的价值体系及其规范、家法族规、行业规范以及具有广泛约束力的社会习惯。虽然这些规则并未上升到国家立法的层面，但在相当程度上起到了约束人们行为的作用，起到了维护社会秩序，确保社会能够有序全面地发展的作用。这些实际有效的法律形式也是法律史学的研究对象。

3. 司法制度及法律实施

法制最初的含义是法律制度，后来泛指包括立法、司法、法律监督等环节的法律系统和动态的机制。法律史的研究应该以历史上法律实践活动为基础，反映法律实践的全貌。其中司法制度是反映一个社会法制状态和法律实际运行的重要方面。对司法制度的研究，应该既包括静态的司法制度，又包括司法实践和司法运行的过程。因此，法律史对司法制度的研究，既包括司法机关、司法人员、司法体制以及诉讼制度在内的与诉讼活动相关的制度，又包括司法实践这一动态的社会活动，同时还包括历史上具有典型意义和重要影响的案例。通过对司法制度的研究，我们可以更好地掌握各个历史时期的法律实际运行状况。

作为法学专业的必修课，中国法律史课程主要向学生全面、客观地介绍历史上的主要法律思想、法律制度、法律运行及其规律，引导学生运用马克思主义的基本方法，理解、分析、评价历史上的法律现象，加深学生对于法律知识的掌握和法律分析能力的提高，进一步构建起法学理论的知识体系，树立建设具有中国特色社会主义法治国家的信念。

二、中国法律史学科的发展

中国法律史是我国最早创建的本国法学学科之一。这一学科最早可以追溯到《汉书·刑法志》，这是中国古代第一部系统论述刑法史的专书。此后，对历朝刑法史的专门论述成为官方正史的组成部分，历代共产生了 14 部“刑法志”。在详细记述中国古代近三千年间法律制度的同时，也涉及了法与礼、法律与王朝盛衰之间的关系等问题。这些“刑法志”也成为今天研究古代法制的主要材料来源之一。法律史作为一门独立的学科，始于 20 世纪初期。清末改革以后，清政府开始了近代的法律教育，在颁布的《大学堂章程》中规定：“……此时暂行摘讲近人所编《三通考辑要》，日本有《中国法制史》，可仿其义例，自行编纂教授。”清末的京师大学堂、京师法政学堂等高等学校中，最初设定了《中国历代法制考》《中国古今刑律考》等课程为必修课程。在梁启超所著《论中国成文法编制之沿革得失》当中，首次对中国法制史的学科概念进行了运用。到 1906 年《京师法政学堂章程》正式确定“中国法制史”课程后，中国法制史学科就成为近代大学的必修科目，延续至今。

20 世纪上半叶是中国法律史学奠基和初步发展的时期。这一时期，出现了一批代表性的法律史研究著作。沈家本《历代刑法考》、程树德《九朝律考》等采用传统固有的概念体系对中国法制发展史进行分类描述，杨鸿烈《中国法律发达史》《中国法律思想史》《中国法律在东亚诸国之影响》、陈顾远《中国法制史》等则侧重于以西方法学话语体系对传统史料进行分类、整理和研究。前后两种研究方法虽有着较大的区别，但总体均以史料研究见长，理论分析的构建较为薄弱。这一时期，学界在通史的研究上取得较大的研究成果，对汉、唐、明等朝代的研究尤为详备。瞿同祖的代表作《中国法律与中国社会》，在法律史领域，以“法律社会史”的研究视角系统探讨中国传统法律，对拓展法制史的研究有着重要意义。总体而言，在20世纪初，中国法律史学科体系的框架已基本建立，学科的研究已达到相当的水平，为此后的学科发展奠定了重要基础。

新中国成立初期，在法学教育体系中并没有开设中国法制史课程，而是仿照苏联法学教育体系，设置了“国家与法权历史”。使用的教材是以历史唯物主义为指导编写的《国家与法的历史》或《国家与法权的历史》《中国国家与法权的历史》。在这些教材中，法制的发展历史以人类社会和国家发展形态为线索，在每个时期都按“经济基础”“阶级结构”“国家制度”“法律制度”四个部分来安排。这一时期，“确立了以阶级分析为主导的研究方法，实现了中国法律史学科在方法论意义上的转变。但是阶级分析方法在具体研究中的唯一化和教条化运用不可避免地带来了法律史学科研究的僵化”[1]。“文化大革命”爆发后，法学研究和教学工作陷于停顿，中国法制史学的教学与研究的传统也基本处于停滞状态。

改革开放以后，法律史学科成为法学体系中最早恢复的学科之一。在改革开放初期，中国法律史学者站在时代前沿，以实事求是的学术精神对“人治”与“法治”展开讨论，“法的阶级性与继承性”“法的本质”“法律面前人人平等”等问题的讨论，为中国法制建设起到了重要的推动作用，也使法史学科成为当时的“显学”。

20世纪80年代以后，法律史学科摆脱苏联“国家与法权历史”的模式，恢复并确立了“中国法律史学”的学科名称，成为各法学院校的必修课程。在传统法律的研究、史料的整理等方面均取得了丰硕成果，在研究深度和广度上都得到了很大的拓展，进入繁荣发展的时期。20世纪末，以《中国法制通史》和《中国法律思想通史》等多卷本为代表的通史性成果，代表了法律史研究的重要成果和主流取向。在法制史领域，各朝代的法律典章被按照现代部门法的分类方法，以宪法、民法、经济法、刑法、司法制度等部门，依照朝代先后进行分别描述。在法律思想史领域，历代主要人物和派别的思想也得以全面的阐释和挖掘。

随着法史学科的发展，学术研究也出现了一些问题，最为突出的是西方法学的立场和方法以及现代中心主义的方法，脱离具体历史语境来研究中国法律，造成对传统法律的误读。单一的研究方法也造成了学科发展的僵化和大量重复的研究。法律史学者在不断反思的基础上，不断拓展史料、研究方法和学科理论，近年来，法史学的发展呈现出如下发展趋势：研究的思路和理论方法上，开始逐渐摆脱一成不变的方法和固定的表述，文化学、人类学、社会学、经济学、语言学和解释学等理论和中西比较等方法，日益进入法律史学的研究领域，法律史学与其他学科的交叉融合趋势更加明显，研究思路

---

〔1〕 徐祥民：《架起联接过去、现在与未来的桥梁——谈中国法律史学50年的经历》，载《山东大学学报》1999年第3期。

和研究对象也因此大大拓展。从史料的使用看，从原来的以官方历代法典、刑法志为主要的研究资料不断扩展，扩展至官方档案、地方档案、契约、民间记载乃至小说、戏曲等广泛的形式。另外，从原有的主要对法典的静态研究，逐渐发展到对法律实际运行的动态研究；从原来对于正统法律秩序的关注，发展到原有的社会背景中的习惯法、民间法等，以及法律视野下人与人的社会生活秩序的研究。法律史学的研究展现出日益丰富和多元化的趋势。

三、学习中国法律史学科的意义与学习要领

中国法律史是法学教育的基础学科，是全国法学专业课程体系中的核心课程之一。学习中国法律史的意义主要在于：

第一，深化对中国古代优秀法律文化重要性的认识，进一步增强文化自觉和文化自信。中国历史上曾创造了异常辉煌的法律文明，产生了列居世界五大法系之一的中华法系。中华法系源远流长，独树一帜，在世界法治文明史上曾留下浓墨重彩的一笔。中华法系影响到周边国家，其中以唐律、明律为甚，这与当时中国国力长期居于东亚甚至世界前列，形成了以中国为核心的东亚儒家文明圈有着紧密的关系。学习中国传统法律文化和法理精华，可以弘扬传统法律文化的精华，增强文化自信和民族自信。

第二，借鉴历史，为建设中国特色的社会主义法治体系提供历史镜鉴。中国法律史有着丰富的现代价值，对于当代法治建设具有重要的借鉴意义。虽然近代以来西风东渐，中华法系已经解体，但某些法律制度和传统法文化仍然沉淀下来，甚至在潜意识层面对当下的法律活动产生影响。学习法律史能够揭示法律的动态发展过程，让我们掌握法律演变过程及其规律，也能让我们理解古今中外法律的融会贯通之处。鉴古方能知今，当代中国建设中国特色社会主义法治体系，解决当下法律发展中出现的各种问题，需要回溯中国历史、借鉴历史经验，传承中华优秀法律文化，从而创造中国法律文明的新辉煌。

第三，有助于完善法律人的专业知识和学科结构。中国法律史是法学教育的基础学科，这一学科提供的法律知识和法理有助于完善法律人的知识结构和法律素养。中国法律史学科的特点在于，它将历史与现实的融会贯通，以源远流长的制度、思想、文化作为内容，知识体系与历史、政治、哲学、文化等诸多相关学科的知识背景紧密联系、相互交织。通过法律史的学习，有助于法科学生在完善基础法学知识的同时，培养法律人必需的法理思维。正如学者所说："任何一个民族和国家的法律都凝结着民族的传统文化和精神。如果只关注现行的法规、法条及法律程序，法律人充其量只是制度的工具。只有在深刻地理解了法律背后的精神时，法律的宗旨在法律执行时才会得以充分的体现。"[1]法律史的学习，有助于更好地理解法律背后的法理、文化，有助于法律素养的提高。

作为法学专业的学生，在学习中国法律史这本课程时，需要注意以下几点：

---

〔1〕 马小红：《珍惜中国传统法——中国法律史教学和研究的反思》，载《北方法学》2007 年第 1 期。

第一，客观认识理解中华法治文明成就，树立历史文化自信。中国法律史课程与其他部门法学习的区别在于学习后不能马上学以致用，解决现实中的法律问题。但是法律史课程的学习可以丰富和完善法学生的知识结构，有助于我们更好地理解传统法律文化和当代中国法律，帮助我们进行深层次的法律探讨，深化部门法的学习。学习这门课程，应首先真正理解学习的意义和目的，提高对于这门课程的重视，从而更为自觉地进行学习。

第二，学习本课程需要正确理解古代法律文献的含义，并有一定的课外阅读量。学习中国法律史以法律史料为基础，在正史中的《刑法志》《职官志》《食货志》等，传世法典如《唐律疏议》《唐六典》《大清会典》等，都是以古文表述的。我们在课程学习的过程中，对于一般的法律文献，大致明白表达的含义即可。对于重要的法律文献，应重点掌握其含义，有助于我们对于法律知识的理解。同时，法律史与古代经济、政治、思想、哲学等方面的知识联系紧密，学习好这门课程需要我们在学习教材之余，扩展阅读量，精读相关著作，这样才能起到更好的学习效果。

第三，坚持继承发展，弘扬中华优秀传统文化、革命文化、社会主义先进文化，学习借鉴世界优秀法治文明成果。中国法律的历史发展根植于中国古代特有的国情民情，体现出中国古代的法律特色和民族特性，总结概括中国传统法律发展演变的规律和近代转型的经验教训，使学生深刻认识中国传统法律发展的基本特征和历史特性，中国传统法律体系是适应中国传统社会需求、富有民族特色的，是发展和繁荣中国特色社会主义法治的文化滋养。

重要名词术语

中国法律史、中国法制史、中国法律思想史

思考题

1. 学习中国法律史的意义何在？

2. 试分析中华优秀传统法律文化、革命法律文化与社会主义先进法律文化三者的关系。

3. 试举例分析《中华人民共和国民法典》中所包含的优秀传统法律文化。

4. 试举例分析中国二十四史中的法律史料有哪些门类？

第一章　夏商时期的法律

【内容提示】

中国传统法律源远流长，自成体系，其源起最早可以追溯至遥远的新石器时期。经过新石器时期漫长的孕育与发展，随着夏商王朝相继建立，较为成熟的法律制度开始出现，并在后世发展出了灿烂的中华法制文明。目前，因为现有文献的局限性，我们对传统法律起源的具体经过及夏商法律的系统了解仍然相当有限，但根据目前所见材料，我们仍能大略知晓其概貌。

第一节　中国法的起源

法律起源与社会发展息息相关，早在文字诞生以前，应当已有法律的萌芽出现。正因如此，我们现在很难确切地知道中国传统法律具体起源于何时。不过，通过后世的神话与典籍以及新石器时期的考古发现，我们仍可推测出中国传统法律起源时期的一些特点。正如《左传·成公十三年》所言，“国之大事，在祀与戎”，法律之起源当带有军事色彩与神权色彩。

一、刑起于兵

中国法律的起源与军事发展应当有所关联。在夏商以前，中华大地散居着众多部落，而各部落间时常发生战争。通过部落战争，各部落逐渐兼并融合，并最终发展出涵盖众多部落的盟主，这便是权力国家的雏形。战争当中，对于部落中人进行有效组织是极为重要的，而进行组织则需要规则，这些规则在制度化以后便形成了所谓的法律。

在战争当中，存在对内的规则与对外的规则。对此，《国语·鲁语上》有过相对系统的总结，其云：“大刑用甲兵，其次用斧钺，中刑用刀锯，其次用钻笮，薄刑用鞭扑，以威民也。故大者陈之原野，小者致之市朝，五刑三次，是无隐也。”

对外而言，部落盟主需要通过军事征讨的方式惩罚不服从其权威的其他部落，以维护自己的盟主地位。这就是《国语·鲁语上》所说的“大刑用甲兵”“大者陈之原野”。

对内而言，进行军事行动之时，需要对己方人员进行组织与管理，对违反军纪的行为加以惩戒，这便是《国语·鲁语上》所说的“斧钺”“刀锯”等惩罚方式。

早期的法律，尤其是刑罚，与军事具有很大的关联，这一点在《尚书》等古籍中也可见到一些相关材料。如《尚书·甘誓》载夏王朝征伐之事，有“用命，赏于祖；弗用命，戮于社”的表述[1]，就明确体现了这一特点。可以说，中国传统法律的起源带有相当程度的军事色彩，与新石器时代部落之间的战争息息相关。

二、神权色彩

人类历史中的古代文明在兴起之时，几乎都带有一定程度的神权色彩，中华文明自然也不例外。在中国的上古传说中，法律乃是由尧舜时期的司法官皋陶所创制。作为传说中的司法官，皋陶在断案之时会使用名为“獬豸”的神兽来判断当事人是否有罪。獬豸的形象类似于长了一只角的神羊，汉代的《论衡》如此描述獬豸：“一角之羊也，性知有罪。皋陶治狱，其罪疑者，令羊触之，有罪则触，无罪则不触。”这种传说无疑体现了早期法律的神权法色彩。

这一观念也体现在汉人许慎所著的《说文解字》中对“法”字的解释方法。在解释古体的“法”，即“灋”字时，《说文解字》认为：“灋，刑也。平之如水。从水，廌所以触不直者去之，从去，会意。”所谓的“廌”即獬豸一类的神兽，其会“触不直者”，即接触有罪之人，从而帮助司法官断案。皋陶与獬豸的传说以及《说文解字》对“法”字的解释或与事实有所不同，但这种记载表明了神兽獬豸这一观念在早期法文化中的流行。换言之，传说所载不一定为实，但其反映的观念是确实存在的，由此可知上古时期法律带有一定程度的神权色彩。

第二节 夏朝法律述略

根据司马迁《史记》所载，夏朝是我国最早的王朝，虽然目前学界仍有不同意见，不过一般认为考古所见二里头文化即为夏文化。夏王朝的时间极为接近传说时代，故而目前我们对其法律的了解仍是相当有限的，大多只能通过后世典籍之记载管中窥豹。以下仅就目前所见的记载，就其中的两个点略作介绍。

一、夏有乱政，而作《禹刑》

夏王朝法律内容的记载相当有限，有关其立法活动，《左传》曾经有所提及。《左传·昭公六年》云“夏有乱政，而作《禹刑》；商有乱政，而作《汤刑》；周有乱政，而作《九刑》”，这句话的本意是在强调立法都出现于乱政时期，却使我们获知了春秋时人所知的关于夏商周三代的立法行为。如《左传·昭公六年》所言，若春秋时人的认识无误，则夏代曾存在立法活动，其法律名称是《禹刑》。

---

〔1〕《尚书·甘誓》详细内容可见本章后文的“典型案例分析”部分。

在新近公布的出土文献之中，亦可见到一些与夏王朝立法相关的记载。如清华大学藏战国楚简的《子产》篇中提到，上古时期的“三邦”立有刑书，学界一般认为“三邦”即指夏商周三朝，而所谓的“刑书”便是夏商周三朝的立法成果。[1]通过以上记载，我们可以推测夏王朝时当存在立法活动与法律典籍，但关于其立法的具体形态及法律的具体内容，因为目前材料有限，我们仍然无法详细知晓。

二、监狱的雏形

在古代典籍中，存在一些夏王朝时期关押特定人员的记载，这些记载或许反映了夏王朝时期已有监狱的雏形。

例如，《竹书纪年》记载夏帝芬三十六年作“圜土”，《周礼·秋官·大司寇》提到“圜土”的作用是“以圜土聚教罢民，凡害人者，置之圜土而施职事焉，以明刑耻之”，即其为监狱。另外，《竹书纪年》载夏之时帝癸二十二年“商侯履来朝，命囚履于夏台”；《史记·夏本纪》亦载夏桀囚禁商汤之事，云“乃召汤而囚之夏台，已而释之”。若以上记载可信，则夏王朝之时存在“圜土”与“夏台”，用以囚禁关押特定人员，可以说是监狱的雏形。

第三节　商朝法律述略

商王朝继夏王朝而起，创造了极为辉煌的商文明。因为商王朝相关材料相较夏王朝要丰富许多，尤其是近代以来甲骨文大量现世，故而相较于夏王朝，我们对其法律制度可以有更多的了解。不过，因为甲骨文大多属于占卜材料，故而其反映给我们的法律信息仍然极为有限，且带有相当的片面性。目前而言，我们主要可以通过传世典籍得知商代法律具有浓厚的神权法色彩，并通过甲骨文材料对于商代的刑罚制度有所了解。本节主要将对以上两点进行简要介绍。

一、神权法

早期中国的法律具有神权色彩，这一点前文已有提及。与前世相比，神权特色在商王朝法律中的表现似乎更为明显。

商王朝法律中浓厚的神权特色，与商代的社会观念息息相关。如《礼记·表记》所言，“殷人尊神，率民以事神，先鬼而后礼，先罚而后赏，尊而不亲”，商人“尊神”，其“率民以事神”，在社会治理的各个方面均带有浓厚的神权色彩，法律只是其中的一部分而已。这一特点也为现今的考古发现所证实，考古所见数量庞大的用于占卜的甲

〔1〕 参见李学勤主编：《清华大学藏战国竹简》（六），中西书局 2016 年版，第 83—99、136—145 页；王沛：《子产铸刑书新考——以清华简〈子产〉为中心的研究》，载《政法论坛》2018 年第 2 期。

骨，以及商代遗址中的牲人、殉人现象，均表明了商代的神权色彩贯穿当时社会的方方面面。

在传世典籍《尚书》之中有数篇商代先王相关的典籍，这些记载虽然经过了数千年的传抄与修订，其细节或已非商代原貌，但其中反映的思想色彩或仍可帮助我们了解商代的基本风貌。由此，我们亦可领略商代法律的神权色彩。

例如，《尚书·盘庚》篇记录了商王盘庚在迁都过程中与臣民交涉的记录，其中含有盘庚发布的命令。在命令中，盘庚反复强调法律的权威性源自已经故去的先王先公。例如，《盘庚》内有如下记载：

先后丕降与汝罪疾，曰："曷不暨朕幼孙有比？"故有爽德，自上其罚汝，汝罔能迪。

这段引文的大意是说，如果臣民违抗其（盘庚）的命令，其先王便会降下罪责，上天会对违抗者施加惩罚。

又如《盘庚》内有如下记载：

乃祖乃父丕乃告我高后曰："作丕刑于朕孙！"迪高后丕乃崇降弗祥。

这段引文的大意是说，如果臣民违抗其命令，则违抗命令者已经去世的先祖会报告商王盘庚已去世的先王，并请其对自己抗命的子孙加以惩戒。

由此可知，商王朝的法律带有很强的神权法色彩，其权威性来自已经去世的先祖。商王在对人施加惩罚之时，均假借已去世之先祖之名，即惩罚源自天上的先祖。这也同时表明，商代之时的神权法中包含有较强的家族性，殷商人认为已经去世的先祖仍然控制着现实社会，可以通过施加刑罚等方式对现实世界产生影响。

二、五刑

关于先秦的刑罚制度，传世典籍多有记载，一般认为以"五刑"为基础框架，即"墨、劓、刖、宫、大辟"。例如《尚书·吕刑》云："墨罚之属千，劓罚之属千，剕罚之属五百，宫罚之属三百，大辟之罚其属二百。五刑之属三千。"《周礼·秋官·司刑》云："五刑之法，以丽万民之罪，墨罪五百，劓罪五百，宫罪五百，刖罪五百，杀罪五百。"按典籍所载，其形成时间可追溯至传说时期，而夏、商、周三代均沿用这一刑罚体系。不过，结合出土文献来看，目前可以对上古"五刑"体系进行较为系统阐述的最早时代还是在商代。[1] 以下将以甲骨文相关内容为中心，结合传世典籍，对"五刑"依次进行介绍。

---

〔1〕参见赵佩馨：《甲骨文中所见的商代五刑》，载《考古》1961 年第 2 期。

（一）墨刑

墨刑是用刀锥一类的器物于罪犯面部划刻，再用墨一类的东西涂抹于伤口之上，从而在罪犯面部形成黑色印记的刑罚，又被称为黥刑。商代甲骨文中的“辛”字即刀锥之象形，从“辛”之字多有象刀锥刻刺额头之形者，如妾、僕（仆）等字。[1]

（二）劓刑

劓刑是割掉犯人的鼻子的刑罚。殷商甲骨文中有字，从“自”从“刀”，“自”在甲骨文中为鼻之象形，故而该字象征割鼻之意，即劓刑。

（三）剕刑

剕刑是砍去罪犯腿脚的刑罚，又被称为刖刑。殷商甲骨文中有字，象征以刀具砍断人一只腿脚之意，即剕刑。

（四）宫刑

宫刑是残害犯人生殖器官的刑罚，又被称为椓刑。商代甲骨文中有字，此字一边从“刀”，另一边则象男性生殖器之形，象征以刀除去男性生殖器官，即所谓的宫刑。

（五）大辟

大辟是死刑在上古时期的笼统称谓。上古执行死刑时或以杀头为主要的方式，甲骨文中的“伐”字即象以戈砍人头之形。除杀头以外，上古执行死刑当还有许多不同的残酷方式，见于典籍者如“醢”（将人剁碎为肉酱）、“炮烙”、“烹”，由此可见当时死刑执行方式的多样性。这种多样性也体现了上古刑罚体系并不成熟。

值得注意的是，以上所举甲骨文例证均只能证明商代确实存在墨、劓、刖、宫等行为，但这些行为是否确实是我们今日所言的法律意义上的刑罚仍值得进一步思考。卜辞中的这些行为经常施加于战俘及奴隶，其是否可以作为刑罚适用于普通个体，仍然值得探讨。

商周之时的“五刑”体系，其基本特点是以肉刑为核心刑罚，死刑以外的“墨”“劓”“剕”“宫”均为残害犯人身体的肉刑。刑罚体系以肉刑作为核心刑罚的情况，直至战国秦汉时期才逐渐有所改变，并最终产生了汉文帝刑制改革。

重要名词术语

刑起于兵、神权法、五刑

思考题

1. 早期中国的法律起源与国家权力形成过程之间有何关联？
2. 神权法与现代的法律运行逻辑有何不同？
3. 刑罚的定义是什么？在上古法律史研究当中，如何判断某种行为是否为刑罚？

---

〔1〕 参见郭沫若：《释支干》，载郭沫若著作编辑出版委员会编：《郭沫若全集·考古编·第一卷》，科学出版社1982年版，第177—186页。

典型案例分析

案例一 《尚书·甘誓》

《甘誓》是夏王启与有扈氏在甘地作战的誓师词，其中可以看到上古法律的神权色彩与军事色彩。夏王启在誓词中强调有扈氏是“天用剿绝其命”，即为上天所厌弃，而自己则是“恭行天之罚”，即代表上天对有扈氏施以惩罚，由此可以看到明显的神权色彩。誓词的最后则强调了对于军队内部不用命者的处罚，即“弗用命，戮于社”，反映了上古法律与军事行动的关系，可以作为“刑起于兵”的证据。《甘誓》原文及大意如下：

【原文】

大战于甘，乃召六卿。

王曰：“嗟！六事之人，予誓告汝：有扈氏威侮五行，怠弃三正，天用剿绝其命，今予惟恭行天之罚。左不攻于左，汝不恭命；右不攻于右，汝不恭命；御非其马之正，汝不恭命。用命，赏于祖；弗用命，戮于社。”

【大意】

在甘地大战，王召集左右几位大臣前来。

王说：“啊，各位将士，我向你们发布命令。有扈氏上不敬天象，下不敬大臣，上天因此要断绝他的大命。现在我奉行上天的这种惩罚。所有在战车左边的战士，如果不好好完成左边的战斗任务，就是你们不奉行命令；在战车右边的战士，如果不好好完成右边的战斗任务，也就是你们不奉行命令；驾驭战车的战士，如果不胜任而贻误了御车的任务，也是你们不奉行命令。努力奉行命令的，就在祖庙里给以奖赏；不努力奉行命令的，就在社坛里杀掉！”〔1〕

案例二 《尚书·汤誓》

《尚书·汤誓》是商汤伐夏桀时的誓师词。与《甘誓》相同，其中也可以看到上古法律的神权色彩与军事色彩。商汤在誓词中强调“有夏多罪，天命殛之”“夏氏有罪，予畏上帝，不敢不正”“尔尚辅予一人，致天之罚”，认为夏桀之罪得自于天，自己只是代天行罚，具有浓厚的神权色彩。而在誓词的最后，商汤强调会处罚不听自己号令者，即“尔不从誓言，予则孥戮汝，罔有攸赦”，体现了鲜明的军事色彩。《汤誓》之原文及大意如下：

【原文】

王曰：“格尔众庶，悉听朕言，非台小子，敢行称乱！有夏多罪，天命殛之。

“今尔有众，汝曰：‘我后不恤我众，舍我穑事而割正夏？’予惟闻汝众言，

---

〔1〕 相关内容俱见顾颉刚、刘起釪：《尚书校释译论》，中华书局 2005 年版。

夏氏有罪，予畏上帝，不敢不正。

“今汝其曰:‘夏罪其如台？’夏王率遏众力，率割夏邑。有众率怠弗协，曰:‘时日曷丧？予及汝皆亡。’夏德若兹，今朕必往。

“尔尚辅予一人，致天之罚，予其大赉汝！尔无不信，朕不食言。尔不从誓言，予则孥戮汝，罔有攸赦。”

【大意】

王说：“告诫你们大众，都要听我的话。不是我敢作乱，实在因为夏王的罪太多了，上帝命令我去诛灭他。”

“现在你们说：‘我们的君王不体恤关怀我们大家的痛苦，丢掉我们好好的农业不让干，为什么要去征伐夏王呢？’我虽然听了你们这些话，但是夏王有罪，我怕上帝，不敢不按照上帝的命令去征伐他。

“现在你们会说:‘夏王的罪到底怎样的呀？’他搜括尽了民力，为害于夏国，使广大人民陷于危困境地因而离心离德，都咒骂夏王说：‘你这个太阳什么时候完蛋呵，我宁愿和你同归于尽！’夏王的德性坏到这样，现在我必须前往征伐他。

“你们倘若肯辅助我，极力完成上帝的惩罚，我就大大地赏赐你们。你们不要不相信我的话，我决不把自己的话吃掉不算数。你们如果不服从我誓诫你们的话，我就要连你们和你们的妻室儿女杀的杀，做奴隶的做奴隶，决不赦免一个！”[1]

---

〔1〕 相关内容俱见顾颉刚、刘起釪:《尚书校释译论》，中华书局 2005 年版。

第二章　西周时期的法律

【内容提示】

公元前 11 世纪前后，周武王灭商，西周王朝继商王朝而起，成为中华大地新的主宰。西周时期的社会风貌相较于夏商时期产生了很大的变化，且对后世中华文明影响深远，被孔子誉为“郁郁乎文哉”。西周充分吸收了夏商王朝文化的精华，并基于二者兴亡的教训做出了诸多创新之处，使得中华文明达到了新的高峰。其治国规范在后世的中国被作为典范，成为中华文明的精髓所在。法律作为社会构成的重要部分自然也不例外，无论是立法思想，还是诸种司法制度，周人均有自己的独到之处，对后代诸朝的法律产生了重大的影响，并进而孕育出了独具特色的中华传统法律文化。

第一节　商周之变与法律思想的发展

一、“德”与周人的天命观

天命观是神权社会的重要观念之一，在西周之前的商代，其统治者认为自己的权力来自上天，受天所命，故而自当永掌江山。这种天命观产生的结果便是最高统治者对于普通民众缺乏敬畏之心。按《尚书·西伯戡黎》所载，末代商王纣在灭亡之前，面对劝谏的大臣，仍然认为“我生不有命在天”，从而拒绝劝谏。这种天命观也强烈影响着当时人的思想。

周人灭商以后，急需解释的问题便是，为何天命会由商转移至周？换言之，周人需要新的思想理论来确定自己的统治地位。这无疑是旧有的天命观无法解决的，故而周人创造性地引入了“德”这一概念，将其与天命相结合，形成了自己的“天命”理论。在周人的“天命”理论之中，只有有“德”的统治者才有资格被授予“天命”，即所谓的“以德配天”。根据这一理论，殷商之所以失去“天命”，正是因为其统治者无“德”，故而“天命”被授予了有“德”的周人。这便是《尚书·蔡仲之命》所言的“皇天无亲，惟德是辅”。通过这一理论创新，周人在思想理论上确立了自己统治天下的正当性。

“德”这一概念的提出，对于中国古代的思想产生了极为深远的影响，直至今日，“德”这一观念仍是社会思想的重要组成部分。在西周时期，“德”的主要内涵是指统治者的优良品性，而判断是否有“德”的重要标准之一则是是否可以做到“敬德保民”。由此，通过“德”这一概念，“天命”与“民”产生了直接的联系，从而产生了中华传统文化中“重民心”观念的萌芽。在这一思想的指导下，周文化相较于商文化而言具有诸多进步性。例如，商文化流行人牲与人殉，商文化考古多见数量众多的祭祀、殉葬产生的人类骨骸，而考古所见周文化则极少使用人牲与人殉。在周人“以德配天”这一观念的引导之下，中华文明逐渐走出了神权时代。

二、“明德慎罚”法律思想的提出

周人“以德配天”的理论衍生出了与前世不同的法律思想。在法律上，以“德”这一理论为核心，周人提出了“明德慎罚”的法律思想，即在适用法律之时，需要崇尚“德”，慎重用刑。“明德”是“慎罚”的思想基础，而“慎罚”则是“明德”在法律方面的具体表现。

“明德慎罚”的思想在西周时期被广泛强调，如《尚书·康诰》记载了卫国始封君康叔在被册封时周公对其的告诫，其中有云：“惟乃丕显考文王，克明德慎罚；不敢侮鳏寡，庸庸，祗祗，威威，显民，用肇造我区夏，越我一、二邦以修我西土。”其中特意强调了“明德慎罚”的重要性。又如《尚书·吕刑》载周穆王时立法之事，其中以“惟敬五刑，以成三德”为思想指导。周人甚至认为“明德慎罚”是国家成立的根本，《左传·成公二年》云，“《周书》曰，明德慎罚，文王所以造周也”，认为“明德慎罚”是“文王造周”的直接原因。由此可见，周人对“明德慎罚”思想的重视体现在社会治理的方方面面。

通过“德”这一观念产生的“明德慎罚”思想，改变了西周之前法律的神权法性质。在这一思想的指引之下，从西周开始，中国传统法律逐渐褪去了神权法的色彩，法律的重心与内涵开始逐渐转移至重民、保民的实践之上。

第二节　西周立法与礼刑关系

一、西周主要立法成果

根据传世典籍所载，目前所知的西周主要立法成果有《九刑》与《吕刑》，由此亦可得知西周法律体系的大体面貌。以下，我们将对二者分别进行简要介绍。

1.《九刑》

《左传·昭公六年》云：“夏有乱政，而作《禹刑》；商有乱政，而作《汤刑》；周有乱政，而作《九刑》。”这段记载留存了夏、商、周三代的立法信息，也使我们得知西周时期存在名为《九刑》的立法成果。除《左传·昭公六年》所载之外，《逸周书·尝麦》所载亦可为《九刑》存在之证，其云“惟四年孟夏，王命大正正刑书，太史策刑书九篇以升受大正”，所谓“刑书九篇”，或即所谓的《九刑》。

关于《九刑》的具体内容，我们可以在文献中觅得一些线索，从而窥其一斑。例如，《左传·文公十八年》引周公之誓命说：“毁则为贼，掩贼为藏，窃贿为盗，盗器为奸。主藏之名，赖奸之用，为大凶德，有常无赦。在《九刑》不忘。”由这一记载可知，《九刑》中已有“贼”“藏”“盗”“奸”等罪名，且《九刑》规定这些罪名较为严重，非特殊情况不能被赦免。

2.《吕刑》

《吕刑》当是西周中期的立法成果，其原文已不可见，但其立法经过与主要内容保存于《尚书·吕刑》之中。《尚书·吕刑》虽然历经数千年传抄，或已有所讹误，但其中仍存在大量有效信息，使得我们可以对《吕刑》有较为具体的认识。

根据《尚书·吕刑》所载，《吕刑》制定于西周中期，是由周穆王命令吕侯制定的刑书，在制作完成之后通行天下。

《吕刑》的制定是周穆王为了适应新的社会环境而进行的一系列制度变革中的一环，不过，其中的具体法律制度虽然相较之前有所变化，但其思想原则仍是“明德慎罚”。作为西周立法的基本原则，“明德慎罚”在《吕刑》各个方面均有所展现。例如，《吕刑》强调要审慎地处理狱讼之事，对可以适用“五刑”（墨、劓、剕、宫、大辟）的罪犯，若其罪状并没有那么严重，则可以改为以“五罚”论处。又如，若犯罪是出于过失却触犯了“五刑”“五罚”之罪，则以“五过”论处即可。正如《尚书·吕刑》所云，“惟敬五刑，以成三德”，“明德慎罚”体现在《吕刑》的方方面面，是《吕刑》的指导思想。

在“明德慎罚”思想的指导之下，《吕刑》系统地规定了刑罚系统与赎刑制度。在《吕刑》中，刑罚体系首先以“五刑”（墨、劓、剕、宫、大辟）为中心，即所谓的“五刑之属三千”，与“五刑”中各刑相对的罪名数量则是“墨罚之属千；劓罚之属千；剕罚之属五百；宫罚之属三百；大辟之罚，其属二百”。在以肉刑为核心的“五刑”体系基础之上，《吕刑》规定了赎刑制度，即在当事人罪行确定存在疑问的情况下，则不施以“五刑”，而是代之以赎金作为处罚。其具体内容为：墨刑有疑，代之以罚铜百锾；劓刑有疑，代之以罚铜两百锾；剕刑有疑，代之以罚铜四百锾；宫刑有疑，代之以罚铜六百锾；死刑有疑，代之以罚铜一千锾。《吕刑》中赎刑的设立，使得死刑与肉刑的适用大为减少，具有相当的历史进步性，而这正是在“明德慎罚”思想引导下产生的。

二、礼的概念与礼刑关系

正如《说文解字》所云，“礼，履也，所以事神致福也”，“礼”的产生与上古时期的祭祀活动息息相关。祭祀活动中需要具体的规则，这应当便是“礼”的源头。其初始状态当更多地偏向于习惯，久而久之便形成了一套固定的规范，并最终演变为了“礼”。上古时期神权色彩浓厚，祭祀贯穿着人们日常生活的各个方面，故而基于此形成的“礼”也种类繁多，规范着人们在各方面的社会生活。

“礼”在西周时期被视为立国之根基，并在后世通过儒家文化深刻地影响了绵延数千年的华夏文明。按典籍所载，西周初年，周公旦在前世的基础之上，系统总结修订了相关礼制规范，制作了“周礼”，以作为周人统治天下的规则典范，确定西周的统治秩序。这就是《礼记·明堂位》中所说的“武王崩，成王幼弱，周公践天子之位以治天下。六年朝诸侯于明堂，制礼作乐，颁度量而天下大服”。周公所制之礼以“德”为思想核心，贯穿于整个社会，大至政治、经济、文化，小至日常行为、风俗习惯，均包含其中。

西周之礼的一大特点是以等级制为核心，无论是在重大的礼典仪式中，还是在日常生活的细节之中，均通过使用器物、人物动作等各方面的不同来彰显不同身份之人的等级地位，以此体现尊卑等级。

周礼之中的这种尊卑等级，主要是为了维护“亲亲”“尊尊”这一核心观念。“亲亲”代表宗族内部的秩序，要求父慈、子孝、兄友、弟恭，从而保证宗族内部秩序的稳定；“尊尊”代表国家内部的秩序，要求身份等级低者服从于身份等级高者，如此保证所有人均服从于身份最高的周天子。通过渗透于生活各个方面的周礼，这种“亲亲”“尊尊”的等级观也被普遍接受，从而保证了西周宗法秩序的建立，成为维护西周社会稳定的基础。

为了保证“礼”的施行，在违反周礼规定的秩序时，自然需要对违反之人加以处罚，而法律正是处罚方式之一。西周时期，法律的一大作用应当便是用以保障“礼”的贯彻与实施。例如，“孝友”原则是“亲亲”观念的核心部分，对于违反这一原则者，周人反复强调需对其施以重罚。《尚书·康诰》认为，对于不敬事父兄，破坏宗族秩序的“不孝不友”之人，需“刑兹无赦”，正是其例。

概言之，礼所调整的社会关系范围应当大于刑，但在二者重合的范围之内，礼与刑二者可谓互为表里，在国家治理之中相辅相成。当然，在礼法相重合的部分，两者也自然存在一些区别：第一，两者适用的场合不同。《汉书·贾谊传》云，“礼者禁于将然之前，而法者禁于已然之后”，即礼的作用主要在于预防犯罪，而法的作用主要在于惩戒犯罪。第二，两者适用对象并不完全相同。《礼记·曲礼》云，“礼不下庶人，刑不上大夫”，即表明一部分礼并不适用于贵族以外的百姓，而一部分刑罚则不适用于贵族。这也是“尊尊”观念的体现之一。

三、五礼

周人之礼种类繁多，内容庞杂，但总体而言可以分为五大类，这便是所谓的“五礼”，即吉礼、凶礼、宾礼、军礼、嘉礼。通过“五礼”，我们可以对周人之礼有大概的了解。

（一）吉礼

吉礼指祭礼方面的礼仪，其位于“五礼”之首。正如《礼记·祭统》所言，“礼有五经，莫重于祭”，吉礼在“五礼”中的地位最为重要。基于“亲亲”“尊尊”原则，吉礼主要规定不同身份之人在诸种祭祀仪式上的等级差别。

（二）凶礼

凶礼主要包括丧礼、荒礼、吊礼、禬礼、恤礼等诸种形式，是对不幸之事进行悼慰的礼仪。在凶礼之中，最主要与常见的是丧葬之礼，丧礼依据死者身份规定其待遇等级差别，依据亲疏关系规定死者亲属的义务等级差别，基于此产生的“五服”等制度对后世的法制与社会均产生了重大影响。

（三）宾礼

宾礼指宾客之礼，包括天子接待诸侯和诸侯遣使问安周王的礼仪。宾礼规定了外交事务、朝聘会同及贵族往来中的主宾等级，以此明确社会秩序中的身份等级。

（四）军礼

军礼指与军事相关的礼仪，包括出兵征伐、田猎操练等方面的礼仪。因为中国传统法律“刑起于兵”的特点，军礼与法律关系密切，其中许多内容与当时的法律具有很大的联系。

（五）嘉礼

嘉礼指宴饮婚冠、吉庆活动方面的礼仪，包括饮食之礼、婚冠之礼、飨燕之礼等内容。通过嘉礼，各方可以在欢庆的场合通过仪式确定等级秩序和法律关系。

综上，通过“五礼”的具体内容，我们可以看到，“礼”最主要的功能是在确定社会之间不同个人与团体的身份等级，并在此基础之上维护这一等级秩序。这便是《左传·隐公十一年》所谓的“礼，经国家、定社稷、序民人、利后嗣者也”。而礼所维护的等级秩序的核心观念则是“亲亲”“尊尊”，并由此保障西周宗法社会的顺利运行。

第三节　刑事法律

一、刑事法治的基本原则

西周时期，在“明德慎罚”思想的指导下，统治者确定了一些与前代不同的刑事法制原则，这些原则与前代相比具有相当的历史进步性，并对后世王朝的法律产生了深远的影响。

（一）矜老恤幼

“矜老恤幼”作为中华传统法律的一大特点而广为人知，该思想的源流或即在西周时期。所谓矜老恤幼，即对于年幼和年老的犯罪者在一定程度上予以宽免。《礼记·曲礼》云，“八十、九十曰耄，七年曰悼，悼与耄，虽有罪，不加刑焉”，便很好地体现了这一原则。

（二）用刑适中

周人强调用刑适中，即量刑要轻重适中，而不可过重和过轻。《尚书·立政》要求司寇苏公“以列用中罚”，《尚书·吕刑》强调“爰制百姓于刑之中”，均表现了西周时期的用刑适中原则。

（三）罪疑从轻

在犯人的罪行有疑问的情况下，周人主张从轻处罚。《尚书·吕刑》云，“五刑之疑有赦、五罚之疑有赦，其审克之”，指对适用五刑、五罚的案件如有疑问，则要从轻处理。《礼记·王制》亦云，“疑狱，泛与众共之；众疑，赦之”，即有疑问的案件需在一定范围内公开讨论，若仍存疑则需对犯人从轻处罚。这些内容均体现了罪疑从轻的原则。

（四）罪止其身

周人在刑事处罚时强调“罪止其身”，即刑罚止于犯罪者本身，而不株连家属。《左传·昭公二十年》引《尚书·康诰》之佚文云，“父子兄弟，罪不相及”，即表现了家属之间互不株连的思想。这一原则具有相当的历史进步性。

（五）区分故意与过失、惯犯与偶犯

西周时期已经开始注意在处理罪人时区分故意与过失、惯犯与偶犯。按照《尚书·康诰》所载，当时的过失叫作“眚”，而故意叫作“非眚”；惯犯叫作“惟终”，而偶犯叫作“非终”。过失和偶犯的情况会从宽处理，而故意和惯犯的情况则需从重处罚。这一原则的出现无疑是刑事法制方面极大的进步。

二、西周时期罪名概述

西周时期罪名众多，今日已难遍知。不过，当时的罪名主要是基于维护“亲亲”“尊尊”的价值观而设置的，由此出发，可以知道以下两方面的西周时期罪名。

（一）危害家庭伦理的犯罪

危害家庭伦理即违反“亲亲”的原则，对于危害这一立国思想的行为，周人认为需要严厉处罚。《尚书·康诰》记载：“元恶大憝，矧惟不孝不友……刑兹无赦。”认为“不孝不友”的行为是“元恶大憝”，即最为重大的犯罪，对于其要“刑兹无赦”，严厉处罚。“孝”“友”正是维护家庭伦理的核心观念，由此可见周人对于危害家庭伦理犯罪的重视程度。

（二）危害王权的犯罪

危害王权即危害国家，违反了“尊尊”的原则。周人认为，对于危害王权的犯罪需要严厉处罚，例如《尚书·多方》载周王之言云，“乃有不用我降尔命，我乃其大罚殛之”，即明言不从王命者会被“大罚殛之”。《国语·周语》记载的“犯王命必诛”也明确地体现了这一点。通过这些罪名，“尊尊”的原则得到维护，从而巩固了西周时期以周王为核心、以宗法制为基础的政治秩序。

除了以上方面的罪名以及常见的人身伤害与盗窃财产类罪名之外，西周时期仍然存在一些具有鲜明时代特色的罪名，根据文献所载，以下试举两例。

第一，禁止酗酒。周人在王朝初建之时总结了殷商亡国的教训，认为其中的教训之一便是殷人酗酒。正因如此，周人严厉禁止酗酒。对此体现最为明显的文献为《尚书·酒诰》，其中说道：“文王诰教小子有正有事：无彝酒；越庶国，饮惟祀，德将无醉。”即周文王命令诸人不得酗酒（“无彝酒”），只有在祭祀等特定场合才能饮酒（“饮惟祀”）。《尚书·酒诰》中同时强调不得群饮，其云“‘群饮。’汝勿佚。尽执拘以归于周，予其杀”，对于群饮之周人要“执拘以归于周”，即押回王朝，且会被处以死刑（“予其杀”）。禁止酗酒的记载亦见于西周金文，西周早期的大盂鼎铭文与西周晚期的毛公鼎铭文中均可见到强调禁止酗酒的内容，说明了西周时期对于禁止酗酒的重视。

第二，违背契约的处罚。违背契约在西周时期也作为罪名出现。周人在订立重要契约时，往往也会同时约定违背契约需要受到的处罚。值得注意的是，违背契约的处罚方式由当事人自行约定，而非基于公权力，而其得以实施的保证方式则是契约当事人的誓言。如西周晚期的散氏盘便记载了土田交付双方约定的罚则，即“余有爽变，隐千罚千”，意为若当事人违背已达成的契约，在交付的过程中隐蔽私藏，一经查出，则价值千数者需如数罚之。[1]

三、西周时期的刑罚

西周的刑罚种类繁多，且其体系应当不似后世那么规整与严密，这是我们认识西周时期刑罚体系的前提。在这一前提之下，我们仍可针对目前所见材料对西周时期的刑罚有大略的了解。西周时期的刑罚主要由“五刑”构成，所谓“五刑”即墨、劓、剕、宫、大辟。有关“五刑”的具体内容，在本书上一章已有说明，故而于此不再赘述。目前所知，除”五刑”之外，尚有数种刑罚在西周时期较为常见，即《尚书·尧典》所载的“流”“赎”“鞭”“扑”。本节将对这几种刑罚进行简要介绍。

（一）流

“流”即一般所说的流放，《尚书·尧典》云“流宥五刑”，意为宽宥五刑之罚，而以流放的方式代替五刑。在西周金文当中记有流放相关刑罚，被称为“播”“出弃”等名称。

（二）赎

“赎”即赎刑，意为以缴纳一定数额的金钱替代本应被处的刑罚。《尚书·舜典》云“金做赎刑”，即是这一制度。《尚书·吕刑》对此有更为详细的记载，并将财产刑归纳为“五罚”制度，对于赎刑的具体数额有所规定。

（三）鞭

“鞭”即鞭打犯人身体的刑罚。《尚书·尧典》云“鞭做官刑”，意为鞭刑是针对官僚贵族的处罚。西周时期的金文中亦可见鞭刑，可证西周时期确有鞭刑存在。

（四）扑

“扑”即用杖击打犯人的刑罚，其与鞭刑当即后世笞刑之滥觞。《尚书·尧典》云“扑做教刑”，意为扑刑的主要目的在于教化。由此亦可知扑刑应当是适用于比较轻的罪行，这一点也与后世的笞刑相符。

由上可见，流、赎、鞭、扑主要是针对“五刑”这一刑罚体系的补充。流、赎、鞭、扑这四种刑罚与“五刑”的墨、劓、剕、宫、大辟构成了西周时期刑罚体系的基本框架，

〔1〕 参见黄海：《散氏盘铭文集释》，载《出土文献与法律史研究》（第十辑），法律出版社 2021 年版。

而这一框架也被称为“九刑”。[1]

第四节 民事法律

西周时期对民事关系的调整以“礼”为核心。如前文所述，“礼”在西周时期渗透于人们日常生活的各个方面，内容极为庞杂，日常的民事关系可谓均受其调整。目前我们所系统了解到的西周时期的“礼”，主要来自东周之后儒家学者以西周之礼为基础修订的《周礼》《仪礼》《礼记》等书。这些典籍当保留了西周时期“礼”的大体面貌，但细节不一定与西周时期的实际情况完全相符。不过，这些典籍为后世历代统治者认可，并不遗余力地推行，从而使得西周之礼对于中华文明的发展产生了深远的影响。

一、土地与契约

（一）土地所有权

在农业社会中，土地是最为重要的资源，故而土地所有权是所有民事关系中的重中之重。西周时期的土地所有权在名义上均归属于最高统治者周王，如《诗经·小雅·北山》所言，“普天之下，莫非王土”。在此基础之上，周王作为天子可以将土地赐予诸侯等贵族，从而通过分封土地构建国家秩序。这一点在西周金文中亦有体现，大盂鼎铭文所言“授民授疆土”便体现了这一理念。

然而，这种名义上均归属于周王的土地所有权制度带有过于理想化的色彩。在土地被分封之后，很多时候周天子再无法对这些土地直接支配，而只是名义上拥有所有权而已，土地实际受控于各级诸侯贵族之手。正因如此，土地私有化逐渐产生，并出现了贵族之间的田土交易。西周时期贵族间的田土交易频繁出现于西周中后期的金文之中。按照金文所载，当时的田土交易已经形成了固定的礼仪程序，这一程序包括双方协商、勘定边界、竖立标志、确定契约等环节。[2]在这一过程之中，王朝在多数时候亦会派遣代表人员参与和监督田土交易，这也表明了周天子对于贵族自由处分土地、进行交易的认可。

（二）契约

西周时期针对买卖、借贷等民事行为，当已产生了契约。按照《周礼》所载，契约可分为买卖契约与借贷契约两类，二者的相关规定各不相同。

关于买卖契约。首先，交易需通过管理市场的“质人”进行。其次，买卖契约被叫作“质剂”。“质”为买卖奴隶、牛马等标的时使用的契约，尺寸较长；“剂”为买卖兵器、

---

〔1〕《周礼·司刑》贾公彦疏：“言九刑者，郑玄注《尧典》云：‘正刑五，加之流宥、鞭、扑、赎刑，此之谓九刑者。’”

〔2〕关于西周时期的田土交易，参见裘锡圭：《西周铜器铭文中的“履”》，载王宇信主编：《甲骨文与殷商史》（第三辑），上海古籍出版社 1991 年版。

珍宝等标的时使用的契约，尺寸较短。最后，交易双方若发生纠纷，需要在规定期限之内向官府提出控告，否则不予受理。

关于借贷契约。借贷契约被叫作“傅别”，“傅”是文书之意，而“别”则指将契约分开。分开以后，借贷双方各执一半，以作为借贷行为的凭证。若发生纠纷，在地方由士师处理，在中央则由小宰处理。

二、婚姻制度概述

在西周时期的宗法社会中，婚姻制度具有非常重要的作用，《礼记·昏义》云，“昏礼者，将合二姓之好，上以事宗庙，而下以继后世也，故君子重之”，便明确指出了婚姻制度在维持宗法社会方面的意义。其一，通过婚姻可以将两个异姓宗族连接起来。其二，通过婚姻可以使宗族得以延续，从而保证宗族祭祀。正因为婚姻制度对于宗法社会的成立具有重要意义，故而西周时期对于婚姻制度有详尽的规定，其具体内容大概如下：

（一）一夫一妻制的确立

相比于前代，周人在婚姻制度方面的一大改变是确立了一夫一妻制。在周人的婚姻制度中，正妻只能有一位，其余女性伴侣的地位均无法与正妻相比。这一制度的确定当有维护家族内部伦理的目的，其主要目的依然在于保障宗法社会的秩序。

（二）婚姻成立与婚姻禁忌

西周时期的婚姻具有若干成立条件，其主要目的在于维护宗族与家长的权威。婚姻成立条件主要有三，即“父母之命”、“媒妁之言”与“六礼”。所谓“父母之命”，即婚姻必须经过父母允许，正如《诗经·齐风·南山》所言，“取妻如之何？必告父母”。所谓“媒妁之言”，即婚姻必须有人居中做媒，正如《诗经·齐风·南山》所言，“取妻如之何？匪媒不得”。所谓“六礼”，是指婚姻在正式成立之前尚需经过六步程序。“六礼”分别为：“纳彩”，即男方家长请媒人向女方家长提亲；“问名”，即男方请媒人询问女方的姓名；“纳吉”，即男家将女方姓名等有关情况告知宗庙，并占卜吉凶；“纳征”，即男方向女方送达聘礼；“请期”，即决定婚期；“亲迎”，即男方到女方家里迎娶新娘，并完成婚礼。“六礼”程序为后世王朝所沿用，成为中国传统的重要组成部分，时至今日，其影响依然存在。

同样出于维护宗法社会这一主要目的，西周时期存在一些婚姻禁忌，即一些情况下禁止结婚。具体而言，西周时期婚姻禁忌的情况主要有两种：第一，“同姓不婚”。正如《左传·僖公二十三年》所云，“男女同姓，其生不蕃”，同姓者或具有血缘关系，不利于生育，而不利于生育则会影响宗族的延续。与此同时，异姓婚姻有助于与其他宗族形成联结，这便是《礼记·郊特牲》所谓的“娶于异姓，所以附远厚别也”。第二，是居父母丧不婚，即为父母服丧期间不能结婚。这一禁忌的主要目的亦是保障家族伦理，从而维护宗法社会。

（三）“七出”与“三不去”

西周时期存在离婚制度，规定丈夫在一定条件下可以与妻子离婚。按照《大戴礼记·本命篇》所载，离婚的条件被称为“七去”。“七去”又可称为“七出”，是丈夫休弃妻子的七个条件。只要妻子满足其中一个条件，丈夫即可休妻。“七出”分别为：（1）“无子”，即妻子未能生育；（2）“淫佚”，即妻子有淫乱行为；（3）“不事舅姑”，即妻子不孝顺男方父母；（4）“口舌”，即妻子以口舌挑拨亲属关系；（5）“窃盗”，即妻子暗中储蓄私财；（6）“妒忌”，即妻子与丈夫的其他女性伴侣争风吃醋；（7）“恶疾”，即妻子罹患恶性疾病。

“七出”设置的目的仍在于维护宗法社会秩序。在七个离婚的条件之中，每一项条件均可明显地看到维护家族内部秩序、保障宗族传承的目的。换言之，若妻子无法做到遵守家族内部秩序，无法保障宗族传承，就有可能被夫家休弃。

“七出”作为离婚条件，但其选择权单方面掌握于男方之手，故而为了防止男方滥用“七出”，周礼又设置了“三不去”的规则对其进行限制。所谓“三不去”，是指在三种情况下，男方不得休妻。根据《大戴礼记·本命篇》所载，“三不去”具体内容为“有所取，无所归，不去”，即妻子无娘家可回，若被休弃则无家可归，这种情况不允许男方休妻；“与更三年丧，不去”，即妻子曾为男方父亲或母亲服过三年丧的，这种情况不允许男方休妻；“前贫贱后富贵，不去”，即婚后丈夫由贫贱至富贵，这种情况下若男方想休妻，亦不被允许。

三、继承制度概述

西周作为宗法社会，其继承制度的范围较今日所言的继承为大。西周时期的继承包括宗祧继承、爵封继承与财产继承三部分，三部分继承的原则均为嫡长子继承制，这也是为何西周强调一夫一妻制。当然，有原则也有例外，在嫡长子继承制以外，现实中仍有其他继承方式存在。例如，殷商时期的兄终弟及制直到春秋时期仍不少见，《史记·鲁世家》言鲁国的国君继承方式，便说“一继一及，鲁之常也”，即“继”（父死子继）与“及”（兄终弟及）在鲁国都是常见的。

（一）宗祧继承

宗祧继承主要是指宗族内部对主祭权的继承。“宗祧”指对于宗庙、祖先的祭祀，在宗法社会之中，是一个宗族内最为核心的事务。拥有主祭权，意味着在宗族内部享有最高权力。西周的宗祧继承以嫡长子作为正统继承人，称为“大宗”，或“宗子”，而嫡长子之外的诸子均为“小宗”。宗子享有主持祭祀之权，而小宗则只能陪祭。宗祧继承作为家族内部秩序的核心事务之一，是中国传统的重要组成部分，其影响直至今日仍隐约可见。

（二）爵封继承

爵封继承，即爵位和封地的继承。西周时期的诸侯与贵族多有相应的爵位与封地，而爵位与封地则可传之子孙，世袭继承。爵封继承同样以嫡长子继承为原则，在一般情况下均由嫡长子继承。

（三）财产继承

作为宗法社会，西周时期的财产多为宗族共有，故而宗族财产多与宗祧、爵封继承同步，由大宗继承，受大宗支配。大宗在支配财产时，需要对宗内之家的财产进行合理再分配，以保障宗族内的秩序稳定。《礼记·丧服》记载，“异居而同财，有余则归之宗，不足则资之宗”，即展现了大宗在宗族内部进行财产再分配的过程。不过，通过西周金文可知，虽然西周时的财产多为宗族共有，但大小宗之间已经出现了财产界线，甚至需要通过司法途径解决财产纠纷。〔1〕

第五节　司法诉讼制度

一、司法机构

按照《周礼·秋官·司寇》的记载，西周时期具有完备的司法机构，其范围涵盖中央与地方。司法机构之中，全国司法机构的长官是大司寇，其下有小司寇、士师、乡士、遂士、县士、方士等职官，分别拥有相应的职权，用以处理各个方面的法律事务。该制度过于完备，使得人们不得不怀疑西周时期的社会条件究竟是否会产生如此成熟的司法职官系统。根据现有资料来看，《周礼》所载之司法职官系统虽然在一些方面反映了西周时期的实际情况，但这种完备的体系当来自战国秦汉时人的设计与想象，而非西周时期的真实写照。根据目前所见，西周时期的司寇或许直至西周晚期才作为职官名称出现，且其地位并不高，与司法审判职能是否相关也值得进一步讨论。〔2〕西周时期，专门的司法机构应该尚未出现，司法审判职能较为多元，其情况当大略如下：

首先，王室具有最高审判权。西周金文中经常可以见到周王室参与司法审判的案件，如渊卣、曶鼎等器的铭文所载案例之中，王室相关成员均作为裁决者出现，表现了周王室握有最高审判权。其次，周王会根据实际情况将司法审判权授予特定人员。西周的册命金文是周王任命某人担任某种行政职务的记录，册命金文中会详细列举这一行政职务的相关职责。而在册命金文中，设计相关职务职责的部分经常出现“讯讼”一词，其意为在这一职务范围内需承担司法审判之职。最后，作为宗法社会，宗族内部的纠纷由宗族自行解决，金文可见作为宗族首领的宗君审理解决内部纠纷的记录。〔3〕

二、诉讼与审判

西周时期的诉讼审判制度处于早期发展阶段，主要由当事人亲自告诉。根据《周礼·秋官·大司寇》的记载，告诉方在诉讼之时首先要缴纳诉讼费。民事案件的诉讼费用

〔1〕 参见王沛：《琱生诸器与西周宗族内部诉讼》，载《上海师范大学学报（哲学社会科学版）》2017 年第 1 期。

〔2〕 参见黄海：《论中国古代专职法官在战国时期的出现》，载《华东政法大学学报》2019 年第 2 期。

〔3〕 参见王沛：《琱生诸器与西周宗族内部诉讼》，载《上海师范大学学报（哲学社会科学版）》2017 年第 1 期。

被称为“束矢”，即一百之箭（“以两造禁民诉，入束矢于朝，然后听之”）；刑事案件的诉讼费用则被称为“钧金”，即一定数额的铜（“以两剂禁民狱，入钧金，三日乃至于朝，然后听之”）。审判时需“两造具备”，即双方当事人均需到场，以方便双方辩论与审判官询问。不过，“命夫命妇不躬坐狱讼”，即一定级别的贵族在审判中可以不亲自到场。

（一）诉讼审判程序

根据曶鼎铭文[1]、五祀卫鼎铭文、䚄比鼎铭文等西周狱讼类金文材料，可以总结出西周时期大略的诉讼审判程序。

第一，起诉。这是诉讼的第一步。在金文中，其句式大多为“A 以 B 告 / 讼于 C”，其中的 A 是原告方，B 是被告方，C 则是裁判者，例如䚄比鼎铭文中的“䚄比以攸卫牧告于王”。

这里还有一个问题，即关于使用“告”字与使用“讼”字的区别。有学者认为二者并无区别[2]；有的学者则认为二者有所区别，“讼”字用于平级与下级，“告”字则用于对上级的情况[3]。考之于金文，难以确定二者的使用是否与上下级有关，而且《说文》云，“诉，告也”，《玉篇》又云，“诉，讼也”，所以“告”与“诉”在诉讼类金文中应当并无区别。

第二，原告方陈述。原告方的陈述一般要简述纠纷原因，有时还会提出自己的要求，例如曶鼎铭文所载的“寇禾”案中，曶在再次上诉时要求对方赔偿自己损失的禾。

第三，裁判者询问，被告方陈述。裁判者的询问虽然在金文中并不多见，但由五祀卫鼎铭文可知，其确实是存在的。而且在诉讼中，由常理推测，裁判者肯定会就争议问题进行询问。被告方在陈述时，如果对原告方所述事实有不同意见，则会进行争辩（例如曶鼎铭文所载“五夫”案），若无争议则会承认原告所述事实（例如五祀卫鼎铭）。同时，若被告方对原告方所述事实没有异议，铭文中有时会省略被告方的陈述（例如曶鼎铭文所载“寇禾”案）。

原告方和被告方陈述时的动词，金文中作“许”，如杨树达先生所言，“许”字在当时应该是“诉讼之恒用语”[4]。

第四，裁判者进行裁决。在案件没有太大争议的时候，铭文常对裁决内容进行省略，而着重记录执行情况（五祀卫鼎铭、䚄比鼎铭）。

第五，执行裁决。铭文一般对于裁决的执行会用很大的篇幅进行记录，这可能与作器者多为胜诉方，胜诉方需要完整记录所获得的财产有关系。例如，在“五夫”案中，原告方曶在胜诉并获得五夫后，将五夫的名字铸造在了铜器上。同时，在田土纠纷中，执行前败诉方会通过“誓”这种行为来保证裁决的执行（五祀卫鼎铭、䚄比鼎铭）。

以上应该是西周时期诉讼程序中最基本的五个步骤。除此之外，我们还可以看到

〔1〕 曶鼎铭文载有西周时期的两个案例，详细内容见本章最后的“典型案例分析”部分。

〔2〕 参见杨树达：《积微居金文说》，上海古籍出版社 2013 年版，第 46 页。

〔3〕 参见陈公柔：《西周金文诉讼辞语释例》，载《先秦两汉考古学论丛》，文物出版社 2005 年版。

〔4〕 杨树达：《积微居金文说》，上海古籍出版社 2013 年版，第 90 页。

诉讼中的调解、双方协商和解等情况，但无论如何，它们均是基于这样的诉讼程序进行的。

（二）特有的审判制度

根据传世典籍所载，基于“明德慎罚”的法律思想，西周时期还存在一些特有的审判制度。

1. 五听

西周时期有专门的方法用以判断案件相关人员的供词是否真实，这些方法在传世典籍中被称为“五听”。所谓“五听”，是审判官可以用五种方法观察当事人，以判断供词是否可信。“五听”分为“辞听”“色听”“气听”“耳听”“目听”。所谓“辞听”，即通过相关人员前后言辞是否矛盾来判断真伪；所谓“色听”，即通过观察相关人员脸色是否正常来判断真伪；所谓“气听”，即通过观察相关人员呼吸是否急促判断真伪；所谓“耳听”，即通过观察相关人员注意力是否集中以判断真伪；所谓“目听”，即通过观察相关人员眼神是否游移判断真伪。“五听”的方法暗合于审判心理学，一定程度上具有合理性与进步性。

2. 三刺

“五听”的方法具有极大的主观性，极易受到审判官主观判断的影响。为了规避这一局限性，达到防止冤假错案的目的，按照典籍所载，西周又有“三刺”制度。所谓“三刺”，按照《周礼·秋官·小司寇》所载，“一曰讯群臣，二曰讯群吏，三曰讯万民”，即若有疑难案件，需要询问群臣、群吏、万民三类人的意见，并根据他们的意见下达判决。“三刺”表现了西周司法中的“明德慎罚”思想。

3.“三宥”与“三赦”

除“三刺”之外，按照典籍所载，西周尚有“三宥”与“三赦”之制。二者并见于《周礼·秋官·司刺》。所谓“三宥”，即“一宥曰不识，再宥曰过失，三宥曰遗忘”。意思是说，若犯罪人出现了“不识”“过失”“遗忘”这三种情况，则可得到宽宥，减轻处罚。所谓“三赦”，即“一赦曰幼弱，再赦曰老旄，三赦曰蠢愚”，意思是说若犯罪之人是幼弱、年老、蠢愚痴呆之人，则可以得到赦免。“三宥”与“三赦”之制同样体现了“明德慎罚”思想在司法方面的影响。

重要名词术语

明德慎罚、亲亲、尊尊、五礼、九刑、六礼、七出、三不去、嫡长子继承制、五听

思考题

1. 西周时期的天命观与殷商时期的天命观有何根本区别？
2. 试述西周法律思想及制度对中华法系形成的意义。
3. 传世典籍所载西周制度与西周实际情况是否完全相同？
4. 西周时期是否存在专职法官？

典型案例分析

本章之典型案例是西周中期曶鼎铭文所载的两个案例，分别为“五夫”案与“寇禾”案。为方便了解，首先将曶鼎的情况大略介绍如下：

曶鼎，或作𦣻鼎、𦥚鼎，是西周中期的青铜重器，被清代金石家张廷济誉为“天下吉金中第一重器”[1]。

关于曶鼎的发现时间与地点，清人钱坫云，“乾隆戊戌岁，巡抚毕公得于长安”[2]，即曶鼎于乾隆四十三年（1778 年）由毕沅得于西安。[3]之后，曶鼎当一直藏于毕沅家庙。[4]毕沅死后，其家遭朝廷籍没，曶鼎亦于此时消失不见，现在唯有铭文拓本传世。对于曶鼎的下落，吴士鑑云：“嘉庆丁巳，公卒，身后籍没，此鼎不知所往，或云沉于太湖，或云毁于兵燹。”[5]另有说法认为其或在毕氏遭籍没后入于内府。[6]上海博物馆现藏有一件仿曶鼎。[7]

关于曶鼎的形制，因鼎本身已不知所踪，故而无法确知，目前所见有关记载唯有钱坫之寥寥数语，其云“鼎高二尺，围四尺，深九寸，款足作牛首形”[8]。

曶鼎铭文有数种传世拓本，大致可以分为未剔本和已剔本两类，鼎被剔的时间当在毕沅得鼎后不久。[9]目前所见拓本多有缺字，铭文总字数当在四百字上下。[10]铭文内容可分为三段，第一段是周王与井叔对曶的册命赏赐，后两段则是与曶相关的两个案例。两个案例根据案情可命名为“五夫”案与“寇禾”案。作为西周时期的真实案例，两案均从各个方面展示了西周时期的法律实态，是了解西周时期法律史的绝佳材料。

案例一　曶鼎铭文所载“五夫”案

曶鼎铭文的第二段即所谓的“五夫”案，它是两个案例中的案例一。“五夫”案起自原告方的“曶”等人与被告方的“限”等人以“五夫”为标的的交易纠纷，目前对案情的理解仍然存在很大的争议。无论是其中出现的数个人物的关系，还是“五夫”的代

---

〔1〕张廷济：《清仪阁金石题识》卷一，光绪甲午观自得斋校刻本。

〔2〕王昶：《金石萃编》卷三，经训堂刊本。

〔3〕相关记载亦见［清］毕沅、阮元：《山左金石志》卷一，嘉庆二年仪征阮氏小琅嬛仙馆刊本；［清］阮元：《积古斋钟鼎彝器款识》卷四，嘉庆九年自刻本。

〔4〕上海博物馆《灵岩山馆藏》曶鼎拓本之吴云题端载“此鼎尚书置于家庙”。拓本见李朝远：《曶鼎诸铭文拓片之比勘》，载《上海文博》2009 年第 1 期。

〔5〕吴士鑑题识见严一萍：《金文总集》，台北艺文印书馆 1983 年版，第 712 页。

〔6〕上海博物馆《灵岩山馆藏》曶鼎拓本之吴云题端载“籍没后不知流落何所，或重入内府”，然而张廷济云“弇山尚书身后籍产时，曾未入于簿录”，未知孰是。《灵岩山馆藏》曶鼎拓本见李朝远：《曶鼎诸铭文拓片之比勘》，载《上海文博》2009 年第 1 期；张廷济之语见张廷济：《清仪阁金石题识》卷一，光绪甲午观自得斋校刻本。

〔7〕参见李朝远：《曶鼎诸铭文拓片之比勘》，载《上海文博》2009 年第 1 期。

〔8〕［清］阮元：《积古斋钟鼎彝器款识》卷四，嘉庆九年自刻本。

〔9〕钱坫云：“巡抚毕公得之于长安，属坫为释文，土花历录不尽识也，既命工锼剔，字迹显露。”参见［清］王昶：《金石萃编》卷 3，经训堂刊本。

〔10〕关于曶鼎铭诸传世拓本的情况，可参见李朝远：《曶鼎诸铭文拓片之比勘》，载《上海文博》2009 年第 1 期。

价究竟是“匹马束丝”还是“百锊”，抑或双方的买卖关系，均仍有很大的讨论空间。

该案的诉讼双方分别是原告方的曶与小子䵣，被告方的限、效父与𣄨。原告一方，小子䵣是曶的下属；被告一方，效父和𣄨是限的下属。

双方约定，原告方以“匹马束丝”的价格向被告购买“五夫”，但被告方未遵守约定，所以原告方向具有裁判权的井叔起诉。双方对裁判者井叔分别进行了陈述后，井叔应该进行了调解，被告方的限与效父同意调解，但𣄨不同意，所以井叔对案件进行了裁决。裁决判定原告方获胜，之后双方按照当时的交易程序完成了“五夫”的交易，案件结束。

【原文】

唯王四月既眚（生）霸，辰在丁酉，井叔才（在）異为□。曶事（使）厥小子䵣以限讼于井叔：我既卖女（汝）五夫效父，用匹马束丝。限誥（许）曰：𣄨则卑（俾）我赏（偿）马，效父则卑（俾）复厥丝束。贙、效父乃誥（许）贅曰：于王叁门□□木楀，用儥（𧶘）征（诞）卖（赎）丝（兹）五夫，用百孚（锊），非出五夫□□旓。廼𠯑又（有）旓眔𪓇金。井叔曰：才王人，廼卖（赎）用□，不逆。付曶，毋卑（俾）式于𣄨。曶则拜𩒨（稽）首，受兹五夫，曰陪、曰恒、曰劦、曰𨨲、曰省。使孚（锊）以告𣄨，廼卑（俾）饗以曶酉（酒）彶（及）羊、丝三孚（锊），用致丝（兹）人。曶廼每（诲）于𣄨曰：汝其舍（捨）䵣矢五秉，曰：弋（必）尚（当）卑（俾）处氒（厥）邑，田氒（厥）田，𣄨则卑（俾）复令（命）曰：若（诺）。

【案情分析】

“五夫”案铭文佶屈聱牙，历来对其理解分歧颇多。为方便理解，下面笔者将按照铭文顺序，以学界诸家观点为基础，结合出土文献与传世文献的相关材料，复原并分析“五夫”案的案情。

（1）诉讼的裁判者

本段铭文第一句云“唯王四月既眚（生）霸，辰在丁酉，井叔才（在）異为□”（□代表缺字，下同），“唯王四月既眚（生）霸”是诉讼的时间，“井叔才（在）異为□”则是对本案裁判者的介绍。

井叔在本案中的身份是裁判者，这一点从铭文后文可以很清楚地看到，他对双方的纠纷进行了裁定，并督促败诉方执行判决。“井叔才（在）異为□”大概的意思是，井叔在異这个地方担任某职官。陕西省的张家坡西周墓地曾发现井叔家族墓地，曶鼎铭中的井叔或即这一家族的成员。[1] 井叔或属于王朝的执政阶层[2]，受王命巡察畿内，并在“異”这个地方受理了曶提出的诉讼。[3]

〔1〕参见庞晓霞：《商周之邢综合研究》，社会科学文献出版社 2014 年版，第 171—177 页。

〔2〕参见［日］松井嘉德：《周代国制の研究》，汲古书院 2002 年版，第 197—222 页。

〔3〕参见［日］伊藤道治：《中国古代国家の支配構造：西周封建制度と金文》，中央公论社 1987 年版，第 197 页。伊藤道治认为，井叔在巡察过程中，于異地召集了该区域的官吏会合，曶正是借此机会提起诉讼。

关于“異”的具体地点，清人阮元认为其通“冀”[1]、清人吕调阳认为其通“淇”[2]，但均为猜测之辞，难有确证。近年来，随着许多相关青铜器的出土，为我们确定“異”的具体地点提供了可能。2009—2010年，山西省翼城县大河口出土的霸伯簋铭文中出现了井叔[3]，王保成先生以此为依据，认为此井叔与曶鼎铭中的井叔或为同一人，并结合霸伯簋出土于翼城，推测“異”很有可能就是翼城。[4]王沛先生在此基础之上进一步指出山西青铜博物馆收藏的新缴获晋南出土商代兽纹斝上铸有“翼”字，当是与地名相同的氏族名称，翼城大河口出土的青铜器表明曶鼎铭中的井叔与異地的国族联系紧密。[5]

关于井叔究竟担任什么职官，因为该处有缺字，所以难以确知。谭戒甫先生将此缺字补为“理”[6]，《商周古文字读本》将其补为“士”[7]，均是从井叔的裁判者身份出发进行的猜测。就目前来看，两种补字方案均有可商之处，井叔所任职官仍然无法确定。

谭戒甫先生将缺字补为“理”，认为井叔在此处是管理狱讼事务的官员，其主要依据有两点：第一，“理”是半缺文，其右半边的“里”字在拓片中隐约可见；第二，《国语》《管子》等传世文献中“为理”的辞例为数不少。谭氏之后，孙常叙先生亦补此字为“理”，并结合《周礼》相关材料进一步发挥，认为井叔所任官职是大司寇。[8]考之于目前所存的几种曶鼎拓片，未见该处缺文部分有“理”之残文，且谭、孙二氏所举辞例均出自春秋以后成书的传世典籍，并未举出金文方面的有关辞例，故而此处补“理”字似乎并不妥当。[9]

《商周古文字读本》补此缺字为“士”，举出了牧簋[10]之“司士”、趞鼎[11]之“士”为依据，认为西周时期的“士”为司法官。但这两件器中的“士”是否为司法官仍有讨论的余地，兹罗列分析如下：

王若曰：牧，昔先王既命汝作司士，今余唯或𣪕改，命汝辟百尞，有炯事包乃多乱，不用先王作刑，亦多虐庶民，厥讯庶右邻，不刑不中，廼侯之籍，以今𩛥司服厥辠厥辜，王曰：牧，汝毋敢（不惟）先王作明刑用，雩乃讯庶右邻，

[1] 参见［清］阮元：《积古斋钟鼎彝器款识》卷四，嘉庆九年自刻本。

[2] 参见［清］吕调阳：《商周彝器释铭》卷二，观象庐丛书本。

[3] 霸伯簋参见《考古》2011年第7期第15页图5，其铭文有“唯十又一月，井叔来麦”句。

[4] 参见王保成：《翼城大河口霸伯簋试解》，载《中原文物》2013年第2期。

[5] 参见王沛：《读曶鼎铭五夫案札记》，载《出土文献与法律史研究》（第8辑），法律出版社2020年版。

[6] 参见谭戒甫：《西周“曶”器铭文综合研究》，载《中华文史论丛》（第3辑），中华书局1963年版。

[7] 参见刘翔、陈抗、陈初生等：《商周古文字读本》，语文出版社2002年版，第102页。

[8] 参见孙常叙：《曶鼎铭文通释》，载孙常叙：《孙常叙古文字学论集》，东北师范大学出版社1998年版。

[9] “理（李）”作为传世典籍记载的专职法官之一，从未出现在西周金文当中，其在出土文献当中有迹可循，要晚至战国时期的简牍。参见黄海：《论中国古代专职法官在战国时期的出现》，载《华东政法大学学报》2019年第2期。

[10] 参见中国社会科学院考古研究所：《殷周金文集成》编号04343，中华书局2007年版，第2748—2749页。

[11] 应为趞簋，参见中国社会科学院考古研究所：《殷周金文集成》编号04266，中华书局2007年版，第2596页。

毋敢不明不中不刑，乃毋政事，毋敢不尹人不中不刑，今余唯申就乃命……（牧簋）[1]

牧簋铭中出现了“司士”，而铭文后文当中明确提到了牧的工作内容包括“雩乃讯庶右邻”，故而有人认为其足以证明“司士”在此时为狱讼之官，有审判权限。不过，“士”字或当释为“土”，此处的官职名可能是“司土”。[2]即便此处为“司士”，“司士”也是牧在先王时期的职位，而本铭文是周王改变了牧的职位并重新对牧进行册命，即所谓的“唯或𣪘改”。[3]牧被册命的新职位是“辟百寮”，即管理百官。故而，铭文后文包括审判工作（“雩乃讯庶右邻”）在内的所有职权，均是基于牧“辟百寮”的职位，而并非基于“司士”的职位。所以，牧簋铭文无法证明司士所掌职权包括审判工作。

王在宗周，戊寅，王格于大庙，密叔右趞即位，内史即命。王若曰：命汝作豳师冢司马，啻（适）官仆、射、士，讯小大右隣，取遺五锊……（趞簋）[4]

本铭文给人的第一印象，的确是“士”可以“讯小大右隣，取遺五锊”，即士具有审判权，但细细揣摩铭文，事实恐非如此。可以看到，在铭文中，趞被册命的职位是冢司马，对于之后的“仆、射、士”和趞的关系，重点在于对“啻（适）官”一词的理解。唐兰先生认为“啻”读为“适”，而“适”又通“敌”，“敌”在古代有“匹”“辈”等意思，故而此处的“适官”指同辈的官。[5]若确实如此的话，则“仆、射、士”是与“冢司马”同辈之官，与此处的趞并无关系，而“讯小大右隣，取遺五锊”则是趞被任命的“冢司马”的职权，自然也与士没有什么关系。[6]

由此可见，《读本》所举之两器均无法证明西周时期的“士”具有司法职能，而且以金文观之，断狱讼之人多非专职司法官员，所以将此处的缺字补为“士”也是值得怀疑的。

综上所述，该句所缺当补何字，目前尚难确定。故而井叔在此处所任之职官目前也无法确定，但其在本案中作为裁判者的身份则是可以确定的。

（2）起诉

铭文第二段开头介绍了诉讼的时间和裁判者后，开始描述案件的诉讼过程。首先是曶的起诉。

铭文云“[曶]事（使）厥小子𩵦以限讼于井叔”（方框内的字是补字），即是

---

〔1〕中国社会科学院考古研究所：《殷周金文集成》编号 04343，中华书局 2007 年版，第 2748—2749 页。

〔2〕参见李峰：《文献批判和西周青铜器铭文：以牧簋为例》，载李峰：《青铜器和金文书体研究》，上海古籍出版社 2018 年版。

〔3〕李学勤先生将此句释为“唯或升改”，意为“又行擢升”。参见李学勤：《四十三年佐鼎与牧簋》，载《中国史研究》2003 年第 2 期。

〔4〕中国社会科学院考古研究所：《殷周金文集成》编号 04266，中华书局 2007 年版，第 2596 页。

〔5〕参见唐兰：《西周青铜器铭文分代史征》，上海古籍出版社 2016 年版，第 319 页。

〔6〕张亚初、刘雨二位先生亦认为本铭中的“士”与狱讼无关，而是勇力披甲之士。参见张亚初、刘雨：《西周金文官制研究》，中华书局 2004 年版，第 38 页。

说曶以小子䵒为代表向井叔状告限。起诉人是曶，小子䵒是他的代理人，被告则是限。

“以某某讼（告）”的句式常见于西周时期的诉讼类金文，学者多认为“以”字之后的人为诉讼中的被告。对此，松丸道雄有不同的看法。他认为名词前置的“以”字在金文中有“率领”和“与”两种意思，而诉讼金文中的“以”字不应为例外，也当是“率领”或“与”的意思。[1]基于这一理解，松丸氏认为在“五夫”案中，限与曶属于同一方，限应当是曶一方的证人。[2]对于这一认识，学界已有所反驳。如张经先生认为，既然“以某某讼（告）”在诉讼类金文中已形成固定用法，那么在对其进行解释时便不能以非句型之用法来推断，且在目前所见的诉讼类金文中，“以”字之后均为被告，没有理由认为本铭是特例。[3]籾山明在《春秋诉讼论》一文中也认为松丸氏之观点与现有的诉讼类金文不相符合。[4]

关于“限”，大多数学者认为其是人名，但仍有不同意见存在。主流观点认为限确为人名，该说法始自刘心源《奇觚室吉金文述》[5]，郭沫若亦如此理解[6]，目前已几为学界通说。另有将限理解为契券、契约之说，该说始自清人吴东发[7]，陈梦家亦如此理解[8]。若将“限”理解为契约，在本句中尚可讲通，但若如此，则铭文后文中的“限许曰”等内容将很难得到合理的解读。[9]

目前所见金文中，“限”字还出现于辛𨟭簋[10]、伯限爵[11]、𩰫比盨[12]三器，其中辛𨟭簋铭的“限”字为地名（“王在限”），伯限爵的“限”为人名（“伯限作宝彝”），𩰫比盨的“限”字之意仍存在争议（“复限余𩰫比田”）[13]，但也并非契

〔1〕参见［日］松丸道雄：《西周后期社会所见的变革萌芽——曶鼎铭解释问题的初步解决》，田建国、黄金山译，载《日本学者研究中国史论著选译》（第3卷），中华书局1993年版。

〔2〕参见［日］松丸道雄：《西周后期社会所见的变革萌芽——曶鼎铭解释问题的初步解决》，田建国、黄金山译，载《日本学者研究中国史论著选译》（第3卷），中华书局1993年版。

〔3〕参见张经：《曶鼎新释》，载《故宫博物院院刊》2002年第4期。

〔4〕参见［日］籾山明：《春秋诉讼论》，载《法制史研究》1987年第37期。

〔5〕参见［清］刘心源：《奇觚室吉金文述》二之二，光绪二十八年石印本。

〔6〕参见郭沫若：《两周金文辞大系图录考释》，载《郭沫若全集》（考古编第8卷），科学出版社2002年版，第212—213页。

〔7〕参见吴东发：《海盐吴侃叔东发曶鼎铭考释真迹》，载［澳］巴纳、张光裕：《中日欧美澳纽所见所拓所摹金文汇编》，艺文印书馆1978年版。

〔8〕参见陈梦家：《西周铜器断代》，中华书局2004年版，第199页。

〔9〕［日］白川静：《金文通释》，载《白鹤美术馆志》第23辑，白鹤美术馆1968年。

〔10〕参见钟柏生、陈昭容、黄铭崇、袁国华：《新收殷周青铜器铭文暨器影汇编》编号1148，艺文印书馆2006年版，第805页。

〔11〕参见中国社会科学院考古研究所：《殷周金文集成》编号09036，中华书局2007年版，第4812页。

〔12〕参见中国社会科学院考古研究所：《殷周金文集成》编号04466，中华书局2007年版，第2871页。

〔13〕郭沫若认为“限余”当是“限赊”，意为“付以期限假借”，陈梦家则认为“限余”可能为“质赊”之意。参见郭沫若：《两周金文辞大系图录考释》，载《郭沫若全集》（考古编第8卷），科学出版社2002年版，第125页；陈梦家：《西周铜器断代》，中华书局2004年版，第268页。

约、契券之意，且在诉讼类铭文中，“以某某讼（告）”已成为固定句型，“以”之后所跟的均为被告方之名，曶鼎铭当同样如此。综上，“限”在铭中应当是被告方之人名。

（3）原告方陈述

在曶起诉之后，铭文记录了原告对裁判者的陈述，即“我既卖女（汝）五夫效父，用匹马束丝”。大意是说，我方曾经约定以匹马束丝的代价向对方的效父购买五夫。在这里，原告方说明了起诉理由，即双方曾就“五夫”的交易达成合意。言下之意，双方虽然有此约定，但对方并未履行，所以曶才向井叔提起诉讼。在原告方的陈述中，有三个问题需要注意。

第一，效父在诉讼中的身份。

围绕效父在诉讼中的身份是原告还是被告，该句的断句有所争议，有学者认为应当断为“我既卖女（汝）五夫，效父用匹马束丝”。[1]对于效父的身份，诸家主要的争议在于他在诉讼中的身份以及他和限的关系。

关于效父在诉讼中的身份，多数学者认为效父属于被告方，只有晁福林先生认为限、效父与𩁹均是王朝主管交易的官员，曶是为了确保交易完成而向三者行贿。[2]涂白奎先生对此已有所反驳，其说甚为允当。[3]

关于效父与限的关系，孙常叙[4]、李学勤[5]二氏以《周礼》所载“命夫命妇不躬坐狱讼”为据，认为限既然在此处应诉，则其必然并非所谓的“命夫命妇”，而只是作为诉讼代理人的效父下属。然而，在诉讼类铭文中，情况并非完全如《周礼》所载。如五祀卫鼎云“卫以邦君厉告于井伯、伯邑父……厉乃许曰”。[6]此处的厉作为邦君，亲自出现在自己作为被告的诉讼现场并进行了陈述（“厉乃许曰”），由此可见《周礼》记载的“命夫命妇不躬坐狱讼”在金文中并非完全适用。

确定效父与限孰为上，孰为下的关键，其实在于曶最初是与何人缔约。曶欲得到“五夫”，必然会与对“五夫”拥有根本处分权的人商谈与缔约，否则其行为便会失去意义。根据原告方的陈述，双方约定曶从限处以“匹马束丝”的价格购买“五夫”，而效父只是实际交付人。由此可知限才是对“五夫”具有根本处分权的人，而效父只能按照双方约定的内容进行交付。所以，效父应当是限的下属，他很可能是“五夫”的具体管理者，故而限在与曶方缔约以后会让效父负责具体的交易过程。

第二，买卖关系问题。

---

〔1〕如李学勤：《论曶鼎及其反映的西周制度》，载《中国史研究》1985年第1期。
〔2〕参见晁福林：《匹马束丝新释——读曶鼎铭文札记》，载《中华文史论丛》1982年第3期。
〔3〕参见涂白奎：《对曶鼎铭文第二段的考释》，载《考古学研究》（第六辑），科学出版社2006年版。
〔4〕参见孙常叙：《曶鼎铭文通释》，载孙常叙：《孙常叙古文字学论集》，东北师范大学出版社1998年版。
〔5〕参见李学勤：《论曶鼎及其反映的西周制度》，载《中国史研究》1985年第1期。
〔6〕参见中国社会科学院考古研究所：《殷周金文集成》编号02832，中华书局2007年版，第1507页。

在买卖关系方面,争议集中于孰为买方,孰为卖方,也即“五夫”的流向问题。该问题的争议主要源自对“卖”字的理解，无论是字形释读还是字义理解，各家均分歧极大，直至近年仍有学者就该字的考释提出见解。[1]然而，铭文后文有“曶受兹五夫”句，由此句可以确知最后得到“五夫”的是曶，故而在这场交易中，曶是买方。[2]所以,“卖汝五夫”中的“卖”字不管作何解释，都应当包含着买入的意思。

另外值得注意的是,李学勤[3]与陈连庆[4]二氏将“卖”释为“赎”,理解为“赎免奴隶”，即此案是针对五名奴隶的赎买。然而，“赎买”当为“赎”字的后起之意，在这里并不适用。[5]金文中作“赎免”之意的辞例目前仅见一处，即子禾子釜[6]，其时代已至战国早期。

第三,“匹马束丝”与“五夫”的关系。

目前，学界多认为“匹马束丝”为“五夫”的对价，其价值应该与“五夫”相当。对此有不同理解的学者有李学勤[7]、晁福林[8]、松丸道雄[9]三家。三位学者的意见各不相同，但其质疑“匹马束丝”作为对价的原因则趋于一致。他们认为,铭文后文中提出的对“五夫”的新报价“百锊”在当时价值颇高,而“匹马束丝”的价值似乎与百锊相差甚远，所以其应该不是“五夫”的对价。对此，涂白奎通过梳理相关金文资料与传世典籍，成功证明了西周时期的“百锊”价值并非想象中的那么大，其与“匹马束丝”的价值大略相当，故而二者应当均是“五夫”的对价。[10]

（4）被告方限的陈述

原告方进行陈述之后，被告方的几人依次陈述，首先是限的陈述，即“限**誥**（许）曰:**既**则卑（俾）我赏（偿）马,效[父][则]卑（俾）复厥丝[束]”。限陈述道:“**既**将马拿回给我，效父将束丝拿回给我，让我退还给曶。”言下之意，是被告中的其他两人，即**既**与效父不愿意交易。被告方的限通过陈述，在撇清自己与此案的关系。在限的陈述中，有几个问题值得注意。

第一，**既**在诉讼中的身份。

---

〔1〕 参见董莲池:《曶鼎“賣、贖”及相关字句研究》，载《古文字研究》（第 32 辑），中华书局 2018 年版。

〔2〕 参见晁福林:《匹马束丝新释——读曶鼎铭文札记》，载《中华文史论丛》1982 年第 3 期；[日]白川静:《金文通释》，载《白鹤美术馆志》第 23 辑，白鹤美术馆 1968 年。

〔3〕 参见李学勤:《论曶鼎及其反映的西周制度》，载《中国史研究》1985 年第 1 期。

〔4〕 参见陈连庆:《试论曶鼎铭文中的几个问题》，载《古文字研究》（第 20 辑），中华书局 2000 年版。

〔5〕 参见姚孝遂:《曶鼎铭文研究》，载《吉林大学社会科学学报》1962 年第 2 期。

〔6〕 参见中国社会科学院考古研究所:《殷周金文集成》编号 10374，中华书局 2007 年版，第 5592—5593 页。其铭文有“中刑斤杀，赎台（以）金半钧”句。

〔7〕 李学勤:《论曶鼎及其反映的西周制度》，载《中国史研究》1985 年第 1 期。

〔8〕 晁福林:《匹马束丝新释——读曶鼎铭文札记》，载《中华文史论丛》1982 年第 3 期。

〔9〕[日]松丸道雄:《西周后期社会所见的变革萌芽——曶鼎铭解释问题的初步解决》，田建国、黄金山译，载《日本学者研究中国史论著选译》（第 3 卷），中华书局 1993 年版。

〔10〕 参见涂白奎:《对曶鼎铭文第二段的考释》，载《考古学研究》（第六辑），科学出版社 2006 年版。

限的陈述中出现了名为眡的人物，我们需要辨明他在诉讼中的身份。大部分学者认为眡与限、效父同为被告方。另有不同意见者，或认为其是曶的下属，可能是曶采地的管理人〔1〕;或认为其是政府主管交易的官员,类似于质人〔2〕。考之于诉讼类金文,“许”这一行为多见于被告方,如五祀卫鼎〔3〕有“厉乃许曰”句，厉正是被告。曶鼎铭在记录限的陈述时言“限许曰”，之后又有“䝬(眡)、效父乃许䝬曰”，即限、效父、眡三人在此次诉讼中皆有“许”的行为，故而三人当同属被告方。

第二，关于“話”。

“许”字为西周时期诉讼常用语，故在这里试做说明。

曶鼎铭中，该字作“”，郭沫若将其隶定为“話”，认为是“许”之异体，解为“答应、许诺”之意。〔4〕李学勤将其隶定为“話”,释为“诉”,意为“陈述、辩解”。〔5〕此外还有数种不同观点。〔6〕

五年琱生簋亦见“”字〔7〕,而在与五年琱生簋相关联的琱生尊〔8〕铭文中，该字作“许”,由此可知“”即“许”字。〔9〕其字释为“许”,但似乎并非“许诺、答应”之意。松丸道雄认为，若将其理解为许可、允许之意，文意上显得晦涩，从审判程序上考虑，“许”应该是反映了这样的程序：在掌有审判权的人面前，当原告陈述后,则要求相关者(证人或被告)进行陈述或辩解。〔10〕在金文中,“许”在诉讼类铭文中屡见，“为诉讼之恒用语也”〔11〕，用法正与松丸氏之说相合〔12〕。

总而言之,曶鼎铭中的“話”应为“许”,“许”字在诉讼类金文中为专门用语，指被告（或其余诉讼相关者）进行陈述、辩解或表态。

第三，“马”与“丝束”的归属。

限的陈述在铭文中过于简略，所以我们需要确定，他陈述中的“马”和“丝

---

〔1〕 参见李学勤:《论曶鼎及其反映的西周制度》，载《中国史研究》1985 年第 1 期。

〔2〕 参见孙常叙:《曶鼎铭文通释》，载孙常叙:《孙常叙古文字学论集》，东北师范大学出版社 1998 年版；晁福林:《匹马束丝新释——读曶鼎铭文札记》，载《中华文史论丛》1982 年第 3 期。

〔3〕 参见中国社会科学院考古研究所:《殷周金文集成》编号 02832，中华书局 2007 年版，第 1506—1507 页。

〔4〕 参见郭沫若:《两周金文辞大系图录考释》，载《郭沫若全集》(考古编第 8 卷)，科学出版社 2002 年版，第 213 页。

〔5〕 参见李学勤:《论曶鼎及其反映的西周制度》，载《中国史研究》1985 年第 1 期。

〔6〕 参见黄海:《曶鼎通考》，格致出版社、上海人民出版社 2022 年版，第 7—78，81—96 页。

〔7〕 字形为“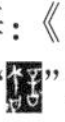”。参见中国社会科学院考古研究所:《殷周金文集成》编号 04292，中华书局 2007 年版，第 2636 页。

〔8〕 琱生尊参见《文物》2007 年第 8 期。

〔9〕 参见张世超:《西周诉讼铭文中的“许”》，载《中国文字研究》(第 15 辑)，大象出版社 2011 年版。

〔10〕 参见［日］松丸道雄:《西周后期社会所见的变革萌芽——曶鼎铭解释问题的初步解决》，田建国、黄金山译，载《日本学者研究中国史论著选译》(第 3 卷)，中华书局 1993 年版。

〔11〕 杨树达:《积微居金文说》，上海古籍出版社 2013 年版，第 46 页。

〔12〕 例如五祀卫鼎云“卫以邦君厉告于邢伯……厉乃许曰……”，即被告方的厉做出陈述。五祀卫鼎见中国社会科学院考古研究所:《殷周金文集成》编号 02832，中华书局 2007 年版，第 1506—1507 页。

束”最后到底归于何人。

𣪕比盨[1]中有与“𠮿则卑（俾）我赏（偿）马，效父 则卑（俾）复厥丝束”句式类似者，即“俾𣪕比复小宫咤𣪕比田”，从其后文可以得知，最后得到田的人是𣪕比。我们可以将这种句式抽象为“A 俾 B 复 C”。[2]在这一句式中，A、B 为人，C 为某物，而 C 的归属是 B。依照这一结论，可以推导出“效父则俾（我）复厥丝束”句中，“厥丝束”的归属是限（句中的“我”）。又因《广雅·释言》云“偿，复也”，故而“𠮿则俾我赏（偿）马”同样适用该句式，这句话中“马”的归属也是限。该句是指𠮿与效父不欲履行前约（匹马束丝交换五夫），故将曶交付的匹马束丝交还给限，使限交还给曶。

（5）被告方𠮿与效父的陈述

在被告方之一的限进行了陈述后，被告方的𠮿与效父又进行了陈述，即“𧷥、效父乃誥（许）䜭曰：‘于王叁门□□木榜，用償（賸）征（诞）卖（赎）丝（兹）五夫，用百寽（锊），非出五夫□□旛。’廼䛗又（有）旛眔𨦫金”。其中的“𧷥”即是铭文上文中出现的“𠮿”，而“䜭”即上文出现的“小子䜭”，之所以字形不相同，只是该字有不同写法而已。此句铭文大意为，𠮿和效父向䜭辩解道：“之前在王叁门□□木之处，双方曾订约，用百锊的賸来买五夫，如果违约就要被告诉。所以我们拒绝以匹马束丝为对价交易。”

在二者的陈述中，有以下几个问题需要注意：

第一，关于“木榜”。

对于“木榜”，学者多连为一词理解，将其解为“书写契约的木片”[3]或“华表木之旁”[4]等意思。考虑到本句的“木”字之前有两个缺字，故而或可将“木榜”二字断开理解。在金文中，“某木”经常用于表示具体的地标，如西周晚期的散氏盘[5]铭中记录田土四至，有“封于敝城”句，以“楮木”为地标[6]；又如西周中期的格伯簋铭有作为地标的“杜木”[7]。

曶鼎铭中的“木”可能也是类似散氏盘与格伯簋铭中的某具体地标，字前的缺字或许正是“某木”之“某”。至于“榜”字，则应是《仪礼·聘礼记》“不及百名书于方”中的“方”，意为书契的版牍。[8]“榜”在此处名词动用，意为“订约”。此处可以断句为“𧷥、效父乃誥（许）䜭曰：于王叁门□□木榜……”，即𧷥、

〔1〕中国社会科学院考古研究所：《殷周金文集成》编号 04466，中华书局 2007 年版，第 2871 页。

〔2〕“俾𣪕比复小宫咤𣪕比田”句中的“A”承前省略。

〔3〕陈梦家：《西周铜器断代》，中华书局 2004 年版，第 200 页。

〔4〕晁福林：《匹马束丝新释——读曶鼎铭文札记》，载《中华文史论丛》1982 年第 3 期。

〔5〕参见中国社会科学院考古研究所：《殷周金文集成》编号 10176，中华书局 2007 年版，第 5487 页。

〔6〕关于散氏盘铭详情，可参见黄海：《散氏盘铭文集释》，载《出土文献与法律史研究》（第 10 辑），法律出版社 2021 年版。

〔7〕参见中国社会科学院考古研究所：《殷周金文集成》编号 04262，中华书局 2007 年版，第 2590 页。

〔8〕参见陈梦家：《西周铜器断代》，中华书局 2004 年版，第 200 页；谭戒甫：《西周“曶”器铭文综合研究》，载《中华文史论丛》（第 3 辑），中华书局 1963 年版。

效父向𧶠辩解道：(之前)在王叁门□□木之处，(我们曾)订约……。订约的具体内容是以百锊为对价交易“五夫”。

第二，关于“儥”与“百锊”。

“百锊”在此处也是“五夫”的代价，被告方二人在此处陈述时，认为双方之前曾约定以百锊的价格交易五夫，所以才拒绝用“匹马束丝”的价格交易。在此处，要确定百锊确实是“五夫”的代价的话，需要理清“儥”与“锊”的具体含义。

“儥”是西周时期的金属货币[1]，马承源认为“儥”为“䝪”之本字，“䝪”为铜饼。[2]董莲池亦对此有所论述。[3]“锊”则为“儥”的单位名称。

此外，“锾”字与“儥”“锊”二字的关系需要注意。陈连庆以为“锾”“锊”二字同源，至战国时才分化为两字，二者均为金属货币的重量单位。[4]马承源认为“锾”、“䝪”(“儥”)均为货币名，“䝪”字后来为“锾”所代替，“寽”是重量单位。[5]

第三，关于“非出五夫□□旝”和“廼𩁹又(有)旝眔䵼金”的理解。

被告两人答辩部分最后的这两段话非常难以理解，诸家对此众说纷纭，差异极大。对于这两段话的理解，主要的争议点在于“”(“旝”)、“”(“䵼”)两字。

“”字多被隶定为“旝”，另有隶为“訇”“旛”者。关于其意思亦众说纷纭，有“告”“鞫”“旂”“背”等不同的理解。[6]

“訇”字在金文中作“”[7]，与“”字明显有别，“旛”字则不见于金文，故此处暂从众说，仍将其释为“旝”。[8]关于其字义，诸家多认为其与告诉相关，此处暂从陈梦家，将其理解为“被告被诉”。[9]

对于“”的理解，考虑到后段铭文中有曶使眂给小子𩰫矢五秉的内容[10]，可能与诉讼费用相关，故此处暂从陈梦家，将其理解为“缴纳”。[11]“䵼金”即缴纳诉讼费用。

本句铭文中，“非出五夫□□，旝”是效父和眂在辩解中所提到的约定的具

〔1〕 参见郭沫若:《两周金文辞大系图录考释》，收入《郭沫若全集》(考古编第8卷)，科学出版社2002年版，第213页。

〔2〕 参见马承源:《说䝪》，载《古文字研究》(第12辑)，中华书局1985年版。

〔3〕 参见董莲池:《曶鼎“賫、儥”及相关字句研究》，载《古文字研究》(第32辑)，中华书局2018年版。

〔4〕 参见陈连庆:《试论曶鼎铭文中的几个问题》，载《古文字研究》(第20辑)，中华书局2000年版。

〔5〕 参见马承源:《说䝪》，载《古文字研究》(第12辑)，中华书局1985年版。

〔6〕 参见黄海:《曶鼎通考》，格致出版社、上海人民出版社2022年版，第7—78页。

〔7〕 例如西周晚期的逨盘(《考古与文物》2003年第3期)，“訇”字字形为“”。

〔8〕 关于本字的字形分析，可参见董莲池:《曶鼎“賫、儥”及相关字句研究》，载《古文字研究》(第32辑)，中华书局2018年版。

〔9〕 参见陈梦家:《西周铜器断代》，中华书局2004年版，第200页。

〔10〕 铭文后文中的“曶廼诲于眂：汝其舍𩰫矢五秉”。

〔11〕 参见陈梦家:《西周铜器断代》，中华书局2004年版，第200页。

体内容，而“趞𠭯又（有）𦧁罘𩐁金”则是之后发生的事情。在交易中，效父与𠭯不愿用匹马束丝交换五夫，故而在此处陈述、辩解，说双方之前已有约定，用百锊为代价交易五夫，违约一方将被告诉。“趞𠭯又（有）𦧁罘𩐁金”可以理解为“之后以𠭯为被告告诉并缴纳了诉讼费用”，即原告方以𠭯为被告再次上告。这一告诉仍是原告在要求以“匹马束丝”的对价得到五夫，与上文效父与𠭯在辩解中所提到的约定没有关系。至于此处为何只以𠭯为被告，可结合上下铭文来看。上段铭文中，限、效父、𠭯三人都是被告方，均进行了陈述与辩解，而下文中，在井叔的判决以及执行中，所针对的似乎均只有𠭯一人。由此可以推断，限、效父、𠭯三人在诉讼中辩解之后，限与效父当庭接受了曶方的要求（很可能经过了井叔的调解），而𠭯则仍不接受，故曶方又单独对𠭯告诉，以达到自己的目的。

（6）井叔的裁判

在原告方和被告方分别进行了陈述之后，如上文所说，被告方的限与效父同意了裁判者井叔的调解。但被告方的𠭯并未接受调解，所以井叔对此案进行了裁判。井叔的裁判即“井叔曰：才王人，趞卖（赎）用□，不逆。付曶，毋卑（俾）式于𠭯”。其大意是，井叔裁判道：“在王人参与的情况下，这次交易用𧷏是不被接受的。被告方应该将五夫交给曶，并不能使五夫背离曶。”判词中，前半部分是判决理由（才王人，趞赎用𧷏，不逆），后半部分是判决结果（付曶，毋俾式于𠭯）。

对于裁判的理解，有以下几点需要注意：

第一，关于“在王人”。

井叔所下裁判中有“才王人”，“才”字在金文中多解为“在”，此处亦然。有解为“裁”者[1]，于金文无征。“王人”或释为“王廷”[2]，理由是认为铭文锈蚀不清，此处仍暂从诸家释为“王人”。

关于“王人”地位的理解，大体可分为两类，第一类认为“王人”的身份是贵族、周王亲族或在王朝任官之人[3]，第二类认为其身份是奴隶一类的人[4]。

西周时期有王人𣪕辅甗，其铭云“王人𣪕辅归观，铸其宝”[5]，由此器可知“王人”在当时具有铸造青铜器的资格，故而当是上文所言的第一类人。故而曶鼎铭中的“王人”当是指诉讼当事人中的某人（或所有人），而不是被交易的“五夫”。

第二，关于“不逆付”。

对于此处的“逆”，学界意见大体可以分为两大类。第一类解为“迎”“受”

---

〔1〕参见马承源主编：《商周青铜器铭文选》（第三卷），文物出版社1988年版，第171页。

〔2〕参见李学勤：《论曶鼎及其反映的西周制度》，载《中国史研究》1985年第1期。

〔3〕例如孙常叙：《曶鼎铭文通释》，载孙常叙：《孙常叙古文字学论集》，东北师范大学出版社1998年版。

〔4〕例如张经：《曶鼎新释》，载《故宫博物院院刊》2002年第4期。

〔5〕中国社会科学院考古研究所：《殷周金文集成》编号00941，中华书局2007年版，第748页。

一类的正面意思[1]，第二类解为“拒”“反复”一类的负面意思[2]。在西周金文中，这两种意思的“逆”均有辞例[3]，可暂从孙常叙，将其理解为“迎受，接受”[4]。

“付”，诸家或与“逆”连读为“逆付”，将“付”理解为名词[5]；或与之后的“曶”字连读为“付曶”，将“付”理解为动词[6]。此处综合上下文义考虑，暂将其与下一字“曶”连读，“付曶”指“五夫被交予曶”。

第三，关于“毋卑式于𣄰”。

刘心源将“式”字释为“成”，此字字形作“”，若释为“成”，则字形下半部分之“”不可解。刘心源以为“”是重文符号[7]，但其写法与金文中的重文符号并不一致。故此处仍以将其释为“式”为佳。秦骃玉牍[8]中的“贰”字作“”，该字上部与本字上部所从之“”相类，或可为证。

“式”字据《说文》所云，为“二”字的古文。“二”在金文中只出现于日期之中，李学勤先生认为“式”即“贰”字。[9]王德培先生认为，“毋卑式于𣄰”与《左传·隐公元年》中的“大叔命西鄙北鄙贰于己”句式相同，且这种句式屡见于《左传》，二者意思应该也是相同的，本句意思是“应无使五夫背离曶而即𣄰”。[10]王氏之说或贴近本句真意。

值得注意的是，在井叔此处的判决中，被告方三人只有𣄰被提及。正如上文所言，这是因为在被告方三人中，只有𣄰未接受井叔的调解，仍不接受“匹马束丝”交换“五夫”的方案，所以曶方又单独对𣄰告诉。故无论是此处井叔的判决，还是之后对判决的执行，限与效父都未再被提及，而只有𣄰出现。本句的“毋卑式于𣄰”正如王氏所言，是要求“无使五夫背离曶而贰于𣄰”。

（7）裁判的执行

井叔宣布了对本案的裁判之后，本案便进入了执行阶段。在铭文中相对的部分是“曶则拜𩒨（稽）首，受兹五[夫]，曰陪、曰恒、曰劦、曰𧽊、曰省。使寽（锊）以告𣄰，迺卑（俾）[饗]以曶酉（酒）彶（及）羊、丝三寽（锊），用致丝（兹）人。曶迺每（诲）于𣄰[曰]：[汝][其]舍（捨）𩰫矢五秉，曰：弋（必）尚（当）卑（俾）处氒（厥）邑，田[氒]（厥）田，𣄰则卑（俾）复令（命）曰：若（诺）”。这一

〔1〕 例如张经：《曶鼎新释》，载《故宫博物院院刊》2002年第4期。

〔2〕 例如涂白奎：《对曶鼎铭文第二段的考释》，载《考古学研究》（第六辑），科学出版社2006年版。

〔3〕 “逆”字的负面意思似乎至西周晚期才开始出现，如西周晚期的卌二年逑鼎（《商周青铜器铭文暨图像集成》编号02501）铭文有“弗逆朕新命”。参见吴镇烽：《商周青铜器铭文暨图像集成》（第5册），上海古籍出版社2012年版，第395页。

〔4〕 参见孙常叙：《曶鼎铭文通释》，载孙常叙：《孙常叙古文字学论集》，东北师范大学出版社1998年版。

〔5〕 例如孙常叙：《曶鼎铭文通释》，载孙常叙：《孙常叙古文字学论集》，东北师范大学出版社1998年版。

〔6〕 例如张经：《曶鼎新释》，载《故宫博物院院刊》2002年第4期。

〔7〕 参见［清］刘心源：《奇觚室吉金文述》二之二，清光绪二十八年石印本。

〔8〕 秦骃玉牍见《故宫博物院院刊》2000年第2期，第43页。

〔9〕 参见李学勤：《论曶鼎及其反映的西周制度》，载《中国史研究》1985年第1期。

〔10〕 参见王德培：《曶鼎铭文再推敲》，载《天津社会科学》1984年第6期。

段比较长，其大意如下：曶在行礼后，得到了五夫的名籍，名字分别是陪、恒、劦、[illegible]、省。之后，曶用酒、羊以及丝三寽作为交易完成的礼物，以告知既应该交付五夫。既用曶的礼物招待了五夫，使他们答应被交易。交付完成后，曶又对既要求道："你应该给[illegible]矢五秉。"又道："你一定要保证五夫待在他们的居邑，耕种应该耕种的田地，不能教唆或者帮助五夫逃亡。"既使人回复道："好的。"

可以看到，裁判后，曶首先得到了"五夫"的名籍，之后通过正当的交易程序得到了"五夫"，最后，曶向既提了两个要求，第一个是"舍[illegible]矢五秉"，即返还诉讼费用；第二个是"弋尚俾处厥邑，田厥田"，即确保五夫在交易后不会出现逃亡的情况，以免原告有所损失。在被告既答应了曶的要求之后，该案结束。

在裁判的执行中，有以下几点需要注意：

第一，关于"乃卑（俾）[饗]以曶酉（酒）彶（及）羊、丝三寽"中的缺字以及"五夫"在交易中的自主权。

"俾"后的缺字，诸家多补为人名[1]，《商周青铜器铭文选》则补为动词"飨"[2]。本句内容为"乃卑（俾）□以曶酉（酒）彶（及）羊、丝三寽（锊）"，将缺字补为人名者，均将"以"理解为动词，但"以"字在金文中似乎并无作动词的辞例，所以若将缺字补为人名，则这段话将没有动词。故而，缺字应该是个动词，可暂从《商周青铜器铭文选》将其补为"飨"。不过《铭文选》将这段话释为"既乃以羊和酒宴飨于曶，并用此三锊来酬谢报金百锊的使者"，则有待进一步讨论。黄海认为这段话可以理解为"既使（某人）得飨，以曶之礼物（酒、羊、丝三寽）"，或谓"既使（某人）以曶的礼物得飨"，即既用曶的礼物招待了某人。这里的"某人"当如郭沫若所言，指"五夫"[3]，因为下文有"用致兹人"句，"兹人"即指五夫。下句中的"必尚俾处厥邑，田厥田"，"俾"后省略的也应是"五夫"。之所以如此省略，应该是因为这几句话的中心就是"五夫"，不用特别说明。

曶在这里要向对方赠送礼物的原因，当如涂白奎先生所言，是西周时期的交易活动中，买方在支付约定的价格外会向卖方额外支付一些物品。这些物品的作用是体现买方的谢意[4]，所以曶提供了礼物（酒、羊和丝三锊），以和既完成交易，而既为了保障交易完成，用曶的礼物招待了"五夫"，使"五夫"愿意被交易。

若如此理解，则会让产生一个新的疑问，即"五夫"作为被交易对象，为何既在交付时还要"飨"他们？这与"五夫"在自己被交易的过程中有无一定

〔1〕有补为"限""[illegible]""既"等几种观点。具体可以参见黄海：《曶鼎通考》，格致出版社、上海人民出版社2022年版，第7—78页。

〔2〕参见马承源主编：《商周青铜器铭文选》（第三卷），文物出版社1988年版，第171页。

〔3〕参见郭沫若：《两周金文辞大系图录考释》，载《郭沫若全集》（考古编第8卷），科学出版社2002年版，第214页。

〔4〕参见涂白奎：《对曶鼎铭文第二段的考释》，载《考古学研究》（第六辑），科学出版社2006年版。

的自主权有关。根据所见金文，我们可以知道在西周时期，以“夫”为单位计算的有“庶人”[1]、“众”[2]、“人鬲”[3]、“仆”[4]等，这几种人很可能社会地位相近，故计数单位相同，此处的“五夫”当也类似于这几种人。关于这几种人的社会地位，由西周中期的师旂鼎可以窥知一二。师旂鼎铭云“师旂众仆不从王征于方雷。使厥友引以告于伯懋父”[5]，贵族师旂下属的“众仆”不听从“从王征于方雷”的命令，但是师旂竟然不能直接处罚作为他下属的“众仆”，而是要通过向上层诉讼来解决这个问题。由此可以推测，“仆”的社会地位可能并不低，而且拥有一定的自主权。可以推测，与“仆”社会地位相近的其他几种以“夫”为计数单位的人，也可能拥有不小的自主权。具体到曶鼎的此段铭文中，便是五夫在自己被交易的过程中拥有一定的自主权。正因为如此，𠤕要“飨”“五夫”，以使“五夫”愿意被交易给曶，使交易顺利完成。

第二，关于“矢五秉”和诉讼费用。

关于“矢五秉”的性质，学者多以《周礼·大司寇》“以两造禁民讼，入束矢于朝，然后听之”为根据，推断其为诉讼费用，该说与铭文文义相合，可从。正如张经所言，“矢五秉”作为诉讼费用，由原告的曶方预先缴纳，在胜诉后再向被告方索要。[6]这与今日法律中诉讼费用由败诉方承担的规定类似。

对于“秉”的释字和“矢五秉”的具体数量，目前仍有一定的争议。郭沫若释此字为“束”，“矢五束”即五百矢[7]；陈梦家释此字为“拱”[8]，并推测一拱为二十矢，“矢五拱”即一百矢，正好是束矢。这一问题目前仍难有定论，不过可以确定的是，“秉”确为“矢”的计数单位。

（8）小结：“五夫”案释义

通过上文的分析，我们可以基本还原出“五夫”案的全貌：诉讼双方分别是原告方的曶与小子䂂、被告方的限、效父与𠤕。原告一方，小子䂂是曶的下属；被告一方，效父和𠤕是限的下属。

双方约定，原告方以“匹马束丝”的价格向被告购买“五夫”，但被告方未遵守约定，所以原告方向具有裁判权的井叔起诉。双方对裁判者井叔分别进

[1] 例如宜侯夨簋“赐宜庶人六百又□六夫”、大盂鼎“至于庶人六百又五十又九夫”。宜侯夨簋见中国社会科学院考古研究所：《殷周金文集成》编号04320，中华书局2007年版，第2695页。大盂鼎见中国社会科学院考古研究所：《殷周金文集成》编号02837，中华书局2007年版，第1516—1518页。

[2] 例如曶鼎铭中的“用众一夫”。

[3] 例如中甗“厥人鬲廿夫”。参见中国社会科学院考古研究所：《殷周金文集成》编号00949，中华书局2007年版，第754页。

[4] 例如伯克壶“锡伯克仆卅夫”。参见中国社会科学院考古研究所：《殷周金文集成》编号09725，中华书局2007年版，第5114页。

[5] 中国社会科学院考古研究所：《殷周金文集成》编号02809，中华书局2007年版，第1478页。

[6] 参见张经：《曶鼎新释》，载《故宫博物院院刊》2002年第4期。

[7] 参见郭沫若：《两周金文辞大系图录考释》，载《郭沫若全集》（考古编第8卷），科学出版社2002年版，第214页。

[8] 参见陈梦家：《西周铜器断代》，中华书局2004年版，第200页。

行了陈述后，井叔应该进行了调解，被告方的限与效父同意调解，但眡不同意，所以井叔对案件进行了裁决。裁决判定原告方获胜，之后双方按照当时的交易程序完成了“五夫”的交易，案件结束。

案情大略如下图所示：

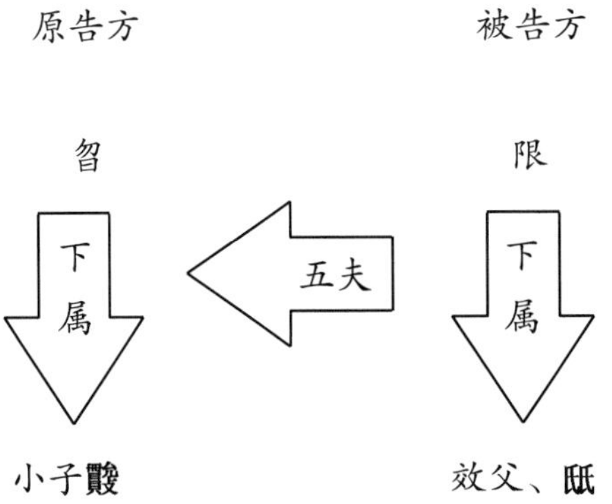

【大意】

王四月既生魄丁酉日这天，井叔在异这个地方担任某官。曶以小子𩛥为代表向井叔状告限：“我方曾经约定以匹马束丝的代价向对方的效父购买五夫，但对方未能如约交付。”限陈述道：“是眡与效父不愿意交易，眡将马拿回给我，效父将束丝拿回给我，让我退还给曶。”眡和效父向𩛥辩解道：“之前在王叁门□□木之处，双方曾订约，用百锊的赎来买五夫，如果违约就要被告诉。所以我们拒绝以匹马束丝为对价交易。”经过井叔的调解，限与效父同意按原约，即匹马束丝的对价交易五夫，但眡仍不同意交易。之后曶方以眡为被告告诉，并缴纳了诉讼费用。井叔裁判道：“在王人参与的情况下，这次交易用償是不被接受的。被告方应该将五夫交给曶，并不能使五夫背离曶。”曶在行礼后，得到了五夫的名籍，名字分别是陪、恒、劦、鑫、省。之后，曶用酒、羊以及丝三寽作为交易完成的礼物，以告知眡应该交付五夫。眡用曶的礼物招待了五夫，使他们答应被交易。交付完成后，曶又对眡要求道：“你应该给𩛥矢五秉。”又道：“你一定要保证五夫待在他们的居邑，耕种应该耕种的田地，不能教唆或者帮助五夫逃亡。”眡使人回复道：“好的。”

案例二　曶鼎铭文所载“寇禾”案

“寇禾”案是曶鼎铭文的第三段，也是最后一段。“寇禾”案与“五夫”案相比，篇幅较短，且意思比较清楚，不像“五夫”案那样理解各异，但是其中仍有一些问题存在争论。

“寇禾”案的诉讼双方是“曶”与“匡”，案情大略如下：在某一个饥馑之年，被告方匡的下属共二十人抢掠了原告方曶十秭的禾，曶因此起诉于裁判者东宫。东宫第一次裁决，要求被告方交出参与寇禾之人，但被告方的匡没有交出他们，而是提出了一个赔偿方案，意图与原告方曶和解。曶没有与被告方匡和解，而是再次向东宫起诉，要求对方赔偿自己损失的禾。裁判者东宫的第二次裁决满足了曶的请求，要求被告方匡进行赔偿。匡再次提出了一个赔偿方案，双方最终达成一致，和解了案。

可以看到，在本案中，发生了寇盗之事，即被告方匡的下属抢掠了原告方曶十秭的禾。解决这一纠纷的方式，是由双方宗族的代表人（本案中为匡与曶），而非当事人本人（匡的下属）出面，通过诉讼、协商等方式来解决。可以看到，整个事件的解决过程完全是以宗族为单位，而这正是西周宗法社会处理纠纷的特点之一。

【原文】

昔馑岁，匡众厥臣廿夫，寇曶禾十秭。以匡季告东宫，东宫乃曰：求乃人，乃弗得，汝匡罚大。匡乃**䭫**（稽）首，于曶用五田，用众一夫，曰嗌，用臣曰疐、曰朏、曰奠，曰用兹四夫。**䭫**（稽）首曰：余无卣（由）具寇正（足）禾，不出，**俊**（鞭）余。曶或（又）以匡季告东宫，曶曰：弋唯朕禾赏（偿）。东宫乃曰：赏（偿）曶禾十秭，**𢔶**（遗）十秭，为廿秭，□来岁弗赏（偿），则付卌秭。廼或（又）即曶，用田二，又臣一，凡用即曶田七田、人五夫，曶觅匡卅秭。

【大意】

之前的荒年，匡季的众与臣共计二十人，抢了曶的禾共计十秭。曶向东宫状告匡季，东宫对匡季判决道：“交出你的人中的寇禾之人，若不能交出，你将会被严重处罚。”匡季在行礼赔罪后，提出交给曶五田与众一夫、臣三夫（名字分别为疐、朏和奠），共计五田四夫作为赔偿，并行礼解释道：“我无法交出全部的寇禾之人并全额赔偿十秭之禾，希望能用五田四夫抵偿，若不交出五田四夫，可以用鞭刑处罚我。”曶对此赔偿不满意，再次上告东宫，要求道：“必须偿还给我禾。”东宫于是判决道：“赔偿曶禾十秭，再增加十秭，共计二十秭，如果来年还未赔偿，则赔偿数额翻倍为四十秭。”匡季又与曶协商，在五田四夫的基础上增加田二、臣一，共计七田五夫用于赔偿被寇之禾十秭。曶答应了条件，并会得到匡季的三十秭禾。[1]

〔1〕以上内容并见黄海：《曶鼎通考》，格致出版社、上海人民出版社 2022 年版。关于曶鼎铭文的详细解读，亦可参见该书。

第三章　春秋战国时期的法律

【内容提示】

“周秦之变”是中国历史上的重大变革之一，而春秋战国时期则是这一巨变的转型时期。在春秋战国时期，商周时期以宗族为社会基本单位的宗法社会逐渐解体，社会结构中牢固的血缘纽带开始松动，并最终消解。取而代之的是以秦汉为代表的中央集权大一统王朝。在转型时期，旧的秩序尚未完全瓦解，而新的秩序则在渐渐形成，秩序的缺失导致春秋战国时期社会急剧动荡，各国之间斗争激烈，但也同时带来了思想解放与学术争鸣，为后世灿烂的中国传统文化打下了坚实的基础。

第一节　春秋战国时期的社会转型

一、春秋时期的时代特色：旧秩序的瓦解

春秋时期主要具有以下时代特点：

第一，周天子地位下降。西周时期的周王作为最高统治者，其权威尚可及于大多数区域。然而，自犬戎入侵，平王东迁洛阳之后，周天子的威信一落千丈，渐渐沦为名义上的天下共主。公元前707年，周王室与郑国发生繻葛之战，在此战中，周桓王被郑国贵族射中肩膀，标志着周王权威的沦陷。在此之后，春秋时期的周王室又接连发生内乱，王室衰微，地位进一步下降。虽然这一时期的春秋五霸多打着“尊王攘夷”的旗号，在名义上尊崇周王，但这只是五霸出于政治需要而打出的口号而已，周王室的地位已经远远不如西周时期。与此相同的变化亦发生在各个诸侯国，许多国家的诸侯在春秋时期逐渐丧失了在自己国家内的权威，而由名义上的下级贵族掌握了国家大权。如鲁国之季氏，晋国之韩、赵、魏，齐国之田氏等，均是其例。这一现象的出现象征着旧有国家秩序的塌陷，宗法社会的瓦解。

第二，世官世禄逐渐瓦解。商周时期的宗法社会，宗族是王室统治的基础，与此相对应的职官制度便是“世官世禄”，又称“世卿世禄”。春秋时期，旧有秩序尚未完全瓦解，“世官世禄”之制仍然广泛存在，但与此同时，以个人能力为评判标准的任官制也开始出现。这一现象产生的一大原因正是因为周天子权威沦丧，各国战争增加。随着战

争的增加，各国之间的人口交流亦变得多了起来，而对于他国而来的人才，便需要择其贤而任之官。秦穆公得百里奚而称霸西戎便是其例。任官制最大的特点便是所任之人得官并非依托宗族，而是基于统治者对其个人的认识，这象征着宗族势力对于统治者影响力的下降。宗族势力对于统治者影响力的下降同时意味着统治者权力的上升，而统治者权力上升的最终结果便是形成集权政治。到了战国时期，集权政治逐渐形成，世官世禄也最终彻底瓦解，任官制则成为主流。

第三，土地制度剧变。西周时期的宗法社会，宗族是社会的基本单位。这一点表现在基层的土地层面，便是田土的耕种以宗族为基本单位。宗族内部通过协同劳作的方式耕种田土，而各级贵族以宗族为单位对人民进行统治，其统治并不触及基层的田土与耕作者。这种土地制度被传世典籍总结为井田制。井田制的瓦解在西周时期已有迹象，《史记·周本纪》便记录了周宣王“料民”之举。至春秋时期，井田制进一步瓦解，统治者的权力逐渐延伸至基层的土地与耕作者。例如，春秋时期的齐、晋、鲁等诸侯国曾将土地直接赐予民人，并直接按照土地面积向耕作者征税，从而提高人口利用率。这一变化产生的原因仍与春秋时期周室衰微，诸侯互相侵伐的时代背景息息相关。战争的增多意味着财政支出的膨胀与人口需求的增加，故而各国统治者急需扩大税源与兵源，正因如此，统治者的权力逐渐延伸至基层的土地与耕作者，从而产生了土地制度的变革。

旧有社会秩序难以为继引发了以上变革，而这些变革则进一步促进了旧有社会秩序的瓦解。通过春秋时期的过渡，西周时期的宗法社会逐渐走向崩溃，周礼规范不再被广泛遵守，这便是所谓的“礼崩乐坏”。

二、战国时期的时代特色：新秩序的生成

经过春秋时代的过渡，旧有秩序基本瓦解，到了战国时代，新的秩序逐渐形成。在辞旧迎新的过渡时期，思想界空前繁荣，产生了所谓的“百家争鸣”。

“百家争鸣”产生的原因或在于社会秩序过渡时期带来的管控空白，而诸家思想产生的主要目的之一便是构建新的社会秩序，以结束这一混乱的时代。若论诸家思想对现实政治的影响，百家当中的“法家”最为广泛。战国时期所谓的“法家”，其实大多是“变法”者，统称其为“法家”乃是汉人的后世总结。法家思想的兴起，与春秋以降宗法社会的崩溃息息相关，而其对于集权社会的形成则产生了重要的作用。对于集权社会这一体制形成的影响，主要通过战国时期各个国家的变法运动实现。

战国初期，李悝首先在魏国实行变法，修订《法经》，从而使魏国异军突起，强于诸国。有此先例，诸国随后纷纷变法图强。楚国任用吴起实行变法，遭到了传统势力的强烈反弹，并最终导致吴起被杀。齐国用邹忌主持改革，使齐国强于一方。韩国则由法家代表人物申不害主持变法，使得处于四战之地的韩国得以十余年不衰。最后，秦国任用商鞅，力行变法，虽然遭到了旧有势力的激烈反弹，商鞅本人亦因此身死，但秦国通过变法完成了向集权体制的转型，为统一六国奠定了基础。

战国时期的变法活动，本质上是力图将国家改造为集权体制。在集权体制之下，统治者的权力可以直接及于基层的每一个人与每一亩土地，从而使得统治者可以在列国争

霸之中最大限度地获得税收与利用人口资源，从而赢得战争。通过这一转变，统治者的权力空前扩张，社会统治的基本单位也由商周时期的宗族变为个人。战国时期“变法”带来的集权体制，深刻影响了秦汉以降国家制度的发展方向，奠定了中国古代国家的基本形态，“百代皆行秦政法”，信然。

第二节　春秋时期的法律变革

春秋时期“礼崩乐坏”，旧有秩序趋于瓦解，新有秩序仍未形成，故而秩序的缺失是这一时代的大背景。在这一背景之下，各国统治者进行了诸种变革，以尝试建立新的秩序，其中最为重要的变革之一便是公布成文法活动。这一时期最为重要的公布成文法活动主要有子产铸刑书与晋国铸刑鼎，现将其具体经过概述如下：

一、子产铸刑书

春秋后期，郑国的执政子产铸刑书，即将刑书铸于金属器皿之上，这一行为引发了子产与晋国大夫叔向的激烈讨论，该事件被称为“铸刑书”。

“铸刑书”事件相关记载见于《左传·昭公六年》，其云“三月，郑人铸刑书”，后世多有人认为刑书是铸造于鼎之上，甚至称此事件为“子产铸刑鼎”，这多是受到唐代孔颖达注疏的影响。细究文献，并无明确记载证明子产是将刑书铸于鼎之上。

子产铸刑书引来了晋国大夫叔向的批评。按照《左传·昭公六年》所载，叔向在得知该事之后，写信给子产，激烈地反对子产这一行为。叔向认为“夏有乱政而作禹刑，商有乱政而作汤刑，周有乱政而作九刑，三辟之兴，皆叔世也”，认为制定刑书乃是乱世之举，认为子产的行为会导致“民知争端矣，将弃礼而征于书，锥刀之末，将尽争之，乱狱滋丰，贿赂并行”，并指出“国将亡，必多制”，子产铸刑书的行为将造成“终子之世，郑其败乎”的后果。而子产则坚持己见，回信认为“侨不才，不能及子孙，吾以救世也”。

叔向和子产的论争，恰好体现了春秋时期社会秩序的转型。叔向在信中表达了对旧有秩序的坚持，在信的开端便直言“昔先王议事以制，不为刑辟，惧民之有争心也”，而子产所为则是试图建立新秩序的一种尝试，这便是其回信所说的“吾以救世也”。

关于子产铸刑书的其余相关内容，因记载有限，向来不得而知，直至近年来清华大学藏战国楚简《子产》篇的公布，使得我们终于可以一窥子产立法活动的大概面貌。[1]根据《子产》篇所载，子产的立法活动效果颇佳，形成了“为民刑程，上下维辑”的局面，而子产立法的内容则包含“郑令”“野令”“郑刑”“野刑”四个部分。由此可知两点：第一，子产立法按照地域分为“郑”“野”两类，或指郑国的国都与郊外；第二，子产

〔1〕《子产》篇参见李学勤主编：《清华大学藏战国竹简》（六），中西书局 2016 年版。

立法按照法律类型分为“令”“刑”两类。

二、晋国铸刑鼎

春秋时期的公布成文法活动尚有晋国铸刑鼎。晋国铸刑鼎之事发生于子产铸刑书之后。该事件发生于鲁昭公二十九年，晚于子产铸刑书之事二十余年。

按照《左传·昭公二十九年》的记载，晋国贵族赵鞅与荀寅将晋国之前的执政范宣子所作的刑书铸于铁鼎之上，故而称为“铸刑鼎”。这一事件遭到了孔子的激烈批判。孔子认为“晋其亡乎，失其度矣”，即铸刑鼎是晋国“失其度”，乃是亡国之征，并进一步指出，“夫晋国将守唐叔之所受法度，以经纬其民，卿大夫以序守之，民是以能尊其贵，贵是以能守其业，贵贱不愆，所谓度也”，“文公是以作执秩之官，为被庐之法，以为盟主”，认为晋国之前之所以兴盛正是因为谨守其源自唐叔的“度”。之后，他进一步批判铸刑鼎之事，认为“今弃是度也，而为刑鼎，民在鼎矣，何以尊贵，贵何业之守，贵贱无序，何以为国”，认为铸刑鼎将导致“贵贱无序，何以为国”的后果。晋国的蔡史墨同样批判铸刑鼎之事，认为这次铸刑鼎事件是“擅作刑器，以为国法，是法奸也”。

孔子对于晋国铸刑鼎事件的批判，同样体现了春秋时期社会秩序的转型。孔子认为的“度”正是维护旧秩序的规则，而晋国执政贵族所做的刑书与刑鼎则是对生成新秩序的尝试。

春秋时期的公布成文法活动，实际上是这一时期立法活动频繁的表现之一。在生成新秩序的尝试之中，首先需要明确新的规则，故而立法活动的活跃可谓时代必然。这一趋势也延续到了战国时期，大量的立法及公布活动在战国时期极为常见，最终发展为了秦汉律令体系，进而开中华法系之先声。

第三节　战国时期的法律变革

战国时期的法律变革均与这一时期的法家思想息息相关，依托法家思想，各国相继发起变法活动。变法活动对于这一时期的社会形态形成产生了根本性的影响，促进了集权社会的最终形成。

一、战国法家思想特点

战国之法家流派颇多，其思想亦有所差异，不过总体而言，其均具有以下几个特点：

第一，主张以法治国。法家最为鲜明的特点便是主张以法治国，这也是为何法家被称为法家。《商君书·慎法》认为“故有明主、忠臣产于今世，而散领其国者，不可以须臾忘于法。破胜党任，节去言谈，任法而治矣”，便明确地表达了以法治国的观点。《管子·明法》亦云“先王之治国也，不淫意于法之外，不为惠于法之内也”，认为最高统治者处理国家事务均需依于法。其余法家著作亦均以“以法治国”这一理念为思想前提。

第二，强调轻罪重罚。战国法家均强调轻罪重罚，从而达到“以刑去刑”的目的。《商君书·赏刑》认为“禁奸止过，莫若重刑”，即重刑可以更好地“禁奸止过”，而《商君书·说民》认为“故行刑，重其轻者；轻者不生，则重者无从至矣”，即轻罪重罚可以让百姓畏于犯罪，从而更好地防止犯罪。《管子·法法》也指出，“上赦小过，则民多重罪”，强调轻罪重罚。

第三，倡导刑无等级。战国法家倡导刑无等级，如《商君书·赏刑》认为，“所谓壹刑者，刑无等级。自卿相、将军以至大夫、庶人，有不从王令，犯国禁，乱上制者，罪死不赦。有功于前，有败于后，不为损刑；有善于前，有过于后，不为亏法”，即强调“自卿相、将军以至大夫、庶人”的有罪者，均须依法处刑。值得注意的是，刑无等级是针对宗法社会中的等级制而提出的，其内涵仍是破除旧秩序，形成新秩序，与当代法律所强调的“法律面前人人平等”原则具有根本的不同。

二、李悝变法与《法经》

战国时期，魏国率先任用李悝进行变法。魏文侯时期，李悝为魏相，并在国君支持之下主持变革。其变革涉及政治、经济、军事等各个层面，取得了良好的效果，使得魏国强盛一时。

在政治上，依照《说苑·政理》的记载，他主张“食有劳而禄有功，使有能而赏必行”，废除世卿世禄之制，以功劳而非身份定爵赏；在经济上，依照《汉书·食货志》所载，他推行“尽地力”“善平籴”的政策，提高农业生产效率，稳定物价；在军事上，按照《荀子·强兵》所载，他严格士兵考核，优待考核优秀者，主张“中试则复其户，利其田宅”，以图提高军队战斗力。可以看到，李悝的变法目的仍在于打破旧有的宗法秩序，并进而形成新的集权体制。李悝变法的诸多理念为其后的战国变法者所继承与发展，可谓开时代之先。在变法过程中，相传李悝曾编纂《法经》。

李悝编纂《法经》之事记载于《晋书·刑法志》，其云：

> 悝撰次诸国法，著《法经》。以为王者之政，莫急于盗贼，故其律始于《盗》《贼》。盗贼须劾捕，故著《网》《捕》二篇。其轻狡、越城、博戏、借假不廉、淫侈逾制以为《杂律》一篇，又以《具律》具其加减。是故所著六篇而已，然皆罪名之制也。

依照《晋书·刑法志》的记载，《法经》由六篇构成，分别是《盗》《贼》《网》《捕》《杂》《具》，皆以律为名，而《唐律疏议·名例》则记载六篇，篇名为《盗法》《贼法》《囚法》《捕法》《杂法》《具法》。

《法经》六篇的内在逻辑关联，《晋书·刑法志》亦已说明。首先，“王者之政，莫急于盗贼”，故而制定了《盗法》与《贼法》两篇；之后，“盗贼须劾捕”，故而制定了《囚法》《捕法》两篇；然后，除此之外的其他罪名，即“轻狡、越城、博戏、借假不廉、淫侈逾制”的相关条文汇为《杂法》一篇；最后，就总的刑罚适用原则作《具法》一篇。以今日之法律类比,《具法》类似于刑法总则,《盗法》《贼法》与《杂法》类似于刑法分则，而《囚法》《捕法》则类似于刑事诉讼法。

若李悝著《法经》之事属实，则其于中国法制史之上的重大意义不言而喻。但是，因其详细记载首次出现在唐人编纂的《晋书·刑法志》中，早期史籍如《史记》《汉书》等在提及李悝之时均未言及《法经》，故而对于其是否确实存在，学界一直存有争议。

三、商鞅变法

秦作为周王朝的诸侯国，立国较晚，大概至两周之际方始确定诸侯的地位。在立国以后，秦一直以边鄙之国的形象示人，未被其余诸侯国重视。其统一天下的进程，当始自秦孝公。

在秦孝公之父秦献公之前，秦历经数代之乱，及至孝公时期，整个国家已经非常困鄙，不为关东诸国所礼遇。《史记·秦本纪》记载，孝公元年的秦国面临的对外局势是“河山以东强国六，与齐威、楚宣、魏惠、燕悼、韩哀、赵成侯并。淮泗之间小国十余。楚、魏与秦接界。魏筑长城，自郑滨洛以北，有上郡。楚自汉中，南有巴、黔中。周室微，诸侯力政，争相并”。而秦国本身则“僻在雍州，不与中国诸侯之会盟，夷翟遇之”。正是在这种“国家内忧，未遑外事，三晋攻夺我先君河西地，诸侯卑秦，丑莫大焉”的恶劣情况下，秦孝公欲重振秦国，所以选择了商鞅主持变法。

商鞅是战国法家的代表人物，其为卫国公族之后，故亦被称为公孙鞅。《史记·商君列传》记载他“少好刑名之学”。商鞅入秦以后，受秦孝公重视，主持秦国变法。商鞅变法彻底改变了秦国积贫积弱的情况，正如贾谊《过秦论》所言，“当是时，商君佐之，内立法度，务耕织，修守战之备，外连衡而斗诸侯，于是秦人拱手而取西河之外”，孝公之时的秦国对内对外均取得了极大的发展，使得秦国弱势的局面得到扭转，并最终“据崤函之固，拥雍州之地，君臣固守而窥周室，有席卷天下，包举宇内，囊括四海之意，并吞八荒之心”，奠定了秦人一统天下的基础。

商鞅变法的内容涉及各个方面，几乎相当于重组了秦国的国家机器。大略而言，其内容主要有如下数点：

（1）奖励耕战，重农抑商。商鞅所定法令对于耕战二事极为重视，概因耕者关系国家税收，而战者关系国家存亡。而重农耕则伴随抑商。在奖励“战”的方面，商鞅制定了按军功赏赐的二十等爵制度，规定军功以斩敌首级的数量为标准计算，斩获敌人一个首级则可赏爵一级。与此同时，规定公族无军功不得属籍，即《史记·商君列传》所载的“有功者显荣，无功者虽富无所芬华”。在奖励“耕”与抑制“商”的方面,《史记·商君列传》所载法令规定：“僇力本业耕织致粟帛多者，复其身；事末利及怠而贫者，举以为收孥。”通过这些规定，秦人耕战的热情均得到了很大的提高，从而提升了政府税收与军队战斗力。

（2）大行连坐，轻罪重罚。商鞅令民为什伍，以什伍为单元对百姓进行管理。同一单元内的百姓需要相互监督，若监督有所差池，则同一单元内的百姓会被连坐。与此同时，商鞅鼓励“告奸”，“告奸”者可以得到与斩敌首级同样的奖赏，不告奸之人则会被处罚。与此同时，商鞅还实行轻罪重刑之制，欲达到“以刑去刑”的目的。

（3）改革田制，增加税入。增加税入的重点在于田地，《史记·商君列传》载商鞅“为田开阡陌封疆，而赋税平”，即废井田制，破除封疆，并在此基础之上实行授田制，从而提高农民生产热情，提高国家税收。此外，商鞅亦收取“户赋”，并为了多收取“户赋”颁布强制分户的命令。《史记·商君列传》载商鞅所作分户令，云“民有二男以上不分异者，倍其赋”。

通过商君之法，秦几乎完全重组了国家机器，许多旧有的传统被彻底打破，而在此基础之上孕育而出的，便是依托于律令体系的集权国家。秦国之所以能够打破传统，顺利建立集权体系，一方面是因为秦本身处于边鄙，虽然自建国以来一直受到中原文化的影响，但与此同时，其周围异族也有很多，故而其旧传统不似中原各国那样根深蒂固；另一方面，孝公时期国家面临的严峻局势，使得秦国为了生存与强大，不得不尝试这种崭新的体制。这一尝试无疑是成功的，孝公在位时期，秦国改变了“诸侯卑秦”的局面，逐渐成为一方强国。商鞅所确立的体制，可以最大限度地动员与组织整个国家，保证国家的每一个人均可以在耕战中发挥作用，这种组织上的优势无疑是宗族势力尚存的关东诸国所不具备的。

虽然秦国相比于关东诸国，有更成熟的条件形成集权体系，但这一转变过程仍然极为波折，受到了旧有传统的强烈反弹。商鞅变法在刚开始时，便受到了旧贵族的极力反对。之后，虽然在秦孝公的大力支持下，商君之法得以执行，但在执行的过程当中，仍然存在极大的阻力。最终，在孝公去世之后不久，商鞅便被新君处死，这一反弹也由此达到了极致。商君之死，在极大的程度上抵消了打破旧有传统所带来的怨气。在商君被处死之后，孝公之子惠文王继续坚持实行新的体制，便已不再有太大的阻碍。最终，因为集权社会无与伦比的组织力，秦人在几代君主之后，便由始皇帝“奋六世之余烈”，消灭六国，一统天下。

重要名词术语

礼崩乐坏、集权社会、公布成文法、铸刑书、铸刑鼎、法经、商鞅变法

思考题

1. 叔向与孔子反对铸刑书、铸刑鼎，其所反对的核心问题是公布成文法吗？
2. 春秋战国是社会转型时期，法律在这一时期发生了怎样的变化？
3. 简述战国时期的变法活动与社会转型的关系。
4. 简述商鞅变法得以帮助秦国强盛的根本原因。

典型案例分析

案例一 《国语·晋语九》所载叔鱼枉法案

《国语·晋语九》载有一则春秋时期晋国的案例。该案所涉人物有邢侯、雍子与叔鱼三人。案情大略如下：邢侯与雍子因争夺田产引发诉讼，雍子将自己的女儿送予本案的裁判官叔鱼，从而使叔鱼作出了对自己有利的判决，邢侯一怒之下将雍子与叔鱼杀死。该案体现了春秋时期司法事务的实态，对于认识这一时期的法律风貌具有一定意义。

【原文】

士景伯如楚，叔鱼为赞理。邢侯与雍子争田，雍子纳其女于叔鱼以求直。及断狱之日，叔鱼抑邢侯，邢侯杀叔鱼与雍子于朝。韩宣子患之，叔向曰："三奸同罪，请杀其生者而戮其死者。"宣子曰："若何？"对曰："鲋也鬻狱，雍子贾之以其子，邢侯非其官也而干之。夫以回鬻国之中，与绝亲以买直，与非司寇而擅杀，其罪一也。"

【大意】

士景伯去了楚国，故而叔鱼暂代其司法官之职。邢侯与雍子因争夺田产引发纠纷，因而成诉，雍子为了胜诉而将自己的女儿送予作为审判官的叔鱼，以求胜诉。到了审判之日，叔鱼偏向于雍子，故而邢侯当众杀死了叔鱼与雍子。作为晋国执政的韩宣子不知如何处理此事，叔向向他建议道："这三人同罪，请您把还活着的人处死，将已死的人戮尸。"韩宣子问道："为何如此处理？"叔向答道："鲋（叔鱼）枉法，雍子用其女儿作为贿赂，邢侯擅自杀人。枉法、以女儿为贿、无职权而擅自杀人，这都是同样严重的犯罪。"

案例二 《韩非子·内储说上》载李悝以射术决狱之事

《韩非子·内储说上》载有主持魏国变法者李悝在作为地方官时如何决狱之事。在这一故事之中，李悝为了提高所守之地百姓的射术，并进而提高军队的战斗力，从而规定在诉讼之中由双方当事人比试射术，射术佳者胜诉，不佳者败诉。本故事反映了变法者李悝早年的理念，对于认识战国时期的法律风貌具有一定的意义。

【原文】

李悝为魏文侯上地之守，而欲人之善射也，乃下令曰："人之有狐疑之讼者，令之射的，中之者胜，不中者负。"令下而人皆疾习射，日夜不休。及与秦人战，大败之，以人之善射也。

【大意】

李悝在魏文侯治下作上地的守官，想要提高当地人的射术，于是下令道："人们因为有纠纷而诉讼的，让他们射靶，射中靶的人胜诉，射不中靶的人败诉。"

命令下达之后，当地人全都很快开始练习射术，日夜不休。到了与秦人战斗的时候，李悝因为当地人射术高超而大败秦军。

第四章　秦代法律

【内容提示】

秦代是中国历史上第一个君主专制、中央集权的帝国王朝，其存在时间虽短，但在中国法制史上一直有着承上启下的独特地位。一方面，作为第一个推行郡县制的皇权国家，其创立的国家制度、法律制度对后世一直有着重要的影响；另一方面，秦朝法律制度是在法家思想的强烈熏陶下，由法家代表人物或深受法家影响的政治人物制定出来的，在整体风格上法家色彩极为浓厚，与西汉中期以后深受儒家影响的法律制度有很大不同，秦朝的法制风格，在中国法制史上是独树一帜的。值得注意的是，由于秦王朝存在的时间较短，而且秦朝法律制度的许多内容在统一以前即已形成，因而一般在论及秦代法律制度时，实际上包括了统一以前特别是秦始皇在位期间秦国的法制，并不单纯指统一以后秦王朝的法律制度。由于历史久远，这一历史时期法律的具体内容和形式，传世的历史文献记载非常稀少，甚至不足以使我们获得关于秦朝法制的概貌和全貌。自20世纪七八十年代起，睡虎地秦墓竹简和里耶秦简等律令简牍的相继出土和考古发现，弥补了历史文献记载的不足和缺憾。秦代统一后法律的发展，体现在法律思想和法律制度两个方面。就法律思想而言，其来源，一是法家法治思想，二是阴阳五行说的相关理念；其特点，一是以法为本，皆有法式，二是以法为教，以吏为师，三是行刑重轻，专任刑法，四是君生法，君守法。就法律制度而言，秦代法律形式主要有律、令、式、法律答问和廷行事五种，其基本内容包括涉及罪名、刑罚的刑事法律，涉及机构设置、官员管理和官员责任的行政法律，以及包括所有权、债权、婚姻家庭继承等方面的民事法律和涉及农业、手工业、货币等经济管理法规。秦代的司法诉讼制度则包括司法机构、诉讼的提起和审判程序等内容。秦祚虽短，但制度文明影响深远，"百代皆行秦政法"，体现出了巨大的创制精神。对于秦律的特点及历史影响，可以用秦律为"中国第一律"来加以概括。首先，秦国"改法为律"，首创了律这种成文法律形式，开启了中国后世以律为主的制定法体系，历史影响深远；其次，秦代是中国统一王朝中第一个也是唯一一个将"以法治国"奉为治国理政基本方略的朝代，其法律观念和法治精神奠定了中华法系法治文明的基础；最后，就法治思维而言，秦朝的法治思想带有明显的法治形式主义特征，其形式法治理念代表了中国传统法治思想的最高峰。

第一节 统一后法律的发展

秦朝（前221—前206年）是中国历史上第一个统一的中央集权、君主专制的帝国，秦朝的法律制度基本沿袭了战国时期自商鞅变法以来秦国法制的基本模式，并迅速地把秦国的法制模式推广到全国。加上秦朝二世而亡，存在时间很短，故秦朝统一后法律发展的历史，无论是历史的印象，还是考古文献的记载，都是与商鞅变法以来秦国的法律制度和法律思想密不可分。

一、法律思想

（一）秦代法律思想的来源

公元前770年，周平王把都城由镐京迁到洛邑，以周天子为核心的礼治体系开始“礼崩乐坏”，天下秩序大乱。在诸侯国之间激烈的争霸战争中，法律的价值和作用越来越得到统治阶层的重视。楚庄王时期“问鼎中原”，雨天，太子因紧急情况入宫而触犯了“茅门之法”[1]，廷理严格执法砸了太子的车驾，面对哭求诛杀廷尉的太子时，楚庄王的回答是：“法者，所以敬宗庙，尊社稷。故能立法从令，尊敬社稷者，社稷之臣也，焉可诛也？”这掷地有声的话，体现了法律至上的法治精神。随后大军事家孙武为吴王练兵而斩杀宠妃、商鞅为树立法律权威而徙木立信以及刑太子师傅的故事，都体现了法家学派一贯的法治观。即将法律视为定分止争、规范社会行为的唯一客观标准，“威不两错，政不二门。依法治国，则举措而已”。法律作为宗庙社稷的守护者和治国理政的工具，法治就是严格依法办事，守文是理解和解释法律文本和法律规范的基本原则。秦自商鞅变法后一百多年里一直遵循法家思想治国，法家思想是秦代法律制度的最大思想来源。

如何理解“法家不别亲疏，不殊贵贱，一断于法，则亲亲尊尊之恩绝矣”这句话？这是后世学者对法家思想的误解，不能仅仅认为法家的法律思想主张法治而就简单地认为法家排斥道德。首先，与同时期西方亚里士多德式的法治定义中对法律善恶的追问不同，法家思想确实基本不讨论法律本身的善恶问题。这并非表明中国立法人的鼻祖在源头上不关心法律的良善问题，而是认为则天立法，法律本身就蕴含着公平正义。从词汇史考察，法古字写作“灋”，最早见于西周金文。字形由“氵（水）”“廌”“去”三部分

---

〔1〕《韩非子·外储说右上第三十四》：荆庄王有茅门之法，曰：“群臣大夫诸公子入朝，马蹄践霤者，廷理斩其辀，戮其御”。于是太子入朝，马蹄践霤，廷理斩其辀，戮其御。太子怒，入为王泣曰：“为我诛戮廷理。”王曰：“法者，所以敬宗庙，尊社稷。故能立法从令，尊敬社稷者，社稷之臣也，焉可诛也？夫犯法废令，不尊敬社稷者，是臣乘君而下尚校也。臣乘君则主失威，下尚校则上位危。威失位危，社稷不守，吾将何以遗子孙？”于是太子乃还走，避舍露宿三日，北面再拜请死罪。

组成[1]，很显然，以“水”“廌”“去”会意的“法”字，本身就蕴含着公平、正义，所以“法”字后又引申出“规范”“标准”“方法”“法则”等意义。其次，从法律史角度看，“法”作为治国理政的工具理念，是在春秋战国时期“礼崩乐坏”之后被作为“礼+刑”治国模式的替代物而出现的，在统治者心目中具有天然的权威和崇高的地位。正因为法家将法律视为衡量、规范人类行为的客观标准，所以法家法治理念中是不允许个人主观议论法律的好坏善恶。据《史记》记载，商鞅变法十年成功后，“秦民初言令不便者有来言令便者，卫鞅曰‘此皆乱化之民也’，尽迁之于边城。其后民莫敢议令”[2]。商鞅的思路，仍然一本韩昭侯绝对形式法治主义的逻辑[3]，其并非不喜欢变法获得好评，而是认为允许品评新法的危害甚于称颂变法所带来的益处。正是在这种形式法治的意义上，法家对统治者个人的要求就是“倚法而治”、反对释法行私，至于对统治者的私德修养、个人道德感召力方面没有过高的要求，尤其反对儒家提出的“兴礼乐”“以德治国”的圣君仁政思想，“释法术而心治，尧不能正一国”。

特别指出，法家并非反对“为人臣忠，为人子孝，少长有礼，男女有别”[4]作为行为价值的判断标准，而是认为这些仁义道德要通过“缘法而治”来实现，故“圣王者，不贵义而贵法”。由此，我们可以理解，在立法层面上，法家同样是要将当时国家和社会的主流意识形态以及伦理道德化为法律，因此法家之法中同样体现“亲亲尊尊”的等级、伦理观念，如秦律对爵制以及不同爵级享有者之间权利差别的规定，对“伪听命书”“伤乘舆马”等罪名的设置，对“不孝”“殴大父母”“臣妾牧杀主”等行为的处罚，均体现了等级意识和强化君权的目的，以及对家庭伦常秩序的重视。但如果据此认为“儒法合流在秦已有其雏形”，恐也不符合历史的实际情况。这里的关键信息是：春秋战国时期礼崩乐坏后，以周天子为中心的宗法制度分崩离析，但“尊尊亲亲”的宗法伦理观念和诸侯国内的王位继承和分封制度仍然保留了下来，春秋战国时期的儒家和法家共享周代以来“亲亲尊尊”的伦理价值观，自始不存在分离的问题，自然也谈不上合流的问题。法家不排斥在法律内容上按照社会主流道德要求进行立法，但到了执法和司法环节，则排斥那种跳出法律讲伦理道德的倾向，要求严格按照法律文本在语义射程范围内的字面意思来理解和执行法律。因此，法家的法治思想探讨的是书面的法律如何在实践中完全、绝对实现（其形式法治理念有理想的色彩，也表明法家人物的理想主义和孤勇

---

〔1〕“水”代表执法要公平公正、不偏不倚，要像水面一样平；“廌”就是獬豸，是中国古代传说中的一种独角神兽，这种兽刚正不阿，双目炯炯有神，遇到人与人相互之间发生矛盾，对于其中无理的那一方，它会用那只角去顶触有错的一方。“去”在此的寓意说法不一。许慎《说文解字》认为是去除坏人的意思，有些资料认为是由一个人和盛水的器皿组成，是强调执法平之如水。

〔2〕《史记·商君列传》。

〔3〕据《韩非子·二柄》记载：“韩昭侯醉而寝，典冠者见君之寒也，故加衣于君之上。觉寝而说，问左右曰：‘谁加衣者？’左右对曰：‘典冠。’君因兼罪典衣与典冠。其罪典衣，以为失其事也，其罪典冠，以为越其职也。非不恶寒也，以为侵官之害甚于寒。”在这个案例中，先是典衣没有能够及时为韩昭侯加衣，表明他没有做好法律规定岗位职责范围内的事情，属于失职；典冠出于好意为韩昭侯加衣，做了法律规定岗位职责范围外的事情，属于越权，所以也受到处罚。

〔4〕《商君书·画策》。

品格）而不是法律应该如何被制定出来，似乎也可以认为，法家法治思想应该被视为“法律的使用说明书”而不是“法律的制造说明书”。对法家的理解以及法家主张法治、反对德治的主张，也只有从此角度和思路出发，才能得到中肯的评价和同情式理解。

除了法家法治思想的影响外，秦朝法律思想还吸收了阴阳五行说的相关理念。阴阳五行说最初是解释宇宙世界生成和运行的理论，战国末期齐人邹衍将此理论引入人类政治生活中，提出了五德终始说。邹衍认为，天地有五行，从天地剖判以来的人类社会都是按照五德（即五行之德）转移的次序进行循环的。而五德转移是仿照自然界的五行相克即土克水、木克土、金克木、火克金、水克火的规律进行的。人类社会的历史变化同自然界一样，也是受土、木、金、火、水五种物质元素支配的，历史上每一王朝的出现都体现了一种必然性。秦始皇根据邹衍“水德代周而行”的论断，以秦文公出猎获黑龙作为水德兴起的符瑞，进行了一系列符合水德要求的改革，以证明其政权的合法性，成为五德终始说的第一个实践者。

（二）法律思想的特点

1. 以法为本，皆有法式

自秦孝公时期商鞅变法开始，法家法治思想就开始在秦国得到了全面推行，秦王嬴政灭六国、一统天下以后，又迅速把依法治国的理念推行到了全国。从现有文献资料来看，秦始皇高度重视法治观念和法律一统思想，如尚为秦王时就非常推崇法家学说，对韩非的《孤愤》《五蠹》等相关论述有高度共鸣，“嗟乎，寡人得见此人与之游，死不恨矣”[1]。秦朝建立时，群臣议嬴政新名号时的理由，就是“平定天下，海内为郡县，法令由一统，自上古以来未尝有，五帝所不及”[2]。公元前 219 年，秦始皇在封禅泰山时所立“泰山刻石”，也强调“治道运行，诸产得宜，皆有法式”[3]，其后登琅琊、之罘，均刻石重申“大圣作治，建定法度，显著纲纪”“普施明法，经纬天下，永为仪则”“端平法度，万物之纪”“欢欣奉教，尽知法式”[4]，均说明“法治”已经成为秦朝的基本国策，法律在国家治理和社会生活中有着至高的权威和地位，这是秦朝在历朝历代国家治理中最显著的特征。

秦始皇任用李斯为相，李斯是著名法家荀况的弟子、韩非的同学，成为秦国客卿后一直推行“以法治国”的主张。从有关传世文献记载来看，始皇三十四年（前 213 年），李斯主持修律，对过去众多的法规进行了系统化的整理工作，其修律的详情和最终成果是否编撰出一套比较完备的成文法典——《秦律》，目前已不可考。但 20 世纪七八十年代开始，随着湖北云梦睡虎地秦墓竹简等一系列考古发掘资料的出土，秦朝法律博大、丰富而详尽的面貌就露出了“冰山一角”，从中可以窥见秦朝法律包括刑法、民法、经济法、行政法、诉讼法、军事法等各个法律门类，内容涉及农业、手工业、商业、徭役

---

〔1〕《史记·老子韩非列传》。

〔2〕《史记·秦始皇本纪》。

〔3〕《史记·秦始皇本纪》。

〔4〕《史记·秦始皇本纪》。

赋税、军爵赏赐、官吏任免以及什伍组织等社会生活的各个领域。现已出土的秦简中的法律条文和法律规范肯定不是秦朝法律的全貌，但它已是中国迄今为止发现的唐以前法律条文最多、年代最早的法律文献，其丰富的内容佐证了文献记载中的所谓秦代“法令由一统”“皆有法式”，其言非虚。

2. 以法为教，以吏为师

此语出自《韩非子·五蠹》，“故明主之国，无书简之文，以法为教；无先王之语，以吏为师”。“以法为教”，即以法令作为教化的主要内容，摒弃法律以外的学说。“以吏为师”，即以执掌法令的官吏为老师，杜绝百姓私下解释、议论法律。此处的“吏”不是指所有的官吏，而是专指法官、法吏，“吏、民（预）知法令者，皆问法官。故天下之吏民，无不知法者”，“故圣人必为法令置官也置吏也，为天下师，所以定名分也”[1]，其目的是用法令来统一人们的思想言行。为了做到这一点，韩非认为应效仿商鞅设置吏师和“燔《诗》、《书》而明法令”的做法，主张毁弃和取缔诸子百家文化典籍和学术派别，定法家学术为一尊，实行高度的法家文化专制。秦始皇统一后，采用法家的理论治国，并采纳了李斯的建议，烧毁了《诗》《书》和百家语等书籍，下令继续谈论《诗》《书》者弃市，以古非今者族诛。这种法律专制主义的主张，一方面成功普及了法治教育，形成了形式主义法治观，使得秦朝成为中国帝制时代第一个也是唯一一个将“法治”奉为基本国策的国度；另一方面确实扼杀了文化的多元发展，窒息了人们的思想自由。

3. 行刑重轻，专任刑法

在法律的内容上，法家主张“行刑重轻”即主张用严刑重罚的手段来达到以刑去刑、以法治国的目的。“行刑，重其轻者，轻者不至，重者不来，此之谓以刑去刑，刑去事成”[2]，“以刑去刑，国治；以刑致刑，国乱。故曰：行刑重轻，刑去事成，国强；重重而轻轻，刑至事生，国削”[3]，“重刑主义”是法家法律思想的突出内容和重要特征。他们要求“轻罪重判”，提高量刑幅度，最终达到“以刑去刑”的目的。秦朝奉行法家学说，打击儒家思想，主张峻法严刑，通过“深督轻罪”，使“民不敢犯（罪）”，达到巩固中央集权统治的目的。

对于先秦法家主张的重刑主义之“残酷性”，后世儒家给予了大量道德上的批评。但对于重刑主义的论证逻辑，儒家的鼻祖——孔子曾经以“刑弃灰于街者”为例做过“同情式理解”：“殷之法，刑弃灰于街者。子贡以为重，问之仲尼。仲尼曰：‘知治之道也。夫弃灰于街必掩人，掩人，人必怒，怒则斗，斗必三族相残也。此残三族之道也，虽刑之可也。且夫重罚者，人之所恶也；而无弃灰，人之所易也。使人行之所易，而无离所恶，此治之道也。’”[4]“弃灰于道者，刑”，本是商朝的刑法制度，并非法家首创，但到了汉儒刘向手里，却被挪用到了商鞅头上，“今卫鞅内刻刀锯之刑，外深鈇钺

[1]《商君书·定分》。

[2]《商君书·靳令》。

[3]《商君书·去强》。

[4]《韩非子·内储说上·七术》。

之诛，步过六尺者有罚，弃灰于道者被刑，一日临渭而论囚七百余人，渭水尽赤，号哭之声动于天地，畜怨积仇比于丘山”[1]。汉儒习惯于夸大秦政的酷烈程度，刘向的这番话大体已被出土秦简证伪了。不过，从孔子主张严刑峻法到商鞅实践严刑峻法，同一个案例的不同说法，是不是能够启示我们，不能简单地把重刑主义与暴政、把轻刑思想与仁政画等号？进而为我们思考儒法关系，特别是先秦时期的礼法之争提供一些新的思路呢？

4. 君生法，君守法

在法家“以法治国”的法治主张下，法律和最高统治者的关系是一个关键问题。一方面，先秦国家政治伦理中，君王确是国家社稷的承继者，但君王不等于国家社稷本身，国家社稷要重于君王个体，为臣之道是做社稷之臣而非君王个人的“人臣”。“茅门之法”的故事，表明在楚庄王的观念中，法律是为了国家社稷的存续服务的，守法之臣乃社稷之臣。而“鸡次之典”的故事[2]中蒙榖放弃了前线保卫楚王的战斗而返回抢救郢都宫殿里的法律典籍，被视为与存国相若，说明为了救国，可以舍弃君王个体，而蒙榖以社稷之臣自居，不屑于做“人臣”。国家社稷与君王、社稷之臣与人臣的两分法，为法家法治主张的展开提供了广阔的空间和前提。一国的法律在君王的主持下制定产生，一定反映了君王的意志和利益。但法律颁布以后，君王也受到了法律的约束，所谓“君臣上下贵贱皆从法”，而且君王要率先垂范，做“服法”之人。[3]法家法治主张特别强调“不为君欲变其令，令尊于君”，君王“释法行私”，乃乱法也。[4]君王应当在法律的范围内活动，君王的个人意志受制于法律，当是法家法治的题中应有之义。另一方面，法治之策，确实是法家人物供给最高统治者的国家治理之策，本身就是为了巩固和发展一国之君的最高权威，不可能设计出君王违法所应受到的法律刚性约束方案和后果。后人多有人据此认为法家的法治是不彻底的，最终会导致君王的“人治”，进而认为法家的“法治”在根本上是“人治”。这种对历史人物和思想流派的严苛评价，既脱离了时代，也不符合法家“法治”思想的本意。

二、法律制度

（一）律令简牍出土

对于秦代法律制度的状况，既有秦人“治道运行，诸产得宜，皆有法式”的自诩，也有汉代“秦法繁若秋荼，密如凝脂”的恶评，看法不同，却共同揭示了秦代法律制度

---

〔1〕《史记·商君列传》，上海古籍出版社 2011 年版，第 1728 页裴骃集解引《新序》。

〔2〕《战国策·楚策一》：吴与楚战于柏举，三战入郢，君王身出，大夫悉属，百姓离散。蒙榖给斗于宫唐之上，舍斗奔郢曰：“若有孤，楚国社稷其庶几乎？”遂入大宫，负鸡次之典以浮于江，逃于云梦之中。昭王反郢，五官失法，百姓昏乱。蒙榖献典，五官得法而百姓大治。比蒙榖之功，多与存国相若，封之执珪，田六百畛。蒙榖怒曰：“榖非人臣，社稷之臣。苟社稷血食，余岂患无君乎？”遂自弃于磨山之中，至今无冒。故不为爵劝，不为禄勉，以忧社稷者，蒙榖是也。

〔3〕参见《管子·任法》。

〔4〕参见《管子·法法》。

建设已经达到了相当规模和程度的事实。但由于历史久远，具体的法律内容和法律形式，传世的历史文献记载的并不多，大都语焉不详，一度使我们无法获得秦朝法制的概貌。自20世纪七八十年代起，秦简的相继出土和考古发现，弥补了历史文献记载的不足和缺憾。1975年12月，湖北云梦睡虎地11号墓出土竹简1155枚，另有残简80枚。内容包括：《编年记》、《语书》、《秦律十八种》、《效律》、《秦律杂抄》、《法律答问》、《封诊式》、《为吏之道》、《日书》甲种、《日书》乙种。墓主喜，生于秦昭王四十五年（前262年），卒于秦始皇三十年（前217年），是做过掌管司法的地方官吏，这些简牍应是其生前出于工作需要而抄录的秦法。喜作为一名基层司法官员，正生活于从秦国到秦朝的过渡时代，其随葬的这批竹简对于弥补秦代法律文献的缺乏产生了很大作用。2002年4月，湖南龙山县里耶古城1号井出土36000—38000枚秦代竹木简，这批简牍是秦洞庭郡迁陵县的档案，内容包括四大类：简牍和封检、祠先农简、地名里程简、户籍简牍，其丰富的内容对于秦代社会的具体了解很有帮助。

（二）秦代的主要法律形式

从睡虎地秦墓竹简所记载的秦朝法律形式来看，主要有：

（1）律，是秦朝法律最主要和最基本的法律形式，始自商鞅“改法为律”。律是朝廷就某一专门事类正式颁布的法律，在睡虎地秦简中属于法律范畴的《秦律十八种》《效律》《秦律杂抄》中，共提及了有29种律，包括《田律》《厩苑律》《仓律》《金布律》《关市律》《工律》《工人程》《均工律》《徭律》《司空律》《置吏律》《除吏律》《除弟子律》《效律》《军爵律》《传食律》《行书律》《藏律》《戍律》《捕盗律》《屯表律》《公车司马猎律》《牛羊律》《傅律》《中劳律》《内史杂》《尉杂》《属邦》《游士》。内容涉及农业、仓库、货币、贸易、徭役、置吏、军爵、手工业等方面，律也由此成为中国后世法律的主要代表形式。

（2）令，是君主或皇帝针对一时之事而以命令形式发布的法律文件，秦代有《焚书令》《挟书令》《吏见知不举令》等。根据规定，皇帝的命令有制、诏之分，“命曰制，令曰诏”，制以宣示百官，诏以布告天下。皇帝的诏令成为中国古代最基本的和效力最高的法律形式，充分显示出古代中国皇权的至高无上。

（3）式，作为一种法律形式，其内容主要是程式、格式，如《封诊式》是有关勘验、调查和审讯的法律文书格式。

（4）法律答问，是以问答的方式对法律进行解释，解释的范围包括律文内容和法律概念的含义，以及具体定罪量刑的尺度，实际上是一种有法律效力的司法解释。

（5）廷行事，是具有司法指导意义的案例。廷应指宫廷而言，行事指已行之事，这种判案成例是中国最早的判例法形态。

（三）法律制度的基本内容

1. 刑事法律

秦代刑事法律制度的主要内容包括罪名、刑罚和刑事原则三个方面。

罪名方面包括：谋反等危害皇权罪（危害皇权和国家统治秩序的犯罪被视为最严重的罪行，这类犯罪主要有：谋反、降敌、不敬君主、以古非今与挟书罪、诅咒诽谤妖言、妄言与非所宜言）、盗贼等侵犯财产和人身罪（侵犯人身安全的犯罪主要有贼杀、盗杀、擅杀、斗杀，侵犯财产安全的盗窃犯罪分为共盗、群盗，并根据盗窃数额以及盗窃对象来定罪量刑，盗牛马者要处重刑。但子盗父母、父盗子，皆不构成犯罪）、渎职罪（对于政府官员的职务犯罪主要有：任人不善、玩忽职守、贪赃枉法等）、妨害社会管理秩序（在社会治安管理中，秦朝实行连坐制，见知不举与犯者同罪，但为了防止错告与诬告，对告不实、告盗加赃与诬人等诬告罪的处罚也做了详细的规定，区分了告发不实与故意诬告的界限；在社会经济秩序管理中，国家按每户及田亩征收赋税和徭役，如不按期如数缴纳或应征，就构成犯罪。应当徭役而逃亡拒不报到的为“逋事”，已经报到而又逃亡的为“乏徭”）、破坏婚姻家庭秩序罪（秦律保护合法的婚姻家庭秩序，对已婚女子私自逃离丈夫家庭的“去夫亡”罪、男子娶别人逃亡的妻子的“娶人亡妻”罪、子对父母的“不孝”罪，都规定了不同的刑罚）。

秦代刑罚名称和种类很多，但从后人视角来看，大都比较杂乱，尚未形成体系性的制度，主要有：笞刑、肉刑、流放刑、死刑、耻辱刑和财产刑。笞刑是以竹板、木板责打犯人背部；肉刑包括黥、劓、斩左右趾、宫，肉刑多与徒刑合并使用。徒刑是剥夺犯人的人身自由并强制服劳役，包括城旦舂（男犯筑城，女犯舂米）、鬼薪白粲（男犯伐薪，女犯择米）、隶臣妾（将犯人及其家属罚作官奴婢，男为隶臣，女为隶妾）、司寇（伺察寇盗）、候（发往边地伺望敌情）。流放刑包括迁、谪，都是将犯人发往边远地区，其中谪刑仅适用于犯罪的官吏。死刑执行的名称很多，如弃市（刑人于市，与众弃之）、戮刑（先刑辱，后斩首）、磔（肢解砍头）、车裂、腰斩、枭首（处死后悬首级于木桩之上示众）、族刑（夷三族或灭三族）、具五刑（“当三族者，皆先黥、劓、斩左右趾，笞杀之，枭其首，菹其骨肉于市。其诽谤詈诅者，又先断舌，故谓之具五刑”[1]）。耻辱刑有“髡”“耐”“完”，“髡”是剃光犯人的头发、胡须和鬓毛，“耐”和“完”指仅剃去犯人的胡须和鬓毛而保留头发。财产刑有“赀”和“赎”，前者针对一般违法行为而罚交财物或罚徭役戍边，称为“赀甲”、“赀盾”、“赀徭”和“赀戍”。后者是允许已被判刑的犯人用缴纳一定财物或服劳役来赎免刑罚，从“赎耐”“赎迁”到“赎黥”“赎宫”，直至“赎死”，适用范围非常广泛。

2. 行政法律

秦统一六国后为适应“大一统”的中央集权、君主专制统治的需要，在全国范围内推行官僚制和郡县制，秦律中因而出现了大量与行政管理有关系的法律法规。如睡虎地秦简中的《司空律》《置吏律》《除吏律》《除弟子律》《军爵律》《戍律》《公车司马猎律》《傅律》《中劳律》《内史杂》《尉杂》《属邦》《游士》等，从性质上看均属于行政法律，体现出秦朝具有较高的行政管理水平。机构设置方面，中央层面的机构主要是三公九卿。“三公”指丞相、太尉、御史大夫，分别协助皇帝处理全国行政、军事和监察事务。“九卿”指奉常（掌宗庙礼仪）、郎中令（皇帝近侍，掌宫廷内警卫）、卫尉（掌宫廷外宫禁安全）、太仆（掌宫廷御马和全国马政）、廷尉（掌司法刑狱）、典客（掌外

---

〔1〕《汉书·刑法志》。

交与民族事务）、宗正（掌皇族宗室事务）、少府（掌皇室财政）、治粟内史（掌国家钱粮财政）。地方层面的机构主要是郡守和县令。郡守是一郡的最高行政长官，由朝廷任命和节制，佐官为郡尉。郡下设县，一县之长为“县令”或“县长”（不满万户的县不称“令”而称“长”），亦由朝廷任免，佐官为县丞和县尉。县以下有乡、里、亭等基层行政组织。官员管理方面，秦朝已经形成了较为完整的对官吏进行任免、管理、考核监督和处罚的制度。秦简《为吏之道》指出，“审民能，以赁（任）吏，非以官禄夬（使）助治”〔1〕，说明秦朝对官员的任职条件有了一定的要求，如忠信敬上、廉洁奉公、举事审当、以身作则、宽厚平和等。特别是能否通晓法律并严格执行法律成为“良吏”和“恶吏”的分水岭〔2〕，对于不忠于职守、不严格执行国家法律法规的行为，秦律设“犯令”、“废令”罪，“令曰勿为，而为之，是谓‘犯令’；令曰为之，弗为，是谓‘灋（法）（废）令’殴（也）”〔3〕。为了防止任用官吏上的徇私舞弊行为，秦朝还规定“任人而所任不善者，各以其罪罪之”〔4〕，即被推荐和任命的官吏犯罪，推荐和任命者须连坐，也即“保任连坐”罪。这一做法，历代封建王朝均有沿用。对于官员的监察，中央设御史大夫，专司百官监察，下设御史中丞协助。在地方各郡设监御史，负责郡内官员的监督检查。对官员的追究，根据责任的轻重和过错的大小，分别有谇（斥责）、赀（罚交财物）、免（免官，有复出的机会）、废（革职，永不叙用）、迁（流放）等处罚措施。

3. 民事法律

所有权。秦朝的所有权关系可分为国家所有和私人所有，国家所有包括皇帝的私产和各类官府所掌握的“县官财物”，私人所有既包括有爵者、士伍和百姓这类具有完全民事权利能力的民事主体，也包括商贾、赘婿、隶臣妾这类限制民事权利能力的民事主体。秦统一六国后，于公元前216年下令“使黔首自实田”〔5〕，百姓有义务向政府据实报告登记拥有土地的情况，国家承认其土地所有权。睡虎地秦简中也有关于“盗徙封”的处罚规定，“盗徙封”就是指偷偷移动田界标志，据《法律答问》解释，“封”是不准私自移动的，否则构成“盗徙罪”，科以“赎耐”。这个法令的推行，有利于土地私有制的进一步发展。

债权。秦朝债的法律关系，包括因为各类买卖、借贷、雇佣、租佃关系而形成的契约之债，因公物管理、督责不善造成损失而被追赔的侵权之债，以及不当得利之债。在秦朝，百姓“有责（债）于公”和“公有责（债）百姓未赏（偿）”，公私之间互负债务，非个别现象。秦律规定，对于百姓欠官府的债务，由县负责督促偿还，百姓无财务能力不能偿还的，可以劳役抵偿。如百姓死亡前有债未偿、官吏没有积极行使督促义务的，主管官吏代为偿还。另外为了防止出现债务奴隶，法律严禁私债的债权人强扣债务人为人质。

---

〔1〕夏利亚：《睡虎地秦简文字集释》，上海交通大学出版社2019年版，第348页。

〔2〕参见夏利亚：《睡虎地秦简文字集释》，上海交通大学出版社2019年版，第73—77页。

〔3〕夏利亚：《睡虎地秦简文字集释》，上海交通大学出版社2019年版，第268页。

〔4〕《史记·范雎列传》。

〔5〕《史记·秦始皇本纪》。

婚姻家庭继承。秦朝有大量关于婚姻家庭继承关系的法律规制和保护措施。秦律规定，两性婚姻关系须报官府登记并受到法律认可和保护，未经登记的婚姻关系不受认可和保护，因此法律禁止“去夫亡”“娶人亡妻”。在婚姻家庭关系中，夫权和父权处于支配性主导地位，同时法律对于夫权和父权的滥用也作了限制性规定。例如，丈夫有休妻的权利，但须报明官府，否则“弃妻不书，赀二甲”〔1〕；丈夫实施家庭暴力，造成妻子的耳朵撕裂、四肢折断或者脱臼，则丈夫应处耐刑〔2〕；“夫有罪，妻先告”，即对于丈夫的犯罪行为，妻子有告发的权利并免连坐之责〔3〕；禁止父亲擅杀家庭成员，父亲擅杀其子，一般黥为城旦舂。在继承方面，秦代的继承范围和内容非常广泛，有财产继承、宗祧继承、爵位继承等，家长可立遗嘱（先令），可将家庭财产指定由未成年儿子或成年女儿继承。所有这些法律规定，与后来儒家三纲理念融入法律所形成的过度偏向父权、夫权的民事法律规定制，有较大不同，体现了秦朝民事法律关系的特色。

4. 经济法律

从秦简内容来看，《田律》《厩苑律》《仓律》《金布律》《关市律》《工律》《工人程》《均工律》《徭律》《司空律》《效律》等均涉及农业生产、畜牧养殖、手工业生产和市场交易等领域的法律规制，说明秦时国家经济生活管理已经达到了相当成熟的地步。农业是立国之本，国家在中央和地方设置了“大田”“都田啬夫”等专门从事农业管理的各级官员，按《田律》《司空律》的规定，农业官员要掌握农时，及时报告受雨、抽穗的农田面积和已开垦而没有种植的农田数量以及受灾情况。对于农业劳动力的分配、劳动时间安排和种子管理，都有具体的要求。秦朝的手工业主要由官府经营，秦律对手工业产品的数量、规格、质量以及劳动力的安排和劳动量的计算，均有较详尽的规定。而《金布律》则是经济大一统在货币统一方面的具体体现，在全国范围内只允许使用国家货币，制币权归于国家，禁止民间铸币，统一货币的规格和比价，确保金、钱、布等货币形式的流通。

第二节　司法诉讼制度

一、司法机构

秦代司法机构可以划分为中央司法机关和地方司法机关两类，前者以皇帝为中心，包括丞相、御史大夫和廷尉。据记载，秦始皇“躬操文墨，昼断狱，夜理书”〔4〕、“天下

〔1〕参见夏利亚：《睡虎地秦简文字集释》，上海交通大学出版社 2019 年版，第 276 页。
〔2〕夏利亚：《睡虎地秦简文字集释》，上海交通大学出版社 2019 年版，第 251 页。
〔3〕参见夏利亚：《睡虎地秦简文字集释》，上海交通大学出版社 2019 年版，第 276 页。
〔4〕《汉书·刑法志》。

之事无大小，皆决于上”[1]，实际上行使最高司法权力。廷尉是九卿之一，专理司法，是中央最高司法机关和司法官员。由于古代中国司法权与行政权、监察权并无严格区分，因而负责中央政务的丞相和负责中央监察的御史大夫，也会负责审理皇帝交办的案件和诏狱。地方司法机关分郡、县两级，主管郡、县政务的郡守和县令，同时也相应负责郡、县的司法审判事务。郡守之下设断狱都尉，县令之下设县丞掌治狱。在基层，还有亭长、游徼、啬夫、三老等，负责处理民间纠纷或者协助案件的调查和侦缉工作。

二、诉讼制度

（一）诉讼的提起

秦代诉讼分“告”和“劾”，前者指百姓为了维护自身利益而举报他人违法犯罪，相当于现在意义上的自诉，《睡虎地秦墓竹简·封诊式》中的“争牛”“告臣”“黥妾”等记载属于此类；后者指官吏（如御史等）为了维护国家利益而对犯罪嫌疑人提起的诉讼，相当于现在意义上的公诉，《睡虎地秦墓竹简·封诊式》中的“盗马”“群盗”“贼死”“经死”等均属此类。秦朝一方面鼓励告奸，但也有限制告诉的情况，“贼杀伤、盗它人为‘公室’；子盗父母，父母擅杀、刑、髡子及奴妾，不为‘公室告’。子告父母，臣妾告主，非公室告，勿听”[2]。公室告是对他人的杀伤和盗窃行为的控告，官府应予以受理，百姓也有及时告发的义务；非公室告是指父母控告子女盗窃自己的财产，以及子女控告父母、奴妾控告主人对自己施加私刑的行为，官府则不予以受理。若当事人坚持告发，则告者有罪。另外，秦朝实行什伍连坐制和奖励告奸制，为防止诬告、滥告行为，秦律规定“告不审”“告盗加赃”“诬告反坐”等原则，以禁止诬告和轻罪重告的情况发生。

（二）诉讼程序

诉讼提起，司法机关决定受理后，诉讼程序随即展开。从秦简来看，这一过程主要包括传原被告到庭，“两造具备”，进行讯问和调查，制作爰书、读鞫和乞鞫等。在案件审理过程中，必经程序是对举告人、被告人和证人的讯问，其中尤以讯问被告人获得口供最为重要。《封诊式》有“讯狱”和“治狱”各一篇，规定了审讯的基本方法。首先，认真听取陈述，详加记录。“凡讯狱，必先尽听其言而书之。”在听取过程中，不得打断受讯者的陈述，即使明知他的陈述有诈，也不要马上诘问。其次，反复诘问，直到问题清楚。在受讯者陈述完毕之后，对其未交代清楚的问题进行诘问，并记录其辩解的理由，如还有问题未交代清楚，应继续诘问，直到受讯人理屈词穷。最后，依法进行拷打。如果受讯者理屈词穷，但仍狡猾抵赖且出尔反尔，审讯者可以依照法律拷讯，但是，这种拷讯必须记录在案，且说明理由。这说明秦朝时已经意识到了刑讯可能带来的不良后果，因而推行有条件的刑讯原则，即在一般情况下不提倡刑讯，认为“能以书从迹其言，毋笞掠而得人情为上；笞掠为下”[3]。但对于犯罪嫌疑人回答问题不实或者有狡

---

〔1〕《史记·秦始皇本纪》。

〔2〕夏利亚：《睡虎地秦简文字集释》，上海交通大学出版社 2019 年版，第 259 页。

〔3〕夏利亚：《睡虎地秦简文字集释》，上海交通大学出版社 2019 年版，第 296 页。

辩倾向、拒不认罪时，“诘之极而数訑，更言不服，其律当笞掠者，乃笞掠”〔1〕。在案件审讯时，须将审讯经过、参加人员、被告人口供以及证据等一一记录，最后形成案情报告——“爰书”。审讯结束后，官吏对案件作出判决并予以宣读，称为“读鞫”。若当事人不服从判决，允许其申请复审，称为“乞鞫”。主持审判的官员，秦律规定必须按照事实、依据法律作出判决，否则就要承担“失刑”“不直”“纵囚”等法律责任。法官责任中，属于主观过失的错判，属于“失刑”罪；属于主观故意的错判，轻罪重判、重罪轻判的，为论狱“不直”罪；有罪故意漏判、有罪故意判无，为“纵囚”罪。

（三）秦代法律的历史地位

秦文化落后于东方六国，但秦国后来居上，建立了大一统的帝国。秦祚虽短，但制度文明影响深远，“百代皆行秦政法”，体现出了巨大的创制精神。对于秦律的特点及历史影响，可以用秦律为“中国第一律”来加以概括。〔2〕

首先，秦国“改法为律”，首创了“律”这种成文法律形式，开启了中国后世以律为主的制定法体系，历史影响深远。“魏文侯师于里悝，集诸国刑典，造《法经》六篇：一、盗法；二、贼法；三、囚法；四、捕法；五、杂法；六、具法。商鞅传授，改法为律。”〔3〕商鞅变法的主要内容是“耕战”，即“内务耕稼，外劝战死之赏罚”。“耕稼”意味着彻底放弃以往的狩猎、游牧等落后的生活方式和习惯，以较先进的农业“耕稼”为主要生活方式。“废井田，开阡陌”就是对旧有土地制度的改造和创新，使秦国的耕稼更具活力。商鞅变法对家庭结构及家族制度进行了很大的更新和规制，除了“民有二男以上不分异者，倍其赋”，使个体家族从父家长大家族中脱颖而出以外，也取消了“公室”公族及宗法族长的特权，如“宗室非有军功论，不得为属籍”，父亲对子女、奴婢的人身权利进一步受到限制〔4〕。从内容上看，秦律承上启下，既有沿袭西周以来以墨、劓、刖、宫为主的残酷肉刑体系和种类繁多的死刑执行方式的一面，同时在行政上废除封国制和世卿世禄制度并推行由中央直辖的郡县制度，在刑罚上更多采用城旦舂、鬼薪白粲、隶臣妾等有利于解放劳动力的徒刑和劳役刑，以及广泛适用赀甲、赀盾等财产刑，均体现了刑制进步的正确方向。正是在秦朝时期，中国社会完成了从西周封建贵族政治向秦始皇以后帝国君主专制政治的过渡和蜕变。

其次，秦朝是中国统一王朝中第一个也是唯一一个将“以法治国”奉为治国理政基本方略的朝代，其法律观念和法治精神奠定了中华法系法治文明的基础。在西方法律思想史上，古希腊亚里士多德（前384—前322年）是第一个明确提出法治的概念并对其进行具体论述的思想家，他在强调“法治应当优于一人之治”后，认为法治应当包含两层含义，即“已成立的法律获得普遍的服从，而大家所服从的法律又应该本身是制订得

---

〔1〕夏利亚：《睡虎地秦简文字集释》，上海交通大学出版社2019年版，第297页。

〔2〕参见闫晓君：《秦律：中国“第一”律》，载《法学》2020年第11期。

〔3〕刘俊文点校：《唐律疏议·名例》，法律出版社1999年版，第2页。

〔4〕《法律答问》：“‘擅杀子，黥为城旦舂。其子新生而有怪物其身及不全而杀之，勿罪。’今生子，子身全殹（也），毋（无）怪物，直以多子故，不欲其生，即弗举而杀之，可（何）论？为杀子。”

良好的法律”[1]。他的法律至上和良法之治成为其法治思想的著名论断并成为近现代西方法治思想的源泉。大约与此同时甚至更早，在东方春秋战国时代的中国，一个主张将法律奉为治国圭臬的法家群体也正在崛起，并以法律治国理念主导了各诸侯国的变法实践。尤其商鞅变法（前356—前338年），取得了巨大成效，其后六世秦王奉法而治，最终统一六国，建立秦朝。秦朝虽二世而亡，但以法律强力推行的“车同轨、书同文、行同伦、地同域、量同衡、币同形”的制式文化标准，为大一统中国留下了最深刻的烙印。可以毫不夸张地说，以商鞅为代表的法家群体在变法实践中形成的关于法律如何治国的理论和学说，其高度和深度足以与西方同时期的法治思想相媲美。虽然秦亡汉兴以后，法律儒家化思潮给中华法系披上了伦理法、道德法的外衣，甚至导致历代王朝因为“以德治国”的美誉而不敢再公开宣称“以法治国”的口号并出现了“刑为盛世所不能废，而亦盛世所不尚”这样对法治的歧视性意见。[2]但“循名责实”“法网恢恢，疏而不漏”“王子犯法与庶民同罪”的法治理念，仍然深入人心。那些所谓“中国古代没有法治的土壤和种子”“法家法治思想在本质上是人治”的种种说法，完全隔断了中国当代法治与传统和历史的联系，是缺乏文化自信的表现。秦朝作为中国历史上第一个奉法律为圭臬的朝代，其法治主义理论和治国理政的实践经验，在倡导全面“以法治国”的当下，无疑值得进一步挖掘和传承。

最后，就法治思维而言，秦朝的法治思想带有明显的法治形式主义特征，其形式法治理念代表了中国传统法治思想的最高峰。法家对法律本质的认识，常与度量衡器具相联系。“尺寸也、绳墨也、规矩也、衡石也、斗斛也、角量也，谓之法”[3]，“法者，国之权衡也”[4]，意在强调法律本身的标准性、客观性，以及行法的平等性、一体性和公平性，所谓“法不阿贵，绳不挠曲。法之所加，智者弗能辞，勇者弗敢争。刑过不辟大臣，赏善不遗匹夫”[5]。在法律的价值上，强调“公法”的性质，即法律是为国家整体利益、根本利益服务的，包括君王在内的各级社会成员，都应当服从法律，“夫立法令者以废私也，法令行而私道废矣。私者所以乱法也”[6]，坚决反对君臣释法任私。这表明法家对法律的理解是一种形式理解、机械理解，完全依据法律的字面意思和文义来守法、执法和司法，在法律运行的各个环节，不允许掺杂个人意见和个人理解，亦不考量和评判法律行为背后的目的和动机。韩昭侯“兼罪典衣与典冠”的案例比较形象地说明了法家对法律的形式主义的机械理解和客观归罪的立场，韩昭侯认为，赏罚官员的标准，就是看官员是否严格依据法定岗位职责履行职务。韩昭侯作为一代君王，认识到不依法行使职权对国家管理秩序的危害要大于君王个人感冒的危险，这和近代行政法“依法行

〔1〕［古希腊］亚里士多德：《政治学》，吴寿彭译，商务印书馆1965年版，第199页。

〔2〕参见纪昀等纂：《武英殿本四库全书总目·史部·政书类·法令之属案语》（第23册），国家图书馆出版社2019年版，第283—284页。

〔3〕《管子·七法》。

〔4〕《商君书·修权》。

〔5〕《韩非子·有度》。

〔6〕《韩非子·诡使》。

政”的理念有着异曲同工之妙，这看似机械理解法律的背后，表明春秋战国时期诸侯国最高统治者的法律理念已经达到了很高的水准。当然，对法律和法治的绝对形式理解本身有很多问题，比如说法律文字的不周延性、概念边缘的模糊性、条文所包含价值的单一性以及机械司法所导致的法官积极性的减退和不负责任等，故战国末期秦王嬴政重赏侍医越权击打荆轲的行为[1]和秦朝时期《睡虎地秦简·法律答问》所体现的法律解释，已经摆脱了此前对法律的僵化、机械理解，对因社会发展、时代变迁及情势变化导致出现的复杂情况进行了灵活处理，在一定程度上将犯罪行为人的目的、动机因素纳入法律评价和法律考量之内。这种进步，仍然属于形式解释本身的完善，即不寻求法律以外的逻辑，而是追寻法律文本中固有的意义，在语义射程范围之内展开对法律和事实的解释。这种形式理解法律的思维方式，形成了守文是中国法治传统基本要求的理念，这与汉代春秋决狱后“原心论罪”、实质解释法律的思维方式形成了鲜明对比。

重要名词术语

深督轻罪、廷行事、城旦舂、赀刑、非公室告

思考题

1. 秦代法律制度主要体现了哪些学派的思想？
2. 与后代相比，秦代法律制度有哪些特点？
3. 如何客观评价秦代法律制度的历史地位？

典型案例分析

案例一

关于秦末农民起义的发生，据《史记·陈涉世家》，“二世元年七月，发闾左適戍渔阳，九百人屯大泽乡。陈胜、吴广皆次当行，为屯长。会天大雨，道不通，度已失期。失期，法皆斩。陈胜、吴广乃谋曰：‘今亡亦死，举大计亦死；等死，死国可乎？’”，另据《睡虎地秦墓竹简·秦律十八种·徭律》，“御中发徵，乏弗行，赀二甲。失期三日到五日，谇；六日到旬，赀一盾；过旬，赀一甲。其得殹（也），及诣。水雨，除兴。兴徒以为邑中之红（功）者，令结（嫴）堵卒岁。未卒堵坏，司空将红（功）及君子主堵者有罪，令其徒复垣之，勿计为徭”。

从法制的角度，分析秦二世而亡的历史真相和教训。

---

〔1〕《史记·刺客列传第二十六》：柯既取图奏之，秦王发图，图穷而匕首见……荆轲逐秦王，秦王环柱而走。群臣皆愕，卒起不意，尽失其度。而秦法，群臣侍殿上者不得持尺寸之兵，诸郎中执兵皆陈殿下，非有诏召不得上。……是时侍医夏无且以其所奉药囊提荆轲也。……于是左右既前杀柯，秦王不怡者良久。已而论功，赏群臣及当坐者各有差，而赐夏无且黄金二百溢，曰：“无且爱我，乃以药囊提荆轲也。”

案例二

《睡虎地秦墓竹简·封诊式·告臣》爰书：某里士五（伍）甲缚诣男子丙，告曰："丙，甲臣，桥（骄）悍，不田作，不听甲令。谒买（卖）公，斩以为城旦，受贾（价）钱。"讯丙，辞曰："甲臣，诚悍，不听甲。甲未赏（尝）身免丙。丙毋（无）病殹（也），毋（无）它坐罪。"令令史某诊丙，不病。令少内某、佐某以市正贾（价）贾丙丞某前，丙中人，贾（价）若干钱。丞某告某乡主：男子丙有鞫，辞曰："某里士五（伍）甲臣。"其定名事里，所坐论云可（何），可（何）罪赦，或覆问毋（无）有，甲赏（尝）身免丙复臣之不殹（也）？以律封守之，到以书言。

结合此案，分析并评价秦代诉讼程序的制度规定以及"皆有法式"的制度水准。

第五章　汉代法律

【内容提示】

汉代分为西汉和东汉两个时期。公元前206年，刘邦攻入汉中，逼迫秦王子婴投降，又经过四年的楚汉战争，公元前202年，刘邦打败项羽，称帝于长安，史称西汉。公元25年，刘秀称帝，重建汉朝，迁都洛阳，史称东汉。由于东汉政权自称延续了西汉皇室血脉，在政治制度和法律制度上全面继承了西汉政权，故本章重点介绍西汉法制。

西汉王朝建立后，一方面"汉承秦制"，汉代法律制度在制定法层面仍然沿袭了秦法的基本内容，司法官员仍为法家出身，其法律思维仍然秉持形式法治的理念；另一方面，统治集团反思并吸取秦二世而亡的深刻教训，将秦亡的原因部分归咎于严刑峻法激化了社会矛盾，秦时作为国家主流意识形态的法家学说开始变得声名狼藉，崛起于春秋战国变法时代的法家思想在汉初发生了由盛而衰的大转折。为重构汉初的国家统一秩序，主张"与民休息""无为而治"的黄老思想代替法家思想成为治国的指导思想，"休养生息"成为基本国策并成就了文景帝时期以废除肉刑为目标的刑制改革。但文景之治后，地方诸侯王尾大不掉和北方匈奴威胁日强也要求统治集团变黄老"无为"为"积极有为"，在汉武帝"罢黜百家，独尊儒术"后，儒家思想开始成为主流意识形态，以董仲舒为代表的春秋决狱就是儒家思想在司法层面对汉代法律制度的渗透和侵蚀，由此开启了中国法律儒家化的进程，封建正统法律思想开始形成。

汉代最基本的法律是由《九章律》《傍章律》《越宫律》《朝律》构成的汉律六十篇，法律形式主要有：律、令、科、比。根据传世历史文献的记载和敦煌汉简、居延汉简和楼兰汉简、银雀山汉简和张家山汉简等简牍的发现，汉代职官制度、刑事法律、民事经济法律和司法诉讼制度均在汉承秦制的基础上，有了进一步的发展。以尚书为代表的中朝官崛起，尚书台取代三公九卿成为实际的中央中枢机关。对于汉初形成的封国制与郡县制并行的局面，景帝的"削藩"和武帝"推恩令""左官律""阿党附益法""酎金律"等一系列削弱诸侯国的措施，才最终解决了诸侯割据的问题，使得汉代完全确立了地方郡县两级行政管理体制。在职官的选拔和任用方面，汉初开始实行察举、征辟、任子、赀选等制度，对官吏的考核包括自下而上的上计与自上而下的考课。汉代刑事立法开始建立较完备的罪名体系，包括反逆罪、不敬罪、矫制罪、阑入与失阑罪、首匿罪与见知故纵、通行饮食罪、左官与阿党附益、私出国界、逾制罪等，其中刑法原则有：上请、亲亲得相首匿、恤刑。汉代对刑罚体系改革的最大举措是文景时期的刑罚改革，基本确定了中国刑罚演进的方向，肉刑从此不再作为刑罚的主体，为刑罚体系从上古五刑（黥、劓、刖、宫、大辟）向中古五刑（笞、杖、徒、流、死）的过渡，奠定了必要的基础。民事经济法律则体现在土地与赋税、重农抑商与禁榷、婚姻家庭继承制度等方面。司法诉讼制度中录囚和大赦值得关注，而以董仲舒为代表的春秋决狱则是汉代司法制度中另一个极为显著的面相。首先，春秋决狱是在汉初疑狱奏谳制度的历史背景下，儒家春秋经义思想作为一种法律资源被引入司法实践之中；春秋决狱的基本精神是"原心论罪"，其实际是对汉律做了实质解释，并没有以春秋经义取代汉律而成为法律适用的标准。春秋经义在春秋决狱中的贡献，主要是儒家守经、权变思想中的辩证关系转化为法律思维方法，而非经义原则转化为法律原则。董仲舒春秋决狱，改变了中国自公元前7世纪起开始形成的形式法治理念，开启了向实质法治理念的过渡，这一方面对当时的汉律有补阙纠偏的功能，是法律缺陷的修补机制；另一方面，董仲舒作为春秋决狱制度的开创者，埋下了破坏汉代法治的恶劣基因。

第一节　重构统一秩序与封建正统法律思想的形成

一、秦亡与法家学说的变化

秦始皇于公元前210年病逝，4年后统一的大秦帝国就轰然倒塌。秦朝的速亡，给了汉初统治集团极大的震撼，总结秦亡的原因，成了汉初几十年中讨论的中心话题。"虽然这些谜团通常集中在对秦朝的道德或智慧缺陷的思量中，比如过分残暴的法制，抛弃古代先贤的智慧，等等，然而考古学和文献资料证明，这些批评都属于服务于汉朝利益的政治宣传，与秦的政策或它的灭亡没有关系。"〔1〕将秦亡的原因部分归咎于严刑峻法〔2〕，秦时作为国家主流意识形态的法家学说开始变得声名狼藉，法家思想在汉初发生了由盛而衰的大转折。此后，好申韩之术者虽代有其人，却都开始打着诸子百家其他的旗号而羞于以法家面貌示人，开始了法家思想加速与儒、道等诸子百家的融合。

诸子百家之间思想观念的互相吸收和融合的现象，从战国晚期开始已有端倪。如荀子以孔子继承人自居，"隆礼重法"，已经儒法融合，其弟子韩非和李斯均是法家重要人物，"是时，诸侯多辩士，如荀卿之徒，著书布天下"〔3〕，甚至有"汉代经师，不问为今文家古文家，皆出荀卿"的说法〔4〕。秦始皇信奉阴阳家的学说，又促使许多儒生将大量阴阳五行和天人感应之类的内容掺入儒家思想之中，成为儒生兼方士以谋生（仕），汉初今文经学讲天人感应、阴阳灾异，武帝后成为官方扶持的主流儒家学派。商人出身的吕不韦在秦庄襄王、秦王政时期为相十三年，一度掌舵秦国的大政方针，其组织编撰的带有

〔1〕［美］陆威仪：《早期中华帝国：秦与汉》，王兴亮译，中信出版社2016年版，第71页。

〔2〕陆贾：《新语·无为》："秦非不欲为治，然失之者，乃举措暴众而用刑太极故也。"

〔3〕《史记·吕不韦列传》。

〔4〕参见梁启超：《清代学术概论》，上海古籍出版社2019年版，第137页。

政纲性质的《吕氏春秋》提倡君道无为、以德治为主以赏罚为辅、忠孝礼乐、重商等政治主张，一方面说明了即使在秦国统治集团内部，也有着对法家思想进行修正完善的动力和压力；另一方面，世人对《吕氏春秋》多有“杂家”的印象。但班固在第一次将《吕氏春秋》列入“杂家”之时，就说过杂家“兼儒墨，合名法，知国体之有此，见王治之无不贯”[1]，说明班固所谓的“杂”，乃“会聚”之褒义，非“杂糅”的贬义。《吕氏春秋》以道家为本，以儒家为宗，以法家为用，反映了战国末期诸子百家由对立向相互融合的发展趋势，为秦亡汉兴之际中国主流意识形态的更迭打下了思想基础。

二、从“黄老无为”到“独尊儒术”

汉朝法律思想有两次比较大的转变，一是汉初从秦代的法家思想转变为黄老无为思想，二是汉武帝时期从黄老思想转变为儒家思想。

黄老思想是道家的一个分支，黄老分指黄帝和老子，其继承发扬了老子《道德经》中的经世致用理念，从 1973 年湖南长沙马王堆汉墓出土的《老子》乙本卷前《经法》《十六经》《称》《道原》这四种古佚书[2]来看，黄老之学将儒家的仁义思想和法家的法术融入自己的道家学说之中，认为统治者只有做到“安徐正静”，对老百姓少加干预，多行仁政，才能实现天下大治。汉初经历长期的战乱，社会一片凋敝的景象，人口锐减，国库空虚，财政困难，社会物资极度匮乏，“自天子不能具醇驷，而将或乘牛车”[3]。为了缓解当时的社会矛盾，巩固封建统治，恢复社会经济，汉高祖决定采取“与民休息”的政策。一是尽快将人民安置在土地上，劳力归农；二是采取轻徭薄赋的措施，在徭役方面，不仅缩短人民服役年限，而且规定可以以钱代役。在田租上，高祖“轻田租，十五而税一”，文景两朝更减至三十税一。这样，黄老无为而治的思想就顺理成章地代替了法家法治思想，成为汉初治国理政的主要指导思想。陆贾曾应刘邦之约，总结秦亡的教训撰《新语》，淮南王刘安组织撰写《淮南子》，均阐发了“重德轻刑”“无为而治”的黄老理论。汉初的重要政治人物，如萧何、曹参、吕后、陈平、汉文帝、窦太后，也都笃好黄老之学。汉初七十年休养生息的政策，使中国出现了第一个盛世——文景之治。据《汉书·食货志》记载，汉初至武帝即位的七十年间，由于国内政治安定，只要不遇水旱之灾，百姓总是人给家足，郡国的仓廪堆满了粮食。太仓里的粮食由于陈陈相因，致腐烂而不可食，政府的库房有余财，京师的钱财有千百万，连串钱的绳子都朽断了。这是对文景之治十分形象的描述，为汉武帝的文治武功打下了坚实的经济基础。

汉初国力强盛的背后是内忧外患的隐忧，对内因分封制而诸侯尾大不掉之势，对外以和亲而与匈奴关系中无奈的“隐忍”，故有抱负的君王往往倾向于积极有为，不再满

---

〔1〕《汉书·艺文志》。

〔2〕 唐兰《马王堆出土〈老子〉乙本卷前佚书的研究》(《考古学报》1975 年第 1 期)一文中认为，这 4 篇古佚书就是《汉书·艺文志》里所说的《黄帝四经》，这 4 篇古佚书与《老子》合在一起，应是黄老之学的主要经典之一，故人们又把它叫作《黄老帛书》。

〔3〕《汉书·食货志》。

足于维持现状、无为而治。“当西汉统治者愈来愈需要粉饰绝对君权的理论的时候，所谓黄老学说却愈来愈显得不中用”〔1〕，到了文景之际，精通《左传》的贾谊，首用《尚书》语言称说政治问题的晁错，从理论上重新阐述了君主绝对专制的必要性。尽管景帝母亲窦太后“好黄老之术”“好老子言，不说儒术”〔2〕，但景帝为太子刘彻安排的太子少傅王臧就是儒生，说明汉武帝从很小的时候就开始受到专门的儒家教育〔3〕，其亲政元年实施的“建元改制”便是以儒学取代黄老之学的首次尝试和努力。建元六年（前135年），“及窦太后崩，武安侯田蚡为丞相，绌黄老刑名百家之言，延文学儒者数百人”〔4〕。田蚡死后，平民出身、以“春秋杂说”起家的公孙弘被提拔为丞相。汉武帝即位后，曾数次召集贤良文学们询问治国安邦之策略，董仲舒提出了“天人感应”“大一统”“罢黜百家，独尊儒术”三项主张，在理论上解决了汉武帝必须要削藩，必须要实行皇帝高度集权的问题。儒家学说由此成为封建王朝主流的治国理念，而黄老之术就此退出了历史舞台。

三、董仲舒新儒家与封建正统法律思想的形成

董仲舒（约前179—前104年）是西汉著名的思想家，河北广川人，专治《春秋公羊传》，今文经学大师，景帝时为博士。武帝即位后，他以贤良身份三次对策朝廷而备受赏识，先后任江都王相和胶西王相。后辞职居家著书，仍受武帝尊重，朝廷每有大议，即派人就其家征询意见。存世的董仲舒主要著作是《春秋繁露》，其政论载于《史记·儒林列传》《汉书·董仲舒传》等书中。董仲舒以《公羊春秋》为基础，继承孔孟以来儒家思想，吸收黄老道家、阴阳五行、法家等诸子百家学说，主张“天人感应，君权神授”“春秋大一统”“罢黜百家，独尊儒术”以及“三纲五常”“孝道”“仁政”等，迎合了汉武帝时期加强君权和中央集权、统一思想的需要，形成了一个新的儒学神学理论体系并成为国家社会主流意识形态。其法律思想包括将“三纲五常”确立为国家法制的指导原则和标准〔5〕，提倡德刑相辅、大德小刑的刑罚原则和“春秋决狱”“原心论罪”“司法则时，秋冬行刑”的司法精神，初步构建起了封建正统法律思想的基本形态，对后世封建社会的法律思想影响深远。

封建正统法律思想的形成，有一个历史的过程。通常认为，董仲舒在“天人三策”

---

〔1〕 朱维铮:《中国经学史十讲》，中信出版社2020年版，第83页。

〔2〕《史记》明言窦太后好黄老之术而反对儒术的主要篇目有:《封禅书》《魏其武安侯列传》《儒林列传》《万石张叔列传》等。又，《汉书·外戚传》:“窦太后好黄帝、老子言，（景）帝及太子诸窦不得不读《黄帝》、《老子》，尊其术。”可见汉景帝“不好儒”，实因迫于母威而不得已。

〔3〕 景帝中元五年（前145年），廷尉上奏防年杀继母案，防年的陈姓继母杀死防年的父亲，防年因而怒杀继母，依律杀母以大逆论。景帝询问在旁时12岁的太子刘彻的意见，刘彻回答:“夫继母如母，明不及母，缘父之故，比之于母。今继母无状，手杀其父，则下手之日，母恩绝矣。宜与杀人者同，不宜与大逆论。”景帝从之。汉武帝为太子时断防年杀继母案，就思维方式而言，与董仲舒春秋决狱案例如出一辙，可谓汉律实质解释之先声。见《通典·刑法四》卷一六六。

〔4〕《史记·儒林列传》。

〔5〕 三纲指君为臣纲、父为子纲、夫为妇纲，五常即仁、义、礼、智、信。

中提出“诸不在六艺之科，孔子之术者，皆绝其道，勿使并进”[1]后，汉武帝就采取了“罢黜百家，独尊儒术”的建议，从此儒学独尊。事实上，汉承秦制，法家作为主流意识形态不再，但流风仍存，汉武帝时期真正的治国策略是“阳儒阴法”，他仅仅对儒学的各种粉饰太平的仪式和理论感兴趣，至于儒学倡导的教化人心、轻徭薄赋、仁政爱民一类真正代表儒家本质和核心的主张，他一概弃而不用；另一方面，在实际政治运作中，却重用法术之士，如倚重的大臣张汤、杜周、赵禹等都做过主管司法的廷尉，且都是执法严苛的“酷吏”，是明显偏于杀伐、苛察严酷的法家的路子。即使到了汉昭帝时期那次著名的盐铁会议，代表政府发言的御史大夫桑弘羊仍然以法家学说作为指导思想，主张法治，特别推崇严刑峻法的作用。汉宣帝时期废除了首匿连坐法，第一次将亲亲得相首匿原则入律，这是对商鞅变法以来法家制度的重大变革，即使如此，宣帝时期仍然多用文法吏而少用儒生，并以“汉家自有制度，本以霸王道杂之，奈何纯任德教，用周政乎！且俗儒不达时宜，好是古非今，使人眩于名实，不知所守，何足委任！”[2]来严肃教育时为太子、主张重用儒生的汉元帝。这说明汉武帝采纳董仲舒“罢黜百家，独尊儒术”后相当长时间里，汉朝真正的统治策略是“霸王道杂之”而非“独尊儒术”。直到东汉章帝建初四年（79 年）白虎观会议，产生了法典化的经学著作《白虎通义》，封建正统法律思想才算正式形成。此后，马融、郑玄等汉儒主动介入律学，律令章句学盛行，表明儒家对汉律获得了广泛的解释权，法律儒家化才越来越深入。

第二节　法律体系

一、汉简与汉律

汉简，是指中国两汉时代遗留下来的简牍，主要分为边塞汉简和墓葬汉简两类。边塞汉简有敦煌汉简、居延汉简和楼兰汉简，20 世纪初以来主要发现于甘肃、内蒙古和新疆等西北边塞地区的官署（如都尉、候官治所等）和烽燧的遗址里，以木简为主[3]；墓葬汉简主要有银雀山汉简和张家山汉简，前者于 1972 年在山东临沂银雀山一号、二号汉墓出土，共计 4974 枚竹简，包括《孙子兵法》《孙膑兵法》《尉缭子》《管子》等古佚书和《守法》《守令》等战国时期齐国法令。后者于 1983 年 12 月至 1984 年 1 月在湖北江陵张家山 M247、M249、M258 三座西汉前期汉墓出土，共计一千余枚竹简，包括《历谱》《二年律令》《奏谳书》《脉书》《算数书》《盖庐》《引书》和遣策共八种，涉及汉代法律、军事、历法、医药、科技诸多方面。其中《二年律令》应是从汉高祖五年到吕后二年时

〔1〕《汉书·董仲舒传》。

〔2〕《汉书·元帝纪》。

〔3〕其中居延汉简中的《甘露二年丞相御史律令》是西汉宣帝时期张掖郡执行朝廷通缉在逃要犯命令的情况，这是迄今为止我国发现的最早的一篇通缉令。

施行的律令，现已整理出27种律和1种令[1],《奏谳书》是议罪案例的汇编，包含春秋至西汉时期的22个案例。历史文献中汉代律令散失严重,《二年律令》和《奏谳书》的出土，大大推进了汉代法律史的研究。另外，距发现《二年律令》和《奏谳书》的M247号汉墓相距约400米处的M336号汉墓，1985年发掘出土竹简八百余枚，包括《功令》《汉律十六章》《彻谷食气》《盗跖》《祠马禖》《七年质日》和遣策七种文书，其中《功令》由若干条“令”集成，是任免官吏令文的汇编。而《汉律十六章》的抄写年代为汉文帝二年至七年（前178—前173年），其中《囚律》《迁律》《厩律》《朝律》不见于《二年律令》，系首次发现，进一步推进了汉代法律史的研究。

二、汉朝的立法活动

公元前206年，刘邦率军首先攻入咸阳灭秦而称王关中，曾宣布著名的“约法三章”:“杀人者死，伤人及盗抵罪，余悉除去秦法。”[2]“约法三章”虽是临时性的权益措施，但体现了汉代统治者对秦法的否定性评价，这应是汉代历史上第一次立法活动。楚汉战争结束后，汉高祖又深感三章之法“不足以御奸”,“犹网漏吞舟之鱼”[3]，遂令萧何、韩信等开始进行大规模的立法活动。萧何以秦律为本，在原《法经》盗、贼、囚、捕、杂、具六篇基础上，增加户、兴、厩三篇，是为《九章律》[4]，为汉代最基本的正律。随后，惠帝时期叔孙通修订有关朝仪和宗庙仪法十八篇，与《九章律》一同被记录和收藏，因此得名《傍章律》(亦称《汉仪》)，意为《九章律》的补充。汉武帝时期廷尉张汤为警卫宫禁，制定《越宫律》二十七篇，中大夫赵禹为规范诸侯百官朝会天子，制定《朝律》六篇。《九章律》《傍章律》《越宫律》《朝律》构成汉律六十篇，为汉代的基本法律。

除了汉律六十篇外，据历史文献记载，汉武帝时期还制定颁布过《酎金律》《左官律》等单行法律法规。而从张家山汉简《二年律令》中，还可以发现大量单行法规，如《告律》《亡律》《田律》《置吏律》《效律》《金布律》，与之前睡虎地秦简中的律名相对照，汉初立法可以说全面沿袭了秦律，“汉承秦制”，所言不虚。

三、汉朝的法律形式

汉代的法律形式主要有：律、令、科、比。

与秦朝一致，律也是汉代最基本的法律形式，由朝廷制定颁行并长期稳定适用。令是皇帝发布的诏命，并经过一定的立法程序而成为一种具有普遍适用性的法律形式，其

---

〔1〕律二十七种（贼律、盗律、具律、告律、捕律、亡律、收律、补律、钱律、置吏律、均输律、传食律、田律、□市律、行书律、复律、赐律、户律、效律、傅律、置后律、爵律、兴律、徭律、金布律、秩律、史律）和令一种（津关令）。

〔2〕《史记·高祖本纪》。

〔3〕《汉书·刑法志》。

〔4〕根据睡虎地秦简所载律名来看，户律和厩律作为律名已经出现，兴律之律名虽未见秦简之中，但以秦律的细密繁杂，兴律想必不会阙如。从《晋书》《唐律疏议》起，传统观点一直渲染户、兴、厩三篇为萧何创立并突出《九章律》与《法经》的远承关系，其潜在目的在于调低《九章律》与秦律的直接渊源关系。因此,《九章律》应该是直接承继秦律的产物，即《汉书·刑法志》所谓“相国萧何捃摭秦法，取其宜于时者，作律九章”。

标志就是王者之命结尾的“具为令”“著为令”“议为令”“议著为令”等用语。律和令都是君主意志的体现，所谓“天子诏所损益，不在律上者为令”〔1〕，“前主所是著为律，后主所是疏为令”〔2〕。汉朝律令并进，数量越来越多，到武帝时已达三百五十九章。尤其令因立法程序较为灵活简单，数量和内容越来越浩繁庞杂，宣帝时不得不进行律令的整理厘定工作，如把令按时间顺序分为“令甲”“令乙”“令丙”等，或者以内容性质为名的《金布令》《宫卫令》《秩禄令》等，或者按照官署机构分为《廷尉挈令》《光禄挈令》《大鸿胪挈令》等。但总体说来，这种整理编纂远比不上后世“编令”“编敕”之严格，故有“魏晋以后，律令之别极严，而汉则否”〔3〕的说法。终汉之世，汉律令体系交叉、分类不明的缺陷一直存在。

科的本义为程品等级，“科谓诸率取数于禾者，从而区分，别其差等，故从禾从斗。斗以量而区分之也，因之凡诸程品皆谓之科。故有科目、科则之偁”〔4〕。科的作用在于具体规范、禁约某种对象行为，“科为事条”正是指科以具体条例补充律令，可以理解为律令的实施细则。目前所见汉科有：首匿之科〔5〕、宁告之科〔6〕、异子之科、投书弃市之科〔7〕。

比是汉代文献中常见的法律术语，“比谓类例”，一般称“决事比”，渊源于秦代的“廷行事”，是指已经判决并经朝廷认可的案例故事，具有法律拘束力，可作为法官断案的依据。同时，比又是一种司法类推方式，汉初用于疑难案件的处理，“县道官疑狱者，各谳所属二千石官，二千石官以其罪名当报之。所不能决者，皆移廷尉，廷尉亦当报之。廷尉所不能决，谨具为奏，傅所当比律令以闻”〔8〕。比在汉代司法实践中数量巨大，汉武帝时就有“死罪决事比万三千四百七十二事”。董仲舒引春秋经义断狱，形成《春秋决狱》决事比二百三十二事，亦可见比在汉代应用广泛，影响深远。比一方面弥补了汉律令之缺陷和不足，有效解决了疑难案件的法律适用依据问题，在汉承秦制的情况下，为在司法层面注入儒家精神打开了方便之门；同时，由于比的数量巨大，形成的年代不同，不免前后矛盾，与律令也多有抵牾，“文书盈于几阁，典者不能遍睹。是以郡国承用者驳，或罪同而论异。奸吏因缘为市，所欲活则傅（附）生议，所欲陷则予死比，议者咸冤伤之”〔9〕，法制的统一遭到破坏，不可避免地走向司法腐败。

〔1〕《汉书·宣帝纪》。

〔2〕《汉书·杜周传》。

〔3〕 程树德：《九朝律考》，中华书局2006年版，第11页。

〔4〕 汤可敬：《说文解字今释》（增订本二），上海古籍出版社2018年版，第1010页。

〔5〕《后汉书·梁统列传》：“武帝军役数兴，豪杰犯禁，奸吏弄法，故重首匿之科。”

〔6〕《后汉书·陈忠列传》：“高祖受命，萧何创制，大臣有宁告之科，令於致忧之义。”

〔7〕《晋书·刑法志》：“除异子之科，使异子无异财也”，“改投书弃市之科，所以轻刑也”。

〔8〕《汉书·刑法志》。

〔9〕《汉书·刑法志》。

第三节　职官制度

一、行政管理体制

汉朝基本沿袭了秦朝的行政管理体制，如最高统治者继续沿用皇帝称号，中央继续以三公九卿作为行政管理机关。但同时，随着形势和时代的变化，制定了大量的法律，进一步完善了国家政治组织结构。如提出“君权神授”说，进一步把皇权神秘化、制度化，以保障其在政权架构中的最高地位和绝对权威；同时为了解决丞相权力过大问题，汉武帝开始改变汉初丞相终身制、功臣化的事实，一方面频繁更换丞相并打压之，另一方面重用中朝官，将丞相、御史大夫的职权转给中朝的尚书或中书，又改太尉为大司马，职权归属中朝的大将军，以丞相为首的外朝官成为执行一般政务的机构。原来作为丞相下属的九卿也改为由三公分属。中朝官中，原本只在内廷掌管图书、秘籍和章奏的尚书一职迅速崛起，分化为尚书令、尚书仆射、尚书丞、尚书郎等职，组织机构尚书台成了“出纳王命，敷奏万机”[1]的中枢机关。

汉初在地方承袭郡县制的基础上，又大搞分封制，形成了以王国与侯国构成的封国制与郡县制并存的局面。封国具有很强的独立性，由中央任命的王国丞相基本起不到制衡诸侯王的作用，很容易形成地方割据而威胁中央集权统治。文帝时即有济北王刘兴和淮南王刘长两起谋反事件，景帝时采纳晁错“削藩”的建议对王国土地进行削夺，以吴王刘濞为首的七个诸侯国以“清君侧”为名发动叛乱，“七国之乱”被平定后，诸侯仅食租税，不得干政。武帝后又采取了“推恩令”“左官律”“阿党附益法”“酎金律”等一系列削弱诸侯国的措施，才最终解决了诸侯割据的问题，使得汉代完全确立了地方郡县两级行政管理体制。

二、职官管理制度

在职官的选拔和任用方面，汉初开始实行察举制度，由中央和地方的各级长官向朝廷举荐贤能人士，中央择优录用。汉高祖十一年（前 196 年）颁布求贤诏，要求地方长官推举贤士大夫，为汉代察举之始。文帝时主要科目已定，岁举每年举行一次，员额 1—2 名，主要有孝廉（孝子、廉吏）、茂才（西汉称秀才，东汉时避光武帝刘秀讳而改）。不定时推荐的特举有贤良方正、文学、明经、明法，员额不定。通过察举途径举荐的人才一般要经过朝廷的面试，贤良方正甚至要参加皇帝亲自主持的策试，称为“对策”，如公孙弘、董仲舒均以贤良对策优异而获汉武帝赏识。

除察举外，征辟也是汉代重要的入仕途径，有天子征辟和官府征辟两种，是自上而下直接选拔官员的制度。此外，任职满三年的二千石以上的高级官员，享有保举兄弟或儿子一人为郎官的权利，称为“任子”。而家赀达到一定标准的，也有入仕的机会，称

〔1〕 杜佑：《通典·职官四·尚书上》，台湾商务印书馆 1987 年版，第 129 页。

为“赀选”，汉初计赀标准为十算（十万钱）以上，景帝时降为四算。史载张释之和司马相如均是“以赀为郎”而进入仕途。

官吏考核亦是职官管理的重要组成部分，汉代对官吏的考核包括自下而上的上计与自上而下的考课。《上计律》就是官吏考核的专门法律，上计程序为县—郡国—中央，具体过程为：各县于每年秋冬岁尽将本县户口、垦田、钱谷、刑狱等基本情况写成计簿，报送郡国。郡国据此汇总，制成郡上计簿，上报丞相府。朝廷负责对郡国进行考课的是丞相和御史（东汉时归尚书台），同时，郡国对属县、各级官府长官对本府属官掾吏也要进行考核与评定。考核结果分为九等，第一为“最”，居末为“殿”。对于考核优异者，有升迁、增秩赐金、赐劳等奖励措施，对于考核落第者，有免官、斥免、负算等惩罚措施。

三、监察制度

在秦朝初步建立监察制度的基础上，汉初继续在中央设立三公之一的御史大夫作为最高监察长官，下设御史中丞予以协助。惠帝以后地方各郡设立监御史，武帝时期设十三州刺史以代替之，以监察郡国守相即二千石官吏。成帝时改御史大夫为大司空，光武帝时又改大司空为司空，其职掌为水利土木工程，原职能中的监察权，则由御史中丞履行，御史中丞的地位迅速上升而成为监察长官，不仅可以与尚书令、司隶校尉在朝会时“三独坐”，而且其办公机构御史台与尚书台、谒者台并称为“三台”。

除了上述专门的监察机构外，汉武帝时还在丞相府设置丞相司直，秩比两千石，“掌佐丞相举不法”[1]，行使行政监察职权，郡以下诸县官吏则由郡守派督邮监察。在御史府和丞相府之外，汉武帝又设立独立持节行事的司隶校尉，专司三辅（京兆、右扶风、左冯翊）、三河（河南、河内、河东）、弘农七郡监察，到光武帝时司隶校尉的职权和地位得到进一步扩展，“司隶校尉纠皇太子、三公以下，及旁州郡国无不统”[2]，为“三独坐”之一。

汉代的监察法规除律令、成例外，还有单独的规范性文件，其中重要的有汉惠帝时的《御史九条》[3]和汉武帝时的《六条问事》[4]，是监御史和十三州刺史依法依规对郡县行使监察权的依据，开中国古代监察立法之先河。

---

〔1〕《汉书·百官公卿表上》。

〔2〕［宋］李昉等撰：《太平御览》，中华书局1960年影印版，第1181页。

〔3〕《唐六典》卷三十：相史奏御史监三辅不法事：词讼，盗贼，铸伪钱，狱不直，繇赋不平，吏不廉，吏苛刻，逾侈及弩力十石以上，作非所当服，凡九条。

〔4〕《汉书·百官公卿表上》颜师古注引蔡质《汉官典职仪式选用》：刺史班宣，周行郡国，省察治状，黜陟能否，断治冤狱，以六条问事，非条所问，即不省。一条，强宗豪右田宅逾制，以强凌弱，以众暴寡。二条，二千石不奉诏书遵承典制，倍（背）公向私，旁诏守利，侵渔百姓，聚敛为奸。三条，二千石不恤疑狱，风厉杀人，怒则任刑，喜则淫赏，烦扰刻暴，剥截黎元，为百姓所疾，山崩石裂，袄祥讹言。四条，二千石选署不平，苟阿所爱，蔽贤宠顽。五条，二千石子弟恃怙荣势，请托所监。六条，二千石违公下比，阿附豪强，通行货赂，割损政令也。

第四节　刑事法律

一、罪名

在秦代刑事立法的基础上，随着时代和社会发展的新情况，汉代刑事立法开始建立较完备的罪名体系。以维护国家安全和保卫皇权为目的而设立的罪名有：

（一）反逆罪

即谋反和大逆不道罪。谋反意在以暴力方式推翻现存政权，是历代最为严重的犯罪。西汉初年，淮阴侯韩信与梁王彭越被控谋反，皆处“夷三族”的极刑。大逆不道罪是一切严重危害皇权和政权行为的统称，如左道、妖言、漏泄省中语、巫蛊、怨望诽谤政治、殴辱王杖主等〔1〕。大逆不道行为的定罪量刑缺乏明确的法律条文，所谓“大逆不道无正法”〔2〕，但量刑往往从重，“大逆不道，父母、妻子、同产皆弃市”〔3〕。

（二）不敬罪

“亏礼废节谓之不敬”〔4〕，凡对皇帝和朝廷尊严有所侵犯都构成不敬罪，严重者为大不敬。从文献记载来看，此两罪调整范围相当广泛，如触犯皇帝名讳、奉诏不谨、奉使无状、妄行驰道、御物处置失当、失大臣体、非所宜言〔5〕等。犯不敬、大不敬罪者，轻则削爵、囚禁，重则死刑。

（三）矫制罪

自秦始皇起，“命为‘制’、令为‘诏’，天子自称曰‘朕’”〔6〕，为了维护政权机构的正常运行和皇帝的尊严，官吏诈称皇帝诏命，即构成矫制罪。在历史上，汉初的太尉周勃、汉武帝时窦婴和徐偃以及西汉末年的陈汤，为了不同的目的，都有过矫制的行为。视其后果轻重，矫制罪分为“大害”“害”“不害”三种情况，处以从死刑到免官不等的惩罚。一般情况下，擅矫诏命，虽有功劳不加赏也。〔7〕

（四）阑入与失阑罪

“无符籍妄入宫曰阑”〔8〕，进入宫门而无通行许可凭证，即为阑入。汉律规定，阑入宫门者为城旦，阑入殿门者弃市。如守卫宫殿门的官吏未能及时发觉并制止阑入行为，则构成失阑罪，犯者免官。

---

〔1〕 左道指以邪道蛊惑民众，妖言指以妖言惑众之行，漏泄省中语指臣下泄露君主的言语或者上奏于君主的言论，巫蛊指借助神巫而造蛊毒、企图谋害人的行为（若加害对象为君主，则构成大逆不道罪），怨望诽谤政治指因怨恨而诽谤朝政，殴辱王杖主指对持有皇帝赐予的王杖的七十岁以上老人进行殴打和侮辱的行为。

〔2〕《汉书·陈汤传》。

〔3〕《汉书·景帝纪》颜师古注引如淳说。

〔4〕《晋书·刑法志》“张裴注律表”。

〔5〕 非所宜言即说了不该说的话，视情节轻重，可按不敬或者不道分别论处。

〔6〕《史记·秦始皇本纪》。

〔7〕 参看《汉书·冯奉世传》中关于冯奉世、甘延寿在西域擅矫诏命而立功的讨论。

〔8〕《汉书·成帝纪》建始三年七月陈持弓阑入尚方掖门，颜师古注引服虔说。

（五）首匿罪与见知故纵、通行饮食罪

首匿罪指首谋隐匿犯罪之人的行为，见知故纵指发现了犯罪行为而不举报，通行饮食指为犯罪者通风报信、提供饮食的行为。汉武帝时盗贼蜂起，除了严厉打击正犯外，对于帮助犯也予以一并围剿，同时赋予社会成员举报犯罪行为的一般义务。东汉梁统对此曾有所评论：“武帝值中国隆盛，财力有余，征伐远方，军役数兴，豪桀犯禁，奸吏弄法，故重首匿之科，著知从之律，以破朋党，以惩隐匿。”〔1〕

（六）左官与阿党附益、私出国界、逾制罪

西汉初年，为了解决分封制所产生的诸侯国尾大不掉之势对中央政权的威胁，法律规制与政治、军事斗争并举。汉武帝时期，更是制定了一系列针对地方诸侯势力的罪名。其一，加强对全国范围内各级官员的管理，防止官员为诸侯国非法利用。如汉代尚右，官吏舍天子而仕诸侯，到诸侯国做官，其地位自然要低于中央官员，故称诸侯国官员为“左官”，不经中央派任而私仕于诸侯即构成左官罪；凡诸侯有罪，由中央任命的傅相不举奏，即构成阿党罪；中央官员交结诸侯，为诸侯谋求利益，自己从中获得好处的，构成附益罪。其二，规范王侯在封国内的行为，如王侯出封国要提前获得中央批准，禁止王侯私出国界，犯者免侯或耐为司寇；严格等级制度，禁止王侯享用天子礼仪、器物、车马、服饰等，违者构成逾制罪，僭越严重者被视为谋反而处以重刑。

二、刑法原则

（一）上请

又称先请，指一定级别范围内的贵族官员犯罪，司法官不能擅自判决，而须首先向皇帝报告的制度。高帝时曾下诏令“郎中有罪耐以上，请之”，宣帝时则规定“吏六百石位大夫，有罪先请”，汉平帝时又下诏“公、列侯嗣子有罪，耐以上先请”。司法官员凡应先请而不上请的，均以违法论之。所有这些规定，既体现了朝廷对贵族官僚的优容态度，又体现了皇权至上的专制特征。这对秦代“刑无等级”的理念，显然有所突破，体现了儒家维护宗法道德的意图。

（二）亲亲得相首匿

首匿指隐匿窝藏罪犯的首谋者。对于家庭内部有人犯罪，其他成员应当如何应对？是基于感性的血缘亲情而冒死包庇，还是基于理性的社会秩序维护而大义灭亲，一直以来聚讼纷纭。亲亲相隐理念的源头来自儒家，一般认为孔子首倡“父为子隐”“子为父隐”〔2〕。法家则本着法治主义和国家至上原则，刑无等级，鼓励告奸，反对亲属之间相互隐匿包庇犯罪行为，而且以连坐之法迫使亲属之间相互检举揭发。故自商鞅变法以后直至汉初，亲属之间的容隐行为一直在法律禁止之列，汉武帝时更是“重首匿之科”，“以破朋党，以惩隐匿”。这一禁止亲属相容隐的制度，在汉昭帝始元六年（前81年）盐铁

---

〔1〕《后汉书·梁统列传》。

〔2〕《论语·子路》：叶公语孔子曰：“吾党有直躬者，其父攘羊，而子证之。”孔子曰：“吾党之直者异于是：父为子隐，子为父隐，直在其中矣。”

会议上遭到了贤良文学的严厉批评："为民父母，以养疾子，长恩厚而已。自首匿相坐之法立，骨肉之恩废，而刑罪多矣。父母之于子，虽有罪犹匿之，其不欲服罪尔？"[1]在董仲舒"春秋决狱"及桓宽等儒生的影响下，汉宣帝地节四年（前66年）第一次以诏书的形式正式确定了"亲属容隐"的合法性，"父子之亲，夫妇之道，天性也，虽有祸患犹蒙死而存之，诚爱结于心，仁厚之至也，岂能违之哉！自今子首匿父母、妻匿夫、孙匿大父母，皆勿坐。其父母匿子、夫匿妻、大父母匿孙，罪殊死，皆上请廷尉以闻"[2]。汉宣帝的诏书确认了卑幼隐匿尊长（子匿父母、妻匿夫、孙匿祖父母）的完全法律豁免，但并没有豁免尊长隐匿卑幼（父母匿子、夫匿妻、祖父母匿孙）的连坐责任[3]，只是在连坐责任达到死刑的，给予上请的优容罢了，绝非尊长隐匿卑幼的除罪化。因此汉宣帝地节四年诏确是后世法律"同居相为隐""亲属相为隐"之滥觞，但其允许的是单向容隐，并没有实现亲亲得相首匿原则真正意义上的双向容隐，且允许容隐的主体相对严格，与后世唐宋明清法律的差异还是明显的。

（三）恤刑

恤刑是体现传统中国"仁政"思想的重要原则。最初指量刑时要有悯恤之意，使刑罚轻重适中，"惟刑之恤哉！"[4]后世则主要体现为对老幼妇疾、狱囚的怜恤，并且从广义上体现在刑典的从轻、刑罚的延缓执行和各种赦宥的规定等方面。汉初统治者总结"暴秦"的统治教训，深刻认识到酷刑对政权合法性的危害，于是"约法省刑"，"恤刑悯囚"，逐渐推行仁政。汉惠帝元年（前194年）下令，"民年七十以上若不满十岁，有罪当刑者，皆完之"[5]，首次对七十岁以上的老人、不满十岁的孩童犯罪，予以从轻发落。汉景帝后元三年（前141年）规定，"年八十以上，八岁以下，及孕者未乳、师、朱儒，当鞠系者，颂系之"[6]，对老幼、孕妇、盲人、侏儒等幼弱者在监禁期间给予免戴戒具的宽宥。汉宣帝元康四年（前62年）下诏："自今以来，诸年八十以上，非诬告、杀伤人，它皆勿坐。"[7]成帝鸿嘉元年（前20年）进一步规定，"年未满七岁，贼斗杀人及犯殊死罪者，上请廷尉以闻，得减死"[8]，对八十岁以上的老人、七岁以下的孩童，除特别严重犯罪外，都予以减轻或免除处罚。这些恤刑措施，对于减少滥刑滥杀，培养尊老爱幼、扶弱助残的良好社会风气，有一定的作用。

---

〔1〕《盐铁论·周秦第五十七》。

〔2〕《汉书·宣帝纪》。

〔3〕主流意见则认为"尊长隐匿犯罪之卑幼则一般也不追究，只有死罪才须上请廷尉裁决"（中国法制史编写组主编：《中国法制史》，高等教育出版社2019年版，第74页）。如此意见成立，则汉宣帝地节四年诏就是允许双向容隐。笔者认为此诏含义的正确解读值得进一步讨论。

〔4〕《尚书·舜典》。

〔5〕《汉书·惠帝纪》。"完之"即不加肉刑。

〔6〕《汉书·刑法志》。

〔7〕《汉书·宣帝纪》。

〔8〕《汉书·刑法志》。

三、文景时期的刑罚改革

约法省禁是汉初黄老思想的重要组成部分，但在刑罚制度上基本沿袭秦朝，由腰斩、弃市、枭首、族刑等组成的死刑和由黥、劓、斩左右趾、宫刑等组成的肉刑继续广泛适用。高后元年（前 187 年），除三族罪、妖言令，汉文帝元年（前 179 年），除收孥相坐律，一定程度上废除了对犯罪者家庭成员的株连行为。

汉初统治者对刑罚体系改革的最大举措，始自文帝十三年（前 167 年），直接起因是缇萦上书。“齐太仓令淳于公有罪当刑，诏狱逮徙系长安。太仓公无男，有女五人……其少女缇萦自伤泣，乃随其父至长安，上书曰：‘妾父为吏，齐中皆称其廉平，今坐法当刑。妾伤夫死者不可复生，刑者不可复属，虽复欲改过自新，其道无由也。妾原没入为官婢，赎父刑罪，使得自新。’”〔1〕缇萦对肉刑作为一种有缺陷的惩罚措施的批评获得了汉文帝的共鸣，替代方案是改黥刑为髡钳城旦舂，改劓刑为笞刑三百，改斩左趾为笞刑五百，改斩右趾为弃市刑。此次改革的不足之处是斩右趾改为弃市，扩大了死刑范围，属于由轻入重。劓刑、斩左趾则因笞数太多，受刑者性命多不保，故时人有“外有轻刑之名，内实杀人”〔2〕的批评。针对司法实践中暴露出来的问题，景帝在文帝改革的基础上做了进一步改善，两次减少笞刑数目，最终将笞三百改为笞一百，笞五百改为笞二百。并颁定《箠令》，规定笞杖规格、受刑部位以及行刑不得中途换人等措施，“自是笞者得全”。

文景帝时期的刑制改革在中国刑法史上意义重大。作为中国历史上第一次从整体上废除肉刑的努力，尽管结果并不彻底，后来也多有反复，但这次改革基本确定了中国刑罚演进的方向，肉刑从此不再作为刑罚的主体，为刑罚体系从上古五刑（黥、劓、刖、宫、大辟）向中古五刑（笞、杖、徒、流、死）的过渡，奠定了必要的基础，既解放了劳动生产力，又促进了刑罚文明的进步。

第五节　民事经济法律

一、土地与赋税

两汉时期，土地是最重要的生产资料。从所有权性质上划分，汉朝土地所有形式可分为国有和私有两种。国有土地由官府直接占有，亦称为“公田”，使用方式一是将国有土地用于赏赐，二是实行假田制，出租给无地或少地的农民耕种，国家收取赋税，三是在边疆地区征发庶人戍卒及减刑罪犯，进行垦荒屯田。私有土地指私人占有的土地，

〔1〕《史记·孝文本纪》。
〔2〕《汉书·刑法志》。

方式有受赐、买卖和继承等，国家承认土地的私有权，称之为“名田”。以爵位名田宅制在商鞅变法时确立，并作为基本的土地制度为其后的秦汉王朝所继承。其内容主要包括：以爵位划分占有田宅的标准，以户为单位名有田宅，田宅可以有条件地继承、转让和买卖。国家通过爵位减级继承制控制田宅长期积聚在少部分人手中，并使手中不断有收回的土地，它和罚没田宅以及户绝田宅一起构成国家授田宅的来源。[1]汉代法律自始即有禁止买卖公田和限制占田逾限的规定，但文帝以后限禁松弛，爵位名田宅制逐渐名存实亡，“名田制”仅仅作为土地登记的手段而存在。

汉代的税赋主要有土地税、人头税和徭役三种。土地税是以土地占有为征收对象的税目，也称田租、田税、田赋。汉初为十五税一，汉文帝时一度达到了三十税一。汉景帝二年（前 155 年）定制，“令民半出田租，三十而税一也”[2]，直至东汉末年基本未变，故汉之田赋，后世称平。人头税是以家庭人口为征收对象的税目，主要包括算赋和口赋。算赋针对十五岁至五十六岁成年男女征收，每人每年一百二十钱，为一算。口赋针对七岁至十四岁的未成年人征收，每人每年二十钱[3]，以充皇室财政。徭役指政府征调傅籍后的成年男子为国家提供无偿劳动和服务，国家登记傅籍的开始年龄，一般为二十岁，汉代法律规定可以以钱代役，每人每年三百钱，称为“更赋”。

二、重农抑商与禁榷

汉代沿袭了秦代以农为本、重农抑商的国家统治策略，通过频繁的立法，将重农抑商的政策纳入法制的轨道，措施主要有：第一，政治与社会歧视，人为贬低其社会地位与声誉。终汉之世，禁止商贾及其子弟入仕为官，限制占田；汉高祖八年（前 199 年）下令“贾人毋得衣锦、绣、绮、縠、絺、紵、罽，操兵，乘骑马”[4]；汉武帝时将商人与犯罪官吏、亡命者、赘婿并列为七种人，发往边郡效力，称“七科谪”。第二，加重商贾的税收负担。汉武帝元狩四年（前 119 年）颁布《缗钱令》，对从事商业活动获利者征收财产税，税率为 6%，商贾有轺车者，轺车税加倍。《缗钱令》颁布后，“豪富皆争匿财”，元鼎三年（前 114 年），武帝又颁布《告缗令》，强化《缗钱令》中的制裁措施，凡资产隐匿不报或所报不实，没收其全部资产并罚戍边一年，检举揭发上述行为的，给予被告者一半财产，一时“告缗遍天下”，商人势力遭到严重打击。第三，禁止商人染指某些影响国计民生且利润丰厚的商品和行业，实施禁榷制度，即官营专卖政策。

禁榷制度主要包括盐、铁、酒的专卖。汉初国家对盐铁酒的经营并无法律予以规范，因而私营大盛，商人富可敌国，中央集权和国家财政收入都受到严重影响。汉武帝时期下令将盐铁业收归国营，在全国重要的产铁、产盐区分别设立铁官和盐官，负责生

---

〔1〕 参见杨振红：《秦汉“名田宅制”说——从张家山汉简看战国秦汉的土地制度》，载《中国史研究》2003 年第 3 期。

〔2〕《汉书·食货志》。

〔3〕 关于口赋的起征年龄和数额，还有汉武帝“重赋于民，民产子三岁则出口钱”（《汉书·贡禹传》）和“人二十三钱，二十钱以食天子，其三钱者，武帝加口钱以补车骑马”（《汉书·昭帝纪》注引如淳曰）二说。

〔4〕《汉书·高帝纪下》。

产、贩运和买卖,“敢私铸铁器、煮盐者，釱左趾，没入其器物”[1]。酒类专卖又称榷酤，始于汉武帝天汉三年（前98年），政府设榷酤官负责酒类的生产和营销，汉昭帝始元六年（前81年）罢榷酤官，允许酒类民营，政府征收酒税。

三、婚姻家庭继承制度

汉代婚姻制度基本沿袭西周以来的传统精神，如婚姻的成立须“父母之命，媒妁之言”，实行“六礼”，禁止同姓为婚，维护一夫一妻多妾制的婚姻形态，婚姻的解除遵循“七出三不去”的原则等。此外，汉初法律还明令禁止“娶亡人为妻”，违者黥为城旦。[2]禁止“乱妻妾位”，不得以妾为妻。哀帝元寿二年（前1年），皇后之父、孔乡侯傅晏“坐乱妻妾位免，徙合浦”[3]。禁止“私为人妻”，妇女不得在丈夫死而未葬期间再嫁，若违律改嫁，应处弃市重刑。[4]同时，这也表明汉律对妇女一定条件下改嫁再嫁的许可，相比后世社会“守节”制度对女性的禁锢，还是要宽容和文明一些。

在调整家庭关系方面，为维护父权，汉律规定了“不孝罪”,“不孝者弃市”[5],“殴父也，当枭首”[6]。甚至为了彰显孝道，东汉章帝时还制定了《轻辱法》，从轻处理因父母受辱而杀人者，导致东汉血亲复仇之风盛行。[7]就组成家庭的人员成分来看,“夫妻子女型的核心家庭占主流地位，也存在一定数量的与父母或未成年弟妹‘同居’的家庭，已婚兄弟同居及数世同居的大家庭为数极少”[8]。这一方面表明商鞅变法以来“民有二男以上不分异者，倍其赋”“父子兄弟同室内息者为禁”的家庭分户令仍然在发挥作用，诸子均分家产的继承制度下，汉代形成了以个体小家庭为主的社会结构，而“同居”家庭并不占主流地位。同时，汉为推行孝道，提倡同居共财，即不与父母祖父母分居析财。“同居共财”的家庭也是值得我们注意的一种汉代家庭的新形态，西汉末年樊重“性温厚，有法度，三世共财，子孙朝夕礼敬，常若公家”[9]，东汉蔡邕“与叔父从弟同居，三世不分财，乡党高其义”[10]，表明社会开始以同居共财为尚，这是汉代家庭关系与秦代的不同之处。

---

〔1〕《汉书·食货志》。

〔2〕 参见张家山二四七号汉墓竹简整理小组编:《张家山汉墓竹简（二四七号墓）》（释文修订本），文物出版社2006年版，第31、94页。

〔3〕《汉书·外戚恩泽侯表》。

〔4〕 参见高汉成:《春秋决狱与法律解释——以董仲舒春秋决狱案例为中心的考察》，载《厦门大学学报（哲社版）》2022年第5期。

〔5〕 张家山二四七号汉墓竹简整理小组编:《张家山汉墓竹简（二四七号墓）》（释文修订本），文物出版社2006年版，第108页。

〔6〕 高汉成:《春秋决狱与法律解释——以董仲舒春秋决狱案例为中心的考察》，载《厦门大学学报（哲社版）》2022年第5期。

〔7〕 参见《后汉书·张敏列传》。

〔8〕 徐歆毅:《汉代家庭继承制度的社会史考察》，载《南都学坛》2010年第1期。

〔9〕《后汉书·樊宏列传》。

〔10〕《后汉书·蔡邕列传》。

汉代的继承制度主要涉及宗祧继承、爵封继承和财产继承三方面的内容。宗祧继承是指以祭祀祖先为目的的父系家族的继承，包括祭祀祖先、承继身份与财产等。在周代严格的嫡长子继承制的宗法制度下，存在着“大宗”与“小宗”的严格区分。春秋战国以后宗法制度日益瓦解，秦汉时代个体家庭占据了主流地位，结构严密的宗族组织已不复存在，宗祧继承由大宗祧向小宗祧过渡，家家祭祀都自立自为，人人无子均可立后。汉代嫡长子在财产继承方面，已没有多少特权，但在爵位、户主的身份继承上仍然遵循嫡长继承的原则。汉律中有“非子”（非亲生儿子）、“非正”（非嫡妻所生子）的犯罪规定，武帝元狩二年（前 121 年），复阳侯陈彊因父陈拾非陈嘉子，昭帝元凤三年（前 78 年）益都侯刘嘉国因非刘广的亲生儿子，均被免爵除国。但为了彻底解决诸侯割据势力，汉武帝颁布《推恩令》，改变了爵位和封地只能由嫡长子继承的法律规定，改为由嫡长子继承王位，其他子弟分割王国部分土地为列侯，列侯归郡统辖，地位相当于县。财产继承则主要是“诸子均分”，“遗令”“先令”作为遗嘱继承的形式已经出现，其效力优先于法定继承和习惯性继承，通过遗嘱继承方式，女儿也可以获得家产的继承权利。

第六节　司法诉讼制度

一、司法机关

汉初沿袭秦制，中央司法机构设廷尉与御史大夫，地方司法机构由郡县两级长官兼理。但到了西汉末年与东汉时期，中央层面的中朝官开始具有了司法审判的职能，汉成帝时在尚书台下设五曹，其中“三公曹”掌管审判，东汉时尚书台已成为国家中枢机构，下设“二千石曹”主管审判，此时御史台已不存在，廷尉也形同虚设。在地方层面，武帝时期设立的十三州刺史，通过监察职能控制了地方权力，州逐步演化成了郡以上的又一级行政机构，地方司法形成了州、郡、县的三级格局。

二、诉讼审判制度

汉代诉讼审判制度，与秦朝变化不大。起诉称为“告劾”，大致包括现代诉讼中的自诉、公诉。犯罪者自首，为“自告”，自告者免除刑事责任。汉朝对于诉权有一定的约束和规范规定，如继续秦时的诬告反坐以严禁控告不实、“非公室告”的规定以限制子告父，汉代子不得告父母，妻不得告夫。特别是汉宣帝宣布“亲属容隐”诏以后，限制亲属之间的诉权就更为严格。另外，如蒙受冤狱，相关人可赴京城君主宫门，将冤情、冤案申诉至最高统治者，为“诣阙上书”，但一般情况下除谋反、大逆罪外，控告必须逐级进行，不得越级。

汉代对案件的审讯与判决称为“鞫狱”，其程序内容包括：刑讯（以拷掠手段取得口供，是冤案产生的主要原因之一）、杂治（杂治即后世的会审制度，主要涉及廷尉无法直接定谳的疑难案件，参加者除廷尉外，还有御史中丞、丞相长吏、谏大夫、少府以及两千石等官吏）、读鞫（向被告宣读判决结果）、乞鞫（如被告方不服判决，可以请求原审机构重新审理案件）。

汉代诉讼审判制度中，录囚和大赦值得关注。录囚，后世亦称“虑囚”，历史文献中此词始见于《汉书·隽不疑传》，“拜为青州刺史，每行县录囚徒还，其母辄问不疑：‘有所平反，活几何人？’”作为上级司法机关对在押囚犯的复核审录，以检查下级司法机关对案件的审理是否有失公正，并平反冤假错案的制度安排，汉代录囚有皇帝录囚、刺史录囚及郡守录囚三种形态。皇帝录囚始于东汉明帝时期，“及明帝即位，常临听讼，观录洛阳诸狱”[1]，“车驾自章洛阳狱录囚徒，理出千余人”[2]。刺史录囚始于汉武帝时期，刺史于每年秋冬季节到郡国巡察，称为“行部”。刺史行部的主要任务是“省察治状”，这当然包括审核狱讼情况，东汉时仍沿袭此制。郡守作为地方司法机构，审核下级司法机关的判决就是职责范围内之事，“录囚之事，汉时郡守之常职也”[3]。作为“惩恶亡秦之政”的制度安排，汉代首创的录囚之制，不仅对汉代司法制度文明有着积极的影响，还成为传统帝制时代标榜“恤刑、仁政”的重要标志。

大赦指对全国已判罪犯普遍赦免或减刑。大赦并非始于汉代，秦时就有赦宥的记录，“二世乃大赦天下，使章邯将，击破周章军而走”[4]。但作为一项制度性安排，实确立于汉代。一般情况下，在新皇登基、改元、立后、立储等国家重大活动时，对监狱中服刑的罪犯予以赦免。汉高祖曾九赦天下，遂使大赦成为一项约定俗成的法律制度。汉代大赦频繁，东汉末年更是达到一年一赦的频率。汉代大赦制度既有应对社会危机、平衡社会矛盾、弥补法律缺陷的积极一面，也有影响司法公正、放纵犯罪分子、破坏法律的稳定和尊严等消极弊端的一面。

三、春秋决狱与法律儒家化

春秋决狱，又称“引经决狱”“经义决狱”，是汉代司法制度中的一个极为显著的面相。作为由西汉董仲舒开始创设的一种审判方式，在中国法律史上有着重要的影响和地位，“开儒家思想法律化之先河”[5]。一般认为是指汉武帝时期“罢黜百家，独尊儒术”之后，对于“汉承秦制”的汉律中没有明文规定或原规定不符合儒家思想时，运用儒家经典中所载故事或原则来审断案件的一种历史现象。[6]

关于董仲舒春秋决狱的历史记载，《春秋繁露》和《汉书》均有涉及，“仲舒在家，

〔1〕《晋书·刑法志》。

〔2〕《后汉书·寒朗传》。

〔3〕［清］沈家本：《历代刑法考·赦考·赦十二》。

〔4〕《史记·秦始皇本纪》。

〔5〕《中国法制史》编写组主编：《中国法制史》，高等教育出版社 2019 年版，第 86—87 页。

〔6〕 参见武树臣主编：《中国传统法律文化辞典》，北京大学出版社 1999 年版，第 14—15 页“春秋决狱”词条。

朝廷如有大议，使使者及廷尉张汤就其家而问之，其对皆有明法”[1]。《春秋繁露》中有一篇《郊事对第七十一》，即是当时董仲舒与张汤关于郊祭之礼的对话记录。《汉书·艺文志》有“公羊董仲舒治狱十六篇”的书目记载，说明在汉代董仲舒春秋决狱的案例已经汇编成书，但到了南宋末年，该书已不可考。目前流传下来的零星案例，散见于《通典》《六帖》《太平御览》等文献，目前被公认为董仲舒春秋决狱的案例，只有区区六个，即养父匿子案、弃子杖生父案、子误伤父案、夫死未葬改嫁案以及大夫放麑案、武库卒盗强弩弦案。[2]

春秋决狱是汉代疑狱奏谳制度的产物。秦亡汉兴，“暴秦”的负面形象与汉承秦制的现实之间形成了强烈的反差，如何解决宏观主流意识形态上对秦律的否定性评价和具体法律规定承袭秦律之间的矛盾，对于秉持法家法治主义理念和法律形式思维方式的文法吏来说，确实束手无策，于是疑狱丛现。“高皇帝七年，制诏御史：‘狱之疑者，吏或不敢决，有罪者久而不论，无罪者久系不决。自今以来，县道官狱疑者，各谳所属二千石官，二千石官以其罪名当报之。所不能决者，皆移廷尉，廷尉亦当报之。廷尉所不能决，谨具为奏，傅所当比律令以闻。’”[3]汉初的疑狱奏谳制度由此诞生。后汉景帝时期又两次下诏，强调疑狱奏谳制度的重要性和紧迫性。正是在疑狱奏谳制度的历史背景下，儒家春秋经义思想作为一种法律资源被引入司法实践之中。

春秋决狱的基本精神是“原心论罪”，“春秋之听狱也，必本其事而原其志。恶邪者，不待成；首恶者，罪特重；本直者，其论轻”[4]。即根据案件的事实，追问涉嫌犯罪时的心理动机和心理状态，动机目的恶劣的，即使未遂也要追责；罪魁祸首者，加重处罚；动机善良、目的纯正者，从轻、减轻处罚。从董仲舒春秋决狱的上述六个案例来看，似乎不存在当时现行有效的汉律内容与儒家思想在价值观上的明显对立，相反这些案例中所体现出的“杖父须诛”“君命难违”“殴父当枭首”“私为人妻当弃市”等汉律规定与儒家所宣扬的“君臣”“父子”“夫妇”之道在价值观上基本一致。董仲舒把春秋经义引进到司法审判活动中，实际起到了法律解释的作用。当代刑法学理论中，实质解释论者所信奉的名言是：“心中充满正义，目光不断往返于事实与规范之间”[5]。董仲舒春秋决狱时“原心论罪”，实际上是在司法案件中对汉律做了实质解释，并没有以春秋经义取代汉律而成为法律适用的标准。春秋经义在春秋决狱中的贡献，主要是儒家守经、权变思

[1]《汉书·董仲舒传》。

[2] 参见高汉成：《春秋决狱与法律解释——以董仲舒春秋决狱案例为中心的考察》，载《厦门大学学报（哲社版）》2022年第5期。

[3]《汉书·刑法志》。高皇帝七年是公元前200年。

[4] 张世亮等译注：《春秋繁露》，中华书局2012年版，第96页。

[5] 邓子滨：《中国实质刑法观批判》，法律出版社2017年版，第304页。

想转化为法律思维方法，而非经义原则转化为法律原则。[1]

从董仲舒春秋决狱的案例来看，董仲舒对汉律所作的实质解释，大多在法律解释的合理限度之内。如基于养育之恩，将拾路边弃儿养之以为子所形成的养父子关系视为法律上的父子关系，而对于不抚养孩子而将孩子送养的父亲与其亲生子原来的父子关系予以否定；基于行为人的主观状态，将救父时误杖父亲的行为不视为殴父之罪，将夫死海上未葬而奉母命改嫁的行为不视为私为人妻罪。董仲舒春秋决狱，改变了中国自公元前7世纪起开始形成的形式法治理念，开启了向实质法治理念的过渡，这一方面对当时的汉律有补阙纠偏的功能，是法律缺陷的修补机制。另一方面，董仲舒作为春秋决狱制度的开创者，埋下了破坏汉代法治的三大基因。一是引经决狱，将外部资源引入法律解释之中，突破了法律解释的底线，很容易从解释法律走向创造法律；二是原心论罪，实质上是用一种极端的实质解释取代了对法律的形式理解，法治应普遍遵守的规则意识被淡化，法律独立存在的空间被挤压，成了服从和服务于专制政治和权力的工具和附庸；三是儒生代替法吏，经义代替法言法语，从司法专业化的角度考量，属于“越俎代庖”和法治化倒退。所以到了东汉时期，因春秋决狱而导致的同案不同判、司法擅断、杀人诛心等负面影响泛滥，破坏了法律的权威和司法的统一。

重要名词术语

张家山汉简、《九章律》、亲亲得相首匿、禁榷、司隶校尉

思考题

1. 简述汉代封建正统法律思想的形成过程。
2. 如何评价文景帝时期的刑制改革？
3. 如何评价董仲舒春秋决狱对汉代司法的影响？

典型案例分析

1. 以下为董仲舒春秋决狱的案例：

案例一　时有疑狱曰：“甲无子，拾道旁弃儿乙养之以为子。及乙长，有罪杀人，以状语甲，甲藏匿乙，甲当何论？”仲舒断曰：“甲无子，振活养乙，虽非所生，谁与易之。《诗》云，‘螟蛉有子，蜾蠃负之’。春秋之义，父为子隐，甲宜匿乙。”诏不当坐。

[1] 儒家思想中的“守经”与“权变”的关系是儒家思想中的一个重要话题。据史书记载，孔子和孟子均表达过原则性和灵活性的统一问题，而董仲舒的《春秋公羊学》又大大发展了儒家思想中的“权变思想”，并以“求善”为目的而将“原心论罪”作为评判是非的思维方法，这种思维方式非常适合疑狱奏谳制度下的难题。既然是疑狱，就说明没有特别明确的法律规定予以适用，或者严格按照法律条文适用已经非常不合适，法吏囿于法家思想对法律的形式理解，在穷尽法律内在的固有意义之下仍然无法很好地解决这一问题。儒家“权变思想”的灵活性就很好地弥补了法家形式解释的这一缺陷，而“求善”的目标又很好地占据了道德制高点，因而得到了最高统治者的欣赏和肯定。

案例二　甲有子乙以乞丙，乙后长大而丙所成育。甲因酒色谓乙曰："汝是吾子。"乙怒杖甲二十。甲以乙本是其子，不胜其忿，自告县官。仲舒断之曰："甲生乙不能长育以乞丙，于义已绝矣！虽杖甲，不应坐。"

案例三　董仲舒决狱曰：甲父乙与丙争言相斗，丙以佩刀刺乙，甲即以杖击丙，误伤乙，甲当何论？或曰："殴父也，当枭首。"论曰："臣愚以父子至亲也，闻其斗，莫不有怵怅之心，扶杖而救之，非所以欲诟父也。《春秋》之义，许止父病，进药于其父而卒，君子原心，赦而不诛。甲非律所谓殴父也，不当坐。"

案例四　甲夫乙将船，会海盛风，船没溺流死亡，不得葬。四月，甲母丙即嫁甲，欲皆何论？或曰："甲夫死未葬，法无许嫁，以私为人妻，当弃市。"议曰："臣愚以为《春秋》之义，言夫人归于齐，言夫死无男，有更嫁之道也。妇人无专制擅恣之行，听从为顺，嫁之者归也。甲又尊者所嫁，无淫衍之心，非私为人妻也。明于决事，皆无罪名，不当坐。"

请结合上述案例，分析春秋决狱在汉代司法中的作用。

2. 汉文帝时期廷尉张释之一生曾有三件事被《史记》和《汉书》所记载，一是"太子与梁王共车入朝，不下司马门"，被公车令张释之追止于殿门之外并奏劾"不下公门不敬"。二是犯跸案。"上行出中渭桥，有一人从桥下走出，乘舆马惊……廷尉奏当，一人犯跸，当罚金。文帝怒曰'此人亲惊吾马，吾马赖和柔，令他马，固不败伤我乎？而廷尉乃当之罚金！'释之曰：'法者，天子所与天下共也。今法如是，更重之，是法不信于民也。且方其时，使诛之则已。今已下廷尉，廷尉，天下之平也，壹顷，天下用法皆为之轻重，民安所措手足？唯陛下察之。'"三是高庙坐前玉环被盗案。"有人盗高庙坐前玉环，捕得，文帝怒，下廷尉治。释之案律盗宗庙服御物者为奏，奏当弃市。上大怒曰：'人之无道，乃盗先帝庙器，吾属廷尉者，欲致之族，而君以法奏之，非吾所以共承宗庙意也。'释之免冠顿首谢曰：'法如是足也。且罪等，然以逆顺为差。今盗宗庙器而族之，有如万分之一，假令愚民取长陵一抔土，陛下何以加其法乎。'"而到了汉武帝时期杜周继张汤为廷尉，"周少言重迟，而内深次骨……其治大抵放张汤，而善候伺。上所欲挤者，因而陷之；上所欲释，久系待问而微见其冤状。客有谓周曰：'君为天下决平，不循三尺法，专以人主意指为狱，狱者固如是乎？'周曰：'三尺安出哉？前主所是著为律，后主所是疏为令；当时为是，何古之法乎？'"

试从汉文帝、汉武帝时期两位主管中央司法的廷尉之言行，分析汉代法律概念和法治观念的变迁。

第六章　三国两晋南北朝时期的法律

【内容提示】

经过东汉末年的军阀混战，曹魏、蜀汉和东吴政权先后于220年、221年和229年建立，形成三国鼎立的局面。263年，曹魏灭蜀汉。265年，司马氏代魏，建立西晋政权，并于280年灭东吴。但统一并未维持太久，皇室争夺中央政权的严重内乱使得西晋国力消耗殆尽，西北各族政权乘虚而入，317年，西晋灭亡。司马氏皇族南迁，建立东晋，于383年淝水之战中大胜北方前秦政权，南北分立从此形成。420年，权臣刘裕代晋自立，建立了宋，与依次相继的齐、梁、陈合称为"南朝"。439年，鲜卑族政权北魏统一了北方，后分裂为东魏、西魏，又分别被北齐、北周所取代，统称为"北朝"。589年，由北周外戚杨坚建立的隋朝灭南陈，重新统一。

三国两晋南北朝是中国历史上政局动荡最为剧烈的时期之一，但同时也为江南地区的开发和民族大融合创造了条件。这一时期的法制，上承秦汉，下启隋唐，在律学研究、律典体系和制度创设方面都有值得肯定的成就。

第一节　三国两晋时期的法律制度

一、"法律儒家化"与律学的发展

（一）法律儒家化的进一步深入

1. 法律儒家化命题的提出

陈寅恪先生在谈及《晋律》时说：司马氏"所制定之刑律尤为儒家化"[1]。这是中国传统法律"儒家化"这一表述的最早出现。第一个对中国"法律儒家化"这一命题进行系统论述的则为瞿同祖先生。针对"近代中西学者常说中国法律为儒家主义之法律"这一论断，瞿同祖先生明确指出中国法律并不一直都是"儒家主义之法律"，而是有一个"儒家化"的发展演变过程。在《中国法律之儒家化》一文中，他明确提出，"所谓儒法

〔1〕陈寅恪：《陈寅恪集：隋唐制度渊源略论稿·唐代政治史述论稿》，生活·读书·新知三联书店2015年版，第111页。

之争主体上是礼治、法治之争，更具体言之，亦即差别性行为规范及同一性行为规范之争”；所谓法律儒家化，“也就是怎样使同一性的法律成为有差别性的法律的问题”。[1]

2. 法律儒家化的发端及其表现

儒家强调行为规范是有差别的，即“贵贱有等，长幼有差，贫富贵贱皆有称者也”[2]。法家则强调“刑无等级，自卿相、将军以至大夫、庶人有不从王令，犯国禁，乱上制者，罪死不赦”[3]。春秋战国时期，在诸侯争霸的历史大背景下，法家思想更加符合时代的需要，因而出现了直到魏明帝颁布《曹魏新律》之前，都“承用秦、汉旧律。其文始自魏文侯师李悝。悝撰次诸国法，著《法经》。……商君受之以相秦。汉承秦制，萧何定律”这样一以贯之的法律沿革形态。这些法律体现的都是“不知亲疏远近贵贱美恶，一以度量断之”[4]的法家原则。秦朝专任刑罚，儒生们无用武之地，直到汉朝，特别是汉武帝提倡儒学之后，儒生们才有机会对法律进行儒家化的改造，以期达到刑罚具体规范因人的贵贱、尊卑、长幼、亲疏不同而各有不同的目标。

汉代是中国法律儒家化的开端时期，这一时期法律儒家化的主要表现包括：个别儒生利用向皇帝进言的机会，建议修订少量的法律条文，例如，贾谊向汉文帝建议修改贵贱同刑的法律，恢复“刑不上大夫”的做法，得到了皇帝的认可；部分直接担任司法审判职务，掌握司法权力，或者能够影响司法审判的大儒，如董仲舒、公孙弘、应劭等人直接用《春秋》《尚书》等经义来断案，还撰写了《春秋决狱》《春秋断狱》等著作；此外，还有很多儒学大家带领自己的学生们研究、注释法律，以期获得解释法律、影响司法的机会和地位，“诸儒章句十有余家，家数十万言，凡断罪所当用者合二万六千二百七十二条，七百七十三万三千二百余言”[5]。可见，汉朝时的法律儒家化并未深入立法领域，即规则的制定层面，而只能在规则的应用上做文章，采用较为间接的方式，通过用儒家经典、大义来解释法律，进而改变司法审判结果，使得儒家经义成为不载于法律条文的，仅存在于儒生官员心目中的“最高法理”。

3. 法律儒家化进一步深入的表现及原因

三国两晋南北朝时期，法律儒家化进一步深入，终于在立法层面取得了重大突破，儒臣们根据儒家经义，在相关律典中创设了“八议”、“准五服以制罪”、留养等一系列反映“名位不同，礼亦异数”[6]原则的差别性行为规范，并为后世封建法典所沿袭。不仅如此，儒生注律的成果也终于得到了官方的认可。例如，魏明帝时期即颁布诏书，承认且只承认东汉时期大儒郑玄对律所做的注释，“不得杂用余家”；晋武帝时将《晋律》制定者之一，当时的大儒杜预对《晋律》所做的注释诏颁天下，加以施行。显然，曹魏制定《新律》才是系统化地用儒家经义改造法律的正式开始。这一时期法律儒家化能够

---

〔1〕瞿同祖：《中国法律与中国社会》，商务印书馆2010年版，第378页。

〔2〕《荀子·礼论篇》。

〔3〕《商君书·赏刑第十七》。

〔4〕《管子·任法第十五》。

〔5〕《晋书·刑法志》。

〔6〕《左传·庄公十八年》。

进一步深入的主要原因在于：

首先，三国两晋，也包括后来的南北朝时期，政权更迭频繁。这虽然导致了社会秩序、人民生活的动荡，但客观来说，每一个新政权的建立都为法典编制和修订提供了机会。而此前的两汉时期，一方面“汉承秦制”，法律总体上已经按照法家思想制定完毕；另一方面，长期稳定的政权使得大规模按照儒家思想修改法律并不现实。

其次，西晋统治阶层对于儒学的重视和提倡，也为法律的儒家化创造了重要条件。正如陈寅恪先生所说，“司马氏以东汉末年之儒学大族创造晋室，统制中国，其所制定之刑律尤为儒家化”〔1〕。

最后，儒生名臣承担了这一时期律典修订的主要工作，从而使他们有更多的机会将儒家精神糅入法律条文中里。如曹魏时期的陈群、刘劭，西晋的杜预，北魏的崔宏、崔浩父子等，都是当时著名的儒臣而被委以修律的重任。即便不以儒臣著称，西晋著名律学家张斐在阐发他心目中的立法和司法目标时，仍然用了很多儒家术语来简明扼要地加以表达：“礼乐崇于上，故降其刑；刑法闲于下，故全其法。是故尊卑叙，仁义明，九族亲，王道平也。”〔2〕

在前述原因的综合作用之下，这一时期法律儒家化行动和成果表现出相当的延续性。《曹魏新律》首先引入了源于西周“八辟”制度的“八议”，随后的一系列重要律典都会在继受前朝法典中儒家化成果的同时，进行自己的创设，《北周律》甚至极力模仿《周礼》。这就使得法律儒家化这一进程持续不断深入，“既为南朝历代所因袭，北魏改律，复采用之，辗转嬗蜕，经由（北）齐隋，以至于唐，实为华夏刑律不祧之正统”〔3〕。

（二）律学的进一步发展

1. 律学的定义

目前国内法史学界通常认为律学是“中国古代解释现行法律的专门学问”〔4〕，最早或可追溯到战国时期，秦汉时期便已成为一项重要学问。魏晋南北朝时有所发展，“律学”一词最早即出现于《晋书·石勒传》，“参军续咸、庾景为律学祭酒”，但当时还仅用于官职名称，并无学术、学科的含义。到了隋唐时期，律学逐渐受到统治者的重视，唐高宗永徽三年（652 年）的诏书中提到“律学未有定疏……宜广召解律人条义疏奏闻”〔5〕；据成书于唐玄宗开元二十六年（738 年）的《唐六典》记载，“律学”已正式成为国子监“六学”中排名第四的学问，并设“律学博士”一职，有“学生五十人”。〔6〕宋以后虽再无官办法律教育机构，但直至明清，律学在其他方面仍有所发展，成果也可谓是蔚为大观。

---

〔1〕 陈寅恪：《陈寅恪集：隋唐制度渊源略论稿·唐代政治史述论稿》，生活·读书·新知三联书店 2015 年版，第 111 页。

〔2〕《晋书·刑法志》。

〔3〕 陈寅恪：《陈寅恪集：隋唐制度渊源略论稿·唐代政治史述论稿》，生活·读书·新知三联书店 2015 年版，第 111—112 页。

〔4〕 张晋藩：《作为中华优秀传统法律文化的“陕派律学”》，载《荆楚法学》2023 年第 2 期。

〔5〕《旧唐书·刑法志》。

〔6〕 参见《唐六典·国子监》。

总体来看，律学的外延包括：对制定法（律、令、格、式、例等）的注释，对判例的汇集和分析研究，以及法医检验知识与技术等方面。其中，律令注释学是律学的主体。[1]

2. 秦汉时期的律学

春秋战国以来，随着成文法运动的兴起，出现了《法经》这样体系化的法典，并且不断发展完善。作为对法典、律令进行注释、诠解而形成的一门系统学问，律学也就此应运而生。商鞅携《法经》入秦，“改法为律”，此后中国历代封建王朝所制定的法典，除宋、元外，几乎无不以“律”命名，律也成为中国传统法律的代称，“律学”这一名称也直接来源于此。

1975 年出土的云梦秦简，填补了秦代法律史籍记载的空白，是非常重要的考古发现。其中的《法律答问》部分，计简 210 支，内容 187 条，对 70 余个法律术语和概念进行了解释。《法律答问》也因此被认为“是至目前为止所发现的秦汉时期最为完整的律学作品”[2]。

到了汉代，随着汉武帝独尊儒术政策的推行，用儒家经义注释法律的活动也开始兴起，出现了董仲舒等以经释律的大师。到东汉时，更是出现了郑兴、郑众、许慎、马融、郑玄、何休、应劭、服虔、文颖等一大批以儒家经义注释法典、阐述律意的著名人物，据《晋书·刑法志》记载，这些致力于注释法律的儒生已经形成了一定的流派，并各自有丰富的著述，所谓“诸儒章句十有余家，家数十万言”。《南齐书·崔祖思传》中也说：“汉来治律有家，子孙并世其业，聚徒讲授，至数百人。”

3. 律学在三国两晋南北朝时期的发展

三国两晋南北朝时期律学有了进一步发展，主要表现为：

第一，律博士的设置。“律博士”是曹魏时期在最高审判机关——廷尉之下设立的，专门从事法律教育，培训司法人员的一个官职。律博士的设置，开了中国封建社会官办法律教育的先河。《三国志·魏书·卫觊传》载，卫觊向刚即位的魏明帝建议“置律博士”，以便传授法律专业知识，获得皇帝批准。沈家本先生对此给予了高度评价：“自是之后，迄于赵宋，代有此官。……赖有此一官，而律学一线之延遂绵绵不绝。”[3]

第二，名词术语的凝练。在东汉“章句”成果的基础上，这一时期律学家们对法律名词、术语概念的诠释更趋精密，尤以西晋著名律学家张斐的成就最为突出。《晋律》颁布后，张斐为其作注。在这篇《律注》中，他总结出了 20 个关键的法律名词，称之为“律义之较名”，对“故”“失”“不敬”“不道”等法律术语，他绝大多数只用四个字，有三个词甚至只用了两个字，就精辟地给以解释，非常简明、扼要。

第三，立法技术的提升。由于三国两晋南北朝时期律学家们得以参与法典的编纂和修订活动，因而这一时期律学家们在法典编纂技术方面也取得了一定成就。首先，篇章结构进一步合理化。张斐对于《刑名》篇地位和作用有着非常清晰的阐释，也因此才有

---

〔1〕 参见何勤华：《中华法系之法律学术考：以古代中国的律学与日本的明法道为中心》，载《中外法学》2018 年第 1 期。

〔2〕 何勤华：《秦汉律学考》，载《法学研究》1999 年第 5 期。

〔3〕［清］沈家本：《历代刑法考》，商务印书馆 1985 年版，第 2060 页。

了《曹魏新律》改《具律》第六为《刑名》第一，随后《晋律》又在《刑名》之后增《法例》一篇，至《北齐律》终于形成《名例律》，成为后世主要封建律典均相沿不改的律首篇章。其次，开始强调条文简约易明。汉代法律条文过于繁杂，东汉的史学家即已批评道："文书盈于几阁，典者不能遍睹。"[1]西晋另一位著名律学家杜预曾参与纂修《晋律》，也为《晋律》作了注，他明确提出"刑之本在于简直"，"法者，盖绳墨之断例，非穷理尽性之书也。故文约而例直，听省而禁简。例直易见，禁简难犯。易见则人知所避，难犯则几于刑厝"。[2]最后，在法律的适用原则方面，通过《晋书·刑法志》所记载的张斐《律注》片段，我们可以发现，张斐对于法律规范的"常"与"变"，"事状相似而罪名相涉"的近似罪名的辨析等经典命题已经有了较为充分的认识，反映出当时律学家们对律典的认知水平已经相当高超。

二、曹魏主要法律制度

魏蜀吴三分后，法律制度理应各自发展，但目前现存史籍中对于三个政权的立法活动、法律制度具体内容，司法活动等记载非常不平衡。关于蜀汉政权，只在《三国志·蜀书·伊籍传》中提到制定《蜀科》一事，这可能是蜀汉政权唯一的立法活动，但《蜀科》的具体内容则完全不得而知，且其立法层级较低，仅为"科"，而非"律"。见诸史籍的孙吴政权立法情况也与蜀汉相仿，立法活动少且层级低，只有黄武五年（226年）"令有司尽写科条……令损益之"，嘉禾三年（234年）"表定科令"，嘉禾五年（236年）"设盗铸之科"这三次只言片语的记载。沈家本先生认为："蜀继汉后，当用汉法。陈寿志传所见甚希，无以考之。""吴之刑制见于诸《传》者如此，大约承汉之旧法，未之有改。"[3]受史料有限之客观条件影响，此处只重点介绍曹魏政权的法律制度相关内容。

（一）立法情况简介

曹魏政权的立法活动早在曹操"挟天子以令诸侯"时期就已经有所动作。据《晋书·刑法志》记载，汉末由于社会动荡，"刑罚不足以惩恶"，朝廷曾数度商议恢复肉刑，最终都因故作罢。曹操被封为魏王之后，又亲自下令准备恢复肉刑，遭到奉常王修的强烈反对，而且碍于君臣名分，"难以藩国改汉朝之制"，只得放弃。"于是乃定甲子科"，以"科"这种法律形式行其权宜之计。史籍中还有其他几处对曹魏制定科的活动，或对魏科的内容及时人应用魏科实例的记载。

曹丕称帝后，虽已无名分上的障碍，且也曾有改革刑罚、恢复肉刑的想法，但"会有军事"，遂忙于战争而无暇制定法典，直至他的继任者魏明帝曹睿时期，方始定新律。太和三年（229年），皇帝下诏，命陈群、刘邵等人"删约旧科，傍采汉律，定为魏法，制《新律》十八篇"。在制定律的同时，陈群等人还制定了《州郡令》《尚书官令》《军中令》，与《新律》合计一百八十余篇。[4]可见，这是一次高层级、大规模、成体系的集

[1]《汉书·刑法志》。

[2]《晋书·杜预传》。

[3]［清］沈家本：《历代刑法考》，商务印书馆1985年版，第21、26页。

[4] 参见《晋书·刑法志》。

中立法活动。魏《新律》成为三国时期最具代表性的法典，并成为《晋律》的直接渊源。

（二）法典结构变化

魏《新律》对汉代旧律结构体例的改革，主要有如下几项：

1. 将《具律》第六改为《刑名》第一

这看似篇章位置的简单挪移，实际却是对汉律编纂体例失误的重大调整。《法经》六篇中的《具律》相当于今天刑法的总则部分，其位置虽不在整部法典的开始之处，但至少在终结的位置上，与其他相当于分则部分的篇章还是存在一定的区分。汉《九章律》在源自《法经》的《秦律》基础上，增加了三篇，合为九篇，“而《具律》不移，因在第六。罪条例既不在始，又不在终”，混杂在其他篇章之中，十分不合理。《新律》的制定者们于是“集罪例以为《刑名》，冠于律首”。这样一来，不仅重新突出了由《具律》演变而来的《刑名》一篇的总则地位，同时还将其放在整部法典的开篇，使得结构更加合理，也为条文的简约化创造了条件。

2. 大幅增加正律篇目，理顺篇目与条文关系

陈群等《新律》制定者在《新律序》中说：汉代旧律最大的问题在于，正律只有六篇，篇数太少，“篇少则文荒，文荒则事寡，事寡则罪漏”。而当后人为此对律进行增补的时候，新增的部分又与本体相背离。“今制新律，宜都总事类，多其篇条。”〔1〕据程树德先生仔细考证、比对，认为仅从篇名上看，《新律》较汉《九章律》新增了《劫略律》《诈伪律》《毁亡律》《告劾律》《系讯律》《断狱律》《请赇律》《惊事律》《偿赃律》《免坐律》十篇，《具律》直接改为《刑名》，《兴律》改为《兴擅律》，《盗律》《贼律》《囚律》《杂律》四篇均有分出的部分，只有《捕律》《户律》两篇既保留了原名，内容应该也未有太大变化，以上共计十八篇。《厩律》则降格为《邮驿令》，不在正律之列了。〔2〕

针对汉旧律“《盗律》有贼伤之例，《贼律》有盗章之文，《兴律》有上狱之法，《厩律》有逮捕之事”这种篇目与条文严重错位、“文不对题”的突出问题，立法者们也通过增加适当的篇目这一举措来加以解决。

经过这样大刀阔斧甚至可以说是“伤筋动骨”的调整之后，律典的逻辑结构更加合理了。遗憾的是，除了第一篇确定为《刑名》之外，曹魏《新律》其他十七篇的确切顺序未见记载。

（三）法律表现形式

曹魏政权的法律表现形式与汉代基本保持一致，但“比”这种形式已经很少出现。

1. 律

曹魏《新律》对于汉律的具体发展变化已如前述。另据《晋书·刑法志》记载，曹魏时期，在《新律》正律十八篇之外，还有一些单行法律，如“别为之《留律》”等。

2. 令

曹魏时担任过甘陵府丞的文颖，在为《汉书·宣帝纪》作注时说：“天子诏所增损，

〔1〕《晋书·刑法志》。

〔2〕 参见程树德：《九朝律考》，中华书局 1963 年版，第 197 页。

不在律上者为令。”可见，令是皇帝的诏令，是对律的补充，其效力甚至可能高于律。

根据《通典》《初学记》《北堂书钞》《艺文类聚》《太平御览》等古籍的记载，我们可以看到《魏武军令》《魏武军策令》《魏武船战令》《魏武步战令》《魏武设官令》《魏武褒赏令》《魏武选举令》《魏武帝明罚令》《魏武帝内诫令》等散见的冠以“魏武”或“魏武帝”前缀的令的残存文字，以及其他一些曹魏时期的令。[1]另据《晋书·刑法志》记载，在制定《新律》的同时，陈群等人还制定了《州郡令》四十五篇，以及《尚书官令》《军中令》等逾百篇的令。

由此我们可以得出以下初步结论：首先，曹魏政权很重视令的制定，单行的令较多；其次，曹魏政权的令，特别是曹操主政时期，有相当一部分是军令。这与当时社会战争频仍的大背景完全吻合。

3. 科

如前所述，三国时，曹魏、蜀汉和东吴都曾以制定“科”作为临时的、变通的法律形式。其中，曹操制定的《甲子科》更是以科破律，将汉律的量刑“半减”。

（四）主要法律制度

1. 法定刑体系开始向封建制五刑转化

秦朝刑罚严苛，正如《汉书·刑法志》中所说，“秦用商鞅，连相坐之法，造参夷之诛；增加肉刑、大辟，有凿颠、抽胁、镬亨之刑”。汉朝文景刑制改革之后，一方面废止肉刑，另一方面使徒刑“有年而免”。在此基础上，曹魏《新律》对法定刑体系做了进一步梳理，将法定刑分为死、髡、完、作、赎、罚金、杂抵罪等数种，为封建制五刑的正式形成做了有益探索。尽管史籍中明确记载，曹操、曹丕、曹睿以及曹芳统治期间都曾探讨恢复肉刑的议题，但最终都没有真正恢复。

值得注意的是，当时还有很多“不在律令”的法外之刑也得到了国家认可。例如，《晋书·刑法志》载，曹魏《新律》“其死刑有三”，“至于谋反大逆，临时捕之，或污潴，或枭菹，夷其三族，不在律令，所以严绝恶迹也”。沈家本先生认为：“曹魏刑制，史举其纲而未详其目。其死刑三，以晋制考之，枭首也，斩也，弃市也。”[2]也就是说，为了严厉打击危害皇权的犯罪，《新律》允许执法者对犯罪人施以“污潴”“枭菹”“夷其三族”这样异常残酷的法外之死刑。

2. 缘坐制度的重大调整

缘坐，亦称“从坐”“连坐”“随坐”，是指因一个人犯罪而株连无辜亲属，使之连带受刑的制度。一般认为，连坐制度由商鞅首创，《史记·商君列传》载：“令民为什伍，而相牧司连坐。”

曹操执政时期，担任大理职务的钟繇就举过相应实例，他说：“奴婢祖先有罪，虽历百世，犹有黥面供官。”[3]“百世”虽然语涉夸张，但仍可见当时连坐牵连之广，时间

〔1〕参见程树德：《九朝律考》，中华书局1963年版，第213—220页。

〔2〕［清］沈家本：《历代刑法考》，商务印书馆1985年版，第24页。

〔3〕《三国志·魏书·毛玠传》。

之长，影响之惨烈。而《新律》则对缘坐范围做出了一定限制，规定："大逆无道，腰斩，家属从坐，不及祖父母、孙。"这样一来，"历百世，犹有黥面供官"的情况基本就不会出现了，但依然会累及子女，其中已婚女儿的情况就很复杂。《晋书·刑法志》载，当时一名叫程咸的官员，即由于所接触到的一个实际案件的影响，向皇帝上书陈述了出嫁女儿的尴尬境地："父母有罪，追刑已出之女；夫党见诛，又有随姓之戮。一人之身，内外受辟。"他还明确提出了自己的建议，即"在室之女，从父母之诛；既醮之妇，从夫家之罚"。皇帝被他说服，于是下诏改定律令。此次改革开创了缘坐不祸及出嫁女儿之先例，为后世所广泛仿效。

3."八议"入律

"八议"是指对八类权贵人物，在他们犯罪以后在刑罚适用上给予特殊照顾，官府不得擅自处理。"八议"制度赋予贵族官僚法定特权，可以变通适用法律的一般规定，从而达到同罪异罚的效果，成为传统社会等级身份价值观的直接体现。《唐六典》将其作用概括为："以广亲亲，以明贤贤，以笃宾旧，以劝功勤。"

"八议"源自《周礼·秋官司寇》的"八辟"，"以八辟丽邦法，附刑罚：一曰议亲之辟，二曰议故之辟，三曰议贤之辟，四曰议能之辟，五曰议功之辟，六曰议贵之辟，七曰议勤之辟，八曰议宾之辟。"《汉书·刑法志》中说："周官有五听、八议、三刺、三宥、三赦之法。""八议：一曰议亲，二曰议故，三曰议贤，四曰议能，五曰议功，六曰议贵，七曰议勤，八曰议宾。"可见，至少在东汉时"八辟"已经被习称为"八议"了。《唐六典·尚书刑部》的注文中也说："《周礼》以八辟丽邦法，附刑罚，即八议也。"

秦不用"八议"之制，汉代以后"八议"成为法律制度，《后汉书·应劭传》中收录有东汉律学家应劭与尚书陈忠探讨"八议"在司法审判中之实际应用的驳议文章，似已有相关的"科"，而未提及"律"。《唐六典·尚书刑部》的注文中说：八议"自魏、晋、宋、齐、梁、陈、后魏、北齐、后周，及隋皆载于律"。因而，通说认为，在总结前代经验的基础上，立法者在制定魏律《新律》时，将"八议"载入国家律典中。

"八议入律"是法律儒家化的突出表现和重要成果之一。

4.九品中正制

九品中正制，又称"九品官人法"，是魏文帝曹丕于黄初元年（220年）采纳尚书陈群的建议推行实施的。其法是在郡邑设小中正官，州设大中正官，由中正官依照家世、才能、德行这三项，将辖区内的士人分成九等（上上、上中、上下，中上、中中、中下，下上、下中、下下）；小中正官将品评结果报大中正官，大中正官核实后再报司徒，司徒复核后交吏部尚书选用。九品中正制创始于魏，沿用至宋、齐、梁、陈各代。隋代废除。

由于"九品"的区分标准十分主观、模糊，而且地方的中正官由"州郡之贤有识鉴者为之"[1]，或"各取本处人在诸府公卿及台省郎吏有德充才盛者为之"[2]，因而这种选官

---

〔1〕《资治通鉴·魏纪一》。

〔2〕《文献通考·选举考一》。

制度实际上为世家大族和官僚豪强所把持和操纵，进而成为保护和发展士族门阀制度的一种手段，与曹操的“唯才是举”的选官理念形成鲜明对比。

（五）司法制度简介

曹魏的司法制度基本承用汉制，但也根据当时社会实际有所调整和变化。

1. 司法机构

曹魏初年，承汉制，中央设三公，魏文帝采纳治书执法高柔的建议，“朝有疑议及刑狱大事，宜数以咨访三公”[1]。

曹操执政时期，中央司法机关称大理，魏文帝称帝后恢复廷尉之称。魏明帝时，廷尉之下设置律博士。曹魏在尚书台还设有都官曹、比部曹，掌刑法、狱讼之事。

地方司法机构仍大体沿汉代旧制，司法审判权由州刺史、郡守、县令兼掌。

2. 审判制度

第一，死刑复核制度初现端倪。

建安年间，“是时杀生之柄，决于牧守”[2]。到了魏明帝初年，“诸应死罪者，皆当先表须报”[3]。魏明帝青龙四年（236年）再次下诏：“其令廷尉及天下狱官，诸有死罪具狱以定，非谋反及手杀人，亟语其亲治，有乞恩者，使与奏当文书俱上，朕将思所以全之。其布告天下，使明朕意。”[4]从而使相当比例的死刑案件能奏报到皇帝处，由皇帝最终裁决，这一方面是慎刑，另一方面其实也是对死刑权的控制。

第二，上诉制度有所调整。

曹魏《新律》中为简化诉讼程序，防止讼事拖延，改汉代“乞鞫”之制，规定被判处“二岁刑以上”的犯罪人不得上诉，“省所烦狱也”。[5]

3. 监察制度

曹魏时期的中央监察机关仍为御史台，长官仍为御史中丞。但御史台已经从少府中独立出来，成为皇帝直接掌握的独立机关。御史中丞之下，还设有侍御史、治书（持书）侍御史和殿中侍御史。

自曹魏以后，地方不设监察机关，由中央派御史监察，形成御史出巡制度。

三、晋代法律

（一）立法情况简介

曹魏末年，司马昭受命辅佐幼主，掌握了朝中大权。264年，在被封为晋王之后，他即着手制礼仪、修律令、定官制，积极作以晋代魏的准备。他认为前代律令本注繁杂，魏时虽经陈群、刘邵等人改革，而科网繁密、儒家释律混乱的现象仍未根本改观，

---

〔1〕《三国志·魏书·高柔传》。

〔2〕《三国志·魏书·李通传》。

〔3〕《三国志·魏书·司马芝传》。

〔4〕《三国志·魏书·明帝纪》。

〔5〕参见《晋书·刑法志》。

于是命贾充、杜预等14人负责制定新的律典。265年，司马昭病死，但修律工作并未停止。西晋泰始三年（267年）律典修成，史称《晋律》或《泰始律》。修成之日，晋武帝司马炎亲自临讲，足见其重视程度。并于次年颁行天下。后来张斐、杜预分别为《晋律》作了注释，均得到晋武帝首肯，“诏班天下”，与律文同具法律效力，故《晋律》又称“张杜律”。

《晋律》为东晋以及南朝的宋和齐沿用，到南朝梁武帝改律之前，一共承用达235年，是三国两晋南北朝时期行世最久的一部法典，对后世立法影响深远，也促进了律学的发展。

《晋书·刑法志》载：“凡律令合二千九百二十六条，十二万六千三百言，六十卷，故事三十卷。泰始三年，事毕，表上。”据此，与《晋律》一并制定完成，并同时颁行的还有《晋令》四十篇，共二千三百零六条，九万八千六百四十三字，以及《晋故事》三十卷。

（二）法典结构变化

与汉律和曹魏《新律》相比，《晋律》的篇章体例设置更趋完善，条文更为简约，因而当时“百姓便之”。

1. 在《刑名》第一之后增《法例》一篇

《晋律》在曹魏《新律》的第一篇《刑名》之后增加了《法例》，作为整部律典的第二篇。

对于这样的结构设计，当时担任廷尉（中央最高司法机关）明法掾（审判职务）的张斐结合其丰富的审判实务经验，在为进献他的《律注》而向皇帝上的表章中，通过“八十岁老人要不要负刑事责任”“焚烧官府办公场所及仓库并抢劫的，要不要比照法律中的私人住宅相关规定来处理”“教唆别人殴打他自己的父母的，教唆的人要同样判处死刑吗”等几个今天看来仍有较大探讨空间的典型案例，结合“诸不敬，违仪失式，及犯罪为公为私，赃入身不入身”等几个时人关心的问题，来形象地向非法律专业人士说明：法律中有相当多的情况，需要“随事轻重取法，以例求其名”，即结合案件实际情况，根据“法例”来找到恰当的“刑名”。[1]

曹魏《新律》的由六至一，将《刑名》作为法律的总则部分摆到了它应该在的律首位置；《晋律》的一分为二则大大丰富了法律总则部分应有的内容，为《北齐律》的合二为一做了充分准备。

2. 正律篇目进一步增加

《晋律》在汉律和曹魏《新律》基础上，进行了大幅度增删，除新增《法例》一篇外，还增加了《卫宫》《水火》《关市》《违制》《诸侯》五篇，恢复了汉律中的《厩律》，删除了《新律》中的《劫略》《惊事》《偿赃》《免坐》四篇，共计二十篇。

《唐六典卷六·刑部》注文记载了《晋律》各篇的确切排序：《刑名》《法例》《盗律》《贼律》《诈伪》《请赇》《告劾》《捕律》《系讯》《断狱》《杂律》《户律》《擅兴》《毁亡》

---

〔1〕参见《晋书·刑法志》。

《卫宫》《水火》《厩律》《关市》《违制》《诸侯》。

从篇目上看，《晋律》比汉律九篇增加了十一篇，较《新律》十八篇也多两篇，但其条目只是汉律的十分之一，可见其简约。此后一直到《唐律》，我国封建律典篇目的增减基本都是在《晋律》各篇的基础上进行改进和完善。

3. 律文与官方认可的注释并行

《晋律》正式颁行后，没直接参加过《晋律》编纂的廷尉明法掾张裴，和《晋律》编纂人之一守河南尹杜预分别为律做注解，并且都得到了晋武帝的批准，“诏班天下”。此举开律典、注释并行之先河，为后来《唐律》《律疏》并行奠定了基础。

张裴、杜预二人对律文的注释，其全文虽都已散佚，但仅从现存的张、杜二人相关奏议的字里行间，我们就能看出张斐作为中央最高司法机关的审判人员的业务能力、律学功底、过人的思辨和斐然的文采，看到杜预作为儒学大师的高超注释水平。他们二人的律注及其他相关著作，在东晋和南朝都有很深远的影响，有力促进了传统法制和律学的发展。

（三）法律表现形式

从《晋书·刑法志》记载的晋代立法活动及其成果来看，晋主要的法律形式有三：

律，为固定之规范；

令，为一时之制度，也是“法”，但到了一定时期或满足一定条件的时候就要废止，即所谓“权设其法，太平当除，故不入律，悉以为令”；

故事，各国家机关、办事机构的常规工作标准、样式和规范等。

晋代立法者在法律渊源，即法律外在表现形式方面所作出的重大贡献是：对律与令的界限做了明确的区分。《晋书·刑法志》中说：“违令有罪者，依律定罪处刑。”杜预则进一步指出：“律以正罪名，令以存事制，二者相须为用。”[1]简而言之，律只做负面规定，令则做正面规定，二者各司其职，相互配合。此前汉魏时期的立法者对于律令之间的区别并没有太多认识，或者说缺乏合理设计。

但汉代中央最高司法机关负责人杜周的经典名言“前主所是著为律，后主所是疏为令”[2]，并没有因此而丧失其生命力。在后来的法制历史上，仍然多次被正式提及。例如，北魏最后一个皇帝即说：“前主为律，后主为令，历世永久，实用滋章。”[3]

（四）重要法律制度

1. 刑罚体系有所完善

《晋律》的刑制总体分为四种：死刑、髡刑、赎刑和杂抵罪。《唐六典·尚书刑部》注文中的记载颇详，与张斐《律注表》的相关描述完全吻合，可资印证。

《唐六典》载，“大辟之刑有三：一曰枭，二曰斩，三曰弃市”，即《律注表》所说的“死刑不过三”。

---

〔1〕《艺文类聚·治政部》。

〔2〕《汉书·杜周传》。

〔3〕《魏书·帝纪·卷十一》。

《唐六典》载，“髡刑有四：一曰髡钳，五岁刑，笞二百；二曰四岁刑；三曰三岁刑；四曰二岁刑。赎死，金二斤；赎五岁刑，金一斤十二两；四岁、三岁、二岁，各以四两为差。又有杂抵罪，罚金十二两、八两、四两、二两、一两之差”，即髡刑四等、赎刑五等、杂抵罪五等，合起来十四等，就是《律注表》中所说的“生罪不过十四等”，这也说明与曹魏《新律》不同，“罚金”在晋代只是杂抵罪这一刑罚的具体执行方式，而不再是刑罚的名称；其中，髡刑、赎刑所涉及的“年”，每差一年为一等，即《律注表》所说的“刑等不过一岁”；赎刑、杂抵罪所涉及的“金”，每差四两为一等，即《律注表》所说的“金等不过四两”。

通过上述对比我们可以发现，当时的刑罚种类及等差设计原则已经高度抽象化了，司法工作者们也已经有了丰富的实践经验，可以将刑罚等级总结成朗朗上口的口诀，帮助人们更好地去理解和适用法律。刑罚种类也进一步整合，秦汉时期的“城旦舂”“鬼薪”“白粲”等刑罚名称从晋代起即正式消亡了。

2. 准五服以制罪

为“峻礼教之防”，《晋律》首创“准五服以制罪”原则。所谓“五服”，即按照亲属关系亲疏远近而划分的五等丧服服制，由亲及疏依次为斩衰、齐衰、大功、小功、缌麻。五服是非常有中国特色的、十分形象的亲等关系标志。“准五服以制罪”也就是指亲属相犯的情形下，按亲等关系来确定犯罪人应被判处的刑罚轻重的基本原则：以尊犯卑的，服制越近，处罚越轻，服制越远，处罚越重；相反，以卑犯尊的，服制越近，处罚越重，服制越远，处罚越轻。“准五服以制罪”是以礼入律、礼律结合的重要表现，它自《晋律》中首次出现后，终封建之世而未改。《大明律》更将服制图列于律首，以示强调，《大清律》相沿不改。

3. 女子一般不再受缘坐牵连

《晋书·解结传》载，晋惠帝永康元年（300 年），解结被人诬告，当夷三族，其女恰好次日出嫁。夫家欲援引“嫁女不坐”的法律救她一命，让她提前一天过门。但解女因家事伤心欲绝，说：“家既若此，我何活为！”决定接受因连坐而被处死的后果。以此事为契机，西晋“朝廷遂议革旧制，女不从坐”。

4. 契约、契税法律制度的出现

《隋书·食货志》载：“晋自过江，凡货卖奴婢马牛田宅，有文券，率钱一万，输估四百入官，卖者三百，买者一百。无文券者，随物所堪，亦百分收四，名为散估。”说明当时已经开始收“契税”，并要求老百姓做大额交易时应书立“文券”。

（五）司法制度简介

1. 司法机构

西晋初，在中央仍设“三公尚书，掌刑狱”[1]，后废。

在中央继续设置“廷尉，主刑法狱讼，属官有正、监、评，并有律博士员”[2]。

---

〔1〕《唐六典·尚书刑部》。

〔2〕《晋书·刑法志》。

地方司法机构仍大体沿汉、魏旧制，司法审判权由州刺史、郡守、县令兼掌。

2. 直诉制度

直诉在晋代成为一种相对稳定的制度，是指不考虑诉讼等级而直接诉于皇帝或皇帝指派的人员的告诉制度。汉代虽有著名的缇萦上书汉文帝，但并非成熟制度。晋武帝时设登闻鼓，悬于朝堂外或都城内，百姓可击鼓鸣冤，有司闻声录状上奏。此后历代多有承袭。

3. 审判制度

作为廷尉的审判人员，张斐在其《律注表》中还详细介绍了他的审案心法："夫刑者，司理之官；理者，求情之机；情者，心神之使。心感则情动于中，而形于言？畅于四支，发于事业。是故奸人心愧而面赤，内怖而色夺。论罪者务本其心，审其情，精其事，近取诸身，远取诸物，然后乃可以正刑。仰手似乞，俯手似夺，捧手似谢，拟手似诉，拱臂似自首，攘臂似格斗，矜庄似威，怡悦似福，喜怒忧欢，貌在声色。奸真猛弱，候在视息。出口有言当为告，下手有禁当为贼，喜子杀怒子当为戏，怒子杀喜子当为贼。诸如此类，自非至精不能极其理也。"〔1〕这些都是对西周以来的"五听"审判方法的重要实践经验总结和补充、提高。

晋时恢复了上诉制度。

4. 监察制度

晋代沿袭曹魏之制，中央监察机关仍为直属皇帝的御史台，长官仍为御史中丞。御史甚至可"风闻言事"，对各级官吏进行弹奏。

西晋时还曾设司隶校尉，与御史中丞"分督百僚。自皇太子以下，无所不纠"，职权极为广大。〔2〕

第二节　南北朝时期的法律制度

一、南朝时期的法律制度

南朝，是指东晋后相继统治南方的宋、齐、梁、陈四个朝代，从420年刘裕建宋代晋开始，到589年隋朝大军渡江灭陈，南朝共经历166年。四个朝代的开国皇帝原均系地方军阀（谥号皆为"武"），且除梁武帝外，均非士族出身，其政权为军阀和士族的联合政权。总体来看，南朝政局多变、立国短促，其中统治时间最长的刘宋，也仅59年。

（一）立法情况简介

南朝宋、齐之间，"江左相承用晋世张、杜律二十卷"。刘宋武帝大明四年（460年）、

〔1〕《晋书·刑法志》。

〔2〕参见《通典·职官六》。

五年（461年）曾“改定制令”，但不涉及律典。南齐武帝永明七年（489年），奉命“集定张、杜二注”的尚书删定郎王植将其撰定的《律章》提交给朝廷，武帝下令由“公卿八座参议，考正旧注”，“其中朝议不能断者，制旨平决”。永明九年（491年），“始就成立《律文》二十卷，《录叙》一卷，凡二十一卷。今以奏闻，请付外施用，宣下四海”。史称《永明律》，可惜最终并未真正施行。[1]

南梁武帝天监元年（502年），由家传律学的蔡法度担任尚书删定郎，以《永明律》为蓝本进行修律工作。次年，《梁律》二十卷、《梁令》三十卷、《梁科》三十卷颁行天下。

南陈武帝即位之初，即指派尚书删定郎范泉参定律令，“制《律》三十卷，《令律》四十卷。采酌前代，条流冗杂，纲目虽多，博而非要”，“篇目条纲，轻重简繁，一用梁法”。

总体来看，宋齐梁陈四朝基本上是沿用晋代律（含注）、令、故事，有少量修订。[2]

（二）法典结构变化

《永明律》和《梁律》法典结构应基本一致。《隋书·刑法志》载《梁律》篇目为：“一曰刑名，二曰法例，三曰盗劫，四曰贼叛，五曰诈伪，六曰受赇，七曰告劾，八曰讨捕，九曰系讯，十曰断狱，十一曰杂，十二曰户，十三曰擅兴，十四曰毁亡，十五曰卫宫，十六曰水火，十七曰仓库，十八曰厩，十九曰关市，二十曰违制。”与《晋律》篇目对比可知，变化主要有：“劫”与“盗”并提，“叛”与“贼”并提，说明当时“劫”“叛”犯罪数量增加，需要给予惩治；“请赇”改为“受赇”；“讨”与“捕”并提；增“仓库”篇；删“诸侯”篇，晋律吸取曹魏教训，增《诸侯》一篇，然而“八王之乱”的惨痛教训又使后人对此有了新的认识，从此中国传统律典中不再有“诸侯”篇。

《陈律》三十卷，唐初即已仅存九卷，具体篇目、结构已不可考。《隋书·刑法志》说：《陈律》“篇目条纲，轻重简繁，一用梁法”。根据这一记载，《陈律》的篇目也应为二十篇，但卷数增至三十卷。《唐律疏议》十二篇，也分为三十卷，可见卷册与篇章并不必然一一对应。

（三）法律表现形式

南朝法律形式方面的主要变化是将“科”这一法律形式集中汇编。《唐六典》注中说：“梁易《故事》为《梁科》三十卷，蔡法度所删定。”虽然“科”作为一种法律形式，至迟在汉代即已出现，但集中汇编为一部，则为南梁首创。

（四）重要法律制度

1. 缘坐范围的变化

《梁律》在魏晋律基础上进一步缩小缘坐范围，规定：谋反、降叛、大逆等罪虽缘坐妇人，但“母妻姊妹及应从坐弃市者，妻子女妾同补奚官为奴婢”。

梁武帝中大同元年（546年）诏：“自今犯罪，非大逆，父母、祖父母勿坐。”但《陈

---

〔1〕 参见《南齐书·孔稚珪传》《册府元龟·刑法部·定律令》。

〔2〕 参见《隋书·刑法志》。

律》又“复父母缘坐之刑”。[1]

2. “官当”制度的正式出现

官当，也称“以官当徒”，即用夺爵位、除名籍和免官等方法来折抵犯罪人所应受到的刑罚。《隋书·刑法志》载：《陈律》中规定：“五岁四岁刑，若有官，准当二年，余并居作。其三岁刑，若有官，准当二年，余一年赎。若公坐过误，罚金。其二岁刑，有官者，赎论。一岁刑，无官亦赎论。”

用官爵来折抵刑罚的做法，汉代已有零星记载。《太平御览·刑法部十七》“除名”条记载：《晋律》中规定“除名比三岁刑”；“免官”条记载：“《晋律》曰：免官比三岁刑。”“又曰：有罪应免官，而有文武加官者，皆免所居职官。”“又曰：其犯免官之罪，不得减也。”“又曰：其当免官者先上。”

经过简单对比就可以发现，《晋律》中用官职折抵徒刑的规定还很粗糙，不够系统化，而《陈律》中的相关规定已经有了丰富的层级、等差关系，且直接出现了“官”和“当”字样。因此，我们可以认为，“官当”制度，最早出现在《陈律》中。

（五）司法制度简介

1. 司法机构

南朝的中央司法机关略有变化。《唐六典·大理寺》载：“宋齐皆为廷尉。梁为秋卿，班第十三。陈因之。”

地方司法机构仍沿汉、魏以来旧制，司法审判权由州刺史、郡守、县令兼掌。

2. 审判制度

《梁律》中首次规定了测罚制度，使逼取口供的行为法律化了。

《隋书·刑法志》载：凡在押人犯，不立刻招供者，“应加测罚”，也叫“测囚之法”。

《陈律》则缩小了测罚的适用范围，即“赃验显然”而不招供，“则上测立”。并详细记载了测立的相关制度。

隋朝即废止。

3. 刑罚执行制度

据《隋书·刑法志》载，《梁律》进一步增加了对老人、儿童和女子等特殊群体用刑的限制，以示宽仁，例如：对于应当被处以鞭杖罚的人，老小“皆半之”，“女子怀孕者，勿得决罚”。

4. 监察机构

南朝四朝均设御史中丞一人，下设治书侍御史和侍御史，南梁与晋相仿，还有殿中侍御史等职位。

南朝时，在地方上设“台使”，负责监察地方官员。

二、北朝时期的法律制度

北魏登国元年（386 年），拓跋班改国号为魏，史称北魏。这一年被视为北朝的开

---

〔1〕 参见《隋书·刑法志》。

始。但中国北方的统一直至 439 年北魏灭北凉时才实现。

北朝诸政权中，北魏、北齐和北周的法律制度建设成果在中国法律制度史上占有极为重要的地位。

（一）立法情况简介

北朝各政权都很重视法典编纂。

自北魏第一位皇帝 398 年命大臣定律令、“申科禁”开始，到北魏最后一位皇帝 532 年下诏议改条格时止的一百多年中，北魏政权可统计的立法活动总共达到了九次之多。其中，北魏孝文帝太和十六年（492 年）“班新律令”的同时，“大赦天下”，并于次年“诏赐议律令之官各有差”。纵观三国两晋和南朝，只有《晋律》颁行时有大赦和赏赐编纂者之举，其他律则无。这似乎足以说明太和十六年《北魏律》应该是全新编订的，而不是小修小补。它的颁行，彻底改变了北魏初年“礼俗纯朴，刑禁疏简”，“诸犯罪者，皆临时决遣”[1]的状况。有了皇帝的支持，有了立法者精益求精、不断打磨的精神，加之参与修律的崔浩、高允、游雅等人均是当时著名的汉族律学家，《北魏律》因而能够博采众家所长，将汉、魏、晋各律的优点有机地融合在一起，从而“开北系诸律之先河”。

东魏孝静帝天平年间（534—537 年）曾诏高澄与封述定新格，“以格代科，于麟趾殿删定，名为《麟趾格》”，颁行天下。后又于兴和三年（541 年）命群臣议定新法。

西魏文帝于大统十年（545 年）命苏焯编订《大统式》，“以太祖前后所上二十四条及十二条新制”，加以损益，“总为五卷，颁于天下”。

550 年，北齐代东魏后，初沿用《麟趾格》，北齐武成帝河清三年（564 年）时在封述等人主持下，以《北魏律》为蓝本，校正古今，锐意创新，省并篇名，务存清约，制定《北齐律》十二篇，共九百四十九条，以“法令明审，科条简要”著称于世。上承汉魏律之精神，下启隋唐律之先河，成为隋唐法典的蓝本。程树德先生曾给予高度评价，他在《北齐律考序》中开篇即说：“南北朝诸律，北优于南，而北朝尤以齐律为最。”[2]

557 年，北周代西魏后，初沿用制诏。北周武帝保定三年（563 年），命越肃、拓跋迪等撰定法律，仿《尚书·大诰》制《大律》，共二十五篇，一千五百三十七条，原文早佚。因《大律》仿《尚书》《周礼》，杂采魏、晋诸律，使“今古杂糅，礼律凌乱”，不合时宜。《隋书·刑法志》评述其为“大略滋章，条流苛密，比于齐法，烦而不要”。因此，隋文帝杨坚虽为北周外戚，承周立国，但灭北齐后，在立法上仍以《北齐律》为蓝本，而不采北周《大律》。

（二）法典结构变化

据史载，《北魏律》共二十篇，但具体篇目名称已不全，程树德认为可考的篇目有十五个，即刑名、法例、卫宫、违制、户律、厩牧、擅兴、贼律、盗律、斗律、系讯、诈伪、杂律、捕亡、断狱。其中《捕亡》似是《晋律》中《捕律》和《毁亡》的合并，并从《晋律》的《系讯》中分出《斗律》一篇。

---

〔1〕《魏书·刑罚志》。

〔2〕 程树德：《九朝律考》，中华书局 1963 年版，第 393 页。

《北齐律》进一步改革体例，省并篇目确定为十二篇，即名例、禁卫、婚户、擅兴、违制、诈伪、斗讼、贼盗、捕断、毁损、厩牧、杂律。其重大贡献有：

第一，开创了中国古代律典十二篇的体例，为《唐律》所沿袭。

第二，将曹魏《新律》中出现的《刑名》和《晋律》中出现的《法例》合为一篇，称为《名例》，冠于律首，增强了法典结构上的科学性。此后，一直到中国最后一部封建法典，第一篇始终是《名例》，足见这种体例设置的合理性。

（三）法律表现形式

梳理北朝各代的立法成果可知，这一时期的法律表现形式十分多样，包括：

1. 律

北魏时十分重视律的制订。但到了北魏末期，社会动荡，战事频仍，相对稳定的律已经无法适应统治需要，故北魏最后一帝孝武帝于太昌元年（532 年）下诏，议定新格。此后一段时间，格一直是北朝诸政权的主要法律形式。直到北齐中后期，政局相对稳定时，北齐武帝河清三年（564 年）完成《北齐律》的制订，才回归以律为主的法律形式格局。如《隋书·刑法志》载：“后平秦王高归彦谋反，须有约罪，律无正条，于是遂有别条权格，与律并行。”

2. 令

北朝时期的令基本沿袭了西晋旧制，“令以存事制”。北魏时有《狱官令》等相关记载，北齐时颁布《北齐令》和《权令》，与律并行。

《唐六典》注文中载，《北齐令》以尚书二十八曹为其篇名，“又撰《权令》二卷，两令并行”。《隋书·刑法志》也说：“其不可为定法者，别制《权令》二卷，与之并行。”

3. 格

“格”这一法律形式在北魏时出现，《唐六典·刑部》注文中记：“后魏以格代科。”《魏书·刑罚志》载：北魏高祖太和十二年（488 年）诏：“犯死罪，若父母、祖父母年老，更无成人子孙，又无期亲者，仰案后列奏以待报，著之令格。”可见当时已经令格并行。

东魏兴和三年（541 年），颁布了著名的《麟趾格》。

北齐开国皇帝高洋即位之初即宣布：“魏世议定《麟趾格》，遂为通制，官司行用，犹未尽善，群官可更论讨新令，未成之间，仍以旧格从事。”[1]《隋书·刑法志》载：北齐初年“议造齐律，积年不成”。因此，北魏末至北齐初，格就成为当时的“通制”。

这一时期的格以尚书省诸曹名为篇目，开创了新的体例。

4. 式

“式”这一法律形式，通常认为属于行政性法规。式最早出现于秦代，如著名的《睡虎地秦墓竹简》中即有原标题为“封诊式”的竹简。汉初也有品式章程。

编订完成于西魏大统十年（544 年）的《大统式》，是隋唐以后律、令、格、式并行之“式”的先声。《唐六典·尚书刑部》注文载：西魏文帝“大统元年，令有司斟酌今古通变可以益时者，为二十四条之制；七年，又下有十二条之制；十年，命尚书苏绰总

〔1〕《北史·文宣帝纪》。

三十六条，更损益为五卷，谓之《大统式》”。

综上，北朝时期的法律形式有较多变化和创制，特别是以格代科、恢复使用“式”这一法律形式等，都成为隋唐以降律、令、格、式法律形式格局的直接渊源。

（四）重要法律制度

1. 刑罚体系进一步完善

封建制五刑已基本成型。《北魏律》将刑罚确定为六种：死、流、宫、徒、鞭、杖。在此基础上，《北齐律》确定为死、流、徒、鞭、杖五刑。北周《大律》仍为五刑，但排序调整为杖、鞭、徒、流、死。北朝立法中的五刑之制为隋代封建制五刑，即死、流、徒、杖、笞（唐以后排序为笞、杖、徒、流、死）的定型奠定了基础。

绞成为法定死刑执行方式的一种。据《魏书·刑罚志》记载，北魏太武帝神䴥年间（428—431 年）所定之《北魏律》正式将“绞”作为法定的两等死刑之一。这是我国传统律典中死刑执行方式的重大改革。

流刑成为法定刑，作为死与徒的中间刑。《隋书·刑法志》载，《北齐律》的“流刑，谓论犯可死，原情可降，鞭笞各一百，髡之，投于边裔，以为兵卒，未有道里之差”。《北周律》则将流刑按照以皇畿为中心的里程远近，分为五等，分别为二千五百里、三千里、三千五百里、四千里、四千五百里。流刑入律填补了自汉文帝刑制改革以来死、徒二刑间的空白，为隋唐时期刑罚制度的完善奠定了基础。沈家本即评论说：“开皇元年定律，流为五刑之一，实因于魏周，自唐以下，历代相沿莫之改也。”[1]《隋书·刑法志》还记载了南梁时流放犯人至交州的实例，说“至是复有徒流之罪”。但史籍中未见受《晋律》影响深远的南朝诸律中有流刑的明确记载。

废除宫刑。自汉文帝改革刑罚以来，宫刑兴废无常。北魏、东魏时仍有施用宫刑记载。西魏文帝大统十三年（547 年）诏：“自今应宫刑者，直没官，勿刑。”北齐后主天统五年（569 年）亦诏令：“应宫刑者，普免刑为官口。”从此宫刑不复作为一种法定刑。

2.“重罪十条”的出现

汉代已有“不敬”（或“大不敬”）、“不孝”的罪名出现。《北魏律》严惩不孝、大逆、不道等罪名。

为加强镇压危害皇权专制统治和违反伦理纲常的行为，北齐律在总结以往统治经验的基础上，将直接危害封建统治者根本利益的最严重的十种犯罪加以集中，并置于律首。据《隋书·刑法志》载，北齐律中“列重罪十条：一曰反逆，二曰大逆，三曰叛，四曰降，五曰恶逆，六曰不道，七曰不敬，八曰不孝，九曰不义，十曰内乱。其犯此十者，不在八议论赎之限”。

隋唐律在《北齐律》“重罪十条”基础上发展为“十恶”定制，并为宋、元、明、清历代所承袭。

3.“留养”制度的出现

存留养亲，亦称“留养”制度。后世定型的存留养亲制度是指，犯了死罪的犯人，

---

〔1〕［清］沈家本：《历代刑法考》，商务印书馆 1985 年版，第 270 页。

其直系尊亲属年老应侍，而家里没有其他成年男子的，死罪非十恶，允许上请，流刑可免发遣，徒刑可缓期，将人犯留下以照料老人，老人去世后再实际执行。

存留养亲制度最早见于《北魏律·名例》的规定："诸犯死罪，若祖父母，父母年七十已上，无成人子孙，旁无期亲者，具状上请，流者鞭笞，留养其亲，终则从流，不在原赦之例。"[1]这一内容亦为后代法律所承袭，成为中国古代法律儒家化、家族化、伦常化的重要具体体现之一。

（五）司法制度简介

1. 司法机构

中央审判机关由廷尉改称大理寺。北魏沿袭汉晋之制，称廷尉。北齐改廷尉为大理，并扩建其机构为大理寺，设卿、少卿、丞各一人为主官，其下设正、监、评各一人，以及律博士四人等一系列人员。据《唐六典》的记载，整个大理寺的人员设置比北魏的廷尉多了近五十人。北周则依照《周礼》，称秋官大司寇。《通典·职官》"刑部尚书"条载，北周"有秋官大司寇卿，掌刑邦国"。

刑部的雏形开始出现。北魏设都官，作为中央司法行政机构，长官称都官尚书，属尚书省。北齐以尚书省六尚书分统列曹，其中殿中尚书统三公曹，"掌五时读时令，诸曹囚帐、断罪、赦日建金鸡等事"。都官尚书统比部曹，"掌诏书律令勾检等事"。《通典·职官》"刑部尚书"条载，北周"有秋官大司寇卿，掌刑邦国，其属官又有刑部中大夫，掌五刑之法"。

2. 监察机构

北魏、北齐时期的监察机构体制与南梁相仿，称"南台"，设有中丞（有时称"中尉"）、治书侍御史、殿中侍御史、检校御史等官职，另有出巡御史。北魏监察机构的职能是"督司百僚"，甚至可以"风弹"。

北周时以《周礼》为标准，对官制进行了改革，中央设三公、三师、六卿。御史台改为"司宪"，属六卿之一的秋官府，主官二人，称"司宪中大夫"。

3. 审判制度

限制诉权。北齐文宣帝时禁囚犯告诉，制定《案劾格》规定："负罪不得告人事。"这一制度为唐律所承袭。

直诉制度。北魏时期也有登闻鼓之设。《魏书·刑罚志》载，世祖拓跋焘时，"阙左悬登闻鼓，人过穷冤则挝鼓，公车上奏其表"。

再审制度。与上诉制度不同，《北魏律》中规定了复审制度。"狱已成及决竟，经所绾，而疑有奸欺，不直于法，及诉冤枉者，得摄讯覆治之。"

4. 刑罚执行制度

死刑复核制度。《北魏律》规定："诸州国之大辟，皆先谳报乃施行。""当死者，部案奏闻。"又："狱成皆呈，帝亲临问，无异辞怨言乃绝之。"从而使死刑决定权唯归皇帝，一方面是慎刑，另一方面也是控制。

---

〔1〕《魏书·刑罚志》。

特殊人群的行刑优待。《北魏律》进一步明确：“妇人当刑而孕，产后百日乃决。”这其中有礼教因素，但也是社会文明程度提高的结果。

重要名词术语

律学博士、缘坐、八议、张杜律、“准五服以制罪”、直诉、官当、测罚、重罪十条、存留养亲

思考题

1. 简述魏晋南北朝时期“法律儒家化”进程中的标志性事件、立法和制度。
2. 简述我国“律学”的定义及其外延。
3. 简述曹魏《新律》对传统律典的主要发展。
4. 试论“八议”制度及其入律的历史意义。
5. 简述我国传统律典总则部分由《具法》至《名例律》的发展演变过程及其意义。

典型案例分析

《晋书·解结传》记载，西晋年间，解结的女儿许配给裴家，第二天就是成亲的日子，而解结因其他人的谋反行为受牵连要被处死，解结的女儿也因此要被处死。裴家想要救她，让她提前一天嫁过门。解结的女儿说：“家既若此，我何活为！”于是被处死。“朝廷遂议革旧制，女不从坐，由结女始也。”

请问解结的女儿为什么要被判处死刑？裴家为什么计划用这种方法来救解结的女儿？这个案件最终带来了怎样的制度改革？有何意义？

第七章　隋唐法律

【内容提示】

隋唐是我国封建社会的鼎盛时期，是中国文化发展上的一个辉煌时代。中国经历了魏晋南北朝近四百年的分崩动乱，终有隋唐之统一。581 年，北周外戚杨坚（隋文帝）夺取政权，改国号为隋，589 年又兴兵灭掉南陈，结束了南北分裂对峙的局面。604 年，杨坚次子杨广（隋炀帝）夺取帝位。618 年，隋外戚李渊（唐高祖）夺取政权，改国号为唐，隋朝灭亡。907 年，唐朝灭亡。

在中国法制史上，隋代法制起着承上启下的作用，具有特殊地位。在政治制度方面，隋代建立了三省六部制；在官吏选拔方面，隋代开创了科举制；在经济方面，隋代完善了均田制。隋初颁布的《开皇律》继承发展了《北齐律》的篇章体例，改重罪十条为十恶，并确立了新的五刑体系。但是，有隋一代，统治者未能始终如一地重视法律，这是隋朝二世而亡的重要原因。

唐初统治者以隋代的灭亡为鉴，励精图治，极大地缓和了社会矛盾，促进了经济发展，国力强盛，中华文明发展至鼎盛。"盛世王朝"的有效支撑之一便是法制臻于成熟。自高祖至太宗，上承隋《开皇律》，因时损益，法制已趋完备。其后，自高宗、武后，至于玄宗，法制代代相因并不断完善。先后制定实施的《武德律》《贞观律》《永徽律》《开元律》构成这一时期法制建设的主体部分，同时也为适应不同需要制定了大量的令、格、式。其中最具代表性的是《唐律疏议》，其总结了汉魏晋以来立法和注律的经验，不仅对主要的法律原则和制度作了精确的解释与说明，而且尽可能引用儒家经典作为律文的理论根据，所谓"一准乎礼"，"以礼为出入"。《唐律疏议》的完成，标志着中国古代立法达到了最高水平，全面体现了中国古代法律制度的水平、风格和基本特征，成为中华法系的代表性法典，对后世及周边国家产生了极为深远的影响。

唐初统治者注重吸取隋亡之教训，为国以民为本，采取"德礼为本，礼刑并用"法制方针，重视律典宽简稳定。唐中期以后，政治经济形式剧变，韩愈、柳宗元、刘禹锡、白居易等对正统法律思想的补充与发展，对唐代中后期及以后的法律发展有着重要影响和意义，在中国法律思想史上占有一席之地。

在职官制度方面，唐代中央政府沿用了隋代的三省六部制，以科举为选官正途，对官吏定期考核，督责官吏忠于职守、勤于施政。监察机构包括专门监察机构御史台和隶属于中书、门下的谏官。御史台内设台院、殿院、察院，负责纠弹百官、匡正朝仪，以及对地方分区巡察。

在刑事法律方面，唐代确立了重惩“十恶”，权贵减免刑罚与老幼废疾减免刑罚，区分公罪私罪、自首、同居相为隐、轻重相举、化外人相犯等刑法原则。唐律所规定的犯罪，大致可以归纳为危害国家罪、侵犯人身罪、侵犯财产罪、官吏职务犯罪、破坏封建礼教罪、破坏公共秩序罪六类。唐代继承并规范了以五刑为主体的刑罚体系，明确规定了六杀、六赃、保辜等刑罚制度。

在民事经济方面，唐代实行良贱有别的身份制度；对物权的保护较为全面，并且对一些特殊动产物权的确定和保护确立了规则；在婚姻制度方面，确立了和离、义绝等离婚制度；在财产继承上，确立了诸子均分的法定继承；田制与赋税制度方面，初为租庸调制，后期改为两税制；此外，唐代还建立了比较完善的市场管理制度。

司法诉讼制度方面，唐代中央司法机关为大理寺、刑部、御史台。唐中期以后，还建立了“三司推事”制度以解决疑难案件。地方司法权由行政机关行使。但由于诉讼事务的增加，地方行政机构内已增设一些专门的司法佐吏。在诉讼审判的具体制度上，唐代详细规定了告诉及其限制，规范审判期限、官员回避、刑讯、判决、上诉、直诉、死刑复奏制度、出入人罪的司法责任等事项。

第一节 隋代法律

隋代法律制度的发展，既有对秦汉建立的封建法制的基本框架和魏晋南北朝时期各朝代近八百年法制发展成绩的总结集成，同时也有赖于长期社会分裂动荡之后对统一完备法制的渴望。隋代的法制起着承上启下的作用，在中国法制史上具有特殊的地位。

一、立法指导思想

因时立法。杨坚曾以“法令滋章，非兴化之道”[1]，向北周宣帝“切谏”，可见其很早就重视法制建设。在建立隋朝之后，他命令大臣立即制定新律，开皇元年（581 年）十月便颁行了《开皇律》，并下诏说：“帝王作法，沿革不同，取适于时，故有损益。”[2]所谓取适于时，即不拘泥于一国、一族之偏见，注意吸纳各族法文化之精粹，博取南北立法之所长，《开皇律》即“多采后齐之制”。但隋文帝本人及其核心班底都曾是北周贵族，《开皇律》起草者中曾任北周刑部下大夫、少司宪的裴政又以“明习故事”著称，曾经“参定周律”[3]，因此《开皇律》也不可避免地受到北周法制的影响。《旧唐书·刑法志》有记载：“隋文帝参用周齐旧政，以定律令，除苛惨之法，务在宽平。”取适于时的同时，也根据需要而随时变革法律。《开皇律》颁布仅两年，至开皇三年（583 年），隋

〔1〕《隋书·高祖纪》。
〔2〕《隋书·刑法志》。
〔3〕《隋书·裴政传》。

文帝又一次下令修改《开皇律》，并予以施行。在隋文帝统治时期，法制方面的改革相当频繁，如蠲除前代的苛法酷刑，改革审断案件的办法，改变上诉及死刑复奏方法等。隋文帝在临死时所发的遗诏中还表示："自古哲王，因人作法，前帝后帝，沿革随时。律令格式，或有不便于事者，宜依前敕修改，务当政要。"[1]可以说，隋文帝前期开创的开皇法制是其因时变法思想的积极成果。

严于执法。隋文帝不仅锐意改革法制，积极修律，而且严于执法。隋文帝重视对司法官的选任，"见贤必进，有才必举"，隋初一些执掌司法、监察的官员能够依法办事，文帝本人也重视法律，并且身体力行，因此较好地树立了法律的权威。文帝子秦王杨俊多造宫室，奢侈无度，被勒令"就第"加以软禁。大臣们谏以处分太重，文帝说："法不可违。"又说："我是五儿之父，若如公意，何不别制天子儿律？以周公之为人，尚诛管、蔡，我诚不及周公远矣，安能亏法乎？"[2]又如，王谊与文帝有旧，又是佐命功臣，其子复娶文帝第五女为妻，后"公卿奏谊大逆不道，罪当死"。文帝召见王谊，表示："朕与公旧为同学，甚相怜愍，将奈国法何？""于是赐死于家。"[3]他任命薛胄为大理卿，赵绰为少卿，史书说此二人"俱名平恕，然胄断狱以情，而绰守法，俱为称职"[4]。后梁毗为大理卿，也是"处法平允，时人称之"[5]。在司法监察方面，柳彧为治书侍御史，"持节巡省河北五十二州，奏免长吏赃污不称者二百余人，州县肃然，莫不震惧"[6]。

二、立法概况

（一）法律形式与立法活动

隋代的法律形式主要有四种：律、令、格、式。它们主要由当时的大臣苏威等人所定。《隋书·刑法志》记载："律、令、格、式，多威所定。"隋代重要的立法活动有两次，分别在隋文帝开皇年间和隋炀帝大业年间。

《开皇律》是隋代的第一部律典。《隋书·刑法志》载，早在隋文帝总揽北周大权时，就着手删修旧律，重作《刑书要制》，行宽刑之策。隋文帝即位后，就令高颎、郑译、杨素等大臣参考魏晋以来立法，借鉴以往的立法经验与教训，修订新律。开皇三年（583年），隋文帝"以为律尚严密，故人多陷罪"，再令苏威、牛弘等大臣更定《开皇律》，其中删除死罪八十一条、流罪一百五十四条、徒和杖等千余条，确定留有五百条，共十二篇，使整个法典相对更为宽松与简约，《开皇律》就此而定型。《开皇律》注意吸取历代法典体例的经验，《隋书·刑法志》称其"多采后齐之制"，继承了北齐律"法令明审、科条简要"的特点。《大业律》是隋代的第二部律典。隋炀帝即位后，"以高祖禁网深刻"，因而下诏修改律令。大业三年（607年），完成了对《开皇律》的修改，并

[1]《隋书·高祖纪》。

[2]《隋书·秦孝王俊传》。

[3]《隋书·王谊传》。

[4]《隋书·赵绰传》。

[5]《隋书·梁毗传》。

[6]《隋书·柳彧传》。

颁行天下，是为《大业律》。《大业律》在条目上仍为五百条，篇目上则由《开皇律》的十二篇增加为十八篇：名例、卫宫、违制、请赇、户律、婚律、擅兴、告劾、贼律、盗律、斗律、捕亡、仓库、厩牧、关市、杂律、诈伪、断狱。从内容上看，《大业律》对《开皇律》的改动不大。隋炀帝为表明自己“虚己为政，思遵旧典，推心待物，每从宽政”，删除了《开皇律》中的“十恶”条款；并在一定范围之内，取消了犯罪者亲属不得为官任职、罪犯子弟不得任宿卫近侍之官的禁令。

开皇、大业两朝在制定律的同时，也分别制定和修改了令、格、式，但是内容早已散佚，只能从各种史料中看到少数零星的记载。

（二）《开皇律》的立法成就

1. 篇章体例的合理化

《开皇律》十二篇，五百条，是一部以刑为主、诸法合体的重要法典。隋初立法者经过比较研究，确立《北齐律》的篇目体例作为修律的参照蓝本。立法者综合内容上的内在逻辑关系及其调整对象的重要性等因素，对原十二篇的名称、排列顺序作了一定的修改和调整。《隋书·刑法志》记载，经过开皇三年的修订，“除死罪八十一条，流罪一百五十四条，徒杖等千余条，定留唯五百条。凡十二卷”。这十二卷分别为：名例、卫禁、职制、户婚、厩库、擅兴、贼盗、斗讼、诈伪、杂律、捕亡、断狱。至此，中国封建社会中期法典十二篇五百条的框架已基本确定。《开皇律》在体例结构上的调整，使其自身在形式上进一步趋于合理。它表明中国古代立法者在立法技术上的进步和成熟，代表着中国古代最高立法水平的《唐律疏议》在体例、篇目、条目等方面都承袭《开皇律》，宋朝以后的律典也深受其影响。

2. 新五刑体系的确定

隋以前的古代刑罚制度尚未最终定型。夏商周时代以墨、劓、刖、宫、大辟为五刑，秦汉两代律典并无“五刑”体系之称。三国曹魏《新律》号称“更依古义制为五刑”，但它规定的刑种却有死刑、髡刑、完刑、作刑、赎刑、罚金、杂抵七种；《北魏律》《北齐律》《北周律》则定死、流、徒、鞭、杖为五刑。无论是北魏、北齐、北周，还是南朝的梁、陈，其刑罚制度都仍然是比较混乱的。其死刑分为枭首、轘身、斩、绞四种，流、徒刑附加鞭、笞刑。《开皇律》承继北朝“五刑”制并加以规范，形成了五刑二十等的刑罚体系。

《开皇律》所定五刑为死、流、徒、杖、笞。死刑等级分为二等：绞、斩。流刑等级分为三等：一千里、一千五百里、二千里。徒刑五等，分别为：一年、一年半、二年、二年半、三年。杖刑与笞刑各为五等：杖刑数自六十至一百，笞刑数自十至五十。《开皇律》所定五刑制以其较为合理的刑种、刑等设计，构成封建刑罚制度的成熟形态，这一体系基本为《唐律》所继承，奠定了自隋初至清末近十四个世纪中国刑罚的基本体系框架。

3. “十恶”之条的定型

“十恶”是维护皇权、维护伦理纲常所确立的重要的法律原则之一。《周礼》即把国家应重点惩治的犯罪归纳为八种，即所谓“乡八刑”。秦汉即有“谋反”“大不敬”“不孝”“内乱”“不道”“大逆无道”等应加重惩罚的重大罪名。《北齐律》正式将这些重大犯罪归纳为“重罪十条”。《开皇律》承袭了“重罪十条”，并正式定名为“十恶”，自此相沿不改。《开皇律》十恶之罪分别是：“一曰谋反，二曰谋大逆，三曰谋叛，四曰恶逆，五曰不道，六曰大不敬，七曰不孝，八曰不睦，九曰不义，十曰内乱。”[1]《唐律疏议·名例》“十恶”条疏议曰：“周齐虽具十条之名，而无十恶之目。开皇创制，始备此科，酌于旧章，数存于十。”炀帝修律时“复更刊除”十恶之名，“十条之内，惟存其八”，即不别立“十恶”之目，而是以十恶之罪行中的八项分列各条中。但唐初又恢复《开皇律》的做法，律首列举十恶，“自武德以来，仍遵开皇，无所损益”。于律首列举“十恶”并强调加重打击的体例为后世所保留，直至清末。

隋《开皇律》虽然承袭《北齐律》之“重罪十条”，但也做了一些变化。第一，名称有所变化，把“重罪十条”改称“十恶”。第二，将“降”合并入“叛”，不再单独列出，并且增加了“不睦”，反映了对家庭伦理的重视，唐律沿袭了这一改变。第三，在北齐的“反逆”“大逆”“叛”三个罪名之前增加了一个“谋”字，意在加大对危害国家和皇权行为的防范力度，将其打击前置，使严刑的锋芒及于谋划、准备此类严重犯罪的阶段。

4. 继承发展贵族官僚特权法

《开皇律》不仅沿袭了汉魏晋以来贵族官僚的一系列法律特权，而且有进一步的发展。其一，延续了《魏律》“八议”制度。其二，规定“例减”制度，凡“八议”之人及七品以上官员，皆“例减”一等。其三，规定“赎刑”制度，九品以上官员犯罪皆可以数量不等的铜赎罪，使自古以来以钱财抵刑罚的方式制度化与法律化。其四，继续“官当”制度，允许官员以官爵抵当应受刑罚，并增加区别公罪与私罪的官当标准。

三、行政法律制度

（一）中央官制的发展

隋代是在魏晋南北朝大分裂之后建立的第一个统一的中央政权。基于对之前社会分裂动荡的深刻认识，隋代统治者便致力于建立统一的中央集权政府，完善维护皇权、维护中央集权的行政管理体制。为实现此目的，隋文帝对政权体制进行了全面深刻的改革，包括建立中央三省六部制、建立科举制等。其中一些制度是基于对此前历朝制度经验的总结，并结合封建政治、经济、文化等方面新的需要而建立的。这些制度的建立，表明封建的政治、经济、文化制度渐趋成熟。

隋代沿袭了魏晋南北朝以来的三省制度，并结合统一的中央集权政治的需要，确立了一套较为完整的政权体制。在中央，设尚书省、门下省、内史省，分掌中枢政务。以尚书省长官尚书令、门下省长官纳言、内史省长官内史令共同行使宰相之权。尚书省为最高行政机关，皇帝的诏旨及中央各部门的政令均由尚书省组织实施，下设吏部、礼部、兵部、都官（后改刑部）、度支（后改民部，唐朝改为户部）、工部六部。每一部又

---

〔1〕《隋书·刑法志》。

分辖四司，共二十四司。门下省职权在隋代前后期有较大变化。隋初，门下省主掌供奉与谏议，侍奉皇帝起居，并兼谏议职责。大业三年（607 年），隋炀帝改革官制，门下省逐渐变为专掌封驳的机构。由内史省奉旨起草的诏令，须经门下省审阅；若门下省认为其内容有不妥，可封还驳回。内史省的主要职掌为出纳王命，起草诏令。尚书省、门下省、内史省三省在职责上互有分工，相互制约和配合，形成了三省分权、配合的政权体制的雏形，为唐代完善的三省分权体制的形成奠定了基础。另外，隋代中央在三省之外尚设有秘书省、内侍省。隋代创立的三省六部二十四司的行政管理体制，是封建统治者长期以来治理经验在国家组织方面的总结，标志着中央集权制度的科学化、严密化，为后世政治制度的发展完善提供了重要参考。

（二）开创科举制

魏晋南北朝时期实行的九品中正制为门阀士族把持朝廷用人大权开了方便之门。九品中正制在选拔人才时强调门第家世，因此，门阀士族往往通过这一制度在朝中发展自己的势力，对中央集权形成直接的威胁。南北朝后期，士族势力逐渐衰落，庶族地主的力量兴起，九品中正制就成了扩大封建政权阶级基础和加强中央集权的障碍。隋文帝开皇年间，为加强中央集权，正式废除九品中正制，确立科举制。所谓科举制，即由国家设立各科，定期组织全国统一的考试，按照考试成绩的优劣，录取部分考生，并授以官职，即所谓“开科取士”。隋文帝时设立“秀才科”，隋炀帝时增设“进士科”，科举制度渐趋定型。科举制度的实行，不仅使得国家选拔官吏的权力控制在中央政府手中，强化和巩固了中央集权，并且扩大了官吏选拔的群体，可以在更大的范围内选取人才，使得普通人也有机会进入国家行政官僚序列，也可以有效防止地方割据产生。因此，隋代创立的科举制度一直为后朝所沿用，并作为录用官吏、选拔人才的主要途径。

四、司法制度

隋代司法机关可分为中央和地方两大部分。在中央，以都官（刑部）为最高司法行政机关，管理司法行政，以大理寺为最高审判机关，御史台负责司法监督并参与司法审判。在地方，实行州县二级制，司法权掌握在州、县长官手中。县下设乡、里基层组织，乡正、里长具有审理民间纠纷的职能。

诉讼主要以两种方式提起。第一种是由官府代表国家提起诉讼，类似现代的“公诉”。在中央，一般由专门负责监察的御史纠举各级官吏的违法犯罪行为。在地方，地方行政长官有对辖区内的犯罪行为开展监管、提起诉讼的职责。第二种可由当事人直接向官府提起诉讼，类似于现代的“自诉”。

诉讼案件应当先向地方官府申诉，如县官不予受理，允许逐级上告，直至尚书省，甚至可以“诣阙申诉”，请求朝廷处理。如仍然得不到公正的解决，则允许“挝登闻鼓”，直接向皇帝鸣冤。司法机关受理案件后，可对当事人事实刑讯。隋代的刑讯比以往更为规范，对讯囚的数量、行刑人等都作了明文规定。《隋书·刑法志》记载，《开皇律》规定：“讯囚不得过二百，枷杖大小，咸为之程品，行杖者不得易人。”

死刑案件须经复核、批准后方可交付执行。开皇十二年（592 年），隋文帝认为，由于各地官员执法水平不一，往往出现同罪异罚，为此诏令：“诸州死罪不得便决，悉移大理案覆，事尽然后上省奏裁。”[1]即所有死罪案件均由大理寺复核，并上奏皇帝批准。开皇十五年（595年）又定制：对于死刑犯案件，必须上报皇帝三次，批准后方可执行。

关于死刑案的执行时间，隋代虽沿袭秋冬行刑旧制，但在春夏也执行死刑。据《隋书·刑法志》记载，隋文帝曾因发怒而在六月“棒杀人”。尽管大理少卿赵绰从时令行刑的角度劝谏曰：“季夏之月，天地长成庶类，不可以此时诛杀。”隋文帝却说：“六月虽曰生长，此时必有雷霆。天道既于炎阳之时，震其威怒，我则天而行，有何不可？”

五、隋代法制的教训

隋代虽然是一个只存在了37年的短暂王朝，却是中国古代法制文明发展的重要阶段。隋初，统治者锐意改革法制，积极修律，《开皇律》的体制、篇目和刑种都为后世所沿袭。隋文帝在位前期尊法重法，严于执法，成为维护开皇法制的保障。然而隋文帝、隋炀帝统治后期，都走向以法坏法、有法不依、滥用酷刑，以致“百姓怨嗟，天下大溃”[2]，为后世留下了深刻的历史教训。

隋文帝晚年，完全违背了“以轻代重，化死为生”“除孥戮相坐之法”的初衷，走上了“持法尤峻，喜怒不常，过于杀戮”[3]的毁法之路。在开皇年间，隋文帝毁坏法制的行为主要有三种情况。一是以单行法令修改有关法律内容，任意加重刑罚。二是不安于定制，扰乱既定的司法程序。例如文帝担心官吏贪污受贿，“往往潜令人赂遗令史府史，有受者必死，无所宽贷”[4]。用此种试探乃至故意引诱官员犯罪的方法来查处犯罪，不仅无法起到整顿吏治的效果，反而扭曲了法纪纲常，破坏了原有司法制度。三是频繁实行廷杖，屡于殿庭杀人。《隋书·刑法志》记载，文帝“每于殿廷打人，一日之中，或至数四”，所用之“杖大如指，棰楚人三十者，比常杖数百，故多致死”，但文帝犹“怒问事挥楚不甚，即命斩之”。开皇十年（590年），高颎、柳彧等人进谏，“以为朝堂非杀人之所，殿廷非决罚之地。帝不纳”。经大臣劝说，才“令殿内去杖”，不久后文帝发怒时要打人，“而殿内无杖，遂以马鞭笞杀人。自是殿内复置杖。未几怒甚，又于殿庭杀人，兵部侍郎冯基固谏，帝不从，竟于殿庭行决”。朝堂杀人，不仅是对官员的侮辱，败坏法制，也让大臣不敢提出国家治理意见。

隋炀帝在位期间，《隋书·刑法志》有这样的记载：“后帝乃外征四夷，内穷嗜欲，兵革岁动。赋敛滋繁，有司皆临时迫胁，苟求济事，宪章遐弃，贿赂公行，穷人无告，聚为盗贼。帝乃更立严刑，敕天下窃盗已上，罪无轻重，不待闻奏，皆斩。百姓转相群聚，攻剽城邑，诛罚不能禁。帝以盗贼不息，乃益肆淫刑。九年，又诏为盗者籍没其家。自是群贼大起，郡县官人，又各专威福，生杀任情矣。及杨玄感反，帝诛之，罪及九族，其尤重者，行轘裂枭首之刑，或磔而射之，命公卿已下，脔啖其肉。”其法制的

[1]《隋书·刑法志》。
[2]《隋书·刑法志》。
[3]《隋书·高祖纪》。
[4]《隋书·高祖纪》。

崩坏主要表现在两个方面。一是《大业律》颁布之后即成具文，由于内外矛盾加剧，统治者疲于应对，“王纲已紊，法令多失”[1]，并且滥用重刑。二是由于隋炀帝生杀任性，很难有人敢于维护法制。同时，隋炀帝统治期间“百役繁兴”“征税百端”[2]，过度耗费民力，不恤百姓。魏征等人在分析隋炀帝统治时期的法制状况时，认为他“淫荒无度，法令滋章，教绝四维，刑参五虐，锄诛骨肉，屠剿忠良，受赏者莫见其功，为戮者不知其罪。……急令暴条以扰之，严刑峻法以临之，甲兵威武以董之，自是海内骚然，无聊生矣”[3]。而在论及隋亡过程时，唐人则深刻地指出文帝与炀帝一样对隋的速亡负有责任：“迹其衰怠之源，稽其乱亡之兆，起自高祖，成于炀帝，所由来远矣，非一朝一夕。”[4]

法律本身应为“良法”固然重要，但“徒法不足以自行”，更重要的是法律要能够得到切实有效的贯彻执行。隋代的《开皇律》作为中国古代法典和中华法系的奠基之作，其重要意义不容忽视，但我们更要看到，法律制定出来却不能得到始终如一的遵守和执行，成为促使隋代速亡的一个重要因素，这是应当深刻汲取的教训。清人沈家本在评论隋代法制时说：“法善而不循，法亦虚器而已。法立而不行，与无法等，世未有无法之国而长治久安也。”[5]隋代“立法”与“毁法”的历史，也充分证明了这一点。

第二节　唐代法律制度

隋末农民大起义的浪潮中，以李渊为代表的关陇贵族官僚趁机举起“反隋”大旗，攫取了农民起义的胜利果实。618 年，李渊强迫隋恭帝禅位于己，建立唐朝。唐自李渊即位起，到哀帝李柷天祐四年（907 年）灭亡，共历时 290 年，是我国封建社会一个影响巨大的朝代，也是中华法制文明高度发展、中华法系臻于定型，并对国内外法制发展影响巨大的朝代。

一、立法指导思想

唐初统治者目睹了隋代政权由建立到灭亡的过程，深切体会到缓和阶级矛盾、稳定社会秩序对于延续政权、长治久安的重要性，因而十分重视吸取隋代灭亡的教训，在治国理民、立法施政方面，凡事都强调“动静必思隋氏，以为殷鉴”[6]，他们认识到“为君之道，必先存百姓”的道理，确定了“安人宁国”的总方针。同时统治者十分重视法律和制度的创制，并对立法指导思想进行了深刻反思。

---

〔1〕《隋书·郎茂传》。

〔2〕《隋书·炀帝纪》。

〔3〕《隋书·炀帝纪》。

〔4〕《隋书·高祖纪》。

〔5〕［清］沈家本：《历代刑法考·刑制总考三》，中华书局 1985 年版，第 47 页。

〔6〕《贞观政要·论刑法第三十一》。

（一）德本刑用，礼律合一

唐初统治者特别强调德礼为本、刑罚为用，提倡礼律合一、礼刑结合。唐高祖李渊曾主张礼刑并用："禁暴惩奸，弘风阐化，安民立政，莫此为先。"[1]唐太宗即位初，"有劝以威刑肃天下者，魏征以为不可，因为上言王政本于仁恩，所以爱民厚俗之意，太宗欣然纳之，遂以宽仁治天下，而于刑法尤慎"[2]。魏征主张："圣哲君临，移风易俗，不资严刑峻法，在仁义而已。……仁义，理之本也，刑罚，理之末也。……圣人甚尊德礼而卑刑罚，故舜先敕契以敬敷五教，而后任咎繇以五刑也。凡立法者，非以司民短而诛过误也，乃以防奸恶而救祸患，检淫邪而内正道。……是以圣帝明王皆敦德化而薄威刑也。"[3]《唐律疏议·名例》明确提出："德礼为政教之本，刑罚为政教之用，犹昏晓阳秋相须而成者也。"集中体现了初唐法制指导思想的基本精神，既强调治理国家必须兼有德礼和刑罚，如同一天之中有早、晚，一年之中有春、秋，缺一不可；又强调德礼和刑罚在实施政教中的关系是"德本""刑用"。"德礼为政教之本，刑罚为政教之用"表现为贞观君臣明法慎刑、以宽仁治天下的民本主义思想，也表现为深受儒家德礼思想影响的具体法律形式、法律制度，形成了融礼、律为一体，相互为用的治国指导方针，对后代历朝产生了重大影响。

（二）律典宽简稳定

隋末法令滋彰，人难以尽悉，唐高祖提出立法"务在宽简，取便于时"[4]，曾指示修律大臣："本设法令，使人共解，而往代相承，多为隐语，执法之官，缘此舞弄，宜更刊定，务使易知。"[5]唐太宗也明确指出："国家法令，唯须简约，不可一罪作数种条，格式既多，官人不能尽记，更生奸诈。"[6]所谓"宽"，是指立法在内容上要做到轻刑省罚；所谓"简"，是指立法在形式上要做到条文简明。唐初立法贯彻了这一指导思想，贞观修律时，删除旧律中死罪九十二条，改重为轻的条款"不可胜纪"，使《贞观律》视隋朝旧律大为宽简。

同时，唐太宗强调保持法律的稳定划一，一旦制定，不可轻易变动，所谓"法令不可数变，数变则烦，官长不能尽记，又前后差违，吏得以为奸"。如果法律变化无常，百姓会感到无所适从，"人心多惑"，会使犯罪滋生。唐太宗指出，"数变法者，实不益道理"[7]，要求修改法律须严格依照法定程序来进行，《唐律疏议·职制》规定："诸称律令式，不便于事者，皆须申尚书省议定奏闻；若不申议，辄奏改行者，徒二年。"同时他要求立法者"宜令审细，毋使互文"，否则必然导致"若欲出罪，即引轻条；若欲入罪，即引重条"之弊。

---

〔1〕《旧唐书·刑法志》。

〔2〕《新唐书·刑法志》。

〔3〕《贞观政要·论公平第十六》。

〔4〕《旧唐书·刑法志》。

〔5〕《旧唐书·刘文静传》。

〔6〕《贞观政要·赦令第三十二》。

〔7〕《贞观政要·赦令第三十二》。

（三）唐代文人对正统法律思想的补充与发展

唐代文人也十分重视法律的作用，并且对法律进行了深入的思考，对社会治理中的良法之治进行了积极探索，形成了很多有影响力的思想主张，不但推动了唐代法律的发展，并对后世法律制度和法律思想的发展产生了深刻影响。

韩愈主张“道统论”，核心是儒家仁义道德，因此他完全继承了儒家“德礼为先”“辅以政刑”的主张。[1]韩愈虽主张礼法并用，但是认为应以德为先，只有在德礼教化失去作用时方使用刑罚。在法律和礼义发生激烈冲突的复仇问题上，韩愈提出了“凡有复父仇者，事发，具其事由，下尚书省集议奏闻，酌其宜而处之”的方案，希望做到“经、律无失其指”。[2]

柳宗元批判“天罚论”，提出天与人各“不相预”的思想[3]，认为人类社会是运用法制进行管理的，而不是靠天和“天罚”。同时，柳宗元主张礼和刑统一。在他看来，礼和刑的作用是相同的，都是防乱。在执法上，柳宗元主张赏罚“务速”[4]，反对按照具有迷信色彩的“时令”行事；主张原情定罪。

刘禹锡的法制思想是在对“天人关系”问题进行长期争论中形成的。其基本内容主要包括三个方面：首先，他认为法是人们判断是非善恶的行为准则；其次，他认为法是“人能胜乎天”的根本保障；[5]最后，他认为法应当体现社会公平与公正。

《策林》集中体现了白居易的法律思想。首先，他主张德、礼、道“迭相为用”。其次，他认为贫困是犯罪的根源，主张对百姓富而教之。再次，他主张“法令贵一，自上行之”“理大罪，赦小过”。白居易认为，无论是朝廷高官，抑或普通百姓，均应遵纪守法，以德自律，但他也主张法网宽疏应当有所区别，对于藩镇、长吏犯下的大罪决不放过，而对于小吏、平民造成的小错可以舍而不问。最后，白居易重视对法律人才的培养和选拔。除此之外，白居易还反对恢复肉刑。

二、立法概况

（一）法律形式

唐代前期的法律形式包括律、令、格、式等。律是定罪量刑的主要依据。《唐律疏议·名例》说“律以定刑立制”“定刑之律”；《唐六典·尚书刑部》也说“律以正刑定罪”。唐代先后颁行过《武德律》、《贞观律》、《永徽律》及其《律疏》、《开元律》及其《律疏》等。《永徽律疏》（后称为《唐律疏议》）保存至今，它是我国现存最早、保存最完整的重要法典。

令是有关国家政权组织体制、尊卑贵贱等级制度与行政管理活动方面的法规，涉及的范围比较广泛。《新唐书·刑法志》说：“令者，尊卑贵贱之等数，国家之制度也。”《唐

---

〔1〕参见《韩昌黎文集·潮州请置乡校牒》。
〔2〕参见《旧唐书·刑法志》。
〔3〕参见《柳宗元集·天说》。
〔4〕参见《柳宗元集·断刑论》。
〔5〕参见《刘禹锡集·天论》。

六典·尚书刑部》也说："令以设范立制。"令的法律地位比律低，司法官要依律断罪，"不可破律从令"[1]。唐代先后颁行过《武德令》《贞观令》《永徽令》《开元令》等。每一令中又分为官品令、户令、选举令、禄令、军防令、田令、赋役令等数十种。唐令现已大多散佚，日本学者仁井田陞撰辑的《唐令拾遗》一书，收集了星散于历代史料中的唐令，再现了唐令的一些面目。

格是皇帝针对"百官有司之所常行之事"临时颁发的各种单行敕令，经过汇编后上升为法律，"永为法则"。唐代时，遇有重大的特殊事务或案件，皇帝经常以"制""敕"权断，但制、敕不得作为法律援引，"若辄引，致罪有出入者，以故失论"[2]。只有经过整理、编订的某些制、敕，才成为"永格"，即具有普遍效力的正式法规。就"格"的内容而言，它所调整的事项具体而又广泛，除刑事、行政等实体法之外，也含有审讯方面的程序法，是基本法典的重要补充。《唐六典·尚书刑部》说："格以禁违正邪。"格的法律地位常比律高，《唐律疏议·名例》说："有别格，从格断。"即当律与格规定相左时，应以格为准。唐代先后颁行过《武德格》《贞观格》《永徽格》《垂拱格》《开元格》等。以不同的使用范围来划分，唐格分为"留司格"和"散颁格"两种。留司格是留在尚书省六部下属二十四司中使用的格，散颁格则是颁发至全国各州、县使用的格。

式是中央政府内部各机构关于行政管理、行政程序及具体办事规则的规定，包括国家的公文程式和活动细则，具有行政法规性质。《新唐书·刑法志》说："式者，其所常守之法也。"《唐六典·尚书刑部》说："式以轨物程事。"唐代先后颁行过《武德式》《贞观式》《永徽式》《垂拱式》《神龙式》等。式具有一定的强制力，但法律地位低于律、令和格。

律、令、格、式各有侧重，几种法律形式并用，使法律兼具稳定性和灵活性，形成一个周密的法律体系，对复杂的社会起到了综合调整的重要作用。首先，律、令、格、式有明确的分工和明显的区别。律以刑法为内容，令、格、式则以国家制度、办事细则以及公文程式为内容，各有自己的调整范围。从其作用来看，令、格、式是从积极方面规定国家机关和官民等应当遵循的制度、准则和规范，律则从消极方面规定违反令、格、式以及其他一切犯罪的刑罚制裁。"凡邦国之政，必从事于此三者（指令、格和式），其有所违及人之为恶而入于罪戾者，一断以律。"[3]事实也是如此。比如违反了唐令的规定，就要按唐律进行处罚。唐令规定："应收授之田，每年起十月一日，里正预校勘造簿，县令总集应退应受之人，对共给授。"违反这一唐令，唐律规定："若应受而不授，应还而不收"的，负有责任的里正至少要被"笞四十"。[4]

玄宗以后，唐朝国势日衰。安史之乱以后，社会经济、政治形势的重大变化日益冲击既定的法制秩序，原有的律、令、格、式已经不能满足社会的需要。在此状况下，朝廷只好采取更灵活、更方便的立法形式，以取代对律、令、格、式的大规模修订。编

[1]《唐律疏议·名例》。

[2]《唐律疏议·断狱》。

[3]《新唐书·刑法志》。

[4] 参见《唐律疏议·户婚》。

撰格后敕和刑律统类逐渐成为唐后期主要的立法活动。格后敕是对制敕的汇编，它不对制敕进行增减修改，而只是按照一定的原则对其加以汇编。刑律统类则是将律分门别类，将相关的令、格、式、敕附在律文之后。格后敕和刑律统类对五代和宋的立法影响深远。

（二）立法活动

1.《武德律》

《武德律》在高祖武德年间制定颁布，是唐代立法的开端。唐高祖李渊攻入长安后，就制定了“约法十二条”，规定要处死杀人、劫盗、背军和叛逆的犯罪者，同时废除严苛的隋代法律。唐高祖称帝后，命刘文静“与当朝通识之士”修订律令，在武德元年（618 年）十一月颁布了“五十三条格”，其内容“务在宽简，取便于时”[1]。这些规定不仅为建立和巩固唐初的社会秩序起了积极作用，同时也为《武德律》的制定开辟了道路。武德四年（621 年），唐高祖又命裴寂、崔善为、王敬业等人从唐初社会实际出发，以《开皇律》为准，把“五十三条格”的内容一起加入，重修新律。武德七年（624 年）新律颁行，定名《武德律》。此律共十二篇，五百条。

2.《贞观律》

唐太宗即位后，命房玄龄、长孙无忌等修订《武德律》，经过十一年的时间，完成并正式颁布《贞观律》。此律仍为十二篇五百条，但在内容上对《武德律》做了较大修改。首先，废除了断趾酷刑，增设了介于常流与死刑之间的加役流，作为死刑的减刑。其次，通过对反逆罪进行区分，缩小缘坐范围，废除兄弟连坐俱死之法。唐太宗认为，反逆罪有两种，一种是“兴师动众”，另一种是“恶言犯法”，二者“轻重固异”。之后经过大臣商讨，最终规定不再对“恶言犯法”者的兄弟判处死刑，即“反逆者，祖孙与兄弟缘坐”“恶言犯法者，兄弟配流而已”[2]。最后，完善了五刑、十恶、八议、请、减、赎和官当等制度。这些制度散见于魏晋南北朝时期诸律，隋律作了总结，《贞观律》加以完善。与隋律相比，《贞观律》在化繁为简的同时，也大量减少了死刑和流刑条款，《旧唐书·刑法志》说：“比隋代旧律，减大辟者九十二条，减流入徒者七十一条。其当徒之法，唯夺一官，除名之人，仍同士伍。凡削繁去蠹、变重为轻者，不可胜记。”至此，唐律即定型，以后基本不再有重大的变动。

3.《永徽律》及其《律疏》

唐高宗永徽元年（650 年），又命长孙无忌等以《武德律》和《贞观律》为蓝本，再度修订法律，并于次年完成，成为《永徽律》。这是唐代立法的重要发展，对唐律的完备和律学的发展都有重要意义。

《永徽律》共十二篇，五百条，仅对《贞观律》的一些字词做了改动，实际上是《贞观律》的翻版。《永徽律》颁布不久，鉴于“律学未有定疏，每年所举明法，遂无凭准”，即为了解决科举考试中明法科缺少统一标准的问题，高宗令长孙无忌等人主持编纂律

---

〔1〕《旧唐书·刑法志》。

〔2〕《新唐书·刑法志》。

疏，作为对律文的官方解释。参与疏解者根据“网罗训诰，研核丘坟”[1]的原则，对《永徽律》逐条逐句进行注解，既阐明律义，揭示源流，又审定理论原则与概念。律疏经皇帝批准，于永徽四年（653 年）颁行天下。律疏附于律文之后，与律文具有同等效力，统称《永徽律疏》，即后世之《唐律疏议》。律疏的制定，对于统一地适用法律起了重要的作用，改善了各地因为对法律的认识不同而造成的司法实践问题，“自是断狱者皆引疏分析之”[2]。清人沈家本在《重刻唐律疏议序》中说，“名疏者，发明律及注意；云议者，申律之深义及律所不周不达”，以使“律文之简质古奥者，始可得而读焉”。简言之，它的作用主要是解释和补充律条，目的是使人们能准确地了解和掌握律文的真正含义。而“律”与“疏”合编的形式，也显示了立法技术的提高，其影响远播海内外。《唐律疏议》是中国历史上保留下来的最早、最完整、最具有代表性的封建法典。

4.《唐六典》

唐玄宗时期编定了一部具有行政法典性质的官修政书《唐六典》。《唐六典》以《周礼》为模板，采取了“官领其属，事归于职”的修订方法，汇集了当时关于政制、官规的规定，共三十卷。内容涉及三师、三公、各省、台、寺、监直至州县等诸多国家机关的设置、人员编制以及官员的选拔、任用、考核、奖惩、俸禄、休致、执掌等方面，同时还记录了各官署、职位的历史演变。《唐六典》是记载唐代官制的重要文献，它表明唐代在行政法制方面取得了重大进展，对于后世王朝的行政立法产生了重大影响。

5.《大中刑律统类》

中唐以后，主要的立法活动是编定格后敕和刑律统类。修纂格后敕是将皇帝颁布的诏敕加以整理，删除“事非久要，恩出一时，或前后差殊，或书写错误”[3]的部分，而将其中具有普遍和长久适用的敕，按照二十四司分门别类，编纂成法典，既保留敕的原貌，还须注明原敕颁布的时间。刑律统类则是以律文为纲目的法律汇编。宣宗大中七年（853 年），左卫率府仓曹参军张戣将唐律按性质分为一百二十一门，并将“条件相类”的令、格、式及敕附于律条之后，即“以刑律分类为门，而附以格敕”[4]，共一千二百五十条，编成《大中刑律统类》，宣宗命刑部详定后颁行。《大中刑律统类》改变了自秦汉以来编修刑律的传统体例，实用性更强，形成“刑律统类”（简称“刑统”），这种新的法典编纂形式，对后世的《大周刑统》和《宋刑统》产生了深远影响。

（三）《唐律疏议》

1. 篇章体例

《唐律疏议》即是唐高宗永徽年间颁布的《永徽律疏》，现存的通行版本共十二篇，五百零二条。它的篇目设置、体例安排基本上仿照《开皇律》，把类似于现代刑法总则的名例律置于律首，有关具体犯罪及其惩罚的卫禁、职制、户婚、厩库、擅兴、贼盗、

〔1〕《唐律疏议·进律疏表》。

〔2〕《旧唐书·刑法志》

〔3〕《旧唐书·刑法志》。

〔4〕《新唐书·刑法志》。

斗讼、诈伪、杂律、捕亡、断狱十一篇类似于现代刑法分则的篇章置于其后。十二篇的基本内容如下：

名例律。“名者，五刑之罪名；例者，五刑之体例。”本篇规定了唐代法定的刑罚和刑罚原则，相当于现代刑法的总则部分，集中体现了唐律的立法精神和基本原则。具体包括五刑、十恶、八议、请章、减章、赎章、官当、划分公罪与私罪、犯罪自首的要件、对老幼废疾者犯罪的减免等。

卫禁律。“卫者，言警卫之法；禁者，以关禁为名。”本篇是有关警卫宫殿和关津要塞的规定。宫殿是皇帝居住与朝臣议政的场所，边防关卡及城镇墙垣事关国家主权和城镇的安全，都具有特殊的重要意义，是法律重点保护的对象。该篇设有阑入宫殿太庙、向宫殿射箭、冲撞皇帝车驾、私度关津、走私禁物等罪名。

职制律。本篇“言职司法制”，是关于惩治官吏违法失职的法律。唐代建立了较为完备的行政法律制度，从机构设置、官吏职责，到行政程序、公文递送，都有明确的法律规定。对于违反行政法律制度的官吏轻者予以行政上的处罚，重者则以刑罚制裁。该篇列有置官过限、贡举非其人、上书奏事误等罪名。同时，对于行政官吏的非职务性犯罪，职制律也作了相应的规定。

户婚律。本篇主要规范“户口、婚姻”。唐代的土地分配、赋税征收及徭役摊派，均以户籍为依据。户婚律规定了对违反户籍、土地、赋税及婚姻家庭制度行为的处罚，涉及脱漏户口、逃避赋役、盗耕种公私田、违律为婚、立嫡违法等罪名。

厩库律。“厩者，鸠聚也，马牛之所聚；库者，舍也，兵甲财帛之所藏。”本篇是有关公私牲畜饲养、管理和官府仓库管理方面的规定。在农业社会中，马牛等牲畜既是生产工具，又是重要的运输工具，因此故杀官私马牛、乘官畜损伤或载私物以及损败仓库物品都要受到刑罚处罚。

擅兴律。“大事在于军戎，设法须为重防。”擅为擅发兵，兴为兴造。本篇是对违法调动军队、兴造工程、差遣丁夫等行为进行处罚的规定。军队的控制与指挥事关政权的巩固与社会的安定，擅自调兵遣将、兵马粮草和军事装备供应不足等，都属于违法犯罪行为。兴造工程，差遣丁夫，关系到整个社会人力物力的消耗，对违法兴造进行处罚，是为了避免社会矛盾激化。

贼盗律。战国时李悝著《法经》，即考虑到“王者之政，莫急于盗贼”，首重盗、贼两篇。盗与贼是历朝法律的重点打击对象，唐代也不例外。本篇明确规定了对于谋反大逆、谋叛、造妖书妖言等危害国家统治的政治犯罪的严厉处罚。同时，还规定了对于谋杀、强盗、窃盗等重大刑事犯罪的处罚。

斗讼律。本篇“首论斗殴之科，次言告讼之事”。斗殴之类，包括斗殴致伤、斗殴致死、不同身份者相斗殴致伤害及几种杀伤罪的处理；告讼类包括一般性起诉程序及对于特定犯罪、特定身份人的起诉禁令。

诈伪律。伪即伪造，诈似诈骗。前者限于对于皇权或政权产生直接危害的行为，包括伪造皇帝御玺及各级官印，伪造宫殿门符和发兵符等。后者涉及某些特定的欺骗行为，包括身份性欺骗和行为性欺骗。

杂律。本篇“拾遗补阙，错综成文，班杂不同”，具有兜底色彩，所包含的内容涉及面较宽。主要包括涉及市场管理、债权债务、犯奸失火以及其他一些轻微危害社会秩序和经济关系的行为的规定。

捕亡律。“若有逃亡，恐其滋蔓，故须捕系，以置疏网。”本篇是有关捕捉逃亡罪犯和其他逃亡者的规定。其他逃亡者包括出征在营的兵士、服役的丁夫杂匠、入籍的官户官奴婢等，甚至也包括无故私逃的现任各级行政官员。

断狱律。“狱者，确也，以实囚情。”本篇是关于司法审判和狱政方面的法律，包括审判原则、法官责任、拷讯囚犯、刑罚执行以及监狱管理等方面的规定。

2. 立法特点

《唐律疏议》的立法特点主要包括以下几点：

第一，“一准乎礼”，礼律合一。自汉武帝“罢黜百家，独尊儒术”之后，儒家学者逐渐用体现儒家精神和原则的法律解释、司法裁判等方式，向法家色彩浓厚的法律制度中灌注儒家因素，促进了传统法律的儒家化。法律儒家化经历了魏晋南北朝的漫长发展历程，至“一准乎礼”、真正实现了礼与法的统一的《唐律疏议》而告成。正如唐太宗所说：“失礼之禁，著在刑书。”在《唐律疏议》中，无论是律条，还是对律条的注疏，都集中体现了儒家的礼治精神，全面贯彻礼的核心内容——三纲五常。《唐律疏议》卷首疏文指出：“德礼为政教之本，刑罚为政教之用，犹昏晓阳秋相须而成者也。”这一精辟表述放在卷首，可谓开宗明义，集中反映了《唐律疏议》的鲜明特质。尊崇道德礼教是政治教化的根本，而刑罚手段只是政治教化的手段，二者存在主次、体用之分。但对治国理政而言，德礼和刑罚又如同昼与夜、春与秋，相互依存、相辅相成、不可分离。《唐律疏议》把封建伦理道德的精神力量与政权法律统治力量紧密糅合在一起，法的强制力加强了礼的束缚作用，礼的约束力增强了法的威慑力量，从而构筑了严密的统治法网，有力地维护了唐代统治。

第二，科条简要，繁简适中。秦汉法律向以繁杂著称，西汉仅死罪决事比就有一万三千四百七十二事，“文书盈于几阁，典者不能遍睹”[1]。西晋、北齐修律得以精简。唐代在前律的基础上再行精简，基本延续了北齐律、隋律的宽简特点，凝练概括又严密周详，《唐律疏议》就是最直观、具体的证据。

第三，用刑持平。唐代继承了前代规范刑罚制度的成果，刑罚设置轻重相对比较合理。《唐律疏议》规定的刑罚比以往各代大为轻省，死刑、流刑大为减少。除涉及礼教的犯罪外，《唐律疏议》设定的刑罚比后世明清律要轻。

第四，立法技术空前完善。《唐律疏议》采用律、疏合编的体例，以严谨的语言对法律概念进行精确表述，明确规定各种犯罪的构成要件，篇章结构井然有序，法律形式相得益彰，概念精练明确，用语确切简要，逻辑严谨缜密，疏议得当精深，显示了立法技术的高度成熟与发达。比如，制作皇帝使用舟船时，如果因为失误导致舟船不牢固，则属于触犯“十恶”中的“大不敬”。《唐律疏议·名例》疏文特别指出，如果行为

[1]《汉书·刑法志》。

人是因为故意使舟船不牢固，则属于“谋反”。《唐律疏议》结构也相当科学合理，为首的《名例律》具有类似于今日刑法总则的性质，使得全书呈现出总则在前、分则在后、总则引领分则的特点。《捕亡律》《断狱律》作为规范抓捕、审判行为的专门规定，具有程序法的性质；这两篇放在《唐律疏议》最末，则体现了区分程序法和实体法的立法智慧。

3. 历史地位

《唐律疏议》的历史地位表现为：其一，《唐律疏议》是目前为止保存下来最早、最完整的中国古代法典，不仅在当时调整社会关系、维护社会秩序方面发挥重要作用，也以其先进的法律思想、合理的立法原则、完备的法律体系、精湛的立法技术，成为中国传统法律的成熟形态，代表着中国传统法律的最高水平，成为中国后世立法的楷模。它产生于经济、政治和文化鼎盛发展的唐代，承袭秦汉的立法成果，吸取汉晋律学的成就，表现出高度的成熟性，在中国法制史上具有承前启后的重要地位，对宋、元、明、清法律产生了深刻影响。《四库全书总目·唐律疏议提要》记载：“宋世多采用之。元时断狱，亦每引为据。明洪武初，命儒臣同刑官进讲唐律。后命刘惟谦等详定明律，其篇目一准于唐；至洪武二十二年刑部请编类颁行，始分吏、户、礼、兵、刑、工六律，而以名例冠于篇首。”

其二，《唐律疏议》的影响力远远超越国界，对亚洲特别是东亚各国产生了重大影响。如朝鲜高丽王朝 10 世纪初颁行的《高丽律》，其篇章和内容皆取法于唐律，《高丽史·刑法志》载：“高丽一代之制，大抵皆仿乎唐。至于刑法，亦采唐律，参酌时宜而用之。”日本 8 世纪初制定的《大宝律》《养老律》也以唐律为蓝本。越南李朝明道元年（1042 年）《刑书》和陈朝建中六年（1230 年）《国朝刑律》的原则、内容也大都参用唐律。各国对于唐律的学习、借鉴和吸收，促进了具有相同法律价值观以及在法律制度方面同根同源的“中华法系”的形成，为人类法治文明作出了重大贡献。可见，《唐律疏议》在世界法制史上也占有重要地位。

三、行政法律制度

（一）三省六部制

唐代中央政府的体制沿用了隋代的三省六部制，所设的太傅、太师、太保“三师”和太尉、司徒、司空“三公”虽然地位高，但无实权，仅是虚衔，中央政府实际的权力集中于三省六部。

三省为中书省、尚书省、门下省。三省的长官集体出任宰相，互相配合牵制，与皇帝共同决定军国大政的方针、决定官吏任免，甚至有权参与决定皇位继承人。三省长官位置太高，因此经常虚置。皇帝的一切诏、敕、制书，均须在宰相联席会议上讨论研究，决定是否颁布；颁布时，还需宰相副署，盖上“中书门下之印”才能生效，否则就是违制，中央和地方各部门可以不予执行。中书、门下两省为中枢决策机关。中书省专门负责批答各机关的公文、奏章，起草诏命，颁发制书。门下省负责审核奏章、文书以及诏旨。各级机构上报皇帝的奏章、公文，首先经门下省审阅，然后才能送达中书省。

门下省还拥有重要的封驳权，以皇帝名义发出的诏令由中书省起草后，送至门下省审阅，如果门下省认为内容有不妥之处，即可封还中书省，由其重新拟定。尚书省为最高行政执行机关。皇帝的旨意及中书省、门下省议定的事项均由尚书省省组织实施，由中书省起草的皇帝诏令经门下省审核后，亦由尚书省下发中央各机构及地方各级政府。

根据行政事务的性质，尚书省下设六部二十四司实施具体的管理职能。吏部主掌对全国各级文职官员的管理，包括官员的荐选、任免、考核、升降、赏罚、勋封等。下设吏部司、司封司、司勋司、考功司。户部主掌对全国户婚田土的管理，包括对户口、土地、财政、赋税、钱粮、赈灾等方面的管理。下设户部司、度支司、金部司、仓部司。礼部主掌对全国的礼仪教育的管理，包括礼仪、祭祀、科举、学校等。下设礼部司、祠部司、膳部司、主客司。兵部为全国的最高军事行政管理部门，主管武官的荐选、任免、考核、升降、赏罚及军事。下设兵部司、职方司、驾部司、库部司。刑部为全国的司法行政管理部门，掌管全国的司法行政，并参与重大案件的审理。下设刑部司、都官司、比部司、司门司。工部主管全国的农林水利、工程营建及对各类工匠的管理。下设工部司、屯田司、虞部司、水部司。

以上尚书省下设的六部二十四司是政务机关，它还有事务机关，即九寺五监，对口六部各司行使职权。九寺：太常寺、光禄寺、卫尉寺、宗正寺、太仆寺、大理寺、鸿胪寺、司农寺、太府寺。五监：国子监、少府监、军器监、将作监、都水监。

在地方体制中，唐也沿袭隋制，设州、县两级建制，当时有三百余个州，一千五百余个县。州设刺史，掌管全州的事务；县设县令，掌管全县的事务。并分别配置属官。州县均以户数多寡为标准，分为上、中、下三种。另外唐还设有一些临时性的地方行政机构，如贞观十年在全国设置的十“道”，本是作为相对独立的监察区，但后来逐渐演变为高于州的一级地方行政区。还有唐初在边疆地区设立的军区，统辖数州军事防务，后来演变为都督府，主官称都督。高宗以后部分都督改称“节度使”，独揽军政大权，不仅成为州以上的一级行政机构，还威胁到中央政权和皇权统治。

（二）职官制度

唐代形成了比较完善的职官制度，在官吏的选拔、任用、考核等方面都进行了一系列制度设计。

为适应封建官僚政治发展的需要，唐代确立了科举选官制度，分为常选和制举。常选每年定期进行。参加科举考试的有国子监的生徒和州、县自行报考者。考取后再由州、县保举参加尚书省礼部主持的“省试”。经皇帝特别下诏，考取名士的“制科”，日期和项目都由皇帝临时决定，是唐代网罗所谓非常人才的一种手段。但制科出身在当时不被视为正途。在“常贡之科”中，明经和进士二科最为热门，有“三十老明经，五十少进士”的谚语。

唐代科举考试及第者，只是取得做官的资格，尚不能直接取得官职，他们还须经过吏部的考试，才能被授予官职。吏部考试主要从四方面进行考察：“一曰身，取其体貌丰伟。二曰言，取其词论辨正。三曰书，取其楷法遒美。四曰判，取其文理优长。四事可取，则先乎德行；德均以才，才均以劳。其六品以降，计资量劳而拟其官；五品以上，不试，列名上中书、门下，听制敕处分。”[1]吏部的考试是在每年十月以后。次年的夏天来临之前，吏部便要按照“三注三唱”的程序，公布考试通过人员所得到的官职，并经尚书、门下两省和皇帝批准后，以皇帝的名义发给委任文书——“告身”。

职官应当忠于职守，勤于政事。为了使官称其职，唐代实行严格的职官考课制度。课的年限为每年一小考，称为“岁课”，由各州县主持对本属官吏的考核，每四年一大考，称为“定课”，是吏部考功司统一组织的全国性考核。但经由吏部考核者，受品级上的限制。四品以下官受吏部考功司考核，三品以上官则由皇帝亲自加以考核。据《唐六典·尚书吏部》记载，对品官的考核，实行“四善二十七最”的考课标准。“考课之法有四善：一曰德义有闻，二曰清慎明著，三曰公平可称，四曰恪勤匪懈。”“二十七最”则相对更加具体明确，同各类文武官员的具体职掌紧密相关。比如：献替可否，拾遗补阙，为近侍之最；铨衡人物，擢尽才良，为选司之最；扬清激浊，褒贬必当，为考校之最；决断不滞，与夺合理，为判事之最；推鞫得情，处断平允，为法官之最；赏罚严明，攻战必胜，为将帅之最；访察精审，弹举必当，为纠正之最；等等。经过考核，根据被考核对象所符合“善”与“最”的数量，分为上、中、下三等；每等再分为上、中、下三级，共分为三等九级。对于考核结果，区别等级，分别给予奖赏、惩罚的处理。岁课之时，以增加俸禄作为奖赏，以减少俸禄作为处罚手段。而由吏部考功司主持的全国性定课之时，则以升、降职级甚至免官作为奖赏和惩罚的手段。《考课令》规定，考核结果在中上级以上者，给予奖励，增加俸禄；中中级者，继续维持原俸禄标准；中下级以下者，则要给予夺禄的处罚。

此外，唐代还规定了官吏的休假、丁忧和退休制度。如固定的休假叫作“例假”，唐代在永徽之后规定官吏每十天休息一天。唐代还根据官员探亲路程的远近，规定了不同时长的探亲假。唐代规定，凡父母去世者，官吏应该离官守丧三年，三年后官复原职，称为“丁忧”。唐代的退休称为“致仕”，法定退休年龄为七十岁。官吏年满七十想要退休者，需由本人提出申请，经批准后即可致仕。六品以下官致仕需先向尚书省提出申请，再由尚书省奏请皇帝批准。五品以上官则直接奏请皇帝批准。官吏退休后，按其品级可享受不同的政治、经济待遇。官员如果年龄未到七十岁而身体状况不好的，也可提前退休，即“籍年虽少，形容衰老者，亦听致仕”[2]。

（三）监察制度

唐代确立了比较完备的监察制度。中央监察机关为御史台，以御史大夫为长官，御史中丞二人为辅佐，“掌邦国刑宪、典章之政令，以肃正朝列”[3]，“掌以刑法典章，纠正百官之罪恶”[4]。御史台以下分设台院、殿院、察院。

台院设侍御史，主要职责是纠弹中央百官，参加大理寺审判和推鞫由皇帝制敕交付的案件，以及总判台内杂事。由于侍御史在诸御史中的地位最高，职权最重，因此一般

〔1〕《通典·选举三》。

〔2〕《通典·职官十五》。

〔3〕《唐六典》卷十三。

〔4〕《新唐书·百官志三》。

均由皇帝直接指派，或由宰相与御史大夫商定，由吏部选任。

殿院设殿中侍御史，其职责有三：一是纠察朝廷礼仪，如百官在殿廷上之朝班、位序有错乱者则纠举之，皇帝巡幸、郊祀时主管部门所带礼仪物品有亏缺者也纠举之。二是巡察京城内外，发现各部门有不法之事则纠举之。三是监察国库（太仓、左藏）的出纳情况。

察院设监察御史[1]，既负责监察尚书省六部，又定期出使巡察地方。贞观年间将全国划分为十"道"，作为相对独立的监察区，玄宗时改为十五道，包括京畿道、关内道、都畿道、河南道、河东道、河北道、山南东道、山南西道、陇右道、淮南道、江南东道、江南西道、黔中道、剑南道、岭南道。察院派监察御史到各道，行使对于各道所属州、县官吏的监察权。同时，参与对各州、县重要案件的审理。除察院定期派出监察御史之外，各道还有常设性质的按察使，对地方官进行经常性监察。

御史出巡，尤其是遣使巡察，其活动在皇帝的直接控制下，所谓"事无巨细得失，皆令访察，回日奏闻，所以明四目，达四聪也"[2]。监察御史初按汉代"六条问事"进行纠弹。玄宗开元年间，制定《六察法》，具体内容是：察官人善恶；察户口流散，籍帐隐没，赋役不均；察农桑不勤，仓库减耗；察妖猾盗贼，不事生业，为私蠹害；察德行孝悌，茂才异等，藏器晦迹，应时用者；察黠吏豪宗，兼并纵暴，贫弱冤苦不能自申者。[3]《六察法》不仅涉及官吏的治绩，也兼顾官吏的品德、学识、才能。

《六察法》既使出巡御史有章可循，同时也是对位卑权重的御史的一种约束，防止其滥用监察权。监察官虽不过八品，不及县令，但上可以纠百司长官，下可以察地方大员。监察御史的监察权呈扩大趋势，到唐代后期甚至突破狭义监察权的藩篱，兼管行政、司法和军事事务。

唐代不仅完善了监察组织，还设有谏官机构以规谏皇帝。这种规谏既无损于皇权，又有益于国家。唐代的专职谏官主要有谏议大夫，武德四年（621 年）设，置员四人，属门下省。补阙、拾遗，武则天时设，各置员二人，左补阙、左拾遗属门下省，右补阙、右拾遗属中书省。另外，散骑常侍也是言谏官，贞观时设二人，高宗时分设左右各二人，左、右散骑常侍分属门下省与中书省，"掌侍奉规讽，备顾问应对"[4]。

由于御史和谏官职责就是提出具有批判性的意见供百官和皇帝参考，因此他们履职尽责的要求很高。"先正其身，始可行事。当须举直措枉，不避亲仇；纠匿绳违，务从公正。如闻愆过，阴自鼓动，不即弹射，自树恩私，曾无忌惮，仍有请托，将何以寄之鹰隼，用屏豺狼？如此当官，深负所委，自今以后，不得更然。"[5]

---

〔1〕 参见《唐六典》卷十三。

〔2〕《旧唐书·颜真卿传》。

〔3〕 参见《新唐书·百官志三》。

〔4〕《旧唐书·职官志二》。

〔5〕《唐大诏令集》卷一百《勅励御史制》。

四、刑事法律制度

（一）刑法原则

唐代法律在内容上比较完备，在体例上较为健全，确立了一系列刑法原则。

1. 重惩“十恶”

“十恶”是十种直接危害封建统治的严重犯罪行为，唐因袭隋律，对这十种犯罪予以严厉的惩治，并开宗明义：“五刑之中，十恶尤切，亏损名教，毁裂冠冕，特标篇首，以为明诫。”十恶的具体内容如下：

一谋反，“谓谋危社稷”。即图谋以各种手段推翻现存的政权。如果预谋反对皇帝，夺取皇位，必将是对国家政权的最大危害。因此，谋反罪列为十恶之首，实际上也是唐律所规定的所有罪名中最为严重的犯罪。《贼盗律》规定，谋反者，不分首从，均处斩刑；父、子年十六以上皆处绞刑；除少数老、病者外，子年十五岁以下及母女、妻妾、祖孙、兄弟、姊妹、部曲、资财、田宅等都没收入官府；伯叔父、兄弟之子均流三千里。

二谋大逆，“谓谋毁宗庙、山陵及宫阙”，即企图毁坏皇帝的宗庙、皇陵和皇宫。

三谋叛，“谓谋背国从伪”，即企图背国投敌的行为。此种行为直接侵害国家主权，侵害现政权的统治，为历朝法律所严禁。

四恶逆，“谓殴及谋杀祖父母、父母，杀伯叔父母、姑、兄姊、外祖父母、夫、夫之祖父母、父母”。

五不道，“谓杀一家非死罪三人，支解人，造畜蛊毒、厌魅”。这里造畜蛊毒和厌魅是以巫术害人的行为，和杀一家非死罪三人、肢解人的行为一样手段恶劣，后果严重。

六大不敬，包括盗窃御用物品、因失误而致皇帝的人身安全受到威胁、不尊重皇帝及钦差大臣三类犯罪行为。

七不孝，即控告、咒骂祖父母父母；祖父母父母在世即另立门户、分割财产、供养有缺；为父母服丧期间，谈婚论嫁、奏乐起舞、不穿孝服；知祖父母、父母丧，隐瞒不办丧事；以及谎称祖父母父母丧。这些行为在性质上，与恶逆罪一样，都是对尊亲属的侵害，只是侵害的程度更轻。

八不睦，“谓谋杀及卖缌麻以上亲，殴告夫及大功以上尊长、小功尊属”。据服制，亲属之中，按亲缘关系由亲到疏分作五服：斩衰、齐衰、大功、小功、缌麻，此外还有亲缘更远的“袒免”亲。法律规定，五服亲属之内，应保持良好的和睦关系；若有相犯，则按照当事人之间的尊卑长幼关系，确定与普通人之间相互侵害不同的处罚。

九不义，“谓杀本属府主、刺史、县令、见受业师，吏卒杀本部五品以上官长；及闻夫丧匿不举哀，若作乐、释服从吉及改嫁”。主管官与属吏、受业师与学生、地方官与辖内民人，夫与妻之间，虽无血缘联系，但却“以义相从”，在道义上具有比其他社会关系更为密切的联系。后者侵犯前者，属于“背义乖仁”，因此入于“不义”之罪。

十内乱，“谓奸小功以上亲、父祖妾及与和者。”“和”，是指通奸。亲属之间发生奸淫行为，不仅一般性地违反社会秩序，而且会导致亲族内部伦常秩序的紊乱。疏文称：

“若有禽兽其行，朋淫于家，紊乱礼经，故曰内乱。”

从以上“十恶”的内容可以看出，其打击的对象主要是三类。第一类是危害皇权的行为，如谋反、谋大逆、谋叛和大不敬等；第二类是侵害家庭伦理纲常的行为，如恶逆、不孝、不睦、内乱等；第三类是损害人身权的行为，如不道等。这些行为都是严重危害社会秩序和统治秩序的犯罪行为。

对“十恶”犯罪的重惩主要表现在：

第一，部分重大犯罪哪怕尚未实行，只要预谋，即构成犯罪。如谋反、谋大逆、谋叛，谋杀祖父母父母等，均属于“始兴狂计，其事未行”，而被视为“真反”。

第二，刑罚更重。凡构成前三种罪名的，基本上都不分情节，或死刑，或流刑。如谋反、谋大逆者，皆斩；谋反之人即使“词理不能动众，威力不足率人者，亦皆斩”，甚至“口陈欲反之言，心无真实之计，而无状可寻者”，也要流二千里；谋大逆者，绞；谋叛者，首犯处绞，从犯处流，如已着手实施，则不分首从皆斩。其他如谋杀期亲尊长、外祖父母、夫之祖父母、父母者，皆斩。

第三，株连亲属和知情不告、知情不追者。谋反及大逆者，皆斩；父子年十六以上皆绞，十五岁以下及母女、妻妾、祖孙、兄弟、姊妹、部曲没官为奴，家产充公，只有八十岁以上及严重病残的男性和六十岁以上及病残的女性可以免除。伯叔父、兄弟之子无论分家单过与否，皆流三千里。即使情节相对轻微的“词理不能动众，威力不足率人者”，其父子、母女、妻妾也要流三千里。甚至知谋反大逆而不密告者，绞；知谋大逆、谋叛不告者，流二千里。得到密告的官司，半日内如不立即进行追捕，与不告者同罪。

第四，不适用优待原则。十恶犯罪通常为“常赦所不原”，即使是在法律上享有优待特权的贵族、官僚，一旦身犯十恶，亦不准适用议、请、减、赎等优遇，必须按常法定罪量刑。按唐律规定，死刑执行是在秋分以后、立春以前这段时间之内，但谋反、谋大逆、谋叛、恶逆犯罪应处以死刑者，不受此时间的限制，即“决不待时”。

2. 权贵减免刑罚

为了保护贵族、官僚的特殊地位，唐律确定了对于犯罪的贵族、官僚给予特别减免或适用特殊审理程序的制度，包括议、请、减、赎、官当等。

“议”，即“八议”，是对八种特权人物犯死罪，在审判处罚时适用的特殊程序。这八种特权人物为亲、故、贤、能、功、贵、勤、宾。亲，包括皇帝袒免以上亲，太皇太后、皇太后缌麻以上亲，皇后小功以上亲，即皇亲国戚；故，为皇帝的故旧；贤，为贤人君子，有突出品行者；能，有杰出才干者；功，有卓著功勋者；贵，通常为职事官三品以上、散官二品以上及爵一品的大贵族大官僚；勤，勤于政务，有突出贡献者；宾，前朝皇室后代被奉为国宾者。“八议”之人犯罪，法律区别情况，给以不同处理。若所犯为流以下罪，由司法机关据常律减一等处罚。若所犯为死罪，则适用特别程序：由司法机关将犯人所犯罪行及符合“八议”范围的身份上报朝廷，由官员集议提出处理意见，再报请皇帝批准。但若所犯为十恶重罪，即便是“八议”之人，也不得再享受上述减刑或特别程序的权利。

“请”，是奏请皇帝、进行裁决的特殊程序，适用于皇太子妃大功以上亲、“八议”

之人期以上亲及孙，以及官爵五品以上之人。司法机关对犯有死罪的此类人也不能直接审判，只能将其罪状、适用请的条件、依律应绞应斩直接奏报皇帝，听由皇帝裁决。应“请”之人如犯流罪以下，自然减一等处罚。但是犯十恶、反逆缘坐、杀人、监守内奸、盗、略人、受财枉法者不得享受此项优待。

“减”，是减一等刑罚，应“请”者的特定亲属和七品以上官犯流刑以下罪，可以减法定刑一等处罚。死罪则依法定刑罚处罚。

“赎”，为以铜赎罪。其适用范围包括：九品以上官员，法律所规定的属于议、请、减范围的所有人，官品得“减”之人的祖父母、父母、妻、子孙等。上述人员犯流罪以下，准予以铜赎罪。对于赎铜的数量，唐律在各刑等中分别作了规定。笞十赎铜一斤，每一等加一斤；杖六十赎铜六斤，一等加一斤；徒一年赎铜二十斤，一等加十斤；流二千里赎铜八十斤，一等加十斤；死刑无论绞斩，均赎铜一百二十斤。

“官当”，即以官品或爵位折抵徒、流两种刑罚。唐律将罪分为私罪和公罪，官吏犯私罪，五品以上者，一官当徒二年；九品以上者，一官当徒一年。若犯公罪，则可多折算一年，即五品以上，一官当徒三年；九品以上，一官当徒二年。如果是以官当流，原则上是“三流同比徒四年”，即三等流刑在官当时皆比作徒四年。以官当徒仍有余刑不尽者，可再以铜赎刑。因官当而失掉官职之人，一年或三年后可以比照原官职降等任用。

“议”“请”“减”“赎”“官当”等制度所确定的法律特权由大到小，享受特权的人也由少到多，构成了一套系统、严密的特权保障体系，从立法上保证了皇亲、官僚、贵族的特权。清人薛允升称唐律“优礼臣下，可谓无微不至矣”[1]。这些制度的出现，使特定阶层的特权制度化、法律化，一方面限制了贵族、官僚的恣意妄为，另一方面有利于皇帝行使最高司法权，将贵族、官僚的生杀予夺把握在自己手中。

3. 老幼废疾减免刑罚

老幼和残疾之人犯罪减免处罚是中国古代的一贯做法，唐律的规定使之更加规范。唐律对老幼废疾者，分别三种情形实行减免刑罚：一是七十岁以上、十五岁以下以及废疾者，犯流罪以下，收赎。二是八十岁以上、十岁以下以及笃疾者，犯反、逆、杀人罪应处死刑的，上请；犯盗罪及伤人者，收赎；其余犯罪皆不予追究。三是九十岁以上、七岁以下，虽犯死罪，也不处刑。

4. 区分公罪、私罪

唐律规定官吏“缘公事致罪，而无私曲者”为“公罪”，“不缘公事，私自犯者”或“虽缘公事，意涉阿曲”为“私罪”。“公罪”处刑从轻，“私罪”处刑从重。唐律之所以要区分公罪与私罪，主要目的在于既保护各级官吏执行公务、行使职权的积极性，以便提高国家的统治效能，又防止某些官吏假公济私、以权谋私，保证法制的统一。

5. 自首减免刑罚

唐代继承历代自首减免刑罚的原则，并使之进一步完备。第一，明确了构成自首的

---

〔1〕［清］薛允升：《唐明律合编》，怀效锋、李鸣点校，法律出版社 1999 年版，第 24 页。

法定条件，即必须是在犯罪案件未发，官府或他人未发觉之前，犯罪人自动向官府投案的行为。如果犯罪事实已被他人告发，或被官府查知，再去投案认罪者，只能作为“自新”，而不能构成自首。第二，自首在原则上要求本人亲自向官府交代所犯罪行，但也允许本人委托他人代为自首；依法得相容隐的亲属，在未经犯人委托的情况下代犯人自首或告发，也可以视同自首；犯盗窃与诈骗罪者，因悔悟而向被害人承认罪行的“首露”，视同向官府自首。第三，自首可以免罪，但必须依法如数退还赃物，以防止犯罪人利用自首得到非法利益。第四，对自首不实不尽者，即没有彻底交代犯罪性质和犯罪情节的罪犯，分别按不实、不尽的情节予以惩罚。第五，对某些后果无法挽回的犯罪，不能适用自首减免的规定，具体包括“其于人损伤，于物不可备偿，即事发逃亡，若越度关及奸，并私习天文者”等。

6. 同居相隐

唐律在继承“亲亲得相首匿”原则的同时，将容隐的范围扩展到四代以内的亲属、部曲和奴婢。《唐律疏议》规定：“诸同居，若大功以上亲及外祖父母、外孙，若孙之妇、夫之兄弟及兄弟妻，有罪相为隐；部曲、奴婢为主隐；皆勿论。”这样，即使是无服的“同财共居”之人，也允许相隐。唐代的相隐不仅仅是有罪不告，向有罪的亲属通风报信，使之得以逃亡，也不为罪。即使为非同居的小功以下亲属相为隐的，也可比照常犯罪减三等量刑。但犯有谋反、谋大逆和谋叛三种重罪的，不适用此原则，按常法执行，即“若犯谋叛以上者，不用此律”。

7. 轻重相举

名例律中规定：“诸断罪而无正条，其应出罪者，则举重以明轻；其应入罪者，则举轻以明重。”指对法无明文规定的行为，如果对相应行为应作出罪处理时，可从律疏中引用相关联的情节更重之行为的出罪条款，如果对相应行为应作入罪处理时，则从律疏中引用相关联的情节更轻之行为的入罪条款，以比照确定相应行为出罪、入罪的适当性，避免法网有阙、有罪无罚。比如，《贼盗律》规定：“夜无故入人家，主人登时杀死者，勿论。”法律没有规定“夜无故入人家，主人致伤”的情形，但从律疏规定来看，杀死都不论罪，致伤更不能论罪。此为“举重以明轻”。再如：尚未进入实行阶段的“谋杀期亲尊长”都要处斩，那么已实际杀伤期亲尊长者处斩就是合理的，此为“举轻以明重”。

法律所规定的某些犯罪，其轻重程度在法律上已有确定的对应关系；同样，与等级制相关的身份性差别，包括官员的品级高低、亲属的亲疏程度等，在法律上也有确定的序列。前者如强盗重于窃盗、致死重于致伤等，后者如一品高于二品、大功亲于小功等。对于某些犯罪，在其他情节相等的情况下，只规定既定的对应关系或既定的序列之中的某一种行为的量刑标准，根据“举重以明轻”及“举轻以明重”的原则，即可准确地确定其他行为的量刑标准。“举重以明轻”和“举轻以明重”确立了类推的原则和方法，体现了唐律律文简约的风格和高超的立法技术。

8. 化外人相犯

唐律对涉及外国人的案件，区分不同情况，决定所应适用的法律，相当于现代国际私法中的“准据法”。第一类是“诸化外人同类相犯者，各依本俗法”，即同一国别的外国人之间发生侵犯时，以其国家的法律为准。第二类是“异类相犯者，以法律论”，不同国别的外国人，或外国人与中国人之间相侵犯时，适用中国法律。第三，唐代还作了一些特别规定，专门适用于外国人在中国境内的活动。外国人非法入境，与中国人从事货物交易活动，比照中国人非法出境从事货物交易活动治罪。外国人因出使进入中国境内而从事货物交易活动，计赃准盗论，罪止流三千里。外国人获准在中国境内居住者，可以娶中国妇女为妻妾，但若该外国人回自己国家，则不得携带所娶中国妇女同回，违者治罪。

（二）主要罪名

唐律所规定的犯罪，大致可以归纳为危害国家罪、侵犯人身罪、侵犯财产罪、官吏职务犯罪、破坏封建礼教罪、破坏公共秩序罪六类，涉及政治、经济、文化、教育、军事、司法等社会关系的各个领域，形成了比较完整的罪名体系。

1. 危害皇权类犯罪

在封建专制体制下，危害皇帝的权力及其人身、尊严是最为严重的犯罪。在唐律所定“十恶”罪中，谋反、谋大逆、谋叛和大不敬都是直接侵害皇权的重罪。对这几项犯罪，唐律规定了极为严厉的刑罚，并规定不允许像普通犯罪一样适用减刑和免刑的条款。

唐律对妨碍皇帝政令传达的行为予以严厉打击。维持封建统治，政令的有效上传下达十分重要，不仅直接影响到行政的效果，也体现皇权的尊严与权威。唐律为此规定了一系列的罪名，如“应奏不奏”“不应奏而奏”“上书奏事有误”“越言上”以及“稽缓制书”“被制书施行有违”“受制忘误”“写制书误”“受制出使辄干他事”“盗制书”“诈为制书”等。甚至制书本身存在明显的错误，他人也不得擅自改动，否则构成“制书误辄改定”罪。通过设立这些罪名，皇帝在国家政治生活中至高无上的地位和切实有效的统治得到保证。

唐律还特别注重保护皇帝的人身安全和尊严。皇帝起居生活和议事论政的场所都得到特殊的保护，严禁无关人员擅自进入。唐律设有“阑入宫殿”“阑入御在所”“冒名宿卫”“登高临宫中”“向宫殿射”“冲突仪仗”等罪名。凡是皇帝参与的活动，都必须按照法定的程序和礼仪进行，如有失误也要构成犯罪，甚至误犯皇帝庙讳，也要治罪。

2. 侵犯人身安全类犯罪

侵犯人身安全罪包括杀人、伤害和强奸等其他侵犯人身权利的犯罪。唐律以行为人的主观动机为根据，将杀人罪分为谋杀、故杀、斗杀、戏杀、误杀、过失杀六种，统称为“六杀”。“谋杀”分两种情况，一为二人以上谋划杀人，二为独自一人谋划杀人并已进入实施过程；“故杀”指事先虽无预谋，但情急杀人时已有杀人故意；“斗杀”指在斗殴中出于激愤失手将人杀死；“误杀”指虽有杀人故意，但由于种种原因杀错了对象；“过失杀”指“耳目所不及，思虑所不至”而杀人；“戏杀”指“以力共戏”而导致杀人。基于上述区别，唐律规定了不同的处罚原则：谋杀一般减故杀罪数等处罚，但奴婢谋杀主，子孙谋杀尊亲属则处以死刑。故杀一般处以斩刑。误杀、斗杀减故杀罪一等处罚。

戏杀则减斗杀二等处罚。过失杀一般“以赎论”。“六杀”的设定，反映了唐代刑法的完备与立法技术的提高。

伤害罪分作故意伤害、过失伤害、共同伤害、两相伤害、持械伤害等。伤害程度分为伤与折伤。“见血为伤”；“折伤，谓折齿以上”，包括“折齿，毁缺耳鼻，眇一目及折手足指，若破骨及汤火伤人”等。唐律为了准确区分伤害罪和杀人罪，明确斗殴致伤的法律责任，规定了“保辜”制度。所谓保辜，就是在伤害行为发生后，确定一定的期限，根据期限届满之日被害人的死伤情况，决定行为人所应承担的刑事责任。在法定的期限内，行为人可采取积极措施救治被害人以减轻自己的罪责，所谓“保人之伤，正所以保己之罪”。保辜的期限，以伤害的方式和程度而定：“手足殴伤人，限十日；以他物殴伤人者，二十日；以刃及汤火伤人者，三十日；折跌支体及破骨者，五十日。”在期限内被害人死亡者，对行为人以杀人罪论处；期限外死亡或虽在期限内，但不因所伤而死亡者，对行为人以伤害罪论处。这体现了唐代立法的精细化，以及探索明确犯罪行为与危害结果之间因果关系的努力。

3. 侵犯官私财产类犯罪

《贼盗律》释“盗”：“诸盗，公取、窃取皆为盗。”公取为“公然而取”，窃取为“方便私窃其财”。唐律保护公有财产和私人财产，并确立了以打击盗取财产行为为核心的罪名体系。唐律关于财产犯罪的规定集中体现在“六赃”罪之中，即六种涉及财产的犯罪。六赃包括强盗、窃盗、受财枉法、受财不枉法、受所监临、坐赃。

唐律特别注重严厉打击官员财产犯罪，打击贪官污吏。官吏是否清廉，处理行政事务及审案断狱是否依照法律规定，事关官府在社会中的形象，并直接影响政权的统治效果。六赃罪中，“受财枉法”“受财不枉法”“受所监临”均直接针对官员贪贿及利用职务之便获取财产利益等行为。官员接受当事人的财物，因而对相关案件曲法处断者，构成“受财枉法”。虽接受当事人的财物，但并未曲法处断者，则构成“受财不枉法”。官员在主管范围之内接受他人财物，即使他人无任何请托要求，接受财物之官员亦构成“受所监临”。“六赃”余下三罪之中，“强盗”是指用暴力手段夺取财物，“窃盗”是以秘密方式暗中窃取财物。“坐赃”则是指行为人并非主管官员，却因事而不法收受他人财物。

4. 官吏职务类犯罪

这类犯罪属于身份犯，唐律对官吏的职务行为作了详细的规定，涉及面很广泛，几乎囊括了官吏职务中的各个方面。在这类犯罪中，主要包含了四小类犯罪，它们是贪污、擅权、失职、其他职务犯罪。在这四小类犯罪中，又有一些具体的犯罪行为。在贪污犯罪中，主要包括受财请求、受所监临财物、其他贪赃受贿等犯罪行为。在擅权犯罪中，主要包括署置用人过限、非法赋敛、擅奏改律令式、出使辄干代事、代署代判等犯罪行为。在失职犯罪中，主要包括贡举非其人、稽误判书及官文书、上书奏事有误、应奏不奏、主司漏户口、违法授田课农桑、输课税物违期、不修堤防桥梁、决罚不如法等犯罪行为。在其他职务犯罪中，主要包括漏泄机密、私发官文书、旷职、出界、弃毁符节制书、追捕逃亡者不力、纵囚失囚、伪证等犯罪行为。将这些行为犯罪化，有利于督促各级官吏勤勉行政、忠于职守，保证国家机器的有效运转。

5. 破坏封建礼教类犯罪

封建社会父权、夫权是家庭的核心，法律维护尊长在家庭生活中的特殊地位和特殊权力。“十恶”中的恶逆、不孝、不睦、不义、内乱等罪名的设定都是出于这一目的。唐律还通过设定其他罪名，要求子孙服从祖父母、父母的教令，尽心供养祖父母、父母；祖父母、父母去世后，要辞官回家，为其服丧守制，以示孝心。违反者，则构成“违反教令”“供养有阙”“匿丧”“居丧嫁娶”等犯罪。唐代甚至不允许子孙任职于和祖父母、父母名讳相同的官府、职务，否则构成“冒荣居官”。上述犯罪与一般犯罪有所不同，除“供养有阙”外，其他行为并不会给尊亲属带来实际利益上的损失，但因其触犯了封建的伦理道德规范，影响到社会风气、思想意识，所以也要受到刑罚处罚。这种以强制手段保证礼仪道德规范得到推行的做法，是封建法制完备化的一种表现。

对家庭秩序的保护，还表现在对家庭、家族内部的奸淫乱伦行为的严惩。唐律对普通男女之间的通奸行为，各处徒一年半的刑罚，但如果男女之间有五服亲属关系，加重处罚；亲属关系越近，处罚越重，最重的可判处绞刑。

6. 破坏公共秩序类犯罪

稳定的社会秩序是巩固政权、维持统治的前提之一。为了维持良好的社会治安，唐律规定了一系列危害社会秩序和公共安全的犯罪。如禁止在城内街巷道上及人众中奔驰车马、禁止向城内有人处和官私住宅任意射击、放弹、投瓦石等，以免侵害正常的交通和生活秩序。唐律也禁止在城市内和人员聚集的地方散布流言、惊扰民众。

水患和火灾是古代危害公共安全的最大隐患，因而唐律做了较多规定。如法律禁止在庄稼生长和收获的季节在田野里烧火，违者构成“非时烧田野罪”；发现火灾，不救者构成不作为犯罪，以“见火不告不救”治罪。为用水、为报仇或为自家利益而盗决堤防，构成“盗决堤防”和“故决堤防”罪，官吏没有及时修筑堤坝的则以“不修堤防”和“修堤失时”罪处罚。此外严禁私人拥有、盗取和制造武器，严禁赌博等可能危害社会治安的一切活动。

（三）刑罚体系

唐代继承了隋代确立的五刑制度，并进一步作了系统的规定。唐代设笞、杖、徒、流、死五种法定刑，按轻重等级，共分作二十等。

笞刑是五刑之中最轻的一种，即用楚条笞打犯人腿部和臀部，是对轻微犯罪者适用的刑罚之一。笞刑的轻重，以次数区分，每十次为一个等级。笞刑分五等，分别为：笞十，笞二十，笞三十，笞四十，笞五十。笞刑允许犯人交纳赎金，以免于实际被刑。赎金的数额，笞十赎铜一斤；每刑重一等，加铜一斤，即笞二十，赎铜二斤，笞五十，赎铜五斤。

杖刑，重于笞刑，与笞刑同为身体刑，用楚条抽打被刑者的腿部、臀部和背部，属于“薄刑”的范畴。杖刑亦以次数分为五等。最低的杖刑为杖六十，每十次为一个等级，分别为：杖六十，杖七十，杖八十，杖九十，杖一百。杖刑亦准予以铜赎刑。赎金的数额，杖六十赎铜六斤；每刑重一等，加铜一斤，即杖七十，赎铜七斤，杖一百，赎铜十斤。执行杖刑所用的楚条比笞刑所用的要大。

徒刑，即剥夺犯人的人身自由并强制其劳动，分五等，由一年至三年，每等加半年。据《疏议》解释，“徒者，奴也，盖奴辱之”，是自由刑与奴役刑的结合。犯人须戴钳或枷劳作，如在京师则送至将作监，妇女送至少府监；在地方则由当地官府支配服役。徒刑也可以用二十斤至六十斤不等的铜赎之，刑每重一等，赎铜增十斤。

流刑是五刑之中仅次于死刑的重刑，是将罪犯流放远方，并强制服苦役。流刑以距离区分等级。最轻的流刑为流二千里，每五百里为一个等级。共分三等：流二千里（赎铜八十斤），流二千五百里（赎铜九十斤），流三千里（赎铜一百斤）。服此三等流刑者，均同时服苦役一年。唐武德年间，将部分死刑改为断趾刑；贞观年间，又以“加役流”之刑替代断趾刑。“加役流”刑是在最高的流刑之上，增加服苦役的时间，为流三千里，服苦役三年。

死刑是剥夺生命之刑，为刑罚之极。死刑分绞、斩二等，斩重于绞。受绞刑者，生命结束，但得以完尸；而受斩刑者，不仅结束生命，而且身首分离。符合赎刑条件者，可以铜赎刑。绞、斩二刑，均赎铜一百二十斤。

五、民事经济法律制度

唐代是中国封建社会的盛世，经济的繁荣创造了更多的民商事交往，因此民事法律规范不断完备。唐代的民事法规散见于律、令、格、式等法律形式中，同时民间的习惯传统、礼的规范等也都是司法机关处理民事纠纷的依据。

（一）良贱有别的身份制度

封建社会注重身份等级并直接通过法律予以确认和保护，唐代亦不例外。这种身份上的不平等表现在诸多方面，与民事法律关系直接相关者首先是人的“良”“贱”之分。

良人是指普通百姓。主体为农，他们拥有一定的土地，为国家承担租、庸、调等义务。在单纯的民事法律关系中，良人之间具有相互平等的民事主体身份。良人在职业上大体分为四类：士、农、工、商。从事不同的职业者，具有不同的社会地位。开元七年（719 年）所定《户令》规定：“诸习学文武者为士，肆力耕桑者为农，巧作贸易者为工，屠沽兴贩者为商（工商皆谓家专其业，以求利者。其织纫组紃之类，非也）。工商之家不得预于士，食禄之人不得夺下人之利。”

“贱”指贱民。相对于良人，贱民地位低下，不具备独立的民事法律主体身份，甚至不具备独立的人格，而只作为一种特殊的财产，“奴婢贱人，律比畜产”[1]。贱民由其身份上的不同，又可分作两大类：官贱民与私贱民。官贱民包括官奴婢、官户、工乐户、杂户、太常音声人等，私贱民包括奴婢、部曲、客女等。他们即使同属贱民，其身份仍有区别。奴婢在法律上不具备独立的人格，而只被视作财产。《唐律疏议·贼盗律》规定，部曲不同于资财，奴婢则同于资财。私贱民可以因“自赎”或主人“放良”而改变贱民身份，获得良人身份。但主人“放良”，须经官府备案；贱民“自赎”，须得主人同意。

〔1〕《唐律疏议·名例》。

（二）物权与契约制度

1. 物权制度

唐代的物权制度涉及不动产和动产。唐代推行均田制，授予百姓的土地分为口分田和永业田。法律严格保护根据均田制而取得的土地所有权，严禁占田过限，严格控制口分田的买卖。开元二十五年（737 年）《田令》规定："诸卖买田，皆须经所部官司申牒，年终彼此除附。若无文牒辄卖买，财没不追，地还本主。"盗耕种公私田、妄认和盗买盗卖公私田、在官侵夺公私田等侵犯土地所有权的行为，法律予以严惩。

此外，唐律还规定了一些特殊动产物权的确定和保护规则。

对于埋藏物，它的所有权归属视埋藏地土地所有权性质而定。在自己土地中发现埋藏物的，其所有权归发现人所有，但如果是古器钟鼎之类的特殊物，则应送交官府，其所有权归国家所有；如果是在他人的土地里发现了埋藏物，那么发现人和土地所有人各得一半。[1]

对于拾得遗失物，原则上拾得人不得占为己有，遗失人并不丧失所有权。凡拾得遗失物的，要在五日之内交至官府；官府收到后要公告，出告三十日后仍无物主认领的，即由官府保存；一年以后，遗失物还是无人领取的"没官"，即收归国家所有。倘若在捡到物品五日内没有送交官府，即被视为非法侵犯该物品的所有权，是犯罪行为。[2]

生产蕃息物的归属。所谓生产蕃息，《唐律疏议·名例》规定："谓婢产子、马生驹之类。"主要是指犯罪赃物的孳息。对于这类孳息物，原则上原物的所有权人为原主。但若牛马被盗后被转卖，则根据买受人主观情况而定，视其是否知道牛马为盗赃物，若知晓，则归原主；若不知，则归买受人。由于奴婢"律比畜产"，故奴婢所生子女之归属按照马生驹一样对待。

值得一提的是，对于山间野外的自生、无主之物，唐律规定了"加功所有"的原则。《唐律疏议·贼盗》："诸山野之物，已加功力刈伐积聚，而辄取者，各以盗论。"疏议解释"山野之物"为山野之中无主的草木药石之类。即对于山野无主物，由首先对其实施收集性劳动者所有。

2. 契约制度

唐代的财产关系非常活跃，官府对于重要交易采取要式主义，要求有书面契约，这使得契约文书在社会上普遍存在。一般的契约文书采用由权利人收执的单本契约形式，一些重要的契约使用双方当事人均收执的副本契约形式。契约订立的前提是双方当事人达成合意。契约内容包括标的、价金、期限、违约责任、担保等。唐代契约种类主要有买卖契约、借贷契约和租赁契约等。

（1）买卖契约。唐律规定，土地买卖一般属于禁止性行为，但符合法定条件者，不在此限。土地交易，"皆须经所部官司申牒"，否则"财没不追，地还本主"。凡田宅、奴婢及大牲畜的买卖，须签订契约，并经官府部门"公验"。对于动产买卖，唐律专设

〔1〕参见《唐律疏议·杂律》。

〔2〕参见《唐律疏议·杂律》。

“器用绢布行滥短狭而卖”条，规定了出卖器用者在质量和数量上的产品责任。

（2）借贷契约。民间借贷关系已相当复杂，“借”一般指使用借贷，“贷”一般指消费借贷。借贷契约分为有息和无息两种，前者称“出举”，后者称“负债”。为担保债务人履行债务，无论公私借贷都要有质押或其他担保方式。立法注重保护债权人的利益，《杂律》规定：“诸负债违契不偿，一匹以上，违二十日，笞二十，二十日加一等，罪止杖六十。三十匹加二等，百匹，又加三等。各令备偿。”唐代法律还规定，允许债权人在债务人不能清偿债务时扣押债务人的财产，称为“牵掣”，但须提前向官府报告并经批准。债务人确无财产可供扣押，则可“役身折酬”，即债务人及其家属以劳役抵偿债务。同时，为防止由于附息借贷行为造成过于悬殊的贫富两极分化，法律对于出举的利率确定了严格的上限。另外，出举粟、麦等粮食者，法律规定，以一年为归还期。超过一年者，原本不得继续生利；所生利息亦不得作为本再生利。

（3）租赁契约。租赁契约的标的包括房屋、铺店、院基、牲畜等。在此类契约中，一般还规定孳生物的分配办法。根据租赁标的的不同，契约内容也有不同的要求，一般房屋、铺店、院基租赁要写明房屋坐落、租银、交付办法等。

（三）婚姻制度

唐代法律从婚姻关系的建立、夫妻相互间的地位，婚姻关系的解除等方面作了规定，确立了较为完备的婚姻制度。

婚姻的缔结需订立“婚书”或私约。婚书是指书面的结婚协议，私约是一种口头的婚姻协议。有婚书或私约，男女双方的婚姻关系即初步确立，受到法律保护，不得随意反悔：“诸许嫁女，已报婚书及有私约而辄悔者，杖六十。”男女双方正式建立婚姻关系，还要履行特定的婚姻程序，即所谓“六礼”：纳采，问名，纳吉，纳征，请期，亲迎。履行了六礼程序，婚姻关系即正式形成，男女双方的夫妻法律地位亦即正式确立。

在婚姻年龄方面，不同时期有不同规定。贞观元年（627 年），定“男年二十，女年十五”为法定婚龄。开元二十二年（734 年）时，将婚龄降低：男年十五、女年十三即可嫁娶。

基于当事人之间存在某种特定血缘、身份等关系，唐律规定了若干禁止结婚的情形。包括同姓同宗或虽非同姓但有血缘关系的尊卑之间禁止结婚；不得与逃亡妇女为婚；监临官不得与所监临内的妇女为婚；良贱之间不得为婚等。

婚姻关系中夫妻双方不具有平等的法律地位。无论是家内的财产权还是子女的教令权，只要夫在，妻便无权行使。夫的地位优于妻。夫妻间如发生人身侵害，法律对于夫的处罚总是实行减免原则，而对于妻的处罚则相反，实行加重处罚的原则。唐代实行一夫一妻制，有妻再娶属犯罪行为，但是有妻者可再娶妾。妾的地位低于妻，若以妻为妾，则构成犯罪。

唐代的离婚制度除了沿用以往的“七出”“三不去”外，还专门规定了“和离”和“义绝”两种离婚形式。和离类似协议离婚。唐代允许和离，不追究离婚者的责任。唐律解释“和离”为“夫妻不相安谐，谓彼此情不相得，两愿离者”。义绝是一种国家强制离婚的形式。唐律规定："诸犯义绝者离之，违者徒一年。"[1]根据《唐律疏议·户婚》的有关规定，义绝的行为包括：夫殴打妻的祖父母、父母；夫杀妻的外祖父母、伯叔父母、兄弟、姑、姊妹；夫妻双方的祖父母、父母、外祖父母、伯叔父母、兄弟、姑、姊妹互相杀害；妻打骂夫的祖父母、父母；杀伤夫的外祖父母、伯叔父母、兄弟、姑、姊妹；妻与夫的缌麻以上亲奸，夫与妻母奸；等等。这些都是严重危害了封建伦理并构成犯罪的行为。这些行为导致了夫妻双方家族的情义完全断绝，即使夫妻二人感情没有出现问题，但法律规定必须离婚，不离婚的要被追究刑事责任。

（四）继承制度

继承包括宗祧继承和财产继承。宗祧继承实行由嫡长子继承制。"无嫡子及（嫡子）有罪、疾，立嫡孙；无嫡孙，以次立嫡子同母弟；无母弟，立庶子；无庶子，立嫡孙同母弟，无母弟，立庶孙。曾、玄以下准此。"[2]如在上述范围内仍无宗祧继承人，允许收养同宗辈分相当之人，以保证宗统后继有人。

财产继承实行诸子均分制。开元七年（719 年）定令："诸应分田宅及财物者，兄弟均分。"继承的时间一般是在父母死亡之后。若兄弟之中有已经死亡且留有儿子者，则由其儿子继承其父应得之份。如果享有继承权的兄弟已全部死亡，则将财产在各兄弟所有的儿子之间平均分配，不再实行"子承父份"的原则。若兄弟尚未娶妻，则在得平均份额之外，另加一定数量的聘财，专门用作娶妻之用。唐律对一些特殊情形下的继承也作了规定，比如在家中无男性继承人之所谓"户绝"情形下，未嫁之女（在室女）可继承全部家产，若无未嫁之女，出嫁女可享有三分之一的财产继承权。唐代也承认遗嘱继承，但是对遗嘱效力认定严格，书面遗嘱须经官府认证方有效。

（五）田制与赋税制度

唐代的田赋制度为"租庸调"制度，是在推行均田制过程中改革赋役制度而制定的。"租"是配给人民土地以耕种，年老时归还政府，在授田期间，需要负担一定的租额。租额为四十税一。"庸"即役，是百姓对国家的义务劳役。唐制每人每年服役二十天。"调"是一种土产贡输，各地人民须以其各地土产贡献给中央；大体上只是征收丝织物和麻织物。在《孟子》里即有"粟米之征""布帛之征""力役之征"三项目。"租"即是粟米之征，"庸"是力役之征，"调"是布帛之征。[3]

租、庸、调的完纳日期，据《通典·食货六》记载："诸庸调物，每年八月上旬起输，三十日纳毕，九月上旬各发本州。""诸租准州土收获早晚，斟量路程险易、远近，次第分配。本州收获讫发遣，十一月起输，正月三十日内纳毕。"不按法定数额如期交纳者治罪。脱户脱口以逃避课役者依法惩治。由于租、庸、调三者统一征收，赋役量比较稳定，赋役的减免规定也比较详备。

均田制与租庸调法相互依存，到了唐中后期，均田制受到严重破坏，租庸调法也就

〔1〕《唐律疏议·户婚》。
〔2〕《唐律疏议·户婚》。
〔3〕参见钱穆：《中国历代政治得失》，九州出版社 2012 年版，第 61 页。

难以施行。德宗即位以后，宰相杨炎上书奏请废除租庸调法，改行以家资和土地多少为标准的赋税法，得到德宗的允准，于建中元年（780年）制定两税法。即每年分夏秋两次纳税，夏税限六月纳毕，秋税限十一月纳毕。两税按钱计算，也可折收实物。两税法将各种赋税统一征收，趋于简化，但是由此带来的一大弊端是容易造成法外加税。此外两税法规定以物折钱纳税，但布匹、粮食等实物的兑换价格越来越低，造成了实际税率的大幅上升。

（六）市场管理制度

唐代经济繁盛，商业交往频繁，因此为了维护正常的市场秩序，唐律对此也有许多规定。

为了防止强买强卖，欺行霸市，市场垄断和投机，哄抬物价，唐律规定："诸买卖不和而较固取者；及更出开闭，共限一价；若参市而规自入者，杖八十。已得赃重者，计利，准盗论。"简单而言，如果发生强买强卖、限定交易、买卖双方共同哄抬物价、维持价格或其他扰乱市场的行为，行为人需要承担相应的民事和刑事责任。

为了维护买卖双方的利益，唐律惩治买卖高价值商品不立契约的行为。《杂律》规定："诸买奴婢、马牛、驼、骡、驴，已过价不立市券，过三日笞三十；卖者减一等。"不仅如此，市场主司不及时检验契约的，也要处刑："一日笞三十,一日加一等，罪止杖一百。"

在物价管理方面，由官府派出官员根据生产与消费的供求情况，以及产品质量，"遣评""公私市易"的商品价格。如应贵而评贱，应贱而评贵，要负法律责任。《杂律》规定："诸市司评物价不平者，计所贵贱，坐赃论；入已者以盗论。"

在度量衡管理方面，管理严格，既有尚书省户部中金部掌全国"权衡度量之数"，也有太府寺卿"以二法平物，一曰度量，二曰权衡"[1]。私人制作的度量衡器，必须经官府核校盖印后方能使用。根据《关市令》："斛斗秤度等，所司每年量校，印署充用。"私制度量衡器不合乎规格而在市场使用者，笞五十；虽合乎规格，但未经官府加盖印署，笞四十。如给他人造成损失，计所增减，准盗论。负责监校度量衡器的官员如果失职要治罪。《唐律·杂律》规定："诸校斛斗秤度不平，杖七十，监校者不觉，减一等，知情，与同罪。"

此外还在监督商品质量方面作了规定，《杂律》规定："诸造器用之物及绢布之属，有行滥、短狭而卖者，各杖六十。"制造出售不牢、不真的器物以及尺寸不足的绢布，要杖六十。如果因商品质量低劣而"得利赃重者，计利准盗论。贩卖者，亦如之。市及州县官司知情，各与同罪；不觉者减二等"。

六、司法制度

（一）司法机关

唐代的司法机关包括中央司法机关和地方司法机关。

---

〔1〕《唐六典》卷二十。

中央司法权由大理寺、刑部、御史台三大司法机关组成，分别执掌中央司法机关的各项职能。大理寺是唐代中央最高审判机关，由秦汉廷尉演变而来，专门负责中央百官犯罪及京城徒刑以上案件。对徒、流刑案件所作判决，必须交刑部复核；死刑案件必须奏请皇帝批准。刑部是尚书省六部之一，掌管司法政令，同时兼有复核职责，负责复核大理寺流刑以下及地方州县所报的徒刑以上的案件，是中央司法行政兼审判复核机关。御史台是中央的监察机关，掌管纠察、弹劾百官违法之事，同时负责监督大理寺和刑部的司法审判活动，另外还参与重要案件的审理。

唐中期以后，还建立了“三司推事”制度。中央或地方遇有重大疑难案件，由刑部侍郎、御史中丞、大理寺卿组成临时最高法庭审理，称为“三司推事”。有时地方发生重案，不便解往中央，则派大理寺评事、刑部员外郎、监察御史为“三司使”，前往审理。此外，唐代还设立都堂集议制；每逢发生重大死刑案件，皇帝下令“中书、门下四品以上及尚书九卿议之”，以示慎刑。

唐代中央三大司法机关的出现，说明古代中央司法已逐渐从行政体制中分离出来，成为相对独立的专业部门。三大司法机关之间各有分工侧重，又互相监督制约，既有效地保证司法审判的正常进行，又有利于皇帝对司法权的直接控制。

与中央不同，地方没有专门的司法机关，司法权由行政机关兼行。地方最高行政长官也是最高司法官，同时内设专门的司法佐吏。刺史为州最高行政官，州设司法参军事、司户参军事等职；府、都督府、都护府设户曹参军及法曹参军事等职。司户参军事、户曹参军处理民事案件，“掌户籍、计帐，道路、逆旅，田畴、六畜、过所、蠲符之事，而剖断人之诉竞。凡男女婚姻之合，必辨其族姓，以举其违；凡井田利害之宜，必止其争讼，以从其顺”。司法参军事、法曹参军事处理刑事案件，“掌律令格式、鞫狱定刑、督捕盗贼、纠逖奸非之事，以究其情伪，而制其文法，赦从重而罚从轻，使人知所避而迁善远罪”[1]。在县一级，仍以县行政长官县令总领司法，设司法、典狱等司法佐官。县以下的基层组织乡、里等有司法协助职能，可对婚姻、土地等民事案件进行调处，也有纠举犯罪和协助抓捕犯人的义务。

（二）诉讼制度

唐代的诉讼一般有两种情况。第一种是“公诉”，由监察机关、各级官吏代表国家揭举犯罪，唐律称之为“举劾”。对于监察机关、各部门主管官吏来说，举劾监察对象和所属官吏的犯罪，是必须履行的法定义务。另外，唐代实行“伍家相保”制度。同保之内有人在家犯罪，其他人知道而不向官府纠举者，构成“知而不纠”罪。唐代通过这种由专职监察官、行政主官、邻居等不同层次的举劾、纠举制度，加强对整个社会犯罪行为的控制。第二种是当事人“自诉”，就所受伤害或所涉纠纷向官府提起的诉讼，唐律称其为“告诉”。告诉案件，可以由当事人直接向官府提出，也可以由其亲属代为提起。提起时，应向官府呈交“辞牒”，即诉状。

唐律对一些特殊的告诉作了限制。第一，对于亲属犯罪，根据“同居相为隐”原

---

〔1〕《唐六典》卷三十。

则，除了犯有谋反、谋大逆和谋叛等严重犯罪外，禁止告诉。第二，对于奴告主人的限制。除非主人犯有谋反、谋大逆和谋叛等严重犯罪，否则奴婢不可控告主人。第三，对于八十岁以上十岁以下者以及有笃疾者，“听告谋反、逆、叛、子孙不孝及同居之内为人侵犯者。余并不得告”[1]。此外，限制被囚禁者的诉权，除了监狱官吏虐待囚徒，了解到他人有谋反、谋大逆、谋叛的严重犯罪，在自首其他罪行时牵涉别人犯罪这三种情况外，不得告诉。在诉讼时间上也有一定的限制，为了减少对农业生产的影响，每年的三月三十日至十月一日不受理田宅、婚姻等民事诉讼。此外，对于告诉的程序也有严格的规定，原则上不允许越级告诉，违者处笞刑。

（三）审判制度

1. 审判期限

为了及时结案，防止案件拖延，唐代曾对司法机关的审判期限作出明确的规定，尤其是对中央司法机关的审判与复核期限。唐宪宗元和四年（809 年）规定，大理寺检断，不得超过二十日；刑部复下，不得超过十日；如果刑部复有异同，寺司重加不得过十日，省司呈复不得过七日。唐穆宗长庆元年（821 年）又补充规定，大事，大理寺限三十五日，详断毕，申刑部，限三十日闻奏；中事，减五日；小事，减十日。案件分为大、中、小的标准是，一个案件十人以上，或所犯罪名二十个以上，为大；六人以上，所犯罪名十个以上，为中；五人以下，所犯罪名十个以下，为小。[2]

2. 回避制度

为防止审判官因亲属、仇嫌关系而在审判中徇私舞弊，唐律确定了审判回避制度。唐代《狱官令》规定了司法官的回避制度，称为“换推”，即“凡鞫狱官与被鞫人有亲属仇嫌者，皆听更之”。具体而言，回避情形包括主审官与当事人属于五服内亲属或其大功以上亲之间有婚姻关系，师生关系，曾为本部都督、刺史、县令以及此前有仇嫌关系。

3. 刑讯制度

唐律承认刑讯合法性，同时对刑讯的使用作了较为完备的规定。

刑讯的条件与证据。唐律规定，审判时“必先以情，审察辞理，反复参验，犹未能决，事须拷问者，立案同判，然后拷讯，违者杖六十”。也就是要求在拷讯之前，必须先审核口供的真实性，然后反复查验证据。证据确凿，仍狡辩否认的，经过主审官与参审官共同决定，可以使用刑讯；未依法定程序拷讯的，承审官要负刑事责任。同时规定，对那些人赃俱获，经拷讯仍拒不认罪的，也可“据状断之”，即根据证据定罪。

刑讯方法。首先，刑讯必须使用符合标准规格的讯杖，以杖外他法拷打甚至造成罪囚死亡者，承审官要负刑事责任。其次，拷囚不得超过三次，每次应间隔二十天，总数不可超过两百次，杖罪以下不得超过所犯之数。若拷讯数满仍不招供者，必须取保释放。凡有违犯，承审官须负刑事责任。最后，拷讯数满，被拷者仍不承认的，应当反拷

---

〔1〕《唐律疏议·斗讼》。

〔2〕《旧唐书·刑法志》。

告状之人，以查明有无诬告等情形，同时规定了反拷的限制。

禁止使用刑讯的情形。规定对两类人禁止使用刑讯，只能根据证据定罪：一是应议、请、减等享有特权的人；二是老幼废疾之人，指年七十岁以上、十五岁以下、一肢废、腰脊折、痴哑、侏儒等。对上述两类人，唐律规定，“不合拷讯，皆据众证定罪，违者以故失论”，众证为“三人以上，明证其事，始合定罪”，即必须有三人以上证实其犯罪事实，才能定罪。

4. 判决制度

唐律明确规定：“诸断罪皆须具引律令格式正文，违者笞三十。”“若制敕断罪，临时处分，不为永格，不得引为后比。若辄致罪有出入者，以故失论。”[1]这就要求司法审判、定罪量刑只能以律令格式为准。皇帝针对具体事项所发布的诏令，如果没有经过立法程序上升为法律，其效力就只能临时局限于特定的事和人，不得被援引为其他案件的裁判依据。这一规定具有罪刑法定主义的精神。在案件审理过程中，若审判官对案件难以准确定罪量刑，则作为疑狱向上级申报，若上级机关仍不能确定，则继续向上级申报，直至尚书省。

5. 上诉与直诉

如果对判决不服，可以向原审机关的上级提出上诉，上级机关维持原判的，准其赴京上告。上诉违反程序越级上诉的，要被追究刑事责任。“诸越诉及受者，各笞四十。”[2]被审人确有重大冤抑而不被平反的，可以直接向皇帝陈情要求平反，是为“直诉”。唐代的直诉形式三种：挝登闻鼓、邀车驾、上表。直诉的内容必须真实，否则要受到处罚。

6. 死刑复奏

死刑的执行，必须经过三复奏程序，即在对死囚执行死刑之前奏请皇帝审慎考虑是否立即执行，唐代的死刑复奏一般是“三复奏”。贞观初年，唐太宗以“人命至重，一死不可再生”为由，曾一度将京城死刑改为五复奏，但各州的死刑案件仍三复奏。如果“不待复奏报下而决者，流二千里”。

7. 司法责任

为保证司法审判的公正、合法，唐代规定法官“出入人罪”应当承担刑事责任。“出罪”即重罪轻判或有罪不判，“入罪”则相反，是轻罪重判或无罪判作有罪。出入人罪的司法官吏，根据其主观的故意与过失，承担法律责任。故意者罪重，采取反坐原则；过失者，减故意者三至五等处罚。此外还建立了同职联署制度，要求有关官员共同判案、共担责任，以期相互监督，避免冤假错案。

重要名词术语

唐律疏议、中华法系、十恶、六赃、保辜、公罪、私罪、轻重相举、化外人相犯、

---

〔1〕《唐律疏议·断狱》。

〔2〕《唐律疏议·斗讼》。

礼律合一

思考题

1. 简述隋《开皇律》的体例和主要内容。
2. 简述唐代的立法指导思想。
3. 简述《唐律疏议》的内容和影响。
4. 简述唐代的五刑制度。
5. 简述唐代司法制度的主要内容。

典型案例分析

案例一　李密反隋案

大业中，童谣曰："桃李子，鸿鹄绕阳山，宛转花林里。莫浪语，谁道许。"其后李密坐杨玄感之逆，为吏所拘，在路逃叛。潜结群盗，自阳城山而来，袭破洛口仓，后复屯兵苑内。莫浪语，密也。

——《隋书·李密传》

隋末统治者过度耗费民力，不恤百姓，滥施酷刑，自己就破坏了自己制定的良法。《开皇律》首创"十恶"之名，严厉打击危害政权的犯罪，触犯反逆大罪的人不但自己遭殃，还要株连旁人。在统治者的高压政策和敏感神经作用下，小孩子传唱的歌谣也可以成为谋反大罪的证据，不少无辜的人就因不着边际的歌谣而丢掉性命。李密受杨玄感一案牵连，又逢隋炀帝滥用重刑，如不逃走，他的结局是可想而知的。李密逃出生天之后，成为隋末战乱中的一大枭雄，而隋朝的统治也在起义军的怒火中土崩瓦解。"民不畏死，奈何以死惧之"，隋末淫刑致乱的教训值得后世记取。

案例二　张蕴古案

河内人李好德，风疾瞀乱，有妖妄之言，诏按其事。大理丞张蕴古奏："好德癫病有征，法不当坐。"治书侍御史权万纪劾蕴古贯相州，好德之兄厚德，为其刺史，情在阿纵，奏事不实。太宗曰："吾常禁囚于狱内，蕴古与之弈棋，今复阿纵好德，是乱吾法也。"遂斩于东市，既而悔之。……下制，凡决死刑，虽令即杀，仍三覆奏。寻谓侍臣曰："人命至重，一死不可再生。昔世充杀郑頲，既而悔之，追止不及。今春府史取财不多，朕怒杀之，后亦寻悔，皆由思不审也。比来决囚，虽三覆奏，须臾之间，三奏便讫，都未得思，三奏何益？自今已后，宜二日中五覆奏，下诸州三覆奏。……"自是全活者甚众。

——《旧唐书·刑法志》

礼律合一是唐代法制的一大特色。李好德有精神疾病，按照当时的法律，可以免于治罪，这是唐律“一准乎礼”的体现。“出礼则入刑”，刑罚与礼教相互为用，也使法律与人情、人性更加贴近，法律在执行中更加便利。但本案更加重要的历史影响，是促进了死刑复核制度的完善。本案中，张蕴古罪不至死，太宗却因一时生气将他处斩。悔恨之余，太宗便创立了断决死刑“五覆奏”的制度，在隋朝及唐初“三覆奏”基础上更进一步，以尽可能地避免枉杀的发生，体现了慎用刑罚、重视人命的民本精神。

案例三　房孺复休妻案

（房）孺复，（房）琯之孽子也。少黠慧，年七八岁，即粗解缀文，亲党奇之。稍长，狂疏傲慢，任情纵欲。年二十，淮南节度陈少游辟为从事，多招阴阳巫觋，令扬言已过三十必为宰相。德宗幸奉天，包佶掌赋于扬州，少游将抑夺之。佶闻而奔出，少游方遣人劫佶令回，孺复请行，会佶已过江南，乃还。及少游卒，浙西节度韩滉又辟入幕。其长兄宗偃先贬官岭下而卒，及丧柩到扬州，孺复未尝吊。初娶郑氏，恶贱其妻，多畜婢仆，妻之保母累言之，孺复乃先具棺椟而集家人生敛保母，远近惊异。及妻在产蓐三四日，遽令上船即路，数日，妻遇风而卒。孺复以宰相子，年少有浮名，而奸恶未甚露，累拜杭州刺史。又娶台州刺史崔昭女，崔妒悍甚，一夕杖杀孺复侍儿二人，埋之雪中。观察使闻之，诏发使鞫案有实，孺复坐贬连州司马，仍令与崔氏离异。孺复久之迁辰州刺史，改容州刺史、本管经略使。乃潜与妻往来，久而上疏请合，诏从之。二岁余，又奏与崔氏离异，其为取舍恣逸，不顾礼法也如此。贞元十三年九月卒，时年四十二。

——《旧唐书·房琯传》

此案涉及的主要是唐律关于主人杀死奴婢、“七出”离婚的规定。唐朝法律承认良贱之分，将主人和奴婢置于不平等地位。本案中，奴婢本无罪，崔氏故杀之，充分暴露了这种公然存在的身份不平等。关于离婚，《唐律疏议》讲：“七出者，依令：‘一无子，二淫逸，三不事舅姑，四口舌，五盗窃，六妒忌，七恶疾。’”只要妻子犯了其中一条，丈夫就可以不必经官府判断名正言顺地把妻子休了。本案中，崔氏便犯了第六“妒忌”之规定，房孺复因此与她离婚。“七出”片面强调丈夫对于妻子的优越地位，赋予丈夫单方面休弃妻子的权力，对保护妇女权益有着不容忽视的负面影响。

第八章　宋代法律

【内容提示】

唐朝灭亡之后，继之而起的是动荡的“五代十国”时期。由于军阀政权之间的连年征战，政权更迭频繁，民生困苦。为维持政权稳固，各割据政权在常法之外创设酷刑，并且不依法律程序滥用刑罚。

960 年，后周大将赵匡胤发动陈桥兵变，夺取政权，建立宋朝，定都汴梁（今开封），史称北宋（960—1127）。北宋统治期间，先后有北方的辽国、金国，西北的西夏，以及西南的吐蕃、大理等政权与之并存。1127 年，金兵进占中原，宋王朝迁都临安（今杭州），史称南宋（1127—1279）。1279 年，南宋为元所灭，两宋共历三百二十年。宋代统治者在借鉴唐代法律的基础上，适应社会发展的新需要，对法制多有创新。

两宋时期采取了“不立田制”“不抑兼并”的土地政策，一方面带来了商品经济的发展，另一方面造成了贫富分化、社会的不安定，加之周边强敌环伺，因此加强中央集权、安定社会秩序、规范商品经济成为宋代法制的主要任务。以“二程”和朱熹为代表的理学派，将纲常名教提升到天理的高度，适应了巩固中央集权和强化治安的需要；以陈亮、叶适为代表的功利学派，提倡义利并重、兴利除弊，适应了商品经济发展的需要。

宋代的法律形式包括《宋刑统》和经过汇编的敕、例，南宋时期出现了各类法令统编的“条法事类”。在职官制度方面，通过分化宰相的权力来加强君主集权，加强了中央对地方的统一管控。刑事法律方面，折杖法体现了宽仁治国的精神，而宋代刑罚总体上呈加重趋势，既有重典惩治贼盗的特别法，也在五刑之外增设了刺配、凌迟等酷刑。民事经济法的高度发展是宋代法制特点之一，反映了商品经济的繁荣，身份关系平等化的发展趋势。在司法制度方面，注重司法统一和司法公正，在中央一度设置审刑院，在路一级地方设置提点刑狱司，实行独具特色的鞫谳分司与翻异别勘制度。

第一节　法律思想与法律体系

一、立法思想

两宋时期常处在“府库空虚，境有强敌”的内忧外患之中，一方面需要强化国家力量，以儒家思想正人心、一法度，实现思想与行为的统一；另一方面需要适应发展商品经济的需要，修正儒家“重义轻利”“重农抑商”的法律传统。在强化思想统一方面，程朱理学应运而生；在适应经济发展，破除贱利抑商、讳言功利方面，功利学派担当了儒家法律思想时代转化的责任。

（一）以法律推行中央集权

自唐代中后期以来，掌握地方军政大权的节度使逐渐形成割据势力，不仅不能拱卫中央，反而造成臣强君弱的局面。五代十国时期，绵延不绝的战祸多起自拥兵自重的军阀，赵匡胤的陈桥兵变也因军队而起。宋太祖立国以后，中央政府对地方实行“稍夺其权，制其钱谷，收其精兵”的政策，将地方的权力统一于两府（中书门下与枢密院）和三司（盐铁司、度支司与户部司），同时设立中央派出机构以强化对地方的监督。为有效缓解社会矛盾，将立法的重点放在刑事和行政两方面，以繁多细密的法令规范中央和地方的隶属关系。宋仁宗时期还颁布了《重法地法》，对谋反、谋逆等威胁统治秩序的犯罪处罚明显重于唐律，其实质在于严厉打击民众的反抗，维护统治阶级的利益。

（二）法出于道，立法以尽事

宋朝统治者既尊崇儒家思想，以儒家之道为立法指导，又注重经世致用。宋太祖、宋太宗在五代十国丧乱局势下建国，其立法较之乱世已是宽仁之制。随着社会经济的发展和社会关系的复杂化，统治者坚持以儒家思想为指导，但能够义利并重，以法律实现有效治理。宋神宗曾谓：“法出于道，人能体道，则立法足以尽事。”[1]这反映了宋朝君臣明察世事、体道立法、以法律竟事功的治理思想。程朱理学的兴起将封建正统思想带入了一个新的阶段，其强调“理”是宇宙的本原，更是社会秩序的根本所在。南宋统治者根据社会不同方面的需求对这两种思想择善而用。理学融合了传统儒学、佛教和道教的精神内核，对儒家所推崇的“礼”进行了继承和发展。

两宋时期是中国古代社会商品经济繁盛的时代，其民事、经济法律空前完备，达到了中国法律史上的高峰。在商品经济迅速发展的背景下，功利实学发展起来。功利学派在宇宙观、义利观的问题上与理学派存在显著的差异，认为“物”是世界的本原，道德与功利这两者共同构成“天理”的内容，道德是根本，而功利起到必要的辅助作用，不能脱离功利而单纯地讲求道义。功利学派在价值观上重视实际功用和修为，认为“善为国者，务实而不务虚”[2]，对程朱理学进行了一定的批判。在功利学派的影响下，宋朝的

---

〔1〕《宋史·刑法志》。

〔2〕《叶适集·补遗·奏扎》。

立法指导思想发生了新的变化，从传统的“重义轻利”转向“义利并重”，承认并保护合法的商品交易，冲破了“重农抑商”的藩篱，在民事法律制度方面实现了突破性的进展。

二、代表性人物的法律思想

（一）理学派的法律思想

为适应国家稳定和中央集权的政治需要，统治者们迫切要求统一学术和法律思想。而理学派将传统儒家的价值理念和佛教、道教的精神原则融合起来，成为巩固中央集权和强化纲常名教的重要思想流派。理学经过北宋的周敦颐、张载、邵雍、程颢和程颐的传承和发展，最后由南宋的朱熹总其大成，其中以北宋“二程”和南宋朱熹的理学思想最具影响力。程颢、程颐初步建立了理学思想体系，而朱熹建构了较为完备的客观唯心主义思想体系，将封建正统法律思想推向新的阶段。

1. 程颢、程颐的法律思想

程颢（1032—1085），字伯淳，号明道，河南洛阳人，北宋思想家，世称“明道先生”，代表作有《定性书》《识仁篇》等。程颐（1033—1107），字正叔，是程颢胞弟，同为北宋著名思想家，世称“伊川先生”，代表作有《周易程氏传》《易传》《经说》等。程颢、程颐兄弟（被世人称为“二程”）开创了洛学，是北宋时期影响最大的理学派，与北宋时期的周敦颐、张载、邵雍一道被称为“北宋五子”。

程颢和程颐提出了“理”的哲学范畴，认为理存在于天地万物之中，“一草一木皆有理”。他们认为，天理是万物的本原，是宇宙的本体，是世间万事万物存在和运行的法则，并不以人的主观意志为转移。程颢、程颐构建的唯心主义哲学体系，以传统儒家的思想内涵为指导原则，而他们的法律思想也承载和表达了儒家学说所崇尚的政治理想。

“二程”提出了治理国家和社会应当遵行“仁道”，“道”即“理”。在程颢、程颐看来，圣明的君主应当实施传统儒家所倡导的德治，统治者自身首先应当有良好的品德，再将仁爱之心实施于国家和社会治理的实践中，使普通百姓的行为也能体现道德伦理。“帝王之道，教化之本。”[1]统治者需要以善治来感化民心，以德政来教化百姓。厚生养民是治理国家的根本所在，“天生烝民，立之君使司牧之，必制其恒产，使之厚生，则经界不可不正，井地不可不均，此为治之大本也”[2]。只有百姓安居乐业，才能构建社会和谐、风俗淳厚的理想秩序。

“二程”认为法律是“天理”的规范表现形式，“治身齐家以至平天下者，治之道也。建立纲纪，分正百职，顺天揆事，创制立度，以尽天下之务，治之法也。法者，道之用也”[3]。创立法度是治理国家和社会的重要手段，应当重视法律在构建理想政治秩序过程

〔1〕《二程集·上仁宗皇帝书》。

〔2〕《二程集·论十事劄子》。

〔3〕《二程集·论政篇》。

中的功用。法律以强有力的威慑力告诫百姓，使他们将自身的行为置于维护良善社会秩序和弘扬伦理道德的框架内。而法律的惩处作用也不应被忽视，惩处的目的正是教化民心。“圣王为治，修刑罚以齐众，明教化以善俗。刑罚立则教化行矣，教化行而刑措矣。虽曰尚德而不尚刑，顾岂偏废哉？”[1]在治国的具体实践上，德与刑不可偏废，二者的关系仍然是儒家推崇的“德主刑辅”。德居于首要的地位，刑罚是实施德治的保障，是辅助手段，以规范和约束百姓的方式来保证国家和社会治理有效运转。

“二程”认为，治理国家和社会的参与者应是贤良之才，这一点比创立良法更为关键。仅仅有良好的法律，却没有辅佐圣明君主的贤良之才，并不能实现政治清明的目标，所谓“善言治天下者，不患法度之不立，而患人材之不成”[2]，“治天下以正风俗、得贤才为本”[3]。对于统治者来讲，治国理政的根本路径之一，便是求得贤才，而“贤才”首先应当有良好的道德品质。在程颢、程颐心目中，要想成为贤才并参与治国理政的具体实践，必先修身以完善个人的品德。

2. 朱熹的法律思想

朱熹（1130—1200），字元晦，号晦庵，徽州婺源（今江西婺源）人，是南宋理学思想的集大成者，代表作有《四书章句集注》《朱子语类》《朱文公文集》等。朱熹继承了程颢、程颐思想的精华，又在此基础上加以发展。他认为“理”是宇宙间万物的本原，是哲学的最高范畴。“理”先于物质产生，和“气”结合派生万物，成为万物生存发展的内在依据。这样的理论不仅适用于自然界的发展，也适用于人类社会的运转。朱熹的法律思想是在对理学进行论述和阐释的过程中体现出来的。

朱熹对先秦以来各种唯心主义思想进行了系统总结。他以儒学为核心，将佛教、道教的思辨方法融合起来，形成了独特的客观唯心主义思想体系。“存天理、灭人欲”是朱熹理学思想的核心部分，也成为其法律思想的指导原则。在朱熹看来，三纲五常是“天理”：“盖三纲五常、天理民彝之大节而治道之本根也，故圣人之治，为之教以明之，为之刑以弼之。”[4]对于法律制度和纲常名教的关系，他主张纲常名教是治理国家和社会之本，而法律是严格维护三纲五常的手段，不应本末倒置。他说：“盖天下有万世不易之常理，又有权一时之变者。如君君、臣臣、父父、子子，此常理也；有不得已处，即是变也。然毕竟还那常理底是。”[5]他提倡变法革新，将变革法律视为改变人心的方式。法律修改和完善的目标是革除人们的一己私欲，净化和洗涤他们的思想。百姓的言行都应当以“天理”即三纲五常为标准，以达到拯救时弊、清明政治、维护社会和谐与稳定的目标。对于变法之要义，朱熹的观点与功利学派有很大不同。他认为应当以仁义为首要原则，而不应急功近利；以功利为先，便会助长“人欲”，将适得其反。

在德、礼、政、刑的相互关系上，孔子倡导的是“道之以政，齐之以刑，民免而无

[1]《二程集·论政篇》。

[2]《二程集·游定夫所录》。

[3]《二程集·请修学校尊师儒取士扎子》。

[4]《朱文公文集·戊申延和奏札一》。

[5]《朱子全书·历代一·唐虞三代》。

耻；道之以德，齐之以礼，有耻且格”。朱熹继承了传统儒家的这一主张，他说：“愚谓政者，为治之具；刑者，辅治之法。德礼则所以出治之本，而德又礼之本也。”〔1〕朱熹认为，“德礼”和“政刑”都是治理国家不可或缺的，而这两者的地位又有不同。“德礼”应当为治国安邦的根本，能够引导民心向善，从而构建和维护稳定的社会秩序；“政刑”起到必要的补充作用，严厉地威慑和警诫百姓远离犯罪，在一定程度上限制“人欲”。尤其是南宋王朝长期处于内忧外患的困局之中，社会矛盾尖锐，适用惩戒性的刑罚来安定社会确有必要。正如朱熹所言：“圣人为天下，何曾废政刑来！”〔2〕然而，单靠刑罚并不能根除人们的“为恶之心”：“民不见德而畏威，但图目前苟免于刑，而为恶之心未尝不在。”〔3〕所以，德礼和政刑相辅相成，构成统一的整体，不应当偏废任何方面。

在朱熹看来，儒家倡导德主刑辅的初衷在于将仁爱之心施于百姓，然而这并不代表司法领域都是宽刑和轻刑。他认为：“刑愈轻而愈不足以厚民之俗，往往反以长其悖逆作乱之心，而使狱讼之愈繁。”〔4〕他对传统儒家“德主刑辅”的主张作出了修正，将之表述为“以严为本，而以宽济之”。朱熹认为，司法中应当以重刑为主，目的在于以刑罚的威慑作用镇压反叛，加重对违反纲常名教等伦理犯罪的惩罚。然而，重刑不等于滥用刑罚，司法官应做到将轻刑作为辅助手段，在定罪量刑有疑问时，对犯罪主体处以轻刑，避免冤假错案的发生，“罪之疑者从轻，功之疑者从重……惟此一条为然耳”〔5〕，“然古人罪疑惟轻，与其杀不辜，宁失不经”〔6〕。朱熹还主张恢复肉刑，因为对于某些特别严重的犯罪，施以流刑和徒刑不足以达到禁奸止乱的目的，而通过肉刑“虽残其支体，而实全其躯命，且绝其为乱之本，而使后无以肆焉”〔7〕，认为这在根本上是符合儒家的“仁义”价值的。

（二）功利学派的法律思想

宋代功利学派的代表人物主要有陈亮、叶适等，其与理学派的分歧主要集中在宇宙观和义利观方面。在宇宙观问题上，理学派强调“理”是宇宙的本原，是世间万事万物存在的依据，“宇宙之间，一理而已。天得之而为天，地得之而为地。而凡生于天地之间者，又各得之以为性”〔8〕。功利学者陈亮则认为，“物”作为宇宙间真实的客观存在，才是宇宙的本原。如他所言：“夫盈宇宙者无非物，日用之间无非事。”〔9〕叶适也赞同这一观点，认可“物”是宇宙的本原。在叶适看来，检验义理的根据就是事物本身，“夫欲折衷天下之义理，必尽考详天下之事物而后不谬”〔10〕。就义利观而言，理学派主张将

---

〔1〕《论语·为政第二》。

〔2〕《朱子语类·论语五·为政篇上》。

〔3〕《朱子语类·论语五·道之以政章》。

〔4〕《朱文公文集·戊申延和奏札一》。

〔5〕《朱子语类·朱子七·论刑》。

〔6〕《朱子语类·朱子七·论刑》。

〔7〕《朱文公文集·答郑景望》。

〔8〕《朱熹集·读大纪》。

〔9〕《陈亮集·六经发题·书》。

〔10〕《叶适集·杂著·题姚令威西溪集》。

“义”和“利”严格区分开来，天理和人欲是不能共存的。朱熹说：“人之一心，天理存，则人欲亡；人欲胜，则天理灭，未有天理人欲夹杂者。”[1]他推崇“重义轻利”思想，认为圣明君主应当依仁义、德治原则治理天下。在朱熹看来，功利学派提倡的“功利”思想是对“人欲”的助长，并对此进行了强烈的批判。功利学派则注重事功，专注于现实社会秩序的建构和改良。陈亮将礼义、智勇和功利视为同等重要的治国因素，“当草昧之时，欲以礼义律之，智勇齐之，而不能与天下共其利，则其势必分裂四出而不可收拾矣”[2]，缺少其中任何一项都无法达到善治。而在叶适看来，“故古人以利和义，不以义抑利”[3]，利和义应当并存，而非以尊崇义理来抑制对功利的追求。

1. 陈亮的法律思想

陈亮（1143—1194），字同甫，号龙川，浙江永康人，代表作有《龙川文集》《龙川词》等。他在学术思想上独树一帜，开创了永康学派。陈亮基于唯物主义的世界观，与朱熹作“义利王霸”之辩，对宋代学术流派的发展和后世思想产生了重大影响。但是陈亮的功利主义仍然以儒学为指导原则，并没有完全超脱儒学的理论框架。

陈亮认为，万事万物的运行都以“道”为基本原则，统治者治理国家也是如此，君主应当依据“道”实施仁政和德治。在陈亮看来，“道”融合了道德与功利的内容，二者是统一的。“尧舜之所以治天下者，岂能出乎道之外哉，仁义孝悌，礼乐刑政，皆其物也。”[4]在道德与功利的关系中，道德居于基础地位。要成为圣明的君主，首先应当“正其心”，“盖人主之心，贵乎纯一而无间杂，苟其心之所用有间杂之病，则治道纷然无所底丽，而天下有受其弊者矣……是故人主不可不先正其心也”[5]。这便要求君主应怀有天下为公的“公心”，以道为先，将法律和法令作为重要的手段。而昏庸的统治者“心蠹于功利，视德化为不急之务故尔”[6]，最终会导致政治败坏。君主对臣民的赏罚也应体现“公心”，“勿私赏以格公议，勿私刑以亏国律”[7]。陈亮强烈反对朱熹恢复肉刑的主张，认为法律本身已经能够对百姓起到规范和约束作用，不再需要严酷的肉刑来虐民辱民。陈亮的功利主义思想遵循了儒家思想演进的内在逻辑，他将“利”置于“道”中，以道德为功利主义的基础，提倡统治者推行以德治国的基本原则。

陈亮与朱熹展开了“义利王霸”之辩。朱熹认为，义和利不能并存，这与天理和人欲不能并存是一致的，“而近世诸儒，遂谓三代专以天理行，汉唐专以人欲行”[8]。而在陈亮看来，“王霸可以杂用，则天理人欲可以并行矣”[9]，天理和人欲不是完全对立的，这两者可以并存。在理学的论证中，“理”是宇宙运行的规律，是终极的道德。朱熹在阐

---

〔1〕《朱子语类·学七·力行》。

〔2〕《陈亮集·问答上》。

〔3〕［宋］叶适：《习学记言序目·魏志》。

〔4〕《陈亮集·廷对》。

〔5〕《陈亮集·汉论·文帝》。

〔6〕《陈亮集·汉论·文帝》。

〔7〕《陈亮集·箴铭赞·上光宗皇帝鉴成箴》。

〔8〕《陈亮集·又甲辰秋书》。

〔9〕《陈亮集·丙午复朱元晦秘书书》。

释道德和功利的关系这一问题上，将道德置于对功利的支配地位。陈亮主张，“道”的运行离不开具体的事物，“夫道，非出于形气之表，而常行于事物之间者也”[1]。他所说的“道”存在于客观真实的世界，不是在形而上的世界中产生和运转。而道德与功利共同构成“天道”，治理国家时二者同样重要。道德是根本，功利起到必要的辅助作用，以道德为核心的理想政治秩序需要借助功利这种载体来实现。陈亮“义利双行，王霸并用”的逻辑，仍然坚持“道德”居于“功利”之先，是在儒家的思想框架内对功利的阐发。

2. 叶适的法律思想

叶适（1150—1223），字正则，号水心居士，浙江永嘉人，是永嘉学派的集大成者，代表作主要有《水心文集》《水心别集》《习学记言》等。他认为“物之所在，道则在焉”[2]，物是道存在的基础；义利并存，不可偏废。叶适强烈反对“重农抑商”政策，“夫四民交致其用而后治化兴，抑末厚本，非正论也”[3]。在他看来，仅重视农业而限制工商业的发展“非正论”，只有将士农工商平等对待才能实现“治化兴”的理想。叶适十分重视法律的规范作用，“任人以行法，使法不为虚文而人亦因以见其实用，功罪当于赏罚，号令一于观听”[4]，贤才的能力是在实施法律的过程中发挥出来的。君主贤德与否及其任用之人是否有仁爱之心，和用刑轻重是紧密相关的，“其君贤而所任者仁人也，则用刑常轻；其君不贤而所任者非仁人也，则用刑常重”[5]。

功利学派继承了传统儒家经世致用的思想，反对空谈，注重实际功用与效果。功利学派的思想家们不仅为维护社会的长治久安作出了理论上的贡献，而且专注于探索治国理政的具体实践，为发展经济、改良社会秩序提出了一系列法律主张和建议。这些关系国计民生的建议具有时代的进步性，对当时社会的发展产生了积极的影响。

三、立法活动

宋朝建国之初，律、令、格、式多承袭旧制，特别是作为基本法的《宋刑统》，其律文全面沿袭唐律。但宋朝在政治、经济、社会文化方面已有巨大变化，统治集团为适应新形势，将编敕、编例作为重要的法律形式，通过特别法变通旧制度，创设新制度。宋朝的中央决策机构仍称作中书门下，但其组织、职权与唐代已有很大不同；《宋刑统》沿袭唐代五刑制度与罪名体系，五刑之外又有折杖法、刺配、凌迟，律外又有贼盗加重之法。

两宋在科举考试、官吏选任、考核监察等方面规定愈加科学详备，超越了前朝。无论是民事经济法律，还是行政管理方面的法律，大多是统治者顺应社会发展趋势，依照客观规律颁行单行法，在实践中不断积累经验，逐步形成较为完备的制度体系。

官吏队伍的膨胀、军队规模的急剧扩大以及社会贫富分化的加剧，使得宋朝陷入政

---

〔1〕《陈亮集·勉强行道大有功》。

〔2〕［宋］叶适：《习学记言序目》卷四七。

〔3〕［宋］叶适：《习学记言序目》卷一九。

〔4〕《叶适集·外稿·新书》。

〔5〕《叶适集·进卷·国本下》。

府效能低下、内部矛盾激化的困境。为改变积贫积弱的现状，北宋时期曾多次变法。其中，北宋神宗时期的王安石变法影响最大。宋神宗继位的时候，北宋的统治已经延续了百余年，一方面要与周边少数民族政权进行军事对抗，另一方面要镇压内部的民变，还要解决政府冗兵、冗员的问题。宋神宗即位不久，便在熙宁元年（1068 年）任用王安石进行变法，因此这次变法又称作“熙宁变法”。王安石在变法之初，首先设“制置三司条例司”，由该机构决定国家财政的收支计划，统筹财政；同时，该机构负责谋划财政改革，研究变法方案。熙宁二年（1069 年）七月之后，在王安石主持下，先后颁布了青苗法、农田水利法、方田均税法、市易法、募役法等，并改革科举考试制度，在选拔人才时更加注重考察实务能力。王安石变法涉及国家财政经济、组织机构、军事管理、人事制度等诸多方面，力图改造国家治理体系，提高国家治理能力，适应商品经济的发展，可是改革触动了守旧派官僚地主的利益，因而遭到守旧派的强烈反对。加之，王安石在变法过程中急于求成，虽然改革取得一些成效，但是适应商品经济发展、改造国家治理体制的努力最终以失败告终。

四、法律体系

北宋建国初期，沿袭唐代中后期以来的法制，其法律体系由《宋刑统》、敕、令、格、式组成。北宋中期以后，敕和例成为中央政府各部以及地方广泛采用的法律形式。至北宋后期，各种法律形式颇为繁杂，南宋开始出现了各种法律形式的汇编——条法事类。“宋法制因唐律、令、格、式”[1]，与唐代不同的是，敕和例在两宋法律体系中发挥了重要作用。

（一）《宋刑统》的编纂及其特点

宋太祖建隆三年（962 年），乡贡明法张自牧、工部尚书窦仪奏请更定刑统，得到太祖的批准，令窦仪主其事。建隆四年（963 年）告成，下诏模印颁行，此即《建隆重详定刑统》，简称《宋刑统》。《宋刑统》颁行以后，一直沿用到南宋，是宋朝的基本法典。清末沈家本曾指出：“《刑统》为有宋一代之法制，其后虽用编敕之时多，而终以《刑统》为本。”[2]

《宋刑统》承袭唐末《大中刑律统类》和后周《显德刑统》的编纂体例，首列律条、律疏，以下附列敕、令、格、式，分十二篇三十卷二百一十三门。《宋刑统》的律文和律疏均照录《唐律疏议》，但与唐律相比较，它具有以下特点：

第一，名称之变，法典不称“律”，而改称“刑统”。我国古代自商鞅“改法为律”以后，“律”便成为封建王朝的基本法，如秦律、汉律、晋律、唐律等。宋不称“律”而称“刑统”，“刑统”的意思是以类统编本朝刑事法律法规。

第二，篇下分门类编，《宋刑统》将同一性质的法律条文归结为一个单元，称为“门”。法典的十二篇又分为二百一十三门，每篇之下少则如捕亡律有五门，多则如斗

[1]《宋史·刑法志》。

[2]［清］沈家本：《历代刑法考·律令六》，邓经元、骈宇骞点校，中华书局 1985 年版，第 969 页。

讼、杂律有二十六门。每一门之内，律文、律疏之后，附有敕、令、格、式。这些敕、令、格、式是从唐开元二年（714 年）到建隆三年（962 年）期间筛选出来的仍然有效的部分。所有的敕、令、格、式的前面都有一“准”字，以示经过皇帝的批准。

第三，新增“臣等起请”三十二条。所谓“臣等起请”，是指窦仪等修律者为适应当时形势发展的需要，对前朝行用的敕令格式经过审核详订后，向朝廷提出的变动建议。这些建议条文特标“起请条”字样，低三格附于敕令格式之后，每条冠以“臣等参详”四字，作为新增条款，与所附敕令相区别。

第四，总括“余条准此”条，附于名例律后。所谓“余条准此”，是指具有类推适用性质的条文。《唐律疏议》内原有该类条文四十四条，散列在有关律文之后。《宋刑统》编纂者虽将该类逐条照录，但编辑时汇总为一门，集中附在《名例律》之后，而不是散列于各条之中。这是《宋刑统》编撰技术上的一大变化，更有利于司法人员检索适用。

《宋刑统》是中国古代第一部刊印颁行的封建法典，在律文之后增加敕、令、格、式、起请条等，开创了中国古代刑律编纂的新体例。后世的法典，如《大元通制》《大明律例》《大清律例》，其律文与条格、条例合编的体例，皆渊源于《宋刑统》。

（二）编敕

敕是皇帝诏令的一种形式，一般是针对特定的人和事所发布，为一时权宜之制，并不是具有普遍性和稳定性的法律规范。编敕就是对分散颁布的敕进行整理、删定，分门别类汇编在一起，颁行天下，使之成为具有稳定性和普遍适用性的法律形式。宋沿袭唐代编敕的传统，并使之成为一项经常性的立法活动。《宋刑统》之外另编敕，是因为《宋刑统》作为祖宗成法，律文不能修改，而宋又处在一个急剧变动的时代，随着社会的发展，《宋刑统》难以满足社会的规范需要，因此就以更灵活的编敕来弥补刑统的不足。其次，敕令作为一种由皇帝发布的法律形式，具有最高的法律效力，是极为便利的治理手段，它的广泛适用反映了君主专制的加强。

宋朝编敕始于建隆四年（963 年），窦仪将刑事方面的敕、令、格、式编入《宋刑统》，将非刑事的敕令单独汇纂成四卷，名曰《新编敕》。两宋时期的编敕有以下特点：

第一，编敕活动极为频繁，编成的敕条数量繁多。据《宋史·刑法志》不完全统计，宋朝编敕有八十余部。既有通行全国具有普遍法性质的编敕，宋人称之为“海行编敕”；还有适用于朝廷各部、司、监具有特别法性质的“一司一务编敕”，以及适用于地方的“一州一县编敕”。

第二，国家设有专门的编敕机构。仁宗之前由大理寺兼管编敕，仁宗年间设立“详定编敕所”，定期编修敕令，以适应现实需要。

第三，所编的敕令不再局限于非刑事的法律规范，从仁宗《天圣编敕》开始，编敕的法律地位也在不断地提高。神宗时基于变法的需要，更是极力主张“凡律所不载者，一断以敕”[1]，在司法实践中甚至出现以敕代律的现象。神宗年间曾发生民女阿云砍杀未

---

〔1〕《宋史·刑法志》。

婚夫的命案，围绕着该案应该适用《宋刑统》的有关条文，还是依照敕令判决，从地方官到中央的朝官，持不同意见者展开了一场激烈的律敕之争，卷入这场争论的朝臣之多、持续时间之长，在中国历史上极其罕见。最终，该案依照敕令裁断定案。

第四，大量的民事、经济、行政方面的法律规范以编敕的形式颁布天下，如仁宗年间的《天圣户绝条贯》《遗嘱财产条法》，南宋的《推赏条格》等。

（三）编例

宋朝的例有三种形式：一是“条例”，即皇帝发布的特旨；二是“断例”，即审判案件的成例；三是“指挥”，即中央官署对下级官署下达的命令。例最初是临时性的决定，编例则是将原本临时性的例上升为具有普遍效力的法律形式。由于例被广泛运用于政府活动尤其是司法实践，其地位越来越高，编例也演变成重要的立法活动。编例活动始于北宋中期，盛于南宋。神宗时有《熙宁法寺断例》《元丰断例》，哲宗时有《元符刑名断例》，南宋高宗朝有《绍兴刑名疑难断例》等。在宋朝法律体系中，例是制定法的补充，适用法律时，“法所不载，然后用例”，若“引例破法，非理也”。但在实践中，例因其规范具体，援用方便，经常出现“法令虽具，然吏一切以例从事，法当然而无例，则事皆泥而不行”[1]的现象，往往造成规范适用的不统一。为此，南宋孝宗乾道元年（1165年）对所有断例进行删定，删除与法令抵触的内容，选取五百四十七件，按《宋刑统》十二篇的体例编排成《乾道新编特旨断例》。

以往按敕、令、格、式的类别和发布的时间来汇编，缺少条理，难以检索和适用，所以南宋淳熙年间改为根据法律的内容、性质、功用，分门别类，以“事”分类，统一分门编纂，这种汇编体例被称作“条法事类”。南宋所颁布的条法事类至今只保留下一部《庆元条法事类》残卷。《庆元条法事类》原有八十卷，残存四十八卷，共十六门，是研究宋朝法律制度的珍贵文献。

第二节 职官制度

一、官吏管理

（一）中央集权的加强与国家管理体制的调整

宋初为了强化中央集权，对中央和地方的管理体制作了较大的调整，其调整的基本原则是“通过分权实现集权”：将国家中央机构既有的权力分置于不同机关，然后将各机关的权力最后统一于皇帝；将地方相对集中的权力，进行纵向分割，最后再统一于中央。

唐代以中书门下为国家决策中枢，中书门下长官即宰相，综合掌理政务、军事、财

---

〔1〕《宋史·刑法志》。

政等重大权力。北宋建国之初，以“二府三司”取代中书门下体制。所谓“二府”，是指中书门下与枢密院。中书门下是宋朝皇帝之下的最高权力机关，其长官“中书门下平章事”，通常由两三个大臣担任，实际行使宰相的权力。但是为防范宰相权力过重，又设副宰相“中书门下参知政事”。枢密院为皇帝之下的最高军事机关，与中书门下并称“二府”，枢密院的长官“枢密使”与宰相品级相等。宋把晚唐以来中央所设的盐铁司、度支司和户部司加以整合，称为“三司”。其长官为三司使，副长官为三司副使。三司使统领三个部门，总管国家财政，其地位略低于参知政事，故有“计相”之称。宋通过“二府三司”体制，将宰相原有的军权、财权分离出来，又通过多相制对政务权进行分化，使之难以独揽大权，以免造成臣强君弱的局面。

宋朝地方政府机构分为路、州（府、军、监为其同一层级机构）、县三级。为加强中央对地方的控制，宋设路一级中央派出机构，其长官为经略安抚使、转运使、提刑按察使、提举常平使，称为“四司”（帅司、漕司、宪司、仓司），分别监管地方军政、财赋、司法、盐铁专卖等事。如此纵向分割地方权力，地方已不可能聚集力量割据一方。州是路以下重要的一级地方政权，宋初州一级地方官必须由中央派文官出任，并“三岁一易”；为了防止知州权力过重，另置通判，与之联署公文，共同处理地方政务。通判可以随时向皇帝报告情况，素有“皇帝耳目”及“监州”之称。州以下为县，以知县为长官，由皇帝任命文官担任，改变了五代以来由节度使委派亲信把持政务的局面，加强了中央对地方基层的控制。

（二）君主专制与差遣制度

为了扫除君主专制的障碍，宋朝还建立官、职分授的职官制度。所谓官职分授，是指官员的实际职掌与其官名、待遇不符，如六部尚书、侍郎等官名在宋朝只是表示官阶，作为确定品秩、俸禄的根据。而官员只有经过差遣，才能获得实职，通常称之为“职事官”。职事官的名称常带有知、权、直、试、提举等字。任命职事官的差遣制度始于武则天统治时期，但当时只是一种临时性措施。五代时期军阀主政，习惯于随意任用亲信，因此任官授职全部是临时差遣。宋初为了笼络勋臣，达到君主专制的目的，采取了授予高官、优加俸禄以安抚人心的做法。而位居高官的功臣故旧、藩镇重臣实际上丧失了一切职权，真正掌握实际权力的是忠于皇帝并确有才干的人。这一制度保证了皇帝直接控制用人权，随时提拔官阶较低但忠诚贤能的人担任官职，也便于随时撤换重要岗位上的不忠之臣或无能之辈。由于实行差遣制度，职掌重要权力的官员定期调换，避免了官员盘踞一方、权重难制的弊病。但是职官分授与差遣制度造成职官只知道尽忠于君主、服从权力，不知以天下为己任的弊端。同时，还使得官吏数量激增，形成了前所未有的庞大的官僚队伍，冗闲的官员极大地加重了国家的财政负担。特别是官员的品秩、俸禄只能不断提升，即便有职无权碌碌无为之辈也可以坐等升迁，助长了因循苟且的官场之风。神宗元丰年间，虽然曾进行职官改革，但仅局限于中央文官系统，差遣制度实际一直沿用至南宋。

（三）官吏选任与考课制度

宋朝的职官管理制度比唐代更为完备，特别体现在官吏的选任和考课制度方面。

1. 选任制度

宋朝选任官吏的途径有：科举、恩荫和捐纳。恩荫是指贵族官僚子弟，根据祖父辈的爵位、官品，荫补任官。捐纳是指富家子弟，出资买得官职。在宋朝，科举为选任官吏的正途，也最为公平；恩荫和捐纳皆有制度的限制。

宋朝的科举制度和唐代相比，有显著的发展，主要表现在：第一，录取和任用的范围较宽。仅以进士科为例，唐代进士及第每科不过二三十人。宋朝进士分为三等，一等称及第，二等称赐进士出身，三等称同进士出身，录取的总额通常在二三百人，多时五六百人。唐代录取只是取得了做官的资格，实际授予官职还须通过吏部考试。而宋朝一经录取便可任官，排名在前的即可得到高官。宋朝还不限制应试者的出身，甚至僧道之人也可以参加科举。第二，宋英宗定制“皇帝三年一次亲自殿试考选”，由此考生一律成为天子的门生，避免考生与主考官之间以师生为名结成同党。第三，创造了“糊名”（弥封）、“誊录”和“回避”等考试制度，以防止考场舞弊，做到公平竞争。这些制度都被后世所继承。第四，在考试的内容上，改变了唐代只考诗赋的做法，进士科增加了经义等内容；还设有“明法”科，“试律令、《刑统》大义、断案”〔1〕，考中者出任司法官员。宋神宗时，还规定进士也须经过“试法”，方能授官。

由于宋朝科举制度从各个方面严防贵族官僚凭借权势培植私人势力和世袭固定官职，使科举选拔人才的优势得到真正的显现，并出现了中国科举史上的人才高峰，不仅数量之多前所未有，而且名公巨卿、才华横溢之辈源源不断脱颖而出。根据《宋史》的记载，北宋出任宰相的七十一人之中，有六十四人进士出身，所占比例超过百分之九十。

2. 考课制度

宋朝出于强化中央集权、控制各级官吏、提高工作效能的目的，非常重视考课，这主要表现在以下几个方面：第一，设立专门机构主管官员考课，审官院负责京朝官的考课，考课院负责幕僚官和地方官的考课。考课的程序是由上级负责考课下级，由下至上逐级进行。第二，考课制度高度规范化、法律化，南宋所编的《庆元条法事类》的“职制门”汇编了有关考课的敕、令、格、式及申明，从中可见宋朝考课制度相当细密和规范。第三，考课的方法主要有二：一是磨勘制，二是历纸制。磨勘制，即磨勘转官，是指定期勘验官员的政绩，以定升迁。真宗时文武官员三年一磨勘，仁宗时改为文官三年、武官五年。磨勘在很大程度上是凭资历升官。历纸制，类似于现代的考勤工作登记，规定官吏按日自计功过，并上交给主管的官员，或由长官平时记录其属下官员的善恶，作为考核的依据。第四，对各级官吏规定了不同的考课标准和考课内容，尤其对地方官的考课标准最为具体，如“以七事考监司：一曰举官当否，二曰劝课农桑、增垦田畴，三曰户口增损，四曰兴利除害，五曰事失案察，六曰较正刑狱，七曰盗贼多寡”〔2〕。以唐代的“四善四最”考守令。

〔1〕《宋史·选举志》。

〔2〕《宋史·职官志》。

虽然宋朝确定了比较详细的考课标准，但是磨勘方法的推行，实际是将年资置于政绩之前，不仅不能激励贤能与勤政之士，反而造成了官场中安于现状、因循守旧的风气盛行。

二、监察法律

宋朝的监察机关沿袭唐制，中央设御史台，以御史中丞为长官。御史台内设台院、察院和殿院，由侍御史、监察御史、殿中侍御史分掌三院监察事务。但是为了加强中央集权和君主专制，宋朝的监察制度与唐又有所不同。

第一，宋朝将不同的台、谏机关职能划归一致。宋以前谏官专门负责监督皇帝，向皇帝规谏讽谕，而宋朝谏官和台官职能趋于一致，把百官作为监督的对象，“凡朝政阙失，大臣至百官任非其人，三省至百司事有违失，皆得谏正”[1]。谏官由代天下谏议君主转变为代君主监察百官，这无疑使君主的权力更无羁绊。

第二，台谏官必须由皇帝亲自任命，并拥有风闻弹奏的权力，只对皇帝负责而不受其他机关的限制。宋朝台谏官在政治斗争中起到了很重要的作用，往往成为皇帝独裁或权臣排斥异己的工具。因为台谏官可以发挥败事、废人的作用，其他大臣的施政如果不符合自己的利益，即可由台谏官加以弹劾，轻则事败，重则施政者被罢黜或治罪。

第三，加强了对地方的监察。路一级由监司行监察之权，州则由通判监察，沿边和战事地区以走马承受行使监察权，形成了以监司为主，辅以通判、走马承受等的地方监察体系。为了保障监察官履行其职责，宋朝规定了监司出巡制度和失察受罚制度，并对监察官进行再监察。由尚书省监察御史，由御史台监察地方监司官，再由监司监察走马承受。

第三节　刑事法律

宋朝的刑事法律制度大体承袭唐制，鉴于社会政治经济条件和社会关系的变化，宋朝的刑法在以下几方面体现了其时代特点：第一，刑法原则方面，以宽仁为本，却大大加重了对贼盗罪的处罚；第二，犯罪种类方面，细化对造妖书妖言罪、贼盗罪、官司出入人罪等犯罪的规定，并加重惩治；第三，刑罚制度方面，在“五刑”之外创制了折杖法、刺配、凌迟等刑罚。

一、刑法原则

（一）宽仁为本，规范刑制

五代十国时期，军阀混战，上有暴君，下有酷吏，刑罚酷滥，多不依常法定罪量

---

〔1〕《宋史·职官志》。

刑。北宋建立之初，虽承乱世，仍以宽仁为治国之本，所修订《宋刑统》大体恢复了唐代文明的刑法体系。与唐律相比，《宋刑统》之中敕令有刑罚加重的倾向，但在动荡的社会，发挥了规范刑制、重建文明秩序的作用。宋王朝之所以能够维系三百余年的统治，不在于其重典治世，而在于统治者与文官群体秉持宽仁治国，规范刑制。统治者以刑杀为威之时，也正是其走向衰落的时候。

（二）重典惩治贼盗，以救时弊

自建国始，宋王朝即危机四伏。从外部环境来看，周边的少数民族政权不断侵犯边境，甚至深入内地，这是强敌入侵的外部危机；从内部环境来看，贫富分化导致了社会矛盾的激化，朝廷常受民众起义的威胁，又常受府库空虚的困扰，这是内部危机。在如此危机的环境中，宋王朝虽欲恢复唐代的盛世法律，但迫于现实危机，不得不在基本法之外加重刑罚，重典惩治贼盗，以救时弊。在《宋刑统》中，对贼盗罪的处罚加重。在常法之外，又颁行《窝藏重法》《盗贼重法》，还以京师为中心划定重法地，在重法地内犯罪，加重处罚。

二、主要罪名

（一）贼盗罪

宋朝贼盗罪涵盖范围甚广，内容复杂，包括谋反、叛逆、谋杀、劫囚、造畜蛊毒、造妖书妖言、夜入人家、强盗、窃盗、恐吓取财等多方面的犯罪。《宋刑统》所附敕文对于这些犯罪的惩罚明显重于唐律，另外编敕中还有大量重惩贼盗罪的规定。

1. 造妖书妖言罪

造妖书妖言罪，又称谋乱罪。依《宋刑统》之规定，该罪是指行为人编造怪力奇异之书、谎称鬼神之语、妄说吉凶、诡言灾祥、专行诳惑，或者利用邪教惑众，特别是“或僧俗不辨，或男女混居，合党连群，夜聚明散，托宣传于法会，潜恣纵于淫风”，危害宋王朝政权的行为，犯者皆处死。宋朝民众的反抗斗争与秘密宗教结合紧密，朝廷法律对“妖教”“妖言”一类行为的镇压也越来越严厉。

2. 强盗罪与窃盗罪

强盗罪是指以暴力胁迫夺取财物或伤人、杀人的犯罪行为，窃盗罪是指秘密窃取公私财物的犯罪行为。宋朝法律对强盗罪和窃盗罪，自《宋刑统》到特别法，处罚呈加重的趋势，特别是对因强盗而杀人者，不分首从皆处死。

宋朝建立之初，出于缓和社会矛盾的需要，宋太祖曾经采取宽政待民的政策，对一般的刑事犯罪处罚比较宽松，但对贼盗犯罪的处罚一律较唐律加重。唐律规定，诸强盗，伤人者绞，杀人者斩。其持杖者，虽不得财，流三千里。《宋刑统》中惩治强盗的敕文规定：擒获强盗，不论有赃无赃，并集众决杀。持杖行劫，不问有赃无赃，并处死。其同行、同情、知情者皆同罪。唐律规定窃盗罪得财一尺杖六十,五匹徒一年，五十匹加役流。但《宋刑统》所准用的唐德宗建中三年（782 年）的敕文规定：“自今以后，捉获窃盗，赃满三匹以上者，并集众决杀。”宋朝虽以重典惩治强盗、窃盗，却并没有遏制住该类犯罪的多发。宋仁宗时天下盗贼纵横，统治者更重其法，颁布了一系列重惩贼盗的法令。宋仁宗景祐初年（1034年），宣布对京城地区“持杖窃盗者”加重处罚。其后嘉祐七年（1062年）颁布《窝藏重法》，该法将京师开封府和所属诸县、相邻四州划为重法地，在该区域内窝藏贼盗者，一律加重处罚。这种在常法之外，针对特定地区、特定犯罪单独制定实施特别法的做法，在中国古代是史无前例的。

宋英宗治平三年（1066年），再一次明确在重法地内，“获强劫罪，死者以分所当得家产给告人，本房骨肉送千里外州军编管”[1]。针对“十恶”之外的强盗罪株连家属、没收财产，这是唐律中所没有的。宋神宗继位之后，又补充规定在重法地区内的“强劫贼盗”，不论罪犯本人是否当地居民，案发是在立法之前或之后，“并用重法”，将重法的溯及力延伸到立法之前。宋神宗熙宁四年（1071年）又颁行《盗贼重法》，将重法地由开封府诸县扩大到十几个州。宋哲宗时重法地已占全国二十四路中的十七路。《盗贼重法》在这些地区完全取代了《宋刑统·贼盗律》。此外，又增加了“重法之人”的概念和地方官吏的责任规定：凡复杀官吏、焚舍屋百间、群行州县之内、劫掠江海舟船者以及窝藏犯都是“重法之人”，即使犯罪行为未发生在重法地，也要按重法处罚；知县、县尉等地方官吏捕盗不利，要劾罪取旨制裁。自此，重法惩治盗贼已由京畿地区发展到全国三分之二以上的地区。

划定重法地、重法人，加重对贼盗犯罪的处罚，虽能收到一时之效，但仅为外部威慑，并不能遏止民众对封建统治者的反抗。

（二）官司出入人罪

“官司出入人罪”是指司法官员在审判活动中基于故意或过失，使有罪判无罪、重罪判轻罪（出罪），或无罪判有罪、轻罪判重罪（入罪）。《宋刑统》明定司法官员出入人罪所负的刑事责任，保障了法律的严格统一适用。

1. 故出入人罪

故出入人罪，指司法官员因收受贿赂、接受请托或畏惧权势故意使有罪判无罪、重罪判轻罪或无罪判有罪、轻罪判重罪的行为。依《宋刑统》之规定，故意出入人罪的，分以下几种情况处理：故意出入人罪，全出全入的，以全罪论；故意从轻入重或从重出轻者，原则上以所剩余之罪论；在追究法官责任时，凡在文案上签署的官员都要负刑事责任，其轻重首从，要看错判是由谁开始造成的，依次每等递减刑罚一等。

2. 失出入人罪

失出入人罪，指司法官员基于过失而出入人罪的行为。《宋刑统》规定：“断罪失于入者，各减三等；失于出者，各减五等。”失出入人罪的处罚较之故出入人罪大为减轻。

三、刑法种类

宋朝的刑罚制度基本上沿袭唐代的五刑，以笞、杖、徒、流、死为常刑，但《宋刑统》及特别法中又增设了折杖法、刺配和凌迟。

---

〔1〕［清］徐松辑：《宋会要辑稿·兵一一》，中华书局1957年版，第6950页。

（一）折杖法

所谓“折杖法”，是用决杖来代替笞、杖、徒、流的刑罚方法。五刑之中，除了死刑都可以用决杖来替代，同时折杖法不适用于反逆、强盗等犯罪。“折杖法”始见于建隆三年（962 年）的敕令，至建隆四年（963 年）颁行《宋刑统》时，正式列入《名例律》“五刑门”内。其内容是：

流刑：加役流，决脊杖二十，配役三年；流三千里，决脊杖二十，配役一年；流两千五百里，决脊杖十八，配役一年；流两千里，决脊杖十七，配役一年。

徒刑：徒三年，决脊杖二十，放；徒二年半，决脊杖十八，放；徒二年，决脊杖十七，放；徒一年半，决脊杖十五，放；徒一年，决脊杖十三，放。

杖刑：杖一百，决臀杖二十，放；杖九十，决臀杖十八，放；杖八十，决臀杖十五，放；杖六十，决臀杖十二，放。

笞刑：笞五十，决臀杖十，放；笞四十、三十，决臀杖八，放；笞二十、一十，决臀杖七，放。

北宋初年之所以要创设折杖法，是因为宋太祖认为五代时期刑罚过于苛重，而折杖法具有“流罪得免远徙，徒罪得免役年，笞杖得减决数”的制度优势，体现了宽仁治国的精神。宋初采行折杖法，对于纠正刑罚越来越严酷的趋势、缓和社会矛盾起到了一定作用。可是其中的刑种和刑等设置并不完全科学合理，难免有轻重悬殊之弊。

（二）刺配

为了弥补折杖法轻重悬殊的缺陷，宋开始采用刺配刑。刺配，是将杖刑、刺面、配役三刑同时施加于一人，比唐代的加役流更为严酷。刺配始创于五代后晋天福年间，原为宽恕死罪之刑，宋初继续沿用，但逐渐突破宽恕死罪的适用范围。宋真宗《祥符编敕》中规定适用刺配的条文有四十六条，庆历年间有一百七十多条，南宋淳熙时竟达到五百七十条，成为广泛适用的常刑。《宋史·刑法志》载：“配法既多，犯者日众，黥配之人，所至充斥。”南宋时被刺配的罪犯竟有十余万人。

宋朝的刺配刑具体执行时相当复杂：杖责有数量之差和脊杖、臀杖之别；刺字有刺背、额、面之分，配役有军役和劳役的不同。军役编入军籍，劳役是从事煮盐、酿酒、烧窑、开矿、炼铁等苦役。宋初先是将犯人配往西北地区，后又改配登州沙门岛、通州海岛和岭南，均是边远荒僻之地。刺配集肉刑、劳役多种刑罚于一身，刑罚苛重，并且刺配之刑恢复了久已废除的黥刑，断绝了罪犯悔过自新之路。北宋中期以后，刺配使用过滥，未发挥预期的弹压威慑作用。

（三）凌迟

《宋刑统》规定的法定死刑有绞、斩两种，其后又增加了凌迟刑。凌迟，也作陵迟，是以利刃零割碎剐肌肤、残害肢体，再断其喉，是我国古代死刑中最为残酷的一种执行方法。它始见于五代，至辽代成为法定刑。北宋时期针对荆湖地区出现杀人祭鬼的恶行，仁宗敕令：有首谋若加功者，处以凌迟刑。首开凌迟先例。北宋中期凌迟刑开始被扩大适用，宋神宗大兴诏狱，对“口语狂悖者”皆处以凌迟刑。南宋《庆元条法事类》明确地把凌迟与斩、绞一起列入死刑之中，此后元、明、清三代皆沿用凌迟之刑。

第四节 民事经济法律

两宋商品经济繁荣，民事法律关系趋于复杂，身份趋于平等，为了适应社会的现实需要，无论是朝廷的立法还是民间的规约，对民事法律关系的调整都更为精细，中国古代民事法律进入了一个新的发展时期。

一、物权制度

土地的自由买卖、工商业的迅速发展使得宋朝社会生活中的财产关系趋于复杂，所有权及在其基础上衍生的他物权产生了多种新形态。为适应现实需要，宋朝政府颁行了大量的单行法对物权加以调整，同时承认民间规约、习惯的规范效力。

（一）确认和保护所有权

宋朝的公私财产区分为不动产和动产。不动产主要指田宅，动产包括六畜、奴婢、日常用品，还有货币及债券等。对所有权的确认和保护是宋朝法律的重要内容。宋朝所有权的取得方式分为原始取得和继受取得两种。原始取得包括对无主物的先占取得、自然取得、生产取得、孳息取得等；继受取得包括买得、互易、受赠、继承等。凡合法取得的财产，其所有权都受到法律保护。

土地所有权是不动产中最重要的内容。随着国家掌控土地能力的下降，唐代中期以后国家土地所有制日趋衰落，土地私有成为大趋势。宋朝建国之初即确立了“不立田制”“不抑兼并”的土地制度，允许土地自由流转，并以法律的形式将土地流转的结果加以确认，其主要内容包括：

1. 承认新垦荒田的所有权，以提高土地利用效率

宋初太祖、太宗为鼓励百姓开垦荒田，规定“垦田即为永业”。对于战乱、灾荒之后的弃田，两宋均规定，耕种者可以享有事实上的占有，并在前几年内减免赋税，如果十年内原主不来复业，则官府承认占有者对土地的所有权。

2. 完善土地契据制度，以红契作为合法的产权证书

宋朝法令规定：不动产所有权的转移必须经官府承认，交纳契税，然后由官府在买卖契约上加盖公章。所有立券投税者，均称为红契。红契既是已纳税的标志，又是土地所有权的凭证，一旦发生争讼，就是无可置疑的证据。但买卖双方的当事人为规避契税，往往私立白契成交。对此政府多次申明，发现使用白契的，契税加倍征收。红契制度的施行，既使国家不致因土地交易丧失原有的税赋等财政收入，又保护了购买者的土地所有权。

3. 打击盗卖和同居之人私自买卖土地

宋朝法令规定：“盗典卖田业者，杖一百，赃重者准盗论，牙保知情与同罪。”〔1〕卑幼未经尊长允许，私自出卖田产，或者欺骗尊长，擅自典卖的，钱没官府，田还原主，

〔1〕《名公书判清明集·户婚·争业》，中华书局 1987 年版，第 145 页。

买卖无效。南宋还规定了诉讼时效，同居卑幼擅自典卖田宅的，尊长在五年之内可追诉。尊长盗卖卑幼产业，法律也允许卑幼“不以年限陈乞”。

宋朝的土地制度使佃农摆脱了对于地主的身份依附，成为具有独立法律人格的“编户齐民”。人格的独立、人身的解放提高了佃农生产的积极性，进一步推动了宋朝土地租佃制的发展，促进了宋朝农业生产的恢复与进步。同时，宋朝不抑兼并的土地政策，也导致了土地占有的极端不合理，农民与地主的阶级矛盾不断激化。终宋之世，农民起义此起彼伏，连绵不绝。

（二）完善他物权制度

所有权基础之上的他物权，在此时期主要表现为典当、倚当与抵当，这些权能的出现，反映了宋朝商品经济的活跃以及物权法律关系的复杂化。

1. 典当

典当，在宋朝既包括不动产的出典，也包括动产的质押。不动产主要是指田宅，田宅的典当也称为“典卖”。不动产的买卖关系人们的日常生活，更关系国家的财政税收，因此，宋朝法律对于田宅典卖的契据、手续都进行了严格的规定。而动产的典当多为民间行为，国家干涉不多。宋朝民间动产的典当非常流行，随着“当铺”在全国范围内的广泛出现，典当已经成为当时社会的一个重要行业。宋朝的典当契约称为“质卷”“解贴”，在发生纠纷时，是官府用来断案的法律凭证。

为了规范田宅的典卖，宋朝对典卖田宅的规定更加完备。首先，一物不得两典，即本主不得将同一产业典给两个以上的不同权利人，违者包括本主、牙人，以及契据上署名的人，各按入已钱数，准盗论；典物归先典者。其次，契约中明确约定回赎的期限，期限内出典人有权回赎该项产业。典卖契约达成后，典主享有对典物的占有、使用、收益，但无处分权。如出典人要出卖该项不动产，典主享有优先购买权。再次，对于没有约定回赎期限，或约定不清的典卖契约，法律规定在三十年内允许回赎，过期视同绝卖，不得回赎。最后，价金交付的期限为一百二十天，以钱交付的再以钱赎回，以纸币交付的再以纸币赎回，以避免有人借货币贬值，从中渔利。

2. 倚当

倚当，指所有权人将土地、房屋等不动产使用权及部分收益权转让他人，以换取现钱的行为。倚当主要以田宅为标的，其标的转移的法律手续与典当非常相似。宋太宗太平兴国七年（982 年）曾下诏：民人以田宅倚当他人，必须在交割时纳税，以避免诉讼纠纷。倚当与典当的主要区别在于收益分配的不同：倚当物的收益，超过约定的利息额的部分要归还倚当人，而典产的收益全部归典权人所有。

3. 抵当

抵当，是指债务人向债权人提供田宅的契据作为债务的担保，债务人作为抵押人，不将田宅交付债权人占有；债务人作为抵押人不过税，不离业，在约定日期清偿借款后即可取回抵押的契据。抵当具有抵押的性质，不同于典当、倚当通过繁杂的法律手续实现标的物的转移，是一种更为便利的以不动产作为抵押的债务担保方式。

二、契约

随着商品经济的繁荣，两宋时期的买卖、借贷、租赁、抵押、典卖、雇佣等各种形式的契约均有所发展。宋代特别强调契约的订立必须出于双方的“合意”，违背当事人意愿、强迫一方订立的契约无效，同时对强迫方加以制裁。

在各种契约中，买卖契约最为重要，宋朝的买卖契约发展为三种形态：绝卖、活卖和赊卖。绝卖，是以转移所有权为目的的买卖，买卖田宅等不动产还要经过先问亲邻、交纳契税、过割赋役、交割过户等程序方为有效。活卖，又称典卖，为附条件的买卖，所附条件达成后，所有权才发生转移；在合理期限内，出卖一方也可以赎回典卖物。赊卖，是先以信用取得所买物，之后再支付价金的买卖。

三、婚姻、家庭与继承

宋代的身份法律制度受经济环境影响最为显著，表现为嫡庶身份的平等化、男女身份的相对平等。特别是妇女地位的提高，其法律主体性在很大程度上得到确认和保护，妇女的婚姻自主权和继承权均得到扩展。

妇女在婚姻的解除和再嫁问题上，自主权利有所扩大。关于婚姻关系的解除，宋朝法律承袭了“七出三不去”“义绝”“和离”等离婚原则，同时在立法和实际生活中发展出许多新的离婚方式。如南宋法律规定：已成婚而丈夫移乡或编管，其妻愿离者，听；妻子被同居亲属强奸，虽未成，而妻愿离者，听。在现实生活中，甚至出现了因丈夫相貌丑陋而要求离异的情形。在婚姻关系的解除上，给予了妇女相对较为宽松的制度环境。同时，宋朝妇女的再嫁权得到了法律的认可与保障。社会舆论对于女性的再嫁表现出了容认的态度，甚至对于寡妇在夫家招夫养亲的行为，也表现出了相当的宽容。

在财产继承方面，宋朝的继承制度沿用唐代的规定，又针对出现的新问题，增加了“户绝资产”“死商钱物”等内容，形成了一般财产继承、户绝财产继承、遗嘱继承、死亡客商财产继承等比较系统、相对平等的继承制度。

第一，一般财产继承。在唐律诸子均分遗产的基础上，进一步明确继承人的范围及其顺序。第一顺序为儿子、未嫁女。儿子在均分的基础之上，未娶妻者可多分聘财，而未嫁女可分得男子聘财的一半。第二顺序是孙、守寡妻妾。若儿子死亡，孙子可以“子承父份”，代位继承。守寡而无子的妻妾也有权继承丈夫应分的遗产份额。改嫁妻妾、别居无户籍妻妾及其子女不得继承遗产。

第二，户绝财产继承。户绝是指无男性子嗣之户。宋朝法律规定：户绝财产的范围是所有的田宅、店铺、奴婢以及其他资财。户绝者，其财产法定继承的顺序依次是女儿、近亲、官府。在法定继承的情况下，户绝财产除丧葬费外，全部由在室女继承；未有在室女的，出嫁女可分得三分之一，其余入官；无女儿则归近亲；无近亲则全部入官。户绝财产的继承亦可遵照遗嘱执行。

第三，遗嘱继承。北宋时遗嘱继承一般以户绝为前提，南宋时期私有观念加强，遗嘱继承的范围扩大，规定也越来越具体。首先，“无承分人”的财产可以用遗嘱来处分。

其次，遗嘱继承人应该是缌麻以上的亲属，但是，所得到的份额只是遗产的三分之一。再次，遗嘱应“自陈，经官公凭”，或“经官投印”，由官府进行公证，或由族人进行见证，这是遗嘱成立的形式要件。最后，遗嘱纠纷的诉讼时效为十年。在该期限内，与遗嘱有关的人可就遗嘱内容向官府提起诉讼，过期则官府不再受理。

第四，死亡客商财产继承。宋朝内地及沿海地区贸易都较为发达，商人流动贸易和寓居的范围非常广泛，如中外客商客死他乡，其财产处理成为宋朝新的民事问题。有鉴于此，《宋刑统》专门新增了“死商钱物”一门，汇集唐中后期和五代时的敕令内容，对客死商人的财产处理作了详尽的规定：第一，如有父母、妻、子、亲兄弟、未嫁之姊妹、未嫁女和亲侄等随行者，可任其继承收管；相随之人不在此范围的，只能由父母、妻儿持官府的公文前来收认。后来继承人的范围又有所缩小，亲兄弟、亲侄儿等均被排除在继承人范围之外。第二，如死亡客商无一人相伴，先由官府保管，并通知其原籍追访亲属，待父兄、子弟等有继承权人前来继承，依数酬还。第三，客死的外商在海外的直系亲属可以认领财物。这些规定加强了对于死亡客商亲属继承权的保护，有利于促进海内外贸易的发展。

四、赋税制度

两宋的赋税制度主要继承了唐代的两税法以及由五代沿袭而来的一些苛捐杂税。两税是对土地所有者征收的土地税，其征税对象是有田产的“主户”。其他的苛捐杂税，有针对财产按户征收的，如支移、沿纳、折变等；也有针对所有“编户齐民”按人头征收的，如丁盐钱、丁绢等。

（一）两税

宋以有无田地为标准，将户口分为主户与客户。有田产的主户承担赋役；租佃地主土地耕种的农民是客户，又称佃客，不向国家交纳田赋。宋朝法令又依据主户拥有土地的多少和好坏将主户分为五等。一般来说，四五等户是小自耕农；二三等户是中小地主，占田为一至三顷；一等户是大地主，占田在三顷至数百顷间。向主户所征田赋，每年夏、秋各收税一次。夏税收钱，或折成绸、绢、绵、布、麦等实物交纳，在夏季粮、蚕成熟时征收。税额依上、中、下田的等第按亩征收，但各地区也有很大的差别。秋税往往不按实际产量抽税，而按亩定额征税，因各地农业生产情况不同，所以税额也有较大的差异。夏秋两税的税额，仅是规定的基本标准。在实际征收时，宋朝还以所谓的“支移”“折变”的办法加重盘剥，加之官府和商人、地主串通一气，官员借“折变”贪污谋利，地主将税负转嫁到佃农的身上，交税的农民遭到沉重的剥削。

（二）杂税

五代十国时期，各割据政权巧立名目，设置多种苛捐杂税。宋统一后，这些苛捐杂税全部被承袭下来，统称为“杂变”。杂变包括丁盐钱、丁绢、蚕盐钱、牛皮钱、蒿钱、农器钱、鞋钱等多种名目。除了规定的杂变以外，宋朝还以“进奉”“土贡”等名义，随时勒索多种财物，以支撑庞大国家机器的巨额支出。

五、市场管理制度

宋朝活跃的商贸活动，在都市打破了“市”“坊”的界限，营业地域和营业时间不再受到严格限制；县和乡村的集市贸易以及口岸的海外贸易都有极大的发展。货币经济空前繁荣，北宋时发行了世界上最早的纸币——交子。

（一）扩大市场规模，促进商品流通

一方面，城市中的坊市制度被打破，坊市不分，日夜有市。我国古代商业经营之中的“面街而市”，是从宋朝开始的。市场贸易的时间也不再受限制，昼夜皆可进行。宋统治者为了维护城市经济的繁荣与商品贸易的发展，特以法律的形式，把自发形成的“面街而市”及“夜市”诸商业活动固定下来。另一方面，全国形成了以城市市场为中心，以镇市、草市为补充的多层次市场。镇市、草市是城市经济辐射、联系广大乡村的重要媒介，它们的普遍出现和设置是宋朝商业发展、市场规模扩大的重要标志。宋政府对镇市、草市依法进行管理，同时，草市也是宋朝最基层的税收机构——场务的所在地。

（二）严格市场管理，保证产品质量

为了维护市场信用，保障买受人的权利，中国传统社会一向注重对产品质量的监管。秦汉以降，历代政权都对生产、销售商品的责任人进行了法律上的监管。随着商品市场的扩大，商品质量成为宋朝政府规范市场管理的重要内容之一。宋朝不仅在《宋刑统》中规定了生产者的责任，还通过颁行敕令严禁出售不合格的商品。

第五节　司法制度

宋朝在司法机构、诉讼审判方面均承袭唐代制度，但又有两个方面的较大变革：一方面，为适应中央集权的需要，加强皇权对司法的控制，曾一度设置审刑院，并把大案复奏、检视司法作为惯常制度；另一方面，在司法审判工作中，注重保持公平与效率的平衡，注重提升司法官吏的专业化水平。

一、司法原则的变化

（一）强化司法统一

宋朝沿袭唐代的司法体制，由大理寺负责审判，刑部职掌案件的复核，而御史台则作为监察机构。为加强对司法权的监督与控制，宋太宗时在“三司”之上设置审刑院，负责对各地上报中央的重大案件进行备案。在地方路一级设置提点刑狱司，职掌对地方案件的监督和重案要案的上报。在地方设置这一中央的司法派出机构，能够将地方司法权严格置于中央的控制之下。宋代皇帝还亲自录囚和“御笔断罪”，不仅彰显最高统治者对司法公正的重视，减少了冤假错案的发生，而且将最高司法权牢牢掌握在皇帝手中，案件的最终处断完全体现了皇帝的意志。

（二）注重司法公正

追求司法公正是宋代司法思想的一个鲜明特征。在审判方式上，宋朝实行鞫谳分司和翻异别勘制度，这也是宋代司法制度发展和创新的两大标志性体现。宋朝要求司法官吏严格依法律法令裁断案件，做到秉公执法、不偏不倚。在熙宁元年（1068 年）朝廷论“阿云之狱”时，王安石曾指出：“臣以为有司议罪，惟当守法。情理轻重，则敕许奏裁。若有司辄得舍法以论罪，则法乱于下，人无所措手足矣。”〔1〕他对法外论罪和任意出入人罪的现象表达了强烈的不满，认为官吏应当遵纪守法，不徇私情，刑法处罚的对象不应当有王公贵族和平民百姓之分，“大臣、贵戚、左右、近习，莫敢强横犯法，其自重慎，或甚于闾巷之人，此刑平而公之效也”〔2〕。这样才能真正彰显“刑平而公”的理念，使法律为普通民众所信服。

二、司法机构

（一）中央司法机构及其职权

宋承唐制，设大理寺、刑部、御史台作为中央司法机构。大理寺是中央最高审判机关，负责审理地方上报的刑事案件以及京城百官案件。刑部作为司法行政机关，负责复核大理寺审断的全国死刑等重大已决案件。御史台是国家最高监察机关。出于对司法审判加强控制的考虑，宋太宗时，在宫中设置了审刑院。审刑院长官为知院事，下设评议官六人。地方上奏中央的案件，须先送审刑院备案，再交大理寺审理。待刑部复核后，再返回审刑院，由其出具书面意见，奏请皇帝作出最终的裁决。司法机构的多元化，有利于分散司法权力，形成各机构之间相互监督的局面，也便于皇权直接操控审判权力。但机构重叠、职权重复、案件权责不明，严重影响了国家正常的司法职能，于是神宗元丰改制时，罢审刑院归刑部。

（二）地方司法机关及其职权

在案件的审级管辖上，县作为第一审级，有权判决杖刑以下的案件。对徒刑以上的案件，则须将案情审理清楚，写出初步裁判意见，报送州，由州作出正式判决。宋朝县一级审判机关大体沿袭行政与司法合一的体制，县衙之内通常只有知县一人主持司法审判。

州是第二审级，在案件的管辖上，有权直接判决徒刑以上的案件，对于死刑案件，必须上报提点刑狱司复核。部分重大疑难案件要上报刑部，由大理寺审议，甚至经皇帝亲自审核，方可执行判决。所有的诉讼案件中，宋朝州所经办的案件占了极大的比重。

路一级设置了提点刑狱司，作为中央的派出机关负责本辖区的司法审判和监察。提点刑狱司负责复查州县所审断的案件，辖区内各州每十日须呈报一次囚账。对于疑狱及拖延未决案件，提点刑狱司有亲赴州县审问的权力。同时，州县已决案件，如有当事人喊冤，复推工作则由各路提点刑狱司完成。根据宋朝法律规定，提点刑狱官一年两次巡

---

〔1〕《文献通考·刑考九·详谳》。

〔2〕［宋］王安石：《临川先生文集·札子·本朝百年无事札子》。

按州县，平反冤狱，监察地方官吏。此外，各路的提点刑狱司对州所判重大案件拥有复核权，地方重大案件必须经提点刑狱司审核后，方可定案执行。

三、诉讼制度

宋朝对诉讼设有时间限制，对田土婚姻等民事纠纷限制尤严，以避免久拖不决，诉讼效率低下。其主要表现为：

（一）限定受理民事案件的时间

宋朝定有“务限法”，《宋刑统》中“婚田入务”专条规定：每年“取十月一日以后，许官司受理，至正月三十日住接词状，三月三十日以前断遣须毕，如未毕，具停滞刑狱事由闻奏”。也就是说官府受理民事案件的时间为每年的农历十月一日至次年的正月三十日。该期间受理的案件若未能审结，可延长审理期限至三月底。三月底之后，官府如未能审断所有案件，须将未审决案件的事由呈报上级。“务限”的规定是为了在农忙时节保障充足的人力，不致因民事纠纷耽误民生要务。

（二）规定民事诉讼的时效

宋太祖时规定，因战乱离走、平安返回认领田宅者，超过十五年的，官府不再受理。《宋刑统》规定，田地房屋分界纠纷，当时不曾诉讼，事后家长见证人死亡、契书毁乱，超过二十年的，不再受理；债务纠纷，若债务人、保人逃亡，过三十年不再受理。南宋高宗时，买卖田宅依法满三年而后再发生纠纷的，不得受理。

四、审判制度

（一）审判管辖

依照路、州、县三级政府机构，宋朝的地方审级也分为三级。县级政府拥有杖以下案件的管辖权，而徒以上之重案须将人犯、案卷解送至州。州有权判决徒刑以上直至死刑的案件。但对于被判处流以上的案件，须经路一级的主管刑狱的机关送刑部复核。一般情况下，当事人不得越诉。重大案件可逐级上诉到大理寺，乃至呈送皇帝御裁。为了保障司法的公正性，防止冤假错案的发生，宋朝沿行唐代击登闻鼓诉冤的制度，并设立“登闻鼓院”和“登闻检院”，直接受理申告的案件。同时，法律规定了可以越诉的情形：一是所诉事件涉及机密的，允许到京向代表皇帝受理申诉的“登闻鼓院”呈状；二是未依法判处杖刑，决罚过多的，允许赴尚书省越诉；三是路一级的主管官员对案件处置不当的，允许越诉；四是官吏违法科民、侵人物业、勒索客商等的，允许越诉。此外，针对婚姻、田宅之讼，下户为豪强侵夺者，不得以务限为由不受理，如有违反，可允许被害人越诉。

（二）皇帝亲自录囚

宋朝皇帝亲自录囚，或“御笔断罪”的情形明显增多。这种凌驾于一般审判程序的做法，反映了皇权对司法权的干涉。一方面，皇帝亲审可以起到司法监督的作用，确能昭雪一些冤案，对于纠正司法审判过程中的冤假错案颇有裨益；另一方面，“御笔断罪”也被朝廷权臣利用作为打击异己的工具，破坏了正常的司法程序，导致国家司法秩序的混乱。

（三）独具特色的鞫谳分司与翻异别勘制度

为了防止刑狱酷滥和官吏舞弊，宋朝从州至大理寺，都实行审与判分离的司法审判制度。在州一级，司理院的司理参军，“掌狱讼勘鞫之事”；另设司法参军，掌“议法判刑”。大理寺则有“断司”和“议司”之分。这种由专职官员分别负责审与判的制度，称作鞫谳分司制度。在该制度下，负责审讯判断的官员无权过问检法断刑，检法断刑的官员也无权过问审讯判断，二者互相牵制，不易产生流弊。

《续资治通鉴长编》中记载：“大辟或品官犯罪已结案，未录问，而罪人翻异，或其家属称冤者，听移司别推。若已录问而翻异称冤者，仍马递申提刑司审察。若事不可委本州者，差官别推。”其中翻异别勘制度就是指当犯人不服判决临刑称冤，或家属代为申冤时，改由本府内另一个司法机关重审，或由监司另派官员复审的制度。其中，由另一官司复审称为“移司别推”，由监司差派与原审机关不相干的其他机关复审称为“差官别推”或“移推”。按照法律规定，翻异可三至五次，但实际执行中较宽，有多达七次者。该制度就其实质而言，是司法机关在推翻原来供述情况下的复审，虽然有时会因多次翻异而影响司法机关的审判效率，但该制度的施行从总体上来说能够在一定程度上杜绝冤假错案的产生，是统治者“慎刑”精神的体现。

（四）重视证据和检验

宋朝在审判中十分重视物证、书证、人证、口供等证据，对不合拷讯者，据众证定罪：“称众者，三人以上，明证其事，始合定罪，违者以故失论。”[1]而对于人命案件，更加重视检验与现场勘验。南宋是中国古代检验制度发展、完善的重要时期。检验的范围、程序和笔录都有严格的程式，法律对检验责任也作了明确的规定。宋朝著名法医学家宋慈所著《洗冤集录》是我国乃至世界上最早的法医学著作。该书在总结前人办案经验的基础上，把实践中获取的药理、人体解剖、外科、骨科、检验等多方面的知识汇编成集并刊行于世，不仅指导了宋朝及后世的司法实践，对世界其他许多国家也有重大影响。此外，南宋时期《检验格目》《正背人形图》的推广也是中国古代司法史上的一大创举，使检验方法、检验过程都更为科学。

重要名词术语

《宋刑统》、编敕、条法事类、折杖法、刺配、鞫谳分司、翻异别勘、程朱理学

思考题

1. 简述宋代理学派、功利学派的法律思想。
2. 简述宋朝主要法律形式。
3. 与唐律相比较，《宋刑统》有哪些特点？
4. 试述宋代民事法律制度的发展变化。

---

〔1〕《宋刑统·断狱律》：“不合拷讯者取众证为定。”

5. 试述宋代司法制度的发展变化。

典型案例分析

案例一　阿云之狱

基本案情

此案发生在北宋神宗熙宁元年（1068 年）。登州有一个女子，名叫阿云，在她母亲去世不久之后，被许聘给一户韦姓人家，而且已经履行了纳采的程序。可是，阿云知道她的未婚夫长得十分丑陋后，心里很不情愿。一天，她趁未婚夫熟睡的时候，拿了一把刀子想把他杀了。可是，这阿云是个手无缚鸡之力的弱小女子，用刀朝她未婚夫砍了十几下，也未能把他杀死，只砍掉了一个手指头。他未婚夫这才迷迷糊糊地醒了过来，阿云吓得赶紧逃之夭夭。她的未婚夫还不知道是谁干的，就到衙门里报了案。

衙役们四处寻找凶手，一直没有线索，怀疑是阿云所为，就把她抓来讯问，还没有对她用刑，她就一五一十地把事情的来龙去脉照实作了交代。当时，许遵任登州知州，他认为阿云纳采的时候，她母亲的丧服还没有解除，因此阿云应当按照常人的身份论罪。这个案子送到大理寺以后，大理寺按照“谋杀已伤”的罪名，判处阿云绞刑。但许遵不同意大理寺的判决，他说：“阿云在衙门里接受审问的时候，刚一开始讯问，她就马上全部交代了作案的事实。因此，应当承认她有‘自首’的事实，属于‘按问欲举’，要减二等论罪处罚。”宋神宗就把这个案子交到刑部处理，刑部的官员认为许遵的理由十分荒唐，大理寺的判决是合法的。不过，宋神宗觉得阿云也怪值得同情的，就特地下诏，允许她纳钱赎罪。

此案过后不久，许遵就由登州知州升任大理寺卿。这时，御史台的官员上奏弹劾许遵说：“许遵在上次阿云案件中议法不当，作大理寺卿不合适。”许遵很不服气，他说：“上次刑部维持了大理寺的判决，是根本不对的，阿云的情况是完全符合宽免罪行的条件的。要是维持大理寺原来的判决的话，就会堵塞以后犯人自首的道路，而且也失去了历来‘罪疑惟轻’的故训。”宋神宗于是又命令翰林学士司马光、王安石共同议论一下，拿个意见。可是二人意见不一致，司马光支持刑部，王安石则支持许遵。当时，宋神宗非常器重王安石，就采纳了他的意见。宋神宗还在这年的七月下诏说：“如果谋杀已伤，按问欲举自首者，从谋杀减二等论。”可是朝廷的许多大臣都不服，认为许遵的争辩完全是背离法律的本意，强烈要求重新组织官员再议，并罢免许遵的大理寺卿职务。于是，宋神宗再次下诏，选翰林学士许公著和韩维、知制诰钱公辅三人重新审定。他们三人都和王安石的意见一致，神宗就下制说：“以王安石的意见为准。”这样，原来大理寺、审刑院和刑部审理阿云案的官员都因为检法失当而落罪。

但是，朝廷的纷争并没有停息。司法官员齐恢、王师元、蔡冠卿等又向宋神宗上奏，坚持认为许公著等人的意见不适当。宋神宗就让王安石和王师元等一大批反对的人反复论辩，但王师元等人始终坚持自己的意见。宋神宗也没有办法了，就采取了一个折中的方案，在熙宁二年（1069年）二月庚子下诏说："从今以后，如果有谋杀而伤人的，倘若自首，或者按问欲举的，就上奏到朝廷，由朝廷敕裁。"但刑部的刘述、丁讽认为这封诏书的内容不完备，不能发表，把它退还给了中书省。这时，王安石已经升任参知政事（相当于宰相），他也上奏说这封诏书没有必要发表。宋神宗按照王安石的主张，在这年的二月甲寅重新下诏说："以后碰到这类案子还是按去年七月的诏书意见处理。将前一封诏书收回。"刘述等人始终反对，要求把前一封诏书交到中书省和枢密院合议。宋神宗认为"律文甚明，不须和合议"，但在众臣的强烈要求之下，把它交到了枢密院审议。当时枢密院的文彦博和吕公弼都不同意王安石的意见，宰相富弼也劝他不要固执己见，王安石不听，此案久拖不决。这年八月，神宗再次下诏说："以后这类案子还是按照今年二月甲寅的诏书办理。"并将刘述等人贬职。司马光上奏力争，宋神宗不理。王安石一派暂居上峰。

到了元丰八年（1085年），宋哲宗继神宗位，司马光再度为相，就又把这件案子拿出来议论。该年十一月，宋哲宗下诏说："强盗按问欲举自首者，不用减等。"于是，这件公案的处理意见又扭转过来了。此时距离熙宁元年已有十七个多年头了。[1]

法律规定及其适用

此案的案情并不复杂，但由于发生在王安石变法前后，当时党派斗争异常激烈，因此对这件案子审理意见的争论就带有浓厚的党派斗争的色彩。就案子本身来说，它主要涉及两个问题，一是宋律中的"违律嫁娶"，二是自首及自首减等量刑。

该案中，阿云和韦姓男子的订婚是否有效，关系到阿云的罪名成立问题，而罪名的不同和量刑当然直接相关。《宋刑统·户婚律·居丧嫁娶》条规定："诸居父母及夫丧而嫁娶者，徒三年；妾减三等。各离之。知而共为婚姻者，各减五等；不知者，不坐。……"议曰："父母之丧，终身忧戚，三年从吉，自为达礼。夫为妇天，尚无再醮。若居父母及夫之丧，谓在二十七月内，若男身娶妻，而妻女出嫁者，各徒三年。妾减三等，若男夫居丧娶妾，妻女作妾嫁人，妾既许以卜姓为之，其情理贱也，礼数既别，得罪故轻。各离之，谓服内嫁，娶妻妾并离之。"不仅如此，该条在最后的疏议中进一步说明道："其父母丧内，为嫁娶人媒合，从'不应为重'，杖八十。夫丧从轻，合笞四十。"可见，子女在为父母服丧期间娶妻或者出嫁是法律所禁止的，而且其婚姻关系的成立也是无效的，这同样适用于妇女在为丈夫服丧期间的再嫁。而且，从"为嫁娶人媒合，从'不应为重'，杖八十"的规定来看，即使是撮合服丧期间的男女的婚姻也为法律所不允许。结合本案阿云的情况来说，由于她在和韦姓家庭成立"预备婚姻关系"的时候，还在为她母亲服丧，根据宋代所继承的唐律"举轻以明重"的原则推断，既然撮合有丧服的男女为婚姻为法律所禁止，就更不用说已进入婚姻成立的部分程序了。因此，阿云谋杀韦姓男子罪名只能是谋杀普通人，而不能算作妻谋杀夫，而适用"恶逆"

[1] 参见《宋史·刑法志》。

的罪名。所以，许遵的这个意见是符合法律规定的。我们也可以看出，大理寺和刑部开始在与许遵的争论中，对此点也是没有什么异议的。

关于自首减刑，在中国古代的法律中很早就有表现，宋律在因袭唐律的基础上有所发展。《宋刑统·名例律·犯罪已发未发自首》条规定："诸犯罪未发而自首者，原其罪。其轻罪虽发，因首重罪者，免其重罪。即因问所劾之事而别言余罪者，亦如之。即遣人代首，若于法得相容隐者，为首及相告言者，各听如罪人身自首法。"结合疏和议的相关解释，可以归纳出自首减刑的几种主要情形：一、犯罪行为还没有被官府发觉或受害人尚未告发，犯罪行为人主动到官府自首的，可以减免其罪行；二、犯罪行为人所犯的轻罪已经被发现，但犯罪行为人主动交代其未发的重罪的，那么其重罪将得到减免；三、如果某人犯罪后，让别人代他自首的，也符合自首减刑的规定；四、如果有容隐犯罪者行为权力的亲属或部曲、奴婢代为自首的，即使官府已经开始追查，也适用自首减刑的规定；五、被官府捉拿后，主动承认官府劾问以外的罪行的，也属于自首减刑的范围。除上述五种情形外，还有因各种细节的不同而不同程度得适用自首减刑的情况，在此不一一陈述。就本案所说的"按问欲举"来说，它是指将犯罪行为人捉拿以后，罪犯主动交代自己的罪行，显然，它不符合任何一种自首减刑的情况。正如当时有大臣所说的那样，如果阿云的所谓"按问欲举"适用自首减刑的话，那么在共同犯罪中即使是主犯，如果他先被抓住或者先被审问并交代罪行的话，他将因为减刑而不会被当作主犯处罚，这就既不合理也不合法，甚至还有些荒唐，因为谁先被审问谁才有适用自首减刑的机会。因此，许遵认为阿云应该适用自首减刑的理由是于法不符的。所以，该案发生十八年后，宋哲宗的处理意见才是合理合法的。

案例二　宋有诉谢知府宅侵占坟地案

基本案情

据《明公书判清明集》所附《勉斋文集》记载，南宋宁宗年间有个叫宋有的人状告当地的豪势之家谢府强占他们家的园地，他从庆元元年就向官府诉告冤屈，但经历了很多年却一直得不到公正的判决。最后，这个案子一直上诉到了户部。不久，以善于审案知名的黄干出任当地的知县，户部就将这个案子批示下来，交由黄干来审理。

黄干接案以后，先了解了一下诉讼双方的大致情况，叫双方准备各自的证据到公堂接受审理。在公堂上，谢家的仆人出示了宋家和谢家签订的园地买卖文契，并陈述说："宋有并不是卖地的当事人，卖地的当事人是宋家另一个叫宋朝英的。而且谢府在和谢家签订买卖契约时，宋有是中见人，看着谢府交付银两，契约上还有宋有自己的签字和画押。"不仅如此，谢府的仆人进一步补充说："在这些和宋家进行的土地买卖中，还有一项是宋家和曾吏部府的交易，而不是谢府。"但宋有辩解说："谢府的人把宋朝英关在谢府的宅子里，对他强行逼迫，宋家人特别害怕，只好签字画押，答应卖地。而且谢府的人所说的契约上有一项是和曾吏部府的交易，事实上那是谢府假作的名字。"黄干经过仔细调查，发现谢家强行购买的园地原来是宋有和宋辅两户的共份产业，里面还包括宋家所有人户的共有族产，而且由于里面有其祖父母的坟墓四所，他们兄弟已经在分家的协议里面说得很明白，这些田产是不能典卖的。因此，谢家强行从宋辅的孙子宋朝英处购买的田产是宋有和宋辅的共有地产。还有一个事实是，进行田产交易时，宋朝英还是个没有成年的孩子，所以他不能和别人订立契约，典卖祖产。最后，黄干认定：谢家所买的是宋有和宋辅的共有地产，宋有却不得不作为中见人签字画押，其被威逼的情势显而易见，宋朝英年纪那么小，他签字画押肯定是出于畏惧谢家的威胁，这也没有什么可疑的。宋有此前多次向县衙、军府、转运司提起诉状，却屡屡得不到公正的判决，可见谢家是倚仗官势，欺压小民百姓。依此作出判决：谢府和曾府违法典买宋有家族的共有地产，威逼宋有作中见人，知情犯法，事实分明，判追回谢家所持有的买地典契，予以销毁，谢家将强买的园地归还给宋有、宋朝英。

法律规定及其适用

此案的案情并不复杂，但它向我们展示了宋代法律对契约尤其是土地买卖契约方面的详细规定，包括契约缔结的程序和必要条件以及契约的有效性等问题。

《宋刑统·户婚律·典卖指当论竞物业》中有云：“（准）杂令：诸家长在（在，谓三百里内，非隔阂者），而子孙弟侄等不得辄以奴婢、六畜、田宅及余财物私自质举，及卖田宅。（无质而举者，亦准此）其有质举卖者，皆得本司文牒，然后听之。若不相本问，违而辄与及卖者，物即还主，钱没不追。”这些内容主要是继承了唐律中的相关规定。但由于宋代的情况比唐代复杂得多，因此又以“臣等参详”的方式进行了必要的补充：“应典、卖物业，或指名质举，须是家长尊长对钱主或钱主亲信人，当面署押契帖；——如家主尊长在外，不计远近，并须依此。如隔在化外，及阻隔兵戈，即须州县相度事理，给与凭由，方许商量交易。如是卑幼骨肉蒙昧尊长，专擅典、卖、质举、倚当，或伪署尊长姓名，其卑幼及牙保引致人等，并当重断，钱业各还两主。”可见，对于重要物品的买卖（主要包括奴婢、六畜和田宅等）都必须订立契约，契约的订立人必须是尊长，还要当面画押签字，如果尊长远隔在外，实在无法亲临，则经过官府给予凭证才能成立，卑幼等所签订的买卖契约无效，另外还要有中间人签署。

就本案来说，谢家和宋家签订的买卖园地契约从形式上看，好像符合合法有效契约的各项要件，但它的实质有效性却大有可疑之处。首先，契约中的买卖标的物，由于它是宋家所有人户的共有财产，且其中还有其祖坟若干座，因此对它的处理必定是慎重的，并要取得所有家长的同意，所以其中任何一人和其他人签订的买卖契约，其有效性都是大可怀疑的。其次，签订卖地契约的当事人是宋朝英，他在签订这份契约时还是个未成年的孩子，更不可能是什么尊长，因此根本不具备签署契约的资格，他签订的契约也没有在事后得到尊长的认可，所以是无效的。最后，该案中的诉讼当事人却是该契约的中见人，事关他自身的切实利益，但被迫在契约上签字，因此受到的胁迫应是情理之中的事。善于审案的知县黄干正是从这些角度考虑出发，判定谢家所出示的契约无效，他所强买的园地必须归还于宋家，不仅如此，谢家和曾吏部府共同勾结，在买卖契约中作假，还要给予相应的刑事处罚。

第九章　辽夏金元法律

【内容提示】

辽、西夏和金是唐末五代以后，在我国北方地区出现的与宋政权并列存在的几个少数民族政权。辽，又称契丹，是由我国北方少数民族契丹建立的一个政权。契丹人在北魏时便形成了松散的部落联盟，经历北朝、隋唐历代与中原王朝相伴发展。唐朝末年，由于战乱导致社会动荡，边防松弛，契丹开始不断向外掠夺、扩张，实力不断壮大。916 年，首领耶律阿保机仿照唐政权建立了自己的政权机构，取国号为契丹，947 年，正式改名辽，成为与北宋政权相对峙的一个政权，并建立了相应的政治、经济、文化、法律等各项制度，统治区域遍及东北、华北、西北。契丹政权自建立时起，便不断吸收汉制汉法，虽偶有反复，但制度建设始终以唐宋为蓝本，形成了颇具特色的法律制度。1125 年，辽被金朝所灭。1218 年，辽国宗室耶律大石在中亚建立的西辽被蒙古所灭。

西夏是两宋时期由羌人的一支——党项人建立的政权，主要统治区域在今天宁夏回族自治区、陕西省北部、甘肃省西北部、青海省东北部和内蒙古自治区、新疆维吾尔自治区一部分。党项人起初居住在今青海东南部一带，到隋末唐初，活动范围逐步扩展，迁徙到陇东、陕北一带。唐末，党项的平夏部参加了对黄巢农民军的镇压，因作战有功，其酋长拓跋氏被封为定难军节度使，赐李姓，爵夏国公，成为重要藩镇，其力量不断发展壮大。1038 年，党项首领李元昊正式称帝，国号大夏，定都兴庆府（今宁夏银川市），建立了以党项人为主体，包括汉、回鹘等民族在内的国家政权，因其地处我国疆域西北，史称西夏。由于其统治者先祖长期受到唐宋王朝的册封，因而其国家制度较多受到唐宋法制的影响。因其地处西北，东西交通往来频繁，多民族交融汇聚，因此形成了独具特色的法律制度。1227 年，西夏为蒙古所灭。

金是女真人在中国北方建立的政权。女真，古称肃慎，唐时称黑水靺鞨，长期生活在黑龙江、松花江、长白山一带，以渔猎为生。由于不断受到辽政权的压榨和欺侮，其首领完颜阿骨打率众起兵反抗辽的残酷统治，于 1115 年称帝建国，国号大金。其在宋辽对峙的形势下，后来居上迅速崛起，在南征过程中，以摧枯拉朽之势一举灭掉辽与北宋，与南宋政权二分天下，统治疆域自东北经华北至江淮，长期定都于中都（今北京市）。虽然金代的国祚远不及辽、西夏，但是其吸收唐宋法律的意识更强，汉化的步伐更大，在政权不断巩固的过程中，建立了比较系统、完备的法律制度，法制成就远在辽、西夏之上。1234 年，金被蒙古所灭。

元是由活跃于亚洲中北部蒙古高原的古老民族——蒙古族建立的统一多民族政权，

也是中国历史上第一次由少数民族建立的大一统政权，统治疆域横跨亚欧大陆。蒙古高原原为金的附属地区，随着金朝统治的逐渐衰落，蒙古人的势力不断壮大起来，不再臣服于金。1206年，铁木真（成吉思汗）结束了族内的长期纷争，建立起统一的蒙古汗国，并开始了长达半个世纪的对外征战。1218年灭西辽，1227年灭西夏，1234年灭金，与南宋对峙。1260年元世祖忽必烈继位，建都燕京，后改名大都（今北京）。1271年改国号为“大元”，1279年灭南宋，正式统一中国。元朝建立统治以后，不断改革蒙古旧制，吸收汉文化和先进法律制度，着手建立自己的政治法律体系，形成了独具特色的法律制度，不但对于稳定封建统治起到积极作用，而且对后来的明清法制也产生许多影响。1368年，明军攻克大都，元顺帝北逃，蒙古政权退出中原地区，复归草原。

由于各民族政权建立的背景不同，民族间政治、经济、文化发展比汉族落后，互相之间也不平衡，造成了辽、西夏、金、元各政权在法律制度上发展的不平衡，并且都不同程度地实行过民族歧视、等级制度和民族分治政策。但是，在政权建立、巩固的过程中，他们又不断地受到汉族先进文化的影响，不断地吸收、融合汉族文化，在法律、制度上也不断地与汉族法律制度交叉、融合，最终形成了受汉族影响的、具有本民族鲜明特色的法律制度。它们的法律制度是中国传统法律体系的重要组成部分，在中国统一多民族国家的历史形成过程中发挥着极为重要的作用。

第一节　辽代法律

一、立法概况

契丹人立国前，以游牧为生，无文字亦无成文法。立国后，为了适应政治、经济、文化以及社会生活变化之需要，开始了立法活动。神册六年（921年），耶律阿保机以“国家庶务，钜细各殊，若宪度不明，则何以为治？群下亦何由知禁？”为由，命朝臣“定治契丹及诸夷之法”。[1]大臣耶律突吕不主持制定了辽国最早的法典《决狱法》，汉人则仍然适用唐律。契丹由此进入了成文法时代。

重熙五年（1036年），兴宗耶律宗真再命大臣萧德、耶律庶成等“纂修太祖以来法令，参以古制”，编成《重熙新定条制》，简称《重熙条制》。[2]这次立法参酌唐律，着重解决契丹法律“轻重不伦”之问题。《重熙条制》共五百四十七条，是辽国历史上最为重要的法典。

咸雍六年（1070年），道宗耶律洪基又以“契丹汉人风俗不同，国法不可异施”为由，下令对《重熙条制》进行大规模修改。此次修改幅度较大，具体包括：将原

〔1〕参见《辽史·刑法志》。
〔2〕参见《辽史·刑法志》。

五百四十七条删二改一，将唐律律文稍加改制新增一百七十三条，新创七十一条，共七百八十九条，称为《咸雍重修条制》。《咸雍重修条制》的制定标志着契丹立法进一步汉化。但实施后则发现，《咸雍重修条制》条文繁复，脱离实际，“条约既繁，典者不能遍习，愚民莫知所避，犯法者众，吏得因缘为奸”。因此，道宗大安五年（1089 年）又下令“复行旧法”，即恢复使用《重熙条制》。[1]

二、法律制度

辽代法典均已散佚。依据《辽史·刑法志》等材料可知，辽代的法律体系以刑事法律为主，同时大量参考借鉴了唐宋法律的相关内容。

刑法适用原则中，“八议”“赎刑”等唐宋制度仍被采纳。贵族、官员犯罪只要非谋反等重罪，一般可享有“八议”特权。此外，“品官公事误犯，民年七十以上、十五以下犯罪者，听以赎论”。

辽代罪名以“十恶”为首。建国之初，“十恶”的罪名仅适用于汉人，辽圣宗时规定“契丹人犯十恶者依汉律”，“十恶”由此成为普遍适用的罪名。“十恶”中又以谋反等直接危及皇权的罪名量刑最重，凡犯谋反、废立罪名者，非被诛戮即被赐死，即使皇族亦不例外。此外，官员枉法受贿、私取官物、抢掠民女为妻、盗外国贡物等的，亦构成犯罪。

法定刑罚分为死、流、徒、杖四种。死刑依执行方式分为绞、斩和凌迟三等。

凌迟作为一种法定的死刑执行方式始于辽。

流刑，根据罪刑轻重分为三等：一是“置之边城部族之地”，二是“投诸境外”，三是“罚使绝域”。流刑主要适用于贵族和官员，作为死刑的减刑或替代刑。

徒刑亦分为三等：一为终生徒刑，二为五年徒刑，三为一年半徒刑。

依辽制，徒刑均须附加数量不等的杖刑。杖刑根据罪刑轻重分为若干刑等，自五十至三百不等。

除死、流、徒、杖四刑之外，辽代法外用刑的情形较为普遍，这是辽代法制的一个特点。投崖、射鬼箭、木剑、大棒、铁骨朵、沙袋、鞭烙等契丹旧有刑罚仍在使用。尽管契丹立国后法律规定逐步明确，成文法渐趋成熟，但这些酷刑并没有被禁止废除，民族习惯显示出了较为强大的生命力。辽代法制虽然从形式到内容都大量吸收唐宋法律的原则和制度，但同时也保留了大量契丹习惯，这是辽代法制最重要的特点。

三、司法制度

契丹统治者在保持民族传统的同时，又因袭唐宋制度，立国初对契丹和汉人采取了分而治之的办法。“辽国官制，分北南院。北面（官）治宫帐、部族、属国之政，南面（官）治汉人州县、租赋、军马之事。”[2]

---

〔1〕参见《辽史·刑法志》。

〔2〕《辽史·百官志一》。

具体到司法机关，立国前，契丹人设有“决狱官”处理纠纷。“决狱官”为世袭的官职。920年，太祖在中央始设专职司法官——夷离毕，太宗时扩大为夷离毕院，负责审理契丹人案件；而汉人案件，则由南面官大理寺负责审理。此外，耶律阿保机还仿效汉制，“置钟院以达民冤”，方便人民直诉。

地方上，立国初汉人犯罪由州县行政长官审理，契丹人犯罪则由各地契丹警巡使审理。至圣宗时，逐渐取消契丹人和汉人诉讼管辖上的差异，由分治走向合一。

辽国诉讼程序简易，强调案件审理务须快捷。为此，中央常派巡使巡视监督地方刑狱，发现冤狱、滞狱，及时平理。

第二节　西夏法律

一、立法概况

党项人在西夏政权建立之前没有成文法律，相沿成俗，“无法律、无徭役。以畜牧业，不知稼穑”，“杀人者，纳命的，钱百二十千”。[1]随着政治经济实力的不断强大，尤其是李元昊称帝以后，频繁地向宋朝派遣使节了解、学习先进制度，在此基础上开始制定西夏的法律制度。

从现有资料看，西夏在崇宗贞观年间（1101—1113年）就已有了称作“律令”的法典，此后陆续颁布的法律方面的文献就有《天盛改旧新定律令》《新法》《光定年新法》，其中篇幅最长、内容最详细、保存最好的是《天盛改旧新定律令》。天盛（1149—1169年）是西夏第五代皇帝仁宗李仁孝的年号之一，李仁孝是西夏历史上对“文治”倡导最有力的统治者，律令是其任内的重要立法成果。

《天盛改旧新定律令》全书而二十章一百五十门，共一千四百六十条，是一部综合性法典，包括刑事、诉讼、行政、民事、经济、军事等内容，许多规定涉及西夏典章制度和社会经济、文化生活等社会各方面的广泛内容，它是西夏的国家政典，也是迄今为止发现的中国第一部用少数民族文字刊行的法典。

二、法律制度

西夏的刑事法制有其自身的特点。西夏的量刑有两个原则。第一是重刑主义原则。在建立政权的过程中，西夏君主都较多迷信重刑的威慑，奉行重刑主义原则。从法律内容上看，对于侵犯财产、危害公共安全、危及统治秩序等犯罪，一般都使用重刑。尤其值得注意的是，在刑罚上还首次出现了长期徒刑和无期徒刑，反映了统治者立法上的重刑主义原则。第二是按身份量刑的原则。与其他朝代相似，西夏也根据官员的身份等级

---

〔1〕《辽史·外纪》。

以及亲属血缘关系的亲疏来定罪量刑。对于贵族与官员，西夏同样沿用“八议”与“官当”，对于亲属相犯，除考虑服制关系外，法典中还专门有“亲节门”，将亲属相隐、服制关系等固化下来，作为量刑的重要依据。

西夏的刑罚制度也有“五刑”，但与唐宋“五刑”不同，分别为杖刑、短期徒刑、长期徒刑、无期徒刑、死刑五种。杖刑有七、八、十、十三共四等，短期徒刑分为三个月、六个月、一年、二年、三年、四年、五年、六年八个等级，长期徒刑有八年、十年、十二年三等，无期徒刑需要服十三年劳役，期满后留住服役地，死刑分绞、斩二种。此外，西夏刑罚还有附加刑，主要是黥和戴铁枷。黥是重罪徒刑的附加刑，主要在手背、耳后、面部等刺字；戴铁枷主要用于被判处徒刑需服劳役的罪犯，短期需戴三斤，长期需戴五斤。

西夏的主要罪名大多沿用唐宋罪名，稍有一些变化。“十恶”有谋逆、失孝德礼、背叛、恶毒、为不道、大不恭、不孝顺、不睦、失义、内乱十种罪；贪赃分为受贿与行贿两种，行贿罪按照受贿罪从犯处罚；盗杀牲畜的犯罪，西夏有详细规定，保护作为游牧民族的主要财产牲畜，如擅自屠杀自己牲畜的，一头徒四年，二头徒五年，三头以上一律徒六年，他人知觉而食肉的，也要徒一年；盗杀五服以内亲属牛、骆驼、马等牲畜的，不论大小，一头徒五年，二头徒六年，三头以上一律徒八年；盗杀他人牲畜的，一头徒六年，二头徒八年，三头以上一律徒十年，他人知觉而食肉的，徒二年。

此外，西夏的军事犯罪规定得非常详细，处罚也很具体、严格。《天盛改旧新定律令》中直接关于军事犯罪的规定就有两百多条，这也是西夏法律的一个特点。

西夏的财产法律制度与宋的规定大多相似，对于买卖引起的纠纷也明确了处罚的原则，买卖关系的成立，必须建立在双方自愿的基础上，禁止倚仗强权强行买卖，如果发现确实是强买强卖，除返还差价外，还要判处至少一年的徒刑。

西夏的借贷制度也较完善。法律规定借贷关系的成立应当根据自愿的原则，并需要订立契据作为日后处理争执的依据；如果负债不还要处以罚金和杖刑，确实无法还债的，可给二三次限期，或以劳力抵债。

根据《天盛改旧新定律令》的规定，动产的质押、典当必须建立在双方自愿的基础上，过期不取赎的，典当主可以将典当物自行处理，严厉处罚典当主将未到期质押物出卖的行为。同时，为了保证典当物不是赃物，法律还要求对于典价达到一定数量的物品，如果典当主与出典者不相识，则可要求其另外找熟人担保。

三、司法制度

西夏的诉讼程序比较简单，一般的刑事案件和民事诉讼由地方官受理，京师的案件由中兴府和御史审理。在案件审理的过程中，对于事实明白而罪犯拒不说实话的，允许三番拷讯，一番笞三十，同时还规定了审讯期限，死刑及长期徒刑不得超过 40 天，有期徒刑服劳役者不得超过 20 天，其余案件必须在 10 日内审理完毕。为保证判决的公正和合理，西夏的审判衙门除一般的“案头”和“司吏”外，还设立了一个“律案检”，专门负责查找或提示适用的法律条文，如果官员定罪有误或者“律案检”引用法律条文有误，均要负法律责任。

第三节 金代法律

一、立法概况

金初与辽一样，对女真部族实行传统的习惯法统治，灭辽和北宋之后，受到先进制度文化的影响，迅速向辽宋制度转化。金熙宗皇统年间，首先根据女真旧制，参考唐、宋、辽之法，编成金代第一部成文法典《皇统制》，此后又有《大定重修制条》《明昌律义》《泰和律》。其中，《泰和律》主要参照《唐律疏议》制定而成，共有十二篇三十卷，共五百六十三条。篇目与内容基本沿袭《唐律》，只是根据女真的民族习惯增加了赎刑的数额和徒刑的年限，另外删减了一些过时的条文，因为其从形式到内容与《唐律疏议》基本相同，故又被称为《泰和律义》。在制定并颁布《大定重修制条》时，金的法制已经基本实现汉化，当时统治者提出的原则是，凡是金国法律中没有规定的，一律参照唐宋律文进行修订、补充。《泰和律》的颁布，实际上是金代法制从内容到形式全面汉化的标志。《泰和律》不但在当时最具代表性且有较高威望，对后来的元代法律也有重大影响。

此外，金代还编修了《泰和令》二十卷七百条、《新定敕条》三卷二百一十九条、《六部格式》三十卷，形成了一个完整的律、令、格、式、敕条并行的法律体系。

二、法律制度

由于战乱等原因，金代的各部法律都已失传，我们只能从《金史》等典籍中大致了解金代法制的内容。

金的刑法加重了对“盗”罪的处罚，除依法治罪外，还要加三倍追罚赃款，后又规定盗罪要附加刺字。另外，金的法律虽然吸收了唐宋的“八议”制度，但却大大缩小了“八议”适用的范围，且在适用时也非常严格。为严肃官纪，金律加重了对各种官吏犯罪的严厉制裁。

刑罚制度上，女真原习惯法有“击脑”及缘坐为奴等刑罚制度，《泰和律》制定并颁布后，确立了以“五刑”为核心的刑罚体系。

笞杖刑与唐宋相同；徒刑分为七等，增加了四年和五年徒刑，徒刑一律要附加杖刑，折杖的数目在宋的基础上大大增加，徒一年折杖一百三十，一年半折杖一百四十，二年、三年半折杖一百八十，徒三年以上折杖二百。流刑分为二千里、二千五百里、三千里三等，实际以徒四年、徒五年代替。死刑分为绞、斩二等，另有凌迟刑。

三、司法制度

金在立国以后，统治区域不断扩大到半个中国的版图，统治对象中汉人等其他民族也远远超过女真本身，所以其司法机关的设置和职能从一开始就主要采用唐宋的制度。中央司法制度仿效唐朝，建立了以大理寺、刑部、御史台为核心的中央司法体系，官员、令史皆由汉人和女真、契丹人分任，并设有译史担任翻译，避免在审理案件的过程中因语言不通而造成误判。金的地方制度参用了宋朝的设置，分设路、府、州、县，以行政长官兼理司法，在各路设有“提刑司”作为中央的司法派出机关。

第四节　元代法律

一、立法概况

元代始终没有编成统一法典，定罪量刑基本上是以陆续颁发的文书为依据，这些文书分别以诏制、条格和断例的形式颁行全国，都是一些因时立制、临时制宜的单行法规。元代曾有编纂制定法典的想法与尝试，但在实践中却代之以整理汇编前代格例的模式进行法律体系的建设。

（一）建元前的立法

1. 习惯法与蒙古汗国时期的立法

蒙古汗国建立之前，蒙古部落是以原始习惯作为纠纷解决与部族治理的手段；蒙古汗国建立之后，原有习惯被集中宣布成为习惯法并开始了一些单行法律规范的制定与颁布，但内容仍非常简单。

11—12 世纪，蒙古部落尚未统一。1203 年，铁木真召集“忽邻塔勒”，即部落议事会，制定“札撒”，此时蒙古族尚无文字，“札撒”的内容只是对于原有习惯与禁忌的集中宣布。1205 年，铁木真统一蒙古各部落，1206 年召集“忽邻塔勒”（后逐渐转变为“国家”议事会），接受了“成吉思汗”的称号，“汗”已由部落首领转变为“君主”，蒙古汗国成立。1211 年，成吉思汗接受金朝降将郭宝玉的建议——“建国之初，宜颁新令”〔1〕，制定并颁布了《条画五章》，成为元朝“一代法制之始”。其主要内容为：“如出军不得妄杀；刑狱惟重罪处死，其余杂犯量情笞决；军户，蒙古、色目人每丁起一军，汉人有田四项、人三丁者签一军；年十五以上成丁，六十破老，站户与军户同；民匠限地一顷；僧道无益于国、有损于民者悉行禁止之类，皆宝玉所陈也。”〔2〕1219 年，成吉思汗下令编纂“大札撒”，重新确定了训言、扎撒和古来的体例。

〔1〕《元史·郭宝玉传》。

〔2〕《元史·郭宝玉传》。

2. 循用金律

蒙古汗国建立之后，成吉思汗和继任者逐步占领了金与西夏的领土。1227 年，蒙古灭西夏，1234 年，蒙古与南宋联合灭金。此时元统治下的地区面临两个问题：其一，蒙古汗国建立之后，虽有一些立法活动，但内容仍比较简陋；其二，原有的蒙古习惯法与初步的立法成果在这些区域不适用。因此，中原地区很长一段时间沿用金的《泰和律义》。《元史·刑法志》载："元兴，其初未有法守，百司断理狱讼，循用金律，颇伤严刻。"1260 年，忽必烈在开平召集"忽邻塔勒"即汗位，参照《泰和律义》颁行了一些法律规范，但内容基本上是对《泰和律义》的袭用。至元八年（1271 年）以前，北方汉人刑名之事皆参照《泰和律义》定罪量刑。

实际上，《泰和律义》也非金人所创，其内容基本上是唐律的翻版，只是个别条款有所变化。因此，"循用金律"背后所反映的仍是中原法制传统进一步发挥作用。客观地说，"循用金律"在蒙古汗国时期直接巩固了蒙古政权对于中原地区的统治。

（二）建元后的立法

1.《至元新格》

至元八年（1271 年），忽必烈改国号大元，下诏禁行《泰和律义》。至元二十八年（1291 年），元代颁布了第一部法典《至元新格》。《元史·刑法志》载："及世祖平宋，疆理混一，由是简除繁苛，始定新律，颁之有司，号曰《至元新格》。"《至元新格》全文久已亡佚，关于其内容，《元史·世祖本纪》载："何荣祖以公规、治民、御盗、理财等十事缉为一书，名曰《至元新格》，命刻版颁行，使百司遵守。"由文献记载所知，《至元新格》包括公规（十二条）、治民（十条）、理财（四条）、赋役（十条）、课程（十条）、仓库（十二条）、造作（十一条）、防盗（六条）、察狱（九条）等十部分内容，并非一部完善的刑事法典，而是一系列法规的汇编。

作为元代第一部制定法律规范汇编，《至元新格》内容过于疏漏，元代人苏天爵在《至元新格序》中说："虽宏法大纲，不数千言。"从《通制条格》《元典章》所引用的《至元新格》内容可见其并非一部类似于《唐律疏议》或《大明律》的法典。它既有律令那种普遍、总括的规定，也有许多个别、特殊场合的判决例，但不像律令那样呈现统一完备的状态。这种法令汇编内容冗长，通常包括法令颁布的具体时间、提出立法的机构、立法的起因与目的、皇帝的首肯、具体的法条内容等，其内容与形式同《宋会要辑稿·刑法》辑录的宋代某些法令形式有相似之处。

2.《风宪宏纲》和《大元通制》

由于《至元新格》内容过于简要，成宗即位后，于大德三年（1299 年）命何荣祖更定律令。《元史·何荣祖传》载："荣祖奉旨定《大德律令》，书成已久，至是乃得请于上，诏元老大臣聚听之。"但《大德律令》并未正式颁行。大德十一年（1307 年），大臣上奏武宗："臣等谓律令重事，未可轻议，请自世祖即位以来所行条格，校雠归一，遵而行之。”[1]延祐二年（1315 年），仁宗“命李孟等类集累朝条格，俟成书，闻奏颁行”[2]。可以看出，元代在立法方面逐渐放弃了制定法典而转向编纂历代格例。“仁宗之时，又以格例条画有关于风纪者，类集成书，号曰《风宪宏纲》。”[3]

英宗至治三年（1323 年），以《风宪宏纲》为基础，制定了《大元通制》。这是关于国家政制法程各部类单行法的汇编集。《大元通制》的立法意图在于督责各级官吏遵守国家政制法程，改变政令不一、同罪异罚的混乱现象。《元史·孛术鲁翀传》载：“（孛术鲁翀）升右司员外郎，奉旨预修《大元通制》，书成，翀为之序。”关于《大元通制》的体例与基本内容，《元史·英宗本纪》载：“格例成定，凡二千五百三十九条，内断例七百一十七、条格千一百五十一、诏赦九十四、令类五百七十七，名曰《大元通制》，颁行天下。”今天遗留下来的《大元通制》，主要是“条格”部分。

《大元通制》部分细目与唐宋律典篇目体系相似，但在行文体裁上缺乏法典所具有的系统划一的形式，是一部具有法律效力的法规集成，但仍然无法称得上是一部法典。元朝一方面将历代皇帝的条格加以汇编，另一方面则重视判例的作用。因此，元朝法律的基本形式都是条格和断例的汇编，内容庞杂，结构松散。在元朝统一全国之后，原先的大扎撒已经完全不能适应社会需要，但在《大元通制》的一些“通制条格”中，仍有诸如“照依扎撒处断”和“依着扎撒赔偿断遣”等语，可见扎撒对元朝立法的影响之深。

3.《元典章》

元代在编纂《大元通制》的同时，还编纂了《大元圣政国朝典章》（简称《元典章》），这是元代江西行省地方官吏自行抄集编制的法律文书汇编，由《前集》和《新集》组成，分别于延祐七年（1320 年）、至治三年（1323 年）刊布。《元典章》是在体例上仿照《唐六典》而编纂的法令制度大全，汇集了至元以来直至英宗至治三年有关的政治、经济、军事、法律以及圣旨、条画等诸方面内容，以吏、户、礼、兵、刑、工六部体例编纂。《元典章·前集》除六部外，还有诏令、圣政、朝纲、台纲等篇目，共计十大类；《元典章·新集》除六部外，还有国典、朝纲等篇目，共计八大类。

《元典章》对后代立法的最大影响是开创了直接以六部分类划分法律规范的体例，成为明清律例和会典编排方式的直接渊源，适应了强化六部、集中皇权的政治需要。唐律等旧有法典按照相近犯罪行为事类规范（如卫禁、户婚等）对法条分类编排，格则是各行政机构的权属、管辖的职事集成的法律汇编，律与格、令、式等相辅相成。而以《元典章》为先声，至《大明律》确定的完全按照尚书六部的职事（吏、户、礼、兵、刑、工）为划分标准重新编排法条的体例出现之后，格、令、式等法律形式逐渐不复存在。因此，这一编纂体例对后世法律形式产生了直接影响。

4.《经世大典》和《至正条格》

天历二年（1329 年），元文宗下令采辑本朝典故，仿照唐宋《会要》体例编辑政书。

---

〔1〕《元史·武宗本纪》。

〔2〕《元史·仁宗本纪》。

〔3〕《元史·刑法志》。

至顺二年（1331 年），《皇朝经世大典》（简称《经世大典》）编成，体例方面沿袭了《元典章》，内容方面也与《元典章》和《大元通制》相同并有所增加。

至正四年（1344 年），为解决“简牍滋繁，因革靡常。前后衡决，有司无所质正。往复稽留，吏或舞文”之弊，元顺帝命中书平章政事阿吉剌根据《大元通制》编定条格，于至正六年（1346 年）颁行，性质与《大元通制》相同。《至正条格》包括诏制一百五十条、条格一千七百条、断例一千零五十九条。根据《永乐大典》记载，共二十三卷，分目二十七，内容性质近似《大元通制》。《至正条格》颁行天下不久，即先后有罗天麟、刘福通等人起兵反元，该条格已成具文，后世流传极少，甚至一度认为已经失传。直至 2002 年，在韩国庆州发现了《至正条格》原典，后人方得了解其具体内容。

（三）法律形式

元代并没有统一的制定法典，因此，法律形式的沿革方面与秦汉至隋唐的发展演变趋势呈现出比较明显的差异。

《元史·刑法志》载：“至英宗时，复命宰执儒臣取前书而加损益焉，书成，号曰《大元通制》。其书之大纲有三：一曰诏制，二曰条格，三曰断例。凡诏制为条九十有四，条格为条一千一百五十有一，断例为条七百十有七，大概纂集世祖以来法制事例而已。”又《大元通制序》载：“其宏纲有三：曰制诏，曰条格，曰断例。经纬乎格例之间，非外远职守所急，亦汇集之，名曰别类。”从中我们可以看出，诏制、条格与断例是元代法律体系的主要组成部分。

诏制相当于宋代的敕，《新元史·刑法志》载：“诏制，则不依格例而裁之，自上者也。”但元代发布诏制的数量与频率远不及宋代。条格的基本内容与唐宋时期的令、格、式相似，是将原属令制及格、式的规范内容分拣、斟酌并厘定等第，集中汇编予以刊市。既然条格的内容原属令、格、式，那么，这些内容便没有刑罚处罚的条款。断例有两种含义：一是“断案通例”或“科断通例”，二是“断案事例”或“科断事例”。就内容来看，前者之“通例”自然相当于隋唐时期的律与宋刑统之内容，后者之“事例”则是案例或判例。但不论“通例”还是“事例”，所依据的内容都是前代旧律，或可直接说是沿袭了隋唐律与宋刑统的金《泰和律义》。不同之处：直接依据旧法断案、科断就是“通例”；依据旧法断案后形成了典型判例，以之作为相似案件定罪量刑标准的就是“事例”。既然是以旧律为基础，断例的主要内容就是刑罚处罚。

元代禁用金律，但没有颁行取而代之的新律，因此，部分唐律在元朝成为具有参考性质的法律典籍。这使得元代产生了很多的唐律注释作品，如吴莱的《唐律删要》、梁综的《唐律类要》《唐律明法类说》等。这些对唐律进行解释说明的作品，虽然不是元代的法律形式，但在司法实践中具有较强的参考作用，可以说在元代的立法状况之下，其在司法实践中起到了较为积极的作用。

由此可见，元代法律形式与法律体系虽与前代差别明显，但这种差别主要是表现形式方面的，其内容仍是沿袭前代为基础。

二、法律制度

（一）刑罚制度

蒙古汗国时期，包括刑罚在内的法律制度皆有明显的游牧民族法印记，建元之后元习惯法与汉法逐渐融合，刑罚制度在沿袭前代五刑体系的基础之上主要变化表现于刑等方面，《元史·刑法志》载："其五刑之目：凡七下至五十七，谓之笞刑；凡六十七至一百七，谓之杖刑；其徒法，年数杖数，相附丽为加减，盐徒盗贼既决而又镣之；流则南人迁于辽阳迤北之地，北人迁于南方湖广之乡；死刑，则有斩而无绞，恶逆之极者，又有凌迟处死之法焉。"

元代刑罚体系主要刑种仍为笞、杖、徒、流、死五刑，笞刑为七、十七、二十七、三十七、四十七、五十七，共计六等，比原来多出一等；杖刑仍为五等，但具体杖数有所变化，分别为六十七、七十七、八十七、九十七、一百七；徒刑自一年至三年，共计五等。这与前代相同，但五等徒刑分别加杖五等杖刑；流刑南北互迁；死刑仅有斩刑，除此之外还附有凌迟。

此外，元朝还允许私刑的存在。法律不仅同意奴隶主对奴隶实施诸如刺面、钉头、铁枷、劓鼻等各种酷刑，还认可地主对佃户也可以像对待奴隶一样驱使和施刑。这是元代法律的一个特别之处。

（二）财产法律制度

蒙古以游牧民族入主中原建立自己的统治，所以其本身的财产法律关系与制度并不发达。在财产法律方面，基本上沿袭了宋金制度。

元代关于所有权的规定大多沿用宋金旧制，不同的是其中有许多关于"阑遗物"的规定。所谓"阑遗物"，实际是蒙古语中的牲口和奴婢，因为长期游牧，牲口对于征战、运输、生存具有较为重要的意义。元代法律规定，不得随意宰杀牲口，阑遗的牲口和奴婢如果公告十天仍然无人领取，官府应收管，如果有主人前来认领，仍要归还本主。

元代关于契约关系主要规定了买卖契约、典当契约、借贷契约、租佃契约。不动产买卖和典当必须经过"经官给据""先问亲领""签押文契""印契税契""过割赋税"五个程序才能生效。"经官给据"是指报告官府并得到批准；"先问亲邻"即亲邻享有优先购买权；"签押文契"指出卖人写出文契，由监护人、引进人、中介人或者见证的亲友等一起签押；"印契税契"即书面契约必须加盖官印，缴清交易税和契税；"过割赋税"要求应将附着在所交易的田地上的赋税义务转移给新业主。

元代关于损害赔偿的规定，较多地体现在人身伤害上。如果造成了对他人的人身伤害，加害人除了要承担相应的刑事责任外，还要承担民事赔偿责任，赔偿的内容包括"养济之资""养赡之资"" 医药之资"等。

（三）婚姻与继承制度

元期的婚姻制度中保存了大量蒙古族的婚姻习俗，又不断受到汉族婚俗的影响，从而形成了特殊的婚姻制度。

元朝对婚姻关系的确认，特别强调"婚书"的重要性。法律规定，"但为婚姻，须立婚书"，婚书是婚姻关系成立的要件。婚书由男方婚书和女方回书两部分组成，持有婚书的婚姻方可成立，受到法律认可与保护。

元朝的婚姻形式中，有两种较有特色的习俗。一种是入赘，即男子到女家成婚，成为女家中的一员。蒙古旧俗中有入赘的习俗，受其影响，元代民间入赘之风盛行。元代赘婿一般分为四类："一曰养老，谓终于妻家聚活者；二曰年限，谓与妇人归宗者；三曰出舍，谓与妻家析居者；四曰归宗，谓年限已满，或妻亡、并离异，归宗者。"另一种具有特色的婚姻形式是收继婚，即未婚男子收娶家族中的寡妇为妻，"父死则妻其从母，兄弟死则收其妻"。这种婚姻形式也是蒙古等少数民族的习俗使然。蒙古入主中原后，立即宣布其合法性，受其影响，汉族中收继婚也体现出与其他时期相比有所增多的态势。

元朝法律没有规定"七出"与"义绝"，只是明确如果双方不和睦，允许双方自己解除婚姻关系。法律还规定，如果男方订婚五年无故不娶，女方可以改嫁；如果未婚夫是海盗或者被处流刑，女方也可以改嫁。

元朝的继承制度没有严格规定宗祧继承，尤其对蒙古人、色目人，更多主张依其本俗继承。无论婚生子还是非婚生子，都有继承权，只是嫡、庶及非婚生子在继承的数额上有所不同；在没有儿子的情况下，赘婿、侄子都可以有继承权；在没有男性继承人的"户绝"情况下，未出嫁的女儿也享有继承权。这是元代法律的又一个特色。

（四）行政制度

1. 中书省

元朝立国后，一改唐宋中央三省制的体制，只设中书省总揽全国政务，为政务中枢。中书省以中书令为最高长官，但自世祖起，"惟皇太子立，必兼中书令"。其次为左右丞相，为正一品官，平章政事为从一品官，再次为左右丞、参政及参议中书省事。

中书省下设吏、户、礼、兵、刑、工六部为执行机关。六部以下多有附设机关，如户部则有各库、宝钞提举司、宣课提举司、酒课提举司、都漕提举司等，礼部则有侍仪司、拱卫直都指挥使司、仪凤司、教坊司、会同馆等，刑部则有司狱司、司籍所等。

2. 枢密院

元代枢密院与宋制类似，统领全国军政事宜，但其在地方各处用兵设置行枢密院则为宋制所无。其所统禁军有左、右、前、后、中五卫，各置都指挥使、副都指挥使、佥事、镇抚所、千户所（有行军千户所、弩车千户所、屯田千户所等名）。名为禁军，实际上也带有地方性质。因此，又有隆镇卫亲军都指挥使司、左右翼屯田万户府、左右卫率府。

3. 行中书省

元代中央与地方划分之制与前代不同，其中书省直辖的地方仅限于今天河北、山东、山西等处，谓之"腹里"。其他地方则以行中书省（简称"行省"）作为中央政府在地方的派出机构实行行政管理。

元代设置 10 个行中书省，分辖 185 路、33 府、359 州、1127 县。行省的辖区具有大行政区的性质，而不同行省以下则有设置宣慰司、肃政廉访司或元帅府的不同情形，更有行中书省兼设行御史台的情况。行省的设立成为中国历史上省制的发端。

4. 达鲁花赤

元代还有一项较为特殊的制度，名为“达鲁花赤”（亦译为“达噜噶齐”“札鲁忽赤”）。达鲁花赤为蒙古语，原意为“掌印者”。成吉思汗时代在各城设置达鲁花赤，至元代于中外军民官署的主官之外，皆设置达鲁花赤一职，主要由蒙古人担任。达鲁花赤设置之初，是代表成吉思汗的集军政、民政与司法“三位一体”的官员。元代的达鲁花赤，即是各级官府衙门的督官，成为实际意义上的主官。特别是外官，自总管府以至府州县，地方实权实际上都受制于达鲁花赤。

三、司法制度

（一）司法机关

1. 中央司法机关

元朝中央具有司法职能的机关主要有刑部、大宗正府、御史台和宣政院，这些机构的长官都由蒙古人担任。

刑部是仿照唐宋制度建立的机构，职责是掌管全国“刑名法律之政令”及冤、假、错案的复审和死刑的复核、录囚等。

大宗正府是从蒙古初期掌管刑政的“达鲁花赤”演变而来的机构，与中书省、枢密院并列，专门负责审理蒙古人、色目人和宗室的案件，不受御史台监察，是蒙古王公贵族垄断的特权审判机构。

御史台是最高监察机关，主管司法监督与审判，负有纠举百官违法犯罪、监督京师与地方刑狱、平反冤狱等职责。为了加强对地方的监督，元朝还在地方上设立行御史台，统领提刑按察司。

宣政院是一个与世俗权力机关并行的宗教权力机构，是主持全国的宗教管理和宗教审判的最高机关，掌管僧人僧官的刑民案件，长官由帝师担任。

此外，其他的国家机关中也设有断事官，拥有一定的审判权，受理所辖领域的讼狱之事。

2. 地方司法机关

元朝地方有行省、路、府、州、县等行政机构，兼有司法职能。由于行省是中央政府在地方的派出机关，地方重要案件都要通过行省上报中央，刑部的判决也通过行省下达地方执行，各行省设有理问所专掌刑狱。

路是行省的下一级机关。各路总管府设推官二人，其职责是专司刑狱，下设司狱司，配司狱、狱丞。

府（州）又称“散府”，府尹（知府）、知州为长官，下有同知、判官、推官、知事等。

县是基层衙门，长官为县尹，属员有县丞，属吏有主簿、县尉、典史等。

元朝各路、府、州、县皆设“达鲁花赤”，作为监临官，专职司法官员皆受其节制，有司法审判权、审判的批准权和上报权，杖罪以下可以自行判决。

元代司法机关基本都由蒙古贵族垄断控制。宗正府、刑部、御史台及各道的提刑按察司的长官都是蒙古人，汉人仅为副职，地方司法权也主要是由达鲁花赤控制。

（二）诉讼审判制度的变化

元朝的诉讼制度有所发展，突出表现为“诉讼”在法典中开始独立成篇。在唐宋时期，法典中没有专门的“诉讼”篇，在《元史·刑法志》《元典章》等典籍中，“诉讼”已经独立出现，对诉讼的程序、步骤、诉状的格式等都作了详细规定，反映出实体法与程序法开始逐步分离。

1. 诉讼代理制度的出现

元代开始出现了诉讼代理。据《元史·刑法志·诉讼》载：“诸老废笃疾，事须争诉，止令同居亲属深知本末者代之。”也就是说，考虑到年老、残疾行动不便等，自诉能力有限，允许其亲属中了解情况的人代理诉讼。在实际诉讼过程中，元朝的代理只适用两种人，一种是前文所说的年老和疾病、行动不便者，另一类是退休或暂时离任的官员。但是，碰到如谋反、大逆等重罪，或者子孙不孝等情况，是否代理，尊重其本人意见，“谋反大逆，子孙不幸，为同居所侵侮，必须自陈者，听”。事实上，代理比较多的还是用在田宅、婚姻、继承等案件中。

2. 诉讼的管辖

根据元朝法律规定，一般刑、民案件，杖五十七以下的，由司、县决断；杖六十七至八十七的，由散府、州、郡决断；杖一百零七以下的，由宣慰司、总管府决断；流刑及死刑案件，则需要上报中央刑部。

除地区管辖外，元朝法律还规定了因民族、职业、身份、信仰的不同，存在相应的专门管辖机关。如前文提及的专门管辖僧侣的寺院和中央宣政院，蒙古人的词讼也有专门机构受理，军户之间的纠纷也与普通纠纷分开处理，由设在各地的奥鲁官府受理，不受地方州县衙门管辖。

此外，元朝的诉讼管辖还有一种“约会”制度。根据这种制度，当遇到不同户籍、不同民族及僧侣之间发生刑名诉讼时，政府要出面将相关户籍的直属上司请来共同审理。

3. 审判制度

元代案件主要由专司刑狱的推官等审理。如果罪犯服罪，由衙署官员集议之后作出判决。凡是被处杖刑一百零七以下的，分别由有管辖权的部门决断；徒刑以上案件，由路送至各道复审，复审无异议，即可就地服刑，有异议者，则委托邻近衙门审理；流刑以上案件或者有疑义的案件，需要行省上报刑部复审，批复后行刑。

4. 监狱管理制度

元代设专门的司狱官，负责管理路、府、州的监狱，监守关押的犯人。各路、府、州的属员还轮流担任提控牢狱官，协助司狱共同管理监狱。

5. 蒙汉异法

元代在司法案件的管辖与受理等方面，表现为蒙汉有别。《元史·刑法志》载：“诸蒙古人居官犯法论罪既定，必择蒙古官断之，行杖亦如之。诸四怯薛及诸王、驸马、蒙古、色目之人，犯奸盗诈伪，从大宗正府治之。”具体案件的处断方面，不同民族亦有极大差别，如元代对于窃盗犯有刺字之制，《元史·刑法志》载：“诸窃盗初犯，刺左臂，谓已得财者。再犯刺右臂，三犯刺项。”但蒙古人、妇人不适用刺字，“其蒙古人有犯，及妇人犯者，不在刺字之例”。若司法官员将蒙古人刺字，则要受到处罚，“诸审囚官强愎自用，辄将蒙古人刺字者，杖七十七，除名，将已刺字去之”。

重要名词术语

《咸雍重修条例》、《天盛改旧新定律令》、《泰和律义》、《至元新格》、《大元通制》、《元典章》、《至正条格》、大宗政府、行中书省、达鲁花赤

思考题

1. 试述辽、夏、金立法的主要成就与特点。
2. 试述元代立法的主要成就与特点。
3. 试述元代诉讼审判制度相较于前代的发展变化。

典型案例分析

1. 至元二十四年，江西行省据袁州路申：

潘七五打死张层八。除犯人因病身死，据合征烧埋银钱钞。责得犯人亲属谢阿扬状供：除伯潘七五生前上有小女一名，及第屋三间、陆田山地一段计二亩七分系兄弟潘七八等四分承管外，别无事产人口头匹。若将前项田产尽数变卖，尚不及数。合无将潘七五小女一名，钦依元奉圣旨事意，给付苦主。乞明降事。省府相度，即是潘七五名下事产变卖，不及合征烧埋钞数，即将潘七五小女孩一名钦奉圣旨事意，就便断付苦主，收管施行。

——《元典章·刑部五》

分析：潘七五打死张层八一案，因潘七五身死，其田产等物变卖之数尚不够给付赔偿苦主（张层八家人）所需银钱，因而省府将潘七五之女断给苦主结案。

2. 皇庆元年十二月，江西行省准中书省咨该：

刑部呈：“钦惟圣朝之治天下也，以好生恶杀为心。《书》曰：‘明德慎罚，惟政之恤。’《语》云：‘刑罚不中，则民无所措手足。’旧例：杀人特与原免，不在移乡。今之牧民官吏，或因喜怒，生出好恶。喜怒好恶之不同，刑法轻重之失当。高下其手，出入任情。若此所为，而望治安刑措，则未闻也。照得近承奉尚书省判送议拟事内：如江西行省胡光弼等结成群党，起灭词讼，凌犯官府，欺虐良民，迁徙广东。又熊云翔骗要民财，风闻公事，滥充贴书，毁骂县官，杖断六十七下，迁徙广东。御史台呈‘张德安告松州官吏不公，本州挟仇，执罗张德安不孝为名，枉断八十七下，迁徙辽阳，沿路杖疮溃发身死’等事。除另行议拟外，本部照得大德七年十一月初三日，中书省据江西福

建道奉使宣抚呈：‘巡行江西，据诸人言告，一等骤富豪霸之家内，有曾充官吏者，亦有曾充军役杂职者，亦有泼皮凶顽〔者〕，皆非良善，以强凌弱，以众害寡，妄兴横事，罗摭平民，骗其家资，夺占妻女，甚则害伤性命，不可胜言，交结官府，视同一家。小民既受其欺，有司亦为所侮，非理害民，(从)〔纵〕其奸恶，亦由有司贪猥，驯致其然。莫若严禁各处行省已下大小官吏，非亲戚，不得与所部豪霸等户往来交通，受其馈献一切之物。如有违犯官吏，依取受不枉法例科断，其豪霸、茶食、安保人等似前违犯，取问是实。初犯，于本罪上，比常人加二等断罪，红土粉壁，标示过恶。再犯，痛行断罪移徙接连。三犯，断罪，移徙边远。如此，少革侵渔细民之弊。’已经遍行合属去讫，以此参详：今后各处豪霸、凶徒、歹人摭罗平民，把持官府者，败露到官，罪状明白，合依奉使宣抚所言，痛行断决。中间果有累犯不悛，必合移徙之徒，宜令事发官司，开具情犯缘由，断论杖罪，明白申禀，候获省、部明降，至日方许发遣。如蒙准呈，遍行合属照会。相应。具呈照详。”得此。都省咨请依上施行。

——《元典章·刑部一》

分析：本则材料反映几处地方豪霸之家，勾结官府欺压良善小民之事。而官府在处理此类案件时，因喜怒好恶而轻重失法，不利于“治安刑措”的愿景得以实现。刑部认为各级官府对此类案件应“痛行断决”，严肃处理。

3. 延祐五年六月，行台准御史台咨：承奉中书省劄付：

来呈：“山南江北道申：‘孙弘恭告：荆湖北道宣慰司令史裴从义母丧，离役丁忧，未及终制，复补本司令史。责得裴从义状招：继母杨氏于延祐元年十二月二十一日亡殁，延祐二年四月初九日才闻讣音，奔丧还家丁忧。自母亡日扣算，至延祐四年二月十四日，才及二十六月零二十（六）〔二〕日，尚有未终制八日。自合依例候服阕从仕，却不合于延祐四年二月十四日，冒哀公参，贴补勾当，招伏是实。’得此。看详：官吏丁忧，实二十七月，未见合自亲殁日或闻丧日理算。所据荆湖北道宣慰司令史裴从义母亡丁忧未终复补役事理，宜令合干部分定拟，仍早议通例，遍行各处遵守相应。具呈照详。”得此。送据刑部呈：“照得至大四年三月十八日钦奉诏书内一款：‘官吏丁忧，已著令典。今后并许终制，实二十七月，以厚风俗。朝廷夺情起复，并蒙古、色目、管军官员，不拘此例。”钦此。本部再行议得：典史裴从义，延祐元年十二月二十一日母亡，延祐二年四月初九日闻丧丁忧，延祐四年二月十四日，通闰计二十三月（令）〔零〕四日，未经终制，〔荆〕湖北道宣慰司敢充令史，贴补勾当。以此参详：诸父母丧亡，稽之典礼，皆以闻丧日为始。令史裴从义所犯，若依知事臧荣一体断罪降等，却缘见议始亡闻丧通例未定。合依已拟，量决二十七下，解见役，别行求仕相应。具呈照详。”得此。都省准拟，仰照验依上施行。

——《元典章·刑部三》

分析：荆湖北道宣慰司令史裴从义因其继母杨氏丧亡而离役丁忧。杨氏于延祐元年十二月二十一日亡殁，裴从义于延祐二年四月初九日得到消息回乡奔丧，至延祐四年二月十四日复补令史一职。刑部认为裴从义丁忧应以闻丧日始算，总计二十三月零四日，不足实二十七月之厚俗，遂依法处断。

有元一代，国家一直未能制定、颁布统一完备的律典，大量临时救急的单行诏制、法令和基于具体案情的判例则大多未能经过学理抽绎和体系化编纂，即使草草汇总起来也并不系统。同时，元朝治下民族众多，各民族的法律传统和社会文化有着不小区别，这些因素都使得元代法律具有自身的独特之处。元代法律尽管在具体形式上似略“另类”，但它上承唐宋，下启明清，在传承中华法系一系列精神内核和有效做法的同时，又适应了治理统一多民族国家的现实需要，是中华法系发展历程的重要一环。如案例一中的“烧埋银”，就是致人身死之罪犯要赔付给苦主（受害人家属）的钱款。这一制度设计在“杀人者死”的原则之外，又使苦主因亲人死亡所受经济损失得以弥补，为明清所借鉴吸收。烧埋银虽出自蒙古习俗，但从案例一的表述来看，其适用范围在元朝可能已经扩张到一般汉人平民。案例二则通过对迁徙之刑适用范围的规制，鲜明地展示了儒家经典对元朝政府刑政方针与官方话语的影响。这里的“迁徙”已不再以避免冤冤相报为主要目的，但其与《唐律》所载“移乡”之间的密切关系为当时官府所确认。案例三则被《元典章》列入“不孝”，归为“诸恶”之首，与《唐律》《宋刑统》首重“十恶”、以法律保障传统家族伦理的做法可谓一脉相承。有趣的是，尽管案例三引文中提到元武宗至大四年（1311 年）“官吏丁忧……朝廷夺情起复，并蒙古、色目、管军官员，不拘此例”之诏，似乎对非汉族官员有所“优待”，但《元典章》同卷还载有时代上稍早的元成宗大德年间晋州达鲁花赤捏克伯虚称母死一案。捏克伯因为想念妻子，谎称自己母亲去世，得到丧假，回家陪伴妻子，还把妻子带回任所，却不照顾老母，被斥以“昵于私爱，弃绝大伦”，因此丢掉了乌纱帽。可见，元代法律维护传统伦理的努力，事实上效力及于治下所有民族。

第十章　明代法律

【内容提示】

元末爆发了红巾军农民起义，元朝统治被推翻。原为红巾军首领的朱元璋于1368年在南京正式称帝，建立明王朝。明太祖朱元璋在位31年，死后由其长孙朱允炆（史称建文帝、明惠帝）继位，但很快被燕王朱棣（朱元璋四子）夺取皇位，史称明成祖。明成祖1420年正式迁都北京，奠定了明王朝的基本政治格局。1644年李自成攻入北京，崇祯帝自缢。明朝前后历经16个皇帝，延续了276年的统治。

元明易代之后建立的政权，被钱穆先生称之为"传统政治复兴下之君主独裁"。这个概括较为显著地指出明代以降的政治特点：其一为传统政治的复兴，其二为在此基础之上的君主独裁。传统政治的复兴是相对于宋元鼎革而言，随着明太祖朱元璋的统治力量不断加强，其对传统中国政治制度之再造，既不是单纯的复古，也不完全是创新；君主独裁是传统政治于此时之"恶化"，其根源为政治风气深受元代部族制度之影响，其直接主因便是洪武废相。[1]明代虽有不闻政事如神宗者，但总有人借助这一独裁制度而滥权。了解明代以降法制诸问题，必须先对此两点有所认识。

明朝统治时期，已处于中国传统社会的晚期发展阶段，政治上全面加强君主专制中央集权，伴随着当时社会的重大变化，明的法律制度变化较为显著，烙有其时代特点。刑法方面加重对危害皇权与社会秩序犯罪的处罚，民事法制具有强调"先占"的特点，司法方面则加强中央集权。明代法律承前启后，法典律例篇章结构为之一新，律例与会典等法律编纂对清代影响至深，明代法律在中国法律史上具有重要地位。

第一节　立法思想与法律体系

一、"重典治国"与"明刑弼教"

明初统治集团总结元亡之教训，认为其纲纪废弛、吏治腐败，尤其是法律过于宽缓且异常复杂，都是重要原因，因此提出了"法贵简严"以倡导"重典治国"。"简"与

〔1〕参见钱穆：《国史大纲》下册，商务印书馆2011年版，第663页。

“严”是相对前代法制的“繁”与“宽”而言，唐宋时代的“用法务必在宽简”原则及元代繁杂多端的法律制度，在统治者看来无法应对元末以来盗贼多起的严峻形势，天下初定之时朱元璋审时度势，旋即提出“吾治乱世，刑不得不重”〔1〕的立法指导思想。

“重典治国”思想源自《周礼·秋官·大司寇》中的“刑罚世轻世重”理念，即“刑新国用轻典，刑平国用中典，刑乱国用重典”。在南征北伐及定鼎建国的过程中，连年的战争破坏使社会经济凋敝、人民生活穷困，各地农民的反抗活动此起彼伏，起义军内部也存在激烈的斗争，洪武开国之后社会矛盾仍然尖锐，功臣宿将倚仗军功违法乱纪、贪污腐化，统治阶层内部各派势力争权夺利、互相倾轧，北元残余势力不断南下骚扰，倭寇在东南沿海侵占猖獗，将此时视为“乱世”并不为过。

“重典治国”包括两个方面的内容，首先是重典“治吏”。元末吏治腐败，激起大规模民变，朱元璋对此认识深刻。他曾说：“所畏者天，所惧者民。苟所为一有不当，上违天意，下失民心。”〔2〕并意识到:“不禁贪暴，则民无以遂其生。”〔3〕“此弊不革，欲成善治，终不可得。”〔4〕其即位后，便大力整肃吏治，严惩贪腐。他认为：“吏治之弊，莫甚于贪墨，而庸鄙者次之。”〔5〕因此，明初对贪污行为的处刑尤重。洪武九年（1376年）空印案，逮捕数百官吏，洪武十八年（1385年）郭桓案，户部仓粮亏空七百多万石，株连户部侍郎郭桓及以下官员数万人下狱，甚至以“剥皮实草”等极端酷刑来对官员进行警示，无不体现当时重典治吏的决心，却也留下“奈何朝杀而暮犯”之悲叹。此外，为维护统治阶层内部秩序，明初政治大案屡发，大量官员遭到屠戮。洪武十三年（1380年）左丞相胡惟庸谋反案，先后杀戮近三万人。洪武二十六年（1393年）大将蓝玉谋反案，被杀者约有一万五千人。

“重典治国”还有一个方面内容当然是重典“治民”，即严厉镇压一切民间犯上作乱行为，维护以皇权为核心的一整套社会统治秩序。明初农民起义不断，是对明朝统治的严重威胁，用严刑峻法以镇压也是不得已而为之。

值得指出的是，当明初社会形势趋于稳定后，朱元璋及时调整了刑事政策。虽然洪武三十年制定的《大明律》比唐宋法律苛重，但相比明初各项律令措施还是要轻缓得多。

在明初奉行“重典治国”的背后，实际上是思想学术领域对礼刑关系认识上的一种转变，即由“德主刑辅”到“明刑弼教”的演进。“明刑弼教”一词始见于《尚书·大禹谟》中“明于五刑，以弼五教”。“德主刑辅”中德为刑之纲，刑受德之束，刑始终处于次要地位，其辅助作用较为明显，从字面观之，“明刑弼教”本与“德主刑辅”意义相差不大。而宋代以后，尤其是经过朱熹的新阐释，“明刑弼教”被赋予了与“德主刑辅”相异的意涵。

---

〔1〕《明史·刑法志》。

〔2〕《明太祖实录》卷三十二，洪武元年七月辛巳。

〔3〕《明太祖实录》卷二十九，洪武元年正月乙酉。

〔4〕《明太祖实录》卷六十九，洪武四年十一月庚申。

〔5〕《明太祖实录》卷百四十八，洪武十五年九月癸亥。

朱熹提高了刑的地位，认为“礼字、法字，实理字”〔1〕，礼、法均为理的体现，二者同等重要，不可偏废。他强调刑与教的实施“或先或后”，“或缓或急”，刑不再是居于“德主刑辅”中从属、次要的地位。在这个意义上讲，“刑”与“教”是一体两面，刑应该是“德”的体现。“德主刑辅”的说法仍将德与刑对立区分，而“明刑弼教”则将二者合二为一，将礼刑关系阐发至此，对后世明清两代法律实施的方法、发展方向以及发挥的社会作用都产生了深刻影响。

因为“明刑弼教”理论可使统治者根据形势与本身利益的需要，在刑罚与教化两方面双管齐下，所以它被朱元璋视为“重典治国”之重要理据，他将理论与实践结合，把此原则推向了新的高度。“重典治国”在“明刑弼教”作为其理论基础的前提下，实质上完成了与“明刑弼教”相统一，成为明初立法与司法的指导思想。

二、明代基本立法活动与成就

（一）吴元年创制律令

元末法制“条格繁冗”，“其害不胜”，因此，在吴元年（1367 年）十月，朱元璋就命李善长等人创制律令，到十二月“律令成，命颁行之”，承袭传统中国运行已久的“律令法体系”。〔2〕吴元年律令合一的编纂形式，使得这部法典中的律与令相互依存，因而将其称为“令典”也无不可。以唐宋以来律、令分离的法律表现形式来看，这种律令合一的编纂模式并不常见。

吴元年律令的内容虽依唐代规范取舍编订，但其篇章结构却摆脱了前代法律之窠臼，沿周礼及唐六典至元典章的六部格局安排，名例律之下依次为吏律、户律、礼律、兵律、刑律、工律，令也分吏令、户令、礼令、兵令、刑令、工令，这是明代法律规范体系的先声。

吴元年律的篇章结构之调整，恰好符合前述宋儒对“明刑弼教”思想的新阐释，刑作为礼教的载体，其呈现出的结构理应与周礼保持一致。随后制定的明律以及清代所作律例之六部分类，并非表面上与朝廷之六部相对应，本质上应为礼教圭臬之必然要求。这一律典篇章结构的改变，背后反映出的是人们对于礼刑关系的新认知与新应用，对传统中国后期立法产生了重要影响。

（二）《大明律》

《大明律》是明初最重要的立法，从吴元年律草创，历经洪武七年（1374 年）律、二十二年（1389 年）律等多个版本，终至洪武三十年（1397 年）律定型，共历时三十年。

吴元年的立法修律活动奠定了《大明律》的基本雏形。自洪武元年（1368 年）始，朱元璋命儒臣四人与刑官日进唐律二十条，并不厌其烦地与之讨论各条得失，精选可供明律使用的条文，修改轻重失宜的内容，以立定新律。洪武六年（1373 年），诏刑部尚

---

〔1〕［宋］朱熹：《朱文公文集》卷四十八，“答吕子约”。

〔2〕关于“律令法体系”，参见张建国：《中国律令法体系概论》，载张建国：《帝制时代的中国法》，法律出版社 1999 年版，第 3—17 页。

书刘维谦详定大明律，七年二月书成，此律一准于唐，共分十二篇，六百零六条。

《明史·刑法志》载，洪武九年（1376年）“厘正十有三条”，洪武十六年（1383年）“命尚书开济定诈伪律条”，至洪武二十二年（1389年），朱元璋在大规模惩治贪赃和诛戮反逆的政治风暴后更定《大明律》时，其结构已经改为“名例律”冠于篇首，统摄吏、户、礼、兵、刑、工六律，共三十卷四百六十条之格局。由明人何广所著《律解辩疑》书中记载洪武十八九年间行用的明律可知，明律在洪武二十二年更定之前，即已形成六部分目，三十卷四百六十条之结构，并非二十二年修律一日之功。

洪武三十年，在对二十二年律进一步修订的基础上，一部“日久而虑精”的律典终于定型，同年五月颁行天下。洪武三十年律为三十卷，四百六十条。其中，《名例律》一卷，四十七条；《吏律》二卷，三十三条，包括职制类十五条，公式类十八条；《户律》七卷，九十五条，包括户役类十五条，田宅类十一条，婚姻类十八条，仓库类二十四条，课程类十九条，钱债类三条，市廛类五条；《礼律》二卷，二十六条，包括祭祀类六条，仪制类二十条；《兵律》五卷，七十五条，包括宫卫类十九条，军政类二十条，关津类七条，厩牧类十一条，邮驿类十八条；《刑律》十一卷，一百七十一条，包括贼盗类二十八条，人命类二十条，斗殴类二十二条，骂詈类八条，诉讼类十二条，受赃类十一条，诈伪类十二条，犯奸类十条，杂犯类十一条，捕亡类八条，断狱类二十九条；《工律》二卷，十三条，包括营造类九条，河防类四条。

从现有材料看，明太祖朱元璋对待修律的态度可谓认真之至。从吴元年律到最终洪武三十年律的漫长修律过程，是其对《大明律》精益求精的过程。按照薛允升的说法：“明律虽因于唐而删改过多，意欲求胜于唐律。”[1]经过三十年心血而成、期望超越唐律的《大明律》，在颁行之后，明太祖下令子孙守之，群臣有稍议更改，即坐以变乱祖制之罪。《大明律》自颁行之日起到明末，除万历十三年合刻颁行《大明律附例》时改动五十五字外，这四百六十条律文作为明朝基本法律的地位一直未曾动摇。

《大明律》不仅在明代始终稳定有效，而且直接为清代所继承，其影响更是远及东亚诸国。如朝鲜直接援用《大明律》，日本《在中御条目》《御刑法草书》等都以《大明律》为准据，安南的法典中许多规定也取自《大明律》。《大明律》成为继《唐律疏议》之后中华法系的又一代表。

（三）《大明令》

自吴元年朱元璋下令制定律令始，令典就是明朝的一部重要法律规范，与律典并行。修令完成于明朝建立以后，因此称为《大明令》。《大明令》也按六部分目，有《吏令》二十条，《户令》二十四条，《礼令》十七条，《兵令》十一条，《刑令》七十一条，《工令》二条，共一百四十五条。

《大明令》是中国历史上最后一部以“令”为名的法典，也是唯一一部完整保存至今的令典。它对明朝的基本制度、诸司职掌和司法原则等方面作了较为全面的规定。在洪武三十年修律时，《大明令》中数种条文被吸收并加以修改，没有被吸收的条文仍然

〔1〕［清］薛允升：《唐明律合编·例言》。

独自保留其法律效力直至明代后期。

（四）大诰

大诰作为一种文体，源自《尚书·大诰》，原是周公东征殷顽民时对臣民的训诫。朱元璋以明初乱世“民不从教”为口实，决定以重典惩治奸顽。他仿周公发布训诫的方式，将自己发布的特别文告与亲自审理的案件整理汇编起来，制作为大诰四编，即《御制大诰》七十四条，《御制大诰续编》八十七条，《御制大诰三编》四十三条，《大诰武臣》三十二条，共二百三十六条，陆续颁布于洪武十八年（1385年）至二十年（1387年）间。

大诰在内容上涉及极广，处罚原则比明律普遍加重。在言语表达上，由于明大诰是朱元璋直述其事，儒臣很少润色，因此口语化色彩浓烈。为抬高大诰的地位和达到普及化的目的，大诰中特别规定：“一切官民诸色人等，户户有此一本（大诰），若犯笞杖徒流罪名，（有大诰者）每减一等；无者每加一等。”[1]并且，在科举考试中也列入大诰的内容。洪武三十年颁布明律时，将大诰条目三十六条附载于律。据研究，“明太祖朱元璋亲自编纂的《大诰》峻令，盛行于洪武，延续于永乐，至洪熙、宣德时已被搁置不用”[2]。

（五）条例

明代的条例，是指司法部门根据案例拟定的条文化的单行法规，经皇帝批准而颁布施行。它与律的区别在于“律者万世之常法，例者一时之权宜”。由于明太祖颁行《大明律》时，认为其已尽善尽美，禁止子孙对其进行修改，而社会不断发展变化，法律无法满足治理需要，因此，在朱元璋统治后期就已经开始制订这些适应新的社会环境的条例，以弥补“永恒不变”之律的不足。从成祖至孝宗的近百年中，各朝为求法制统一，每一位皇帝即位后，便宣布将前朝的条例一概革去，重新编订，导致条例纷乱复杂，适用困难。至明孝宗弘治十三年（1500年），经九卿集议，将经久可行的条例二百九十七条编为《问刑条例》，与《大明律》并用。

弘治朝《问刑条例》在弘治、正德、嘉靖三朝使用达50年之久。嘉靖二十九年（1550年）将其修订为三百七十六条，使用35年。至万历十三年（1585年）再次修订为三百八十二条，附于《大明律》相关条文之后，正式确立了律例合编的法典编纂体系。《问刑条例》是明代中后期最重要的刑事立法，经过精心修订，整齐划一的《问刑条例》发挥了“以例补律”“以例辅律”的作用。当然，也不可避免地出现了诸如“舍律用例”的情形。万历朝将条例附于相关律文之后的编纂方式，为后来的清朝所继承，形成了法典编纂的新体例。

（六）明会典

明代将典章制度汇编称为“会典”，具有“会要”与“典章”之义，首部会典即称“本朝沿用周制”，可见其仿效《周礼》之意。从形式而言，会典滥觞于《唐六典》，宋

---

〔1〕《御制大诰·颁行大诰第七十四》。

〔2〕杨一凡：《明大诰研究》，江苏人民出版社1988年版，第125页。

元时期又出现了“会要”的新形式，明代在此基础上又进一步发展为会典。所谓会要，是以事类为中心，叙述一定时期或某朝代的史实发展，因此，会典作为唐六典及会要二者综合而来的典章制度大全，自然是包括了制度及其历史渊源之意。所以，我们从制度层面而言，会典的内容是当时具有法律效力的、从中央至地方的国家制度的总规范，也是今人了解明代国家治理体系及各项制度的必备之书。

明会典编纂始于弘治十年（1497 年），明孝宗认为自洪武开国以来，列朝立法损益沿革变化很大，累朝典制散见于简册卷牍之间，不仅民间无法知悉，甚至连百司也难以查阅，遂命儒臣分馆编辑，荟萃成书。至弘治十五年（1502 年）完成，共一百八十卷，但因孝宗去世未及颁行。武宗即位后，对此部会典重新校订，于正德六年（1511 年）正式颁布，因此亦被称为《正德会典》。神宗即位后，因累朝制度有所损益，又命重修会典。万历十五年（1587 年）修成刊行，称《万历重修会典》。

《万历重修会典》共二百二十八卷，在体例上以六部为核心的包括中央诸司为纲，分述明开国至万历十三年二百余年间各行政机构的建制沿革及其职掌。内容包括宗人府一卷，吏部十二卷，户部二十九卷，礼部七十五卷，兵部四十一卷，刑部二十二卷，工部二十八卷，都察院三卷，通政司和中书舍人一卷，六科、大理寺、太常寺、詹事府等、光禄寺、太仆寺、鸿胪寺、国子监、翰林院、尚宝司、钦天监、太医院、上林苑监等、僧录司等各一卷，以及武职衙门二卷。南京衙门事例附于各相关衙门之后。

关于会典性质的争论，学界始终莫衷一是。由于明会典汇集了明代法令典章，如《诸司职掌》《皇朝祖训》《大诰》《大明令》《洪武礼制》等内容，故有法规大全的性质，从其编纂目的而言，也确实是为了百官与百姓有所遵循，表达了明代统治者希望通过制度而非个人的圣明来“俾万世子孙，皆得蒙业而安”[1]，会典为传统中国的行政法典之论断自然有其道理。但也有学者认为不应以西方现代法律规范标准来桎梏传统中国明清两朝的会典，其与现代行政法典的目的与本质相去甚远。总而言之，明清会典是源于周礼，远宗唐六典，近师元典章的传统中国典章制度规范的综合典籍，是传统中国后期记载制度规范内容的集大成者。

第二节　职官制度

明朝建立之初，政治制度大体上还是沿袭元代。随着明太祖朱元璋统治力量的逐渐加强，便逐步建起了一套新的制度，既不是复古的，也不完全是新创的。起初，朱元璋是想建立一种特殊的分封制，将皇室子弟与亲信分封在各个重要地区世袭镇守。将分封诸王置于地方官之上，形成比元代行中书省权力更大的半独立地方政权，这是自汉代以后从未有过的情况。

〔1〕苏亦工:《明清律典与条例》，商务印书馆 2020 年版，第 55 页。

显然，这种情况是不可持续的。靖难之后，分封的王国虽然继续存在，且中央仍然源源不断地册封新的亲王、郡王，实际上此时的所谓“王国”只剩下空壳而毫无实权了。明代的王府及其属官，造成了人民无尽的耗费与负担，但政治上的影响力可以忽略不计，从国家与社会角度而言，皆是无积极意义的存在。

明代的中枢政务在其建立初期与元代相同，设置中书省左右丞相。与洪武十三年（1380年）明太祖朱元璋宣布永远废除丞相一职同时，尚书省的名义也一同被撤销，六部尚书分任国务，直接对皇帝负责，中央权力高度集中。但天下之大政务繁多，皇帝毕竟无法事必躬亲，于是不得不设内阁于宫廷之中，以大学士担任皇帝个人的顾问与秘书的职务。这便与东汉时的尚书相类似。久而久之，更接近权力中心的内阁之权便超越于六部之上，虽然名义上不设宰相，但实际政务运作时，内阁成员中之有力者便成为实际意义上的宰相，而且有时还是权相。不过，内阁的成员皆由高级官员以“廷推”的方式产生，而都察院六科给事中又都握有纠劾建言之权，所以廷臣之中派系分立，互相攻讦成为常有之事。

明代以前历代皆有宦官干涉政务的情形，但明代宦官明目张胆代皇帝批答章奏的现象是前代所未有。内阁的职务止于“票拟”，“批红”之权却被司礼监侵夺。司礼监的决定就是皇帝的旨意，内阁只能奉行，最多也只是与掌权的太监商量而已。其他官员仰太监鼻息，受太监欺压，情况也较历代更为瞩目。明代宦官有锦衣卫与东厂作为爪牙，在京在外都可以用钦差的名义肆意干涉政务，甚至干涉军事，从而加深了明代官场的派系纷争。

一、中央官制

（一）内阁

内阁原非官署名，也不是官名，只是简任文臣入直文渊阁，为朝廷重要事务出谋划策作准备。入阁文臣的品秩低且不兼部务，也无官署，没有指挥行政的权力，与唐代翰林学士院性质相似。但随着入直阁臣的逐步升迁，有了正式的办公处所，其仍带有某殿阁大学士之名。大学士本身品秩只有正五品，而其升任的官职往往已至尚书、侍郎，内阁的地位才逐步提高至六部之上，此时内阁的地位较为接近唐代的中书门下。内阁大学士虽然表面位尊而权重，但是独立发挥其权力的机会甚少。内则受制于宦官，外则权分于部院。如果将明代的内阁大学士与之前的宰相做权力对比，一般而言，明显逊色许多。

（二）六部

六部为吏、户、礼、兵、刑、工六部，尚书、侍郎是堂官，直接上承皇帝。六部之中，吏部为首，官吏的除授皆经由吏部。即使是大学士、尚书、侍郎、都御史、九卿、祭酒等中央高级官僚缺出，也须由吏部“廷推”，以备皇帝任命。吏部以外，兵部管武职及土官之铨选、兵籍征调驿传等，实际职掌与宋代枢密院类似。兵部尚书、侍郎又常兼任总督或协理京营戎政，此时则更需兼领禁军。外任之总督、提督、巡抚多以兵部尚书、侍郎或都御史为其本官，地方文武因此均受其节制。明代六部尚书往往不拘定额，可以添差，故有道士出任礼部尚书、工头出任工部尚书的情况。

永乐迁都北京之后，南京的部院官署依旧存在，被安置在南京六部的官员，形成一种与北京六部相抗衡的势力。两京官员因时因势而势力有所消长，进而可以操纵朝局。这成为明代官场的一种奇特现象。

六部所属的司皆称“某某清吏司”，每司有郎中、员外郎，另外特设主事及司务为“首领官”，后升主事与郎中、员外郎同为司官。司官都是实际任职之人，所以颇能招权纳贿。

（三）都察院

都察院为明代所创设的监察机构，与前代的御史台制度不尽相同。都察院设左右都御史、左右副都御吏、左右佥都御史，以及十三道监察御史。都御史为都察院正印官，与六部尚书合称“七卿”。都察院拥有弹劾、建言之权，遇官吏考察黜陟则会同吏部，遇重大刑狱则会同刑部、大理院。

御史所充任之职务，远比前代繁杂。《明史·职官志》记载：“在内，两京刷卷，巡视京营，监临乡会试及武举，巡视光禄，巡视仓场，巡视内库皇城五城，轮值登闻鼓；在外，巡按北直隶二人、南直隶三人、宣大一人、辽东一人、甘肃一人、十三省各一人，清军，提督学校两京各一人，巡盐两淮、两浙、长芦、河东各一人，茶马陕西，巡漕，巡关，攒运，印马，屯田，师行则监军纪功各以其事专监察。而巡按则代天子巡狩，所按藩服大臣府州县官。诸考察举劾尤专，大事奏裁，小事立断。按临所至，必先审录罪囚，吊刷案卷，有故出入者理辨之。”其假御史以重权如此，然而也有轻于议论之弊。

（四）在京其他中央衙署

在京中央官署甚多，现择其要而列举如下：

通政使司是明代创设“掌受内外章疏敷奏封驳之事”的机构，为南北朝通事舍人、唐代知匦使、宋代合门使及通进银台司等机构在功能上的延续。通政使司在理论上为君主与臣下之间的联系枢纽，因无论何官署上奏事件必经通政使司之手，所以居“七卿”之下京官的最高位次，有资格参与“廷推”。

与通政使同为三品官的还有大理寺及詹事府。这两个机构在名义上一为理刑名之衙门，一为太子官署。然而，在明代中期以后，大理寺只能核阅案卷，詹事府只能备翰林院迁转之阶，名实不符了。

翰林院的性质较为特殊。明初翰林院学士为正三品官，沿袭前代之制设承旨，后革承旨，降学士为五品。于是，翰林院的存在具有两个意义。其一便是作为参预机务的内阁成员。内阁成员称大学士，翰林院官为学士，内阁与翰林院实为一而二、二而一的机构，这也是后世清代制度要求只有翰林出身的人才能入阁的渊源。不仅如此，即使六部长官中也有定例以翰林官充任之制，如《明史·职官志》载：“礼部尚书、侍郎必由翰林，吏部两侍郎必有一由于翰林。其由翰林者，尚书则兼学士，侍郎则兼侍读侍讲学士，其在詹事府暨坊局官，视其品级必带本院衔。”另外一点，明代翰林院还包括前代秘书监、史馆、著作局、起居郎、舍人等职，这些机构职掌均被翰林院吸收。自永乐始，选进士中能文工书者为翰林院庶吉士，三年考试后，留院者按二三甲分授编修、检讨，不留者则为给事中、御史，或出任为州县官，后又特命大臣为教习。此制度一直延续至清代未改。

此外，国子监官也与翰林院相接近。以监丞掌绳愆厅，执行学规，博士分经讲授，分率性、修道、诚心、正义、崇志、广业六堂为肄业之所，为明代特有之制。

中央官制中特设而又无专署的，则是六科都给事中、左右给事中、给事中，掌稽查各官署之事，前代拾遗、补阙等官亦融纳于中。但因御史同样也有言责，即不免形同水火。这也是明代政治的特有现象。

明代中书科中书舍人，虽名与前代中书舍人相似，实则仅掌书写照例的诰敕，此外并无重要权威。《明史·职官志》载："洪武间置承敕监、司文监、考功监，参掌给授诰敕之事。永乐初，命内阁学士典机务，诏册制诰皆属之，而誊副缮上皆中书舍人入办，事竣辄出，宣德初，始选能书者处于阁之西小房，谓之西制敕房，而诸学士掌诰敕者居阁东，具稿付中书缮进，谓之东诰敕房。正统后，学士不能视诰敕，内阁悉委于中书、序班、译字等官，于是内阁又有西诰敕房。"此即内阁诰敕房及制敕房中书舍人的由来。从其沿革来看，明代中书舍人地位较前代低微，与唐宋之舍人相较，则有天壤之别。

明代宦官机构之庞大，为历代所无，有所谓"二十四衙门"（包含十二监、四司、八局），以及库、房、厂、营等机构，其中重要的在此略加说明。司礼监，设提督及掌印太监，提督掌皇城内一应仪礼刑名，掌印太监掌理内外章奏，其下有秉笔、随堂各太监。安民厂，原名王恭厂，掌造铳火药。东厂（西厂不常设），有提督、掌印、贴刑官，提督多以司礼监秉笔第二或第三人为之，贴刑官则用锦衣卫千百户为之。京营，有提督太监、坐营太监、监枪、掌司、佥书，俱无定员。文书房，有掌房十员，掌收发本章批旨，凡升司礼者，必由文书房出身，如外廷之翰林院。

二、地方官制

明代外官多与前代不同，大体可以分为省及以下两大类分述。

（一）省级官制

省作为地方一级行政区划，源于元代之行中书省制度。相对而言，是一项新的制度设计。洪武初年，元代之行省就被承宣布政使司所取代，而设官则有左右布政使、左右参政、左右参议，仍有元代行省丞相、平章、参政之遗意。布政使实际上为一省的最高行政长官，与都指挥使、提刑按察使分掌民政、军政、刑狱。大事仍需三司会商，巡按御史则负责监察事宜。这种运行机制，实为防止地方独立政权的产生壮大。

布政使以下之参政、参议，分别以道的名义（督粮道、督册道等）各处分守，谓之守道或分守道。按察使以下之副使、佥事，分别以道的名义（提督学道、清军道、驿传道等）各处分巡，谓之巡道或分巡道。因此，道并非地方行政区划中固有的一级，只是布、按二司在省域内为便于工作而派出的办事机构，形成了拟制的一级区划。

都、布、按三司鼎立的制度，虽然可以防止地方权力的坐大，但不免造成一种运调不灵的局面。于是，在明代中期以后，中央纷纷派出以部院大臣出任总督、提督、巡抚等钦差，凌驾于地方三司之上。这些职务原为因事而设的临时差事，因此名称、范围各不相同，如总督漕运兼提督军务巡抚凤阳等处兼管河道、总理粮储提督军务兼巡抚应天等府、巡抚顺天等府地方兼整饬蓟州等处边备、巡抚保定等府提督紫荆等关兼管河道等。由此可见，原本都是以防边或镇压民变为主要任务，日久以后，遂成定制。

（二）府州县制

据秦汉以降历代之传统，府州县才是真正意义上的地方行政建制。

明代的上级地方行政是由知府负责的。府为上级地方行政区划，较之元代的府、路并行，已经简化。知府所属组织如下：同知、通判无常职亦无定员，分掌清军、巡捕、水利、屯田等事；推官一人，理刑名之事。事务官则有：经历、知事、照磨、检校司狱等。

明代的州有直隶于布政司的州与隶属于府的州，二者并无品秩上的区别。知州之下，也有同知、通判，所属则为吏目。明代的县，在知县之下设有县丞、主簿，分掌粮马、巡捕之事，所属则为典史。

第三节 刑事法制

一、刑罚

明代律典恢复隋唐宋以来的五刑制度。其中，笞杖刑各分五等，从笞一十至杖一百，共十等；徒刑分为五等，分别为一年、一年半、二年、二年半、三年，每一等均附杖刑，由轻至重分别附加杖六十至杖一百；流刑分为三等，分别为二千里、二千五百里、三千里，均附加杖一百；死刑分为绞、斩两等。与传统刑罚相比，除徒流附杖刑为沿袭元代之做法之外，明代还发展出了新的刑种或行刑方式，并将其制度化。

（一）充军

充军作为流刑之变种，始于明代。它是强制不必处以死刑的重罪犯人到边远地区充作军户的刑罚，因此其刑轻于死刑，而重于流刑。充军虽非律典中常设之正刑，但却始终被广泛使用，形成有明一代的制度。明律规定凡是军人犯徒、流之罪，先决杖，而后分等发往外地卫所充当军户，之后条例扩大对此条的适用，平民犯罪也被判充军，且充军罪名不断增加，《大明律》适用充军的条款有四十六条，至万历朝《问刑条例》中已有一百三十三项针对平民的充军罪名。随着充军刑的使用情况增多，等级划分也越来越细，从《大明律》中只有附近和边远两个等级发展到《问刑条例》中按照里程远近，分为附近、近卫、口外、沿海、边远、烟瘴和极边七个等级，最远可达四千里，最近亦有千里。充军刑按照执行时间又可分为终身充军与永远充军，前者仅本人充作军户至死，后者则本人死后，其子孙仍继续充军，世代皆为军户。

充军刑极端残酷，在执行过程中扰民尤甚，《明史·刑法志》记载："每当勾丁，逮捕族属、里长，延及他甲，鸡犬为之不宁。"因此，充军刑是明代法律制度中的重大痹症。

（二）枷号

枷号是指罪犯颈带木枷在指定地点示众受辱的刑罚，由唐宋时代"枷项示众"演化而来。枷号的执行时间有一至三月、半年，甚至有永远枷号。明代条例中广泛适用枷号刑，多用于处罚轻微犯罪。据《明史·刑法志》记载，木枷重量一般为十五至二十五斤，但是，明代皇帝或宦官滥施淫威，将重达百斤的大型木枷惩罚羞辱大臣，往往几天内便置犯人于死地。

（三）赎刑

明代刑事法制总体上较历代严格，同时赎刑也被广泛运用，在一定程度上消解了刑事法制的严酷性。赎刑本为古制，历代宽严不一。宋代对赎刑限制很严，将赎刑对象严格限制在"八议"范围之内。明代赎刑适用较为宽泛，因而内容较为复杂，法条甚多。依刑罚所在的法律形式而分，赎刑主要有两种：一为律赎（《大明律》所载），又称收赎；二为例赎（《问刑条例》所载），又称纳赎。在整个明代，律赎之制最为严格，律内条文无所损益，而例赎因系权宜之计，条例内容变化较多，故先后互异更为复杂。由于明初以大明宝钞为官方法定货币，所以赎刑以纳钞为本，纳钱、纳银并行。

（四）以役代刑

除以钱物折抵刑罚之外，明代盛行以役代刑，对笞杖以至死刑都允许用罚服劳役的方式来赎罪。明代不同时期，都有非常详细的对每一种劳役的折罚定额。以役代刑的实施一定程度上反映了当时社会的劳动力短缺情形，也体现了传统中国慎刑、恤刑思想，但也确实冲击了正常的刑罚制度，相对于单纯的羁押监禁与死刑执行而言，既有积极意义，也有消极影响。

（五）廷杖

明代皇帝为强化君主专制，强迫臣民就范，经常使用非法之刑（法典规定之外的刑罚），诸如枭首示众、剥皮实草、墨面文身、挑筋去膝盖等。廷杖作为皇帝处罚大臣的一种方式，隋唐已有，但仅偶尔施用，而至明代则成为常制，可见经历元代之后，君主独裁状况之恶化。

明代法律中并无廷杖的规定，但从太祖朱元璋时期便开始施行。一般程序为皇帝发出"驾帖"，内有责打大臣名单及责打数目，刑部给事中签押登记，然后由锦衣卫行刑，司礼监监刑，即于朝堂之上对冒犯皇帝的大臣施以笞杖。轻者血肉模糊，重者立毙杖下。朱元璋在位期间，曾将工部尚书薛祥杖杀于朝堂之上。明太祖之后，廷杖之刑被愈益广泛地使用。正德初年，宦官刘瑾秉承皇帝旨意，杖责大臣，使朝臣多有死者。嘉靖年间，因群臣谏争"大礼议"，被杖责的大臣多达 134 人，死者 10 余人。直至明亡之前的崇祯年间，皇帝也没有停止过杖责大臣的制度。皇帝法外用刑，加深了统治集团内部的矛盾，对法制实施造成恶劣影响。

二、刑事政策与刑事立法特点

清人薛允升云："大抵事关典礼及风俗教化等事，唐律均较明律为重；贼盗及有关帑项钱粮等事，明律又较唐律为重，亦可以观世变矣。古人先礼教而后刑法，后世则重刑法而轻礼教。唐律犹近古，明律则颇尚严刻矣。"[1]这段话指出，随着时代的变化，其法律也呈现出与前代不同的特点。在刑事政策与刑事立法方面，明代的最大特点就是"重其所重，轻其所轻"。

所谓"重其所重"，主要表现在以下方面：

第一，大大加重对于谋反、大逆之类严重危害朝廷统治罪名的处罚。"谋反""谋大逆"是传统时代最为严厉的犯罪，直接危害统治集团的统治，明代将其称之为"罪大恶极"，对其实行重罪加重的处罚原则。明律规定："凡谋反及大逆且共谋者，不分首从皆凌迟处死；祖父、父、子孙、兄弟及同居之人不分异姓，及伯叔父兄弟之子，不限籍之异同，年十六以上，不论笃疾废疾者，皆斩；其十五岁以下及母女、妻妾、姊妹、若子之妻妾，给付功臣之家为奴，财产入官。……知情故纵隐藏者斩。"唐律只限定本人及父子年十六以上者处死，而明律则规定凡是参与谋反大逆者，无论是否实施，是否能够产生危害，不分首从全部凌迟处死，并缘坐其祖父、父、子、孙、兄弟、伯叔父、侄（以上不论是否同居），以及所有同居共财的十六岁以上男子，无论是否废疾、笃疾，一律处斩，株连的范围大大扩展。总之，同样的罪名，明律处刑明显比唐律更重，株连范围比唐律更广，不区分任何轻重情节，一律从重处刑。

明律还扩大了"十恶"重罪的范围。唐律吏卒杀死本部五品以上长官才构成"不义"之罪，而明律规定，凡部民杀死本管知县、知州、知府，军士杀死本管百户、千户、指挥，均属于"十恶"中的"不义"，一律极刑不赦。对于"谋叛""劫囚"等罪也都规定无论是否实施，不分首从皆斩。其他如"妖书妖言""盗及诈为制书""盗及伪造官府印信"等罪，明律皆比唐律处罚要重。

第二，增设许多侵犯皇帝权力的罪名。鉴于历代臣下结党造成皇权削弱，导致亡国民乱的教训，朱元璋时期特设前代法律中没有的"奸党罪"，并罗列了"奸党罪"的种种表现。"奸党罪"这一政治性罪名，目的是打击臣下"朋比结党"的行为，消除对皇权的威胁。大明律《吏律·职制》中"奸党"条规定："若犯罪律该处死，而大臣小官巧言谏免、暗邀人心者，亦斩。若在朝官员交结朋党、紊乱朝政者，皆斩。"由条文可知，想为获罪官员求情开脱的人都有可能被认为是奸党，判断的标准极为随意。明朝对于"奸党罪"的处罚非常严厉，绝不宽容，仅洪武年间，以"奸党罪"被诛杀的文武官员就有数万人，"当时公侯诸宿将坐奸党，先后丽法，稀得免者"[2]。

又如"交结近侍官员"罪，禁止朝官与近侍官员交结，禁止地方官员与京官交结，禁止京官与京城家资富厚之人交结。明初，朱元璋就在宫中设置铁牌，上书"内宦不得

〔1〕［清］薛允升：《唐明律合编》，中国书店2010年版，第76页。

〔2〕《明史·汤和传》。

干预政事，犯者斩”。之后又做《铁榜》九条，告诫功臣不得营私谋利，内外官军不得私自为公侯服务。《大明律》“交结近侍官员”条规定：“凡诸衙门官吏，若与内官及近侍人员互相交结，漏泄事情，夤缘作弊，而附同奏启者，皆斩，妻子流二千里安置。”为保证皇帝随时掌握重大信息，还特设“阻挡上书陈言”“朦胧奏事”等罪名，将唐律中仅处杖八十的“事应奏不奏”罪加重为死刑。

第三，加重对官吏贪污渎职罪的处罚。明初朱元璋就下诏：“惩元季贪冒，重绳赃吏，揭诸司犯法者于申明亭以示戒。又命刑部，凡官吏有犯，宥罪复职，书过榜其门，使自省。不悛，论如罪。”[1]明律沿袭唐律设“六赃”之罪，并于律首置“六赃图”，以示重惩贪墨之罪。明律规定的赃罪条文比唐律多，处罚也较前代为重。此外，《大诰》四篇以更加严厉的手段惩罚贪官污吏，这种严刑峻法惩治赃吏的手段对于整顿吏治而言短期内起到了一定的积极作用，但是长远来看无法从根本上遏制贪污之风。

第四，加重对侵害统治秩序犯罪的处罚。明律对于一般窃盗罪、坐赃罪处罚没有加重，但对于强盗、抢劫之类罪名却是以重罪处罚。如明律《刑律·贼盗》“强盗”条规定：“凡强盗已行而不得财者，皆杖一百徒流三千里；但得财者，不分首从，皆斩。”相比唐律对于强盗罪计赃论罪的规定，明律处罚更重。又专设“白昼抢夺”罪，未得财物杖一百徒三年，得财者计赃比照窃盗罪加重二等定罪处罚，伤人者斩。这一处罚要比唐律中的强盗罪（未得财徒二年，计赃至十匹以上绞，伤人斩）还要重。又设“盗贼窝主”罪，凡是造意指使盗贼行窃或抢夺、强盗者，或参与分赃者，都不分首从皆斩。即使窝赃而没有分赃也要处杖一百流三千里。

所谓“轻其所轻”，即事关典礼及风俗教化等方面减轻处罚。主要是对触犯礼教罪名的处罚较唐律为轻。如唐律规定，“闻父母丧匿不举哀”“祖父母父母在别籍异财”为“十恶”之“不孝”，前者处以流二千里，后者处以徒三年。明律仍将此列入“十恶”之“不孝”罪，但处罚已分别改为杖六十徒一年和杖一百，明显减轻处罚。唐律规定父母丧而后生育子女的，处以徒一年，而明律则免罚。另外，大量有关户婚、田土和钱债之类的轻微犯罪最高刑也不过杖一百。可见，明朝一方面对严重刑事犯罪采取“重典”，另一方面对一般性犯罪，尤其是事关礼教的犯罪，则减轻了处罚力度。

明代推行“重其所重，轻其所轻”刑事政策的原因较为复杂，既与当时社会矛盾激化相关，也与社会风俗的变迁相关。经历蒙元时代及明代社会经济的繁荣发展，礼教在人们的世俗生活中相较唐宋时代而言有所式微。明代统治者重新调整统治政策，不仅突出对侵犯皇权和社会秩序的重罪进行镇压，也适当减轻了对一般性犯罪的惩罚，有助于缓和社会矛盾，有利于稳定统治。

---

〔1〕《明史·刑法志》。

第四节 民事经济法律制度

明代以降是传统中国的最后一个时代，在很多方面都是传统制度的集大成者，在传承的基础上发展更新了传统的制度，以适应新的社会经济条件下国家治理的需要。其中，赋役制度的变革便是顺应时代需求的产物。

一、赋法、役法与鱼鳞册、黄册

赋役制度，大致可分为赋法与役法两部分。所谓“有田则有赋，有丁则有役”。赋法，即如何征收土地之产出，所以征收所得为田赋；役法，则是需要征集劳动力为官方及社会提供服务，所以是以丁役的形式出现。田赋征收的原则非常古老，概括而言是“任土作贡”“履亩而税”与“则壤成赋”，也就是土地产出什么就征收什么，土地面积的大小与土地质量的优劣成为从一块土地上征收赋税的标准与依据；而徭役实现的原则就是“身亲力役”，“丁”为征收徭役的计量单位，各时期征收的年龄标准不同，明代以男子年十六以上为“成丁”，需要服役至六十岁。

明代与赋役制度相关的重要名词主要有鱼鳞册与黄册。鱼鳞册登记土地田亩，黄册登记户口人丁。《明史·食货志》谓：“鱼鳞册为经，土田之讼质焉。黄册为纬，赋役之法定焉。”

鱼鳞册（亦称鱼鳞图、鱼鳞图册）宋代即有，但直至明代，此项图册才普遍为官府所用。鱼鳞册以土地为主，每县以四境为界，每乡每都亦如之，田地以丘相邻，状如鱼鳞，因此得名。鱼鳞图中田地标注非常丰富，有官有、民有，有高田、圩田，或埂或瘠，或山或荡及业主姓名都详细注明。有田地买卖，在图上都一一注明，人户皆可流动，但田地则不会流动，因此时人称之为“以田为母，以人为子”。

黄册以户为主，每十年更定一次，曰“大造黄册”。黄册中的户以里甲制的形式编排，以一百一十户为一里，推举其中丁粮多者十户为里长，余百户分为十甲，每甲十户，凡一户之内的丁口老幼及所有资产之数，皆详细记录。由于十年更定一次黄册，因此里甲制度每一年都有所谓“值年”里长、甲长董理一里一甲之事，其余九甲则“排年”轮值，待大造之年，周而复始。以户为主的意思是黄册之中以户为中心，采用旧管、新收、开除、实在“四柱法”对每一户所有土地的变化情况作出标注。我们可以看到，以大造黄册为形式规定的里甲制度，实际上有着均贫富、限兼并的意味。明人常谓“均田均役”，都是在倡导修明恢复里甲与黄册制度。

二、一条鞭法

明代在一条鞭法施行之前的田赋制度沿袭唐宋以来的两税法，明代两税即夏税与秋粮，分夏秋两季征收。缴纳的物品，夏税以小麦为主，秋粮以水稻为主，稻麦皆通称为“本色”，如以丝、绢、钱、钞或银等物替代稻麦，谓之“折色”。关于役法，大致而言可分为三种：“里甲”、“均徭”与“杂泛”。按里甲编户所征“正役”为“里甲”，故又称“里甲正役”，凡里甲人户，皆开载于赋役黄册内，承担里甲之内督催税粮、追摄公事；按丁承担的徭役为“均徭”，其为正役之外服务于官府的经常性以致固定性的杂役的统称；官府一切临时需要特殊签派、差遣不定者均为“杂泛”，也称“杂役”。

以上仅为对赋役制度最简要的介绍，实际情形远比上述复杂，再加上执行中各种册籍记录者上下其手、徇私舞弊，导致富豪大户逃匿赋税徭役，而贫苦大众却被敲骨吸髓。如此混乱的情形，至明代中叶正德年间变得愈加严重，因此，社会上有关简化赋役制度的呼声此起彼伏。一条鞭法的改革就是在这种情况下发生的。

由于这种简单化的要求，在各地普遍产生了一些比较一致的现象与做法。其一，赋役内各项的合并；其二，赋役各项皆用银折纳。田赋内各项的合并，首先是田地的种类与科则上的区分被逐渐合并，“均粮”与“均则”运动四起，其次是田赋内各税项的合并，如一些地方夏税混入秋粮代征，其后连夏税之名目也被取消。在役法上的合并，如里甲、均徭虽然大体上以人户、丁口、资产为征收的依据，但性质与编签方式各有不同，但至嘉万年间好多地方里甲亦并入均徭内编派。又如杂役与均徭原有分别，但后来人们亦将其编入均徭。除了赋役的合并趋势，更需指出的是赋役各项都用银缴纳的趋势，即折色征收常态化。所以，经过相当长的时间后，政府与纳税者都很清楚地依照法定的银数征收与缴纳，而将折纳的本意抛诸云外。

以上两种趋势，即各项赋役的合并与折银缴纳，都是以简单化为出发点，一条鞭法之前的各种赋役改革几乎都有这种趋势，只是程度不同而已。从字面意义来说，一条鞭就是将赋役内各项正杂条款合并编起来，使其化繁为简，以便于征收。所以鞭字在当时亦多写作“编”。一条鞭法便是将不同款项用同一方法编排之意。梁方仲先生认为“编”字才是正字，“鞭”为俗写。〔1〕一条鞭法，是一种历史上与地域上的发展，各时各地的办法都不完全一样，但其最主要的办法有三点：一是役与赋的合并，二是赋役的征收与解运事宜，由民间自理改为由官府办理，三是各项赋役普遍采用折银的方式征收缴纳。

对于一条鞭法这一赋役制度的变革，当时及后世一直存在着争论。赞成者的理由有：一、款目简单；二、税额确定；三、征输便利；四、负担公平。反对者的理由有：一、负担不公；二、纳税者牺牲不一致；三、南北方情形不同，便于南而不便于北；四、改革后年年应役过于频繁；五、一条鞭总一征收过于迫切；六、混征混支易于被侵吞；七、不论仓口、不开石数易于作弊；等等。〔2〕总之，一条鞭法的优势在于征收便利，意义在于将原本属于人的负担转移到田地资产上，当然，其弊端也很明显，时人已经有所指出。

三、所有权

明朝沿袭前代传统，民事行为规范仍以法律法规、习惯及礼教为主要渊源。不过晚

〔1〕 参见梁方仲：《一条鞭法的名称》，载梁方仲：《明代赋役制度》，中华书局 2008 年版，第 3 页。

〔2〕 参见梁方仲：《明代一条鞭法的争论》《明代一条鞭法的论战》，载梁方仲：《明代赋役制度》，中华书局 2008 年版，第 62—86、103—175 页。

期商品经济得到较大发展，社会关系的复杂化，使明朝民事法律在一些方面呈现出不同程度的变化。明朝私有财产规模日渐扩大，刺激所有权观念的强化，要求法律加强对所有权关系的调整。

明朝土地所有制的基本形式包括官田和民田。官田属于国家所有，禁止买卖私占；民田属于官僚、地主和小自耕农所有，允许买卖。因此，随着土地买卖的发展，地权流转的频繁，土地所有权关系不断变化，导致明朝土地兼并十分严重，政府控制的官田不断流失，民田数量远超过官田，土地私有制达到前所未有的水平。

对于无主土地，明朝则强调先占原则，保护先占者利益。明初朱元璋为促进农业发展，鼓励开垦荒地，曾宣布凡是战乱抛荒的土地，允许垦荒者占有开垦，即获得该土地的所有权，如果田主返回，则由官府另行拨田耕种。垦荒者仅承担归还坟墓和房屋给原主的义务。

洪武年间还通过核查田亩编造“鱼鳞图册”，即丈量核实土地，绘图登记，编类为册，使田地的多寡等级、赋税的科目数额，皆有图册可凭，以法律确认现存的各种形式的土地所有权，而且使田产户籍不易隐匿逃避。

另外，强调先占原则的精神也体现在对遗失物、埋藏物所有权归属的规定上。明律规定遗失物在公告期内被主人领回时，拾得人可获得一半；公告期满无人认领则由拾得者获得遗失物的全部所有权，法律保护的重点不再是遗失人的所有权，而是拾得人的所有权。

四、契约制度

明朝商品经济迅速发展，契约制度在明朝得到进一步发展，成为债的主要发生依据。

契约形式方面，明朝法律并无具体规定，但民间民事习惯所确认的契约形式已相当规范，当事人一般也按各种契约格式订立契约。契约形式主要分单契和合同契两种，均以双方协议为基础，其区别在于，单契是一方出给另一方收执，验证时不发生合契问题的契约，而合同契一般一契两纸，双方各执一契，验证时必须合契。因单契在立契、转移权利手续上较简便，遂成为契约的主要形式，与历代情况类似，明朝大量契约原件多数为单契。[1]

契约种类主要包括买卖、借贷、典当、租赁等。

买卖标的物包括动产和不动产。相比宋元时期法律，明朝法律大大简化在土地房屋买卖方面的限制。既废除自唐末以来土地房屋买卖“先问亲邻”的法定程序，又废除了元代土地房屋买卖要先经官府批准的程序。大明律规定，土地房屋买卖订立书面契约，必须经过官府加盖官印并缴纳契税，以及将土地赋税负担过户到买方的“过割”程序，否则承担法律责任。[2]

---

〔1〕参见张晋藩、怀效锋主编:《中国法制通史》(第7卷)，法律出版社1999年版，第239页。

〔2〕参见《大明律·户律·田宅》。

借贷契约方面，基本沿袭元代法律的规定。明律设“违禁取利”条，规定利率为月利不得过三分（3%），利息累计不得超过原本。违律笞四十，余利计赃重者，则以“坐赃”论处，罪止杖一百。对于债权的担保方式则无规定，不过禁止债权人抢夺债务人财产抵债，否则杖八十，超过债务本利部分则计赃以“坐赃”论处，罪止杖一百徒三年。

违契不偿也构成犯罪，按照所欠本利数额处以笞杖刑，罪止杖六十。

土地房屋的出典和动产的质押在明律中均称为“典当”。土地房屋的典当程序和买卖完全相同，而对于出典和收赎的年限、典权人的转典及先买权等则无明确规定。动产典当即“质押”，利息限制不得超过月利三分，债务人满两年不赎，质押物则归质权人所有。

五、婚姻与继承制度

《大明律》从户婚中独立分出《婚姻门》计十八条，并结合令例、礼制有关规定，共同调整明朝的婚姻关系。在具体法律制度方面，继承传统法律而略有调整，主要有以下几个方面：

第一，确定平民娶妾的条件。明律不仅按等级限定贵族官僚娶妾的数量，还明确规定了平民娶妾的条件。《大明律·户婚·婚姻》规定：“其民年四十以上无子者，方许娶妾，违者，笞四十。”普通平民只有在四十岁以上且无子的情况下才可娶妾一名，违者笞四十。但是并没有规定强制离异，其处罚不重，也一般可折换成赎刑，因此这限制平民娶妾的律条也就实际成为一纸具文。

第二，婚姻解除方面的调整。明律沿袭传统法律规定的如“七出”“义绝”“和离”“违律为婚”等婚姻解除条件，但略有变化。一是明律所释“义绝”与唐律所称“义绝”区别较大，更侧重于婚姻关系本身的状况。《大明律·刑律·诉讼》规定：“义绝之状，谓如身在远方，妻父母将妻改嫁，或赶逐出外，重别招婿，及容止外人通奸。又如本身殴妻至折伤，抑妻通奸，有妻诈称无妻，欺妄更娶妻，以妻为妾，受财将妻妾典雇，妄作姊妹嫁人之类。”二是扩大禁止通婚的范围。不仅禁止中表婚，更强调近亲的姻亲不得结婚，明确规定凡是兄亡弟娶嫂、弟亡兄娶弟妇，要处以绞刑。

第三，进一步扩大“夫权”。丈夫有权教令妻子，赋予其惩戒权。《大明律·刑律·斗殴》规定：“其夫殴妻，非折伤，勿论；至折伤以上，减凡人二等。须妻自告乃告。”相反妻子骂夫、殴打丈夫要加罪二等。妻子谋杀丈夫处以凌迟，而丈夫杀死有罪妻子仅处杖一百。并沿袭元朝法律的规定，丈夫有权在通奸场所将通奸的妻子和奸夫当场杀死，即“凡妻妾与人奸通，而于奸所，亲获奸夫奸妇，登时杀死者，勿论”[1]。另外，还赋予丈夫对妻子的监护权，明律规定：“凡妇人犯罪，除犯奸及死罪收禁外，其余杂犯，责付本夫收管。”[2]

第四，鼓励寡妇守寡。《大明令》规定，民间平民的寡妇，在三十岁以前丈夫死亡，

---

〔1〕《大明律·刑律·人命》。

〔2〕《大明律·刑律·断狱》。

能够守寡至五十岁以上仍未改嫁，则可以申请“旌表门闾”，免除本户差役。丈夫死后立志守寡，可以继承丈夫应继承的财产。若是以后又改嫁的，则丧失所继承的丈夫家的财产以及自己原来的嫁妆所有权。

关于继承方面，明朝法律仍坚持身份继承的嫡长子继承制和财产继承的诸子均分制。其一，在身份继承方面，明律注重维护嫡长子继承制。《大明律·户律·户役》“立嫡子违法”条规定，凡是“立嫡子违法者，杖八十”。另外，禁止以异姓为嗣子。《大明令》规定立嗣顺序为亲侄、堂侄、族侄，同宗中无侄辈可立嗣，才可立同族远房侄辈。其二，在财产继承方面，突出保护直系晚辈亲属财产继承权利的原则。根据《大明令》的规定，财产继承的第一顺序继承人是亲生子，包括妻生子、妾生子、婢生子、奸生子；第二顺序继承人是拟制血亲的嗣子；第三顺序继承人是已出嫁的女儿（在室女与儿子一起继承）；没有立嗣，又没有女儿的，财产充公入官。寡妻比较特殊，若是寡妻有儿子并立志守寡，且不分析家产，则仍由寡妻掌管家产；若儿子各已成家立业，寡妻命令分家析产，则寡妻可以获得和儿子同样的一份遗产。继承的份额，明朝实行“诸子均分”原则，无论是妻生子、妾生子还是婢生子都一样均分，奸生子与上述各类儿子一起继承时，继承份额为其二分之一；若是没有上述儿子，则应为死者立嗣，奸生子和嗣子平分遗产；若是没有适合立嗣的对象，则奸生子可继承全部遗产。

第五节　司法诉讼制度

一、中央与地方之司法机构

（一）中央司法机构

与唐宋制度不同，明代中央司法机构的名称、职掌均发生了变化，一改大理寺、刑部、御史台体系为由刑部、大理寺、都察院组成的“三法司”体系，虽然恢复了唐宋时期中央朝廷的审判、复核、监察分立体制，但做出了自己的调整。“刑部受天下刑名，都察院纠察，大理寺驳正。”[1]刑部增设十三清吏司，分掌各省案件，加强对地方的司法控制。大理寺掌复核驳正，发现有“情词不明或失出入者”，驳回刑部改判，再行复核。都察院设十三道监察御史，纠察百司，其参与司法活动限于会审及审理官员犯罪案件。

当遇到重大案件时，由三法司长官会同审理，称“三司会审”。明朝以六部尚书及左都御史、通政使、大理寺卿为九卿，当遇到特别重大案件及经反复审判而人犯仍翻异不服的案件，则由此九卿会审，也称“圆审”。无论是三司会审，抑或九卿会审，最终都需奏请皇帝裁决。

〔1〕《明史·刑法志》。

（二）地方司法机构

明代自中央以下，简而言之可分为省、府（州）、县三级，地方各级衙门的重要职责之一就是审理案件、解决纠纷。明代省一级衙门分为都、布、按三司，分别是都指挥使司（都司）、承宣布政使司（藩司）与提刑按察使司（臬司）。三司分管军政、民政与司法监察，提刑按察使司是省级司法机构。《明史·刑法志》云："按察名提刑，盖在外之法司也。"府一级设知府、同知、通判、推官，其中推官一职因排名第四，又称"四府"，俗称司理（或司李），为府一级掌理刑名之官员。明代的州有散州（属州）与直隶州之别，正印官皆称知州，"属州视县，直隶州视府，而品秩则同"[1]。基层的衙门是县，正印官为知县。知州、知县皆为在其辖境执掌司法审判之官。

明代法律禁止越级上告，因此如有纠纷与案件，百姓应自最基层衙门告起。此外，明初还于乡里设立了申明亭，一般户婚官司必先诉于里甲，不决再诉于县衙，不经里甲调停而直接诉于州县者要按越诉处理。就明律内容而言，极少涉及今日我们所谓民商事法律规范，户婚、田土、钱债、斗殴等细事法律规定不多，因此对于此类案件，基本以调解处理为主，调解的依据主要以儒家经典、历史典故、生活常识为核心，与老百姓日常生活息息相关的知识最能够被当事人接受。

（三）管辖

关于司法管辖的原则，总的来说就是以原告就被告，起诉原则上应向被告所在地官府提起，由被告所在地官府管辖。此外，还有以轻就重、以少就多、以后就先等原则。以轻就重，即轻囚就重囚，同一案件被告在几个不同地方时，由其中罪名最重的被告所在地官府管辖。以少就多，即少囚就多囚，同一罪名的被告分散在几处，由被告人数最多的地方官府管辖。以后就先，即后发就先发，若罪名相同、各地被告人数相当，则应由最先受理案件的官府管辖。此三种情况，以相隔三百里为限。若相隔三百里以外，则由各地官府审理结案，以减少押解犯人的风险。

二、厂卫特务机构侵夺司法权力

厂卫干预司法，甚至是取代司法机构的某些职能，是明代司法制度的一个特点。如果说前述中央与地方司法机构的制度设计是明朝试图恢复传统政治的话，那么厂卫侵夺司法权力则是君主独裁使然，这也呼应了本章开头所引钱穆先生之言。我们理解明代的制度，都可以放在这一框架中讨论。

厂，是指东厂、西厂与内行厂。东厂是掌管侦伺缉捕的特务机构，以其内署在东上北门而得名，其外署在东安门外以北。永乐十八年（1420 年）始设，有钦差总督东厂官校办事一员，简称总督东厂或提督东厂，厂内则称督主或厂公。提督东厂一般由秉笔太监中最受皇帝宠信的一人兼任，司礼监掌印太监提督东厂的情况也有。《明史·职官志》云："东厂权如总宪。"总宪指都察院都御史，说明东厂地位之尊贵。东厂之外，还有西厂和内行厂。西厂先后见于宪宗、武宗两朝，内行厂仅见于武宗朝。成化十三年（1477

〔1〕《明史·职官志》。

年）正月，明宪宗始设西厂，命太监汪直提督，前后设置五年多。武宗正德元年（1506年）十月又恢复西厂，武宗既设西厂，正德三年（1508年）又开内行厂，凡两年，侦伺范围更广，连东西厂也在侦查之列。

卫，即锦衣卫，原来是皇帝亲军卫里“上十二卫”中最亲信的一支，主要职责是掌管皇帝出入仪仗及警卫事宜。锦衣卫相较于其他卫而言，地位尊而权力大。起初，锦衣卫与其他京卫相同，下设镇抚司掌管本卫刑名，兼管军匠。洪武十五年（1382年），分设南北镇抚司，南司专理本卫刑名，北司专治诏狱，即以兵兼刑，掌有缉捕、刑狱之权。洪武二十二年（1389年）罢锦衣卫狱（北镇抚司狱），废除锦衣卫之司法权，但成祖时又复设北镇抚司狱，恢复锦衣卫之侦缉权，专典诏狱，负责预审皇帝交办的案件。明宪宗时，北镇抚司承办的案件直接向皇帝报告，锦衣卫堂上官不得干预，三法司更不能与之抗衡，其权势日重。北镇抚司（简称北司）成为直属皇帝的预审机构，其预审案件再移送刑部，按其所拟判决宣判。

《明史·刑法志》说：“刑法有创之自明不衷古制者：廷杖、东西厂、锦衣卫、镇抚司狱是已。是数者，杀人至惨而不丽于法。踵而行之，至末造而极。举朝野命，一听武夫、宦竖之手，良可叹也。”在皇帝的纵容之下，厂卫由权倾一时的宦官刘瑾、魏忠贤操纵，用来迫害异己、制造白色恐怖。明代没有规定过厂卫的司法职责，但是厂卫特务从事侦缉、审判等涉及司法活动的各个环节，实际权力远在三法司和其他中央机构之上。

厂卫及镇抚司所使用的刑罚也大多是法外之刑，被审问者甚至要受到械、镣、棍、拶、夹棍多种刑具的拷打，谓之“全刑”。结果是“五毒备具，呼譽声沸然，血肉溃烂，宛转求死不得”[1]。如此法外施刑，表明君主专制制度破坏传统制度状况尤甚，统治者滥用权力的结果，完全破坏了社会正常的法治状态，同时也加速了其走向覆灭。

重要名词术语

《大明律》、《明大诰》、《问刑条例》、《明会典》、比附原则、内阁、都察院、充军、廷杖、厂卫

思考题

1. 试述明大诰与“教民榜文”的特点。
2. 如何理解“一条鞭法”的实行?
3. 试述明律所谓“重其所重”“轻其所轻”的特点。

典型案例分析

1. 朝廷设置百官，分理庶务，于中恐有未当，所以特设御史，司朕耳目，纠察百

---

〔1〕《明史·刑法志》。

司，得以风闻言事，激浊扬清，号为风宪之官。士生何幸，获居是仕。自昔有志之士，虽位登宰辅，而先不得为御史者，于心终有未惬，其任可谓重矣。今朕设监察御史，任同乎古，往往由进士、监生即授是任。其中有等不才之徒，不知官之清要，不知职之在乎纠人，乃假御史之名，扬威胁众，恣肆贪淫。如刘志仁、周士良二人，俱由监生擢任监察御史，为追问剋落课程等事前往淮安，暗行体察，明彰追问。其刘志仁等一到淮安，辄欲非为，恐为淮安、大河二卫守御官所觉，于是提取二卫卷宗查刷。查出二卫俱将积年害民皂隶人等二百六名收补军役，心喜其弊，声言具奏，实肆把持之术，并不以状来闻。自是与卫官日相往来，饮酒游猎，因得大肆贪婪之心，时常挟妓饮宴，并不将巡阑陈五等原侵欺课程追征还官，却乃指以追赃为由，故纵巡阑诬指平民，帖下乡村，遍邑科扰。又行容留里长鞠七等说事过钱，受银一百五十两、金三十四两、钞二万五千二百贯，如此害民。岂止如此，乃敢将民人夏良等故以指赃为由，拍收各人妻小，捶楚威逼，因而奸骗。如此妄为百端，以致事发。及至差锦衣卫千户蒋福前去追提，其刘志仁等自知罪不容诛，却用银七十两、金四两、钞五十贯、纺丝四表里及绵布等物，买求本官至京好言，欲以掩其罪恶。呜呼！既已为恶，事已发露，方用取受之赃转赂于人，欲以求免，其可得乎！当其设计之初，把持军卫，然后肆恶贪淫，自以为不致败露，岂知罪恶贯盈，神人共怒，罪将焉逃！所以刘志仁等凌迟示众，以快吾被害良民之心。凡百有官君子，观之戒之。

——《御制大诰三编》

这则材料出自《御制大诰三编》。首先讲述朝廷设官分职，设置监察官员的目的与作用。然而，实际情况并不如设想的一样，监察官员也会知法犯法，为害地方。大诰内容以刘志仁等担任监察御史期间的罪行并最终被处以凌迟之刑为例，告诫官员知法犯法的严重后果，以期达到以儆效尤之功效。

2. 审得倪子贵毒死刘亚相一案，非董推官一为洗发，亚相之冤，终不泄矣。查当日冼存业之结亚相以补军伍，证亚相以得军产，岂真忠于亚相哉。不过眼热数亩之产，欲因以为德，而坐收其利耳。亚相吝田不予，恩乃成怨。捏一无赖之倪子贵为刘成举，树亚相之敌，攫亚相之产。而不杀亚相，子贵何繇补军伍而得军产。此存业鸩亚相之本谋也。卑职亲简亚相骸骨，处处黑色，其为毒死无疑，恨存业已就天刑，无从起而讯之耳。子贵呼天吁地，以不知情为辩。职察之，子贵一饿孚耳，存业藉以为囮，用其人而并秘其谋，情或有之。今存业已死，又无旁证之者，若臆而入之，恐死不冤而生又冤也。以矜疑改遣，一死一戍，亦足谢亚相于地下矣。冼道权、卢金平等俱依原案发落，招详。

布政司清军道批：仰候巡道转详行缴。

兵巡道批：倪子贵同冼存业谋刘亚相，杀机动于夺产。加功前审逼真，今复狡口哓哓，特以存业既故，无能再证耳。且首犯已终天年，子贵不抵恐亚相不肯瞑目也。仰广州府再一确审，详报。

——《盟水斋存牍》

分析：本则材料记述了一起谋财害命案件的始末原委。刘亚相因冼存业介绍递补行伍而得军产数亩，冼存业并非热心帮忙，而是企图在刘亚相得到田产之后坐收其利，但刘亚相并不领情，“吞田不予”。冼存业、倪子贵为得其田产，合谋将刘亚相毒杀。经知府、推官对刘亚相尸骨检验及对相关人员审讯，最终案情得以昭雪。

3. 马录字君卿，信阳人，以进士授御史。出按山西，而妖贼李福达狱起。福达者，崞人，初坐妖贼王良、李钺党，戍山丹卫。逃还，更名午，为清军御史所勾，再戍山丹卫。复逃居洛川，以弥勒教诱愚民邵进禄等为乱。事觉，进禄伏诛，福达先还家，得免。更姓名曰张寅，往来徐沟间，输粟得太原卫指挥使。子大仁、大义、大礼皆冒京师匠籍。用黄白术干武定侯郭勋，勋大信幸。其仇薛良讼于录，按问得实。檄洛川父老杂辨之，益信。勋为遗书祈免，录不从，偕巡抚江潮具狱以闻，且劾勋庇奸乱法。章下都察院，都御史聂贤等覆如录奏，力言勋等党逆罪。诏福达父子论死，妻女为奴，没其产，责勋对状。郭勋者，武定侯英元孙也。世宗初，掌团营。大礼议起，勋知上意，首右张璁，世宗大爱幸之。复进方士段朝用，云以其所化金银为饮食器，可不死。帝益以为忠。至是勋惧，乞恩，因为福达代辨，帝置不问。会给事中王科、郑一鹏等交章劾勋，谓罪当连坐。勋亦累自诉，且以议礼触众怒为言，帝心动。勋复乞张璁、桂萼为援。璁、萼素恶廷臣攻己，亦欲借是舒宿愤，乃谓诸臣内外交结，借端陷勋，将渐及诸议礼者。帝深入其言，而外廷不知，攻勋益急。帝益疑，命取福达等至京下三法司讯，既又命会文武大臣更讯之，皆无异词。帝怒，仍下廷鞫。尚书颜颐寿等不敢自坚，改拟妖言律斩。帝犹怒，命法司俱戴罪办事，遣官往械录、潮及前问官布政使李璋、按察使李珏、佥事章纶、都指挥马豸等。时璋、珏已迁都御史，璋巡抚宁夏，珏巡抚甘肃，皆下狱廷讯。乃反前狱，抵良诬告罪。

帝以罪不及录，怒甚。命璁、萼、方献夫分署三法司事，尽下尚书颐寿，侍郎刘玉、王启，左都御史聂贤，副都御史刘文庄，佥都御史张润，大理卿汤沐，少卿徐文华、顾佖，寺丞汪渊狱，严刑推问，遂搜录箧，得大学士贾咏、都御史张仲贤、工部侍郎闵楷、御史张英及寺丞渊私书。咏引罪致仕去，仲贤等亦下狱。萼等上言：“给事中刘琦、常泰，郎中刘仕，声势相倚，挟私弹事，佐录杀人。迩者言官缔党求胜，内则奴隶公卿，外则草芥司属，任情恣横，殆非一日，请大奋乾断，彰国法。”帝纳其言，并下诸人狱。萼等遂肆榜掠，录不胜刑，自诬故入人罪。萼等乃定爰书，言寅非福达，录等恨勋，构成冤狱，因列诸臣罪名。帝悉从其言。谪戍极边，良抵死，众证皆戍，寅还职。录以故入人死未决，当徒。帝以为轻，欲坐以奸党律斩。萼等谓张寅未死，而录代之死，恐天下不服，宜永戍烟瘴地，令缘及子孙。乃戍广西南丹卫，遇赦不宥。帝从之。以萼等平反有功，劳谕之文华殿，赐二品服俸、金带、银币，给三代诰命。遂编《钦明大狱录》颁示天下。是时刑部主事唐枢上疏言：

“李福达之狱，陛下驳勘再三，诚古帝王钦恤盛心。而诸臣负陛下，欺蔽者肆其谗，谄谀者溷其说，畏威者变其辞，访缉者淆其真。是以陛下惑滋甚，而是非卒不能明。臣窃惟陛下之疑有六。谓谋反罪重，不宜轻加于所疑，一也。谓天下人貌有相似，二也。谓薛良言弗可听，三也。谓李珏初牒明，四也。谓臣下立党倾郭勋，五也。谓崞、洛证佐皆仇人，六也。臣请一一辨之。福达之出也，始而王良、李钺从之，其意何为？继而惠庆、邵进禄等师之，其传何事？李铁汉十月下旬之约，其行何求？‘我有天分’数语，其情何谋？‘太上元天，垂文秘书’，其辞何指？劫库攻城，张旗拜爵，虽成于进禄等，其原何自？钺伏诛于前，进禄败露于后，反状甚明。故陕西之人曰可杀，京畿中无一人不曰可杀，惟左右之人曰不可杀，则臣不得而知也。鞫狱者曰诬，必言所诬何因。曰仇，必言所仇何事。若曰薛良，仇也，则一切证佐非仇也。曰韩良相、戚广，仇也，则高尚节、屈孔、石文举非仇也。曰魏泰、刘永振，仇也，则今布按府县官非仇也。曰山、陕人，仇也，则京师道路之人非仇也。此不用疑六也。望陛下六疑尽释，明正福达之罪。庶群奸屏迹，宗社幸甚。”

疏入，帝大怒，斥为民。初桂萼等反李福达之狱，举不直萼等。而以寅、福达姓名错互，亦或疑之。至四十五年正月，四川大盗蔡伯贯就擒，自言学妖术于山西李同。所司檄山西，捕同下狱。同供为李午之孙、大礼之子，世习白莲教，假称唐裔，惑众倡乱，与《大狱录》姓名无异，同竟伏诛。

暨穆宗即位，御史庞尚鹏言：“据李同之狱，福达罪益彰，而当时流毒缙绅至四十余人，衣冠之祸，可谓惨烈。郭勋世受国恩，乃党巨盗，陷朝绅，职枢要者承其颐指，锻炼周内，万一阴蓄异谋，人人听命，祸可胜言哉！乞追夺勋等官爵，优恤马录诸人，以作忠良之气。”由是，福达狱始明。

——《折狱龟鉴补》

分析：李福达案是明世宗朝一个比较著名的案件，并被编成《钦明大狱录》以警示世人。张寅因借贷纠纷而被人发现其是早年妖言反叛朝廷的罪犯李福达，此案遂进入朝廷的视野。在案件的审理过程中，又涉及开国元勋之后武定侯郭勋受张寅（李福达）之请为其开脱，郭勋在朝廷中亦有其同党相助，使得案情更加复杂。经多次审理，数名官员牵涉其中，一起刑事案件受到朝廷政治因素的干预，几经转折，最终查明真相。

明太祖朱元璋出身布衣，深知民间疾苦，对贪官污吏极为痛恨。案例一中的“御史”，就是代朱元璋监察百官的耳目，官吏是否称职、是否清廉，是这些御史要关注的重点问题。但御史权力扩张，客观上也造成了权力寻租、权权交易的空间，御史如与监察对象沆瀣一气，欺上瞒下，造成的恶劣影响可以想见。案例二则与明代特殊的户籍制度有关。在明代，户籍与职业关系密切，军户之家世代为军，不能脱籍。但本案中，冼存业可以为了谋取田产而和刘亚相串通一气，也能为了谋取田产伙同倪子贵毒死刘亚相，而倪子贵作为一个外姓人，轻而易举便能“补军伍而得军产”，当时户籍管理的混乱可见一斑。明代的司法审判体制已经相当繁复，程序也相当严密，但君主的意志是司法过程中起到决定性作用而又最不可捉摸的因素，跌宕起伏的案例三恰是这一点的绝佳例证。

第十一章　清代法律（上）

【内容提示】

建立清朝的民族与历史上的金人同源，皆为肃慎、靺鞨、女真一脉。17世纪初，建州女真首领努尔哈赤在东北崛起，逐步统一女真各部，于明万历四十年（1616年）重新建立金国（史称后金），其子皇太极在登上汗位之后进一步与蒙古诸部征战结盟，于1636年改元崇德，改国号为大清，改女真族名为满洲，正式称帝。当时，李自成、张献忠等人领导的烽火近乎遍及全国。山海关内外这两股强大的政治势力，在客观上形成了相互配合而共同对付明廷的局面。1644年（明崇祯十七年、清顺治元年），在李自成率领的农民军攻陷紫禁城之时，建国近三百年的明朝土崩瓦解。随后，吴三桂开关延请清军，以满洲贵族为核心的满洲、蒙古、汉军八旗联盟，以空前积极的态势与风卷残云之气势，打着替明朝复仇的旗号，向南推进，逐步统一全国。

清朝作为传统中国的最后一个朝代，自然承继了传统中国经久集萃的核心政治制度，尤其是在明代前期运转良好而中后期却因各种原因崩坏的各项制度。这些制度在清初有所恢复与发扬。所谓"清承明制"，实际是勃兴于东北边陲文化相对落后的部族，对于中原文明的学习模仿借鉴并为其所用的过程。清朝统治者以异族入主中原，特别注重吸取历代统治经验，清代前期一百多年间，统治者励精图治，出现了所谓的"康乾盛世"。然而，清朝毕竟是依靠少数人（以满洲、蒙古、汉军八旗为代表的军事政治同盟）建立起来的疆域广阔的多民族国家，而只有满洲贵族统治集团是支持与拥护皇权的真正核心力量。因此，清朝的制度既要承认与利用传统政治制度与理论，又要维护满洲贵族统治集团的特殊利益，这是一种部族专制凌驾于依靠读书人的传统政治伦理之上的制度，明白这一点是理解清朝各项制度的关键。〔1〕

18世纪末叶，清政府统治渐趋腐朽，各种社会矛盾蓄积待发。19世纪初，西方列强以鸦片打开中国国门。1840年爆发的鸦片战争以清廷失败为结局，此后中国主权不断丧失，社会矛盾日益激化，逐步陷入半殖民地半封建的深渊。清政府面对内外交困，为维持其统治而试图实行"变法新政"，但最终未能挽救其灭亡之命运。从1644年清军入关到1912年清帝逊位，清朝统治延续了268年。本章叙述的是晚清受内忧外患冲击而不得不变法图强进行法律改革以前的法律制度。

清统治者继承明代法制的优秀成果，纠正前朝刑罚酷滥、宦官特务干预司法等弊

---

〔1〕 参见钱穆：《中国历代政治得失》，生活·读书·新知三联书店2012年版，第144—148页。

端，建立与专制制度相适应的具有本朝特色的法律制度。这一时期法律制度的重点在于：清朝法律形式仍以律、例、会典为主；例成为清朝最重要的法律形式；比较注重少数民族立法。同时，清朝统治者既注重以法律维护满洲贵族甚至普通旗人之特权，更注重思想文化领域的专制统治。犯罪与刑罚具有其特点。司法方面进一步加强中央集权，完善会审制度。

第一节 法律思想与法律体系

一、清入关以前法制概况

在努尔哈赤于明万历四十四年（1616年）建立政权后的相当长一段时间内，其社会内部主要依靠世代相传的习惯法来调整各种社会关系。清世祖福临在顺治三年（1646年）御制《大清律集解附例》序中说，“朕惟太祖、太宗创业东方，民淳法简，大辟之外，唯有鞭笞”，便是这一时期的生动写照。在努尔哈赤统治时期，大汗的“谕令”是具有最高效力的法律形式。在皇太极统治时期，虽然谕令仍然是重要的法律渊源，但以成文的形式公布的法令开始占有越来越大的比重。在太宗朝后期，成文法逐渐取代了不成文的习惯法。

在太祖、太宗两朝，其法律制度的发展，在不断借鉴明朝法律文化的基础上，呈越来越快的发展趋势。“参汉酌金”是这一时期立法政策与状况的概括表达。“参汉”就是参考明朝法制为代表的汉人法律传统，“酌金”是指斟酌吸收金人（女真）固有习惯法。特别是在入关前的最后十年，随着政治、军事实力的急剧膨胀，立法建制的工作更加频繁。到入关前，清的法律体系已经达到了相当的规模。在行政体制和行政管理方面，形成了一整套涉及国家行政机关设置、职权范围，国家官员的选拔、任免、考核和奖惩，以及各级贵族、官员的等级、衣冠发式等制度。1636年，皇太极即帝位后，一些满洲部族比较落后的习俗被逐渐革除。例如，皇太极受儒家伦理影响，认为：“明与朝鲜皆礼义之邦，故同族从不婚娶。彼亦谓既为人类，若同族嫁娶，与禽兽何异？是以禁止耳。”〔1〕

由此可见，从女真建国到清军入关这一阶段，无论是政治法律制度，还是普通百姓的生活习俗，皆受明朝及儒家文化影响，“参汉酌金”符合当时女真社会发展的实际状况，而且这一政策也奠定了入关后清朝立法指导思想的基调与趋势。

二、“详译明律，参以国制”

清代的立法指导思想可以用“详译明律，参以国制”来概括，语出清世祖为《大清

〔1〕《清三朝实录采要·太宗》卷二，天聪五年七月庚辰。

律集解附例》所作序文。清军入关前的立法思想“参汉酌金”，主要解决的问题是如何治理汉化程度颇深的满洲人，而当清军入主中原，面对的是如何治理一个非满洲民族百倍千倍于满洲的庞大国家的问题时，“参汉酌金”就显得不合时宜了。于是，以为明朝复仇的继承者自居的满洲贵族统治集团，不断对明朝的各项制度加以学习，首先便是将明朝的典章制度翻译成满文供统治集团学习借鉴。清世祖（顺治）即十分推崇大明制度，认为：“明太祖立法可垂永久，历代之君皆不及也。”〔1〕顺治三年（1646年）三月，翻译明《洪武宝训》成，世祖制序颁行天下，直言自认继明统治，与天下共遵明之祖训，再加上此前摄政王多尔衮下令推行的“自后问刑，准依明律”等政策，都是自古以来朝代更迭所未有之局面。清朝统治集团的这些做法，不以因袭前代为嫌，反有收拾人心之用。

满人刚入关之时，对汉文化及明朝法律制度理解不深，这一时期立法表现为简单仿效明律，浮于表面地照搬照抄。至康熙、雍正时期，立法时开始注重对具体法律制度的研究、总结，并在实践中逐步掌握儒家文化的精髓，为后来的立法积累经验。至乾隆时期，清朝的统治已经完全纳入汉文化正统轨道，融合满汉文化并体现本朝特点的基本法典《大清律例》才最终被制定出来。

由此可见，“详译明律，参以国制”的立法指导思想是在清代开国百年间的立法活动与法律实践运作中，不断被统治者加深理解，其与立法实践之间的关系是一个动态的过程。在此过程中，清代对于明朝法律制度的继承和发展，保持了法律制度的连续性与稳定性，在一定程度上减轻了朝代更替带来的社会动荡，有利于笼络汉族大臣官僚与知识分子，使其参与到新朝的治理与建设中来，清初汉人官僚士大夫阶层也借明朝制度上疏劝谏满洲君主如何成为并做好一名称职的中国皇帝，使天下生灵免遭涂炭，都具有积极意义。

三、清代基本立法活动与成就

（一）《大清律例》颁布前的主要立法活动

根据“详译明律，参以国制”的立法指导思想，入关后不久，清朝就开始了修律活动。顺治三年（1646年），《大清律集解附例》初步完成，顺治四年（1647年）三月以汉文颁行，若干年后才颁布满文，可见其基本为明律的翻版，也沿袭了集解附例的形式，律例并行。这部《大清律集解附例》共有律四百五十九条，分为七篇三十门。律条之中以小字夹注的方式附加对律文的解释，称之为集解。律条之后又附相关条例，共三百二十一条。这部法律因匆忙颁布，存在很多缺陷，但其基本沿袭明律的模式，起到了稳定当时社会秩序的作用，也开启了清代立法的基本路径。

为弥补《大清律集解附例》诸多不足，顺治十二年（1655年）又编订了《简行则例》，康熙即位后，继续修律工作。康熙九年（1670年），将《大清律集解附例》的满汉文义重新校正，将律文分别纂注，附以《比附条例》《六赃图》《真犯死罪决不待时例》《真

〔1〕《清史稿·世祖本纪二》。

犯死罪充军为民例》等，康熙十九年（1680年）完成《刑部现行则例》，之后又继续进行厘正、修订，这部法律配合《大清律集解附例》，是清代立法从简单因袭明律到结合本朝实际的开始，这一系列立法活动为后代法律制定奠定了基础。

雍正即位之初便更新律例馆，继续推行修律工作，“一字一句必亲加省览”。至雍正三年（1725年）完成的《大清律集解》，共分为六类三十门，律文四百三十六条，律文与注释均有增损改易。律首列《六赃图》等八种图表，并编附了《大清律总类》。体例上较《大清律集解附例》略有变化，在每条律文后增加了解释性的“总注”，其修改的重点主要在律文后附的条例，即在历朝旧例“原例”和康熙朝则例“增例”的基础上又补充了雍正朝新加的“钦定例”。

（二）《大清律例》

清代基本法典《大清律例》的制定工作，始于乾隆元年（1736年）。经过顺治、康熙、雍正三朝的治理与建设，清朝此时已经进入发展的鼎盛时期，各项制度也基本稳定，统治根基已经十分牢固，国家的经济经过近一个世纪的恢复发展，此时也进入繁荣发达的时期。近百年的融合，满洲贵族对汉文化的精髓有了更为深入的理解与认同，因此，制定一部反映清代社会实际的综合性基本法典的条件已经成熟。乾隆即位之初就任命三泰为总裁官，重修律例。修订者对原有律例逐条考订，重新编辑。特别是对律文后所附定例进行详细校订，折中损益。删除了原本在律例后的总注，在律例间添加小注，以补充、阐释律义。乾隆五年（1740年），《大清律例》修订工作基本完成，经过乾隆御览鉴定后，正式“刊布中外，永远遵行”。

乾隆初年修订完成的《大清律例》，其篇目结构与《大明律》相同，分名例律、吏律、户律、礼律、兵律、刑律、工律七篇。律文四百三十六条，分四十七卷，三十门，附例一千零四十九条。《大清律例》颁行以后，律、例体制定型，其一直被作为“祖宗成宪”而代代遵行。律文部分自颁布以后，终清之世没有改动。后世为适应形势的不断变化，各代君臣多将注意力集中于律文后所附条例的修订。乾隆时定制：“定限三年一次编辑”条例，设修订律例馆于刑部，到期开馆编修，后改为“五年编辑一次”，并形成五年一小修，十年一大修的惯例。延绵不绝的修例活动将新增条例陆续编入其中，每次修订包括增、删、改、并、移等情况，条例数目呈愈来愈多的趋势，乾隆二十六年（1761年）达到一千四百五十六条，嘉庆初年为一千六百零三条，至同治九年（1870年）清代最后一次修律，条例已达一千八百九十二条。

清代的律、例关系及其司法实践，是一个复杂的问题，有待更深入地探讨。《清史稿·刑法志》中描述，清代修例正如宋朝编敕，有例不用律，律多为虚文，而例日益繁碎。在两次修例的间隔期间，又会产生条例的补充形式，包括刑部通行、成案等，其与律、例共同构成清代的法律体系，在实践中都发挥了重要作用。

《大清律例》是以《大明律》为蓝本制定的中国历史上最后一部综合性传统法典。作为有清一代的传世法典，从顺治年间的《大清律集解附例》起步至乾隆五年最后完成《大清律例》，经历了将近一个世纪的探索过程。可以说，《大清律例》无论是从形式上还是从基本精神及主要内容上，都全面继承了中国传统律典的精华，反映了中华传统文化的价值。同时，这部法典的制定，充分考虑了清朝自身统一多民族国家的特点，是一部反映现实问题、适应现实需要的法典。

（三）会典

清代君臣全面继承明制，致力于会典的编纂和修订工作。康熙二十三年（1684 年），为将国家机构活动纳入“有典有则”的规范化轨道，圣祖下诏仿照《明会典》的形式起草会典。此次起草工作历时六年，史称《康熙会典》。此部会典共一百六十二卷，本着“以官统事，以事隶官”为原则，按宗人府、内阁、六部、理藩院、都察院、通政司、内务府、大理寺以及其他寺、院、府、监的次序，逐一说明各司衙门的职掌和事例。

康熙朝之后，《雍正会典》编于雍正二年（1724 年），至雍正十年（1732 年）完成，共二百五十卷。《雍正会典》是《康熙会典》的续编，内容体例没有太多变化。《乾隆会典》编于乾隆十二年（1747 年），至乾隆二十九年（1764 年）完成，在体例及内容上做了调整，将原来附在会典之后的例同会典分开，另行编纂。《乾隆会典》计有会典一百卷，会典则例一百八十卷。《嘉庆会典》编成于嘉庆二十三年（1818 年），将则例改为事例，计会典八十卷，会典事例九百二十卷，会典图一百三十二卷。事例的编排，按照各部、院衙门之事例，分门分目。附图一千四百三十幅，每图皆有说明。《光绪会典》于光绪二十五年（1899 年）完成，共有会典一百卷，会典事例一千二百二十卷，会典图二百七十七卷。

清代会典经过历朝纂修，体例和内容都非常完备。从体例而言，它以六部为纲，典例分编；从内容而言，清会典汇集了历年颁布的有关国家机构组织活动的各种律例规章，是国家机构活动的准则和依据，是研究清代国家机构源流变迁的最重要资料，也是世界文明史上独一无二的典章制度全书。

（四）各部、院法规

清代除了会典作为国家机构的总规范之外，中央各部、院等衙门，还有规制各部门事务的则例，用来规范本部门的行为。中央六部皆有自己的则例，理藩院有《理藩院则例》，都察院有《钦定台规》。在有些衙门还定有专门性的法规，如《吏部处分则例》《兵部处分则例》《吏部铨选则例》《赋役全书》《学政全书》等，这些部门法规是清代法规的重要组成部分。

（五）地方与民族法规

清朝是国土广袤的统一多民族国家，各地社会经济发展极不平衡，风俗习惯多样性分别极大。而且，作为少数民族入主中原的政权，如何处理与汉人及其他少数民族的关系，如何治理差异巨大的中原腹地与边疆部族，对其而言都是一个巨大挑战，也是极为重要的政治问题。清朝近三百年的统治，一方面是其有足够长的时间保证处理地方与民族事务方面的法规发展得比较全面，另一方面也正是由于其发达且得体地处理地方、民族事务的法规，才维持了长久的统治。

中国古代地方性立法活动系统性、大规模的出现是在明清时期。特别是清代中期以后，经济的发展带动了人口的大量增加，地方性事务因各种压力和矛盾达到一个前所未有的高度而变得日益繁难，中央的统一立法并不能有效解决此时涌现出来的各种问题。

为了促进各地社会稳定发展，清代中后期，各地方制定了大量的地方法规，地方立法权呈现出逐步扩大与制度化的趋势。

清代颁行的地方法规汇编在百种以上。有代表性的法规汇编有：《治浙成规》《西江政要》《广东省例》《福建省例》《粤东省例新纂》《江苏省例》《湖南省例成案》等。从中央与地方关系角度来看，现存以省例为代表的清代地方法规可以分为四大类：第一类是对朝廷法律的重申或强调，没有对实质性规范作出修改；第二类是对朝廷颁布的法规进行的解释性规定以及制定的实施细则；第三类是在国家立法的空白地带，甚至没有可资援引、比附对象的时候，地方衙门作出的自行规定；第四类是地方衙门对某些地方出现的问题作出的特殊规范，这也是地方性特色最强的法规类型，如《直隶清讼章程》《山东交代章程》《河南文闱章程》等。

清代的民族法规，是指为加强中央对各少数民族地区的管理，根据各民族的风俗、习惯和特点所制定的一系列专门法律规章。广义上的民族法规可以分为两类：一类是针对特定对象制定并单独汇编成书的规范性文件，另一类主要是指《大清律例》中针对少数民族地区适用的条例。一般来说，民族法规专指前者而言。

清朝入关之前已与蒙古结成军事联盟，不仅为其奠定了南下占领全国的军事基础，也为入关之后处理民族关系与治理边疆部族提供了经验。在清代中国，中央政府制定、认可了大量专门适用于少数民族地区的民族法规，如蒙古地区的《蒙古律例》、青海地区的《西宁青海番夷成例》、新疆地区的《回疆则例》、西藏地区的《西藏章程》等。在此基础上，《理藩院则例》是体系最为庞大、条款最多、适用范围最广泛的处理民族地方事务与治理边疆部族的法规，这部法规对于维护和巩固统一多民族国家的安定团结发挥了积极的作用，也为后来中国的疆域版图奠定了基础。

第二节　职官制度

清代初期，大体仍以入关前的满洲特有制度管理八旗，以明代制度统治汉人。经康熙、雍正、乾隆历代调整，才得出清代较为稳定的职官制度。

一、中央官制

内阁与翰林院虽然不是政务的中心，但在清代始终是仕途中最华贵的官职。清代内阁仍居一切官署之首，内阁之大学士与协办大学士是文臣的最高荣称，在汉人则是非翰林出身不能有入阁之资格（只有个别例外）。翰林官的出路非常优越，可以考御史，可以充主考、学政，可以放道府，可以升转京堂卿贰。特别是从道光开始，重用汉人翰林官，分布在各省督抚藩臬中的比例超过以前，至于在京的汉尚书更几乎全是翰林出身。另外有些官职的汉缺是非翰林不除授的，除上述大学士外，还有国子监祭酒、司业、内阁学士等。

清代政务的中心由雍正之前的议政王大臣转变为雍正以后的军机处。随着君主独裁的加强，清代不但从根本上废除了前代任何一种宰相制度，连明代寄耳目心腹于太监的积习也一并被清除，甚至皇室近支也并不被完全信任，军机处虽然偶有亲王参加，但始终被认为是破例之举。军机处在雍正时为临时秉承皇帝意旨而指示军事机宜的机构，乾隆以后，沿而不改，遂成定制。军机大臣无定员，一般三四人至五六人，多从部院长官中选派兼任。其职务为每日觐见皇帝，共同议政。如对中央及地方机构或官吏本身有所指示，都由军机大臣起草，以各种形式的谕旨发出。由于清代在中央官制中对待满汉职位的特殊设定，军机处的实权当然掌握在满人手中。

清代六部额设官员都以明制为基础。六部尚书、侍郎也负责国务，其中一部分已经参加了军机处，其余也可以定期觐见君主，报告本部有关事务。因清代军国大事皆由军机处所出，所以六部权力较明代有所收缩。六部以外，都察院仍延续明制，为中央高级机构之一。但由于君主专制的进一步加强，清代的御史不甚敢于放言高论，再加上有专折奏事权的翰林官同样可以建言，可以弹劾，所以御史也不是唯一具有发言权的人了。

清代中央机构中较明代有所增设的最重要衙门是理藩院。最初名为蒙古衙门，后来逐步扩大，其体制与六部无异，设尚书、侍郎及以下各官。与六部唯一的区别在于理藩院是无汉人参加的官署。

二、地方官制

清代外官的设置，大体上也沿袭明代制度。只是将总督、巡抚以及布政按察二司的职务确定下来。督抚为疆臣，藩臬二司及道员为监司官。督抚负责一省或数省的军民两政，司道则督率府县。在乾隆朝以前，还未将督抚所辖省区确定为制，乾隆时期开始设定八督十二抚，后期虽略有增减，但总体上稳定在此规模。

督抚职权也随时代而有所损益，前期总督职权皆高于巡抚，如总督管辖区域有包括三省的情况，即两江总督辖江苏、安徽、江西，但晚清时期安徽、江西巡抚不再听命于远在江宁的两江总督。至于督抚同城的情况，如两广总督与广东巡抚同驻广州、闽浙总督与福建巡抚同驻福州等，两位疆臣之间常有龃龉牵掣，导致清代最终不得不裁撤同城之巡抚。

藩、臬（布政、按察之简称）二司在明代被认为是一省的正式长官，需要定期朝觐皇帝，而督抚在地方上只是作为皇帝的钦差处理事务。至康熙时，废除藩臬朝觐的制度，布按二司不再具有直达皇帝之权，于是督抚成为实际意义上的地方长官，藩臬即成为其属员了。

道员本是两司的佐贰官，分属于两司，各有其本身的官名（参政、参议、副使、佥事），所谓某道，实际上是源自元代的行政区域名称。乾隆时，将其本身官名全部取消，只称守道、巡道，后又一般简称为道员。司道本为一体，但经此改革，道员脱离了两司，直接成为夹在司与府中间的一级。实际上有些道并不管地方行政，但这样一来，州县的文书先申府，府申道，道送司，司再呈督、抚，清代外官叠床架屋之弊由此可见一斑。

清代定制，在省之下，散州、散厅与县为基层，府与直隶州、直隶厅是上级。明清时代的府相当于唐宋时代的州，很多府即为州转化而来，但仍有一些州并未转为府，这种州即称为直隶州。还有一些州，虽然保留州的名称，但因行政区划的调整变迁已无属县，实际地位已经与县相当，这种州即称为散州。至于某些辽远或者边疆地方，尚未设县管理，则派之以府州的佐贰官同知、通判负责，重要的厅隶属于省，称为直隶厅，其余则是散厅。还有一些距离县治过远的地方设巡检司，巡检官的职权也略相当于一个小的知县。

综上所述，清代的行政区划与地方官制是经历漫长历史变迁而形成的一个相当复杂的体系。

第三节　刑事法制

一、刑罚

在基本刑罚方面，清代沿用唐宋明以来的五刑制度，在此之外，也有一些新时期的创制。

（一）笞杖刑折板

清代的笞杖刑改用竹板行刑，数量也进行了折减。笞刑用小竹板，杖刑用大竹板。按照“折四除零”的原则，笞十折为四板，笞二十折为五板，笞三十折为十板，笞四十折为十五板，笞五十折为二十板，杖刑依次类推。

（二）充军与发遣

清代沿袭明代充军之刑，比流刑更重。充军可分为：附近充军（二千里）、近边充军（二千五百里）、边远充军（三千里）、极边充军（四千里）、烟瘴充军（四千里），共五等，合称“五军”。清代为各府编制了《三流道里表》《五军道里表》，详细规定了每一府罪犯处以流刑、充军刑的相应地点。因清代已经废除军户制度，罪犯充军到某地后并不被编为军户，所以也就不再有“终身充军”与“永远充军”的区别了。所以充军与流刑的区别，仅仅体现在距离的远近上。

发遣刑是将罪犯发配至边疆地区给驻防八旗官兵当差为奴的刑罚，是仅次于死刑的重刑，比充军更重，常适用于政治犯，如文字狱案中之罪犯，为清代所独创。乾隆年间的《大清律例》已有 140 余条罪名涉及处以发遣之刑。

（三）死刑行刑种类增多

清代之死刑，除基本的绞、斩两种之外，还有凌迟、枭首等见于律内的死刑种类。对于普通犯罪之死刑，多处以绞、斩。绞、斩刑又分为“立决”与“监候”。总体而言，“立决”针对那些性质严重、案情属实、适用法律得当、无疑义的案件，而“监候”则针对那些尚有疑问或者是有矜免情节的案件。判“立决”的罪犯在当年秋天即被执行死刑，判处“监候”的罪犯暂时收监羁押，留待秋审或朝审再作判决。

作为宋元以后的极刑，凌迟刑在清代也被当作最终的刑罚，用以处死朝廷认为触犯最严重犯罪（如谋反、大逆等）之人。在清律中，除继承明律规定的十三种凌迟罪名以外，还陆续增加了劫囚、发冢、谋杀人、杀一家三人、威逼人致死、殴伤业师、殴祖父母父母、狱囚脱监、谋杀本夫等罪名，凌迟适用范围进一步扩大，直至清末才被废除。枭首也是清代使用较为广泛的死刑方法。清初，枭首刑（斩首高悬以示众）仅限于在凌迟重案中照例枭首，但随着时间的推移，枭首刑适用的范围越来越广。定例，大凡强盗、窃盗及所谓"江洋大盗"、京城及城郊的劫盗等，都规定应"枭首"，但清朝制度中，女犯例不枭首。

（四）附加刑

清代的附加刑主要有刺字与枷号。刺字是一种常用的附加刑，清初之刺字是用于强盗、窃盗等案，后来的定例中将其范围逐渐扩大，大凡凶犯、逃军、逃流、外遣、改发等，皆须刺字。清代刺字有刺面与刺臂之别，初犯刺右臂，再犯刺左臂，三犯、四犯分别刺右、左脸颊，刺字之内容为特定的图记或所犯事由或所配地方。刺字之疼痛是惩罚，刺字之标记是耻辱，同时也便于缉捕。定例规定，若被刺之人犯数年内无过，或缉获强盗二名以上，例准起除刺字，复为良民。

除刺字外，适用范围较广的附加刑还有枷号。枷号一般是在主刑执行完毕之后，将人犯带枷立于衙门之外、城门口或者集市，时间短则三五日，长则半年、一年，甚至数年。枷号在清初主要是作为优待旗人犯罪的替代刑，以代徒、流、发遣等，后来不再限于旗人，并扩大至犯奸、赌博、逃军、逃流等罪，枷号也适用于伦理、风化案件的附加刑，对那些子孙不肖、违犯教令，或是触犯奸非、"光棍"等罪名的人犯，经常枷号示众。乾隆时确定枷的重量，轻者二十五斤，重者三十五斤。

二、刑事法制的特点

（一）严惩危害统治的犯罪

清律直接源自明律，因此也承袭了隋唐以来的"十恶"制度，并将谋反、谋大逆、谋叛和大不敬等危害皇帝安全和尊严的行为列为最严重犯罪，用最为严厉的刑罚加以惩处。由于清代为少数民族入主中原建立的全国性政权，以"反清复明"为代表的各种政治暗流涌动始终，其统治面临前所未有的压力，所以清代在巩固皇权和强化统治方面的力度大于前代。

清律《贼盗》规定，凡谋反、谋大逆者，本人不分首从皆凌迟处死，父子、祖孙、兄弟及同居之男子年十六以上者，不分同姓异姓，亦不限籍之异同，不分是否残疾，一律处斩。十五岁以下男性亲属及母女、妻妾、姊妹，甚至子之妻妾都一并没收，给付功臣为奴，财产入官。关于谋叛，清律规定本人不分首从皆斩，妻妾、子女给付功臣为奴，财产入官。

为严厉打击汉族民众的反抗，清政府将汉族传统的结社、拜盟等行为列为犯罪，并按照谋叛律例处罚。乾隆时定例：凡异姓人，但有歃血订盟结拜兄弟者，照谋叛未行律，为首者拟绞监候，为从减一等。若聚众至二十人以上，为首者绞，为从发云贵极边烟瘴充军。即便未歃血盟誓，只结拜兄弟，聚众四十人以上，为首者绞监候；四十人以下，二十人以上，为首者杖一百，枷号两个月，为从，各减一等。

（二）加强思想文化领域的控制

明清之际是中国知识分子思想较为活跃的时期，尤其是经济发展水平较高、文人阶层比较集中的江南地区更为活跃。明末以来，怀疑、批判君主专制的思潮在知识分子中渐渐兴起，加之或明或暗的反清复明思想，使清政府甚感不安。为巩固统治，清初统治者一方面尊崇孔孟之道，提倡程朱理学，以八股取士让读书人进入官僚统治集团，通过编修《四库全书》来推行文化专制；另一方面则严厉打击具有启蒙思想以及反满思想的知识分子，大兴文字狱，收缴、禁毁各类反清排满或者“异端悖逆”的书籍，通过暴力手段来维护文化专制。

清代顺治、康熙、雍正、乾隆四朝一百多年时间里，有案可查的文字狱百余起，其中著名的有：康熙二年（1663 年）“庄氏《明史》案”、康熙五十三年（1711 年）“《南山集》案”、雍正六年（1728 年）“曾静案”、乾隆四十二年（1777 年）“字贯案”等。以康熙朝“明史案”为例，浙江富商庄廷鑨为求文名，招揽江浙一带高才名士，将明万历年间朱国桢所著《札史》改为《明史》刻版印行，不少江浙名士名列编者之中。由于该书是明代人原著，故记载了当时满洲兴起的情况，以及满洲与明廷的关系，如努尔哈赤曾为明建州卫左都督等事。这部《明史》中不称努尔哈赤为太祖，而径称建州都督，不按清帝年号却按南明年号纪年。后来此书被人告发，当时庄廷鑨已死，清朝统治者仍令开棺戮尸，受牵连的包括其兄弟、子侄及书稿的刊刻者、读者、保存者，甚至知道而不察举的地方官员，共七十余人被处死，其中被凌迟者十八人，其他受株连者有七百人，皆被处以发遣、充军、流刑等。

文字狱案都是根据文字随意罗织罪名，经过锻炼而成大案，一般都是牵连极广，为害也极大。由于在《大清律例》中并没有文字狱相关条款，所以对于此类案件，往往是按照或者比照谋反、大逆罪处罚，处刑皆较为残酷。

第四节 民事经济法律制度

清朝的民事经济法律制度基本因循明朝旧制，某些领域随社会关系的不断复杂化，又有丰富和发展，在传统时代为集大成者。

一、典权制度

不动产的典当制度，唐宋时期已经出现，明朝时正式载入律例。清朝中期以后，典权制度逐渐完备，主要表现在以下几个方面：

第一，明确“典”的定义。《大清律例》规定：“以价易出，约限回赎者，曰典。”

第二，对典与卖进行法律区分。雍正十三年（1735 年）诏：“民间活契典业者，乃一时借贷银钱，原不在买卖纳税之例。”确认典的借贷担保性质，典契不必与一般不动产买卖契约那样经官府加盖官印，不缴纳契税，也无须过割赋役。乾隆十八年（1753年）定例：“嗣后民间置买产业如系典契，务于契内注明‘回赎’字样；如系卖契，亦于契内注明‘绝卖永不回赎’字样。”[1]如果契约内既无“绝卖”字样，也无“回赎”字样，历时久远的，以绝卖论。

第三，明确出典人的回赎年限。民人之间典当田产，回赎期限为十年；旗人之间典当期限亦是十年；旗人将田产典给民人的回赎期限则为二十年。

第四，明确房屋出典后的风险责任问题。乾隆十二年（1747年）条例详细规定房屋出典后的风险责任及其处理办法。内容大致是：凡是出典房屋失火烧毁，年限未满者，由业主与典主双方各出价一半重建房屋，典期延长为三年，三年后业主仍以原典价赎回；如果业主无力出资，则由典主单独出资建造，典期仍延长三年，但三年后业主应按原典价的140%赎回；相反，若典主无力出资，由业主自建，则原订期限满后，业主可以按原典价的60%赎回。在出典年限已满的情况下，典主单独建造，仍加典三年，业主按原典价的140%赎回；业主自建，则按原典价的50%赎回。若双方均无力重建，则应将地基出卖，所得价款的三分之一归还业主。[2]

二、宗法制度

明清两代在宋代宗族法基础上无论内容还是形式均得到长足发展，清朝更是如此。调整范围几乎涉及族内生活的各个领域，宗族法也更为体系化和规范化，而且成为整个国家法律体系的组成部分。

首先，承认宗族及乡绅有一定的自治权，拥有对族众纠纷的裁决权。雍正年间定例，在民间推广宗族组织，允许宗族对于教化风俗之事以及户婚田土争执之事有调处和裁决的权力，事情较大者才可报官处理。甚至赋税、治安之事也可委托宗族组织。《大清律例》规定对一些轻微罪名、妇女犯罪等可责成宗族管束训诫，一些婚姻继承纠纷也可“阖族公议”，由宗族处理。

其次，重点保护族产。不仅宗族法本身对族产所有权进行保护，而且通过国家立法严禁族人对族产的侵犯。乾隆二十一年（1756年）定例，规定凡是子孙盗卖宗族祀产至50亩，发边远充军；盗卖50亩以上则按照盗卖官田律加重二等处刑，而一般的盗卖田产罪止杖八十徒二年。

清朝对宗族的保护，促使了宗族组织的极大发展。宗族法规也与国法保持一致，共同维护宗族秩序与国家统治。

三、继承制度

清朝继承制度沿袭明制，有所发展的是身份继承方面规定了“独子兼祧”制度，即

---

〔1〕《大清律例·户律·田宅》。

〔2〕参见叶孝信主编：《中国法制史》，复旦大学出版社2002年版，第335页。

一人承继两房宗祧。

“立嗣”，是传统民事制度中的一个重要内容。唐宋以后法律都规定：无子之人，可以收同宗侄辈立嗣子，嗣子一旦出继，与生父母之间的关系就变为叔侄关系。如果出继者是独子，那么本房将面临绝嗣。因此，独子能否出继成为一个法律难题。经过多年的争论，直至乾隆四十三年（1778 年）定例，规定：“如可继之人亦系独子，而情属同父周亲，两相情愿者，取具阖族甘结，亦准其承继两房宗祧。”〔1〕即出继对象是独子，属同祖的侄子辈，且是两情相愿，在经过全族具结书面保证无异议的情况下，一人可继承两房兼祧。

“兼祧”，字面理解即“由一个人同时继承父亲两兄弟两个家庭的祭祀（双祧），或者父亲三兄弟三个家庭的祭祀（三祧），这种情况不仅见于士大夫家，而且也见于农家”〔2〕，至晚清时，更有宣统皇帝“嗣穆宗，兼承大行皇帝之祧”的皇家故事。〔3〕与此相关的概念还有“独子出继”。“‘独子兼祧’与‘独子出继’的区别在于：独子出继是以独子的身份过继给叔伯，传袭叔伯而非本支的香火；而‘兼祧’则是一个人承载两个身份，以本支为主，兼承叔伯。如果兼祧者生有二子，则各继一支，分别承祧。”〔4〕陈顾远先生在谈及独子兼祧时，对其有一个简要概括：“往昔为免户绝而以立后为尚，但近亲无多丁，远房无支子，且禁止异姓乱宗，不得为后；则欲立后，或竟无后可立，又将如何处理？于是清高宗遂创‘兼祧’之法，准其以独子兼祧两门。”〔5〕由此可见，“兼祧”之法实为不得已之法，而并非鼓励之法，“兼祧”是“可以为”之法，而非“应当为”之法。

自汉魏至明清，有关大宗无后时“小宗之独子是否可以出继大宗”的理论之争一直存在。〔6〕受宗法所谓“小宗可绝，而大宗不可绝”〔7〕观念之影响，小宗独子过继为大宗之后似乎成为天经地义之选，但是采取如此人为切断小宗之父母子女天伦关系的行为，却并非儒家经义价值所取。这种两难境地是人们不愿意看到的，因此，符合儒家经义与遵从人之内心常情的大宗、小宗皆不可绝的情形，只有“兼祧”才能完成。〔8〕立子之本意在于承担祭祀之义务，而承担义务的同时，继子也享有权利，那就是其会继承遗产。从乾隆朝之前的历史看，独子出继的行为在民间并不罕见，在承继而后可以承产的利益诱惑之下，“贪产不顾宗祀”“恋财不念本生”〔9〕的现象逐渐增多，因而国家法律基于宗法礼义

---

〔1〕《大清律例·户律·户役》。

〔2〕 参见［日］仁井田陞：《中国法制史》，牟发松译，上海古籍出版社 2011 年版，第 184 页。

〔3〕 参见《清史稿·宣统皇帝本纪》。

〔4〕 郑小悠：《清代“独子兼祧”研究》，载《清史研究》2014 年第 2 期。

〔5〕 陈顾远：《中国法制史概要》，商务印书馆 2011 年版，第 238 页。

〔6〕 参见孔潮丽：《清代独子兼祧制度述论》，载《史学月刊》2009 年第 12 期。

〔7〕 此种舍小宗保大宗的观念具有非常深厚的思想渊源。“小宗可绝，大宗不可绝，故舍己之后往为后于大宗，所以尊祖，重不绝大宗也。”可见于《礼经校释》卷十五，清光绪刻后印本，亦可见《白虎通疏证》卷四，清光绪元年淮南书局刻本。“大宗者，收族者也，不可以绝，故族人以支子后大宗也。”见《仪礼管见》卷中之五，清乾隆刻本。

〔8〕 有关立后之法，属礼法上之重要议题，不同意见颇多，并非自有定论。参见吕思勉：《中国社会史》，上海古籍出版社 2007 年版，第 259—260 页。

〔9〕 参见《大清高宗纯皇帝实录》卷一〇六（乾隆四年十二月）。

对此乱象基本上予以否认。在经历了“消极禁止”“积极禁止”两阶段之后〔1〕，终于在乾隆朝开启了“积极疏导”的新局面，也就是从国家立法层面开始承认“独子兼祧”的合法性。〔2〕“兼祧”制度的确立，即民间所说“两房合一子”，解决了长期以来难解之题。

四、中国传统契约文化与国家治理的互动

通过订立契约的方式作为交易手段在中国古已有之，明代之前即已十分发达。至明清时代之中国，以契约为代表的私法体系已经形成一套非常成熟与完整的习惯制度。此时，我们从个人、社会与国家三个层面对以契约为代表的私法习惯进行观察，认识这种交易方式蕴含的传统文化之现代性价值，是理解传统中国私法及其在今日中国仍或显或隐地发挥作用的基础。

首先，从个人层面而言，形形色色的契约是当时人们日常生活的真实反映。对契约文本与多元史料所反映的契约关系进行考察，我们可以看到中国传统契约并非建立了一套以概念为中心的抽象的契约法。契约文书中的表达反映了当事人身份及其在契约中的具体关系，契约文书维系了这种关系。人们可以通过具体关系的变更不断地修正、发展、影响契约关系，从而使契约达到一种反映生活并为人们自身生活服务的运行状态。

通过对土地契约的分析，我们会发现传统中国契约的多样性，实际上是根源于当事人在契约中具体关系的复杂性。在土地所有权分化为“田底”与“田面”两种并行不悖的权利之后，关于“田底”“田面”的买卖也平行流转下去，互不影响。在交易时，人们会根据自己的不同需要与实际能力而选择“绝卖”、“活卖”或“典”。租佃契约中业主与佃户在缔结租佃契约时，详尽地规定了承租人的各项义务，租佃契约有效期内双方因具体处境的不同而展开一场试图改变已经缔结的契约内容的博弈，这些都有可能体现在产生契约并由契约联结的具体关系中。这些契约的缔结都是缔约方在生活中的具体关系的体现，在经历漫长社会变迁之后才被类型化。〔3〕

我们可以看到契约本身是传统时代中国人的一种生活方式，人们通过契约文书来进行意思表达，满足了日常生活所需要的确信与保障，使得稳定的社会秩序可以实现。虽然契约交易行为中不可避免地出现一些乘人之危、受胁迫或利诱等情形存在，但这不会成为人们通过契约文书进行自己真实意思表示的障碍。海量的契约文书表明，个人意愿在交易中得到了尊重与认可。这种“自由意志”在所谓“前现代”社会的表达，本没有什么稀奇，不过被冠以现代性的价值再现，也未尝不可。

其次，从社会层面而言，传统中国乡里社会（主要是熟人关系或者拟制的熟人关系）对于一纸文书所承载的私法关系给予了强有力的文化保障，这既是对于个人意思表示的一种支持，也是对于违约行为的限制。我们可以通过普遍存在的“中人”现象来理

〔1〕“消极禁止”意指司法判决中禁止“一子为两家后”及“独子出继”等行为，“积极禁止”意指随着争产案件的增多，官方有意识地对独子出继行为进行打击惩处的行为。

〔2〕具体过程参见郑小悠：《清代“独子兼祧”研究》，载《清史研究》2014年第2期。

〔3〕参见王帅一：《明清社会生活中的具体关系：土地契约的多样性表达》，载《社会科学辑刊》2015年第6期。

解这一问题。“中人”作为契约相对方之外的一类人，几乎存在于每一份传统契约文书之中，他们并不是契约关系所涉权利的出让者或承受者，也就是说，我们在文书中看不出其与正在进行交易的标的有何联系，但他们确是每次交易、缔约行为的参与者，且备受各方重视。无论是将其理解为一种制度还是一种习惯，都会引发人们对其普遍存在的意义产生好奇。

现代视角研究“中人”，其多被描述为中间人、担保人或者调解人等功能形象，而针对形成此功能之内在机制与文化因素的讨论不多。如果将中人问题还原到中国传统社会，通过中人以及缔约相对方构成的人际关系网络，就可以看到抽象的契约关系实际上是具体的人际关系。中人对于契约关系或者说中国传统文化观念对中国传统“私法”秩序的保障作用，便可以得到理解。在交易中借助中人将交易双方联系起来制造的“熟人”关系，使中国传统社会根植人心的道德观念可以用来维护契约关系，使相对抽象的契约关系在人际关系网络中变得具体化，使交易各方在契约关系中获得安全可靠的确信。〔1〕

中人普遍存在于契约中的现象，实际上是中国文化在具体制度上的体现，是我们理解传统中国的私法秩序的逻辑起点。中国人强调的这种“人本主义”之中的其乐融融之和谐关系，根本目的是维护各种社会关系的稳定发展，可谓与现代法治理念殊途同归。因此，中人的出现，并不仅仅是一种功能主义视角下对于契约制度的保障，只有从中国文化角度来认识中人，才能理解其在契约关系中所发挥作用的机制，才会认识中国传统社会私法运作的特点，发现其意义与价值所在。

最后，我们来谈从国家层面认识的中国传统私法的问题。史尚宽先生在其《民法总论》中提及：“然亦有以私法关系为法书规定之内容者。如所谓户律、婚律、户婚、户役、田宅、婚姻、钱债等篇目是也。此种法条之规定，且有随时代而增详之趋势，可谓皆民法也。”仅从法典涉及内容就一言以谓之曰“民法”，这种看法恐怕没有如实还原传统立法之本意，也与今日民法之旨趣大相径庭。比如在明清律《户律·田宅》中有关契约买卖田宅的内容中，首先谈到的是“税契”问题：“凡典卖田宅不税契者，笞五十，仍追田宅价钱一半入官。”纵观律典全文，我们也难以看到民法问题。

那么，在国家立法几乎“缺位”的情形下，探讨究竟何种因素维护了一个私法体系顺畅运作时，国家的力量不可忽视，但也确实不是直接因素。不仅国家在这一问题上采取了尽量不介入的态度，人们的日常生活也并不依赖国家，或者说不主要依靠国家来解决此类“鼠牙雀角”之事。明清时代国家典章制度中并未如今天的民法规范一样明确规定民间应如何运用法律来进行私法方面的活动，但也并未彻底游离于这些民间自发的私法习惯之外。

以前例“税契”及相关规定来说，国家介入田房交易，从而对民间契约习惯形成干预，并非要肆意扩张权力，而是借助民间契约交易这一私法习惯，来掌握另一项对国家而言更为重要的赋役制度的基础——土地所有权流转信息。官方对于私法行为进行干

〔1〕 详见王帅一：《明清时代的“中人”与契约秩序》，载《政法论坛》2016年第2期。

预的最终指向，是要确保其可以征得税赋。事实上，国家是在一定程度上借助了私法行为，来维护公权力的运行，并由此赋予了私法行为以正式制度的认可。值得注意的是，在此过程中，国家十分重视民间的反应，注意到权力与私法的范围应有所分界。[1]

综上，个人、社会以及国家三个层面共同构成了中国传统私法文化具体而真实的存在。核心要旨皆在崇尚理性与尊重意思自治，对民间自发形成的私法文化给予认可。就私法而言，中国文化浸润下的传统社会解决纠纷之道无须依靠国家制定法。此种“鼠牙雀角”之争即使上升到州县层面，父母官也是引经据典而非援引律例，依靠儒学、历史、常识及契约发生的社会关系网络来解决纠纷，实际上是依靠人的内心，而非像法律依靠外在的权力。苏亦工教授在其《仁、爱与权利》一文中强调：“法治是道德堕落的产物，是人类退而求其次的不得已之计。”[2]中国传统私法文化正是这种尊重人性、推崇个人道德品行的积极作用，努力于社会自发形成的私法关系之中构建和谐局面，实现长治久安。

第五节　司法诉讼制度

清代司法制度沿袭明代基本制度，也有一些自身特色，总体而言是中国传统司法制度之集大成者。

一、中央与地方之司法机构

（一）中央司法机构

清代司法机构的组织架构基本上是承袭明朝制度。在中央，刑部、大理寺、都察院三个主要司法机构构成中央“三法司”，成为皇帝之下最主要的中央司法机构，而皇帝是全国司法机构金字塔的塔尖。“三法司”的职权范围，大体上也与明朝制度相同，刑部主审，大理寺复核，都察院监督。但清代素有“部权特重”的说法，掌“天下刑罚之政令”的刑部地位更重于明代，是最受朝廷重视的一个司法机构。

此外，作为少数民族统治的国土广袤的统一多民族国家，清代的中央司法制度也有其自身特点。为维护统治阶层的特权，清廷将宗人府与内务府慎刑司作为审理满人案件的司法机构。满洲贵族的诉讼案件由宗人府会同刑部、户部共同审理，一般司法机构无权过问。内务府掌宫廷事务，设慎刑司负责审理在宫廷当差的满人案件。作为负责管理蒙古、西藏、新疆等边疆少数民族地区事务的最高机构，理藩院实际上也承担了处理相关少数民族案件的司法机构的角色。其下设理刑司负责受理少数民族地区的上诉案件和

---

〔1〕详见王帅一：《明清时代官方对于契约的干预：通过“税契”方式的介入》，载《中外法学》2012年第6期。

〔2〕苏亦工：《天下归仁：儒家文化与法》，人民出版社2015年版，第12页。

发遣、死刑案件的复核。其中，发遣案件的复核须会同刑部进行，死刑则经“三法司”会审，呈报皇帝批准后，才能定案。

（二）地方司法机构

清代地方各级衙门基本沿袭明代建制，但也有显著不同，不过，调处纠纷、审判案件皆为各级衙门最主要的职责之一。清代地方衙门建制与明代最大的不同在于“钦差”的地方化。至乾隆朝，总督、巡抚这一原本是“因事而设”的中央官员巡驻地方的制度已基本定型化与地方化。在州县、府、布按二司之上，又嵌套了巡抚与总督两级衙门（有些省份只有总督或巡抚一级）。

一般而言，州县负责辖区内全部案件的初审，其中“户婚、田土、钱债、斗殴”等笞杖轻罪案件称为州县自理案件，经州县长官判决生效；督抚有权决定徒刑案件的判决；军、流、发遣由刑部审结，死罪案件由刑部与大理寺、都察院会审，奏请皇帝裁决。不过，即使州县、督抚、刑部已经审结定谳的案件，仍有人不服时也存在逐级上控或者越诉的情况，甚至直至京城以达天听，因此可以说，一切案件审判与纠纷处理的最终权力皆在皇帝手中。

（三）胥吏、幕友与司法

清代司法体制上一个突出问题，是胥吏与幕友对于实际司法过程的控制。

胥吏，又称书吏、书差或书役，是各级衙门中从事文书工作的官府雇员。书吏由官府自行招募，有一定条件限制：首先是身家清白，即出身不能为“贱民”；其次是要有亲邻对其本人品行所做的保证；最后是具有一定的文字能力。此外，法律禁止生员和监生从事书吏的工作。胥吏的法定任期为五年，期满后可以参加相关考试，由吏部严加阅核，一等授予九品官职，二等授予流外官职。与中央主要衙门对应，地方官府衙门一般也会设立吏、户、礼、兵、刑、工六房，即使政务没有那么繁忙的小县，也至少会设立户房、刑房这两个基本机构。书吏以房划分，各司其职。此外，地方衙门还会根据具体事务不同，设置其他书吏。

幕友，又称幕宾、西席，俗称师爷，是官员私人聘请的政务顾问。幕友以私人身份应聘，属于官员的私人顾问，薪酬从官员的个人财产中支付。幕友一般是受过一定教育但未能从科举正途中脱颖而出的读书人，是未出仕读书人的出路之一。幕友经过专门训练，熟悉政务，其行为对幕主负责，有时也代主官查核胥吏，起着“代官而治”的作用。幕友一般有以下几类：懂司法审判的刑名幕友，懂财政税收的钱谷幕友，懂起草书信的书启幕友，懂给上级禀帖的书禀幕友，懂账目管理的账房幕友，懂文件分类的挂号幕友，最重要的是刑名与钱谷两类。

清代负责刑名案件的书吏与幕友，多是常年接触案件的老吏员，或是经过专门学习、培训的专才，有些幕友甚至是幕友世家，一般都精通律例，并有丰富的刑事案件经验与官场经验，对于科场出身的官员来说，是办理案件的重要帮手。清代地方衙门实行的是长官负责制，僚属与佐贰人员却普遍缺额，新任地方官员一般是科举出身，对于地方政务不甚熟悉，许多事务只能委与书吏，或请教幕友。书吏一般从本地招募，不仅熟悉衙门的故事陋规，相比外地来的官员，更熟悉当地风俗。因此，地方衙门的实际操作多是掌握在书吏手中。幕友作为职能需要而产生的一个职业群体，对于地方收税、治安、司法、教育、仓储、福利、礼仪等一切事务均有专门研习或者训练。由于地方官对上述事项的负责制度考核极其严厉，倘有疏忽，轻者罚俸、降职、革职，重者处死，这让科举出身的读书人疲于应付，很难胜任。幕友可以在上述事项上提供专业的经验参考，或者直接处理这些问题，成为实质上的决策者。

二、会审制度的发展

清代的会审制度是在明代会审制度基础上的进一步发展，体现出了中国传统文化影响下司法领域的“慎刑”思想，它既是清代司法活动中的一项大典，也是皇权在司法系统中处于最高地位的体现。清代比较重要的会审制度包括热审、秋审与朝审，清代的会审制度与明代相比，更为系统与成熟。[1]

（一）热审

热审是指在小满后十日到立秋之前，由大理寺官员会同各道御史及刑部承办官员，审理发生在京畿的笞杖案件，并予以减轻发落的制度。其目的在于加快笞杖案件的审决速度，避免因天气炎热，致笞杖刑犯人庾毙狱中。

（二）经朝审发展而成秋审

清代继承了明代的朝审制度，并发展成秋审与朝审两种制度。秋审是复审各省死刑案件的一种制度，因其在每年秋季举行而得名。顺治十五年（1658 年）定制，每年霜降前由地方详审“秋决重犯”，奏请定夺。康熙年间，朝审与秋审渐趋一致。至乾隆朝，秋审进一步规范化，使之成为死刑缓刑的复核制度。

按清律规定，凡危害国家统治的犯罪，应立即处决的为“斩立决”与“绞立决”。如危害性不如危害国家统治犯罪，或者可矜可疑者，可暂判“斩监候”与“绞监候”，暂缓处决，延至秋天由“三法司”或九卿会审。秋审于每年八月中下旬各省督抚对本辖区内所有绞、斩监候案件会同布政使、按察使进行复审，提出情实、缓决、矜、疑等处理意见，然后将卷宗具册上报刑部。在秋审之日，天安门金水桥西由军机大臣、内阁大学士、九卿、詹事、科道等中央官员共同复审，然后由刑部领衔具题奏报皇帝，由皇帝最后作出裁决。朝审则是中央各部院长官会同复审刑部在押斩、绞监候罪犯的审判制度，时间一般为霜降之后，秋审前一天进行。

经过秋审与朝审的案件，据其情节，对罪犯分“情实”、“缓决”、“可矜”及“留养承祀”四种不同情况进行处理。如定为“情实”，即罪情属实，量刑适当，一般在冬至以前执行死刑。如定为“缓决”，即案情属实，但危害性较小，则暂时关押，等待下一年会审，如经三次复审，仍定为缓决，罪犯可免去死罪，减等发落。如定为“可矜”，即罪行虽然属实，但情有可原，直接予以减等发落。“留养承祀”则是雍正年间加入的，即罪行属实，但祖父母、父母年老无人奉养或为家中独子，经皇帝批准后，可以免死改为杖责、枷号示众，然后释放。

---

〔1〕 参见孙家红：《清代的死刑监候》，社会科学文献出版社 2007 年版，第 41—42 页。

清代朝审与秋审的最后一个程序是皇帝亲自“勾到”，届时刑部将案件进呈皇帝，由皇帝勾决。情实犯已勾者，即要执行死刑，如未勾者，则要与缓决者一同监禁至来年秋审。即使皇帝斟酌再三，做出的结果，刑部仍然不能立即发出执行死刑的通知，必经复奏题准乃可。

在死刑执行前规定如此复杂的复审、勾到、复奏等制度，目的只有一个，那就是“恤刑”，限制各地擅杀与滥杀，体现出中国传统文化对于人的生命的重视。

重要名词术语

《大清律集解附例》、《大清律例》、《清会典》、条例、文字狱、军机处、理藩院、契约中的“中人”、胥吏与幕友、会审制度

思考题

1. 试述清代的立法指导思想及其影响。
2. 试述清代律与例的关系。
3. 试述传统中国私法的特征。

典型案例分析

1. 余任宁远时，县民匡学义本陈氏子，为匡诚乞养。诚生子学礼，授学义田八亩归宗。后学礼病不起，赠学义田五亩，属以家事。学礼遗田二百亩。妻李氏能俭勤，历十七年增置田百余亩。岁息日埠，甚得学义力。

一日，田主赎产，会学义他出，李氏令子胜时检契，则载学义与李氏同买，各契皆然。询之学义，坚称产实公置，租亦公分，详记租籍。李氏诉前令，不直；诉府，发零陵，亦以产契租籍为凭；诉本道，发道州，逾年未结。李氏求发余审。

余思学义为李氏治家，田皆学义交易，李氏执契而不识字，契载自不可凭。但舍契以断，不足以关学义之口。且分租有籍，李氏不能以口舌争。因亦照契断为同买。李氏再三哀剖，至于号哭。余麾之去，而奖学义善经理。

学义忘余为鞫事矣。问其家产，曰：“共田十三亩。”问其息，曰：“岁入谷三十一石，得米十六石。”问其家口，曰：“一妻二子三女。”问其生业，曰：“某代李氏当家。唯长子年十八，方能力田。”余曰：“据汝言，完饷所余，不过十四五石米。以赡六口，食尚不给，尚有蔬薪日用，力何能支？”曰：“妻子度日甚苦。”余曰：“人皆言汝有钱，何也？”曰：“自苦自致耳。”余拍案大怒曰：“然则汝同李买田之资，必由盗窃来矣！”命吏检历年报窃档案，佯为究鞫。学义大窘，叩首曰：“某良民，未尝为盗。价皆李氏，契特伪书‘同买’，欲俟李氏物故，与胜时争产。故历年租入，并无欺隐。”盖租籍亦由学义伪为也。

余乃呼李氏慰谕之，契涂“学义”名，毁伪籍，产归李氏。李氏求究学义，累讼。

余曰："学义诚可恶，然吾念汝夫知人，设所托不当，原产且废，安能续置？"免其罚而勒令归宗。

——《病榻梦痕录》

2. 道光十六年二月初五日，扶风县民朱得利等控郿县民赵魁等一案。奉抚宪批：既于嘉庆十五年控经前府王守讯断立案，因何该府孙守并不稽查旧卷、遵照办理，复将清水河以北等处之地，断给赵魁一半。是否尚有不实不尽，仰署凤翔府提集卷宗，秉公讯断详夺，毋稍回护，致滋讼端。当经行提去后，据该县于二月二十八、九等日批解人证、卷宗到府，于三十日堂讯，审看得扶风县民朱得利上控郿民赵魁等，违案混争越界等情一案。

缘扶风牛仓等村在渭河之北，其岸曰"北老坎"，郿县街北堡在渭河之南，其岸曰"南老坎"，两村相对，中隔一河。雍正年间，河流逼近南老坎下，北宽南狭。其北老坎以南、渭河以北，俱系扶风马厂。乾隆四年，奉文开垦退厂余地，丈明渭河之北，沙石夹滩，共地五百四十五顷零，以五亩折一亩，共折地二顷四亩，沙粮一百二石四斗，给扶邑二十三村民分种。朱得利等住居牛仓村，分荒熟地四十九顷，纳粮九石八斗。其余沙滩，不准开垦。此扶民承种厂地之始也。

乾隆十五年，扶、郿两县民人争地涉讼，丈明南北阔一千六百六十弓，东西长六千二百九弓四尺，按法折算，共地四百二十九顷，已短地一百一十余顷。嘉庆十五年，扶邑罗家堡民罗登科等，与郿县古城村民许佩连等争滩兴讼，经王前守诣勘，因夹河滩地一段，坐落郿邑古城街北二村，断将滩河中分两段；一半给徐佩连，一半三顷八十九亩零断给赵中范，照五亩折一亩，折地七十七亩零，每亩交租钱三十文，共纳租钱二千三百文，充作郿邑书院膏火，此郿民赵姓得种滩地之始也。

嗣渭河积渐北迁，其南有郿县汤峪，一名清水河，流入大渭河故道。道光十年，渭河又北迁五百余弓，大渭河之南、新清河之北，又冲有干河一道，致将扶民厂地分为南北两滩。道光十四年，赵中范之子赵魁等，在于朱得利等所种南滩内播种豆禾，成熟之时，朱得利等将豆收获。控经扶、郿两县会审，将新清河北岸以北断给扶民，新清河以南断给郿民。赵魁等不依，控经前府孙守，委陇州濮牧会同扶、郿二县，仍断以清河为界，将厂地一千六百弓内，让给郿民赵魁等二百二十弓，朱得利等实存地一千四百四十弓。赵魁等不遵，经前府孙守提讯，将扶民清河以北、干河以南之地二顷八十余亩，及大渭河以南之地一顷九十亩内，断给郿民一半。朱得利等以前种厂地一千六百六十弓，今连河身只有一千一百余弓，再除去河身五百弓，只种地六百余弓。厂地纳有沙粮，若拨给郿民，是郿民种无粮之地，伊等赔无地之粮，心怀不服，控蒙宪台批饬卑府讯断。此又扶、郿二县附近渭河各村民人争滩，及节次河身迁移，并历年审断未给之原委也。

卑府查此案，扶民朱得利等之祖，于乾隆年间，伊等二十三村，原种厂地五百四十五顷零。嗣嘉庆十五年控案，查丈之时，已短地一百一十余顷。历年久违，虽无部案可稽，但现纳粮一百二石四升，折银征解，是所种尚系有粮之地。至郿民赵魁等种滩轮租，充郿邑膏火。此系府案，并未详明咨部。是郿邑涨滩，给种与否，其权在官而不在民。惟郿民种地已久，此时若不给种，小民趋利若鹜，势必控争不休。然□不能以扶民所种厂地迁就断给，致扶民有所借口，此系孙守前断之错误也。

查渭河迁徙靡常，本难悬断。而南北老岸俗名老坎，则百余年来并无迁徙，所有两村地亩俱应从此起丈，方有把握。今卑府断令，扶风民自牛仓村北老坎起，至新清河北岸止，共丈地一千四百四十弓作为厂地，给牛仓村朱得利等二十三村民耕种完粮。郿县民自街北堡南老坎起，至新清河南岸止，除去河身一百三十弓，丈地三百九十弓，给古城等村赵魁等耕种纳租，作郿邑书院膏火之费。嗣后如有涨滩，作为官荒，两邑民人均不得争种，以昭平允而免争端。至扶民仵家荣等，收获郿民赵魁等黑豆，孙守断赔钱文。查赵魁等本不应在仵家荣等滩内播种，即不应赔钱文，然朱得利等既愿情让，应毋庸议。现饬扶、郿二县，会同前诣控争处所，照依现断丈尺，在于高阜处各立碑石载明，如河身日后迁徙，扶民总从牛仓村北老坎丈起，郿民总从街北堡南老坎丈起，各照现断弓数丈给。是否允协，合将审断缘由，绘图贴说，具文详请宪台鉴核批示祗遵，为此具申，伏乞照详施行。

陕西巡抚部院杨批：据详已悉，仰即转饬，照依现断丈尺各立碑石，永远遵守，毋致再滋讼端为要。原词图说存。

——《府判录存》

3. 为详请斥革事。窃照署凤翔府尹守禀陈岐山县里民局绅举人张镇岳造言阻运一案，除径禀有案请免重录外，查岐山县领运官盐各商铺无故流言，谓凤翔官盐局秤较岐山商秤每百觔小五六觔。经该守传集岐山官商到府，两秤并较，岐秤每百觔转小于官秤一觔。各商又谓运盐到岐，车行颠顿，不免折耗。该守即用车载盐拉运百余里，过秤并不短绌，而各商始服。似此办事，既认真而又耐烦，实为官场第一能手。惟据岐山县徐令声称张镇岳之散布流言，意在代人泄忿，使官运终于不行。此等居心，已堪痛恨。而又钻居里局，屡出屡入，屡被控而屡不悛，劣迹昭彰，府县均有底案。尹守谨请逐出里局，永不准干预公事。该守素非姑息养奸者流，岂不欲禀请斥革，特不敢请耳。查官盐前已溃裂，尹守等力任其难，挽救之艰，实百倍于创办。而镇岳又从中挠阻，其为贤书之玷，犹曰罪止本身，其树官运之敌，深恐有妨大局。夫用人办事，有请必准，固也。若于其不敢请者，迎其意而助其力，则感深而功必倍，亦威重而令易行。应请宪台将造言阻运之岐山县举人张镇岳特予奏革，逐出里民局，交该县严加管束，永远不准干预地方公事，庶使奸商畏法，而官运得行。为此具申，伏乞照详施行。

——《樊山政书》

4. 据呈田氏族例，独子不得兼祧，田子祥胞兄子桢身故无后，族中应继有人，而子祥擅以其子安泰兼嗣子桢之后，请传案断令更正，以重祠规而绵绝绪等情。甚矣！该族规之可怪，而人情天理之特殊也。查一子兼祧，定律所许。况一子两祧，乾隆时有特制。该族乃有一子不得兼祧之例，是欲以一家之私言变更历朝之成宪，何悖戾至此也？夫人承先人遗荫，孰不愿得骨肉至亲而托付之？身既无子，而犹子之亲乃不在承受之列，宛其死矣。他人入室，虽系连枝，究嫌隔膜。九原之下，能无恫乎？定律一子得以兼祧，而又特颁一子两祧之制，弥天伦之憾，济人事之穷。法至良，情至顺也。该族一子不得兼祧之规定，逆人情，违国法，启门庭之衅，而伤孤独之心，断乎不可以为训。

田子祥以其独子安泰兼承胞兄子桢之祀，例以定章，并无不合。所请传案断令更正之处不准。该族设有借词争继以致滋生事端者，该族房长不得辞其咎。除呈报外。此令。

——《塔景亭判牍》

第十二章　清代法律（下）

【内容提示】

1840—1842 年的鸦片战争是中国近代史的开端，也是中国近代化的起点。世界走向中国，中国被迫走向世界，这个过程是艰难的。其中，西方国家强加给中国的不平等条约制度对中国社会的转型产生了巨大影响，体现在司法领域，就是外国在华领事裁判权与晚清法律改革的关系问题。关于清末修律的社会背景和动因，“修律以收回领事裁判权”的学说一直是学界的主流观点，这是“冲击—反应”理论应用的又一个例证。实际上，西方列强在 1902—1904 年间续议商约谈判中做出的有条件放弃领事裁判权的条约承诺，是应中国方面的要求，为了表态支持中国的法律改革而有意为之。中国方面，不管是改革前期的张之洞，还是预备立宪后的沈家本，均是把“修律以收回领事裁判权”作为推进法律改革的工具使用，不具有目标性价值。此问题在围绕《刑事民事诉讼法草案》和《大清新刑律》草案而引发的礼法之争中成为争议的焦点问题，凸显了法律改良与法律革命的宗旨之争。晚清法律改革以日本、德国为榜样，初步建立了一个包括宪法、行政法、刑法、民法、诉讼法、法院编制法在内的全新部门法律体系和一个标榜“司法独立”“平等、公开、公正审判”原则的司法系统。如 1906 年预备立宪后设立资政院与谘议局，制定《钦定宪法大纲》与《宪法重大信条十九条》；刑事法律领域《大清现行刑律》和《大清新刑律》相继制定和颁行；民商事法律变革中《钦定大清商律》和《大清民律草案》的出台；以及诉讼法领域的《刑事民事诉讼法草案》、《刑事诉讼律草案》、《民事诉讼律草案》和《各级审判厅试办章程》、《大理院审判编制法》、《法院编制法》的公布，均体现了清末修律的广度和深度，其对传统法律制度的变革是颠覆性的、革命性的，其终结中华法系、肇端法律近代化的巨大历史影响，在现当代中国法治建设中仍然余音绕梁。

第一节　近代化思潮与法律思想

一、近代化的背景、动因与基本内涵

1840—1842 年的鸦片战争，被后世普遍认为改变了清朝社会的性质。由于以英国为

代表的西方列强的资本主义入侵，中国传统社会被迫向近代转型，直到 1949 年中华人民共和国的成立。对于在这一百年多年里中国社会的巨大变革，中国近代史学界习惯于用“近代化”来表达。[1]广义而言，它们都是指中国社会从工业革命以来所经历的异常急剧变革，“这一变革以工业化为推动力，导致传统的农业社会向现代工业社会的全球性的大转变过程，它使工业主义渗透到经济、政治、文化、思想各个领域，引起深刻的相应变化”；狭义而言，“它是落后国家采取高效率的途径（其中包括可利用的传统因素），通过有计划地经济技术改造和学习世界先进，带动广泛的社会变革，以迅速赶上先进工业国和适应现代世界环境的发展过程”。[2]

中国踏入近代比西方国家要晚二三百年。从世界范围看，近代史就是一部资本主义在西方产生、发展并向全世界扩张并随之在全世界产生巨大影响的历史。中国从 1840 年起被英国用枪炮打开大门以后，西方列强以军事侵略为手段，大肆进行商品输出和资本输出，使中国从一个以皇权为中心、闭关自守的封建帝国一步步变成了半殖民地半封建社会。鸦片战争是中国近代史的开端，也是中国近代化的起点。世界走向中国，中国被迫走向世界，这个过程是艰难的。其中，西方国家强加给中国的不平等条约制度对中国社会的转型产生了巨大影响。

不平等条约制度形成于 19 世纪 40—60 年代，第一次鸦片战争中签订的《南京条约》等一批不平等条约，确定了整个条约制度的基本内容：割地、赔款、通商、关税协定、领事裁判权、租地造屋、五口通商地传教等。第二次鸦片战争后，通过《天津条约》《北京条约》的签订，列强的特权得到扩大，并增加新的特权：外人管理中国海关权、内河航运权、鸦片贸易权、苦力贸易权、内地传教权等。有学者统计，中国近代历届政府签订的中外条约超过了 1000 个，其中与 22 个国家签订的 745 个条约为不平等条约。从内容实质来看，“条约制度”是列强对中国行使“准统治权”，使中国成了列强共管的国际化半殖民地。“条约制度”在近代中国产生了复杂的影响，马克思在《不列颠在印度统治的未来结果》中阐述了这样一种观点：西方列强要求亚洲社会完成双重使命，即破坏性使命和建设性使命。侵略战争给了中国以致命的打击，“迫使它们在自己那里推行所谓的文明”和“采用资产阶级的生产方式”。可以说，中国近代史上的所有重大改变，无一不是在“条约制度”所带来的西方文明的影响下发生的。当然，费正清的“冲击—回应”模式注意到了西方因素的强力介入是中国 1840 年以后发生历史巨变的关键性因素，但西方因素始终是一个外因，1840 年后的中国如何变化，更多要取决于中国内部因素的整合。在世界近代史上，“欧风美雨”横扫全球，但各民族国家表现迥异，原因就在于内部因素的不同。马克思主义认为历史的发展是合力的结果，是内外因共同起作用后的一种体现。对一切历史问题的认识，既要看到外因的影响，又要分析在外因的影响下，内因如何起作用并导致历史的变化。下面以中国法律近代化在晚清肇端的动

〔1〕但在现代化理论的研究者看来，这又是一个不完全正确的概念，应该用“现代化”来予以代替。考虑到人类近代以来的历史一直是“modern history”，也考虑到中国人近代以来一直所追求的是“modernization”，笔者完全同意罗荣渠先生的观点，中国的“近代化”和“现代化”这两个概念并没有本质的区别。

〔2〕罗荣渠：《现代化新论——世界与中国的现代化进程》，商务印书馆 2009 年版，第 17 页。

因予以说明。

关于清末修律的真实动因，“修律以收回领事裁判权”的学说一直是学界的主流观点。这一观点认为，西方列强在中国所享有的片面领事裁判权对清朝统治造成了极大危害，在1902—1904年英美日葡等国作出有条件放弃领事裁判权的承诺之后，清朝为了收回领事裁判权而展开了大规模的变法修律工作。“法律改革，领事裁判权是改革最直接的原因”〔1〕，“列强附条件允诺放弃领事裁判权，是晚清变法修律的直接动因，也是一贴猛烈的催化剂”〔2〕。21世纪初高汉成曾撰文两篇，分别从张之洞和沈家本的角度，对这个问题进行了较为深入的探讨，其看法是：1902年中英商约谈判时，张之洞主导制定了《马凯条约》第十二款关于英国有条件放弃治外法权的承诺〔3〕，其目的在于推进国内向西方学习的进程；1907年后张之洞又否定了“修律以收回领事裁判权”说，其目的是反对沈家本过于“西化”的法律改革模式，以维护其“中体西用”的法律改革思路。而礼法之争中，就修律与收回领事裁判权关系问题的辩论表明，法理派其实对修律本身能否收回领事裁判权并无十足把握和信心，只是在礼教文化占主流地位而法理派本身又不敢正面否定礼教文化价值的情况下，只好拿“危机论”（领事裁判权问题）作为推进中国法律近代化的手段。这本身表明以沈家本为首的法理派是认同和接受了西方法律文化精神和原则的，他们希望用西方法律的精神来改造中国传统法律文化。这一过程表明，领事裁判权问题始终只是晚清主持改革者推进法律变革的手段。事实上，晚清法律改革作为清末新政的一部分，也是服从和服务于新政这一整体政治局势的，它本身并没有自己额外的起因和目的。因此，清末修律中收回领事裁判权问题不过是手段，法律的近代化才是目的。手段和目的的不相协调，是导致晚清法律改革出现诸多问题的主要原因。〔4〕

二、法律近代化思潮与变法图强

在西方资本主义入侵和西方文化的影响下，中国社会的近代化是被动和后生的，其间充满了中西文化的全面冲突。在1840年以前，这种冲突首先体现在了刑事法律领域。乾隆八年（1743年）在处理陈辉千案件〔5〕中，“一命抵一命”原则在广州一带华洋

〔1〕李贵连：《近代中国法制与法学》，北京大学出版社2002年版，第514页。

〔2〕黄源盛：《法律继受与近代中国法》，（中国台湾）元照出版有限公司2007年版，第55页。

〔3〕即《中英续议通商行船条约》，于光绪二十八年八月初四（1902年9月5日）由吕海寰、盛宣怀与英国谈判代表马凯签订。其中由张之洞主导、在武昌谈妥的第十二款规定：“中国深欲整顿本国律例，以期与各西国律例改同一律，英国允愿尽力协助，以成此举。一俟查悉中国律例情形及其审断办法，及一切相关事宜皆臻妥善，英国即允弃其治外法权。”此处所称“治外法权”即领事裁判权。

〔4〕参见高汉成：《晚清法律改革动因再探——以张之洞与领事裁判权问题的关系为视角》，载《清史研究》2004年第4期；高汉成：《晚清刑事法律改革中的危机论——以沈家本眼中的领事裁判权问题为中心》，载《政法论坛》2005年第5期。

〔5〕乾隆八年十月十八日，澳门做贸易的华人陈辉千酒醉之后，在路上遇到洋人晏些卢，两人发生口角，继而打了起来，以致陈辉千被晏些卢用小刀戳伤身死。对于此案，清朝政府迫使澳门葡萄牙的头目处死了凶手晏些卢。广州知府在一奏疏中请求，以后澳门洋人杀人，罪应斩绞，制服他们桀骜不驯之性格。乾隆帝准其奏议，颁布法令，如果洋人犯罪，澳门葡萄牙头目不得包庇，地方官要依法审理。这样，陈辉千案也成为日后华人与洋人发生官司尤其是命案时判刑的依据。

命案纠纷处理中被正式确立，中国刑法表面上的残酷性使得“中西矛盾由此进一步深化，清朝的涉外司法政策也被推到了中西外交冲突的前沿，成为西人指责清政府甚至发动鸦片战争的借口”〔1〕。鸦片战争以后，西方列强通过条约获得了片面的领事裁判权，这一方面表明了中国司法主权的部分丧失，另一方面表明传统刑事法律正在被西方近代刑法所侵蚀和影响。香港沦为英国殖民地156年的历史说明，“香港同胞尽管没有真心接受英国殖民者的统治，但却已完全认同了英国的法律及与此相应的文化观念”〔2〕，类似的情况在上海、青岛、威海等有被殖民历史的地区相继出现。这表明，鸦片战争以后中国所面对的局面，已经完全不是传统历史上的“夷夏之变”〔3〕，而是“三千年未有之变局”。中国人所感受到的，不仅仅是西方国家的“坚船利炮”，而是经济、政治、文化制度等的全面先进和优越性，最后中国人的结论就是“欲救中国残局，唯有变西法一策”〔4〕。

当然这种感受和认知的演化，有一个痛苦而缓慢的过程。第一次鸦片战争后，中国先进知识分子首先感受到的就是西方列强军事力量的强大，魏源、林则徐第一次提出向西方学习的“师夷长技以制夷”的主张。第二次鸦片战争和镇压太平天国运动后，大规模引进西方先进的科学技术、兴办近代化军事工业和民用企业，推行以富国强兵为目标的洋务运动，希冀“以中国之伦常名数为原本，辅以诸国富强之术”的“中体西用”模式达致自强的成功。而1895年甲午战争，大清帝国被“蕞尔小邦”日本完败，证明了单纯只追求科学技术层面的学习而忽视西方政治制度层面的价值是不可行的，从而对中国社会造成了前所未有的思想冲击，1898年戊戌变法就是光绪皇帝在维新派的支持下进行制度变革的尝试和努力。1900年八国联军入侵北京，清廷在逃亡路上发布了向西方全面学习的变法上谕，正式宣布实行新政。1902年初，清廷再次下诏，宣布将修订《大清律例》，以及制定“矿律”“路律”“商律”等类，以达到中国法律“切实平允、中外通行”。进士出身、刑部左侍郎沈家本和西律专家、出使美国等四国大臣伍廷芳被任命为修订法律大臣，十年晚清法律改革正式开始。

晚清法律改革在中国法律史上居于重要的转折期，短短十年法律改革就瓦解了在东亚大陆上存续了近两千年、具有鲜明东方民族特色的传统中华法系，中国法律走上了以学习西方为目标的近代化道路。晚清法律改革以日本、德国为榜样，对传统法律制度的变革是颠覆性的，初步建立了一个包括宪法、行政法、刑法、民法、诉讼法、法院编制法在内的全新部门法律体系和一个标榜“司法独立”“平等、公开、公正审判”原则的司法系统。“自由”“平等”“博爱”“人权”等西方法律精神、法律理念开始为中国人所接受，这毫无疑问大大推动了中国立法和司法过程的民主化和现代化的进程，也确定了后三十年中国法律变迁的基本方向和内容。

---

〔1〕 唐伟华、黄玉：《清代广州涉外司法问题研究（1644—1840）》，中国社会科学出版社2009年版，第218—219页。

〔2〕 苏亦工：《中法西用——中国传统法律及习惯在香港》，社会科学文献出版社2007年版，“导言”第2页。

〔3〕 此处指少数民族统治中原却总是被中原文化所同化的现象。

〔4〕 张之洞：《致西安鹿尚书》，载《张之洞全集》（第10册），河北人民出版社1998年版，第8526—8527页。

三、礼法之争与中西法律观念的冲突

晚清十年法律改革大致可分为两个阶段：1902—1906 年为第一阶段，主要是以刘坤一、张之洞所拟《江楚会奏变法三折》提出的整顿中法、采用西法措施为指引，制定公司律和商律，删改旧律，凌迟、枭首、戮尸及缘坐、刺字等酷法重刑，禁止刑讯，部分改良了固有刑律；1906—1911 年为第二阶段，是为预备立宪制定新法，全面展开了部门法的立法体系和三权分立下的司法体系改革。正是这种急剧的变革在当时产生了很多问题和矛盾，引起了很多人的质疑和批评。

1906 年，修订法律馆上奏《刑事民事诉讼法》草案，把西方资本主义国家近代诉讼制度和原则，如罪刑法定、公开审判、陪审制、律师制等，基本照搬了过来。遭到了时任湖广总督张之洞猛烈批评，其《遵旨覆议新编刑事民事诉讼法》对该法草案进行了全面的否定："阅本法所纂，父子必异财，兄弟必析产，夫妇必分资，甚至妇人女子责令到堂作证。袭西俗财产之制，坏中国名教之防。启男女平等之风，悖圣贤修齐之教。纲沦法斁，隐患实深。"〔1〕结果"各督抚多议其窒碍，遂寝"〔2〕，此为"礼法之争"的开始。1907 年，修订法律馆上奏《大清刑律》草案第一稿，结果在中央部院、地方督抚和将军都统签注阶段激起了更大的争议，时任军机大臣兼管学部的张之洞再次率先发难，认为新刑律草案的条款多有与中国礼教精神相悖的地方，要求"修律大臣重行改正"〔3〕，从而挑起了《大清新刑律》制定过程中的礼法之争。为安抚朝廷上下的反对声音，宣统登基即颁《凡旧律义关伦常诸条不可率行变革谕》，认为："刑法之源，本乎礼教，……凡我旧律义关伦常诸条，不可率行变革，庶以维天理民彝于不敝，该大臣等务本此意，以为修改宗旨，是为至要。"〔4〕修订法律馆不得不会同法部对第一稿草案进行修订，《修订刑律草案》于 1910 年上奏并交由宪政编查馆进行审核。劳乃宣时任宪政编查馆参议，上《修正刑律草案说帖》，领头出来与沈家本等展开论战，但宪政编查馆并未采用劳乃宣把旧律有关伦纪各条直接修入刑律正文的意见，相反还把《修正刑律草案》中《附则》五条改为《暂行章程》五条。1910 年 12 月，第一届资政院会议开始审议《大清刑律草案》，杨度代表政府做立法说明，主张国家主义的立法宗旨，公开反对家族主义和《暂行章程》五条。做立法说明者公开反对自己提交的法律草案的部分内容，这在立法程序中是极其罕见的，因而在议场内部激起了更大的争议。受资政院会期所限，刑律草案只有总则得到了审议，还就"无夫奸是否入罪"进行了票决并起立表决该条从《暂行章程》移

---

〔1〕 吴剑杰编：《张之洞卷》（中国近代思想家文库），中国人民大学出版社 2014 年版，第 462 页。

〔2〕 赵尔巽等撰：《清史稿》（第 15 册），中华书局 1977 年版，第 4189 页。

〔3〕《大学士、管理学部事务、臣张之洞等跪奏：为新定刑律草案多与中国礼教有妨，谨分条声明。拟请饬下修律大臣将中国旧律与新律草案详慎互校、斟酌修改删并，以维伦纪而保治安折》，参见《刑律草案签注》，1910 年线装油印本，现藏国家图书馆古籍库。

〔4〕 故宫博物院明清档案部编：《清末筹备立宪档案史料》（下册），中华书局 1979 年版，第 858 页。

入刑律正文。[1] 会后宪政编查馆和资政院会奏请旨裁可，将未经审议的刑律分则和《暂行章程》与刑律总则一并先行公布，未来资政院还可继续审议，1911 年 1 月 25 日，《钦定大清刑律》定稿。[2] 京师大学堂总监督刘廷琛、御史胡思敬继续对新刑律的批评并弹劾沈家本"不安于位"，沈家本被免去了修订法律大臣之职，回到了法部侍郎之本任。但争议并未结束，劳乃宣编《新刑律修正案汇录》，沈派则编《刑律平议》，广泛宣传各自的主张，准备第二届资政院会议时继续论争。签注本身只是统治集团内部对刑律草案的讨论，但经由近代传媒的发酵而演变为"礼法之争"这样一个全国性事件，这在晚清十年修律中是极为罕见的。

这场以张之洞、劳乃宣为代表的"礼教派"与以修订法律大臣沈家本为代表的"法理派"的论战，长期以来被视为新旧、主义之争。从当时双方的名称来看，礼教派又称为礼派、礼治派、国情派、家族主义派、守旧派，法理派或称法派、法治派、反国情主义派、国家主义派、改革派，这说明其中情况极为复杂。以张之洞为代表的所谓"礼教派"并不顽固，他们懂得取西方之长补中国之短的道理。礼法之争虽然有着浓厚的主义之争的底色，但基本面不是中西、新旧之争，而是"改良还是革命"的主义之争。礼教派所允许的底线是对旧律"大修大补"，而法理派主张要"推倒重来"，这是双方争执的根源。这说明，以 1907 年大清新刑律草案的出台为标志，沈家本掀起了一场法律领域的"思想革命"。

自近代以来，西方文化与中国传统文化的紧张关系问题就一直是导致中外冲突和国内重大事变的一大根源，问题的解决之道也一直让"历史的创造者"煞费苦心。从学习西方"船坚炮利"的"师夷长技以制夷"到洋务运动的"求强求富"，从追求大变、全变的"百日维新"到稍后的清末新政，解决之道大致不出"中体西用"的范畴，而西用的概念（西用、西器、西学）从兵器、军工、经济等物质的层面一直延伸到官制、法律、宪政等制度层面，中体的概念（中体、儒道、中学）则从"文物制度"一直缩小为纲常之道。这说明，在五四新文化运动发动"思想革命"彻底反传统之前，在物质、制度、精神三个层面上，中国"历史的创造者"试图通过不断重新解释和划定"中体""西用"的范围和界限来解决它们之间的紧张关系。趋势是"西用"的内涵和外延不断扩大而"中体"的内涵和外延不断缩小，最后退守到精神领地以安身立命。因此，就清末修律时的情形而言，一方面，经过八国联军侵华战争后的惩处祸首、清政府决定新政和预备立宪，拒绝向西方学习的顽固派势力基本扫荡已尽，中国向西方学习已经进入了涵盖政治制度在内的全面阶段，向西方学习、进行改革已经成为解决中国问题的主要思路和方法；另一方面，"中体西用"仍然是国人面对中西文化交融所采取的基本价值判断和

---

〔1〕 但资政院"无夫奸入罪且移入正文"的表决意见，并没有体现在会后由奕劻领衔宪政编查馆与资政院上奏的《议决新刑律总则缮单会陈请旨》折中。

〔2〕 宣统二年十二月二十五日（1911 年 1 月 25 日）是《大清刑律》的钦定日期，此时《大清刑律》的条文和内容确定，但并没有呈现的纸质文本，因而不能将 1911 年 1 月 25 日视为《钦定大清刑律》的颁布日期。宣统三年三月二十二日（1911 年 4 月 20 日），宪政编查馆上奏《刑律黄册缮写告竣装潢进呈折》，《钦定大清刑律》才有了文本的载体。至于宪政编查馆何时将定稿文本公布，尚待查。

解决方略，视向西方学习只具有方法论的意义，而不具有独立的终极价值。纲常之道作为中国文化最核心的内容，仍然被主流思想所信奉。既要向西方学习以变革中国，又要维护和不悖于中国的伦理道德，“折衷各国大同之良规，……而仍不戾乎我国历世相沿之礼教民情”[1]其实是当时的普遍追求。而大清刑律草案以西方近代法律理论、法律原则和法律制度为基础，试图在宗法伦理观念、法律与道德的关系、量刑原则三方面对《大清律例》进行重大变革，从而与当时社会的主流价值观念直接冲突，引发了绵延的礼法之争。本应是思想界讨论的问题，却出现在了立法实务领域，这既表明了中国近代社会变革之剧烈，同时也表明了没有法律思想启蒙为先导的立法领域的冒进。在辛亥革命政治上推翻封建王朝、五四新文化运动思想上“打倒孔家店”之前，1907 年刑律草案期望通过修律来否定居于统治地位的儒家主流价值观，显然属于法律演变步伐上的过量超前。这既与中国自身的状况相脱节，也不符合法律自身的演进规律，是一次有着严重缺陷的立法实践。

第二节　预备立宪与法律改革

一、预备立宪与《逐年筹备事宜清单》

光绪三十二年七月十三日（1906 年 9 月 1 日），清廷颁发了《宣示预备立宪谕》，宣布要“仿行宪政，大权统于朝廷，庶政公诸舆论”[2]，“预备立宪”由此而来。光绪三十四年（1908 年）八月初八日公布《逐年筹备事宜清单》，确定了到 1916 年正式实行君主立宪时，九年预备立宪期内逐年要完成的筹备事项，主要包括官制改革、资政院和谘议局的开办、地方自治、制定宪法和议院法、选举法、新刑律、民律、商律和诉讼法等基本法律。为推动筹备立宪工作，1906 年成立的考查政治馆改为宪政编查馆，全面负责预备立宪时期的“新政”。宪政编查馆名为直属军机处的办事机构，但由于编查馆大臣由军机王大臣奕劻领衔，编查馆实际上成了预备立宪时期的中枢性机构。晚清法律变革所涉及的主要立法文本和司法改革方案，由法部、大理院、修订法律馆提出草案后，均经过了宪政编查馆的核订程序。

晚清政府之所以在 1906 年决定实行预备立宪，有其深刻的历史背景。从国际环境看，西方列强宪政体制的示范效应凸显。英国是当时世界上最强大的国家，1688 年光荣革命后就成为世界上第一个君主立宪制国家。东亚日本明治维新后迅速崛起并“脱亚入欧”，1889 年日本颁布宪法，亦从形式上完成了从君主专制政体到立宪君主制政体的过

〔1〕［清］沈家本：《修订法律馆为刑律分则草案告成缮具清单折》，载高汉成主编：《〈大清新刑律〉立法资料汇编》，社会科学文献出版社 2013 年版，第 23 页。

〔2〕 怀效锋主编：《清末法制变革史料》（上卷），中国政法大学出版社 2010 年版，第 3 页。

渡。其后在1894—1895年的甲午战争和1904—1905年的日俄战争中，十年内连克两个老牌大帝国，尤其是日俄战争，被中国国内舆论普遍解读为“立宪”（日本）对“专制”（俄国）的胜利。日本作为一衣带水的邻邦，文化具有同源性，因而示范效应尤其巨大。《辛丑条约》约束下的清政府，特别急于尽快融入世界，获得西方列强的认可，这是清廷决定“预备立宪”的国际因素。从国内环境来看，受甲午战败和列强瓜分狂潮的刺激，国内知识界和舆论界对立宪思潮的兴趣空前高涨。驻日外交官黄遵宪在甲午战争以前完成的《日本国志》，是“中国近代第一部系统而深入地研究日本的百科全书式著作”，其中对日本明治维新后的宪政制度改革现状的肯定性评介，为近代中国输入全新的宪政理论思想提供了重要的借鉴，因而该书在甲午战后受到了广泛欢迎，对中国立宪思潮的兴起影响巨大。康有为在戊戌维新中，主张中国变法要以日本明治维新为榜样，推行君主立宪制，大力推进制度局的设立。百日维新虽以失败而告终，但却大大推进了君主立宪思想在国内的传播。庚子国变后，为了挽救国内外危局，在传统体制内进行修修补补已经行不通了，向西方全面学习政治制度方面的经验，很快就成为国人的共识。清廷遂于1905年派镇国公载泽、户部侍郎戴鸿慈、湖南巡抚端方等五大臣分赴欧美日本等东西洋各国考察宪政，五大臣回国上书指出立宪有三大利——“一曰皇位永固，二曰外患渐轻，三曰内乱可弭”，建议进行“立宪”。同时指出：“今日宣布立宪，不过明示宗旨为立宪之预备，至于实行之期，原可宽立年限。日本于明治十四年宣布宪政，二十二年始开国会，已然之效，可仿而行也。”〔1〕可见，清廷预备立宪是对日本明治宪政的模仿。

二、资政院与谘议局

议会政治是近代资本主义宪政的基本形态，《逐年筹备事宜清单》规定1916年要颁布《议院法》并完成上下议院议员选举。作开办议院的预备，清廷决定参考日本的做法，在中央设立资政院，各省设立谘议局，进行正式议会设立前的模拟演练和彩排。

根据1909年8月公布的《资政院院章》，“资政院钦尊谕旨，以取决公论，预立上下议院基础为宗旨”〔2〕，议事范围和权力包括立法权、财政议决权和对行政机构的监督权，已经具备了西方议会的雏形和部分职能。但是，资政院的一切决议，仍需与军机大臣或各部院大臣“会奏”，“请旨裁夺”，而且皇帝有权责令资政院停会或者解散。资政院议员员额200名，“钦选”和“民选”各一半，“钦选”以皇帝的名义指定，人选范围为王公世爵（宗室、外藩、满汉世爵）、官员（各部院衙门官四品以下、七品以上者，但审判官、检察官及巡警官除外）和士绅（硕学通儒、纳税多额者），“民选”议员名额分配到省，由各省谘议局议员“互选”产生，最后由各省督抚“覆加选定”。〔3〕1910年10月，资政院正式成立。

〔1〕载泽：《奏请宣布立宪密折》，载夏新华、胡旭晟整理：《近代中国宪政历程：史料荟萃》，中国政法大学出版社2004年版，第40—42页。

〔2〕夏新华、胡旭晟整理：《近代中国宪政历程：史料荟萃》，中国政法大学出版社2004年版，第84页。

〔3〕由于新疆未举办谘议局，省谘议局互选资政院议员实际名额为98名，清廷亦相对减少了2名宗室王公世爵钦选议员，实有资政院议员196名。

1907 年 10 月，清政府颁布设立谘议局的上谕，依据随后颁布的《各省谘议局章程》，其宗旨为“钦尊谕旨为各省采取舆论之地，以指陈通省利病，筹计地方治安”，议事范围和权力包括：议决本省应兴应革事项；议决本省财政预算与决算、公债；制定、修改本省单行法规、章程；接受本省民众建议、陈情；对本省行政机构实施监察权。但谘议局行使职责，始终处于督抚的监督控制之下，唯“本省督抚如有侵夺谘议局权限或违背法律等事，谘议局得呈请资政院核办”。[1]作为中国历史上第一次选举，《各省谘议局章程》对于选举人和被选举人的资格做了较严格的规定。比如在有财产、有学历、任过官职，或者从事过公益活动中至少具备一项，且年满 25 周岁的男子才有权投票。满足选举人条件且年满 30 岁以上才有被选举权。各省具有选举权的选民按《谘议局选举章程》规定进行登记和审查，全国登记选民总数约 167 万，除新疆外，其余 21 省共计得议员定额 1643 名。从结果看，各省谘议局主要由传统士绅所组成，接受新式教育的议员也有一定比例。1909 年 10 月，除新疆外，各省谘议局召开第一次常年会。

资政院和谘议局的创设，在中国选举史和民主制度史上都有重要意义。虽然从规章制度上看，两者只是一个下情上达的舆论、咨询机构，与立宪国家的国会、地方议会职能相差甚远。但毕竟借此出现了中国历史上的第一次政治选举，人民群众第一次有机会通过票决制度来选举自己的民意代表参与管理国家事务，章程所规定的会议程序，如公开平等辩论、一人一票和多数决制度，都包含着民主制的基本要素，这对于中国社会从君主专制向民主共和的转型，起了很好的启蒙、铺垫和中介作用。从会议实际运作情况看，资政院开会时钦选议员多数默默无闻，讲话发言多数为民选议员，尤其其中具有新式教育和留学生背景的议员，基本成了议场的主角；第一次常年会发动的弹劾军机案，将矛头直接指向中枢军机大臣，具有民意机关弹劾责任政府的意味，与专制政体下御史监察制度的弹劾已经有了本质的不同；而审核国家财政预算案、审议通过包括《宪法重大信条十九条》、大清新刑律在内的法律法规、选举产生中国第一个责任内阁等作为，表明资政院已经远远超越了一个咨询机构的定位，完全具备未来转型为国会的潜质和能力。而谘议局的成立，使地方立宪派有了合法行动机构，不仅推动晚清立宪运动的深入发展，在 1910 年的速开国会请愿运动和 1911 年的保路运动中，谘议局议员都是重要力量，因而在民国初年大都成为地方议会的骨干成员。

三、《钦定宪法大纲》与《宪法重大信条十九条》

宪法是立宪政体运作的前提，光绪三十四年八月初一日（1908 年 8 月 27 日），宪政编查馆和资政院会奏《宪法大纲暨议院法选举法要领及逐年筹备事宜折》，同日获得清廷的照准，史称《钦定宪法大纲》。大纲由“君上大权”十四条和附录“臣民权利义务”九条所构成，前者包括：钦定颁行法律及发交议案之权；召集、开闭、停展及解散议院之权；设官制禄及黜陟百司之权；统率陆海军及编定军制之权；宣战、讲和、订立条约

〔1〕 参见夏新华、胡旭晟整理：《近代中国宪政历程：史料荟萃》，中国政法大学出版社 2004 年版，第 106、109 页。

及派遣使臣与认受使臣之权；宣告戒严之权；爵赏及恩赦之权；总揽司法权；发命令及使发命令之权；等等。后者权利包括：得为文武官吏及议员的资格；法律范围以内言论、著作、出版及集会、结社等自由；非按照法律所定，不加以逮捕、监禁、处罚；财产和住宅安全受保护的权利；诉讼权利；等等。臣民义务包括：应专受法律所定审判衙门之审判；依法纳税、当兵的义务；遵守国家法律的义务。

《钦定宪法大纲》基本上照抄了1889年日本宪法第一章"天皇"和第二章"臣民权利义务"，而且除了君上不得以命令改废法律外，对君上大臣毫无设限，等于是把传统至高无上的皇权书面化，用法律语言表述出来而已。因此该大纲一公布，立即引起了立宪派人士的不满，历史上也长期将其视为清廷假立宪的证据，这部分反映了历史的真相。历史真相的另一面是，该大纲表明君权不再神授而是法定，君权的行使以宪法为界，君主也要遵守法律，不得以命令改变法律。君权不再无限且无形（又无处不在），同时臣民的权利规定在宪法之中，打破了"民在鼎矣，何以尊贵？贵何业之守？贵贱无序，何以为国？"[1]的儒家传统治国思想，为"人权"概念和民主思想的进一步发展打下了法制基础。

第三节 刑事法律变革

一、《大清现行刑律》

有清一代，《大清律例》最终定型于乾隆五年（1740年），律例并称，律文四百三十六条，附例一千零四十二条。此后律文基本保持不动，附例则"五年一小修，十年一大修"，至同治九年（1870年）附例已多达一千八百九十二条。自此以后三十多年，定期纂修条例的制度就再也没有启动过。到清末新政时，《大清律例》本身就有着修订的要求。光绪三十年（1904年）四月，清政府设置修订法律馆，先议"现行律例之检讨"。在此期间，沈家本等积极着手进行《大清律例》的删减工作，光绪三十一年（1905年）三月十三日的《奏请先将律例内应删各条分次开单进呈折》、三月二十日的《删除律例内重法折》、四月十七日的《宽免徒流加杖片》、四月十九日的《变通窃盗条款折》、五月二十五日的《议覆刘彭年复刑讯折》、九月二日的《变通妇女犯罪收赎银数折》都体现了删除重法、修订旧律例的理念。

宣布"预备立宪"后，1907年公布的《大清刑律草案》明确为未来立宪国家的新刑律，其在签注过程中反映出诸多的争议，显示了新刑律制定完成之前尽快完成修订《大清律例》的必要性。光绪三十四年（1908年）正月，修订法律大臣沈家本等"奏请编定现行刑律，以立推行新律基础"。宣统二年四月七日（1910年5月15日），由宪政编查

〔1〕《左转·昭公二十九年》孔子批评晋赵鞅、荀寅铸刑鼎的言论。

馆、法律修订馆会同奏进《大清现行刑律》，当天得到批准，成为预备立宪过渡期内实际生效的刑事法典。

《现行刑律》共分三十门三百八十九条，此外附例文一千三百二十七条，另附《禁烟条例》十二条和《秋审条款》一百六十五条。在体例上延续了《大清律例》的"诸法合体"，但删除了吏、户、礼、兵、刑、工诸律目。在内容上实行民、刑分开，把有关继承、分产、婚姻、田宅、钱债等纯属民事的条款分出，不再科刑。同时死刑仅用斩、绞两种，废除了凌迟、枭首、戮尸、缘坐、刺字等项野蛮刑罚，把原来笞、杖、徒、流、死五刑改为罚金、徒、流、遣、死五刑。从《大清现行刑律》的内容上看，除保留了大量传统法律的特色外，更在删除重法、削减死罪条目、禁革买卖人口与删除奴婢律例、统一满汉法律等方面实现了对旧有律例条文和精神的摒弃和突破。

《大清现行刑律》是参照日本近代刑法，以《大清律例》为蓝本进行的一次"大修"，其基本精神、原则和制度都是《大清律例》的继续，具有介于传统律典和近代法典中间的过渡性质。一方面，中华法律"亲亲""尊尊"的传统精神仍然贯穿其中。名例篇的"十恶""八议"等，以及"立嫡子违法""妻妾失序""妻妾殴夫""殴祖父母、父母""干犯名义""子孙违教令""无夫奸"等项规定，以及祖父母、父母在，禁止子孙别籍异财，同居卑幼，不由尊长，不得私擅用本家财物等项，继续保留了《大清律例》的规定。另一方面，又充分体现了清末新政时代的变革性。如在罪名中大量删除了已解禁或与"新政"不相符合的规定，如"违禁下海"、"良贱相殴"、买卖人口和奴婢等规定，打破了封建法律中"良贱之异"的原则。制定了一些新的罪名及定例，如"妨害国交""妨害选举""破坏交通""私铸银圆"等，以适应新形势下犯罪现象的新变化。

对《大清现行刑律》历史地位的评价，历来多有争议。如延续《大清律例》传统编修立场，《大清现行刑律》既修例，又修律，还修名，其删繁就简，大刀阔斧，毫无疑义是《大清律例》修订历史上幅度最大的一次。但如站在预备立宪的立场，《大清现行刑律》承继了《大清律例》的基本精神和主要原则，其对近代新刑法理念和制度的吸收又明显不足，实际上也难以起到沟通新旧刑法典的桥梁作用，因而仍是一部传统律典。但值得注意的是，民国成立后，《大清现行刑律》中"民事有效部分"成了大理院第一顺位的民事法源，实施将近 20 年（1912—1929 年）。民国法院不取后出理念更先进的《大清民律草案》而用《大清现行刑律》部分，这是颇堪玩味的。

二、《大清新刑律》

清廷 1906 年宣布实行预备立宪后，就认为"法律为宪政始基，亟须修改以备颁布"[1]，"新刑律尤为宪政重要之端"[2]。同年秋，日本刑法专家冈田朝太郎应邀来华帮助修订刑律。光绪三十三年八月二十六日（1907 年 10 月 3 日），修订法律馆上奏《为刑律草

---

〔1〕《著京外各衙门签注新刑律草案谕》，载高汉成主编：《〈大清新刑律〉立法资料汇编》，社会科学文献出版社 2013 年版，第 185 页。

〔2〕《著将新刑律总则、分则暨暂行章程先为颁布以备实行谕》，载高汉成主编：《〈大清新刑律〉立法资料汇编》，社会科学文献出版社 2013 年版，第 697 页。

案告成分期缮具清单恭呈御览并敬陈修订大旨折》，12 月 30 日，沈家本等上奏《为刑律分则草案告成缮具清单折》，大清刑律草案全部告成。由于 1907 年草案并非在《大清律例》基础上的修订，而是专以“折冲樽俎模范列强”为宗旨，因而引起了绵延四年之久的礼法之争。在经历了部院督抚的签注、宪政编查馆的覆核、资政院的审议等立法程序后，1911 年 1 月 25 日，上谕裁夺定稿，是为《钦定大清刑律》（亦称《大清刑律》或《大清新刑律》）。

《大清新刑律》采用西方近代的刑法体例，正文分为总则和分则两编，共五十三章四百一十一条，另附《暂行章程》五条。卷首除上谕、奏疏外，还有服制图和服制。第一编总则包括：法例、不为罪、未遂罪、累犯罪、俱发罪、共犯罪、刑名、宥减、自首、酌减、加减例、缓刑、假释、恩赦、时效、时例、文例 17 章。第二编分则共分侵犯帝室罪、内乱罪、外患罪、妨害国交罪、漏泄机务罪、渎职罪、妨害公务罪、妨害选举罪、骚扰罪、逮捕监禁脱逃罪、藏匿罪人及湮灭证据罪、伪证及诬告罪、放火决水及妨害水利罪、危险物罪、妨害交通罪、妨害秩序罪、伪造货币罪、伪造文书印信罪、伪造度量衡罪、亵渎祀典及发掘坟墓罪、鸦片烟罪、赌博罪、奸非及重婚罪、妨害饮料水罪、妨害卫生罪、杀伤罪、堕胎罪、遗弃罪、私擅逮捕监禁罪、略诱及和诱罪、妨害安全信用名誉及秘密罪、窃盗及强盗罪、诈欺取财罪、侵占罪、赃物罪、毁弃罪 36 章。

《大清新刑律》的内容大部分移植于近代西方刑事立法的原理、原则和具体制度，同《大清律例》相比，发生了很大的变化。如相沿千年的“十恶”“八议”“准五服以制罪”“亲亲得相首匿”等法律儒家化条款被取消；取消比附援引，确立罪刑法定原则；改变了笞、杖、徒、流、死的五刑体系，建立了以自由刑为中心，包括死刑、无期徒刑、有期徒刑、拘役、罚金在内的近代刑罚主刑体系[1]；死刑唯一，一律用绞，大幅度降低死刑条款，反对严刑酷法，主张贯彻刑罚人道主义；贯彻惩治教育的理念，提高刑事责任年龄的起点，明确未达刑事责任年龄的少年犯是教育对象而非刑罚对象。由于礼法之争中的巨大争议，故《暂行章程》同时又规定，斩刑继续适用于意图谋害皇帝、颠覆政府、通谋敌国、图利敌国以及杀伤尊亲属者等犯罪行为，加重毁弃他人尸首、毁弃尊亲属尸首、挖掘尊亲属坟墓、强盗罪等犯罪的最高刑为死刑，加重处罚无夫奸及与之和奸者，对尊亲属不得适用正当防卫。

《大清新刑律》是中国历史上第一部近代刑法典，是完整走完立法程序的晚清法律改革中最重要的立法成果，其彻底改变了中华传统律典“诸法合体、民刑不分”的体例，为近代部门法体系的创建打下了坚实的基础。其确立的刑罚人道主义、罪刑法定、法律适用主体平等、罪刑相适应等刑法原则，以及以自由刑为主的新五刑刑罚体系和以正当防卫、紧急避险、累犯、自首、酌减、缓刑、假释以及追诉时效和行刑时效等刑罚适用制度，奠定了中国近现代刑法典的基本内容和框架结构。虽然《大清新刑律》并未在清末生效，但民国成立后，经稍加删改就成了《中华民国暂行新刑律》，成为北洋政府时期的刑法主体。

---

〔1〕 从刑有褫夺公权和没收。

在中国传统法律中，刑法是最为成熟和发达的部分，从《唐律疏议》到《大清律例》，中国传统的刑法精神和原则制度已经稳定传承了千余年，沉淀成为中华法系最有代表性的特征。在清末法律变革之际，本着“会通中西”的立法原则，礼教派对基本也是移植和照搬西方法律的刑律草案进行了激烈的批评。这一方面展示了他们对中国传统刑法文化的自信，希望借此能有与西方法律文化平等对话的机会；另一方面他们也担心，如果连这“最拿手”的东西都没有与西方平等对话的资格和机会，那中国传统法律文化还有何存在的价值？斟酌、融合中西岂不成了一句空话？从清末修律终结了中华法系的事后结果来看，礼教派的担心绝非多余。即使今天看来，这的确也是个问题，正如苏亦工所言：“按照常理，清朝官方和沈氏个人如均以中西融合为宗旨，则制定刑律时，传统法律资源中可供汲取者正多，又何必舍近求远，假手洋人呢？”[1]沈家本领衔的修订法律馆所立新刑律草案，对于中国传统刑法典中有价值的规定，并没有能够很好地予以消化吸收而留存于新刑律之中，而是“把孩子连同洗澡水一并泼掉了”。立法盲目追求所谓法理上的正确，因而出现了一些完全不顾及本国国情、纯属“食洋不化”的规定。中国近代以来刑法变革的结果，呈现的是法律传统的失落和外国法律在中国的水土不服。在显性的法律形式层面，传统法律被抛弃殆尽，政治家和法律家们更倾向于接受西方法律；而在隐性的实质层面，继受而来的西方法律在很多方面难以适应中国的社会现实。其根源，与清末刑法制定者对“本土资源”缺乏创造性转化利用，对如何正确处理本土因素和外来因素的协调融合问题的重要性、艰巨性、复杂性认识不足直接相关，中国刑事法律继受的成功依赖于法哲学的逻辑和法历史学的逻辑的有机统一。

第四节　民商事法律变革

一、《钦定大清商律》

鸦片战争以后，五口通商，西方列强通过条约制度改变了中国商业贸易的传统形态，如废除公行制度的贸易垄断权，允许外商在沿海开放口岸自由、直接贸易；通过协定关税制度大大降低了进出口商品的税率，促进了外商贸易的畸形发展。为了挽回“利权”，保证在与西方列强的“商战”中立于不败之地，从根本上解决国家的财政危机，清末新政伊始就将振兴工商业作为第一要务。1903 年，清廷在中央设立商部，1906 年将工部并入商部，改称农工商部，是仅次于外务部的中央部院，由宗室载振长期担任尚书。为了改变重农抑商的传统观念，商部陆续出台《奖励华商公司章程》《奖给商勋章

---

〔1〕 苏亦工：《明清律典与条例》，中国政法大学出版社 2000 年版，第 344 页。

程》《华商办理实业爵商章程》，“一扫数千年贱商之陋习，斯诚希世之创举”[1]。

在规范商事活动的法律中，以1904年1月颁布的《钦定大清商律》为最重要，这是晚清法律改革中正式出台的第一部法律。该律由《商人通例》和《公司律》两部分组成，其中《商人通例》九条，规定有关商事主体和商事行为的界定标准，《公司律》一百三十一条，规定公司的类型、有限责任公司与无限责任公司、合资合同、公司内部组织架构、开办程序及停闭程序。《钦定大清商律》作为商律并不完整，但其及时出台促进了公司经济的发展。同时针对公司发展过程中出现的新问题，1906年颁布《破产法》，这是中国历史上第一部关于破产方面的法律，共九节六十九条，规定了商人允许破产的情形和破产的法定程序及破产程序中的注意事项，特别对破产中有心倒骗情形及其规制作出了规定。

为弥补《钦定大清商律》和《破产法》制定过程中的仓促和粗疏，1908年，清政府决定重新制定商法，修订法律馆聘请日本法学博士志田钾太郎等帮助起草商法典，该《商律草案》最终包括总则、商行为、公司律、票据法、海船律五编，共一千零八条，史称《志田案》。该案从学理上看体例严谨而内容周详，唯基本仿效日本商法而与中国的商事习惯多有龃龉之处，导致出现了与新刑律草案公布后相似的情形，1910年，农工商部决定对《钦定大清商律》进行修订并公布了《改定大清现行商律草案》，该草案继续分总则编和公司编两部分，前者包括七章八十六条，后者包括六章二百八十一条，内容和条款均得到了相当充实。特别是该草案吸纳上海商会组织编撰的《商法调查案》的相关内容，更多顾及了国内固有商事习惯和通行规则，是《钦定大清商律》的深化和发展，其在清末虽未完成立法程序，但却成了民国北洋政府时期制定商律的蓝本和基础。

二、《大清民律草案》

近代部门法体系的基础是民刑有分，修订法律馆1907年完成刑律草案后，沈家本即上《修订法律大臣奏拟修订法律大概办法折》，提出编纂民律应先进行“民事调查”，包括调查外国民事法律资料、调查本国礼制、调查全国各地的民事习惯三方面的内容。1908年，修订法律馆聘请日本法官、法学家松冈义正负责民律草案《总则》《债权》《物权》三编的撰写，并分派馆员赴各省进行民俗习惯调查。另外《亲属》《继承》两编，因事关宗族礼教风俗，清廷鉴于礼学馆未参与刑律草案考订之失，指令此两编由修订法律馆与礼学馆共同完成。1911年10月，因《亲属》《继承》两编已完成的“条文稿”尚缺说明，修订法律大臣俞廉三将《总则》《债权》《物权》三编先行上奏。但草案未来得及进入资政院审议程序，清廷即亡。

《大清民律草案》共五编三十六章一千五百六十九条。按照编撰者自己的说法，其制定遵循了“注重世界最普通之法则”“原本后出最精之法理”“求最适于中国民情之法

---

〔1〕 相铨：《五十年来中国之工业》，载《东方杂志》1912年第7期。曾经的恩科会试状元张謇，因创办实业有功，于1904年被加赏为三品衔商部头等顾问官。

则”“期于改进上最有利益之法则”[1]。从实际来看，前三编确立和贯彻了私有财产所有权不可侵犯、契约自由、过失责任等近代大陆法系民法的基本原则，依据的主要是德日等国的现有成文法和最新法学理论，立法宗旨以“模范列强”为主，立法内容体现了个人主义的价值观。后两编对亲属关系的种类和范围、家庭制度、婚姻制度、未成年人和成年人的监护、亲属间的抚养等的规定以及自然继承的范围及顺位、遗嘱继承的办法和效力以及对债权人和受遗人利益的法律保护，均确定了家长在家庭中的特殊作用，体现了浓厚的家族本位特色。前三编与后两编的迥异，使整部法典的风格难以统一，形成了个人主义与家属主义的二元结构，体现了过渡时代法律规制的典型特征。

第五节　司法改革与司法的半殖民地化

一、诉讼法律

（一）《刑事民事诉讼法草案》

中国传统法律体系在编纂体例上采取了“诸法合体”的模式，不仅民刑不分，而且实体法和程序法也混为一体，清末法律改革启动后，修订法律馆将程序法定位为实体法的辅助，并认为应该在刑律、民律颁布实施以前就准备完成。1906 年 5 月，修订法律馆上奏《刑事民事诉讼法草案》，包括总纲、刑事规则、民事规则、刑事民事通用规则和中外交涉案件五章二百六十条，末附《颁行例》三条。其所规定的诉讼活动遵循的公开原则、平等原则和律师辩护、陪审制度等法律原则，在签注阶段遭到了以湖广总督张之洞为代表的地方督抚的强烈反对，最终该草案被搁置。

（二）《各级审判厅试办章程》

《刑事民事诉讼法草案》是中国第一部按照部门法理念制定的诉讼法草案，主要由伍廷芳执笔，具有浓厚的英美法背景。如草案特别强调的律师制和陪审制，体现的是当事人主义的对抗式诉讼模式，与当时法部官制改革拟设立检察官制度在刑事案件中代表国家提起公诉已经矛盾。1907 年 12 月，法部在参考直隶地区试办新式审判厅的经验和修订法律馆《法院编制法草案》的基础上，奏呈《各级审判厅试办章程》并获颁行。

《各级审判厅试办章程》共五章一百二十条，主要对审判通则、民刑事诉讼程序和讼费、各级检察厅通则等做了综合性规定。该章程修正了《刑事民事诉讼法草案》对民事案件和刑事案件的区别定义[2]，明确“凡因诉讼而审定罪之有无者，属刑事案件”“凡

---

〔1〕 故宫博物院明清档案部编:《清末筹备立宪档案史料》(下册)，中华书局 1979 年版，第 912—913 页。

〔2〕《刑事民事诉讼法草案》“第二条　凡叛逆、谋杀、故杀、伪造货币印信、强劫并他项应遵刑律裁判之案，为刑事案件”，“第三条　凡因钱债、房屋、地亩、契约及索取赔偿等事涉讼，为民事案件”，载怀效锋主编:《清末法制变革史料》(上卷)，中国政法大学出版社 2010 年版，第 437 页。

因诉讼而审定理之曲直者，属民事案件”[1]，确立了四级三审制、回避、预审、起诉、上诉、证人鉴定人、保释、诉讼费以及刑事案件中的公诉和检察官制度等中国近代诉讼制度的基本内容，是晚清唯一一部正式公布的近代诉讼法。作为一部过渡性法律，“虽细则尚有未赅，而大端差以略举”[2]，为正式法院编制法和民事刑事诉讼法颁行前审判机关的活动提供了基本规范。

（三）《刑事诉讼律草案》和《民事诉讼律草案》

《刑事民事诉讼法草案》被搁置后，修订法律馆“重起炉灶”，不再刑民事诉讼为一体，另行分别起草刑事、民事诉讼律。1911 年 1 月，修订法律馆分别陆续上奏《刑事诉讼律草案》和《民事诉讼律草案》。两者在清末均未完成立法程序，但分别作为中国刑事诉讼和民事诉讼领域最早的法典草案，成了民国时期诉讼立法的“基础底本”和大理院判例中的“诉讼法理”。

《刑事诉讼律草案》分为总则、第一审、上诉、再理、特别诉讼程序和裁判之执行六编，共十四章五百一十五条。该草案主要是在日本修律顾问冈田朝太郎的协助之下，参酌日本 1890 年《刑事诉讼法》，采用不告不理的诉讼告劾程式、检察公诉和预审、审判公开、干涉主义和当事人无处分权原则、三审终审、被告人辩护与言辞辩论等原则和制度。

《民事诉讼律草案》分为审判衙门、当事人、普通诉讼程序、特别诉讼程序四编，共二十二章八百条。该草案主要是在日本修律顾问松岗义正的协助之下，参酌日本 1890 年《民事诉讼法》和 1903 年日本法典调查会的《民事诉讼法改正案》，对审判衙门的审判权以及审判职员的回避制度，当事人、诉讼代理人、诉讼辅佐人以及诉讼费用、诉讼担保和诉讼救助制度，普通诉讼程序的一审、上诉、再审和特别诉讼程序中的督促程序、证书诉讼、保全诉讼、公示催告程序、人士诉讼等做了具体规定。

二、司法机构

（一）部院之争

1906 年清政府宣布“仿行宪政”后，以三权分立为宗旨的官制改革成为突破口，清末司法机构改革作为官制改革的一部分，大致可分为司法行政和司法审判两部分。1906 年 10 月，清廷发布改革官制的上谕，“刑部著改为法部，专任司法；大理寺著改为大理院，专掌审判”，率先实现中央层面司法行政与司法审判的分离。这不仅改变了传统行政、司法合一运行的体制，也改变了清代刑部负责审判、大理寺负责复核的司法格局，加上中央官制改革方案对司法行政与司法审判的权限划分并未明确，因而出现了部院之争。1907 年 5 月 14 日，法部由首任尚书戴鸿慈领衔，单独奏上了《酌拟司法权限折》（并清单），提出司法权层层监督审判权的主张，并提出了由法部行使的十二条司法权

〔1〕 怀效锋主编：《清末法制变革史料》（上卷），中国政法大学出版社 2010 年版，第 458 页。

〔2〕《法部奏酌拟各级审判厅试办章程折》，载怀效锋主编：《清末法制变革史料》（上卷），中国政法大学出版社 2010 年版，第 414 页。

限，随后大理院正卿沈家本上奏提出异议，强调大理院独立行使裁判权的重要性。清廷震怒，要求部院“会同妥议，和衷商办，不准各执意见”[1]，并将沈家本与法部侍郎张仁黻对调以平息论争。对调后第八天，法部与大理院即会奏《遵旨和衷妥议部院权限折》（并清单），部院之争遂告一段落。在地方官制改革中，各省提刑按察使司改为提法司，负责一省行政。地方设立各级审判厅，负责管辖范围内的司法审判事务。

（二）《大理院审判编制法》和《法院编制法》

大理院成立后，原为“闲曹”的大理寺，一下子变成了最高审判机构，面临着需马上建章立制，从法部接掌审判业务和审判权力的问题。1906 年 12 月，大理院上奏《审判权限厘定办法折》，提出了四级三审制的编制框架，并就大理院的成立以及率先成立京师地区的审判机构出台了《大理院审判编制法》，规定了大理院及其在京直辖的京师高等审判厅、城内外地方审判厅和城谳局的审判权限和内设机构编制。作为中国历史上第一部专门的法院组织法，其立法精神既体现了“审判独立”原则，又表现出“司法审判权”扩张解释的倾向。大理院直辖地方审判机构表明大理院试图构建一个行政化的京师审判系统，在司法审判权与司法行政权的划分中谋求争得先机，从而挑起了部院之争。1907 年后，法部奏行《各级审判厅试办章程》《拟定各省商埠各级审判厅筹办事宜》《筹办外省省城商埠各级审判厅补定章程》等相关规定，推动了全国各地近代专门审判机构的试办试行。

1907 年 9 月，修订法律馆提出制定全国性的法院组织法并上奏草案，最终于 1910 年 2 月奏准颁行。《法院编制法》共十六章一百六十四条，对包括初级审判厅、地方审判厅、高等审判厅、大理院在内的四级审判衙门的审判权限及内部运行规则进行了详细规定，确立了审判独立、审判公开、四级三审制、合议制、审检合署、检察官公诉、司法行政监督等审判制度和审判原则。自 1906 年袁世凯在直隶天津府试办各级审判厅，1907 年京师地区各级审判厅成立起，按照 1908 年筹备立宪清单，1910 年应成立各省省城及商埠等处各级审判厅，1912 年直省府厅州县城治各级审判厅粗具规模，1915 年乡镇初级审判厅一律成立的逐年进度，截至清亡，主要在各省省城商埠设立的各级审判厅有一百七十余所，中国近代司法进入实际运行阶段。

三、外国在华领事裁判权制度

领事裁判权，在中国近代史上又被称为“治外法权”，是中国近代不平等条约制度的三大支柱之一，指中国近代政府在双边条约中同意缔约国来华国民由缔约国政府按照本国法律进行司法管辖，不再由中国政府按照中国法律进行司法管辖的问题。即中国政府对来华外国人的司法管辖权问题，当时采取了属人主义的原则而不是国际法通行的属地主义立场。作为制度存在，领事裁判权始于 1843 年 10 月 8 日中英《五口通商章

---

〔1〕 怀效锋主编：《清末法制变革史料》（上卷），中国政法大学出版社 2010 年版，第 395 页。

程》[1]，1844 年《中美望厦条约》和《中法黄埔条约》、1847 年中国与瑞典挪威条约以及 1858 年中俄条约均有类似规定。1858 年中英《天津条约》和 1876 年中英《烟台条约》则又分别增加了会审制度和观审制度的内容。但条约里的规定只是事实描述，在随后很长的时间里，并不存在一个专有名词来对此加以概括。王韬是最初提到它并要求予以废除的学者之一，1883 年，王韬在《除额外权利》一文中将“（来华）西人不归中官管辖”称之为“额外权利”[2]。随后，1887 年完稿、1895 年正式刊行的黄遵宪《日本国志》使用的“治外法权”成了它的标准名词[3]。20 世纪初，随着日本国际法学科知识的传入，“治外法权”一词的含义逐渐被指向外国领导人和外交官所享有的外交特权和豁免权，普通来华外国人在中国所有的特权逐渐被称为“领事裁判权”。通过援引最惠国待遇条款，清末在华享有领事裁判权的国家达到 18 个。

各国为行使在华取得的片面领事裁判权，纷纷在领事区内或租界内成立领事法院或领事法庭，派驻警察和军队，依据本国法律和专门的领事裁判法规行使对本国居民的管辖权。领事不仅审理本国国民之间的诉讼，而且依据被告主义原则审判本国国民为被告的案件，进而对领事馆雇佣的中国人也行使保护权，严重干涉中国的司法主权。外国在华享有的这种域外的管辖权，不仅由在中国的领事组成的法庭行使，而且英国在 1865 年设立“英王在中日最高法院”（H. B. M's Supreme Court for China and Japan），美国 1906 年设立驻华法院（U. S. Court for China），由专门设立的法院行使司法审判权，且均在上海公共租界设立监狱，此均大大超出了条约制度所赋予的领事裁判权的范围。而在租借地区，列强则要求清朝实行“会同审断”制度，也就是涉及外国人的事件必须要有外国人观审、陪审。1864 年，在上海租界建立了洋泾浜北首理事衙门，1869 年，上海会审公廨成立。会审公廨名义上是中国的审判机关，实际上是中国官员与外国领事共管的机关，是列强在华领事裁判权的延伸。

治外法权制度在中国确立的很长时间里，中国人并没有意识到其危害。但随着来华外国人的增加和违法犯罪案件的增多，外国在华行使领事裁判权严重影响到了清政府在国内的统治权。1902 年 9 月《中英续议通商行船条约》第十二款规定：“中国深愿整顿本国律例，以期与各西国律例改同一律，英国允愿尽力协助，以成此举。一俟查悉中国

---

〔1〕“英人华民交涉词讼一款”，原文如下：“凡英商禀告华民者，必先赴管事官处投禀，候管事官先行查察谁是谁非，勉力劝息，使不成讼。间有华民赴英官处控告英人者，管事官均应听诉，一例劝息，免致小事酿成大案。其英商欲行投禀大宪，均应由管事官投递，禀内倘有不合之语，管事官即驳斥另换，不为代递。倘遇有交涉词讼，管事官不能劝息，又不能将就，即移请华官公同查明其事，既得实情，即为秉公定断，免滋讼端。其英人如何科罪，由英国议定章程、法律发给管事官照办，华民如何科罪，应治以中国之法，均应照前在江南原定善后条款办理。”参见陈帼培主编：《中外旧约章大全》（第一分卷上册），中国海关出版社 2004 年版，第 82 页。

〔2〕“向者英使阿利国以入内地贸易为请，总理衙门亦以去额外权利为请，其事遂不果行。夫额外权利不行于欧洲，而独行于土耳机、日本与我中国。如是则贩售中土之西商，以至传道之士、旅处之官，苟或有事，我国悉无权治之。”参见王韬著、李天纲编校：《弢园文新编》，中西书局社 2012 年版，第 53 页。

〔3〕其卷七《邻交志下一·泰西》“外史氏曰”：“在亚细亚，理事得以己国法审断己民，西人谓之治外法权，谓所治之地之外而有行法之权也。”参见黄遵宪著、李绍平校点：《日本国志》（上册），岳麓书社 2016 年版，第 257 页。

律例情形及其审断办法及一切相关事宜皆臻妥善，英国即允弃其治外法权。”[1]遂后就此问题，中美、中日、中葡条约使用了基本相同的表述，各国均在条约中做出了有条件放弃在华领事裁判权的承诺。1900 年的八国联军入侵和 1901 年的《辛丑条约》，标志着在中外关系中，中国被彻底制服。在中国国际地位达到令人沮丧的谷底阶段，相继作出允弃领事裁判权的承诺，这无疑让中国人感到振奋，“立自强之根，壮中华之气，实为意料所不及”[2]。从《申报》报道来看，不仅马上分三期连载《中英商约》，还发表了《商约既成喜而敬书于后》的社论，认为商约最大的成功就是关于治外法权的规定。对于如何收回治外法权,《申报》连续发表了多篇文章予以讨论[3]，1902 年中秋节前后的江南乡试[4]、浙江乡试[5],1903 年上海格致书院春季官课[6]、天津校士馆夏季官课和上海求志书院冬季课，以及恩科湖北、广东、山东乡试，均将如何收回治外法权作为考试题目。外国在华领事裁判权问题，从一个在 19 世纪晚期仅仅限于少数洋务运动知识分子所关心的话题，迅速在 20 世纪初转化为一个非常热门的社会话题，“修律以收回领事裁判权”变成了一个主流观点，全国上下“自此而议律者，群措意于领事裁判权”[7]。

重要名词术语

谘议局、《大清现行刑律》、《大清民律草案》、大理院、会审公廨

思考题

1. 简述清末法律改革的社会背景与动因。
2. 简述清末礼法之争。
3. 简述清末法律改革中的主要立法成果。

典型案例分析

案例一 杨乃武与小白菜案（浙江民人葛品连身死案）

同治十二年十月初九（1873 年 11 月 28 日），浙江余杭县普通民众葛品连因病突然

〔1〕 陈帼培主编:《中外旧约章大全》（第一分卷下册），中国海关出版社 2004 年版，第 1499 页。

〔2〕 苑书义等主编:《张之洞全集》（卷 84），河北人民出版社 1998 年版，第 2251 页。

〔3〕 如：1902 年 10 月 2 日《增改现行律例议》，10 月 3 日《增改现行律例议》（续昨稿），10 月 24 日《中外刑律互有异同，自各口通商日繁，交涉应如何参酌损益、妥定章程，令收回治外法权策》（作者为江南乡试第一名曹清泉），12 月 18 日《中国亟宜收回治外法权论》。

〔4〕 江南乡试二场题首题:《中外刑律互有异同，自各口通商日繁，交涉应如何参酌损益、妥定章程，令收回治外法权策》。

〔5〕 浙江乡试二场题三题:《西国法律原于罗马，沿革若何？今法律之学，为科凡几？自治外法权行于通商口岸，受病甚深，规复主权，宜有良策。》

〔6〕《国家变法，经纬万端，以何者为最先？何者为通行而无弊？试详言其策改弄律以收治外法权策。》

〔7〕 赵尔巽等撰:《清史稿》（第 15 册），中华书局 1977 年版，第 4187 页。

死亡，其母怀疑其被人下毒而赴县控诉。时任余杭县令刘锡彤据“羊（杨）吃白菜”之传闻，怀疑本县新科举人杨乃武与葛品连之妻葛毕氏（本名毕秀姑，外号“小白菜”），因奸情而合谋毒毙葛品连，进而对两人先后刑讯逼供，断结为“谋夫夺妇”罪并拟以极刑，杭州府与浙江省也照原拟断结，上报刑部。杨乃武不服，自写诉状，其姐杨淑英和其妻杨詹氏二次京控，期间得到了《申报》的广泛报道和翁同龢、夏同善等江浙籍京官的鼎力支持。后朝廷下旨，先后要求浙江巡抚杨昌濬京控复审和浙江学政胡瑞澜特旨重审此案，均未得直，最后由刑部在北京直接审理并开棺验尸，确认葛品连实系因病身死，并非原验服毒殒命，才真相大白，冤案昭雪。光绪三年二月十六日（1877 年 3 月 30 日），该案审结，余杭知县从重发往黑龙江效力赎罪，不准折赎，杭州知府、浙江学政和浙江巡抚均即行革职。本案原本为一件普通的民间刑事案件，案件本身也不复杂，但慈禧太后两次谕令重审都没能翻案，最后不得不将该案相关人证、物证和案卷都提京审问，交刑部彻底根究、三法司会审才水落石出。一个普通的冤假错案，十多道谕旨的过问和安排才能平反昭雪，可见平反冤狱之难。由于《申报》四年多及时的广泛追踪报道，该案全国闻名并被称为“清末四大奇案”之一。

结合上述描述，请分析该案致冤的原因以及平反昭雪之难。

案例二　苏报案

《苏报》原是一家以日人名义在上海租界内注册的报纸，1900 年由陈范接办。1903 年五六月，《苏报》进行大改革，聘请章士钊为主笔，章太炎、蔡元培为撰稿人，其主要宗旨是反对改良，宣传革命。连续发表推荐邹容《革命军》和章炳麟批驳康有为改良主义的政见和论文，公开批评清政府，朝野震动，由此导致朝廷下旨查封《苏报》，严拿章太炎、邹容等人。但案发租界，清廷历经几轮交涉，上海租界当局才将章太炎与邹容收押。之后，清政府就章太炎、邹容的移交、审讯与判决等问题与上海租界当局和英法美俄等列强展开交涉，但因沈荩案爆发而导致西方列强拒绝引渡，由此苏报案在上海会审公廨正式开庭审理，清政府聘请律师以“煽动性诽谤罪”起诉章太炎、邹容，而被告律师则以言论思想自由等为依据为被告辩护。1904 年 5 月，章、邹分别被判处监禁 3 年和 2 年徒刑，并禁止中国人在租界内办报纸宣传革命和出版革命书籍。1905 年 4 月，邹容被折磨致死，年仅 21 岁。1906 年 6 月 29 日，章太炎刑满释放。清政府企图通过这一事件压制舆论以达到镇压革命的目的，然而事与愿违。苏报案是中国近代新闻史上第一个因言论罪被政府告上法庭的报案，革命思想的种子也由此得到广泛传播，在近代史上具有十分重要的地位。

透过苏报案，请分析体会上海租界会审公廨的司法性质、中西法律文化的博弈和冲突以及其法律史影响和意义。

第十三章　民国前期的法律（1912—1927年）

【内容提示】

1911年10月10日爆发的武昌起义，引发了辛亥革命的风暴。1912年元旦，成立了以孙中山为领导的中华民国南京临时政府。该政府虽然只存续了三个月，却掀开了中国资产阶级民主法制的新篇章。从1912年3月袁世凯在北京就任临时大总统，到1927年4月南京国民政府成立，在这15年间，由于控制中央政权的主要是北洋系的军阀或官僚，因此民国北京政府又被称作“北洋政府”。北洋政府在清末法律改革的基础上，继续修订各项法典，推进法律的近代化。但是因为受到政治纷争和军阀专制的影响，这一时期完成的刑法修正案、民律草案均未能公布施行。北洋政府的法律体系主要由两部分组成：制定法和司法解释。其中，制定法既包括援用的清末法律，也包括新颁行的大量单行法令；司法解释包括当时最高审判机关——大理院创制的判例和解释例。在制定法尚不完备的情况下，大理院的判例和解释例在很大程度上发挥了统一法律规范、补充法律漏洞的作用，成为这一时期法律体系的重要组成部分。

第一节　南京临时政府时期的法律

一、立法思想

南京临时政府是中国近代史上第一个资产阶级共和国中央政府，其立法思想多遵循孙中山的三民主义学说，特别是民权学说对宪法性法律的制定产生了较大的影响。孙中山认为，欲建立四万万国民为主人的共和国，必须构建良好的法律，民主政治的根本在于法律，而人民的权利也需要法律来保障。他说：“立国于大地，不可无法也。立国于20世纪文明竞进之秋，尤不可以无法，所以障人权，亦所以遏邪辟。”[1]在南京临时政府中，许多精通法律的人士担任政府要职，如王宠惠任外交总长，伍廷芳任司法总长，宋教仁任法制局局长，这些资产阶级法律家将法学知识运用于资产阶级法律实践。王宠惠主张尽快议定宪法性法律、健全各项法制，以奠定革命政府的合法性基础，并积极争取

〔1〕《孙中山全集》（第8卷），中华书局1981年版，第355页。

外国政府对刚刚成立的中华民国政府的承认。伍廷芳极力倡导西方国家的司法独立原则，一方面积极推进法院的制度建设，另一方面尽力排除军事、行政机构对司法审判的干涉。宋教仁则提出了较为系统的资产阶级共和国法律方案。

二、《中华民国临时政府组织大纲》

（一）《中华民国临时政府组织大纲》的制定

武昌起义爆发之后，湖北革命党人组织成立了中华民国鄂州军政府，并颁布《鄂州临时约法》。在武昌起义的推动下，不到两个月的时间里，全国先后有十五省宣布独立，组织革命政府。为统一革命力量，自 1911 年 11 月 15 日起，独立各省代表先后在上海、汉口、南京集会，商议组织成立统一革命政府事宜。各省代表联合会推选雷奋、马君武、王正廷起草了《中华民国临时政府组织大纲草案》。12 月 3 日，各省代表议决通过了《中华民国临时政府组织大纲》（以下简称《临时政府组织大纲》），并据此组织成立了“中华民国南京临时政府”。

（二）《临时政府组织大纲》的主要内容和特点

《临时政府组织大纲》分为四章二十一条（最后修正案）。第一章“临时大总统”（修正案增入“副总统”）规定中华民国临时政府大总统和副总统由各省都督府代表选举产生、临时大总统的各项职权以及临时大总统缺位时由副总统代行职权。第二章“参议院”规定参议院的组成、职权以及表决办法。第三章“行政各部”规定临时政府设立外交、内务、财政、军务、交通五个行政部门。第四章“附则”规定《临时政府组织大纲》的施行期限至中华民国宪法颁布。

《临时政府组织大纲》具有以下特点：第一，采纳西方三权鼎立原则组织政府机构：总统为最高行政机构，统辖行政各部；参议院为最高立法机关；以“临时中央审判所”为最高司法机关。第二，为实现全国的统一，仿效美国 1787 年宪法模式，采取了总统制。第三，因为处于战争状态，临时政府无法进行民主选举，所以临时政府的立法机关采取一院制，仅设立参议院；参议院成立前，暂由各省都督府代表会代行其职权。第四，组织大纲还不是一部完整的宪法，对国体问题、人民基本权利义务未作规定，对司法机关也未作具体规定。

《临时政府组织大纲》虽然在制度内容上并不十分完备，但是它适应了革命形势发展的需要，为建立统一的资产阶级共和国奠定了法制基础。1911 年 12 月 29 日，孙中山依据该组织大纲当选为中华民国临时大总统，亚洲的第一个资产阶级共和国——中华民国诞生。

三、《中华民国临时约法》

（一）《中华民国临时约法》的制定

武昌起义爆发后，清政府不得不重新起用袁世凯，授权他总理政务，并负责统率北洋军镇压起义。鉴于清政府的朽不可支，迫于国内迅猛发展的革命形势，袁世凯一方面迫使清帝溥仪于 1912 年 2 月 12 日下诏“逊位”，另一方面，他骗取了革命党人的信任，以拥护共和为条件，被推举为临时大总统候选人。为了防范军阀的独裁，1912 年 2 月 13 日，孙中山在辞去临时大总统职务的同时，提出袁世凯继任临时大总统的先决条件：第一，首都仍设在南京；第二，临时大总统赴南京就职；第三，必须遵守临时参议院即将颁布的《中华民国临时约法》（以下简称《临时约法》）。2 月 15 日，临时参议院议决通过了孙中山的提议。特别是在袁世凯利用北方局势不稳的借口，拒绝到南京就职的情势之下，《临时约法》就成为革命党人维护民主共和的一道重要法制防线。

《临时约法》的起草始于 1912 年 1 月，当时由各省都督府代表会议代行立法权，会议推选景耀月、张一鹏、吕志伊、王有兰、马君武五人为起草委员，负责起草《临时约法》。1 月 28 日，临时参议院成立以后，由该院负责审议通过《临时约法草案》。3 月 8 日，临时参议院完成对《临时约法》的三读程序，由临时大总统孙中山公布施行。

（二）《临时约法》的主要内容与特点

《临时约法》共五十六条，分为七章：总纲，人民，参议院，临时大总统、副总统，国务员，法院，附则。其主要内容如下：

第一，在“总纲”中明确宣示：“中华民国由中华人民组织之”，“中华民国之主权，属于国民全体”。由于列强的侵凌、瓜分，清末以来中国边疆危机不断，《临时约法》对领土问题予以明确规定，以维护中国之统一：“中华民国领土，为二十二行省、内外蒙古、西藏、青海。”

第二，在“人民”一章规定了人民依法享有的广泛权利和应尽的义务。第五条规定：“中华民国人民，一律平等，无种族、阶级、宗教之区别。”第六条规定了人民的七项自由权：人身自由，家宅安全，保有财产及营业自由，言论、著作、刊行及集会结社之自由，书信秘密之自由，居住迁徙之自由，信教之自由。除平等与自由这些国家不得侵犯的权利以外，《临时约法》第七至十二条还规定了人民的其他权利：请愿于议会之权；陈诉于行政官署之权；诉讼于法院，受其审判之权；对于官吏违法损害权利之行为陈诉于平政院之权；等等。《临时约法》还规定，人民有依法律纳税和服兵役的义务。

第三，采取三权鼎立的政府组织原则。在“总纲”部分概括规定：“中华民国以参议院、临时大总统、国务员、法院，行使其统治权。”在其他各章分别规定立法机关、行政机关、司法机关的权能，其中第三章“参议院”规定，“中华民国之立法权，以参议院行之”，以及参议院的选举组成、职权、议事规则等；第四章“临时大总统副总统”、第五章“国务员”规定，“临时大总统代表临时政府，总揽政务，公布法律”，以总理为首的国务员，“辅佐临时大总统，负其责任”，并于临时大总统行使行政权力时副署之；第六章“法院”规定，“法院依法律审判民事诉讼及刑事诉讼”，“法官独立审判”。

《临时约法》带有因人立法的局限，体现了资产阶级革命派的理想主义和现实软弱性。中华民国创立之初，需要重新整合各派力量、树立统一的政治权威，采取相对集权的总统制比较符合客观形势的需要。但是革命党人担心袁世凯利用北洋系的军事实力实现个人独裁，为了限制袁世凯个人独裁，立法者因人立法，将南京临时政府实行的总统制改为责任内阁制。在以责任内阁削弱总统权的同时，在三权鼎立的体制中，加强参议院的立法权力，以削弱和限制总统的权力。最后又以严格的修订程序限制总统任意修改约法，使约法成为限制独裁的长久有效的制度保障。《临时约法》第七章“附则”规定：在宪法施行以前，约法之效力与宪法同；约法由参议院议员三分之二以上或临时大总统之提议，经参议员五分之四以上出席，出席议员四分之三之可决，得增修之。

（三）《临时约法》的历史意义

《临时约法》是中国近代第一部资产阶级共和国性质的宪法文件，具有中华民国临时宪法的效力，以其革命性和民主性树立了资产阶级民主共和的观念。它确立了“主权在民”“平等”“自由”的宪法原则，建构了三权鼎立的政权体制，成为维护民主共和的重要法律武器。《临时约法》确认了资本主义私有制和生产方式，对打破旧的生产关系的桎梏、推进民族资本主义的发展都起到了积极作用。

四、推进改革的各项法令

南京临时政府在1912年1月至4月初，颁行了一系列旨在保障民权、移风易俗、改革司法的法令。

（一）保护民权

孙中山根据中国的国史民情和西方“天赋人权”的理论，提出“天赋人权，胥属平等”的民权思想，认为人民“对于国家社会之一切权利”，“均一体享有，勿稍歧异”。[1]在任临时大总统期间，他先后发布《大总统令内务部禁止买卖人口文》《大总统令广东都督严行禁止贩卖“猪仔”文》《大总统通令开放疍户惰民许其一律享有公权私权文》等，禁止买卖人口，废除各种贱民身份。为保障财产权，孙中山督责临时政府内务部发布《保护人民财产令》。该法令规定，凡在民国范围内之人民，所有一切私产，非经正式裁判宣告，不得擅自充公或查封。

（二）移易风俗，革除陋习

孙中山深刻认识到社会风俗与人民健康、民族存亡息息相关，他曾指出：“若于旧染痼疾，不克拔涤净尽，虽有良法美制，岂能自存。”[2]因此，南京临时政府十分重视移易风俗，涤荡国民旧染陋习。在各种陋习之中，以吸食鸦片为害最深，“小足以破业殒身，大足以亡国灭种”[3]。为使国民戒除吸食鸦片的痼疾，临时大总统孙中山两次颁布戒烟令。此外，孙中山还颁布了《命内务部晓示人民一律剪辫令》《令内务部通饬各省劝禁缠足文》等。临时政府内务部曾发布《内务部报告禁赌呈》《内务部令江宁府知事示禁各乡演戏赛会文》等，以禁止赌博及其他有害博戏。

（三）厉行司法改革

为革除数千年刑讯逼供的弊政，孙中山发布《大总统令内务司法两部通饬所属禁止刑讯文》，严令：“不论行政、司法官署及何种案件，一概不准刑讯；鞫狱当视其证据充实与否，不当偏重口供；其从前不法刑具，悉令焚毁。”司法部根据临时大总统的训令，

---

〔1〕《孙中山全集》（第2卷），中华书局1981年版，第244页。

〔2〕《孙中山全集》（第1卷），中华书局1981年版，第155页。

〔3〕《孙中山全集》（第1卷），中华书局1981年版，第183页。

公布了《咨各省都督禁止刑讯文》，电促各省都督，责令下级官署废除刑讯制度。为实现法律惩戒手段的文明化，孙中山还发布了《大总统令内务司法两部通饬所属禁止体罚文》。

第二节 北洋政府时期的法律

一、立法思想与立法活动

（一）折中性的法律思潮

民国前期政局动荡，社会思想呈现出自由多元化的格局，此一时期的社会法律思潮具有折中新旧、中外融合的特色：大陆法系与英美法系的折中；移植自外国的法律与中国固有法律的融合；制度理想与现实需要的折中融合。清末和民国初期出国游学的政治家、留学海外的大批法科学生陆续归国，虽然日本明治维新以来的政治法律思想对中国产生了深刻的影响，但是英国、美国、法国、德国等发达国家的法制经验，越来越多地为中国政治家和法律家所了解。这些有海外背景的政治家、法律家通过学术著述、立法工作、司法工作，将大陆法系和英美法系的法律制度折中融合，将外来法制与中国现实折中融合，推进了法学的发展，形成了适合中国的法律理论。1896年，孙中山在英国目睹了伦敦产业工人举行总罢工而遭到政府军队残酷镇压，从而认识到最发达资本主义国家法制的虚伪性，结合中国近代工业不发达的现实，产生了用民生主义来把社会革命和政治革命做总体解决的设想。他还将美国三权分立的宪法体制与中国传统的御史监察制度、科举考试制度相结合，提出了五权宪法构想。

清末改法修律之际，收集和翻译了大量的外国法律资料，唯其时间仓促、法律起草任务紧迫，对外国法律的选择移植未能与本国固有法相融会贯通。民国前期在适用刑法、法院编制法以及援引民律草案的过程中，不断根据社会现实调适移植而来的法律，同时运用西方法学理论阐释本国固有法，在司法裁判和法律修订工作中将固有法纳入现行法律体系，与移植而来的外国法折中融合为一体。民国前期在大理院司法裁判过程中，不断以社会现实校准、调适理想化的法律制度，使其适应现实需要；在法律修订过程中，立法机关将实证经验作为法律修订的依据，努力实现法律的制度理想与现实需要的折中融合。

（二）代表性人物的法律思想

1. 宋教仁的资产阶级共和国法律方案

宋教仁（1882—1913），字遁初，号渔父，湖南常德桃源人，青年时留学日本，先后在日本法政大学、早稻田大学学习，广泛阅读关于资本主义政治学说和社会制度方面的书籍，对当时世界上西方国家的政治、军事和经济制度有系统深入的了解。他的著作主要有《我之历史》《间岛问题》，翻译作品包含《日本宪法》《俄国之革命》《英国制度要览》《俄国制度要览》《美国制度概要》《各国警察制度》等。在中华民国南京临时政府成立后，他担任法制局局长，草拟了《中华民国鄂州约法》，在《中华民国临时约法》的制定工作中也起到了重要作用。宋教仁的共和国法律方案主要包括以下几个方面：

（1）以宪法确立和保障共和国体

在宋教仁看来，清廷大肆宣传的"预备立宪"不过是巩固专制统治的手段，《钦定宪法大纲》对皇帝至高无上权力的保护，显然与西方资本主义国家的立宪宗旨不同，"即能行之，亦必非真正立宪"〔1〕。宋教仁坚定地反对清政府的封建统治，积极提倡民主立宪，并且主张在革命后尽快制定宪法，以宪法这一权威形式设定资产阶级民主共和国的框架。他认为，宪法是共和政体之保障，"中国为共和政体与否，当视诸将来之宪法而定。使制定宪法时为外力所干涉，或为居心叵测者将他说变更共和精义，以造成不良宪法，则共和政体不能成立"〔2〕。宋教仁起草的《中华民国鄂州约法》是一部具有近代意义的宪法性文件，虽然最终没有得到完全实施，但是其所确立的资产阶级共和国法律方案为推翻清政府的统治起到了推动作用。

（2）三权鼎立与责任内阁制

《中华民国鄂州约法》完整地表达了宋教仁"三权鼎立"的宪法政治构想。宋教仁认为，建设共和政体应当首选三权鼎立的政治架构，"夫政府分三部，司法可不必言，行政则为国务院及各省官厅，立法则为国会"〔3〕。在立法方面，他主张将议会作为国家最高权力机关和立法机关，"夫立宪政体之国，必有议会为监督政府机关，而行决议、质问、弹劾等之权"〔4〕。宋教仁重视议会的作用，期待制定一部好的宪法，以建立真正的共和，而扩大议会的权限，可以产生约束和限制总统权力的效果。

在行政方面，宋教仁认为资产阶级共和国应当采取责任内阁制。"盖内阁不善而可以更迭之，总统不善则无术变易之，如必欲变易之，必致摇动国本。此吾人所以不取总统制，而取内阁制也。"〔5〕在宋教仁看来，以内阁制为国家政体，对总统的权力有相当的限制作用，则总统政治上之权力至微，虽有野心者，亦不得不就范。

（3）司法独立和司法统一的理想

根据三权鼎立原则，《中华民国鄂州约法》详细规定了行政、立法和司法三机关的各自权限，它们之间形成相互牵制又彼此独立的格局。《中华民国鄂州约法》的第六章"法司"规定："法司之编制及法官之资格，以法律定之。""法司以鄂州政府之名，依法律审判民事诉讼及刑事诉讼。"这从制度上明确了司法权不受立法权和行政权干涉。之

---

〔1〕宋教仁：《清太后之宪政谈》，载陈旭麓主编：《宋教仁集》上册，中华书局1981年版，第16页。

〔2〕宋教仁：《国民党沪交通部欢迎会演说辞》，载陈旭麓主编：《宋教仁集》下册，中华书局1981年版，第460页。

〔3〕宋教仁：《国民党沪交通部欢迎会演说辞》，载陈旭麓主编：《宋教仁集》下册，中华书局1981年版，第459—460页。

〔4〕宋教仁：《论都察院宜改为惩戒裁判所》，载陈旭麓主编：《宋教仁集》上册，中华书局1981年版，第281页。

〔5〕宋教仁：《国民党沪交通部欢迎会演说辞》，载陈旭麓主编：《宋教仁集》下册，中华书局1981年版，第460页。

后的《中华民国临时约法》也延续了这样的模式，其中“法官独立审判，不受上级官厅之干涉”“法官在任中不得减俸或转职，非依法律受刑罚宣告，或应免职之惩戒处分，不得解职。惩戒条规以法律定之”等条文，都体现了司法独立原则。宋教仁还主张司法既要独立，又要统一，应当将全国的司法体制划一，在各省实行四级制的审判模式。

2. 董康“拓展新知”与“借鉴旧制”相结合的法律思想

董康（1867—1947），字授经，号涌芬室主人，江苏武进人，清末进士，历任刑部主事、郎中等职。1902年修订法律馆成立后，董康先后任修订法律馆编修、总纂、提调等职，成为修律大臣沈家本的主要助手，参与清末旧律的修订和新律的起草工作。1905年后曾多次东渡，调查日本监狱制度、裁判所制度，撰有《调查日本裁判监狱报告书》《监狱访问录》等。1911年辛亥革命爆发，董康再次东渡日本留学，专修法律。北洋政府成立后，董康回国，先后任北京政府中央高等文官惩戒委员会委员长、全国选举资格审查会会长、法律编查会副会长兼署大理院院长、司法总长、财政总长、地方捕获审查厅厅长、法官训练所所长、广东高等法院院长等要职。全民族抗战爆发后，董康犬从于日本侵略者，沦为汉奸，1947年病死。

清末任职于修订法律馆之际，董康主张废除旧律中的严刑峻法，全面仿效德日刑法制定新律。在北洋政府时期，董康先后发表《匡救司法刍议》《民国十三年司法之回顾》《接收会审公廨刍议》《新旧刑律比较概论》等，其思想从激进革新转变为借鉴旧制，从效法日德转变为兼采英制，逐渐形成“拓展新知”与“借鉴旧制”相结合的法律思想。1914年8月1日，董康出任大理院院长，兼任法律编查会副会长，同年发表《匡救司法刍议》，提出匡救司法之意见八条：一减审级，二甄别法官，三编刑律施行法，四强盗从严，五立审限，六疏通监狱，七行秋谳，八定民事取债法。[1]其借鉴旧制之倾向在《匡救司法刍议》中已有体现。1915年董康主持制定的《刑法修正案》借鉴诸多旧制因素，1918年《第二次刑法修正案》更直接明确“以旧草案偏重理想，乃凭事实为修正之标准。刑法废徒刑等差，伤害罪详分细目，强盗外并著抢夺之条，盖采暹罗及意大利新制，其实皆旧律之精神也”[2]。

1923年前后，董康“漫游英伦，调查其司法系统”，并在英国发表谈话，认为“中国司法采取欧陆制度，实属错着，以中国之情势，当采取英国制度也”[3]。1924年，在谈及新法施行后旧法是否还有研究价值时，董康就提出：“旧法废止，新法颁行，则旧法似无研究之必要，而抑知不然……奉行之后，颇感困难，欲速之讥诚所难免。依今日情形，则研究旧法，亦所必要。”[4]1925年，在收回上海会审公廨的计划书中，董康提出：“自清以前诉讼法附见于列代刑律之内，极为简略，大旨与英制相近，将来改良司法，

---

〔1〕参见董康：《匡救司法刍议》，载《庸言》1914年第2卷第1、2期合刊。

〔2〕董康：《民国十三年司法之回顾》，载《法学季刊》1925年第2卷第3期。

〔3〕《世界要闻：董康在英之谈话》，载《时兆月报》1923年第18卷第1期。

〔4〕董康：《新旧刑律比较概论》，载何勤华、魏琼编：《董康法学文集》，中国政法大学出版社2005年版，第482页。

必须有若干部分稍复故步。”[1]董康在司法实践中，日渐清晰地意识到旧制仍有社会适应性，应该予以继承借鉴；日德刑法的制度体系难以全面搬用，英国的判例法制度却有助于解决具体问题，将外国法的视野拓展到“英制”。后来，董康将“拓展新知”与“借鉴旧制”相结合的法律思想总结论述为：“至纂修事业，须经历二之时期：一、知新时期。凡成就必由于破败，即法律何莫不然。为表示改革之决心，荟萃各法案，甄择所长，无论何国皆然，不能执以为起草者之咎。二、温故时期。民族随生聚而成习惯，故成王之诰康叔，于文轨大同之日，犹许用殷罚殷彝，此出于经验后之认定，不得嗤之为墨守旧章。”[2]

董康自 1914 年开始逐渐呈现的法律改良思想在总体上体现了“拓展新知”与“借鉴旧制”的融合统一。在董康的法律思想中，“新”与“旧”是两种相互对立同时可以相互转换的二元，即在一定条件下，“新”将退化为“旧”，而“旧”可以发展出“新”，这正是一种辩证的“新旧观”。董康一方面继续细化对欧陆、英国法律的认识，明确两种法律制度与我国国情的契合度，另一方面并没有抹杀晚清法律移植的既得成果，认为全面移植英美法律也并不现实。董康的思想转变标志着民国法律家已从被动无意识继受欧陆法系之状况，转变为主动有意识拓展新知与借鉴传统法律，并致力于将移植的外国法与本国旧制相融合，构筑一个有机的适应中国现实需要的法律体系。

3. 黄右昌对近代民法学的贡献

黄右昌（1885—1970），字黼馨，湖南醴陵人。清末举人，曾留学日本早稻田大学。回国后任湖南法政学校教授、校长及省议会会长等职。二十七岁任北京大学法律系教授兼系主任，教授民法、罗马法等课程。黄右昌精研民法，尤其对罗马法的研究成就卓著，著有《罗马法与现代》《法律之革命》《民法（物权）》《民法诠解总则篇》《民法诠解物权篇》《民法亲属释义》等，有“黄罗马”之美称。在民国《民律草案》编纂过程中，他负责物权编的编纂。南京国民政府期间，历任立法委员、大法官等职。新中国成立后，曾任中国文史馆馆员，1970 年于北京病逝。黄右昌对中国近代民法学的贡献主要体现在以下三个方面：

第一，对于罗马法的研究和介绍，奠定了中国近代民法学的基础。黄右昌于 1915 年出版了《罗马法》一书，是第一本由中国学者撰写的研究罗马法的学术著作。黄右昌在《罗马法》第一、二版的基础上修订完成《罗马法与现代》[3]一书。该书分为“绪论”和“本论”两个部分。绪论主要阐述了罗马法中的民族主义、民权主义和民生主义，罗马法发展的时期，以及研究罗马法的学派，并探查了罗马法的宗教、历史、政治背景。本论详细论述了罗马法的人法、物法、诉讼三个部分。在内容上，对于罗马法具体制度和民法精神的展示资料翔实，论述精当，有清本溯源之功；在立意上，致力于依罗马法观察现代，揭示罗马法在现代的发展，梳理罗马法与现代法的关系，并指出民国民事立

[1] 董康：《接收会审公廨刍议》，载《国闻周报》1925 年第 2 卷第 29 期。

[2] 董康：《从吾国社会实际需要略论刑法》，载《社会科学季刊》1936 年第 6 卷第 1 期。

[3]《罗马法与现代》由北平京华印书局出版，初版于 1915 年，二版于 1918 年，三版于 1930 年。

法的误区。

第二，系统介绍大陆法系国家的物权法学理论，对物权与债权划分学说加以阐释。在西学东渐的历史潮流之下，黄右昌接受了系统的日本民法学的教育，致力于将大陆法系民法学尤其是物权法介绍进入中国。特别是在物权契约上，黄右昌倡导“契约目的说”，以契约行为的目的作为界定物权契约的标准。在他看来，与债权契约“以发生债权关系为目的”相对应，物权契约是“以发生物权关系为目的”的契约。同时，他认为，物权契约源于罗马法时期的“交付”行为，后来，法、德继承罗马法并根据各自的习惯，对物权契约分别采取了物权移转意思主义和物权移转形式主义。

第三，对本国固有法的理论阐释和立法传承。在《大清民律草案》的编纂过程中，清廷聘用的日本法学家将中国固有的“典”理解为不动产质，把“典”纳入担保物权的范畴，而未作为一种独立的物权加以规定。作为民国《民律草案》“物权编”的起草人，黄右昌在学说上将传统“典”解读为限制物权，纠正了日本法学家的观点，将固有法中的“典”概括为“典权”，并定义为“典权人因支付典价，占有他人不动产而为使用”，第一次在理论上将传统的“典”表达为一种权利，利用大陆法系的物权理论将固有的“典”纳入民法学体系中，并作为民国《民律草案》中独立的一章。

（三）立法活动

北洋政府建立之初，在法制局之下设立法典编纂会，负责起草、修订除宪法以外的各项法律。1914 年，法典编纂会更名为法律编查会，改归司法部统属。1918 年，又改法律编查会为修订法律馆，仍以起草、修订各项法律为其职责。但民选立法机关——国会却不断遭到破坏，立法权转由政治会议、约法会议、参政院等“御用机关”行使。1914 年 1 月，经选举产生的国会（又称“第一届国会第一期常会”）被袁世凯解散；1916 年 8 月该国会曾恢复开会，被称作“第一届国会第二期常会”，在 1917 年 6 月又被黎元洪解散。此后，还出现过第二届国会（1918 年 2 月至 1919 年 8 月，又称“安福国会”）和第一届国会第三期常会（1922 年 10 月至 1924 年 10 月，又称“贿选国会”），后来的两期国会均沦为军阀工具，丧失了民意机关的人民代表性。

在国会不能正常履行立法职责的情况下，这一时期的立法活动实质上包括对清末以来法律（及草案）的修订与援用、单行法的制定，以及大理院通过判例、解释例所进行的法律创制。由于法典化法律体系未能建构完成，北洋政府的法律体系主要由两部分组成：制定法和司法解释。制定法既包括援用的清末法律，也包括新颁行的大量单行法令。1912 年 3 月，袁世凯在北京就任中华民国临时大总统之初，一方面援用清末颁行的法律，另一方面对清末以来的法律草案进行修订，法律近代化事业得以继续发展。司法解释包括当时最高审判机关——大理院创制的判例和解释例。在法典不完备、单行法令繁杂的情况下，大理院的判例和解释例发挥了统一司法依据、补充法律漏洞的作用，成为这一时期法律体系的重要组成部分。

北洋政府为维护政权稳定，重视刑法的修订，并颁行诸多刑事单行法。北洋政府将《大清刑律》略加修订，改名为《中华民国暂行新刑律》加以援用，又分别于 1915 年、1919 年完成了两个刑法修正案，但是没有真正付诸施行。

北洋政府时期的各种立法及司法解释活动，一定程度上为南京国民政府六法体系的建立打下了基础，提供了一些可资借鉴的经验和教训。

二、从“天坛宪草”到1923年《中华民国宪法》

（一）“天坛宪草”的起草与废弃

1913年4月国会召开以后，多数议员认为《临时约法》内容过于简单，又属临时宪法文件，故而主张尽快制定一部正式的宪法。时任大总统的袁世凯则认为《临时约法》对总统的权力束缚过多，也希望制定一部扩大总统权力的宪法。

1913年7月12日，国会参、众两院各选举三十名议员组成了“宪法起草委员会”，负责拟订宪法草案。7月下旬，宪法起草委员会的起草工作改在北京天坛祈年殿进行，因而后来完成的宪法草案被称作“天坛宪草”。至10月24日，宪法起草委员会开始宪法草案的审议程序，袁世凯派出八位代表陈述总统对于宪法草案的意见，但是遭到宪法起草委员会的拒绝。在通过合法手段难以影响宪法起草的情况下，袁世凯利用其政治影响力阻挠制宪工作。10月25日，袁世凯通电各省军政长官，要他们对宪法草案逐条加以诘难。地方军政长官迅速作出反应，他们指斥“天坛宪草”“为暴民专制之宪法”，要求解散国会，另行制定“中华民国万世不易之宪法”。11月4日，袁世凯下令解散国民党，取消国民党籍议员的资格，导致国会不足召集会议的法定人数。1914年1月，袁世凯又下令解散国会，宪法草案遂被废弃。

“天坛宪草”共一百一十三条，分为十一章：国体，国土，国民，国会，国会委员会，大总统，国务院，法院，法律，会计，宪法之修正及解释。该草案继承了《临时约法》的基本原则和主要制度，但其内容更加完备，主要体现在以下三个方面：

第一，为防止总统利用紧急处分权实行独裁，“天坛宪草”增设了国会的常设机关——国会委员会，以便在国会闭会期间限制总统滥用紧急处分权。草案第六十五条规定：“大总统为维持公共治安，或防御非常灾患，时机紧急，不能召集国会时，经国会委员会之议决，得以国务院连带责任，发布与法律有同等效力之诰令。”

第二，采取更加独立的责任内阁制，国务总理的任命须经众议院的同意，国务员对众议院负责，而不对总统负责。国家的行政权力多由总理和各部部长行使，总统仅为虚位国家元首。

第三，设立独立于行政机关的审计院。依“天坛宪草”规定，审计院对国家财政收入、支出的决算，行使审核权；对财政支出的支付令，行使核准权。而审计院之审计长、审计员，由国会选举产生，总统无权任免。

“天坛宪草”虽被袁世凯废弃，但它是中国近代第一部较为完备的资产阶级共和国性质的宪法草案，成为北洋政府以后修宪的基础。

（二）袁世凯独裁与《中华民国约法》（“袁记约法”）

1914年1月国会被解散之后，形成了袁世凯独裁的政治局面。为了使总统独裁合法化，3月，袁世凯提出了《增修临时约法大纲案》。为确保“合法”地增修约法，由各省及主要社会团体推选出五十七名代表，组成约法会议。约法会议依照袁世凯的授意议定了《中华民国约法》（“袁记约法”），并于5月1日公布。

《中华民国约法》分为十章，共六十八条。在结构上分为三个部分：

第一部分，包括第一章、第二章，规定“国家”与“人民”，在形式上确认共和国体，明定人民的各项权利义务。

第二部分，包括第三章至第八章，规定了以“大总统”为核心的国家机构。第三章“大总统”赋予总统极为广泛的宪法权力；第四章“立法”规定立法院行使议决法律、议决预算之权，并可以对大总统提起弹劾；第五章“行政”主要规定以大总统为首长，总理和各部部长协助大总统管理行政；第六章“司法”规定“司法以大总统任命之法官组织法院行之”；第七章“参政院”规定参政院为总统咨询机关，“应大总统之咨询，审议重要政务”；第八章“会计”规定国家租税制度、预算决算制度、审计制度以及大总统的财政权。

第三部分，包括第九章、第十章，规定有关制定宪法、施行约法的相关规则。第九章“制定宪法程序”体现了大总统的巨大影响力：由大总统的咨询机关——参政院推举之委员组成宪法起草委员会，负责起草宪法；宪法草案完成后，交参政院审议，再呈交大总统裁可议决；经国民会议议决，由大总统公布。第十章“附则”主要说明了有关约法施行的相关规则。

与《临时约法》相比较，《中华民国约法》具有以下特点：

第一，在形式上确立共和国体。辛亥革命以后，民主共和的观念已深入人心，因此约法不得不顺应民意，于“国家”和“人民”两章在形式上确立了共和国体、保障人民基本民主权利。

第二，在形式上采取三权鼎立原则，实际上总统独揽国家统治权。在三权鼎立的国家机构中，立法院由民主选举产生，行使立法权和弹劾总统的职权。然而，正是因为立法院可以制约总统的权力，所以立法院在袁世凯执政期间始终没有选举成立，其职权一直由总统的咨询机关——参政院代行。总统实际上集立法权、行政权于一身。并且根据1914年12月公布的《修正大总统选举法》，总统每届任期十年，可以连选连任，并可以选定继承人。这无异于确定了总统的终身制和世袭制，大总统拥有了帝王般的权力。

第三，增修约法和未来制定宪法的权力都掌握在总统手中。约法规定修订约法的程序极为严格，与《临时约法》的规定相同；所不同的是，增修《临时约法》的权力属于民意代表机关——参议院，而增修约法的权力归于总统。未来议订宪法，宪法起草委员会的组成、宪法草案的拟订、宪法的审议与公布也都由总统决定。袁世凯试图通过掌握修订国家根本法的权力，来控制国家的政治命运。

1915年12月，在所谓“国民代表”的一再推戴下，袁世凯下令改共和国体为帝国，定次年为洪宪元年。袁世凯复辟帝制遭到全国人民的反对，云南首先发兵讨伐，形成了席卷全国的护国运动。至1916年3月，袁世凯不得不下令取消帝制，仍任大总统。然而独立各省不能容忍独夫民贼留任总统，6月，袁世凯在内外交困、众叛亲离中死去。

（三）曹锟贿选与1923年《中华民国宪法》（“贿选宪法”）

1923年6月，在直奉战争中取胜的直系军阀曹锟图谋自任总统。曹锟为“合法”当选总统，命令直系军人暗中运动，凡参加总统选举的议员，每人奉送五千元支票。10月5日，参、众两院议员召开总统选举会，议员五百九十三人出席，曹锟以四百八十票贿选为总统。

在总统选举的过程中，宪法会议在“天坛宪草”基础上修订完成了《中华民国宪法草案》。10月8日，宪法会议匆忙完成宪法草案的三读程序。10月10日，在辛亥革命十二周年之际，曹锟就任大总统，宪法会议同日公布《中华民国宪法》。因为该宪法由曹锟贿选而产生，所以又被称作“贿选宪法”。

1923年《中华民国宪法》是中国近代史上第一部正式宪法，该宪法共一百四十一条，分为十三章：国体，主权，国土，国民，国权，国会，大总统，国务院，法院，法律，会计，地方制度，宪法之修正解释及效力。该宪法的主要特点在于以下两个方面：

第一，从形式上来看，是北洋政府时期最民主、立法技术最成熟的一部宪法。该宪法以1913年“天坛宪草”为底本，吸纳了宪法学者近十年以来的研讨成果，立法技术较为成熟。其第一条规定，中华民国永远为统一民主国。第二条规定，中华民国主权属于国民全体。这是对复辟帝制以及各种专制政体的彻底否定。该宪法还规定了人民广泛的民主权利，以及代议制、责任内阁制、司法独立、财政审计制度等。这些条文对民主制度的建构，已颇为完备。

第二，名义上实行地方自治，实则确认大小军阀各自为政的利益格局。其第五章“国权”将国家权力分为“国家事项”和“地方事项”，以宪法为依据，实行中央与地方的分权体制。其第十二章“地方制度”更为详尽地规定了省、县两级地方的自治权。曹锟政府之所以能接受地方自治制度，是基于大小军阀利益分配的需要，即曹锟主政中央，小军阀在地方“自治”，“贿选宪法”成了大小军阀实现利益分配的账单。

（四）法统的废弃

国会与宪法相互维系，构成民主共和国的基础。自1912年3月以来，以《临时约法》为制度基础，以参议院为组织基础，奠定了共和的法统。但是，1914年，袁世凯解散民选国会（1913年4月至1914年1月存续的第一届国会第一期常会），废弃“天坛宪草”，以约法会议炮制的《中华民国约法》取代《临时约法》，进而又于1915年底复辟帝制，使共和法统遭到第一次破坏。袁世凯之后，共和法统一度得以恢复，但是没有维持多久，黎元洪与段祺瑞发生“府院之争”，再次解散国会（1916年8月至1917年6月存续的第一届国会第二期常会）。至1917年发生张勋复辟，共和法统遭到第二次破坏。及至1923年，直系军阀曹锟夺取中央政权，贿选总统，公布“贿选宪法”，国会与宪法的合法性与权威性遭到亵渎。1925年4月，皖系军阀段祺瑞在驱逐曹锟后执掌政权，宣布“法统已为陈迹”，解散第一届国会第三期常会（“贿选国会”），废除“贿选宪法”，也不再恢复《临时约法》。

三、刑事法律

北洋政府成立之初，即将《钦定大清刑律》略加修订，改称《中华民国暂行新刑律》（以下简称《暂行新刑律》），加以援用。虽然1915年和1919年分别完成刑法修正案，但是都没有正式颁行。北洋政府以《暂行新刑律》为刑事基本法，通过颁行各种刑事特别法，来弥补刑事基本法的不足。大量适用刑事特别法，是这一时期刑事法律的主要特点。

（一）《暂行新刑律》及其补充条例

1912 年 3 月，北洋政府公布《临时大总统宣告暂行援用前清法律及〈暂行新刑律〉令文》，该命令宣布："现在民国法律未经议定、颁布，所有从前施行之法律及《新刑律》，除与民国国体抵触各条应失效力外，余均暂行援用，以资遵守。"4 月颁行的《删修新刑律与国体抵触各章条》确定了对《钦定大清刑律》删修的内容，包括：删除《分则》第一章"侵犯皇室罪"十二条；删除《暂行章程》五条；修改律文中与帝制相关的名词、术语，改"帝国"为"中华民国"，改"臣民"为"国民"，改"复奏""恩赦"为"复准""赦免"。经过删修，将《钦定大清刑律》改称《暂行新刑律》。

1913 年镇压"二次革命"之后，袁世凯解散国会，进而逐步实现了个人独裁统治。为进一步强化专制统治，在 1914 年 12 月公布《暂行新刑律补充条例》十五条。该补充条例一方面恢复了《钦定大清刑律》的《暂行章程》，以加强对伦常礼教秩序的维护，严明尊卑长幼的等级秩序；另一方面，加重对"内乱""外患"等重大犯罪的处罚，体现了袁世凯"以礼教号召天下，以重典慑服人心"的专制要求。《暂行新刑律补充条例》成为刑事基本法的一部分。

（二）两次刑法修正案

北洋政府在《暂行新刑律》的基础上，于 1915 年完成了《修正刑法草案》，于 1919 年完成了《刑法第二次修正案》。两次刑法修正案虽然都没有正式颁行，却反映了中国近代刑事法律的新发展。特别是《刑法第二次修正案》，其立法水平较高，后来成为 1928 年南京国民政府制定刑法的基础。

1. 1915 年《修正刑法草案》

1914 年，北洋政府成立法律编查会，专门负责修订各项法律。该会成立之初，即认为援用《暂行新刑律》，本为权宜之计，自应重加编纂。于是，以《暂行新刑律》为基础，展开修订工作，至 1915 年 4 月完成《修正刑法草案》。该修正草案分总则、分则两编，共四百三十二条，章节大致与《暂行新刑律》相同，其内容上的重大修改有三个方面：

第一，秉承"立法必依乎礼俗"的原则，将中国古代刑律"亲族加重"的原则纳入修正案之中："对于直系尊亲属犯罪者，加重本刑二等，对于旁系尊亲属犯罪者，加重本刑一等"，甚至"许其加至死刑"。将《暂行新刑律补充条例》中的"限制正当防卫"和"无夫奸"两条采纳为修正案条文。

第二，增加"侵犯大总统罪"，列为分则第一章。基于中国礼教尊尊原则，修正案的起草者认为，大总统为国家主权之代表者，应设立专章予以保护。

第三，为保障国家盐税收入，将《私盐治罪法》的内容并入刑法修正案，增加私盐罪一章。

2. 1919年《刑法第二次修正案》

1918年7月，北洋政府撤销法律编查会，改设修订法律馆，以董康、王宠惠为总裁，由王宠惠负责第二次刑法修正工作。在王宠惠的主持下，1919年《刑法第二次修正案》最后定稿，草案共三百九十三条。《刑法第二次修正案》名为修正案，实则在立法原则、立法体例方面并未因袭《暂行新刑律》和《修正刑法草案》，对以往刑法典（或草案）之缺点进行全面改正，为民国以来较完备之刑法典草案。《刑法第二次修正案》较以往刑律及修正案，有以下几方面的重大改进：

第一，明确规定故意与过失之范围。《刑法第二次修正案》为防止歧误，仿照各国晚近立法例，明文规定故意与过失，并依照1902年万国刑法学会议决议，规定犯人只对其能预见之结果负责。

第二，提高刑事责任年龄。《暂行新刑律》规定刑事责任年龄为十二岁，《刑法第二次修正案》参照多数国家立法例，将刑事责任年龄改为十四岁。十四岁以上未满十六岁者，得减轻刑罚，并增加由监护人交纳保证金自行监督的管束方法。

第三，废除有期徒刑的等级制度。《暂行新刑律》将有期徒刑分为五等，加重处罚或减轻处罚，必以一等为限，往往造成量刑畸轻畸重。《刑法第二次修正案》在总则部分废除刑期等级制度，分则各条以加重或减轻若干分之几为准，以免量刑失当。

第四，对缓刑制度加以改革。《刑法第二次修正案》将原定的三年缓刑考察期限缩短为两年。《暂行新刑律》的缓刑制度不适用于罚金，为促进受罚金处罚的罪犯改过自新，《刑法第二次修正案》规定对处以罚金刑者可以适用缓刑。

第五，对分则各章加以合理地分拆或整合。《暂行新刑律》将杀人、伤害两罪合为一章“杀伤罪”；《刑法第二次修正案》将一章分为两章，分别规定杀人罪与伤害罪。《暂行新刑律》将放火、决水及妨害水利罪、危险物罪、妨害交通罪、妨害饮料水罪等，各分一章，分别予以规定；《刑法第二次修正案》仿照荷兰、挪威、意大利等国刑法，以及瑞士、德国等国刑法准备案，将上述各罪并为一章，定名为“公共危险罪”。

（三）刑事特别法令

《暂行新刑律》由《钦定大清刑律》改订而来，大体仿照外国刑法，多有与中国国情不相适应之处，于是需要以特别法令予以变通、弥补。1916年3月，司法部公布《妇女犯轻罪特别处理通饬》，对于犯轻罪的妇女，不依《暂行新刑律》的规定予以处罚，而是根据清朝律例予以宽免，责成其丈夫或父亲保释管束。1920年，司法部公布《科刑标准条例》，列举推事裁判案件应注意之事项，以帮助司法人员理解刑法条文的内容，避免定罪量刑漫无标准。

多数特别刑事法令是为了强化社会治安而颁行，其量刑大多重于《暂行新刑律》。北洋政府于1914年6月颁行《官吏犯赃条例》（1916年7月废止），1920年10月颁行《办赈犯罪惩治暂行条例》，1921年3月颁行《官吏犯赃治罪条例》。以上各法令均加重对官吏犯赃罪的处罚：公务人员贪赃枉法或侵吞赈款，达到五百元者即处以死刑。1914年7月，总统以教令公布《惩治盗匪法》，同年12月又公布《惩治盗匪法执行法》。北洋政府以惩治盗匪为名，赋予地方军政长官对“盗匪”就地枪决的权力。原定《惩治盗匪法》施行五年，1919 年施行期满之际，又延期三年；1922 年应行废止之时，由于各省军政长官强烈要求继续施行，政府只得明令沿用。北洋政府于 1914 年 7 月、10 月，分别颁行了《徒刑改遣条例》《易笞条例》，对于犯内乱、外患、强盗等重罪，处五年以上有期徒刑者，得将徒刑改为发遣；对于犯轻罪，应处以三个月有期徒刑、拘役或一百元以下罚金折易监禁者，凡属十六岁以上、六十岁以下之男子（曾任官员或有其他特殊荣誉身份者除外），可以将监禁折易笞刑。

四、民事法律

（一）民事法律体系

1912 年 3 月，司法部曾呈请参议院援用《大清民律草案》，但是参议院以该草案“前清时并未宣布，无从援用”为由驳回请求，并议定：“嗣后凡关民事案件，应仍照前清现行律中规定各条办理。”“现行律民事有效部分”是《大清现行刑律》中有关民事的规范，条文甚为简略，不足以规范日渐纷繁复杂的民事法律关系。在没有颁行民法典的情况下，北洋政府只得公布一些民事单行法令以解决社会生活中的具体问题，如 1914 年 1 月公布的《验契条例》，1915 年 10 月公布的《管理寺庙条例》，1917 年 10 月公布施行的《清理不动产典当办法》等。

“现行律民事有效部分”和各种单行民事法令构成的民事制定法体系，庞杂而简陋，难以满足民事司法的需要。大理院不得不在具体的民事判例和解释例中解释制定法，消除其内在矛盾，补充其缺漏。1913 年，大理院在〔上〕字第 64 号判决中，引用《大清民律草案》第一条“判断民事案件应先依法律所规定；法律无明文者，依习惯法；无习惯法者，依条理”的规定，确认了习惯法和条理是补充性的法律渊源。

北洋政府时期的民事法律体系包括以下四种法律形式：制定法（作为民事基本法的“现行律民事有效部分”以及各种单行民事法令）、民事习惯、条理、大理院的民事判例和解释例。在多种民事法律之中，大理院的民事判例和解释例发挥着极为重要的整合作用。

（二）民国《民律草案》

1915 年，北洋政府法律编查会对《大清民律草案》最欠妥当的亲属编加以修订，编纂完成《民律亲属编草案》，共七章一百四十一条，试图使清末的民法典草案得以完备。由于政局动荡，《民律亲属编草案》未能交付立法机关审议。

北洋政府为收回领事裁判权，应付列强的考察，责成修订法律馆迅速编纂民法典。修订法律馆即着手调查各省民商事习惯，汇集国内著名民法学者，编订民法典草案。当时起草民法总则的是大理院院长余棨昌，债编由修订法律馆副总裁应时、总纂梁敬錞共同起草，物权编由北京大学教授黄右昌起草，亲属、继承两编由修订法律馆总纂高种和起草。至 1925 年，编纂完成总则、债、物权三编，1926 年完成亲属、继承两编。

民国《民律草案》编纂完成之际，正值军阀混战，因此该草案未完成立法程序，只是在 1926 年 11 月，由北洋政府司法部通令各级司法机关作为条理加以适用。民国《民律草案》分为总则、债、物权、亲属、继承五编，共计一千五百二十二条。该草案在《大清民律草案》基础上做了以下修订：

第一，该草案摒弃个人主义价值取向，采取社会本位，对绝对的个人权利加以限制。草案第二编由“债权”改称“债”，以兼顾债权人和债务人的利益。契约自由是个人主义最重要的法律原则之一，草案承认契约自由，但是特别强调签订契约、履行契约须无悖于诚实信用原则。诚实信用原则成为限制契约自由的一般条款，旨在维护社会公益。在第三编“物权”中，权能最为强大的所有权，须受社会公共利益的限制，行使该项权利不得损及第三人合法权益。

第二，草案注重采纳本国固有法和司法经验，将“现行律民事有效部分”及大理院历年民事判例、解释例采纳为法典条文。典权制度为我国固有法，然而《大清民律草案》却未予规定。该草案在“物权”编中则专设“典权”一章，详加规定。草案采纳固有法最多的是亲属、继承两编。“亲属”编共二百四十三条，较《大清民律草案》增加一百条；“继承”编共二百二十五条，较《大清民律草案》增加一百一十五条。

第三，在继受外国法方面，草案也更为成熟。《大清民律草案》“物权”编对于主物和从物未加区分，该草案特为增入。在草案“亲属”编“婚姻效力”一节，仿照瑞士民法，增设“夫妻之权利义务”和“夫妻财产制”，以更好地保护妇女在家庭中的合法地位和财产权益。《大清民律草案》仿日本民法，对于限制行为能力人分别规定禁治产和准禁治产；而该草案仿照德国民法，只规定禁治产制度，更加简明、妥当。

北洋政府曾拟议编纂民商统一的法典，但为了迅速编订完成民商法典，以利于收回领事裁判权，最终放弃了民商法合编的计划，分别编纂民、商法典。法律编查会在1915年修订完成《破产法草案》，次年完成《公司法草案》。1913—1925年，先后修订了五个《票据法草案》。但各项商事法律草案，均未完成立法程序。

五、司法思想与司法制度

（一）司法思想

民国初期在推进以司法独立为目标的司法改革过程中，形成了统一司法、调和新旧的司法思想。袁世凯任总统期间，虽然实现了形式上的国家统一，但地方势力实际上各行其是。司法部为推进司法近代化改革，通过全国司法工作会议推进统一的司法改革规划、加强司法专业化的统一标准、统筹司法经费。同时，大理院作为终审法院，以其权威的判例、解释例统一法律适用标准。司法部和大理院统一司法裁判的努力产生了一定效果，在一定程度上实现了司法统一的目标。

民国初期的司法还面临着法律与社会现实相脱离的问题。北洋政府援用了清末以来公布、施行的新法律，将未公布的法律草案也有条件地加以援用，于是产生了效仿外国的近代化法律制度与本国现实相脱离的问题。这种问题在刑事、民事领域都普遍存在。民国初期施行的《暂行新刑律》，奉行以自由刑为主体的轻刑化模式，需要以普及近代教育、产业发达为条件，以近代化习艺所和监狱为配套设施。中国虽有近代化刑法，却没有近代化的社会条件，因此司法机关只能尽量调和超前的近代化制度与现实之间的差距。在民事领域，援用脱胎于旧律的现行律民事有效部分，与社会发展不相适应；将《大清民律草案》作为条理加以援用，新制度又脱离社会现实。面对法律与社会现实相脱离的问题，大理院以民事判例为具体解释、以解释例为抽象解释，调和制度与现实之间的冲突，弥合法律制度与现实需要之间的差距。

（二）司法机关

北洋政府成立之初，对清末颁行的《法院编制法》略加删改，更名为《暂行法院编制法》，继续援用。1914年3月，又公布《平政院编制令》，从而形成了二元的裁判体制：由普通法院系统负责民事、刑事案件裁判，由平政院职掌行政案件的裁判。普通法院系统实行四级三审制，在中央设立大理院为最高法院，在地方分设高等审判厅、地方审判厅和初级审判厅。

《暂行法院编制法》实行审检分立制度，各级审判机关对应设立检察厅。与大理院对应设立总检察厅，与高等审判厅对应设立高等检察厅，与地方审判厅对应设立地方检察厅，与初级审判厅对应设立初级检察厅。各级审判机关与检察机关分别独立行使职权。

由于经费紧张、法律专业人才匮乏，民国初年各县未能设立初级审判厅，只能采取变通办法，在县公署内附设审检所，设帮审员一至三人，负责审理本县初审案件。1914年4月，北洋政府裁撤初级审判厅，废止已设立的审检所，并公布《县知事兼理司法事务暂行条例》，由县知事兼理初审案件，设承审员一至三人，助理审判事务。后来虽然修订该条例，由承审员独立负责初审案件，但是县级司法审判已然恢复到行政司法相混合的状态。

（三）诉讼审判制度的特点

1. 原则上实行司法独立

北洋政府时期，以三权鼎立作为国家机构的基本组织原则，司法独立则是三权鼎立的重要内容之一。《暂行法院编制法》为贯彻司法独立原则，设定了各种相关制度，主要包括：第一，严定推事（法官）的选任条件，实行推事的专业化；第二，保障推事的职位安全，严明其职业操守；第三，保障推事独立行使审判权。《暂行法院编制法》规定，纵然是大理院院长，也“不得指挥审判官所掌理各案件审判”，“（合议庭）评议判断时，庭员须各陈述意见”，“判断之议决，以过半数意见定之”。

北洋政府时期的宪法性法律、法院编制法都确认和保障司法独立，但是由于司法经费极为匮乏，司法人才短缺，特别是军阀干涉司法，致使司法独立在很大程度上停留在纸面上。

2. 地方行政官兼理司法

依照《暂行法院编制法》规定的四级三审制，在各县应设立初级审判厅，管辖第一审民事、刑事案件。但是由于司法经费拮据，专门司法人才短缺，全国各县级地方难以设立独立审判机关。1913年3月，北洋政府不得不采取变通办法，在应设初级审判厅的县级地方先行设立审检所。审检所内由具有一定法律知识的人出任帮审员，负责审理民事、刑事案件，该县知事兼任检察官。审检所虽然是一种过渡形态的审判机关，但它的设置剥夺了地方官的审判权，因而遭到地方的抵制。

1914年4月，鉴于既无法设立初级审判厅，又难以推行审检所制度，北洋政府裁撤了初级审判厅，也废止了审检所制度。分别不同情况，在各县设置不同的司法组织。在条件较好的各县，设立地方审判分厅或地方刑事简易厅；在条件较差的各县，实行县知事兼理司法，同时公布了《县知事兼理司法事务暂行条例》。此后，县知事兼理司法成为多数县级地方的主要司法模式。

1917 年 5 月，北洋政府公布《县司法公署组织章程》，试图改变县知事兼理司法的体制。根据《县司法公署组织章程》，未设立独立司法机关的各县，应设立司法公署行使审判职权。根据该章程，县司法公署由审判官和县知事组成，“关于审判事务，概由审判官完全负责，县知事不得干预”。县司法公署的设立，有助于推进审判权的独立行使，但是直到 1926 年底，在近十年时间里，全国两千多个县仅设立司法公署四十六所[1]，百分之九十以上的县级地方依旧由县知事兼理司法。

3. 军阀干涉司法

大小军阀利用军法审判干涉司法，是北洋政府时期司法制度的一大弊病。当时的中央政府为大军阀所把持，地方政府为小军阀所掌握，大小军阀的军队中都设有军政执法处。军政执法处为专门军事司法机关，管辖军人违法案件，可是大小军阀利用它“口衔刑宪，意为生杀”。1912 年 8 月 15 日夜，武昌起义的功臣张振武被京畿军政执法处秘密逮捕，三小时后，没有经过任何公开司法程序即被枪决。处死张振武的依据仅仅是黎元洪在一封密电中的指控，以及袁世凯所发的一纸命令。再有，1925 年 12 月 5 日，山东军阀张宗昌命令军政执法处捕杀了山东高等审判厅厅长张志，随即以军法长官继任高等审判厅厅长的职位。北洋政府时期，大小军阀利用军法杀人的案例不胜枚举，军法审判成了军阀干涉司法的重要手段。

重要名词术语

《临时约法》、天坛宪草、袁记约法、贿选宪法、审检分立

思考题

1. 简述《中华民国临时政府组织大纲》的主要内容。
2. 试述《中华民国临时约法》的主要内容和历史意义。
3. 简述北洋政府时期的民事法律体系。
4. 简述孙中山三民主义法律思想的主要内容。

典型案例分析

1. 宋教仁案

（1）基本案情

1913 年 3 月 20 日，宋教仁作为第一届中国国会两院议员大选胜利的国民党代表，

[1] 依据《法律评论》第 182 期《法界消息》中的北洋政府司法部统计，1926 年 12 月。

应袁世凯之邀，从上海赴北京商议国家大事。当日 10 时 40 分，宋教仁在众人簇拥下走向车站检票口时腹部中枪。前来送别的国民党重要人物黄兴等人紧急将其送往医院，3 月 22 日，宋教仁因伤势过重，不治身亡。

刺杀案发生后，随即开展抓捕行动。有一名为王阿发的古董商前来报案，声称应夔丞曾出价，要求王阿发刺杀宋教仁。巡警逮捕应夔丞后，在其宅邸搜出大量秘密电报，由当时担任袁世凯临时政府的总理赵秉钧及内务秘书洪述祖发来。洪述祖电报内容以“毁宋”为主，提及在日本找到了宋教仁劣迹。刺杀案凶手武士英不久后也落网。二人被暂时关押在租界牢房。

武、应二人落网后，公共租界会审公廨开庭预审。然而经过七次预审后，仍未明晰案件真相如何。凶手武士英在牢房内“自杀”；“二次革命”发动后，应夔丞也趁乱逃走，使宋教仁案成为“民国第一悬案”。对于背后真凶究竟是谁，有袁世凯、赵秉钧、陈其美、洪述祖等众多猜测。最终于 1919 年 3 月，对重大嫌疑人洪述祖改处死刑，宋案在司法层面上了结。

（2）法律适用

案件的管辖问题。根据当时的《法院编制法》，宋教仁案应由案件发生地——上海地方审判厅第一审管辖。但是国民党人和政府间关于宋案的管辖问题产生了诸多纠葛。在确定由上海地方审判厅审理后，直接杀人凶手武士英已经死亡，重大嫌疑人洪述祖潜逃，国务总理赵秉钧拒不到庭，无法进行正常审理。后更因为应夔丞越狱，上海地方审判厅对此案的审理只能不了了之。后洪述祖到案后，又协商由京师地方审判厅第一审、京师高等审判厅第二审，最后由大理院终审，最终将洪述祖改处死刑。

裁判的结果。本案嫌疑人洪述祖最终被判决死刑。此判决是由大理院决定的，改变了原高审厅维持地方审判厅无期徒刑的判决。大理院确认法律事实后，认定洪述祖与“应夔丞同谋教唆杀害宋教仁既已证明属实，而其同谋之原因，系因图财起见，复为确切有据”。据《暂行新刑律》第三十条第一项（唆使他人使之实施犯罪之行为者，为造意犯，依正犯之例处断），以及第三百一十一条（杀人者、处死刑、无期徒刑或一等有期徒刑），判处洪述祖死刑。理由有二：一是原第三百一十一条跨度过大，法官自由裁量空间大，大理寺认为原判决“科刑亦未允协”。二是尚未生效的 1918 年《刑法第二次修正案》中规定了四类重大情节，也对大理院的判决产生了一定影响。洪述祖作为本案的教唆犯，有谋财杀人等情节，符合四类重大情节的规定，最终处死刑。

2. 大理院裁判“买地纠葛案”

大理院民事判决 1913 年〔上〕字第 3 号[1]

【判例要旨】

凡习惯法成立之要件有四：1. 有内部要素，即人人有确信以为法之心；2. 有外部要素，即于一定期间内就同一事项反复为同一之行为；3. 系法令所未规定之事项；4. 无背于公共秩序及利益。

---

〔1〕 黄源盛纂辑：《大理院民事判例辑存（总则编）》，元照出版有限公司 2012 年版，第 1—6 页。

【判决】

上告人　穆金布　吉林双城府旗人　打磨厂中间荣官栈　年二十六岁

代理人律师　徐际恒

被上告人　李臣忠　吉林双城人　西河沿宴宾旅馆　年三十九岁

代理人律师　曹汝霖

右上告人对于中华民国元年十月十四日，吉林高等审判厅就上告人与李臣忠因买地纠葛一案，所为第二审判决声明上告，本院审理，判决如左：

主文

本案上告驳回。

理由

上告人上告状及理由书中，开具不服吉林高等审判厅判决之理由，综计要旨不外三端：（一）主张吉林旧惯凡土地卖买，本族、本旗、本屯有先买权，必此项人无力购买始得外卖。今李臣忠越界买地竟不通知上告人，是为越买。此种契约有悖善良之习惯，即不应认为有效。（二）主张上告人曾与案外人那永海于前宣统三年六月初旬订有先买特约，其将二十垧六亩地照交付于上告人即其铁证，故被上告人决不能夺购此地。（三）谓那永海确于卖十四垧地于上告人而后，始将其余十六垧地卖给被上告人，故上告人以上二种主张实为正当。此其凭证有四：（甲）卖给李臣忠契书，四月一号出卖系倒填月日，此种契据不足为凭；（乙）李臣忠新契界址有西至鲍姓一语，鲍为穆金布之老姓，亦可见穆姓购地在先，李姓购地在后；（丙）吉林税契章程，凡买受地亩应于八个月内报知统税局投税，不逾期间即不以漏税论，穆金布意欲于秋后买到十六垧地一并投税，故投税稍迟，不得以投税之先后推定立契之先后；（丁）一地只有一照，那永海卖地时交给李臣忠之地照并非此地之照，而李臣忠实以其族叔之地照影射原判漫不加察，竟据以为买此地之凭，云云。

被上告人答辩理由称：（一）上告人谓习惯买卖田产先尽宗族、次邻右、再次外村旗制，各有管界，李某乃越界买地语。查卖买田地为人民自由，岂有何等地只以何等人方能购买之理？该段那永海地亩业经被上告人之叔李荣官于光绪三十四年间买得四十八垧二亩，荣官既可购买，何独不准被上告人购买？实无理由可言。且查穆金布、鲍赵氏在该处附近并无地亩，与那永海亦非宗族，住家距地该（该地）六十余里之遥，亦不得谓之近邻，故买地时更无通知之必要。总之，双城八旗地亩互相买卖向无不准越界之说，该上告理由无论万不能成立。即使该处果有此惯习，与本案事实亦不相类；又况此种习惯有害于公共秩序及利益，决不能认为习惯法则，被上告人即无受其约束之理。（二）对于上告人第二、第三论点之答辩：（甲）上告人称那永海于卖给上告人之后又卖给被上告人等语，查被上告人买得那永海之地十六垧，系在宣统三年三月间。四月初一日立契，当时并未知上告人与那永海有预约买地情节，且据上告人云，伊预约系在六月间，是已在卖给被上告人之后。被上告人买地于四月初一日立契，同年闰六月初五日税契，契有地媒、有地邻、有中证签字者共有十余人。那永海在第二审口供亦云，卖地在三月间，其字契皆伊亲笔画押，并无讹错，乃该上告人竟谓该上告人系在六月买地，不知何所见而云然。又上告人谓虽以文契为凭，亦以中人为证，那某于照内商留十六垧，中人皆知等语。该上告人既知以文契为凭，则所谓商留之预约即使属实，亦应以被上告人之文契为凭更属显然。（乙）上告人谓地之至不符，何以西至鲍姓等语。查被上告人买地契内注明东至本地、西至本地、南至道、北至道，引契具在，不难查验，并无西至鲍姓字样，所谓西界至鲍姓者不知何指。（丙）上告人谓若以投契在先即可证其买之在先，岂知李某早存诡谋，即时投税自应以立契之日为凭云云。查被上告人立契日期系宣统三年四月初一日，投税日期系同年闰六月初五日，先立契后税契，手续上毫无错误，何得诬为诡谋？且立契与税契相隔三月余，并无即时投税情事。（丁）上告人谓被上告人所余地照系老契地照，新照已交民手，而李某以族叔之照影射云云。查那永海在该段共有地九十余垧，有地照三张。光绪三十四年卖给被上告人之叔李荣官地四十八垧一亩，交出地照一张。后李荣官又买得七垧，余即交出二十一亩零地照一张，李荣官以照浮于地，故劝被上告人买十六垧，即在该二十一垧零照上批分，故被上告人所执之照即为与族叔荣官同一地照。至穆金布所执之照，系二十垧零地照一张。该两照给照之衙门与给照之年月日均属相同，号数又属连号，明系两照，何分新旧？且穆金布所执之照若系三十垧，则既买十四垧，以所余十六垧预约续买先交地照，尚可谓事实上有反证之余地，乃该照亦系二十垧有零之照，竟强谓被上告人所买之十六垧不应属于族叔所执二十垧零之地照，而应属于该上告人所执之地照，不特与事实不符，且毫无理由之可言云云。

本院按，判别本案两造主张之是非，其一应解决之点，即吉林习惯对于本族本旗本屯人买地时有先买之权，此种习惯是否可认为地方习惯法。凡习惯法成立之要件有四：（一）要有内部要素，即人人有有法之确信心。（二）要有外部要素，即于一定期间内，就同一事项反复为同一之行为。（三）要系法令所未规定之事项。（四）要无悖于公共秩序、利益。本案上告人所主张之旧惯纵谓第一至第三要件皆备，而独于第四要件不能无缺。盖此种习惯非仅为所有权处分作用限制，及于经济上流通与地方之发达均不无障碍，为公共秩序、利益计，断难与以法之效力。则是上告所称先买权即无可存在之理，该上告人第一主张实毫无正当理由。（二）上告人与案外人那永海为先买之特约，若认为真正事实，那永海对于上告人故应有卖地之义务，然被上告人仅立于第三人之地位，被上告人对于此项特约毫无闻知，上告人于辩论中亦既承认，即属两造不争之事实。夫欲以当事人间之债权契约关系对抗不知事实之第三人，使该善意第三人与债务者间所结之买卖契约作为无效，按诸法理，断不可许。上告人不知对于案外人那永海为法律上得为之请求，而以那永海与被上告人间之买地契约为无效，为本案之诉讼。此项上告论旨亦不得谓为有正当理由。（三）据以上二理由，上告人对于被上告人既不能主张先买权，请求宣言被上告人与那永海间之买地契约为无效，则被上告人买地事实是否较上告人在先，实无根究之必要。且即就第三上告论点言之：（甲）李臣忠买地月日在穆金布之先，经原判衙门查验税契，并取具案外人那永海，契系亲笔所立云云之供词，已为确定事实，该上告人所主张不能遽认为是。（乙）李臣忠新契载明西至本地，并无西至鲍姓字样，是上告人之言又不足信。（丙）那永海卖地于李姓，原判衙门另据契据月日，断定买卖在上告人之先，并非因李臣忠税契在先，即认为李臣忠有先买权之理由。上告人谓不得以投税之先后推定立契之先后一节，未免有所误会。（丁）查不动产在现行法例上因当事人之合意，生物权移转之效力，而买卖契据即为当事人意思表示之确证，故由公家发给之地照只生公证力，由双方写立之契据可生移转力。那永海与李臣忠所立之契，既据那永海在原高等审判厅供认系属亲笔，又经亲自画押，则那永海十六垧地凭此契据已完全生移转所有权于被上告人之效力，是地照可无庸问及。上告人谓原判衙门与地照漫不加查，竟据地契以为买地之凭云云，更属不当。总之此案那永海卖给被上告人十六垧之地，上告人依据习惯及特约主张其有先买权，请求宣言被上告人与那永海间之卖地契约为无效，此种主张既全不正当，则李臣忠自应完全取得该地之所有权。本院认上告人上告为无理由，应予驳回，特为判决如右。

中华民国二年二月一日

大理院民庭

审判长　推事　姚　震

推事　胡怡谷

推事　朱献文

推事　林行规

推事　黄德章

大理院书记官　汪乐宝

第十四章　民国后期的法律（1927—1949 年）

【内容提示】

1840 年以后的中国进入了半殖民地半封建社会，中国人民为了争取民族的独立和生存，进行了长期不懈的斗争，但是依然没有能够挽救中华民族所面临的危亡局面。1919 年“五四运动”后，中国历史进入了新民主主义革命阶段。孙中山顺应历史潮流，采取联俄联共的政策，奠定了国共合作的基础。国民政府于 1925 年 7 月奠基于广州，到 1927 年 1 月，随着国民革命形势的发展，国民政府迁往武汉。然而 1927 年 4 月，蒋介石在南京发动“四一二”反革命政变，成立南京国民政府。不久，汪精卫在武汉发动了“七一五”反革命政变，最终使国共合作彻底破裂。由于国民党反动派的背叛，以国共两党合作为基础的国民革命遭到了失败。1928 年底，张学良在东北易帜，宣布服从南京政府的领导，蒋介石集团在形式上统一了中国，此后国民政府法律制度的发展始终以南京国民政府为中心，直到 1949 年 10 月中华人民共和国成立为止。南京国民政府名义上依照三民主义，建构完成了中国历史上第一个形式上现代化的法律体系——六法体系。然而，由于南京国民政府在本质上是大地主大资产阶级的独裁政权，因此形式上先进的法典不可能得到切实施行。最终，六法体系与国民党反动政权一同被新民主主义政权所推翻。

第一节　立法思想与立法活动

一、立法思想

孙中山的三民主义是南京国民政府总的立法指导思想。但是为了适应大地主大资产阶级专制统治的需要，南京国民政府对三民主义断章取义地加以运用，并大肆篡改，违背了三民主义的基本精神。

1. 国家社会本位的立法方针

在半殖民地半封建的历史条件下，中国革命的任务是极为艰巨的。革命力量与封建专制势力、帝国主义势力相比，极为弱小。因此，孙中山在其三民主义学说中，强调的是人的社会性和互助性，认为国家利益和民族利益高于个人利益。为实现“国家独立”“民族自由”，孙中山主张在立法时就要以国家利益和社会利益作为出发点，个人的权利则包容在社会利益之中。

南京国民政府的立法者们继承了孙中山注重国家社会利益的思想。国家本位的立法方针，主要体现为国家利益至上的公法观。孙科在论及制宪原则时说：“我们革命完全是为国家的解放、独立和自由。所以中国宪法不能像欧美以个人自由为出发点。因为中国人是自由的，但是国家却不能自由。所以国民要有组织，不能再如从前一样放任。宪法不能以个人自由为目的，要以国家至上、民族至上为目的。”[1]社会本位的立法方针，主要体现为社会利益至上的私法观。胡汉民在阐述国民政府的立法方针时说：“中国向来的立法是家族的，欧美向来的立法是个人的，而我们现在三民主义的立法乃是社会的。”[2]

从民族主义的角度来衡量，国家社会本位的立法方针有利于凝聚革命力量，以争取国家独立、民族自由。然而，凝聚于社会的权利，如何为人民分享？集中于国家的权力，如何为人民所制约？这些涉及人民终极权利、国家民主本质的问题，却被一一忽略了。

2. 权能分治理论与五权宪法

孙中山根据自己多年的革命经验，参考西方宪政理论，提出了他认为最适合中国国史民情的宪政思想体系。这一宪政思想体系主要包括有机联系的两部分：权能分治理论和五权宪法思想。

孙中山认为西方代议制政府的结症在于人民权利与政府权力的矛盾，他指出在一国之内，“最怕的是得到了一个万能政府，人民没有方法去节制他；最好的是得一个万能政府，完全归人民使用，为人民谋幸福”[3]。为解决人民权利与政府权力的矛盾，孙中山提出了权能分治理论。“权”即政权，就是人民管理政府的力量，包括选举、罢免、创制、复决四种权力；“能”即治权，就是政府管理国家事务的权能，包括行政、立法、司法、考试、监察五种权能。权能分治，就是要实现人民有权、政府有能的宪政体制，国家一切重要事项由人民来决断，人民决断的事项由政府来执行。

根据权能分治理论，孙中山设计出了五权宪法的政府组织方案。首先，人民直接选举国民代表，组成国民大会。国民大会为全国最高政权机关，其代表向人民负责，它通过统一行使选举、罢免、创制、复决四种政权，组成并监督政府。政府由行政、立法、司法、考试、监察五院组成，各院依法律行使不同的权能，互相制约。五权宪法的宗旨在于保障国家的权力掌握在人民手中，实现全民政治。五权宪法的关键在于国民大会能够制约政府，政府只能按照人民的意志发挥其职能，形成政权决定治权，职权服务于政权的宪政体制。

---

〔1〕 孙科：《我国宪法与欧美宪法的区别》，转引自李光灿、张国华主编：《中国法律思想通史》(四)，山西人民出版社 2001 年版，第 545 页。

〔2〕 胡汉民：《三民主义之立法精义与立法方针》，载陈红民、方勇编：《中国近代思想家文库·胡汉民卷》，中国人民大学出版社 2014 年版，第 225 页。

〔3〕《孙中山选集》，人民出版社 1981 年版，第 765 页。

3.“建国三时期”与训政保姆论

出于对革命形势的判断和对人民智识水平的考虑，孙中山认为确立宪政体制、实现全民政治，要经历一个渐进的过程。他曾在《建国大纲》中把建立宪政民主国家的过程规划为军政、训政、宪政三个时期，即“建国三时期”。第一个阶段是军政时期，以革命武装力量扫荡反革命势力,“终要把军阀来推到，把受压迫的人民完全来解放”[1]；这一时期实行军法之治。第二个阶段是训政时期，“凡一省完全底定之日，则为训政开始之时”[2]，由国民党训练人民行使政权，并制定“自治之法”，以实现地方自治；在全国有半数以上省份实现自治以后，召开国民大会，由人民管理国家事务。第三个阶段是宪政时期，由国民大会制定宪法，依法建立五院政府，人民依据宪法行使治权，五院政府依据宪法行使政权。

1928年9月，国民党元老胡汉民依照“建国三时期”，在《训政大纲提案说明书》中系统地提出了训政保姆论。假借孙中山提出的“在训政时期‘国民党训练人民行使政权’”，胡汉民进一步发挥为“于建国治国之过程中，本党（国民党）始终以政权之保姆自任”[3]，将人民比拟为幼稚的婴儿，而先知先觉的国民党则是人民的保姆；在训政时期，不成立国民大会，由国民党全国代表大会代替国民大会行使政权，同是由国民党中央督导五院政府。胡汉民的提案为国民党中央所接受，后来成为国民党的训政纲领。

4. 立法思想的本质

在孙中山的思想体系中，确实强调了适当集权的必要性，特别是在军政时期和训政时期。可是从整个三民主义思想体系来看，孙中山的集权只不过是一种手段，其目的是集中革命力量扫除帝国主义和封建主义势力，实现全民政治。可是，国家“武力统一”之后，蒋介石集团却将三民主义思想本末倒置，以人民智识水平低下为借口，长期实行训政，维护大地主大资产阶级的专制统治。孙中山“联俄、联共、扶助农工”的三大政策被倒行逆施，“平均地权、节制资本”的民生政策也被国民政府所废弃。

二、立法活动及其特点

（一）六法体系的建构与衰败

从1927年到1949年，南京国民政府法律体系的演进大致可以分为三个历史阶段，即第一阶段（1927—1937年），六法体系初建时期；第二阶段（1937—1945年），六法体系的维持和发展时期；第三阶段（1946—1949年），制定宪法及六法体系衰败的时期。

1. 第一阶段（1927—1937年）：六法体系的初建时期

所谓六法体系，是指大陆法系以宪法、民法、商法、民事诉讼法、刑法、刑事诉讼法（或宪法、民法、刑法、民事诉讼法、刑事诉讼法、法院组织法）六部法典为核心的法律体系。法国是世界上法典化法律体系的开创国，在拿破仑执政期间，于1804年至

---

〔1〕《孙中山选集》，人民出版社1981年版，第600页。

〔2〕《孙中山选集》，人民出版社1981年版，第602页。

〔3〕胡汉民：《训政大纲提案说明书》，载《胡汉民先生文集》（第三册），中国国民党中央委员会党史委员会编辑刊行，第411页。

1810年相继颁布实施了《拿破仑法典》(民法典)、《民事诉讼法典》、《商法典》、《刑事诉讼法典》、《刑法典》"五大法典"，加上当时多次修改的法国宪法，法国法律体系实际上包括六个相对独立的法律领域。日本明治维新时，仿照法、德等国制定了各项法典，并以本国主要法典为纲，以相关的法律法规为目，编纂了《六法全书》。大陆法系各国最初制定实施的重要法典是六部，随着社会的发展、法律体系的复杂化，各国重要法典的数量超出了六部，不过"六法全书"已经成为大陆法系各国法典化法律体系的代称。

南京国民政府建立之初，即开始仿照大陆法系国家的法律体系样式，来建构本国以法典为核心的法律体系。1928—1937年，国民政府先后公布实施了六个门类的法律法规：宪法（《训政时期约法》）及关系法规、民法及关系法规、民事诉讼法及关系法规、刑法及关系法规、刑事诉讼法及关系法规、行政法规。南京国民政府采取以法典为纲、以相关法规为目的方式，将法典及相关法规汇编为《六法全书》。《六法全书》的编纂标志着南京国民政府六法体系的建构完成，实现了法律形式上的现代化。

2. 第二阶段（1937—1945年）：六法体系的发展和维持时期

全民族抗战爆发以后，中国共产党为了中华民族的独立与解放事业，再次与国民党合作，并以国共合作为基础组成了抗日民族统一战线。在抗日民族统一战线的政治框架下，中国共产党领导的各抗日根据地民主政权接收并适用国民政府的《六法全书》，从而维持了国民政府的六法体系在全国范围的使用。此外，为了抗战需要，国民政府还公布了一系列特别法，例如为适应防空、作战需要，于1937年8月相继公布了《防空法》和《战时军律》；为惩治投敌叛国分子，于1937年12月和1938年8月先后公布了《汉奸治罪条例》《惩治汉奸条例》；为维护战时经济秩序、强化社会治安，于1939年2月公布了《非常时期平定物价及取缔投机操纵办法》，1940年7月公布了《非常时期维持治安紧急办法》，1941年2月公布了《非常时期取缔日用重要物品囤积居奇办法》；为集中全国人力、物力进行抗战，于1942年3月公布了《国家总动员法》，同年6月公布了《妨害国家总动员惩罚暂行条例》。

在这一历史时期，由于中国军民浴血抗战，使得中国在世界反法西斯战场上占有举足轻重的地位。鉴于中国人民付出的巨大牺牲和作出的巨大贡献，1943年1月，美、英两国首先与国民政府签订新约，同意放弃在华领事裁判权。其他国家所享有的在华领事裁判权，也被相继撤废。

3. 第三阶段（1946—1949年）：制定宪法及六法体系的衰败时期

抗日战争胜利后，国共两党以及其他民主党派为建立民主的联合政府曾举行政治协商会议。但是国民党为维护其一党专制，置国家和人民利益于不顾，从1946年6月开始对中国共产党领导的各解放区发动全面进攻。1946年11月，在国民党的操纵下，召开国民大会，议定宪法。由于国民党将共产党及其他民主党派排除在国民大会之外，因此，本次国民大会并不具有真正的民主代表性，只是按照国民党的意志审议通过了《中华民国宪法》。国民党一党独裁的国民政府于1947年1月1日公布了《中华民国宪法》，并于同年12月25日正式施行。

《中华民国宪法》的颁行标志着国民政府进入了宪政时期，国家实行民主政治，全体国民可以依照宪法享有各项权利。然而，进入宪政时期以后，国民党妄图以武力消灭共产党领导的人民民主政权和其他民主力量，因此在宪法颁行以后，国民政府又公布实施了一系列与宪法民主原则相违背的法律法规。在这些新颁行的法律法规之中，所谓“戡乱法令”是最为重要，也是国民政府最为认真实施的部分，它们主要是为了保障内战的胜利以及维持国统区社会秩序的一些特别法令，包括诸如《戡乱总动员令》《动员戡乱完成宪政实施纲要》《动员戡乱时期临时条款》《戡乱时期危害国家紧急治罪条例》等。

随着解放战争的节节胜利，国民政府《六法全书》实施的范围越来越小。1949年2月，中国共产党中央委员会发布了《关于废除国民党的六法全书与确定解放区的司法原则的指示》，该指示宣布：“在人民民主专政的政权下，国民党的六法全书应该废除，人民的司法工作不能再以国民党的六法全书为依据，而应该以人民的新的法律作依据。”1949年10月，新中国成立以后，《六法全书》仅在中国台湾省继续适用。

（二）法律体系的特点

1. 在立法方面，中华民国各个时期均设立专门法律起草机关，选派专家立法，这是积极方面；立法权主要掌握在独裁者手中，并不为最高人民代表机关所行使，这是其消极方面。

南京国民政府成立初期，设立法制局负责法律起草工作。1928年12月，立法院成立，在形式上立法工作统归立法院负责。每拟定一项法律草案，均由立法院组成一个法律起草委员会，其成员都由具有专业知识的立法委员担任。专家立法保证了法律的内在技术品质，也保障了较高的立法速度，以适应社会发展的需要。

然而，中国国民党中央常务委员会于1928年10月制定了《训政纲领》，以训政为名，使国民党中央机关窃取了最高立法权。该纲领规定：“训政时期，中国国民党全国代表大会，代表国民大会，领导国民，行使政权；国民党全国代表大会闭会时，则以政权付托国民党中央执行委员会执行之。”国民大会和国民党全国代表大会实际上长期处于闭会状态，于是国民党中央执行委员会就成了行使全国政权（包括立法、行政、司法、考试、监察五项权能）机关。立法权的行使，一般先由国民党中央执行委员会制定立法原则，再由立法院据此起草、议定法律条文。由此可见，立法院要在国民党中央执行委员会确定的范围内进行立法，实质的立法权掌握在国民党中央机关手中，立法院只是名义上的立法机关。

2. 在法律技术方面，实现了形式上的法律近代化，建立了较为完备的法律体系。

南京国民政府时期，在北京政府复合型法律体系的基础上，最终完成了近代化的法律体系——六法体系。该体系以基本法典为第一个层次，规定某一法律领域的基本问题。以单行法为第二个层次，单行法依照各个法典（行政法除外）的内容划分为不同的门类，对法典做出更加具体的规定或者例外的规定。以司法院的判例、解释例为第三个层次，通过司法解释统一各级司法机关对法典和单行法的适用，并弥补制定法的不足之处。在南京国民政府的六法体系中，法典具有相对稳定性，是法律统一的基础；单行法和司法解释则以其灵活性，缓解新出现的社会问题对整个法律体系造成的压力。

3. 在法律实施方面，近代化的法制没有实现法治秩序，近代化的法典成了政府掩盖专制的装饰物，符合专制统治需要的特别法却是得到全面适用的法律。

宪法的制定与实施没有实现真正的共和民主，宪法中规定的权利与自由最终没有向人民兑现。南京国民政府花费了十数年的时间修订完成的《中华民国宪法》，其中甚至容纳了中国共产党与其他民主党派的一些宪政主张，然而与这部宪法的颁布施行相伴的，是国民党军队对解放区疯狂的进攻。

刑事法律蜕变为专制政府的统治工具。南京国民政府在 1928 年正式公布施行刑法典，1935 年又公布施行了经过修订的新刑法典，使刑事立法赶上了世界最新潮流。不过，南京国民政府的刑法典，基本上都是明里标榜人道主义的装饰物，真正暗里行之有效的是数量众多、刑罚严苛的刑事单行法。

民商事立法并没有解决民生问题。南京国民政府制定的民法典及商事单行法，采纳了世界上最新学理，其立法技术颇为精湛。可是，南京国民政府的整个私法体系是建立在一种不公平的现实基础上的，官僚资本家和大地主们希望利用这个形式上完美的私法体系继续维护他们的特权，不可能以之实现“耕者有其田”“节制私人资本”。

自南京临时政府时期开始的司法改革，即以西方的司法独立为基本原则，以保障人权为目标。可是，民国时期的诉讼法律，其实施效果不尽如人意。存在仅三个多月的南京临时政府，深受财政拮据、战事艰危的困扰，司法改革的计划未及付诸实现。民国北京政府时期，奉行严格的司法独立原则，当时的大理院曾为独立行使审判权而抗争，却不免为时局所累；至于地方司法，莫不以军政长官的意旨为断，其中县一级的司法审判权则多由行政官署直接行使。南京国民政府建立以后，奉行“司法党化”，虽有完善的诉讼审判制度，但是主要以特别司法维护国民党的专制统治。

南京国民政府时期，西方三权分立的宪政模式蜕变成了专制统治，资产阶级的法治理想落空了。同时，我们也要看到，在这一时期，许多法律家对民主与法治的追求是真诚的，他们塑造了中国近代化的法律体系，培育了中华民族自己的近代法学，也为新中国的法制建设提供了宝贵的经验教训。

还有许多法律家不满蒋介石集团的专制统治，转向人民民主政权，为解放区和新中国的法制建设作出了重大贡献。如陈瑾昆（1887—1959），1946 年 4 月在国民党当局制造北平中山公园音乐堂“四二一”血案之后，对国民政府深感失望，愤然离开北平，奔赴延安，投身解放区新民主主义法制建设。民国时期著名的法学家钱端升（1900—1990）、杨兆龙（1904—1979）等，在国民党反动派败逃台湾的过程中，他们毅然留在了祖国大陆，为新中国的法学教育以及立法、司法工作都作出了重大贡献。

第二节　宪法性文件

1928 年 8 月，国民党召开二届五中全会，宣布结束军政，进入训政时期。至 1947

年1月，南京国民政府公布了《中华民国宪法》，在形式上开始实行宪政。从训政到宪政，南京国民政府虽然先后颁布了多项宪法文件，但是始终没有向人民兑现法律上所规定的民主权利。

（一）《中国国民党训政纲领》与集权的训政体制

1928年10月3日，国民党中央常务委员会通过《中国国民党训政纲领》（以下简称《训政纲领》），确立了训政时期国民党“以党治国，以党训政”的施政方针。《训政纲领》共六条，主要包括三方面内容：

（1）以国民党中央掌握国家最高政权。《训政纲领》第一条规定：“中华民国训政时期，由中国国民党全国代表大会代表国民大会领导国民行使政权。”第二条规定：“中国国民党全国代表大会闭幕时，以政权付托中国国民党中央执行委员会执行之。”中国国民党中央执行委员会成了实际行使国家最高政权的机关。

（2）确定国民政府从属于国民党中央机关。《训政纲领》第四、五条规定：国民政府在国民党中央执行委员会指导下，总揽行政、立法、司法、考试、监察五项治权；由国民党中央执行委员会政治会议“指导监督国民政府重大国务之施行”。在国民党与国民政府的关系上，体现了国民党中央执行委员会及其政治会议的支配地位。

（3）在国民党与国民的关系上，体现了“训政保姆论”的精神。《训政纲领》第六条规定：“依照总理建国大纲所定选举、罢免、创制、复决四种政权，应训练国民逐渐推行，以定宪政之基础。”在整个训政时期，国民党是国民的政治保姆，训练幼稚的国民如何行使政权。

1928年10月8日，国民党中央执行委员会通过《中华民国国民政府组织法》。该法分为七章，共四十八条，大体规定：

（1）国民政府以互相平行的五院组成，行政院为国民政府最高行政机关；立法院为国民政府最高立法机关，有议决法律案、预算案、大赦案、宣战案、媾和案、条约案及其他重要国际事项之职权；司法院为国民政府最高司法机关，掌理司法审判、司法行政、官吏惩戒及行政审判之职权；考试院为国民政府最高考试机关，掌理考选铨叙事宜；监察院为国民政府最高监察机关，依法行使弹劾、审计之职权。

（2）国民政府采取委员会制，以国务会议处理国务。国务会议由国民政府主席1人和国民政府委员12人至16人组成；国民政府主席为国务会议主席，国务会议负责协调五院之间的关系。

国民政府在组织形式上，具有五院分权制衡、国务会议集体决议的民主特征，但1928年10月10日蒋介石当选为国民政府主席以后，他已集党权、军权、政权于一身。可以说，国民政府的权力统归国民党中央执行委员会的辖制，国民党中央的权力又集中到蒋介石一人的手里。孙中山所设计的“人民有权”“政府有能”“权能分治”的政府，在国民党训政体制下实际成为蒋介石独裁的政府。

（二）《训政时期约法》

1931年3月2日，国民党中央常务会议通过蒋介石提出的“召开国民会议，制定《训政时期约法》”的提案，随即迅速起草完成了《中华民国训政时期约法》。同年5月

5日，国民会议召开，议决通过了《训政时期约法》，并于6月1日，由国民政府公布施行。

《训政时期约法》共八十九条，分为八章：总纲、人民之权利义务、训政纲要、国民生计、国民教育、中央与地方之权限、政府之组织、附则。

该约法的内容主要在于两个方面：

第一，《训政时期约法》的主旨在于，以国家根本法的形式确认《训政纲领》的“党治”原则。《训政时期约法》第三十条规定：“训政时期，由中国国民党全国代表大会代表国民代表大会行使中央统治权。”在国民党全国代表大会闭会时，其职权由国民党中央执行委员会行使。《训政时期约法》第八十五条规定：“本约法之解释权，由中国国民党中央执行委员会行使之。”

第二，仿照西方宪法，三民主义。

《训政时期约法》第二章为“人民之权利义务”，以二十多个条文列举人民的权利，但是人民的权利自由几乎都受到立法上的限制，“均有‘以法律有’某某权，或某某自由，‘非依法律不受限制’等等，此盖为日后政府于必要时，得斟酌立法，不受约法拘束，俾有伸缩余地也”[1]。第七条规定：中华民国人民“在完全自治之县”，享有选举、罢免、创制、复决之权。该条隐含了对人民行使的政权两层限制，一层限制是，在基层行政区域，只有完全自治之县的人民可以直接行使四项政权；另一层限制是，在县以上行政组织人民不能直接行使政权。

（三）《中华民国宪法草案》

1933年1月，南京国民政府立法院指定40名立法委员，组成宪法起草委员会，以立法院院长孙科为起草委员会委员长，以张知本、吴经熊为副委员长。至1933年8月，吴经熊和张知本分别独立完成宪法草案，并由宪法起草委员会对这两个草案进行讨论。当时宪法学者均认为张稿总体上优于吴稿，但是由于张知本在他的草案及立法理由中提出“军人不得干政”，“军人退职未满三年，不为行政长官”[2]，张知本的草案和主张引起了国民党上层实权人物的不满，来自军政要人的攻讦纷至沓来。在确定宪法草案文本时，立法院院长孙科决定以吴稿为主稿，同时参照了张稿，修订完成《中华民国宪法草案》。《中华民国宪法草案》又经过两年多的讨论、六次易稿，最后经立法院三读通过，于1936年5月5日公布。因此，该草案又被称作“五五宪草”。

（四）《中华民国宪法》

1.《中华民国宪法》的制定

抗日战胜利以后，以中国共产党为代表的广大人民强烈要求国民党结束一党专制，制定并实施民主宪法，成立由各党派组成的联合政府。1946年1月，以讨论和平建国方案为主旨的政治协商会议在重庆召开，在中国共产党和其他民主党派的一致努力下，会议通过了《宪法草案案》《和平建国纲领》《国民大会案》《政府组织案》等重要决议案。

---

〔1〕陈茹玄：《中国宪法史》，文海出版社1985年版，第194页。

〔2〕严如平、熊尚厚主编：《民国人物传》第8卷《张知本》，中华书局1996年版，第176页。

《宪法草案案》提出了对《中华民国宪法草案》加以修改的十二条原则。

这些修改意见直接影响到国民党一党专制的政体，因此国民党中央在 1946 年 3 月召开的六届二中全会上，对政治协商会议的《宪法草案案》提出“五点修改原则”，试图继续保持原来的专制政体。即使这样，国民党已经没有耐心继续协商下去。1946 年 6 月，国民党军队发动了对解放区的进攻，试图通过军事手段来消灭共产党领导的民主力量。11 月，在没有共产党及其他民主党派参加的情况下，国民党伙同青年党、民主社会党及部分所谓的“社会贤达”召开“国民大会”。在会议上，“国民代表”结合政协《宪法草案案》和国民党六届二中全会的“五点修改原则”，通过了《政协会议对五五宪草修正案草案》，即《政协宪草》。《政协宪草》经国民党中央常务会议审议通过之后，交国民政府立法院完成立法程序。11 月 28 日，立法院三读通过的《中华民国宪法草案》再交“国民大会”审议通过。1947 年 1 月 1 日，国民政府公布《中华民国宪法》，并于同年 12 月 25 日开始施行。

2.《中华民国宪法》的内容及其本质

《中华民国宪法》共一百七十五条，分为十四章：总纲，人民之权利与义务，国民大会，总统，行政，立法，司法，考试，监察，中央与地方之权限，地方制度，选举、罢免、创制、复决，基本国策，宪法之施行及修改。主要包括以下几方面内容：

（1）依三民主义、五权宪法确定国体与政体。《中华民国宪法》第一条规定：“中华民国基于三民主义，为民有、民治、民享之民主共和国。”即以三民主义为整部宪法的精神指针。该宪法第五、六、七、八、九章分别规定“行政”“立法”“司法”“考试”“监察”，即以五权宪法构造宪法之主干形体。

（2）规定国民大会为全国最高政权机关，但对其职权加以限制。《中华民国宪法》采纳孙中山权能分治理论，将国家权力分为政权和治权两类，“国民大会代表全国国民行使政权”，治权由五院政府来行使。国民大会所行使的政权在性质上是最高的，其权能包括选举、罢免、创制、复决，在理论上，总统及五院院长皆在它的监督范围之内。然而，这种代表民意的至高无上的机关，其权能却被宪法的起草者有意加以限制。该宪法第二十七条规定：国民大会之职权仅限于选举和罢免总统、副总统，以及修改宪法、复决立法院提出的宪法修正案；“关于创制、复决两权，除前项第三、第四两款规定外（即修改宪法和复决立法院提出的宪法修正案），俟全国有半数之县、市曾经行使创制、复决两项政权时，由国民大会制定办法并行使之”。国民大会经此限制，国民政府的五院院长皆不在国民大会直接监督之列，创制、复决两项政权又被剥夺殆尽。

（3）形式上采取总统制，但总统的权力的行使受立法院、行政院、监察院的制约。《中华民国宪法》舍弃《五五宪草》所规定的集权式总统制，而采纳《政协宪草》确定的受严格限制的总统制（或称之为半总统制）。宪法除规定“总统作为国家元首，对外代表中华民国，统帅全国陆、海、空军”以外，还对总统权力作了种种限制。该宪法第三十七条规定：“总统依法公布法律，发布命令，但必须经过行政院院长之副署，或行政院院长及有关部会首长副署。”这是行政机关对总统“公布法令权”的限制。该宪法第三十九条规定：“总统依法宣布戒严，但须经立法院之通过或追认。立法院认为必要时，得移请总统戒严。”这是立法院对总统权力的限制。监察院也可对总统加以纠弹、罢免。

（4）规定人民享有广泛的宪法权利，及必要的宪法义务。《中华民国宪法》秉承民权主义，并参酌西方国家宪法条文，规定人民享有极为广泛的宪法权利。该宪法第二章《人民之权利义务》，规定了平等权，人身自由之保障，不受军事审判之自由，生存权、工作权及财产权之保障，请愿权、诉愿权及诉讼权，人民之参政权，应考试服公职之权；最后概括规定，“凡人民之其它自由及权利，不妨害社会秩序公共利益者，均受宪法之保障”，以及“损害人民权利之赔偿”。该宪法所规定之人民义务极为简略，仅三个条文——“纳税之义务”“服兵役之义务”“受国民教育之权利义务（权利义务复合型规定）”。最后规定，只有在“为防止妨碍他人自由，避免紧急危难，维持社会秩序或增进公共利益所必要者”，才可以对人民自由权利“以法律限制之”。

（5）采取中央与地方分权体制，形式上赋予省、县两级地方政府以自治权。为符合《政协宪草》规定的省自治原则，该宪法在第十章《中央与地方权限》，明定“中央立法并执行事项”“中央立法并执行或由省县执行之事项”“省、县立法并执行之事项”，以及“剩余权限归属”。该宪法第十一章《地方制度》，规定省、县自治制度。

如单纯从宪法条文来观察，《中华民国宪法》可以算得上是当时世界上最民主的宪法之一。但这部形式上民主的宪法在本质上却是国民党一党专制的工具。

宪法公布以后，当选为中华民国总统的是蒋介石。至此，1935年起草宪法草案时，法学家张知本试图避免的事情发生了——军人当选为总统。而随后发生的事情则证明了，军人担任总统所带来的负面影响比预想的还要糟糕。1948年5月10日，在军人总统蒋介石的推动下，国民政府公布了《动员戡乱时期临时条款》。该临时条款以“戡乱”为由，总统进行紧急处分和宣告戒严的权力不再受立法院的限制；至于“戡乱时期”何时结束，须由总统宣告。

第三节　民事经济立法

一、南京国民政府的民事立法及特点

（一）《中华民国民法》

1927年6月，国民政府法制局因民法总则、债权、物权各编，有民事习惯和民初大理院历年民事判例暂时可供各级司法机关援用，唯有关于亲属、继承方面的制度，故有民事习惯和大理院的判例皆因袭数千年的宗法观念，与男女平等的宪政潮流相违背。于是，该局决定先行起草民法亲属、继承两编，其他三编接续起草。亲属编由燕树棠起草，继承编由罗鼎起草，至1928年10月，两编相继起草完成。亲属、继承两编草案在立法原则上，“一本革命原理之所指示，期成革命化之法规”，在一定程度上继承了国共

合作时期社会革命的成果，例如该两编确立了男女平等原则，注重个人权利之尊重，并其固有家族主义；在具体内容上，亲属编共七章八十二条，继承编共八章六十四条，“兼采大陆英美两派之长，仿最近苏俄、瑞士等国民法之先例”。

1928 年 10 月以后，法制局撤销，国民政府各项立法工作皆转交立法院负责，民法亲属、继承两编草案也移交立法院审议。至 1929 年 1 月，立法院成立民法起草委员会，开始重新起草民法典。民法典采取分编制订、逐编讨论通过的方式进行制订；其立法程序上又分为四个步骤，首先由国民党中央政治会议议决通过民法各编立法原则，其次由民法起草委员会依照立法原则拟定各编草案，再次由立法院对起草完成的草案进行讨论、三读通过以后定稿，最后由国民政府逐编公布民法条文，并确定生效日期。

依照上述立法程序，民法总则编于 1929 年 5 月 23 日公布，自同年 10 月 10 日起施行；民法债编于 1929 年 11 月 22 日公布，民法物权编于 1929 年 11 月 30 日公布，债和物权两编均自 1930 年 5 月 5 日起施行；民法亲属编于 1930 年 12 月 6 日公布，民法继承编于 1930 年 12 月 26 日公布，亲属、继承两编均自 1931 年 5 月 5 日起施行。

中国自清末以来虽然先后编纂了《大清民律草案》、民国《民律草案》，以及《民律亲属法草案》《民法亲属编草案》《民法继承编草案》，但以上草案由于各种原因都未能公布实施，《中华民国民法》是中国历史上第一部正式颁行的民法典，总体上反映了清末至民国时期民法法典化的最高成就。

（二）民事立法的主要特点

第一，在立法原则上，采取社会本位。所谓“社会本位”，就是在民法基本价值方面摒弃个人主义，转而注重社会公共利益，对私人所有权、契约自由、遗产继承加以一定限制，确立无过失损害赔偿责任。民法起草委员会在《民法总则编立法理由》中，指出采取社会本位的根据在于：“自个人主义之说兴，自由解放之潮流奔腾澎湃，一日千里，立法政策自不能不受其影响。驯至放任过甚，人自为谋，置社会公益于不顾，其为弊害，日益显著。且我国人民，本已自由过度，散漫不堪，尤需及早防范，籍障狂澜。本党既以谋全民幸福为目的，对于社会公益，自应特加注重，力图社会安全。”由此可见，民法典采取社会本位，名义上是为了消除个人自由主义的弊害、注重社会公益，实则是国民党为限制人民自由权利、国家干预私权的一个借口。

第二，在法典编别体例上，编纂民商合一的民法典。清末及民国北京政府时期，皆仿效德国、日本的民事立法模式，分别制定民法典和商法典。1929 年 5 月，南京国民政府起草民法债编时，立法院院长胡汉民、副院长林森提议编订民商统一的法典，以符合最新立法趋势。胡汉民、林森的提案经国民党中央政治会议审查通过，将“民商合一”定为民法债编的编纂体例。依据民法起草委员会的《民法债编立法理由》，“民商合一”就是“参酌瑞士、暹罗及苏俄诸国民法，特将商法总则中之经理人及代办商，商行为中之交互计算、行纪、仓库、运送营业及承揽运送一并订入（民法典）”，不能并入民法典的商事法律规范，以单行法另行规定。

第三，在具体民法制度上，将外国民法之最新学理、最新立法例加以吸纳、整合，萃成本国民法。民法典公布以后，吴经熊曾对该法典评价道：“全部民法已由立法院于最近二年中陆续通过，并已正式公布了！此后中国已为一个有民法典的国家了，这是在法制史上何等重要、何等光荣的一页！但是我们试就新民法（相对于历次民律草案，《中华民国民法》为新民法——作者注）从第1条到第1225条仔细研究一遍，再和德意志民法及瑞士民法和债编逐条对校一下，其百分之九十五是有来历的，不是照帐誊录，便是改头换面。”[1]民国时期著名法学家梅仲协也从法典条文的渊源方面评价过民国《民法典》，他说：“采德国立法例者，十之六七，瑞士立法例者，十之三四，而法、日、苏联之成规，亦尝撷取一二，集现代各国民法之精英，而弃其糟粕，诚巨制也。”[2]

南京国民政府虽然制定了形式上十分先进的民法典，却并未真正解决民生问题。因为南京国民政府的民法典以及各项民事单行法，都是为了维护有产者的权利，从未切实推行过“耕者有其田”“节制大资本”的社会改革政策。

二、南京国民政府的商事立法

北伐胜利后，百废待兴。新成立的南京国民政府为了应对法律缺失，下令凡从前施行之各种实体法、诉讼法及其一切法令，除与中国国民党党纲主义或与国民党政府法令抵触各条外，一律暂准援用。根据这一命令，南京国民政府初期的商事法律主要由三部分组成：一是前清律例中不与中国国民党党纲主义或国民政府法令抵触的民商事部分；二是北洋政府大理院根据前清律例中民商事有效部分及习惯与法理所作出的判例，且不与中国国民党党纲主义或国民政府法令抵触；三是自民国元年以来发布的有关特别法令。[3]但是，这些陈旧而单薄的商事法显然已落后于经济社会的发展，并不能满足现实适用的需要，进行商事立法的工作迫在眉睫。

如前所述，民商合一的立法体例已成为世界各国立法的新趋势。在综合考虑历史关系、社会进步、世界交流、人民平等、民商法关系等问题后，南京国民政府最终选择了将民商订为统一法典。遵照中央政治会议所确定的民商合一原则，立法者在民法典债权编中规定了原商法总则中的大部分内容，商事方面主要的单行法规则有如下几方面：

（一）《公司法》

1914年1月，北洋政府在清末所订《公司律》的基础上，颁布施行了《公司条例》，全文共六章二百五十一条。这一条例颁行后，北洋政府又分别于1914年9月21日和1923年5月8日对其进行过两次修正。虽然《公司条例》在很大程度上弥补了法律的缺失，但其并未经过完整的立法程序，终究存在瑕疵。法律编查会遂聘请日本法学博士岩谷孙藏与熟谙民商法的余棨昌共同起草了《公司法草案》，然而这份草案最终也没有经立法机关议决颁行。1928年7月，工商部组织工商法规讨论委员会，责令编纂全部工商法规。该委员会成立后，先后拟具有《公司法草案》《商法总则草案》。

1929年1月，南京国民政府立法院指定马寅初、戴修骏、卫挺生、楼桐孙、罗鼎组

[1] 吴经熊：《法律哲学研究》，上海法学编译社1933年版，第27页。

[2] 梅仲协：《民法要义》，中国政法大学出版社1998年版，“初版序”。

[3] 参见方文政：《训政时期工商立法方针意见书》，载《商业月报》第8卷第11号。

织商法起草委员会编定商法。经会议讨论，起草委员会决定各法均不采用法典形式，工商部先前拟具的草案则仅作参考之用。其后的半年多时间里，立法委员多次集会研讨，议定了《公司法原则草案》六十四条，后又合并为三十二条，主要内容涉及公司种类的变更、合伙人数的限制、创立会的最低股款要求、无记名股票的限制、股东会与董事会的人数以及公司的监察问题。1929 年 8 月，立法院院长胡汉民将《公司法原则草案》提交至中央政治会议第 190 次会议进行审查，确定了最终的立法原则。受起草委员会委托，委员卫挺生对《公司法》进行了初步的起草，后又经过多方的讨论修改，完成了《公司法草案》六章二百三十四条，至立法院第 64 次会议进行二读时删去一条，最终保留了二百三十三条，由国民政府于 1929 年 12 月 26 日公布，定于 1931 年 7 月 1 日正式施行。1931 年 2 月 21 日，国民政府还公布了《公司法施行法》三十三条。

这部《公司法》在内容上，主要将公司种类划分为无限公司、两合公司、股份有限公司、股份两合公司四种，并相应作出了详细规定。[1] 与以往的公司相关的商事立法相比，南京国民政府的《公司法》对外国法的混合继受较多，相对详尽，也发展了自己的新特点，如突出了公司的营利性质、采取登记成立主义、公司清算需依法律规定进行、引进西方的法人持股制度、限制董事会至少五人等，加强了对公司的管理与限制。这部《公司法》总体而言是一部比较完整的现代公司立法，但同先前的《公司条例》一样，1929 年的《公司法》仍未对外国投资进行规范，这与国民政府妥协式的外交政策不无关系。

（二）《票据法》

早在清末，修订法律馆便就《票据法》拟定过五次草案。1928 年 7 月，国民政府工商部工商法规讨论委员会成立后，委员徐寄庼提议继续起草《票据法》，该会遂议决采用修订法律馆最后拟定的草案，参照以往各版草案、上海银行工会意见书、财政部金融监理局所拟草案以及英、美等国票据制度，考察中国固有习惯，取其精华，最终形成了《票据法草案》四章一百二十四条，后又经一次修正，形成了第二次草案。与此同时，工商法规讨论委员会还拟具了《票据法原则》五十七项。财政部则对此出具了审查意见书。

在综合以上诸多成果的基础上，立法院商法起草委员会起草了原则草案十九项，报中央政治会议第 193 次会议通过，后根据这十九项原则，拟定《票据法草案》一百三十八条，由立法院第 51 次会议通过，呈由国民政府于 1929 年 10 月 30 日公布施行。《票据法》分总则、汇票、本票、支票、附则五章，共一百三十九条。其中第二章“汇票”又包括发票及款式、背书、承兑、参加承兑、保证、到期日、付款、参加付款、追索权、拒绝证书、复本、誊本十二节。这部票据法是在立法院与行政部门的合作下，吸取历史上多部草案的经验而成，可谓集思广益。它确立了“三票”的票据制度，明确界定了票据关系，也体现了票据行为的要式性、文义性、无因性与独立性。

为配合票据法的施行，1930 年 3 月，工商部又拟具《票据法施行法草案》，呈行政院交财政部审查，后与审查意见书一并送往立法院。立法院第 97 次会议审议通过《票

〔1〕 详见《公司法》（民国十八年十二月二十六日公布），载《立法院公报》1930 年第 14 期。

据法施行法》，呈由国民政府于 1930 年 7 月 1 日公布施行。该施行法共二十条，大致规定了《票据法》施行以前所发行的类似票据等的期限，补充了《票据法》的各项规定。

（三）《海商法》

1908 年，修订法律馆聘请日本学者志田钾太郎参加商法的起草，兼采日、德商法，于次年完成了《海船法草案》六编二百六十三条，但并未实际颁行。1926 年 11 月，北洋政府将该法部分字词略加修改，公布了《海船法案》。以上两次立法，成为南京国民政府《海商法》的基础。至南京国民政府时期，因“海商法关系海上商业甚巨”，立法院商法起草委员会遂于 1929 年 11 月推选委员楼桐孙拟具初稿，“博采他邦成规，广征本国习惯，条斟字酌，详慎拟定”，又经逐条讨论与修正，完成《海商法草案》八章一百七十四条。[1]随后，该草案经立法院第 68 次会议通过全案，交国民政府于 1929 年 12 月 30 日公布，定于 1931 年 1 月 1 日起施行。

《海商法》的正式文本与草案无较大差别，仍为八章一百七十四条。第一章“总则”共七条，规定了本法所谓船舶的范围、船舶航行应具备的文书证件等内容，并以民法作为本法以外的补充。第二章“船舶”分为船所有权、优先权及抵押权两节；第三章“海员”，分为船长、船员两节；第四章“运送契约”，分为货物运送、旅客运送、船舶拖带三节；第五章“船舶碰撞”；第六章“救助及捞救”；第七章“共同海损”；第八章“海上保险”。与先前的几份法案相比，这部《海商法》在参照德、日法律的同时，进行了一些本土化的处理，内容也更加充实。

1930 年 10 月，交通部拟具《海商法施行法草案》，函交商法起草委员会讨论修正，并提经立法院第 117 次会议议决通过，呈由国民政府于 1930 年 11 月 25 日公布，与《海商法》一同施行。该施行法规定了在《海商法》施行前发生而又适用《海商法》的海商事件及其适用之条文；而国籍证书、通行证书、海员名册、旅客名册、属具目录、航海记事录等方式，均应由交通部定之。

（四）《破产法》

北洋政府在清末修律的基础之上，编有《破产法草案》，但在实践中效用不佳，“惟大理院采用其法理著为判例者，仅寥寥数点而已”[2]。南京国民政府成立后，司法行政部于 1934 年编成《破产法草案》三百三十三条。然而这份草案仍过于冗杂，且过度照搬西方成法，与中国现实严重脱节，自草成后颇受争议，未能提交立法院审议。[3]后来，为解决无法可依的窘迫局面，国民政府实业部与司法行政部又会同起草了《商人债务清理暂行条例》，于 1934 年 8 月经行政院修正通过，交付立法院审议。这样一份暂行条例虽在短时间内发挥了必要的作用，但它的适用对象仅针对商人，内容也较为简略，“自

---

〔1〕 参见《海商法起草报告》，载《立法院公报》1930 年 1 月第 13 期。

〔2〕 谢振民编订：《中华民国立法史》（下册），中国政法大学出版社 2000 年版，第 840 页。

〔3〕 时为国民政府法律顾问的爱师嘉拉将这部《破产法草案》评价为：“草案对于纯粹学理上之构造，极其精良但其性质，则嫌太为抽象，且其对于受一种完全不同之精神所陶冶之西方立法采取过甚，而对于中国商业应用实际之所在，反无相当注意。”参见谢振民编订：《中华民国立法史》（下册），中国政法大学出版社 2000 年版，第 840 页。

不足以语正式之破产法典”[1]。

1933年2月，立法院民法起草委员会启动了《破产法》的编订工作，整个编订程序为首先收集立法资料，其次决定立法要点，继而拟定初稿，征求意见，最后完成草案，进行决议。以傅秉常为首的立法委员为《破产法》做了极其精细的准备工作，收集了十多个国家的相关法律法令[2]，综合清末的《破产律》与民国两部《破产法草案》，并先后征求爱师嘉拉等多位国民政府法律顾问与国际法庭法官王亮畴等人的意见，参照世界上最新的立法趋势，最终确定了《破产法》的立法原则。上述准备工作完成后，至1935年春，起草委员会方开始着手草案初稿的拟定。4月初稿完成后，立法院向社会各方公开征求意见，继而对草案进行增删修订。6月1日，草案终稿经立法院讨论通过，后于7月17日由国民政府公布，同年10月1日正式施行。

这部《破产法》共四章一百五十九条，从启动到完成，耗时颇多，其特点在于遵守三民主义的立法精神，适应社会实际需要，在采纳世界各国法典长处的同时也在一定程度上保存了中国的固有习惯。除总则外，第二章“和解”分为法院之和解、商会之和解、和解及和解让步之撤销三节；第三章“破产”分为破产之宣告及效力、破产财团之构成及管理、破产债权、债权人会议、调协、破产财团之分配及破产之终结、复权七节；第四章“罚则”，规定了破产中的处罚事项。1935年7月18日，国民政府还公布了由司法行政部负责草拟的《破产法施行法》，定与《破产法》同时施行，先前用作应急的《商人债务清理暂行条例》则自该二法施行之日起失效。

除上述《公司法》《票据法》《海商法》《破产法》外，南京国民政府的商事立法还有《保险法》《银行法》《储蓄银行法》《中央银行法》《交易所法》《合作社法》等商事单行法规，以及为配合《海商法》的实施而制定的《船舶法》《船舶登记法》《船舶载重线法》等。

三、民商事法律的“水土不服”

从混合继受外国法的角度来看，民国民法的先进性值得肯定，但就自身传统的转化与发展而言，民国民法却难言成功。按照民国时期著名法学家吴经熊的说法，民国民法典有百分之九十五的条文继受于外国法，那么就意味着仅有极少量的条文源自中国固有法。[3]单纯从数量比例上便可看出，民国民法典的编订者对外国法有着强烈的偏好，商事单行法的制定也是如此。这就必然导致这一时期的民商事法律与社会生活之间产生悬隔，一些与中国现实“水土不服”的民商事制度在实践中窒碍难行。在当时的社会条件下，以理想化的法律来规范民众行为，建构一个符合三民主义价值标准的法律秩序是不现实的。“民商合一”模式下的民国民法典与单行的商事法均贯彻了政府与法律家的法制理想，在制定过程中更多地体现了国家实现法制统一的意志，体现了法律家继受外国

---

〔1〕梅汝璈：《新破产法草案之特征与理论》，载《中华法学杂志》1935年第6卷第1期。

〔2〕主要有英国、法国、美国、德国、日本、暹罗、波斯、秘鲁、阿根廷、菲律宾、南斯拉夫、加拿大、巴基斯坦及部分殖民地的《破产法》，法国和日本的《和解法》，德国的《和议法草案》，波兰的《预防破产法令》等。

〔3〕参见吴经熊：《法律哲学研究》，上海法学编译社1933年版，第27页。

法的强烈偏好，民众在现实生活中的基本要求却被忽略了。这也使得民国民商法深陷于政治、经济、社会文化等问题的困扰中，失去了预期的效力，产生了严重的“水土不服”。

民国民法典编订期间（1929—1930 年），正是蒋介石“围剿”共产党革命根据地、征伐阎锡山的穷兵黩武之际。孙中山“联俄、联共、扶助农工”的政策被从三民主义之中剔除出去，基层贫苦民众的诸多现实问题均被上层精英们构成的立法院所忽略，更不用说写入民法。立法者们一厢情愿地认为，随着社会的发展，随着新文化的普及，民法典的有效适用是必然的。然而，据一般估算，民国时期的识字率仅在百分之二十左右，南京国民政府时期始终存在大量的文盲，教育的普及也不尽如人意。在一个文盲占绝大多数的国家里，纵然法律明定了人民主权，一般民众的公私权利仍难以实现。民国时期，无论是新兴的知识分子还是受教育水平低下的民众，在经济社会发展滞后的情况下，他们都不能认同民法典平等、自由、健康的观念与制度。甚至民法典已施行五年后，在民间，婚姻由父母安排的现象仍屡见不鲜，男女谈论自己的婚事，被认为是不适当的和羞耻的。[1] 由此可见，传统观念和行为模式仍然处于支配地位，若要一般民众和新知识阶层接受民法典的自由主义观念，非短时间所能实现。

加之南京国民政府及其高层官员并不遵循法治原则，社会经济运行状况并没有持续向好，运行机制也并非有利于民众，民国民法典在文本上无法被一般民众所理解，其规定的权利大多难以在民事生活中实现。新知识精英构成了南京国民政府的上层，在立法过程中他们或许是理智的，也是充满理想与憧憬的，但是在实施法律的过程中，南京国民政府在一定程度上成了官僚垄断资本的乐园、军人黩武专权的舞台，法律上规定的权利，大多数民众无法真正享有。最终，官僚资本被推翻，政府军备上的庞大开支在内战中灰飞烟灭，而愤起的民众不仅抛弃了南京国民政府，也抛弃了法律家精心雕琢而成的民法典。

第四节　刑事立法

一、刑法典的制定与修改

1927 年 4 月，国民政府定都南京以后，亟须颁行刑法以稳定社会秩序。国民政府司法部部长王宠惠将民国北京政府的《刑法第二次修正案》（1919 年完成）略加修订，编纂完成《刑法草案》提交国民政府审议。当时，立法院尚未成立，国民政府将《刑法草案》交付国务委员伍朝枢、最高法院院长徐元诰会同王宠惠共同审订。至 1928 年 3 月，改订的《刑法草案》经过国民党中央常务委员会议决通过，定名为《中华民国刑法》，

〔1〕 参见费孝通：《江村经济》，商务印书馆 2001 年版，第 52 页。

自 1928 年 9 月 1 日开始施行。该刑法在施行后不久即开始进行重大修订，于 1935 年重新公布，因此又将其称作“旧刑法”。“旧刑法”的篇章内容大体沿袭民国北京政府的《刑法第二次修正案》，分为总则、分则两编，共四十八章三百八十七条。

“旧刑法”施行后，国民政府为强化社会治安，继续援用刑法制定以前的刑事特别法，又不断颁行各种特别刑事法令，于是造成刑法体系极为复杂，刑法典难以发挥刑名总汇的功能。再者，“旧刑法”实际反映的是 1919 年以前的刑事法律理论。世界上新近的刑事立法，如 1926 年的《苏俄刑法》，1927 年的《德国刑法草案》、1930 年的《意大利刑法》、1931 年的《日本刑法修正案》，对传统刑事法律理论体系多有创新，而“旧刑法”未能加以借鉴。基于刑法的实施情况和学理上的考虑，国民政府的立法委员相继提出《划一刑法案》和《划一刑法补充办法案》，主张修订刑法，将刑事特别法纳入法典之中，刑事立法的理论基础也需要加以更新。因应立法委员们修订刑法的提议，1931 年 12 月，国民政府立法院组成刑法起草委员会，指定五名立法委员负责起草《刑法修正案》。

历经三年时间的起草和修订，至 1934 年 12 月，国民政府立法院三读通过了《刑法修正案》，于 1935 年 4 月公布了《中华民国刑法》，该刑法相对于“旧刑法”一般称作“新刑法”。

二、刑事单行法

在刑法典之外，国民政府还颁行大量的刑事特别法，且其效力要高于普通法。刑事特别法一般是在通常的立法程序之外，直接由国民政府颁布，或由军事委员会及其他部、会进行制定公布，甚至由国民党中央或地方党部秘密颁发。国民政府的刑事特别法大致可分为以下两类：

第一类是与共和政体相一致，对刑法典起到细化与补充作用的刑事特别法。如 1929 年 9 月公布施行的《陆海空军刑法》，1932 年 6 月公布施行的《大赦条例》，1935 年 10 月公布施行的《禁烟治罪暂行条例》《禁毒治罪暂行条例》，1936 年 7 月公布的《惩治偷漏关税暂行条例》，1938 年 6 月公布施行的《惩治贪污暂行条例》，1938 年 8 月公布施行的《惩治汉奸条例》，1941 年 12 月公布施行的《破坏金融法令惩罚条例》等。

第二类是国民政府为维护专制统治秩序而颁布的，破坏刑法典罪刑法定原则的刑事特别法，也是刑事特别法中最主要的部分。这些特别立法严重违反了国民政府一般法典中的“罪刑法定主义”“法官独立审判”等现代法治原则。其中较为典型的刑事特别法，主要有 1927 年 12 月公布施行的《惩治盗匪暂行条例》（1934 年 11 月展期适用），1928 年 3 月公布的《暂行反革命治罪法》，1931 年 1 月公布的《危害民国紧急治罪法》，1940 年 6 月公布的《戡乱时期检肃匪谍条例》，1942 年 6 月公布施行的《妨害国家总动员惩罚暂行条例》，1944 年颁行的《惩治盗匪条例》，1947 年 12 月公布施行的《戡乱时期危害国家紧急治罪条例》，1949 年 5 月公布施行的《惩治叛乱罪条例》等。

三、刑事立法的特点

1. 继受西方国家的通行的刑事法律规则，并注重采纳与中国宗法伦理原则相适应的法律制度。

从 1928 年的旧刑法到 1935 年的新刑法，皆以西方国家通行的刑事法律规则建构而成。在立法原则方面，继受了罪刑法定原则、罪刑相适应原则以及刑罚人道主义原则；在罪名体系和刑罚制度方面，一准西方国家通行良规。

为了适应中国传统法律的宗法伦理精神，国民政府的立法者还十分注重吸纳西方刑事立法中对亲属犯罪的特别规定。例如，1935 年的新刑法对侵害直系尊亲属的犯罪行为，采取加重处罚原则。根据新刑法的有关规定，对于直系尊亲属实施伤害、诬告、遗弃等犯罪行为者，要比侵犯常人加重刑罚二分之一。1935 年的新刑法还确认了亲属相为容隐制度，其第一百六十二条、第一百六十七条规定："配偶、五亲等内之血亲或三亲等内之姻亲"，纵放、藏匿依法应逮捕、拘禁之人，或湮灭刑事证据，顶替、隐蔽犯人罪行，可以减轻或免除其刑罚。

2. 采纳社会防卫主义，增设保安处分。

19 世纪末，社会防卫主义逐步取代报应主义，成为西方国家主流刑法思想。社会防卫主义要义在于：国家对罪犯定罪科刑，不是对恶行的报应，而是为了预防犯罪的再次发生，以维护社会的安全。社会防卫主义的制度体现，就是保安处分制度的出现。所谓保安处分，即用以补充或替代刑罚，预防犯罪、维护社会秩序的强制性措施。19 世纪末以来，西方各国刑法草案均规定有保安处分制度。1930 年的《意大利刑法典》，最早将保安处分作为一种系统的制度规定在法典中。国民政府新刑法采纳了社会防卫主义，并增设"保安处分"一章，规定保安处分措施分为七种：感化教育处分，监护处分，禁戒处分，强制工作处分，强制治疗处分，保护管束处分，驱逐出境处分。

保安处分这一制度本身具有其合理性。但是国民政府为了维护专制统治，将这种制度加以法西斯化，成为任意惩治政治犯的一种工具。国民政府于 1929 年 12 月公布了《反省院条例》（1935 年 7 月，新刑法实行后加以修正公布），该条例所规定的反省制度实质上就是一种保安处分。依照《反省院条例》，凡违反《暂行反革命治罪法》《危害民国紧急治罪法》，或符合《共产党人自首法》的相关规定，政治犯在审判前或刑罚执行中或刑罚执行后，均可依照国民党党部的意见送反省院反省。反省期限六个月至五年。

3. 国民政府的刑法体系中，不仅存在着大量的单行法，并且单行法的效力高于普通法。

刑事特别法作为国民党维护专制统治、排除异己的重要工具，其作用主要在于两个方面。一方面，刑事特别法的首要作用在于扩大对政治犯罪的惩治范围，任意加重对政治犯的量刑。例如，1928 年 3 月公布施行的《暂行反革命治罪法》规定，凡是意图颠覆中国国民党及国民政府或破坏三民主义者，宣传与三民主义不相容之主义及不利于国民革命之主张者，均构成"反革命罪"。对于犯反革命罪者，重者一般处以死刑或无期徒刑；轻者则处有期徒刑，并褫夺公权。如 1931 年 1 月公布，同年 3 月正式施行的《危害民国紧急治罪法》，规定凡宣传与三民主义不相容之主义者，处五年以上十五年以下有期徒刑。

另一方面，国民政府大肆利用刑事特别法强化社会治安，加重惩治贫苦民众。1927

年 12 月公布施行的《惩治盗匪暂行条例》，列举了 16 种盗匪行为，规定犯者均可处以死刑，未遂或情有可原者，可减刑一等或二等。该暂行条例在 1934 年 11 月曾延展适用期限，直至 1944 年 4 月，国民政府又公布了新的《惩治盗匪条例》。后者不仅沿用暂行条例惩治盗匪的重典，还补充规定“凡犯本条例规定之罪者，均依《特种刑事案件诉讼条例》规定之简便程序审理”。《惩治盗匪条例》施行之初，明定有效期限为六个月，但是因为“匪患未靖”多次延展适用期限，直到解放战争爆发尚未废止。

第五节　行政法律法规

国民政府“六法体系”的第六类法律为“行政法规”。由于行政法规涉及范围极为广泛，又缺乏内在标准可以编纂成统一法典，为此南京国民政府将行政法律法规分类加以汇编。

南京国民政府的行政法规具有一个显著特点，那就是为掩盖专制与独裁，建构了极为完备的行政法律法规体系。国民政府在行政立法方面极力仿效西方国家，凡设立一个行政机关，皆制定相关行政法律法规，以示行政权力的合法性。因而造成国民政府的行政法律法规数量繁多，内容极为苛细，在法律形式上极为完备。就整个行政法律法规体系而言，汇编于《六法全书》中的法规包括九类：内政、教育、军政、地政、财政、经济、人事、专门职业、行政救济。再就其中某一个门类而言，也是极为详备，例如教育行政法规包括了大学法、学位授予法、专科教育法、师范教育法、职业学校法、国民教育法、私立学校法等。但是，南京国民政府在国民党的督导之下，除认真执行了警察的职能以外，对保障人民权利、制约行政权力的法规则徒示虚文，并未切实施行。现就其主要者概述如下：

（一）机关组织类行政法律

行政院为国民政府最高行政机关，列于五院之首，其组织法曾经多次修正，下设各部自身的组织法也极为详尽。《行政院组织法》共十一条，规定行政院的组成部门包括内政、外交、军政、财政、农矿、工商、教育、交通、铁道、卫生各部，以及建设、蒙藏、侨务、劳工、禁烟各委员会，并设立秘书处与政务处。其后又增设海军部，将侨务委员会改隶为中央党部，并扩大了科员荐任的名额。

《立法院组织法》共二十六条，第一至五条规定立法院设法制、外交、财政、经济四个委员会，并得增置或裁并各委员会，各委员会的委员由全院委员分任，委员长由院长指定。第六至第十二条规定了立法院秘书处、编译处、统计处的设置、员额与职权内容。第十三至第二十四条列明院长的职权，其余各条则基本为会议方面的规定。其后，《立法院组织法》又经几度调整，这些调整有的经议决公布，有的却并未得审竣修正。直到 1933 年孙科就任立法院院长后，再次拟具修正案交中央政治会议核议，最终修正通过。

《司法院组织法》共十六条，其要点有三：第一，司法院由司法行政署、司法审判署、行政审判署与官吏惩戒委员会组成。司法行政署综理司行政事宜，司法审判署对于民刑诉讼事件依法行使最高审判权，行政审判署掌理行政诉讼审判事宜，官吏惩戒委员会则负责文官、法官惩戒事宜。第二，司法院设秘书、参事两处。秘书处置秘书长、秘书、科员各职员，掌理文书、会计、庶务与典守印信，参事处置参事四人至六人，撰拟审核关于司法的法律命令。第三，司法院院长综理全院事务，并经司法审判署署长、庭长会议议决后，行使统一解释法令及变更判例之权。及至 1932 年 4 月 23 日，法制委员会在对《修正司法院组织法草案》进行审议的过程中，认为其中司法行政部的隶属问题涉及行政院与司法行政部组织法，一时难有定论，遂将其修正案搁置。

《考试院组织法》共十七条，规定考试院由考选委员会及铨叙部组成，院内设秘书、参事两处，以及院长、委员与各内设部门的职权，关于考试与任免公务员等事项。

《监察院组织法》的拟定，最早可追溯至广州国民政府时期。至南京国民政府正式确立"五权宪法"的中央政府体制后，修正的《监察院组织法》规定监察院的职权包括弹劾与审计两项，并对其人员设置与具体职掌作出了详细规定。根据 1933 年国民政府修正公布的《监察院组织法》第六条，"训政时期"监察院还在地方设立了中央派出监察机关（监察使署）进行巡回监察。

（二）文官人事类行政法律

根据 1928 年 9 月公布的《考试法》，考试分普通、高等、特种三种。政府人员的考选，一般分为公职候选人、任用人员、专门职业或技术人员三种类型。主持考选事宜的机构为考试院考选委员会。该委员会由正副委员长及委员五至七人组成，后又增加为八至十五人，主管全国文官考选工作，选聘典试委员和襄试委员组成典试委员会，负责决定考试科目、组织命题，根据考选委员会的审定发给准考入场证，决定分设考区，组织监考、阅卷评分、发榜公布等。

在考试监督方面，南京国民政府于 1929 年 11 月公布了《监试法》。该法全文共八条，规定凡举行考试，考试院应咨请监察院派定监察委员或监察使为监试委员。如有舞弊情形，监视委员应提出弹劾案。此外，还公布施行了《襄试法》十条，规定凡举行考试，应设襄试处，办理应考人员之膳宿及其他供应等事项。

在官员的铨叙与任用上，南京国民政府自 1929 年起陆续颁布了一系列法律法规，主要有《现任公务员甄别审查条例》《公务员任用条例》《公务员任用法》《公务员登记条例》《县长任用法》《高等考试及格人员分发规程》《普通考试及格人员分发规程》等。

（三）财政金融类行政法律

依照《行政院组织法》的规定，1928 年 10 月起，国民政府财政部改为隶属于行政院，是管理监督全国财务行政的最高机关。在财政部之外，南京国民政府还先后设立有财政监理委员会、中央财政委员会、中央财政整理委员会、全国经济委员会等专门机关。对国家财政工作的审核监督则由监察院内的审计部负责。南京国民政府还陆续出台了一系列法律法规，如《财政收支系统法》《省县收支标准》《办理预算收支分类标准》《公债条例》《国定进口税则》《盐法》《营业税法》等。

在预算与会计制度方面，1927 年制定的《会计则例》和 1928 年公布的《审计法》等都为实施预算制度作了准备工作。1932 年 9 月《预算法》公布施行，确立了一整套预算制度、主计制度和审计制度，也标志着国民政府的预算制度的基本定型。1935 年 8 月，国民政府将《会计法》公布施行，比较全面地规范了国家的会计制度。

在金融业方面，国民政府于 1927 年 10 月颁行《中央银行条例》，其后升格为《中央银行法》。为加强对货币制度与银行机构的管制，《废两改元令》《银本位币铸造条例》《财政部银行监理官办公处组织规程》《财政部派驻银行监理官规程》等规定也相继出台。在证券交易上，则有《证券交易所法》《交易所税条例》等法律文件。

（四）警察类行政法律

近代中国的警察法自清末萌芽，发展至北洋政府时期初具体系。南京国民政府在借鉴清末、北洋政府警察立法经验的基础上，进一步继受西方国家的警察理论和立法成果，在警察法规的种类、数量和质量方面均大有改进，并发展出新的特点。一方面，南京国民政府的警察法在形式上更加完备；另一方面，这一时期警察法的建设以“反共清共”为主要目标，形成了警察、宪兵与特务三者紧密结合的恐怖势力，以维护国民党反动派的独裁统治，对革命进行血腥镇压，迫害共产党人与民主进步人士，无疑暴露了其专制残酷的实质。

南京国民政府在内政部设有警政司，后发展为警察总署，作为全国警察事务的主管机关。内政部直属的警察机构还有警察总队、中央警官学校与首都警察厅等，各省则在省民政厅下设警务处。警种则主要包括刑事警察、外事警察、司法警察、消防警察、驻卫警察、税务警察、盐务警察、矿业警察、渔业警察、森林警察、铁路警察、公路警察、航空警察、政务警察、卫生警察等。

这一时期颁布了数量众多、内容庞杂的警察法律法规，主要有《违警罚法》《各级公安局编制大纲》《警察录用暂行办法》《维持治安紧急办法》《非常时期维持治安紧急办法》《假释管束规则》《保护管束规则》《警察奖励条例》《戒严法》《首都警察厅组织法》《省警务处组织法》等。另外还有众多的各级政府法规、刑事法规、刑事诉讼法规以及有关治安管理等法律法规中涉及警察法的内容。通过这些规定，南京国民政府构建起一套体系严密、等级森严的警察制度，并在实践中将警察制度的社会镇压职能发挥到了极致。

此外，南京国民政府在行政法领域也较为重视特别法令的作用，这与近代中国动荡的社会背景是密不可分的。以财政经济方面的立法为例，抗日战争爆发后，国民政府通过了一系列法律法规加强对战争时期的经济管控，以协调国民经济，配合抗战工作，典型的有《战时财政改革决策案》《抗战建国经济建设实施方案》《非常时期工业奖励暂行条例》《非常时期农矿工商管理条例》《加强管制物价方案》《战时各省田赋征收实物暂行条例》《巩固战时金融法令》《战时健全中央金融机构颁发纲要》《非常时期管理银行暂行办法》等。在人事选任上，也有《非常时期战地公务员任用条例》《非常时期公务员任用补充办法》等。

第六节 司法制度

一、司法机关

1. 司法院及其所属中央司法机关

（1）司法院

依据 1928 年 10 月公布的《中华民国国民政府组织法》和《司法院组织法》，南京国民政府司法院于 1928 年 11 月 16 日成立。司法院是国民政府最高司法机关，掌理民事刑事审判、司法行政、官吏惩戒、行政审判，以及统一解释法律命令之职权。实际上，司法院并不直接行使以上各项司法权，民事刑事审判权由其所属最高法院行使，司法行政权由司法行政部行使；行政审判权由其所属行政法院行使，解释法律事项由司法院院长召集最高法院院长及各庭庭长集会议决，1947 年以后又设立大法官会议，专职负责抽象解释法律。

各项具体司法职权由其所属机关行使的体制下，司法院主要通过召开全国司法会议、拟订并负责推行司法改革计划等方式，并由司法院院长统筹协调下属司法机关的工作。

（2）最高法院

1927 年，国民政府定都南京以后，改大理院为最高法院，职掌民刑事案件最高审判权，及统一解释法律命令的权力。1929 年 10 月公布《司法院组织法》后，统一解释法律命令的职权归司法院行使，但是司法院解释法律的程序是：先由最高法院院长及各庭庭长共同拟具解答，经司法院院长复核后，以司法院的名义公布。最高法院仍然实质性地参与解释法律。最高法院分设民事庭和刑事庭，根据审判事务需要，民事庭、刑事庭分为数个审判庭，管辖一审终审案件及高等法院上诉案件。

（3）行政法院

根据 1932 年 11 月公布的《行政法院组织法》，行政法院于次年 6 月成立，掌理行政审判职权。

（4）公务员惩戒委员会

根据 1931 年 6 月公布的《公务员惩戒委员会组织法》，中央公务员惩戒委员会于 1932 年 4 月成立，掌管全国高级公务员的违法惩戒事宜；在各省分设地方公务员惩戒委员会，负责惩戒地方中级以下公务员。在公务员惩戒委员会之外，由国民政府委员组成政务官惩戒委员会，负责惩戒政务官违法失职。1948 年 4 月，修正公布《公务员惩戒委员会组织法》，在司法院制下设立统一的公务员惩戒委员会，无论政务官与事务官，不分中央与地方，公务员惩戒事务全部归其管辖。

（5）司法行政部

1927 年，南京国民政府成立之初，司法行政机关沿用北京政府时期的名称，称作“司法部”。1928 年 11 月，为了与司法院相区别，“司法部”改称“司法行政部”，直接隶属于司法院。依据《司法行政部组织法》，该部职掌司法人员训练、司法监督、司法保护、监所管理等司法行政事务。1943 年 1 月以后，司法行政部脱离司法院，隶属于行政院系统。

（6）大法官会议

1947 年修订公布实施的《司法院组织法》第三条规定："司法院设大法官会议，以大法官十七人组织之，行使解释宪法并统一解释法律命令之职权。大法官会议，以司法院院长为主席。"司法院中所增设大法官会议，由司法院院长和其他 16 位资深的法官组成，他们并不行使审判权，而是专门负责解释包括宪法在内的各种法律命令，以保障各执法机关能够统一使用法律。

2. 地方司法机关

南京国民政府成立初期，沿用民国北京政府的法院组织体系，实行四级三审制。1932 年 10 月公布《法院组织法》（1935 年 7 月施行），改四级三审制为三级三审制。除司法院所属的最高法院外，在各省或特别区设高等法院，在县或市设地方法院。

在多数县级地方，以司法处兼理司法，这是南京国民政府地方司法制度的一个显著特点。1929 年国民政府编制《训政时期工作表》中，计划六年之内在全国两千多个县、市普遍设立地方法院。可是，由于地方财政拮据，司法人才短缺，司法计划难以实行。1936 年 4 月以后，国民政府先后公布《县司法处组织条例》《县司法处办理诉讼补充条例》《县司法处刑事案件复判条例》，在没有设立地方法院的各县，以县司法处兼理审判职权。县司法处设在县政府，内设审判官执行审判职能，由县长兼理检察职能。1938 年以后，国民政府司法行政部曾多次拟订在各县设立地方法院的计划，但终因国家经费紧张，而未能实现。直到 1947 年，国民政府在全国设立地方法院仅 782 所，约占全国县市总数的五分之二，多数县以县司法处兼理司法。

3. 特别司法机关

在普通司法机关之外，国民政府的特别司法机关包括以下三类：

第一类是军事审判机关。在南京国民政府统治期间，国家一直处在战争状态，依照《惩治盗匪条例》《妨害兵役法治罪条例》《国家戡乱时期危害国家紧急治罪条例》《戒严法》，军事司法机关对战区内发生的刑事案件拥有优先管辖权，亦可以根据军事需要接管地方行政事务、管辖民事案件。

第二类是特种刑事法庭。为进一步加强惩治危害民国的犯罪，南京国民政府于 1948 年 1 月公布实施了《特种刑事案件诉讼条例》，同年 4 月公布实施了《特种刑事法庭组织条例》《特种刑事法庭审判条例》。依据该条例设立中央特种刑事法庭和高等特种刑事法庭，负责审理"戡乱时期危害国家的犯罪"。

第三类是行使司法权的特务组织。国民政府行使司法权的特务组织主要有"国民党中央执行委员会调查统计局"（"中统"）和"国民政府军事委员会调查统计局"（"军统"）两大系统，它们可以根据国民党一党专制的政治需要，行使特别司法权，甚至直接采取暗杀、军事镇压的手段。

二、诉讼制度

1. 刑事诉讼法

南京国民政府以北京政府的《刑事诉讼条例》为底本，修订完成了《刑事诉讼法》，于1928年7月公布，同年9月施行。该法分为九编，共五百一十三条，采四级三审制，实行国家追诉主义。1933年底，随着《刑法》《法院组织法》的修订，国民政府立法院着手拟定《修正刑事诉讼法草案》。至1935年1月公布新《刑事诉讼法》，于同年7月施行。新《刑事诉讼法》仍分为九编，共五百一十六条，增设执行保安处分及执行训诫之规定。

2. 民事诉讼法

南京国民政府成立以后，在北京政府《民事诉讼条例》的基础上，修订完成《民事诉讼法》，分为五编，共六百条，于1932年5月公布施行。该法施行两年以后，至1934年4月，国民政府司法行政部认为现行《民事诉讼法》"关于诉讼程序之规定，有过于繁杂者，亦有尚嫌疏漏者，于诉讼人既多不便，而法院结案亦不免因之延滞"，并拟订了《修正民事诉讼法草案》。司法行政部的修正案经立法院审议通过，于1935年2月公布，同年7月施行。修正公布的新《民事诉讼法》分为九编，共六百三十六条。

3. 行政诉讼法

1932年11月，国民政府立法院公布《行政诉讼法》，次年6月施行。该法不分章节，共二十七条，规定：当事人对于行政官署的违法处分可以提起行政诉讼，行政诉讼由行政法院管辖，实行一审终审制。

三、诉讼审判制度的特点

1. 建构了完备的民事、刑事、行政诉讼审判体系，但是特别审判制度盛行。自1928年底国民政府立法院成立以后，先后制定公布了各司法机关组织法如《司法院组织法》《法院组织法》《大法官会议组织法》《行政法院组织法》，制定公布了各诉讼程序法如《民事诉讼法》《刑事诉讼法》《行政诉讼法》，以及司法官考选法等。

军事司法机关的审判权由军事长官所操纵，并非依法行使。民国时期，对张学良的军事审判就是一个典型的事例。1936年12月12日，张学良、杨虎城在西安举行联合兵谏，扣押了蒋介石，促成了国共合作共同抗日。西安事变和平解决之后，张学良陪同蒋介石返回南京时被扣押，随即南京国民政府军事委员会组成高等军事法庭对其进行审判，判处张学良有期徒刑10年，褫夺公权5年。至1937年1月4日，按照蒋介石的指示，国民政府特赦张学良，赦免其10年有期徒刑，但国民政府军事委员会无期限地予以人身管束。虽然国民政府1947年公布实施的《中华民国宪法》第九条规定：人民除现役军人外，不受军事审判；但是，1947年至1949年10月，正是国民政府进行内战，试图以武力维护专制秩序，军事审判伴随着内战一直在战区适用，普通司法机关的司法独立并未实现，公民不受军事审判的宪法权利难以真正实现。

为达到司法镇压的政治目的，特种刑事法庭已经蜕变为简单的专制工具，乃至于很多普通法院的法官拒绝到特种刑事法庭就职。

以军统为例，该组织主要负责搜集军事情报、监控国民党军队的政治动向以及镇压共产党和其他民主人士的活动，是国民党独裁政府最为得力的政治镇压工具。军统参与了1947年血腥镇压台湾人民的“二二八”起义，同年镇压了在南京进行请愿的学生运动，制造了“五二〇”血案；1948年镇压昆明学生爱国运动，制造了“七一五”血案，打死打伤三十余人，逮捕三百余人；1949年10月在国民政府撤离大陆之前，军统仅在重庆一地就屠杀了被关押的政治犯六百余人。中统则掌握着对政治犯进行强制“反省”的权力。凡是依《危害民国紧急治罪法》《反革命治罪法》被判处三年以下有期徒刑，或被判处无期徒刑已执行七年以上、被判处三年以上有期徒刑已执行三分之一，有“悔改”表现，或依照《共产党人自首法》经国民党中央执行委员会决议应送“反省院”的“政治犯”（多为共产党人或进步民主人士），均可以送入“反省院”进行强制悔罪或进行犯罪预防。“反省院”名义上隶属于各省或直辖市的高等法院，但实际上由国民党党部控制，由“国民党调查统计室”（中统的下属机关）直接管理。

以特别司法机关对人民进行残酷的司法镇压，是促使国民政府迅速崩溃的重要原因之一。

2. 形式上收回了领事裁判权，但是确认美国在华驻军的司法特权。自1843年中国与英国签订《五口通商章程》开始，英国首先攫取了在华领事裁判权，随后美国、法国、俄国、德国、日本、荷兰、比利时、巴西、秘鲁等十八个国家获得了此种特权。中国政府在1919年的巴黎和会与1922年华盛顿会议上，多次提出废除在华领事裁判权，但均被以英美为代表的西方列强所拒绝，西方列强的理由是中国法律不完备，司法审判不独立，军人干涉司法。南京国民政府成立以后，曾于1928年7月宣布单方面废除领事裁判权，但是没有得到英美等国的承认。全民族抗战爆发以后，中国人民抗击着百分之七十以上的日本侵略军，为世界反法西斯战争作出了巨大贡献、付出了巨大牺牲。鉴于中国在世界反法西斯战争中的巨大作用，1943年1月，英、美两国分别与中国签订了《关于取消在华治外法权及其有关特权的条约与换文》，中国逐步废除了各国在华的领事裁判权。然而，同年10月，国民政府为了取悦美国，又颁行了出卖国家法权的《处理在华美军人员刑事案件条例》，规定：“中华民国政府为便利共同作战，并依互惠精神，对于美军人员在中国境内所犯之刑事案件，归美军军事法庭及军事当局裁判。”1946年6月，在该条例有效期限届满之后，为了得到美国更多的军事援助，国民政府竟然主动将其有效期限延长一年，再一次出卖了国家司法主权。

3. 形式上奉行司法独立，实则推行司法党化。

南京国民政府依据孙中山“五权宪法学说”“权能分治理论”建构了国民代表大会和五院政府的政权组织体制。国民党元老、司法界要员居正在进一步阐释孙中山学说时认为，在“权能分治理论”之中仍然包含了司法独立的理念，他说：“司法独立，原出于三权分立之思想。然自议会政治、政党政治实行以来，所谓三权分立之制度，早已由‘分权’变为‘分职’，即由权力之对立而变为职务之分配。……所以司法独立在总理五权宪法学说中，并不是与其他政权成为权力的对立，而只是在同一政权支配之下之职务分配。”由此可见，国民政府所尊奉的是“分职”意义上的司法独立，而不是西方“分权”意义上的司法独立。依照相关法律，司法院及其所属的最高法院、行政法院等都独立行使司法权，但是，这种独立只是相对于立法院、行政院、考试院、监察院的独立，并不能超越最高权力机构之上。南京国民政府时期，国民代表大会是形式上的国家最高权力机关，但是国民党假借训政的名义，实行“司法党化”。

居正曾系统地阐述了司法党化理论，他在《司法党化问题》中指出，司法党化应包含两方面的含义：“（一）司法干部人员一律党化——主观方面；（二）适用法律之际必须注意于党义之运用——客观方面。”对于司法党化的主观方面——“司法干部人员一律党化”，居正进一步解释道：“并不是司法官非党人做不可；反之，把所有司法官的位置全分配给持有党证之人，如果他们对党义——特别是拿党义应用到法律适用方面——没有充分的了解时，也不算是司法党化。……质言之，司法党化不是司法党人化，乃是司法党义化。”对于司法党化的客观方面——适用法律的党化，要求司法官所做出的裁判必须以国民党之三民主义为总的指导，以三民主义的立法原则和法理作为论证依据。

居正作为国民党元老，他的司法党化理论还是比较含蓄的，然而在实际司法工作中，国民党则直接采取司法党人化，不但不再提起司法中立、司法不党，而且反对司法党化的司法官则被调离或免职；在中央和各省举行“现任司法官训练班”的过程中，实行集体宣誓加入国民党。国民党中央执行委员会作为国民党的最高常设机关，对重大案件以党内指示的形式操纵司法，例如1936年11月间，江苏省高等法院二分院、三分院审理全国各界救国会领袖沈钧儒、李公朴、邹韬奋、史良、沙千里、王造时、章乃器七人，经当庭辩论起诉罪名无法成立，可是由于没有国民党中央的指示，法院竟无权将被告无罪释放。直到1939年1月，国民政府建陪都于重庆以后，在国民党中央的授意下，才由四川省高等法院第一分院撤回对“七君子”的起诉。国民党内部派系斗争过程中，国民党法律界的一些元老也未能独善其身，例如1929年底蒋介石为防止居正组建反对派，未经任何司法程序而将居正拘禁达一年之久；曾任国民政府立法院院长的胡汉民因为与蒋介石发生权力之争，1931年2月至10月亦被蒋介石软禁长达8个月。在国民政府时期，此类司法机关不由自主的案件不胜枚举，司法独立之名存实亡由此可见一斑。

1946年6月，蒋介石集团对中国共产党领导的解放区发动了全面内战，国民政府武力统一中国的目标似乎很快就要达到。为了粉饰宪政，国民政府在1947年公布实施的《中华民国宪法》中重新规定了司法独立原则。该宪法第八十条规定：法官须超出党派以外，依据法律独立审判，不受任何干涉。第八十一条规定：法官为终身职，非受刑事或惩戒处分或禁治产宣告，不得免职，非依法律不得停职、转任或减俸。然而，1947年以后，随着解放战争的进展，国民党又违背了实行宪政的允诺，依然坚持以党治国、以党训政，国民党对司法的控制一如既往。

重要名词术语

“六法全书”、《训政时期约法》、1947年《中华民国宪法》、《中华民国民法》、保安

处分、司法院

思考题

1. 简述南京国民政府“六法全书”的形成过程。
2. 试述《中华民国宪法》的主要特点。
3. 试述南京国民政府的法律体系与立法特点。
4. 简述南京国民政府民法的主要内容。
5. 试述南京国民政府新刑法有哪些立法改进？

典型案例分析

1. 陈独秀案

（1）案件事实

陈独秀1920年受第三国际委任在中国创立共产党，彭述之在次年加入该党，同由第三国际派为中国共产党中央常务委员，陈独秀兼任书记，共同执行第三国际指示策略，领导党员，组织活动。列宁去世后，苏联内部分为斯大林派及托洛茨基两派。陈独秀、彭述之均与斯大林派政见不合，倾向托派，1927年遂同被开除职务，1929年同被开除党籍。于是召集同志，在上海组织中国共产党左派反对派，其所采用之策略以联合工人贫农无产阶级为建设基础，并反对斯大林派在中国现况下利用土匪溃兵、领导乡村农民进行武装暴动。但其党员人数不多，经济来源缺乏，因此活动范围只在上海、天津、香港等处，只能组织、参加工会及学生运动，至乡村农会则无力发展。党中最要工作为宣传工作，陈独秀、彭述之主编“校内生活”“火花”“无产者”“热潮”多种党内刊物，并发放传单，以推翻建设中华民国国民政府、组织苏维埃政府、实现无产阶级专政为其最终目标。

（2）法律适用

江苏高等法院认为，该被告等所组织之中共反对派，即以打倒三民主义、实行共产主义为第一要旨，以颠覆国民党国民政府而组织苏维埃、由无产阶级专政为最终目标，图谋变更中华民国国体，并将中华民国的建设从根本上推翻，属于其危害民国及叛国。前所列举各小册子及传单，都是该中共反对派用以宣传的文字，且已陆续发行，其宣传之宗旨及目标，无一不是危害民国及叛国，该被告等即使未能达到实施扰乱的程度，然而也不仅以危害民国为目的，而且组织团体，并以文字实施叛国的宣传，构成《危害民国紧急治罪法》第二条第二款之罪。[1]1933年4月26日，江苏高等法院作出“陈独秀彭述之共同以文字为叛国之宣传，各处有期徒刑13年，褫夺公权15年；王子平何阿芳帮助以文字为叛国之宣传，各处有期徒刑5年，褫夺公权7年”等判决。

---

〔1〕《危害民国紧急治罪法》第2条规定：“以危害民国为目的而又左列行为之一者，处死刑或无期徒刑：一、煽惑他人扰乱治安或与叛徒勾结者；二、以文字图画或演说为叛国之宣传者。”

经陈独秀等人上诉，1934 年 6 月 30 日，最高法院作出判决主文如下：原判决关于陈独秀、彭述之、王武、濮一凡、王兆群、郭竞豪的褫夺公权部分，均撤销；陈独秀、彭述之以文字为叛国宣传，各处有期徒刑 8 年（裁判确定前，羁押日数，均以 2 日抵徒刑 1 日）；关于陈独秀、彭述之供犯罪所用的文件书籍均没收。其他上诉请求驳回。法律依据：综核原审对于王武、濮一凡、王兆群，均依照《危害民国紧急治罪法》第六条判处有期徒刑五年，对于郭竞豪认为年轻无知，情形可悯，依照同法第六条、第十条，《刑法》第七十七条，判处有期徒刑 2 年 6 个月，并均适用《刑法》第六十四条，以羁押日数折抵徒刑。查《危害民国紧急治罪法》是《暂行反革命治罪法》废止之后的新法，在《暂行反革命治罪法》第十一条虽然有关于褫夺公权的规定，但在《危害民国紧急治罪法》已经不再适用，依照最高法院判例，凡是犯《危害民国紧急治罪法》的，不再适用褫夺公权。原审对于陈独秀、彭述之、王武、濮一凡、王兆群、郭竞豪，均予以褫夺公权，显然不当，本院依职权为之撤销，根据以上论结，应当依照《刑事诉讼法》第四百零九条第一项、第四百一十条第一项第一款，《危害民国紧急治罪法》第二条第二款、第六条、第十条，《刑法》第四十二条、第七十四条、第七十七条、第八十条第二项、第六十四条、第六十条第二款，《刑事诉讼法》第四百零八条第一项，判决如主文。

2.“七君子”案

（1）案件事实

1936 年 5 月 31 日至 6 月 1 日，全国各界救国联合会在上海召开成立大会，选举宋庆龄、何香凝、邹韬奋等四十余人为执行委员，沈钧儒、章乃器、李公朴、史良、沙千里、王造时、陶行知等十余人为常务委员。这个由各阶层、各党派及无党派人士组成的抗日救亡团体，主张全国各党各派立即停止军事冲突，制定共同抗敌纲领，建立一个统一的抗敌政权。国民党对红军进行五次“围剿”后，中共上海地下组织遭严重破坏，很多共产党员便加入救国会抗日，对中共势力也起到掩护作用。救国会成为中共在国统区进行活动的好方式，上海几次大的群众示威游行的组织者都是共产党员。在国民党看来，名为救国会，实则是共产党，或者至少是在帮共产党。1936 年 11 月 8 日，日商上海四厂工人在部分共青团员的组织发动下罢工，随后蔓延至全市。这场罢工历时 20 天，涉及全市 26 家日本纱厂，参加罢工者约 4.5 万人，并波及青岛、天津的日商纱厂，成为五卅运动以来上海日商纱厂工人最大规模的罢工，迫使日商大体上答应了工人提出的五项条件。罢工期间，救国会在 11 月 12 日纪念孙中山先生诞辰大会上号召声援罢工，沈钧儒、李公朴、史良、沙千里、章乃器、王造时等人发表了演说，会上成立了日商纱厂工人罢工后援会。

（2）法律适用

应上海市公安局之请，上海租界巡捕房以涉共嫌疑逮捕了“七君子”，然后移交法院审理。在公共租界被捕的沈钧儒、王造时、李公朴和沙千里，11 月 23 日上午由上海公共租界巡捕房移交江苏高等法院第二分院审理；而在法租界被捕的章乃器、邹韬奋和史良，当天下午由上海法租界巡捕房移交江苏高等法院第三分院审理。巡捕房律师请法庭裁定准予羁押沈钧儒等人，待侦查有犯罪行为后再依法起诉，而上海市公安局派来的律师要求立即移送本局，然后根据《危害民国紧急治罪法》相关规定转解江苏高等法院接受审讯。

1937年6月11日下午2时，沈钧儒等危害民国案在江苏高等法院刑事第一庭开庭审理。辩护律师团决定先发制人，连夜具状说合议庭全体法官执行职务时“显有偏颇之虞”，对各被告“已具成见，不能虚衷听讼而将专采起诉书所举不利于被告之主张以为诉讼资料，断难求得合法公允之审判”，特申请本案审判长及两名推事回避，并依法裁定停止诉讼程序。法院于6月12日上午开庭前1小时接到这份申请，便根据《刑事诉讼法》相关规定暂停诉讼程序。6月22日，“七君子”向法院递交第二次答辩状，一改前份辩书咄咄逼人的语气，本着求得政府谅解之心补陈一些政治意见。“七君子”声明救国会的一切主张“无不以抗日为依归”，“绝无改组政府之企图”。

6月25日，沈钧儒等危害民国案第二次开庭审理，审判长和推事均已换人。当日庭审长达7小时，据上海《大公报》记者报道，这次“审判长态度异常和缓，能使各位律师满意”。虽然如此，庭审气氛仍颇为紧张，控辩双方发生激烈争执。在“七君子”与西安事变的关系问题上，检察官翁赞年坚称救国会电报引起西安事变，“七君子则矢口否认，一再要求法院调查张学良方面的证据，而检察官却坚持不必调查。审判长居中做调解人，力劝双方息争，最后不得不宣告暂时退庭评议。合议庭的评议结果是，决定向国民政府军事委员会调阅张学良军法会审案卷及西安事变真相。7月6日，军委会复说，张学良的供词仅一处提及沈钧儒。

“七君子”被起诉后，中共中央曾发表宣言，要求国民党立即释放这七位爱国领袖及全体政治犯，并彻底修改《危害民国紧急治罪法》。宋庆龄等16人联名向江苏高等法院递交呈文，称他们与沈钧儒等人共同从事救国工作，若“爱国无罪，则与沈钧儒等同享自由；爱国有罪，则与沈钧儒等同受处罚”。宋庆龄等人还发布了《救国入狱运动宣言》和《救国入狱运动规约》，声明要以和平合法的方式争取救国无罪。在各方的努力下，“七君子”案最终的处理结果是停止羁押，具保释放。因为卢沟桥事变发生了，中国全民族抗战打响了，1937年7月31日就把“七君子”予以释放。不久，沈钧儒、邹韬奋、史良、王造时都成为国民参政会参政员。

3. 南京国民政府最高法院民事判决例

族谱之效力（最高法院十七年一月二十八日民事第二庭判决上字第三九号）[1]

【要旨】

一姓族谱，系关于全族人丁及事迹之纪实，其所订列条款，除显与现行法令及党义政纲相抵触者外，当不失为一姓之自治规约，对族众自有强行之效力。

【判决】

上告人：潘有桂（住浙江余姚桐家岙）

被上告人：潘继顺（住同）

潘志林（住同）

---

〔1〕《最高法院民事判例汇刊》1934年第1期，第61—64页。

潘凤安（住同）
潘玉球（住同）
潘凤炳（住同）
潘凤怀（住同）
潘忠廉（住同）
潘若庆（住同）
潘渭强（住同）
潘宝树（住同）
潘丹兴（住同）

主文

上告驳回。

上告审诉讼费由上告人担负。

理由

按一姓族谱，系关于全族人丁及事迹之纪实，其所订列条款，除显与现行法令及党义政纲相抵触者外，当不失为一姓之自治规约，对于族众自有强行之效力。本件上告人之嫡祖元文，系由潘玉汝收养蒋姓之子（原判误书玉汝系蒋姓螟蛉子），迭经潘姓新旧族谱记载明白，已为上告人所不争。兹所应研究者，即上告人能否充当房长。是已查被上告人提出清光绪十一年族谱内载，同治十年七月议据一件，同治十年九月碑记一件，均记有螟蛉人嗣者不准挨当宗长房长及值年承祭之语，此项规约既与现行律禁止异姓乱宗之规定不相违背，而于党义政纲亦无抵触。依照上开说明，上告人自应受其拘束，不得违反族规以为房长之争执。虽上告人提出同治十年及民国二年合同议据二纸（均系载明允许元文支下子孙充当房长），以为得充房长之佐证，然查同治十年议据，于光绪十一年修谱时既未载入新谱，自难认为有充分之证据力。而民国二年议据其所列名之人，在原审庭讯时彼此陈述言语支离，亦显难凭信。原审将上告人在第一审之请求驳斥，并着上告人担负诉讼费用，委无不当。上告人仍以空言请求废弃原判决，不得谓有理由。

据上论结，本件上告为无理由，依《修正民事诉讼律》第五百八十条第一项第一百二十四条第一项特为判决如主文。

第十五章　新民主主义革命根据地政权的法律

【内容提示】

以红色政权治理以及人民立法、司法为民为主要内容的红色法律传统是我们党红色血脉的重要组成部分。新民主主义革命时期，中国共产党在红色法制建设方面进行了大量卓有成效的探索，制定了《中华苏维埃共和国宪法大纲》《陕甘宁边区宪法原则》《中国人民政治协商会议共同纲领》等一系列宪法性文件，以及大量有关刑事、民事（特别是与妇女解放有关的婚姻家庭方面）、土地、劳动等多领域、全方位的实体法和程序法规范文件，基本形成了较为完整的司法组织系统，并创造了“马锡五审判方式”、人民调解制度等一系列有中国特色的红色法律制度。正如党的十八届四中全会通过的《中共中央关于全面推进依法治国若干重大问题的决定》中所强调的那样：“法律的真正权威来自人民真诚的拥护与信仰。”正是因为党在新民主主义革命时期颁布的各项法律法规代表着人民的意志，关乎人民的切身利益，想人民之所想，急人民之所急，才受到来自最大多数人民群众的真诚拥护与信仰。因而，加强对新民主主义革命时期红色法律传统的研究和学习，传承红色法治基因，赓续红色法治血脉，对于弘扬以伟大建党精神为源头的中国共产党人精神谱系，推进当前法治国家、法治政府、法治社会一体建设，有着十分重要的意义。

第一节　新民主主义革命民主政权的红色法律传统

新民主主义革命民主政权的红色法律传统，就是新中国成立前党领导人民进行革命斗争的同时，通过开展法制建设保障人民民主权利的历史进程中所形成的法律传统。中国特色社会主义法治体系与新民主主义革命民主政权的红色法律传统一脉相承，后者为前者的形成提供了历史经验和理论根据。

一、红色法律传统的历史发展阶段

红色法律传统在新民主主义革命时期的发展阶段与新民主主义革命的四个阶段大体相当，只在开端标志事件上略有不同——1919 年爆发的五四运动是中国从旧民主主义革命走向新民主主义革命的转折点，而新民主主义革命民主政权的红色法律传统则发端于

1921年中国共产党成立。即新民主主义革命民主政权的红色法律传统可以分为如下四个阶段：

（一）中国共产党成立初期以及大革命时期革命政权的法制（1921—1927年）

这一阶段为新民主主义法制的萌芽期。

1922年7月，在《中国共产党第二次全国代表大会宣言》中，我党第一次提出统一战线的思想和主张，并进一步提出党在这个联合战线里为工人和贫农利益而奋斗的七大目标，其中第七项就是“制定关于工人和农人以及妇女的法律”[1]。1923年7月，中国共产党第三次全国代表大会通过的《中国共产党党纲草案》，以及1922年6月、1924年11月和1926年7月发布的三次《中国共产党对于时局的主张》都一再重申了制定关于工人、农民以及妇女的法律的主张。

有中国特色的人民调解制度于这一时期也开始萌芽。中国共产党领导下的农会组织中设有调解组织，负责调解群众之间的纠纷。

（二）土地革命时期工农民主政权的法制（1927—1937年）

这一阶段为新民主主义法制的初创期。

1931年11月中华苏维埃共和国成立之后，建立了中央工农民主政府，召开了两次全国工农兵代表大会，制定了统一的法律和制度，初步形成了新民主主义的法律体系，包括宪法大纲、选举法、中央和地方苏维埃组织法，各种主要行政法规、惩治反革命条例和其他刑事法规、司法机关组织条例和诉讼程序法规、劳动感化院章程，以及土地法、劳动法、婚姻法和各种经济法规。这些革命法规，为后来新民主主义法制的发展打下了坚实基础。但这一时期，王明“左”倾冒险主义的错误政策也给红色法制建设带来了巨大的影响和危害，使中国革命遭受严重挫折。

1935年12月瓦窑堡会议上通过的《中共中央关于目前政治形势与党的任务的决议》提出：“为了使民族统一战线得到更加广大的与强有力的基础，苏维埃工农共和国及其中央政府宣告，把自己改变为苏维埃人民共和国。把自己的政策，即苏维埃工农共和国的政策的许多部分，改变到更加适合反对日本帝国主义变中国为殖民地的情况。”[2]此后，我党依照抗日民族统一战线的基本要求，对土地政策及选举法等法律法规，作了相应的调整和改变，为后来陕甘宁辖区的抗日民主政权的法制建设奠定了基础。这也是由工农民主专政过渡到抗日民主专政的必要准备阶段。

（三）全民族抗战时期抗日民主政权的法制（1937—1945年）

这一阶段为新民主主义法制的形成期。

抗日民主政权的法制建设在我国新民主主义革命法制发展史中具有承上启下的重要意义。在继承、发扬工农苏维埃民主政权优秀法制建设成果和优良革命传统的基础上，党中央既纠正了土地革命时期的“左”倾错误，又有效避免了右倾错误，把马克思列宁

---

〔1〕中共中央文献研究室、中央档案馆编：《建党以来重要文献选编（一九二一——一九四九）》（第一册），中央文献出版社2011年版，第133页。

〔2〕中共中央文献研究室、中央档案馆编：《建党以来重要文献选编（一九二一——一九四九）》（第十二册），中央文献出版社2011年版，第540页。

主义的普遍原理创造性地运用于中国的革命实践，使得抗日民主政权的法制建设取得了丰硕成果。

在法律规范的制定方面，党把《中国共产党抗日救国十大纲领》等纲领性文件通过民主立法程序上升为《陕甘宁边区施政纲领》等规范，显示出党对立法工作的高度重视。各抗日根据地民主政府也依照党中央的指示，结合抗日民族统一战线的工作实际，制定了正确的施政纲领，按照《陕甘宁边区施政纲领》确立的“三三制”原则组建抗日民主政权，以“参议会”作为各级抗日民主政权的权力机关，实行普遍、平等、直接、无记名的选举制度，制定相应的行政法规，贯彻“精兵简政”方针。各抗日根据地民主政府还制定颁布了适应新形势需要的地权条例、减租减息条例、劳动保护条例、婚姻条例等涉及工人、农民和妇女的法律法规。

这一时期，我国新民主主义革命政权的红色法律体系已具雏形，并在后来的发展过程中日益完善。

（四）解放战争时期解放区人民政权的法制（1945—1949 年）

这一阶段为新民主主义法制的发展期。

1947 年 7 月—9 月，人民解放军转入了全国规模的进攻，战争已经不是主要在解放区内进行，而是在国统区内进行了。为了适应解放区面积迅速扩大的新形势、新需要，为了迎接全国革命胜利的到来，党中央和各大解放区人民政府在政权和法制建设方面加快了步伐，做了重大调整和开创性的探索。1948 年 4 月，中央法律问题研究委员会开始起草全国宪法及研究制定新民主主义的法律理论，先后拟出了《临时宪法草案》《民法》《民诉法》《刑法》等重要法律的初稿。[1]1948 年 12 月，中央法律问题研究委员会改组为中央法律委员会（1949 年 10 月并入中央人民政府法制委员会），并明确其性质为“在中央书记处领导之下，协助中央研究与处理有关全国立法和司法问题之工作机关”[2]。正如《华北人民政府为废除国民党的六法全书及一切反动法律的训令》中所说：“人民的法律已有了解放区人民相当长期的统治经验，有的已经研究好，写在人民政府、人民解放军发布的各种纲领、法律、条例、命令、决议等规定里，有的正在创造。”[3]

中国共产党在新民主主义革命时期的法制建设活动，从法制上为人民共和国的诞生、成长开辟了道路。

二、红色法律传统的基本特征

（一）坚持党的领导

“十月革命一声炮响，给我们送来了马克思列宁主义。”“中国人找到了马克思列宁

〔1〕 参见谷安林主编：《中国共产党历史·组织机构辞典》，中共党史出版社、党建读物出版社 2019 年版，第 36—37 页；《谢觉哉日记》，人民出版社 1984 年版，第 1233 页。

〔2〕 中共中央文献研究室、中央档案馆编：《建党以来重要文献选编（一九二一 —— 一九四九）》（第二十五册），中央文献出版社 2011 年版，第 685 页。

〔3〕 韩延龙、常兆儒编：《革命根据地法制文献选编》（上卷），中国社会科学院出版社 2013 年版，第 62 页。

主义这个放之四海而皆准的普遍真理，中国的面目就起了变化了。”[1]但在如何将马克思列宁主义的普遍真理同中国革命相结合，做好包括法制建设在内的各项重大革命事业的问题上，仍有一个艰苦的探索过程。大革命时期的右倾机会主义，土地革命时期的“左”倾教条主义等错误都给革命事业造成了无比巨大的损失。毛泽东同志指出：“自从中国人学会了马克思列宁主义以后，中国人在精神上就由被动转入主动。”[2]所谓精神上的主动，就是从实践到理论的创新自觉，就是在坚持马克思主义基本原理的基础上，不断发展马克思主义理论的创造能力。毛泽东同志从中国的历史状况和社会状况出发，深刻研究中国革命的特点和规律，发展了马克思列宁主义关于无产阶级在民主革命中的领导权的思想，创立了无产阶级领导的、工农联盟为基础的，人民大众的，反对帝国主义、封建主义和官僚资本主义的新民主主义革命的理论，为我们党成为全民族的领导核心，并且创造出中国革命的新道路提供了基本依据。

（二）以人民为中心

党领导的红色法制建设始终以人民中心，体现了人民至上的价值观。红色法律传统时时处处体现出为了人民、依靠人民、保护人民、造福人民的宗旨，把体现人民利益、反映人民意愿、维护人民权益、增进人民福祉落实到法制建设的方方面面，赢得了广大人民群众的信任和支持。

1. 坚持人民民主

以人民为中心的根本是坚持人民民主。1949 年 6 月，新中国成立前夕，毛泽东同志在《论人民民主专政》中指出：“总结我们的经验，集中到一点，就是工人阶级（经过共产党）领导的以工农联盟为基础的人民民主专政。”早在红军初创时期，毛泽东、朱德所领导的红四军就在连、营、团各级成立士兵委员会，让士兵有表达意见的平台。延安时期，党把抗日与民主充分结合起来，毛泽东说，抗日和民主“这两件事，是目前中国的头等大事”。“没有民主，抗日是要失败的。没有民主，抗日就抗不下去。有了民主，则抗他十年八年，我们也一定会胜利。”[3]

2. 为了人民利益

建党之初，党就旗帜鲜明地提出：“中国共产党是无产阶级的先锋军，为无产阶级奋斗，和为无产阶级革命的党。”[4]1935 年 12 月 25 日，中央政治局讨论通过的瓦窑堡会议决议中指出：“共产党不但是工人阶级的利益的代表者，而且也是中国最大多数人民的利益的代表者，是全民族的代表者。”[5]12 月 27 日，毛泽东在陕北瓦窑堡党的活动分子会议上的报告中进一步阐释：我们党“不但代表了工农的利益，同时也代表了民族的

---

〔1〕《毛泽东选集》（第四卷），人民出版社 1991 年版，第 1471、1470 页。

〔2〕《毛泽东选集》（第四卷），人民出版社 1991 年版，第 1516 页。

〔3〕《毛泽东选集》（第二卷），人民出版社 1991 年版，第 731、732 页。

〔4〕 中共中央文献研究室、中央档案馆编：《建党以来重要文献选编（一九二一 —— 一九四九》（第一册），中央文献出版社 2011 年版，第 97 页。

〔5〕 中共中央文献研究室、中央档案馆编：《建党以来重要文献选编（一九二一 —— 一九四九）》（第十二册），中央文献出版社 2011 年版，第 547 页。

利益”，“工人、农民占了全民族人口的百分之八十至九十”，“总括工农及其他人民的全部利益，就构成了中华民族的利益”。[1]代表人民群众利益也是党发挥无产阶级先锋队作用的重要先决条件之一。

人民的利益是红色法律传统的出发点和落脚点，法律要为人民服务，保护人民的合法权益。在红色法律传统中，人民的利益被放在首位，法律的制定和实施都要以人民的利益为依归。

（三）彻底地反帝反封建

“五四运动”以后，中国人民反帝反封建的愿望日益增强，革命运动的发展迫切需要正确的指导。党的二大即前所未有地提出了彻底的反帝反封建的民主革命纲领。从此中国共产党高举反帝反封建的战斗旗帜，以统一战线为号召，反映了中国人民的根本利益和迫切愿望，争取和武装了绝大多数群众，聚集和团结了革命力量，对帝国主义、封建主义和官僚资本主义展开英勇斗争。

一百年来，我们党领导人民持续探索、不断推进法治建设，成功走出了一条中国特色社会主义法治道路，已成为我们党百年奋斗重大成就和光辉历史的重要组成部分。红色法律传统，源于中国共产党领导人民进行革命、建设和改革的伟大实践，是中国特色社会主义法治体系的重要组成部分。它不仅承载着中国共产党人的初心和使命，也体现了中国法治建设的独特经验和智慧。在历史的长河中，红色法律传统发挥着无可替代的重要作用。“历史川流不息，精神代代相传。我们要继续弘扬光荣传统、赓续红色血脉，永远把伟大建党精神继承下去、发扬光大！”[2]红色法律传统具有深远的历史意义和现代价值。我们要深刻认识红色法律传统的重要性，不断传承和发扬这一优良传统，为推进全面依法治国、实现中华民族伟大复兴的中国梦贡献力量。

第二节 宪法性文件

一、中国共产党成立初期及大革命时期革命政权的纲领性文件

（一）党的早期纲领性文件

1923年党的三大制定的《中国共产党党纲草案》，1922年6月至1926年7月中共中央先后发布的五次《中国共产党对时局的主张》中提出了以下主张：

铁路、银行、矿山及大生产事业国有；实行无限制的普通选举；保障人民集会、结社、言论、出版之自由权，废止《治安警察条例》及压迫罢工的刑律；公私法上男女一律平权；平民须有建议权，罢官权，撤回代表权及废止法律权；中央地方重要的国家职员须

〔1〕《毛泽东选集》（第一卷），人民出版社1991年版，第158、159页。

〔2〕习近平：《在庆祝中国共产党成立100周年大会上的讲话》，人民出版社2021年版，第8页。

民选；实行乡村自治；统一财政；施行八小时工作制，制定工会法和保护童工、女工的法律，及一般工厂卫生工人保险法；实行强制义务教育；改良司法制度，废止肉刑。

（二）地方革命政权的政纲

1926 年 10 月至 1927 年 3 月，为配合北伐战争，消灭盘踞在上海的军阀武装，党领导上海工人阶级先后发动了三次武装起义，建立起史无前例的上海特别市临时市政府。它是在中国共产党领导下、以工人为代表、由民众建立的人民民主政权，也是首个党领导的在大城市建立的人民民主政权。市民代表会议常务委员会及上海临时市政府委员会等政权机关颁布了《上海特别市临时市政府政纲草案》《上海特别市市民代表会议政府组织条例》等重要文件。

二、工农民主政权的宪法性文件

（一）各革命根据地施政纲领

1927 年南昌、秋收和广州三大起义之后，党建立了自己的武装和革命根据地。各革命根据地的工农民主政权先后制定了一批地区性的施政纲领，其中以《湘鄂赣边革命委员会革命政纲》最具代表性。湘鄂赣革命根据地是土地革命战争时期中国共产党在湖南、湖北、江西三省边境地区，实行工农武装割据，建立苏维埃政权的区域，也是土地革命战争时期坚持最久的根据地之一。1929 年 10 月 2 日，湘鄂赣边革命委员会于成立当天发布了《湘鄂赣边革命委员会革命政纲》，共二十七条，主要内容有：反帝、反封建、反官僚资本。在推翻国民党反动统治的同时，“建立工农兵代表会议——苏维埃——政府”，“实行义务的征兵制，建立红军赤卫队，扩大工农武装”。保障工农兵基本群众的权利和利益。“实行八小时工作制，增加工资、失业救济及社会劳动保险。”“实行男女同工同酬，保护童工、女工，废除包办制，严禁压迫学徒、店员。”“兴办农村合作社、农民借贷机关，发展农业经济，改良水利，防御天灾，促进农业生产，改善农民生活。”“改善士兵生活，发给士兵土地和工作，优待投诚来归的敌军官兵及俘虏士兵。”“男女政治平等，经济平等，教育平等，离婚结婚自由，严禁买卖妇孺和蓄婢纳妾。”以及实行土地改革，废除苛捐杂税，发展社会民生事业等。

（二）《中华苏维埃共和国宪法大纲》

第一次中华苏维埃全国代表大会于 1931 年 11 月在江西瑞金开幕。大会宣布成立中华苏维埃共和国，并选举产生临时中央政府，通过了《中华苏维埃共和国宪法大纲》。这个《宪法大纲》是中国共产党领导人民制定的第一部宪法性文献，揭开了我国宪法史的新篇章，也是中国历史上第一部人民民主的宪法，在中国宪法政治史上具有划时代意义。

1. 主要内容

第一，规定了国家性质，即国体。“中华苏维埃政权所建设的是工人和农民的民主专政国家。苏维埃政权是属于工人、农民、红军战士及一切劳苦民众的。”

第二，规定了政权组织形式，即政体。“中华苏维埃共和国之最高政权为全国工农兵会议（苏维埃）的大会，在大会闭会的期间，全国苏维埃临时中央执行委员会为最高政权机关，中央执行委员会下组织人民委员会处理日常政务，发布一切法令和决议案。”

第三，规定了苏维埃共和国的公民，即“在苏维埃政权领域内的工人、农民、红军兵士及一切劳苦民众和他们的家属”之各项基本权利，包括选举权与被选举权，参政议政权，劳动权，参军参战权，言论、出版、集会、结社的自由，经济发展权，妇女解放与婚姻自由权，受教育权，信教自由，民族自治权等。

第四，规定了外交政策基本原则。“宣布中国民族的完全自主与独立，不承认帝国主义在华的政治上经济上的一切特权。宣布一切与反革命政府订立的不平等条约无效，否认反革命政府的一切外债。”帝国主义不得驻军，无条件收回租界等。

2. 历史意义

尽管存在着诸多缺陷和遗憾，《中华苏维埃共和国宪法大纲》的制定和公布仍有着不容否定的历史地位和重大意义。第一，它是中国人民宪政运动史上第一部由劳动人民当家作主、确保人民民主权力与制度的“根本法 / 基本法（宪法）”；第二，它是党领导人民进行彻底反帝反封建的斗争，实行工农民主专政的第一部全国性伟大行动纲领；第三，它同包括国民党反动派《训政时期约法》在内的一切欺骗和压迫人民的反动“约法”“宪法”本质上完全不同，是根本对立的；第四，在《宪法大纲》兼具的施政纲领功能领导下，工农民主政权的各项措施进一步调动了苏区人民的革命积极性，使之为巩固工农民主政权和维护胜利果实而英勇斗争；第五，它是党领导人民制宪的最初尝试，其经验为今后历次人民宪法的制定工作所汲取，其教训也成为帮助人民制宪工作少走弯路的“前车之鉴”。

三、抗日民主政权的宪法性文件

（一）《中国共产党抗日救国十大纲领》

1937 年 8 月，洛川会议通过了《中国共产党抗日救国十大纲领》，主要内容为：打倒日本帝国主义；全国军事总动员；全国人民总动员；改革政治机构；实行抗日的外交政策；实行战时的财政经济政策；改良人民生活；实行抗日的教育政策；肃清汉奸卖国贼亲日派，巩固后方；建立抗日的民族团结。《抗日救国十大纲领》粉碎了国民党反人民的片面抗战路线，发动了全民族的抗战，成为抗日人民民主政权制定施政纲领的指导方针。

（二）《陕甘宁边区抗战时期施政纲领》

根据《抗日救国十大纲领》的指引，1939 年 1 月，陕甘宁边区第一届参议会通过了《陕甘宁边区抗战时期施政纲领》。该《纲领》首先声明：“本着三民主义与抗战建国纲领的原则，根据陕甘宁边区的环境与条件，特制定陕甘宁边区抗战时期施政纲领作为边区一切工作之准绳。”该《施政纲领》的正文分为“民族主义”“民权主义”“民生主义”三部分，共二十八条。陕甘宁边区政府很好地执行了《陕甘宁边区抗战时期施政纲领》，初步建立起有效的抗日民主政治，为各抗日民主政府起草和实施《施政纲领》起到了模范作用。

（三）《陕甘宁边区施政纲领》

抗日战争时期，党领导的抗日民主政权制定的宪法性文件中，最具代表性的是 1941

年 11 月陕甘宁边区第二届参议会通过的《陕甘宁边区施政纲领》。其主要特点有：

1. 坚持团结进步抗日救国的总方针

该《施政纲领》第一条为："团结边区内部各社会阶级，各抗日党派，发挥一切人力、物力、财力、智力，为保卫边区、保卫西北、保卫中国、驱逐日本帝国主义而战。"与此前相比，该《施政纲领》除将"坚持巩固与扩大抗日民族统一战线"明确为我党的贡献，并提升至政纲制定原则以外，还将团结对象由"全边区人民"扩大至"边区内部各社会阶级"。

该《施政纲领》第二条为："坚持与边区境外友党、友军及全体人民的团结，反对投降、分裂、倒退的行为。"这条是根据团结抗战的实际需要新增的内容，充分表现出我党团结抗战的诚意和决心。

2. 实行"三三制"

该《施政纲领》第五条规定："本党愿与各党各派及一切群众团体进行选举联盟，并在候选名单中确定共产党员只占三分之一，以便各党各派及无党无派人士均能参加边区民意机关之活动与边区行政之管理。在共产党员被选为某一行政机关之主管人员时，应保证该机关之职员有三分之二为党外人士充任，共产党员应与这些党外人士实行民主合作，不得一意孤行，把持包办。"这对于争取小资产阶级以及中等资产阶级和开明绅士等中间派，孤立顽固派具有重要意义。

《陕甘宁边区施政纲领》是陕甘宁边区实行民主政治和其他方针政策的最根本、最重要的依据和准则，是适应人民要求的宪法性文件，它不仅对陕甘宁边区及其他抗日根据地的建设有重要的领导意义，而且为争取全国的民主和进步树立了一面光辉的旗帜。正如时任陕甘宁边区政府主席林伯渠称赞的那样，它是一个"放射出夺目的光芒"，"有着伟大历史意义的纲领"。

四、解放区人民政权的宪法性文件

（一）《陕甘宁边区宪法原则》

抗日战争胜利后，中国共产党领导解放区军民和全国人民，为建立和平、民主、富强的新中国而斗争。一方面，力图通过和平斗争，改变国民党政府的独裁统治，实现国家的民主改造；另一方面，积极把解放区建设成为全国的民主模范区。为此，在与国民党达成停战协定及全国政治协商会议之后，于 1946 年 4 月 23 日召开了陕甘宁边区第三届参议会第一次大会，制定了《陕甘宁边区宪法原则》。

《陕甘宁边区宪法原则》从中国共产党的新民主主义共和国纲领出发，确立了解放区政治经济生活的基本法律准则，在一定程度上推动了当时解放区的新民主主义建设，鼓舞了革命人民的斗志，促进了全国人民争取和平、民主的斗争，为支持全国解放战争起了重要作用，并对新中国成立后制定宪法以及现行法律制度建设提供了经验。

（二）《华北人民政府施政方针》

1948 年，在解放战争取得节节胜利、共产党领导的根据地不断扩大的背景下，在党中央的正确领导和中央领导同志的直接指导下，华北临时人民代表大会通过了《华北人民政府施政方针》。这是第一部由具有权力机关性质的人民代表大会制定的新民主主义宪法性文件，它也为建立中华人民共和国宪法制度，建立全国性人民代表大会制度，组建中央人民政府，推进党依宪治国、依宪执政进行了思想准备和制度探索。

（三）《中国人民解放军宣言》与《中国人民解放军布告》

1.《中国人民解放军宣言》

1947 年 10 月 10 日发出的毛泽东为中国人民解放军总部所起草的政治宣言（亦称《双十宣言》），敲响了中国半殖民地半封建社会的丧钟，是国民党反动统治灭亡的宣告书。

2.《中国人民解放军布告》

中国人民革命军事委员会主席毛泽东、中国人民解放军总司令朱德于 1949 年 4 月 25 日发出《中国人民解放军布告》，“特宣布约法八章，愿与我全体人民共同遵守之”。即保护全体人民的生命财产；保护民族工商农牧业；没收官僚资本；保护一切公私学校、医院、文化教育机关、体育场所和其他一切公益事业；等等。《布告》声明人民解放军纪律严明，希望人民安居乐业，切勿轻信谣言，以免自相惊扰。

（四）废除国民党的六法全书

1949 年 2 月，中共中央发布了《关于废除国民党的六法全书与确定解放区的司法原则的指示》，为划清新旧法律的原则界限和解放区司法制度的改革，指出了明确方向。这一《指示》的发布，是当时政治形势发展的必然趋势，由于解放区制定了一系列革命法律，已为废除一切旧法提供了客观的可能性。

1949 年 4 月，华北人民政府也发布了《华北人民政府为废除国民党的六法全书及一切反动法律的训令》。《训令》明确指出：“人民的法律已有了解放区人民相当长期的统治经验，有的已经研究好，写在人民政府、人民解放军发布的各种纲领、法律、条例、命令、决议等规定里，有的正在创造。”因而宣布：“各级司法机关办案，有纲领、条例、命令、决议等规定的从规定，没有规定的，照新民主主义的政策办理。”《训令》还进一步指出：“应该肯定，人民法律的内容，比任何旧时代统治者的法律，要文明与丰富，只须加以整理，即可臻于完备。”

第三节　刑事法律文件

革命战争年代，在严峻、复杂，甚至是残酷的斗争过程中，用革命的刑法和刑罚来惩办国内外阶级敌人，以及革命队伍内部的犯罪分子，是非常必要的。

一、中国共产党成立初期及大革命时期革命政权的刑事法律文件

大革命时期，党直接领导或参与领导了大量工人运动和农民运动，其间有很多刑事立法的早期探索成果。

（一）工人运动中的相关规范

1925 年 6 月至 1926 年 10 月的省港大罢工是中国工动史上持续时间最长的罢工，省港罢工工人代表大会制定了《纠察队纪律》等一些带有刑事法律规范色彩的文件，对破坏罢工、贪污腐败、渎职等严重罪行及其处罚方式作了规定。

（二）农民运动中的相关规范

同时期，农民运动也得到空前的发展，土豪劣绅不甘失败，勾结反动势力向农会进行反扑与破坏。为保卫农民运动的胜利成果，严厉制裁罪大恶极的土豪劣绅和反革命分子，这一时期相继出台了几部《惩治土豪劣绅暂行条例》。内容要点为：

首先，明确了“土豪劣绅”的定义，即凭借自身身份，和封建势力或其他特殊势力（如团防、军匪等），实施本条例所明确规定的行为的人。其次，明确了土豪劣绅实施的应受惩治的具体罪行，如反抗、阻挠革命及民众运动；勾结军匪破坏地方政权机关及其组成人员；压迫平民因而致人有死、伤或损失；破坏公益、侵蚀公款等。最后，根据前列具体罪行之轻重，分别规定了应处刑罚的种类，包括死刑、无期徒刑、不同等级的有期徒刑、罚金及没收财产，并且明确规定：“犯本条例之罪者，终身剥夺其公权。”

二、工农民主政权的刑事立法

（一）刑事立法的基本原则

工农民主政府在开展刑事立法活动中，逐渐形成了如下基本原则：

1. 分别首要与附和，区分阶级与成分

1931 年 12 月，中华苏维埃共和国中央执行委员会通过第六号训令发布《处理反革命案件和建立司法机关的暂行程序》，其中第七条明确规定：处置反革命团体时，“一定要分别阶级成份，分别首要与附和，即对于豪绅地主富农资本家出身的反革命份子，以及首要份子，应该严厉处置（如宣告死刑等）；对于从工农贫民劳动群众出身而加入反革命组织的份子，以及附和的份子，应该从宽处置（如自新释放等）”。第三十五条还规定：“凡对苏维埃有功绩的人，其犯罪行为得按照本条例各该条文的规定减轻处罚。”这个《暂行程序》的公布，标志着“肃反路线已有很大的转变”[1]。这些规定虽然对“左”倾错误有一定的纠正，并且在当时的社会历史背景下有一定的合理性，但如果抛开犯罪事实，只关注阶级出身、过往功绩，就犯了“唯成分论”的错误。

2. 罪刑法定与类推相结合

罪刑法定是一项重要的刑法原则，是现代刑法的灵魂，革命根据地的刑事法律规范文件制定过程中基本贯彻了这一原则。但由于“边界的斗争，完全是军事的斗争，党和群众不得不一齐军事化。怎样对付敌人，怎样作战，成了日常生活的中心问题”，在这样的历史大背景下，客观条件根本不允许工农民主政权建设完备的法制；同时，“这种斗争，一天比一天激烈，问题也就非常地繁复和严重”[2]，来自各方面的阶级敌人又千方

---

〔1〕《红色中华》第 18 期，1932 年 4 月 21 日。

〔2〕《毛泽东选集》（第一卷），人民出版社 1991 年版，第 63 页。

百计地进行各种破坏活动，斗争形势异常尖锐复杂。为了“坚决的迅速的建立革命秩序，使革命群众的生命权利和一切法律上应得的权利，得到完全的保障，同时对于反革命的组织和活动，要给他以彻底的消灭”〔1〕,《中华苏维埃共和国惩治反革命条例》第三十八条规定:“凡本条例所未包括的反革命行为，得按照本条例相类似的条文处罚之。”

3. 罪责自负，反对株连的原则

罪责自负原则即由犯罪者本人承担刑事责任，而不株及与罪行无关的亲友及无辜他人的原则。这一原则在工农民主政权的刑事立法中多次出现，例如，《闽西苏维埃政府裁判条例》第十四条规定：“刑罚只及罪犯人本身，不得株连其家属。”1930年6月《六安县第六区肃反条例》第六条规定：“凡犯以上各条之罪者，其家属若无反动情形又无剥削压迫情形者，不得株连。”财产刑方面也同样坚持不株连原则。《中华苏维埃共和国惩治反革命条例》第三十九条规定：“凡犯本条例所列各罪之一者，除按照该条文上的规定科罪外，得没收其本人的财产全部或一部。”

4. 自首自新减免，立功受奖

为分化瓦解反动阵营，争取愿意悔改者弃暗投明，工农民主政权在很多刑事法律文件中都有专条对反革命分子的自首减免刑罚作出规定，例如，《六安县第六区肃反条例》第十六条规定：“凡犯本条例各条之罪，未经查觉而自首者，得斟酌原因减刑或免刑。”一些工农民主政权还专门制定了单行的《自首条例》或《自首自新条例》，如闽西苏维埃政府1931年公布的《反动政治犯自首条例》，湘赣省苏维埃政府1932年公布的《自首自新条例》和川陕省苏维埃政府1933年公布的《反革命自首条例》等。

工农民主政权的刑事立法还多次提到反革命分子自新或投诚后，如果帮助苏维埃肃反有功的，除减免刑罚外，还要给以奖励。例如，《中华苏维埃共和国惩治反革命条例》第三十六条规定：“凡犯本条例所列各罪之一，未被发觉，而自己向苏维埃报告者（自首分子），或既被发觉而悔过，忠实报告其犯罪内容，帮助肃反机关破获其他同谋犯罪者（自新分子），得按照各该条文的规定减轻处罚。”再如，《川陕省苏维埃政府关于反革命自首的条例》规定，反革命军官、侦探携械投降或拿获反动长官的，准其自首免罪，并予以奖励。

5. 废止肉刑

1931年12月，中华苏维埃中央执行委员会发布第六号训令，指出以往肃反“审问的时候采用肉刑，苦打成招的事，时常发现”。该训令发布的《处理反革命案件和建立司法机关的暂行程序》第八条因而明确规定：“在审讯方法上，为彻底肃清反革命组织及正确的判决反革命案件，必须坚决废止肉刑，而采用搜集确实证据及各种有效方法。”此后各根据地也依照这一训令多次重申禁止肉刑的原则，例如，福建省苏维埃政府至少两次发布训令，重申“绝对不许行使肉刑”，并严正指出：“以后各级政府及地方武装如

〔1〕《中华苏维埃共和国中央执行委员会训令》，载《红色中华》1931年第3期。

再有用肉刑的事情，当以违反苏维埃法令治罪！”[1]

1934 年，毛泽东《在第二次全国苏维埃代表大会上的报告》中指出：“苏维埃法庭一方面严厉镇压反革命分子的活动，苏维埃对于这样的分子决不应该有丝毫的姑息。但是另一方面，对于已经就逮的犯人，都是禁止一切不人道的待遇。苏维埃中央政府已经明令宣布废止肉刑，这亦是历史上的绝大的改革。”

（二）刑事立法的代表性成果

1. 系统刑事立法的尝试

《赣东北特区苏维埃暂行刑律》是工农民主政权初创时期进行系统性刑事立法的初步尝试，也是目前所见由工农民主政权制定的条文最多的刑事法律文件，其条文总数达一百四十九条，而同时期绝大多数工农民主政权单行法律规范性文件的条文数未超过三十条。

《赣东北特区苏维埃暂行刑律》分为总则、分则两编，共三十六章，其中总则十四章，分则二十二章。从各章名称及内容来看，《赣东北特区苏维埃暂行刑律》是在《中华民国暂行新刑律》的基础上，结合革命根据地的实际情况删改而来。

2. 关于惩治反革命的法令

新生的工农民主政权都很重视惩治反革命的法令、训令或决议的制定，从海丰县临时革命政府第九号布告和广州起义基本政纲中的惩治反革命条文开始，各地工农民主政府相继制颁了惩治反革命的单行条例，如《赣东北惩治反革命条例》《闽西惩办反革命条例》《六安县第六区肃反条例》等。

中华苏维埃共和国成立后，先后发布了中执会第六号训令《处理反革命案件和建立司法机关的暂行程序》、第十一号训令《关于纠正放松肃反的错误》和《中华苏维埃共和国惩治反革命条例》。各地方苏维埃政府也制定了相应的具体执行条例，如《川陕省苏维埃政府肃反执行条例》等。

3. 关于一般犯罪的单行法令

为了同贪污浪费行为作斗争，1933 年 12 月，中华苏维埃中央执行委员会专门发布第二十六号训令（关于惩治贪污浪费行为）。闽西苏维埃政府为了防止“捣乱金融”，于 1930 年发布《禁止私人收买金银首饰》的布告，宣布：“如有私人在赤色区域收买首饰，一经查出，处以十倍以上之罚金，其将首饰送到白色区域贩卖，或在赤区私铸银币，则处以死刑。”

三、抗日民主政权的刑事立法

（一）刑事立法的基本原则

1. “不放过一个敌探”“不错办一个好人”

1941 年 10 月《解放日报》社论《决定锄奸政策的出发点》在深入分析了抗日根据

---

〔1〕 韩延龙、常兆儒编：《革命根据地法制文献选编》（中卷），中国社会科学院出版社 2013 年版，第 821—822 页。

地所处的客观、主观环境以及目前党的抗日民族统一战线政策三个根本问题之后，提出："敌后抗日根据地的锄奸政策，必须是适合于抗日民族统一战线的方针，同时又是适合于巩固抗日根据地的任务；必须是镇压敌探与保障人权的统一，这就是说，一方面，必须坚决镇压少数敌探奸细，要不放过一个敌探，不漏过一个奸细，非此不能保卫根据地，非此不能巩固抗日的革命势力和党的组织。另一方面，必须坚决保障全体抗日人民的民主权利，不要错办一个好人，不要冤枉一个好人，非此不能瓦解敌人，非此不能得到民众的拥护。"〔1〕

也就是说，敌后抗日根据地锄奸政策的基本原则就是把镇压少数敌探汉奸的破坏活动与保障全体抗日人民的民主权利统一起来。

2. 实行镇压与宽大相结合的方针

中国共产党在刑事政策的指导方针上一贯强调"镇压与宽大相结合"，毛泽东对此也有多次论述。例如，1938 年 10 月，党的六届六中全会上所作《论新阶段》的报告中指出："锄奸运动应注意区别首要与胁从、自觉的与被骗的、坚决分子与动摇分子，分别处理，前者从重，后者从轻，并注意争取后者使之回心向善，决不可一例看待。" 1940 年 12 月，毛泽东在《论政策》一文中强调：对于坚决的汉奸和反共分子必须坚决镇压，"但是决不可多杀人，决不可牵涉到任何无辜的分子。对于反动派中的动摇分子和胁从分子，应有宽大的处理"。

各抗日根据地发布的施政纲领和其他文件，也都曾宣布：对敌人、汉奸及其他一切破坏分子等，在被俘被捕后，除绝对坚决不愿改悔者外，一律施行宽大政策，予以自新之路。

（二）刑事立法的主要变化与成果

1. 关于"汉奸罪"一般规定的法令

1939 年公布的《陕甘宁边区民众锄奸委员会组织条例》中首次明确规定了"汉奸罪"的十大罪行，以动员和方便群众检举揭发汉奸分子，这是抗日民主政权最早规定汉奸罪行的法律规范性文件。

1939 年，陕甘宁边区政府制定了《抗战时期惩治汉奸条例（草案）》，其中第十三条具体规定了对汉奸罪的处刑办法。

其他各地抗日民主政府也陆续制定了惩治汉奸条例，如华北地区的《晋察冀边区处理伪军伪组织人员办法》《山东省战时除奸条例》，华中地区的苏中行政公署、苏中军区司令部联合公布《处理汉奸军事间谍办法》等。

日本投降之后，虽然抗日战争已经结束，但对于汉奸的审判和惩治还需要一段时间，故而直到抗战胜利后的一段时间内，部分根据地还陆续制定了一些惩治汉奸的单行条例，如 1945 年 12 月的《苏皖边区惩治叛国罪犯（汉奸）暂行条例》和 1946 年 3 月据此制定的《苏皖边区第一行政区惩治汉奸施行条例》等。

---

〔1〕 载《解放日报》1941 年 10 月 21 日。

2. 关于没收汉奸财产的法令

为从经济上对汉奸分子给以制裁，并将其妥为利用，抗日民主政府制定了有关没收汉奸财产的单行法令，如《晋察冀边区行政委员会处理汉奸财产办法》《晋西北没收汉奸财产单行条例》《山东省处理汉奸财产条例》《晋冀鲁豫边区汉奸财产没收处理暂行办法》《山东省处理汉奸财产暂行办法》《山东省政府、山东军区关于敌伪财产处理办法》等。

3. 关于汉奸自首处理的法令

为分化瓦解敌人，贯彻区分原则，给汉奸附逆分子以自新的机会，抗日民主政府还制定了汉奸自首自新的单行法令。如《晋察冀边区汉奸自首条例》《苏中区伪政权伪组织人员悔过自首暂行办法》《山东省汉奸自首自新暂行条例》《山东省政府关于争取逃亡地主和失节附敌分子的决定》等，对自首、自新条件，以及减刑、免刑、从宽、奖励等事宜作了明确规定。

四、解放区人民政权的刑事立法

（一）镇压反革命的刑事法规

针对国民党的军事进攻和敌特破坏，解放区人民政权制定了惩办战争罪犯、实行紧急治罪的相关立法。如 1946 年 6 月颁布的《苏皖边区危害解放区紧急治罪暂行条例》，规定："凡手持武器、爆炸物、毒药或放火危害前方战斗或后方治安者，或危害本边区党政军民生命者，处死刑。"情况紧急时，所在地之县区政府得及时予以紧急处置。但处置后应即呈报上级政府转报边区政府审核备案。《中国人民解放军宣言》明确宣布："逮捕、审判和惩办以蒋介石为首的内战罪犯。"

（二）保卫土改，清匪反霸

《中国土地法大纲》于 1947 年 10 月公布之后，解放区人民政府陆续制定了打击破坏土改犯罪的治罪条例或布告。例如，1947 年 11 月，晋察冀边区行政委员会、中共晋察冀中央局、中国人民解放军晋察冀军区联合发布了《对破坏土地改革者的制裁问题的布告》，1948 年 1 月，晋冀鲁豫边区颁布了《破坏土地改革治罪暂行条例》。

为配合土改，毛泽东在《新解放区土地改革要求》中指出："反动的地主武装组织和特务组织，必须消灭。""反动分子必须镇压，但是必须严禁乱杀，杀人愈少愈好。"部分人民政权制定了惩治土匪的单行条例，如《辽北省惩治土匪罪犯暂行办法（草案）》。

这些法令有力地支持了农民的土改斗争，打击了地主恶霸及破坏土地改革的犯罪行为，保卫了土地改革的胜利果实。

（三）"管制"刑正式定名

管制是党领导人民在革命战争年代创造的，具有中国特色的限制人身自由的刑罚方法，它依靠人民群众和专门机关相结合监督改造犯罪分子，是党和国家依靠人民群众同犯罪作斗争的一项成功的经验。

管制刑最早可溯源于抗战时期颁布的《修正淮海区审理司法案件暂行办法》第四章

第十八条的规定，当时为了适应战争环境，将管束规定为五种主刑之一，其执行方法是不予关押，但是要服公役，排列在死刑、有期徒刑、罚金、拘役之后，刑期为一年以下，一日以上。经过抗日战争和解放战争的长期实践检验，1948 年 11 月发布的《中共中央关于军事管制问题的指示》规定：“对登记后的少数反动分子实行管制（每日或每星期须向指定的机关报告其行动）。”管制作为一种刑罚，正式定名。

第四节　土地法律

占有大量土地的地主阶级通过把土地租佃给无地和少地的农民耕种来对农民进行剥削，这种土地关系是封建剥削制度的根基。反封建，最根本的是要消灭封建制度的经济基础，即封建剥削的土地所有制。所以，土地革命就成为中国民主革命的基本内容之一。软弱的中国资产阶级没有力量领导农民完成反封建的历史任务，只有中国的无产阶级及其政党中国共产党才能明确提出把封建剥削的土地所有制改变为农民的土地所有制，并且领导农民完成这个任务。

一、中国共产党成立初期土地政策的探索与实践

（一）中国共产党关于土地问题的方针

中国共产党自诞生之日起，就把反帝反封建的民主革命作为自己的最低纲领。但是成立初期的中国共产党对于如何认识农民在中国革命中的地位和作用，土地问题应该如何解决，应该如何领导农民运动等基本问题仍有一个不断深入的探索过程。1921 年党的一大通过的《中国共产党第一个纲领》提出“没收”土地“归社会公有”；《中国共产党的第一个决议》中则完全没有提到农民，只提到了工人。1922 年《中国共产党第二次全国代表大会宣言》提出：“中国三万万的农民，乃是革命运动中的最大要素。”1924 年党的四大通过了《对于农民运动之议决案》，强调农民问题在中国民主革命中的重要地位，认为农民是工人阶级的主要同盟军，但具体的土地政策仍局限于减租，且错误地规定“不宜轻率由农会议决实行减租运动”。1925 年 10 月 10 日，党发表了《告农民书》，提出了“耕地农有”的奋斗目标。1927 年党的五大通过了《土地问题议决案》，总结了农民为土地而斗争的一般规律，正确说明了土地斗争和夺取武装、夺取政权的关系，提出了七条农民政纲，其中有相当部分涉及土地政策，从而为农民的土地斗争指明了方向。

（二）农民运动中的相关文件

1. 关于减租的文件

1921 年 9 月，中国共产党领导的第一个农民协会在浙江省萧山县衙前村成立。《衙前农民协会章程》提出了减轻地租的具体措施：“本会会员每年完纳租息的成数，由大会议决公布。租息成数，以收成及会员平均的消费所剩余的作标准。”并规定：“本会会员，有因依照本会大会议决的纳租成数被田主地主起佃（结束租佃关系，收回土地——

引者注）者，本会有维持失业会员的责任。”[1]

1926年5月，广东省第二次农民代表大会作了《废除地主对于农民苛例决议案》。

1926年12月，湖南省第一次农民代表大会作了《地租问题决议案》。

1927年2月，江西省第一次农民代表大会作了《减轻田租议决案》。

2. 关于禁止高利贷的文件

1926年5月，广东省第二次农民代表大会作了《取缔高利债决议案》。

1926年12月，湖南省第一次农民代表大会作了《取缔高利贷决议案》。

1927年2月，江西省第一次农民代表大会作了《取缔高利贷草案》。

3. 关于废除苛捐杂税的文件

1926年5月，广东省第二次农民代表大会作了《废除苛捐杂税决议案》。

1926年12月，湖南省第一次农民代表大会作了《田赋问题决议案》《田捐问题决议案》《厘金问题决议案》等。

1927年2月，江西省第一次农民代表大会作了《废止苛捐杂税决议案》。

这些决议案对于积极推动农民起来反抗压迫，反抗沉重的剥削，有着重要的意义，是人民土地立法的萌芽。

二、工农民主政权的土地立法

（一）《井冈山土地法》

《井冈山土地法》是毛泽东在总结1928年4月湖南桂东县沙田地区分田试点，以及湘赣边界地区1927年底以后的土地斗争经验的基础上草拟而成，共九条十四款。1928年10月由中共湘赣边界第二次代表大会讨论通过，同年12月湘赣边区苏维埃政府颁布。这是由中国共产党领导的人民政权制定的第一个土地法。

尽管《井冈山土地法》存在一定的缺陷，但它在我党土地立法史上的开创地位仍然是不可取代的。土地革命时期的《兴国土地法》《二七土地法》《苏维埃土地法》以及《中华苏维埃共和国土地法》，都在《井冈山土地法》的基础上，根据实践经验不断修订。

（二）《兴国土地法》

1929年4月，毛泽东在赣南兴国等地区开展了广泛的调查研究，在此基础上起草了《兴国土地法》。该土地法是根据党的六大精神，结合兴国等地土地革命情况，在《井冈山土地法》基础上修改制定的，共八条十一款。

《兴国土地法》的制定和颁布纠正了1928年12月制定的《井冈山土地法》中的某些错误，对指导和推动根据地土地革命斗争的发展起了积极的作用。

（三）《中华苏维埃共和国土地法》

1931年12月中华苏维埃第一次全国代表大会正式通过了《中华苏维埃共和国土地法》，这是土地革命战争时期施行时间最长、适用地域最广、影响也最大的一部土地法。《中华苏维埃共和国土地法》共十四条，其中规定：没收封建地主、豪绅、军阀、官僚、

---

〔1〕《衙前农民协会章程》，载《新青年》第9卷第4号，附录。

富农以及一切反革命分子的土地，分配给贫农、中农及劳动贫民耕种，并取得土地所有权。这就标志着在苏区已消灭封建剥削制度，实现了“耕者有其田”的理想，因而提高了农民的生产积极性。

由于当时“左”倾错误路线占统治地位，该法受其影响，存在“地主不分田，富农分坏田”的错误规定。

三、抗日民主政权的土地立法

（一）土地立法的基本原则

党的抗日民族统一战线及抗战时期土地政策的基本出发点是：

承认农民（雇农包括在内）是抗日与生产的基本力量，所以党的政策是扶助农民，减轻地主的封建剥削，实行减租减息，保证农民的人权、政权、地权、财权，借以改善农民的生活，提高农民抗日与生产的积极性。

同时，承认地主的大多数是有抗日要求的，一部分开明绅士并是赞成民主改革的，所以党的政策仅是扶助农民减轻封建剥削，而不是消灭封建剥削，更不是打击赞成民主改革的开明绅士。

因而，于实行减租减息之后，又须实行交租交息，于保障农民的人权、政权、地权、财权之后，又须保障地主的人权、政权、地权、财权，借以联合地主阶级一致抗日。

只是对于绝对坚决不愿改悔的汉奸分子，才采取消灭其封建剥削的政策。

（二）土地立法的代表性成果

1.《陕甘宁边区土地所有权证条例》

1937 年 9 月，陕甘宁边区政府公布了《陕甘宁边区土地所有权证条例》，规定：土地所有权证为土地所有权唯一凭证，凡土地所有者必须向当地县政府领取土地所有权证。颁发土地所有权证的行为从法律上承认了农民对所分得的土地享有所有权，是充分调动农民生产积极性的一项重大举措。

在土地革命时期，工农民主政权的土地立法中就已经有了土地调查确权登记发证的条文，但《陕甘宁边区土地所有权证条例》是第一部比较完善的单行条例。它标志着我党在土地确权登记发证理论与实践上的历史性飞跃。

2.《陕甘宁边区土地条例》

1939 年 4 月 4 日，陕甘宁边区政府公布《陕甘宁边区土地条例》。

该条例第三条规定：“确定土地私有制，人民经分配所得之土地，即为其私人所有。土地改革前之旧有土地关系，一律作废。”

第十九条规定：“政府征收人民土地时，须按该人民之实际情况，兑换其他土地，或予以地价。”这是我国人民立法中关于土地征收补偿的最早规定。

3.《陕甘宁边区土地租佃条例》

陕甘宁边区政府又颁布了《陕甘宁边区土地租佃条例草案》，明确规定出租人和承租人均应按本条例所规定的减租率和减租额收租和交租，不得多收，不得少交。尤其明确规定了出租人不得任意收回租地。除此之外，有些地区还创造了一种发动群众进行减租斗争的方法。这就是说，佃权有了保障，斗争有了方向，佃农敢于面对面地同地主进行减租斗争，减租高潮起来了。

4.《陕甘宁边区地权条例》

1944 年 12 日，陕甘宁边区第二届参议会第二次大会通过的《陕甘宁边区地权条例》，重申了“依保证人民土地私有制的原则，凡合法土地所有人在法令限制范围内，对于其所有土地有自由使用、收益和处分（买卖、典当、抵押、赠与、继承等）之权”。同时，该《条例》明确规定在“土地已经分配区域”和“土地未经分配区域”适用不同的登记要求，是“土地改革前之旧有土地关系，一律作废”这一政策的另一种具体体现。

四、解放区人民政权的土地立法

（一）土地立法的基本原则

1948 年 4 月，在晋绥干部会议上讲话时，毛泽东指出：“封建主义是帝国主义和官僚资本主义的同盟者及其统治的基础。因此，土地制度的改革，是中国新民主主义革命的主要内容。”在此次讲话中，他还两次强调了“依靠贫农，团结中农，有步骤地、有分别地消灭封建剥削制度，发展农业生产”，“这就是中国共产党在新民主主义的革命时期，在土地改革工作中的总路线和总政策”。解放战争时期的土地立法即以此为基本原则。

（二）土地立法的代表性成果

1.《关于土地问题的指示》

1946 年 5 月 4 日，中共中央发布《关于土地问题的指示》（史称“五四指示”），该指示决定将减租减息的政策改为没收地主土地分配给农民的政策。

“五四指示”要求，“坚决拥护广大群众这种直接实行土地改革的行动”，“坚决拥护农民一切正当的主张和正义的行动，批准农民获得和正在获得土地”，强调“各地党委必须明确认识，解决解放区的土地问题是我党目前最基本的历史任务，是目前一切工作的最基本环节。必须以最大的决心和努力，放手发动和领导目前的群众运动来完成这一历史任务”。

“五四指示”揭开了解放区土地立法的序幕，为实现“耕者有其田”的土地革命指明了方向。但是，“五四指示”是在全面内战爆发前夕制定发布的，具有过渡性、暂时性，其内容也因而有着不彻底性和不完善的缺陷。

2.《中国土地法大纲》

1947 年 7 月，中共中央工作委员会召开全国土地会议，9 月通过了《中国土地法大纲》，10 月 10 日由中共中央正式公布施行。《中国土地法大纲》颁布后，各解放区人民政府根据本地区实际情况又颁布了补充条例。

《中国土地法大纲》的主要内容是，规定彻底废除封建性及半封建性剥削的土地制度；规定实行耕者有其田的土地制度；规定保护民族工商业的发展；规定设立人民法庭。

《中国土地法大纲》不但肯定和发展了“五四指示”中提出的将地主土地分配给农

民的原则，而且改正了其中对地主照顾过多的不彻底性，成为一个在全国彻底消灭封建剥削制度的纲领性文件。它的公布与实行总结了中国共产党二十多年土地革命基本经验教训，是一个正确的土地纲领，它体现了土地改革的总路线，调动了农民革命与生产的积极性，对保证战争胜利起了决定性的作用。

第五节　婚姻家庭法律

一、中国共产党成立初期及大革命时期革命政权的婚姻家庭立法

（一）中国共产党关于妇女问题的方针

中国共产党始终把解放妇女、改革封建婚姻制度作为摧毁封建制度，推翻封建压迫的重要组成部分，从立党之初就制定了相应的方针。

1922 年 7 月，党的二大通过了《关于妇女运动的决议》，这是中国共产党关于妇女运动的第一个决议，为妇女运动确立了目标、指明了方向，为推动妇女解放起到了积极作用。它充分表明中国共产党对妇女运动的认知已不再局限于男女平等、经济独立、婚姻自由等具体问题，而是以马克思主义为指针，发动、领导妇女在社会革新和自身解放中提升地位、发挥能力、实现价值。

1923 年 6 月，党的三大通过了《妇女运动决议案》，这也是我党制定的首个明确提出“女子应有遗产承继权”的中央文件。该《决议案》表明，中国共产党已经开始关注中国妇女的实际问题，对性别歧视问题不再像中共二大妇女运动决议案那样笼统带过，而是作出具体指示，这对当时整个妇女运动有着普遍的指导意义。

（二）工农运动中的相关文件

大革命时期，在中国共产党的推动和领导下，各地的工会、农会组织纷纷制定关于保护妇女问题的决议案。1927 年 1 月，湖北全省总工会第一次代表大会通过的《女工童工问题决议案》和 1927 年 3 月江西省第一次农民代表大会通过的《农村妇女问题决议案》是其中的典型代表。前者反映了城市无产阶级劳动妇女解放的要求，后者则反映了农村妇女摆脱封建婚姻家庭制度束缚的强烈愿望。

二、工农民主政权的婚姻家庭法律

（一）婚姻家庭立法的基本原则

1. 婚姻自由

目前所知第一部工农政权婚姻法——1930 年 3 月的《闽西第一次工农兵代表大会婚姻法》第一条即规定：“男女结婚以双方自愿为原则，不受任何人干涉。”此后的工农民主政权的婚姻立法都坚持这一基本原则，禁止一切强迫、包办、买卖和欺骗式婚姻，废除童养媳，禁止强迫守寡。

2. 一夫一妻

工农民主政权的婚姻家庭立法坚持真正的一夫一妻原则，禁止多妻制，禁止纳婢蓄妾。

（二）婚姻家庭立法的代表性成果

1.《中华苏维埃共和国婚姻条例》

1931 年 12 月，中华苏维埃中央执行委员会通过了《中华苏维埃共和国婚姻条例》，在中华苏维埃共和国境内彻底废除了封建婚姻制度。这是中国共产党历史上第一部以国家名义颁布的婚姻法，正式确立了婚姻自由的原则，也是中国历史上第一部实行男女婚姻自由的全国性的法规。

2.《中华苏维埃共和国婚姻法》

1934 年公布的《中华苏维埃共和国婚姻法》详细规定了苏维埃公民在婚姻家庭生活中的地位和相互关系、应该享受的权利和义务，确立了婚姻家庭的四个基本原则，即"婚姻自由""一夫一妻""男女平等""保护妇女和儿童的合法权益"。

《中华苏维埃共和国婚姻法》的颁布和实施，是中国妇女运动史上的一件大事，对修改和完善婚姻家庭法律法规，建立社会主义新型的婚姻家庭关系，具有重要参考价值。

三、抗日民主政权的婚姻家庭法律

（一）婚姻家庭立法的新发展

抗日民主政权的婚姻立法，基本上沿用土地革命时期婚姻法的原则和主要内容。在继承既有法制的基础上，结合各根据地的实际情况，总结新经验，对婚姻家庭立法做了进一步的丰富和细化。例如，在结婚程序、限制亲属间结婚，以及离婚条件等方面都做了进一步的具体规定。同时，为适应维护抗日民族统一战线的需要，对有些规定做了灵活调整，如最低婚龄。

此外，为了保护抗日军人的婚约和婚姻，各抗日民主政权还单独发布命令、决定和制定单行条例。如，1943 年的《陕甘宁边区抗属离婚处理办法》和《山东省保护抗日军人婚姻暂行条例》、1944 年的《修正淮海区抗日军人配偶及婚约保障条例》以及 1945 年的晋冀鲁豫边区关于保障军婚的通令等。工农民主政权时期的婚姻立法中虽然已经有了关于保护军婚的规定，但没有制定专门的单行法规。抗日民主政权的这些立法举措，充分体现了民族利益高于一切的精神，使保护抗日军人婚姻成为抗日民主政权婚姻立法的重要原则之一。

（二）婚姻家庭立法的原则

抗日民主政权时期，党领导的人民婚姻立法的基本原则已经比较成熟和完备，即婚姻自由、一夫一妻、男女平等、保护妇女儿童老人合法权益。

（三）婚姻家庭立法的代表性成果

1.《陕甘宁边区婚姻条例》和《修正陕甘宁边区婚姻暂行条例》

陕甘宁边区政府于 1939 年颁布了《陕甘宁边区婚姻条例》。实施数年之后，针对实践中暴露出来的离婚、新旧婚俗和抗日军人婚姻保护方面的具体问题，边区政府于

1944 年对该《条例》进行了修正，颁布了《修正陕甘宁边区婚姻暂行条例》。这些修正也反映出抗日民主政权对于婚姻制度和婚姻立法的新认识所取得的新成果，主要有：对于“一夫一妻”的理解更加全面，增加了禁止“一妻多夫”的规定；认识到婚约习俗的存在有利于减少纠纷，稳定社会关系，故承认了婚约的合法性；离婚条件的可操作性更强了。

2.《陕甘宁边区抗属离婚处理办法》

1939 年《陕甘宁边区婚姻条例》中规定，配偶一方“生死不明过一年者，但在不能通信之地方以二年为期”的，另一方可以提出离婚。实践中发现，如果按此条例来处理抗日军人家属的离婚请求的话，容易导致抗日军队军心不稳；但是如果不按此条例办理，抗日军人家属又会心生不满。为兼顾双方利益，边区政府于 1943 年颁布《陕甘宁边区抗属离婚处理办法》，规定：“抗日战士之妻五年以上不得其夫音讯者，得提出离婚之请求”；“当发生抗属请求离婚时”，政府“必须尽力说服，如坚决不同意时，依照规定年限手续准予离婚”。这一办法在保障军人权益，稳固军心的同时，还考虑到抗属利益，有利于稳定边区日常生活。

3.《山东省女子继承暂行条例》

该《暂行条例》1945 年 3 月由山东省临时参议会通过，山东省战时行政委员会公布施行，共十一条，不仅明确了女子有遗产继承权、男女平等的原则，而且对于女子继承权的具体实现做了详细规定。这也是目前仅见的专门规定女子继承权的单行条例。

各抗日民主政权婚姻立法的不断完善，对边区婚姻改革、妇女解放、政权巩固以及现代婚姻法制都发挥了重要作用。

四、解放区人民政权的婚姻家庭法律

（一）婚姻家庭立法的主要任务

解放战争时期，随着人民解放军的不断胜利，解放区面积迅速扩大，加上新民主主义婚姻政策与法规的宣传和普及，广大妇女地位获得了空前的提高，纷纷开始争取摆脱旧婚姻的束缚，追求新的婚姻生活。为适应这样的新形势，配合军事斗争、土地改革和新解放区特别是大城市治理等各种工作的新需要，解放区人民政府在沿用抗日民主政权婚姻立法的基础上，针对新出现的问题，做了许多有益修正和补充。

新中国成立前夕，中央法制委员会还受命根据革命根据地多年来的立法经验和司法实践，着手讨论拟制新中国成立后的婚姻法。

（二）婚姻家庭立法的新发展

各解放区人民政权对于婚姻立法有一些新探索，主要表现为：

重申坚持婚姻自由原则，正确处理城市和新解放区的婚姻问题。这对于解放妇女，端正婚姻关系，稳定新解放区的社会秩序，粉碎反动势力的造谣污蔑，发挥了重要作用。

重申坚持离婚自由原则，同时也在离婚条件中体现了政治因素，如规定夫妻一方是恶霸、地主、富农或有反革命活动者，或政治思想、立场、观点发生对立，不能维持夫妻关系者，他方得向当地司法机关提出离婚。这体现了反帝、反封建、反对官僚资本主

义的斗争中，政治思想、立场、观点对立往往是导致感情意志根本不合的重要原因。

重申保障革命军人婚姻的原则。当时的华北人民政府司法部在《关于军属、干属及其他婚姻问题的解答》中，对许多具体问题作了说明，“军属只是因为家庭困难而要求离婚，不能批准，其困难问题应责成村政府设法帮助解决之”；“男方为避免离婚而参军，无论其动机如何，毕竟是踏上了人民解放事业的光荣道路，与一般逃避离婚诉讼者不同，仍应照军属婚姻规定办理，对女方予以说服”；“解放军人与妻感情不合的”，如系长年不归，为了照顾女方前途幸福，可写信请求原县政府通知女方办理离婚，“如女方坚决不同意，只好等该军人回家后，再办理离婚”等，既考虑军人利益，也兼顾军属利益。

规定了干部离婚的原则和程序。由于抗战胜利后和解放战争后期干部离婚现象增多，为正确处理此类案件，各解放区先后制定了一些专门法规，在离婚自由原则基础上，对干部离婚的具体处理原则也做了一些规定：一方坚持离婚，对方坚决不离的，进行调解，对有过错的一方批评教育，限期改正；对以威胁、利诱、欺骗等手段制造离婚理由的，原则上不准离婚；按上述规定调查无效，确属感情意志不合的，即使一方坚持不离，仍应判决离婚，但在离婚后财产的分割上应多多照顾非干部的一方。

第六节　劳动法律

一、中国共产党成立初期的劳动立法纲领性文件

中国工人阶级是中国近代大工业的产物，是伴随着外国资本的输入以及中国早期的官僚资本和民族资本等近代工业的出现而产生的一个新兴的阶级。中国的工人阶级，由于身受帝国主义、封建主义和资产阶级的三重压迫和剥削，其生活处境之恶劣，是世界各民族中所少见的。此外，在政治上，工人没有选举权和组织工会的权利，人身自由毫无保障，并受到反动法律的迫害。富有革命传统的中国工人阶级，为了争取民族独立和人民的自由权利，为了改善工人的生活状况，在中国共产党的领导下，开展了轰轰烈烈的工人运动。为此，提出了早期的劳动斗争纲领，制定了保护工人权益的劳动法案，并为之进行了不懈的斗争。

（一）党的大会决议

1921 年 7 月，党的一大所作《中国共产党第一个决议》中，首先关注的就是“工人组织”问题，并开宗明义地提出：“本党的基本任务是成立产业工会。”

1922 年 6 月，《中国共产党对于时局的主张》提出“目前奋斗目标”十一项，与劳动纲领有关的是：废止《治安警察条例》及压迫罢工的刑律；制定保护童工与女工的法律及一般工厂卫生工人保险法。

1922 年 7 月，在《中国共产党第二次全国代表大会宣言》中，我党明确提出要制定“改良工人待遇”的法律，其具体内容包括“（甲）废除包工制，（乙）八小时工作制，（丙）

工厂设立工人医院及其他卫生设备，（丁）工厂保险，（戊）保护女工和童工，（己）保护失业工人”等。[1]

1923 年 7 月，中国共产党第三次全国代表大会通过的《中国共产党党纲草案》，以及 1924 年 11 月和 1926 年 7 月发布的《中国共产党对于时局的主张》，都一再重申制定关于工人、农民以及妇女的法律的主张。

（二）劳动立法运动

1922 年 7 月，借吴佩孚为粉饰独裁，故作姿态，宣布恢复国会，制定宪法，“保护劳工”之机，中国劳动组合书记部根据党的二大决议起草了《劳动法案大纲》，以《中国劳动组合书记部总部邓中夏等的请愿书》的形式，经童启曾等 22 位议员以介绍人名义签署后，递交北京政府的参议院。《请愿书》中说：“为全国劳工请命计，为国家立法前途计，理合拟具《劳动法案大纲》十九条，依法请愿贵院尽量采纳通过，规诸宪法。”[2]

1922 年 8 月，中国劳动组合书记部向全国工会发出《关于开展劳动立法运动的通告》，公布了《劳动立法四项原则》和文字略有修正后的《劳动法案大纲》，呼吁各地工会宣传《劳动法案大纲》并积极推动“将劳动者应有之权利以宪法规定之”，得到了各地工会的积极响应。《劳动法案大纲》当然最终未被国会通过，但也实际上成为后来中国共产党领导的第一次工人运动高潮的行动纲领。如长辛店与安源工人大罢工即以此为行动纲领，经过谈判最终达成协议，为工人阶级争得部分权益。

（三）《劳动法大纲决议案》

第一次国共合作期间，工人运动在广东地区取得了合法地位。在数年来的实践经验基础上，1926 年，第三次全国劳动大会通过了《劳动法大纲决议案》，与《劳动法案大纲》相比，主要变化在于：

对工人“罢工的自由”做了必要的补充规定，增加了调解期这一协调劳资关系的重要步骤，即“惟在国民政府下，可经过劳资间或主管官厅之一度调解，方始罢工”。规定了最低工资制度；加强了对青工和童工的保护，禁止使用不满 13 岁的童工；修订了女工的产假期限，增加了哺乳时间的规定。

《劳动法大纲决议案》更加适合中国实际情况，说明当时党在劳动立法领域已在外国经验与中国国情相结合方面前进了一大步。

二、工农民主政权的劳动法律

（一）劳动立法的主要任务

工农民主政权建立后，党和工农民主政府都十分重视劳动立法。这一时期劳动立法的主要任务是巩固工人阶级经过艰苦奋斗取得的成果，从法律上确认苏区工人的政治地

---

〔1〕参见中共中央文献研究室、中央档案馆编：《建党以来重要文献选编（一九二一——一九四九）》（第一册），中央文献出版社 2011 年版，第 133 页。

〔2〕《邓中夏文集》，人民出版社 1983 年版，第 13 页。

位和劳动经济权益，改善劳动条件，提高生活水平，激发工人的生产热情，调动工人参军参政的积极性，团结和组织起来，发展生产，繁荣苏区经济，以支持长期革命战争。

（二）劳动立法的代表性成果

1.《上杭县劳动法》

1929年10月2日，在上杭县召开的第一次工农兵代表大会上，以代表提案的形式产生了闽西苏区第一个劳动法规——《上杭县劳动法》（原称《劳动问题案》）。《上杭县劳动法》并无一般法律文本的基本结构，也没有立法技术上的考究，仅以议案形式概括式地表达了立法的主体思想。但它开创了革命根据地在党的领导下运用劳动法律制度来调适劳动关系的先河，保护了工人阶级的权益，促进了闽西苏区社会经济的发展。

2.《闽西劳动法》

《闽西劳动法》是按照闽西特委第二次扩大会议《工人运动决议案》制定的，于1930年3月21日闽西第一次工农兵代表大会通过并颁行。该法适用于闽西苏区全境。《闽西劳动法》分为九章，共计八十二个条文，由总纲加若干条例组成，对不同行业的工人作出了较为细致的规定。

3.《劳动保护法》

1930年5月，在上海秘密召开的全国苏维埃区域代表大会通过了《劳动保护法》，该法共八章四十四条，对工作时间、休息时间、工资、女工及未成年工人、保障与抚恤、工会、社会保险、劳动保护与监察等事项，分别作了具体规定。但是这部法律是在李立三“左”倾冒险错误思想的指导下制定的，其中规定了一些过“左”的条文，如片面强调八小时工作制，未成年工人工时不得超过六小时；规定在工资照发情况下，每周应连续休息四十二小时，每年六个法定节假日，工作连续半年，至少保证两周休息等。由于李立三“左”倾冒险错误计划的失败和苏维埃区域反“围剿”斗争的加剧，这部法律在各苏区实际贯彻执行得很少。

4.《中华苏维埃共和国劳动法》

1931年11月，第一次全国苏维埃代表大会上通过了《中华苏维埃共和国劳动法》。“自本劳动法实施之后，以前各级政府所颁布的一切劳动法令及关于劳动问题的决议，都不发生效力。”这表明，红色区域的劳动法制走向了统一。该法施行后，江西、福建等地方苏区政权也遵照该法颁行了区域性的劳动法律文件。从总体上看，这部劳动法确定了许多维护工人权益的原则和措施，促进了苏区工人阶级权益保护的落实。但它也受王明“左”倾教条主义影响，对于劳动条件规定过高，不仅增加了生产成本，还引发了一些劳资纠纷，甚至影响了工农联盟。

1933年月10日，中华苏维埃共和国中央执行委员会对1931年的《中华苏维埃共和国劳动法》进行了全面修订，不仅删除和修改了一些过“左”的条文，还普遍降低了劳动条件，并增加了一些相对灵活的规定，但“左”的错误仍未根除。

三、抗日民主政权的劳动法律

（一）劳动立法的方针

抗日战争时期，为了团结一切抗日的人民，顾及一切抗日的阶级，党的劳动立法方针适时调整为“劳资两利”。中共中央这一指示成为此后各抗日根据地民主政权制定劳动法的基本方针。

（二）劳动立法的代表性成果

目前所见抗日民主政府颁布的劳动法规多为综合型，即单个法规的内容涵盖了工资、工作 / 休息时间、劳工保护、劳动合同、工会等多个方面。其中，以《晋冀鲁豫边区劳工保护暂行条例》最具代表性。该《暂行条例》1941 年 11 月公布，此后根据边区实际，于 1942 年 12 月和 1943 年 9 月做了两次修正。经两次修正后的条例共七章四十五条，较好地体现了党的抗日民族统一战线的劳动政策，根据边区当时的经济发展实际，作出了实事求是的规定。

四、解放区人民政权的劳动法律

（一）劳动立法的基本原则

解放战争时期，党领导的解放区人民政权在劳动立法领域，仍然与抗日战争时期一样，坚持新民主主义的劳动政策。

（二）劳动立法的代表性成果

1. 劳动者参与企业管理的法规

如 1949 年 8 月由华北第一届职工代表会议提出的《关于在国营、公营工厂企业中建立工厂管理委员会与工厂职工代表会议的实施条例》，经华北人民政府批准发布；同年 10 月，陕甘宁边区政府颁布了《国营、公营企业中建立工厂管理委员会与工厂职工代表会议的组织规程》。

2. 关于工资待遇的法规

如 1945 年 10 月 26 日《晋察冀边区行政委员会关于张家口、宣化公营工厂工资标准的通知》，1945 年 11 月 16 日《晋察冀边区行政委员会关于改定中小学教职员待遇标准的决定》，1948 年 3 月 10 日《东北行政委员会关于统一公营企业及机关学校战时工薪标准的指示》（同年 9 月 7 日修正）等。

3. 关于劳动保障的法规

如 1946 年 5 月《苏皖边区保护工厂劳动暂行条例》，1948 年 12 月《东北公营企业战时暂行劳动保险条例》及其《施行细则》，1949 年 7 月 5 日《太原国营公营企业劳动保险暂行办法》等。

4. 关于劳资争议的法规

1949 年 8 月 19 日，上海市军事管制委员会发布了两个劳资争议处理办法文件，分别为《关于复工复业纠纷处理暂行办法》和《关于私营企业劳资争议调处程序暂行办法》。由于当时中华全国总工会还未将《劳动争议解决程序的暂行规定》印发全国要求遵照执行，所以上海的《暂行办法》与全总的《暂行规定》差异比较明显，例如，上海的《暂行办法》明确限定于“私营企业”，而全总的《暂行规定》则规定：“一切公营、私营企业及合作社经营的企业中之劳动争议，均按照本规定之程序处理之。”对比之下，上海的《暂行办法》应当是遵循了 1949 年 7 月《中共中央关于解决私营企业中劳资纠纷问题的指示》中的具体要求。

第七节 诉讼司法制度

一、红色司法制度的早期萌芽

（一）工人运动中的早期红色司法

1925年6月爆发的省港大罢工由共产党人邓中夏及苏兆征领导，历时一年四个月，这在中国工人运动史上是空前的，在世界工人运动史上也是罕见的。省港大罢工中，为镇压反革命分子和惩治破坏罢工的工贼，制定了《纠察队军法处组织法》《会审处组织法》，并依此先后设立了军法处和会审处。省港罢工委员会为红色法制建设，包括立法和司法，提供了很多开创性的宝贵经验。

（二）农民运动中的早期红色司法

大革命时期，党领导的农民运动蓬勃发展，土豪劣绅不甘失败，极力实施反扑与破坏活动。为严厉制裁罪大恶极的土豪劣绅和反革命分子，保卫农民运动的胜利成果，几个省的农民代表大会先后成立了惩治土豪劣绅的专门机构，称呼并不统一，例如，湖南、江西两省称为“审判土豪劣绅特别法庭”，湖北省则称为“惩治土豪劣绅委员会”。审判土豪劣绅特别法庭或惩治土豪劣绅委员会均分为省、县两级。

湖南、湖北两省还分别制定了《湖南省审判土豪劣绅特别法庭组织条例》《湖北省惩治土豪劣绅委员会暂行条例》，规定省、县审理土豪劣绅案件的专门机构以合议的方式对相关案件进行公开审判，实行上诉或复制审。

（三）人民调解制度的萌芽

人民调解是一项有中国特色的法律制度，是我国人民独创的化解矛盾、消除纠纷的非诉讼纠纷解决方式。现代人民调解制度的雏形最早可见于第一次国内革命战争时期。

党领导的第一个农民协会的章程——1921年《衙前农民协会章程》第五条第四款规定：农会设议事委员会，“凡本会会员有私人是非底争执，双方得报告议事委员，由议事委员调处和解；倘有过于严重的争执，由全部委员，开会审议解决”[1]。

1923年1月成立的海丰县总农会，会员达10万人，设有仲裁部。澎湃在《海丰农民运动》中介绍：“仲裁部的工作呢？就是做个和事老，但是我们能够在和一件事的时候，来攻击现社会的私有财产制度之罪恶。”[2]

---

〔1〕《衙前农民协会章程》，载《新青年》第9卷第4号，附录。

〔2〕澎湃：《海丰农民运动》，载《第一次国内革命战争时期的农民运动资料》，人民出版社1983年版，第160页。

二、工农民主政权时期的诉讼司法制度

（一）主要司法机关

1932 年 2 月 19 日，中华苏维埃共和国中央政府人民委员会第七次常会决定组织临时最高法庭。[1]中华苏维埃共和国第二次全国代表大会召开之后，1934 年 2 月 17 日，中央执行委员会决定成立最高法院，是中华苏维埃共和国最高审判机关和终审机关。

1932 年 6 月，中华苏维埃共和国颁布了《裁判部的暂行组织及裁判条例》，并对各级裁判部的权限，以及审检合署制，检察员的设置与职权等事项做了明确规定。至此，中央苏区及相连红色区域的司法机关体系和程序规则体系开始建立起来。其他苏区则依据中华苏维埃中央政府相关法律的精神，因地制宜地决定本区域司法机关的体制和诉讼程序。

（二）主要诉讼制度

《裁判部的暂行组织及裁判条例》还确定了一系列苏区的诉讼制度。

1. 公开审判制度

《裁判部的暂行组织及裁判条例》第十六条规定："审判案件，必须公开，倘有秘密关系时，可用秘密审判的方式，但宣布判决书时仍须作公开。"实行公开审判制度，一方面是为了发扬人民群众当家作主的精神，对案件的审判实行自下而上的群众监督，同时也有助于对广大群众进行深入具体的法制教育。

2. 陪审制度

《裁判部的暂行组织及裁判条例》中规定，裁判部的法庭由三人组成，以裁判部长或裁判员为主审，其余两个陪审员由职工会、雇农工会、贫农团，及其他群众团体选举出来，所以苏维埃法庭就是群众的法庭，在工农群众监督之下进行工作。

3. 巡回法庭制度

《裁判部的暂行组织及裁判条例》第十二条规定："各级裁判部可以组织巡回法庭，到出事地点去审判比较有重要意义的案件，以吸收广大的群众来参加旁听。"巡回法庭是红色区域人民群众在司法实践中创造的崭新的审判方式。这种制度的推行使得革命法庭能够更加深入基层、深入群众，依靠群众查清案情，迅速及时地处理案件，扩大人民司法教育群众、威慑敌人的作用。

三、抗日民主政权时期的诉讼司法制度

（一）司法工作指导原则

1. 实事求是，因地制宜

陕甘宁边区高等法院曾经将边区司法的主要任务总结为四点，即保卫抗日政权，保护抗日人民，保持社会秩序，保障抗战胜利。因此，当时抗日民主政权的司法机关在司法工作的开展中，坚持以抗战的实际需要，人民的实际需要，以及各抗日根据地的实际

---

〔1〕 参见《红色中华》第 11 期，1932 年 2 月 24 日。

状况为依据，实行二级二审制，政府领导司法机关的体制等具体的司法制度。

2. 以抗日民主政府的施政纲领和政策条例为依据

林伯渠 1944 年 1 月在陕甘宁边区政府委员会第四次会议上的工作报告中明确指出："司法机关的法律根据，必须是边区施政纲领及边区政府颁布的各种现行政策法令。边区现行法令不足，一方面应根据历年经验，将好的判例加以研究整理，发给各级司法机关参考；又方面由主管机关起草符合于革命三民主义即新民主主义的精神与边区实际的民刑法与诉讼程序。"〔1〕《晋冀鲁豫边区高等法院工作报告》中也明确提出："本边区有单行法者，从单行法，无单行法者，从与政策不相抵触之旧法，无旧法者从法理。"〔2〕

3. 保障人权，禁止刑讯

《陕甘宁边区施政纲领》明确规定："改进司法制度，坚决废止肉刑，重证据不重口供。" 1944 年 2 月公布的《山东省战时施政纲领》规定："健全司法机关和公安机关，贯彻法治精神，彻底废除刑讯，禁止肉刑，加强群众性的锄奸教育，及群众性的反奸细斗争。"

1942 年 2 月公布的《陕甘宁边区保障人权财权条例》对《施政纲领》中的相关规定加以进一步细化，规定："除司法机关及公安机关依法执行其职务外，任何机关部队团体不得对任何人加以逮捕审问处罚，但现行犯不在此例。""司法机关或公安机关，逮捕人犯应有充分证据，依法定手续执行。""逮捕人犯不准施以侮辱、殴打及刑讯逼供、强迫自首，审判搞证据主义，不重口供。"

4. 方便群众，程序简捷

陕甘宁、晋西北等各抗日边区政府在《施政纲领》中都提出要"建立便利人民的司法制度"或"简捷诉讼程序"的要求。具体措施有：老百姓可以口头起诉；设立边区高等法院分庭，以便利诉讼人上诉。

（二）主要诉讼制度

1. 陪审制度

抗日战争时期，部分抗日民主政府颁布了陪审的专门法律规范，使人民陪审员制度日臻成熟，获得了很大发展。

与工农民主政权时期的人民陪审员由"职工会、雇农工会、贫农团，及其他群众团体选举出来"的做法不同，抗日战争时期的人民陪审员来源更广泛，包括群众团体代表，同级参议会驻会委员会代表，以及地方公正人士。

《晋察冀边区陪审制度暂行办法》依照民事、刑事案件的不同性质和特点，对陪审员回避的事由、范围和形式分别做了明确规定。

2. 马锡五审判方式

马锡五（1899—1962），陕西保安（今志丹县）人。1943 年担任陇东分区行政督察

---

〔1〕 林伯渠：《关于改善司法工作》，载《陕甘宁边区抗日民主根据地（文献卷下）》，中共党史资料出版社 1990 年版，第 169 页。

〔2〕 西南政法学院函授部编：《中国新民主主义革命时期法制建设资料选编》第 4 册，1982 年，第 56 页。

专员，兼任边区高等法院陇东分区分庭庭长，开始从事司法工作。在司法工作中，马锡五把党的群众路线和优良革命传统运用到审案工作中，创造了“马锡五审判方式”。

马锡五审判方式的主要特点有：第一，深入实际，调查研究，实事求是，把握案情；第二，依靠群众，尊重群众，合理合法地处理案件；第三，就地审判，不拘形式；第四，倡导以调解方式处理民间纠纷。

马锡五审判方式是边区司法工作中的一个伟大创举。它把司法部门办案同人民群众结合起来，人民群众直接参与审判，行使司法权；不受形式的束缚，一切从便利群众出发；在办案中，既惩办罪犯，又教育群众，其基本点是“群众审判方式，是很民主的，走群众路线”，也就是充分的群众观点和民主精神。

（三）人民调解制度空前发展

到了抗日战争时期，我国的人民调解制度在组织形式、工作内容和工作程序上都大大充实和完善，初步实现了制度和法律化，进入了新的发展阶段。

晋察冀边区政府成立后，于 1940 年起在根据地各村村公所内设置调解委员会。山东省临时参议会于 1941 年 4 月公布实施了《山东省调解委员会暂行组织条例》，对调解委员会的组织工作做了规定；随后，《晋西北村调解暂行办法》《陕甘宁边区民刑事件调解条例》等专门的调解单行法规陆续出台。这些单行法规对调解工作基本原则的规定基本是一致的，即自愿原则、合法原则和不是诉讼必经程序的原则。

四、解放区人民政权时期的诉讼司法制度

（一）主要司法机关

解放战争初期，除东北解放区外，其他解放区基本沿用抗日民主政权的司法机关体系。后来随着人民解放军的不断胜利，各解放区相继连成片，形成了东北、华北等大行政区，再后来东北、华北、华东三大解放区也连成了一片。各大行政区形成后，建立了各级人民政府，各司法机关成为各级政府的重要组成部分。

1.“人民法院”的出现

1948 年 9 月，毛泽东同志在中央政治局会议上指出：“我们是人民民主专政，各级政府都要加上‘人民’二字，各种政权机关都要加上‘人民’二字，如法院叫人民法院，军队叫人民解放军，以示与蒋介石政权不同。”9 月 6 日，东北行政委员会发出通令，决定将各级法院改称“人民法院”，推事改称“审判员”，最高法院东北分院改称“东北高级人民法院”，各省高等法院改称省（特别市）人民法院，各地方法院和县司法科改称市（县）人民法院。9 月 22 日，根据《华北人民政府组织大纲》第七条的规定，设立“华北人民法院”。10 月 23 日，根据《华北人民政府通令》规定，各行署原有司法机关，一律改为某某（地区名）人民法院。

解放区人民法院的建立为新中国成立后在全国范围内系统地建立各级人民法院创造了良好条件。

2. 土地改革中的人民法庭

全国土地会议通过的《中国土地法大纲》于 1947 年 10 月 10 日公布施行。为保障

土地改革顺利开展，《中国土地法大纲》第十三条规定：“对于一切违抗或破坏本法的罪犯，应组织人民法庭予以审判及处分。人民法庭由农民大会或农民代表大会所选举及由政府所委派的人员组成之。”各解放区根据这一文件精神，相继成立了人民法庭。

人民法庭不是常设审判机关，只审理与土地改革有关的案件，土改完成后即行撤销，因而与人民法院完全不同，它的审理活动也有自己的程序，不由一般的司法程序条例所调整。

（二）人民调解制度在城市中的新发展

1949 年 2 月 25 日，华北人民政府颁布《关于调解民间纠纷的决定》，要求“各级政府研究执行，总结经验，创造新的方法”。以这个《决定》的颁布为标志，人民调解开始由农村走向城市。

新中国成立后，1954 年制定了《人民调解委员会暂行组织通则》，对根据地时期人民调解制度的丰富经验给予了充分肯定。2010 年 8 月 28 日，第十一届全国人民代表大会常务委员会第十六次会议通过了《中华人民共和国人民调解法》。

经过革命、建设和改革各个历史阶段的发展和完善，人民调解制度目前已成为我国社会主义法律制度和基层民主政治制度的重要组成部分。

重要名词术语

《中华苏维埃共和国宪法大纲》、《陕甘宁边区施政纲领》、管制、《井冈山土地法》、《中国土地法大纲》、《中华苏维埃共和国婚姻条例》、劳动立法运动、人民法庭、马锡五审判方式、人民调节

思考题

1. 试述 1921 年 7 月底至 1949 年 10 月 1 日之前，红色法律传统大致可以分为哪几个发展阶段？各阶段的特点和主要法制成果是什么？
2. 试述红色法律传统的基本特征。
3. 简述“三三制”的内容及其意义。
4. 简述工农民主政权刑事立法的基本原则。
5. 试述解放区人民政权刑事立法应坚持的原则及所取得的成就。
6. 试举二至三例，说明陕甘宁边土地立法的代表性成果及其主要内容和各自特点。
7. 试述党领导的人民政权婚姻家庭立法的主要原则。
8. 简述抗日战争时期，我国劳动立法坚持的方针。
9. 试述 1949 年以前，我国人民调解制度的立法和司法实践中的经验教训。

典型案例分析

请认真阅读以下司法文书，并感受其中所体现的“马锡五审判方式”的精神。

黄龙分区高等分庭民事和解笔录

上诉人：宋成玉，男，年六十岁，河南信阳县北岗村人，磨面为生。

被上诉人：吴俊彦，男，年三十四岁，黄陵县北谷区桥玖村人，农民。

右当事人因抚养一案，不服黄陵县司法处于八月二日所为第一审判决，上诉本庭。复经调证询情，以双方同意，和解于后。

案情经过

宋成玉供称："民国三十二年十一月，我家乡遭灾荒，大儿和大媳妇死了，留一孙子，全家逃难到黄陵县秦家窑窠，日以乞食为生，在吴俊彦家住了两月，吃了吴姓小米三斗，荞麦两斗，借用敌币一千元。吴姓因说粮食无力归还，企此私立嗣单，说我把孙子卖给他了。"

吴俊彦供称："二十九年大哥出征无信，孤嫂寡居，卖（买）此子使我嫂安居抚养。宋成玉卖子是实，有说合人刘岐山、中见人吴贵银、代笔人吴新民，同住家长户族，立有约据，身价言定两石麦子。他大娃驮了五斗小米、五斗荞麦，顶了一石麦子，下余一石麦子折敌币三千元，秦家川纹儿捎的给了他了。"

又本庭收到河南同乡会洛川分会于三十四年十二月二十四日曾为此向黄陵伪保长提达公函略宋语称："我吃吴家小米四斗，荞麦五斗，借款一千元。"是年宋成玉上诉伪黄陵县府及伪专署，均未给适当处理，本年六月又呈诉我黄陵县府转诉本庭。

和解理由

按其宋吴两家争执，均为继承后嗣，宋家有孙吴家无儿，双方后嗣均得接续，为免得两家再起诉讼，因而召请乡里，议定和解意见四点：

1. 该子可同继两姓后嗣。娶妻后，先生之子姓宋，次生之子姓吴，另将小名进喜改为宋继吴；

2. 吴姓供给读书，宜至中学毕业；

3. 两姓认为亲戚，互相来往照料宋继吴成人，由宋继吴自愿可以到两家居住；

4. 念宋成玉家境贫困，由吴俊彦自愿给帮助粮食糜谷各五斗。

和解取得双方当事人同意，写此和解笔录为证，本庭亦整卷存案，准为结案息事。

中华民国三十七年十月四日作成

兼庭长　黑志德

副庭长　周玉洁

推　事　赵志清

书记员　高　羚

当庭和解人证明人　刘岐山

吴贵银

田滋轩

李广海

第十六章　传承发展中华优秀法律文化

【内容提示】

中华优秀传统法律文化是中华优秀传统文化的重要组成部分，蕴含着丰富法治思想和深邃政治智慧。中华优秀法律文化由优秀传统法律文化、外国法治成果及革命法律传统三部分组成。中国古代优秀法律文化在刑法、民事经济法、行政法及司法制度领域都有值得现代社会借鉴之处。当代刑法中的罪刑法定、罪刑相当、刑法面前人人平等、罪责自负原则在古代特定时期的刑法文化中都出现过。民事经济法领域的禁止官员与民争利、保护贱民基本权利、适度保护妇女的婚姻权利、财产平均继承、提倡轻税、保护生存环境、关爱弱势群体权益等做法，行政法领域的选贤能为官、对官员进行考核与监督的制度与实践，司法领域的重视案件真实发现及注重仁政司法都值得当今社会借鉴。

近代中国开始引进西方法治成果。但立法者也认识到外来法律只有为本土人民接受，才能达到其预定的效果。因此近代中国在引进外国法律的同时，也注重对其进行本土化调适。此种引进和调适不是一步到位，而是贯穿于近代法制建设的整个过程。法律的引进和调适在宪法行政法、刑法、民事经济法及司法制度领域都有体现。革命法律传统从中国共产党成立之初开始萌芽，苏维埃政权成立后形成了自己的传统，在抗日根据地时虽有一定的调整，但基本精神不变，解放区时期逐渐定型。革命法律传统与古代法律文化及近代法律虽有传承，但不同点是主要的。表现为在宪法领域宣示人民当家作主，刑法领域强调人人平等，民法领域主张婚姻自由与男女平等，司法领域废止刑讯等。革命法律传统是中华人民共和国成立后立法继承的主体。

第一节　传承发展中华优秀法律文化的重要意义

中华民族向来具有温故知新的优良传统。自古以来，历代王朝肇建之初都会认真总结前代法制得失，从而形成新的立法思想与立法原则，在新的认识基点上建设新的法制，可以说“中国古代法制史就是一部纵向比较法制史”[1]。到了近代，以毛泽东同志为核心的党的第一代中央领导集体更是“在领导革命、建设、改革的进程中，一贯重视学

---

〔1〕 张晋藩:《中国法律的传统与近代转型》，法律出版社 2019 年版，第 41 页。

习和总结历史，一贯重视借鉴和运用历史经验”[1]。毛泽东曾明确指出："今天的中国是历史的中国的一个发展；我们是马克思主义的历史主义者，我们不应当割断历史。从孔夫子到孙中山，我们应当给以总结，承继这一份珍贵的遗产。"[2]总结和汲取历史经验，将培元固本和守正创新相统一，是我们党的优良传统和优势所在。党的十八大以来，习近平总书记从全面建设社会主义现代化国家、实现中华民族伟大复兴的战略高度，深入阐述了推动中华优秀传统法律文化创造性转化、创新性发展的重要意义。

一、探索适合国情的法治道路需要传承发展中华优秀法律文化

清末向近代社会的转型过程中，变法修律学习西方法律文化，知识搬运总量之庞大，法治传统转变之急剧，为数千年所未有。鸦片战争后，中国逐渐沦为半殖民地半封建社会，面对内忧外患的积聚，从清末到民国，大大小小的法律改革一直带有“超前立法”的紧迫色彩，政府对法统的变革寄予厚望，希望以近代化的法律体系塑造近代政府，实现救亡图存。因此，近代对法治道路的探索落入了“照搬西法”的怪圈，诸多传统制度未经严格讨论即遭废止，而新制一时之间又难以扎根，徒有空壳。照搬西方法治模式，忽视自身传统，制度不能适应自身的国情，自然难逃失败的结局。

“中华文明的连续性，从根本上决定了中华民族必然走自己的路。”[3]历史的教训为后人留下了振聋发聩的启示，正确的法治道路与良好的法律制度不是孤立地存在和生长着的，它的产生与发展、功能与实效，无不赖于一国的历史智慧与现实状况。习近平总书记强调：“中华优秀传统文化是我们最深厚的文化软实力，也是中国特色社会主义植根的文化沃土。……解决中国的问题只能在中国大地上探寻适合自己的道路和办法。”[4]一个国家的治理体系和治理能力是与这个国家的历史传承和文化传统密切相关的，适合国情的法治道路必须植根于中华优秀传统法律文化的沃土。中华优秀传统法律文化所蕴含的价值理念，凝聚着中华民族的精神和智慧，是中国自己的法治道路得以生成和不断发展的重要动力。

二、坚定法治自信、讲好中国法治故事需要传承发展中华优秀法律文化

作为世界上唯一延续至今的文明，中华文明有着自身的独特性。正因有了独特而悠久的文化，才有了中国自己的故事，有了“决不照搬别国模式和做法”的自信。整体上来看，中华民族“百万年的人类史、一万年的文化史、五千多年的文明史”[5]为道路自信、理论自信、制度自信、文化自信奠定了基础；而聚焦到法治领域，自古以来，中华

---

〔1〕 习近平：《牢记历史经验历史教训历史警示　为国家治理能力现代化提供有益借鉴》，载《人民日报》2014 年 10 月 14 日第 1 版。

〔2〕《毛泽东选集》(第二卷)，人民出版社 1991 年版，第 534 页。

〔3〕 习近平：《在文化传承发展座谈会上的讲话》，载《求是》2023 年第 17 期。

〔4〕 习近平：《牢记历史经验历史教训历史警示　为国家治理能力现代化提供有益借鉴》，载《人民日报》2014 年 10 月 14 日第 1 版。

〔5〕 习近平：《在文化传承发展座谈会上的讲话》，载《求是》2023 年第 17 期。

民族所创造的、世界法制史上独树一帜的中华法系则为我们坚定法治自信提供了底气，为讲好中国法治故事提供了丰富素材。习近平总书记指出："与大陆法系、英美法系、伊斯兰法系等不同，中华法系是在我国特定历史条件下形成的，显示了中华民族的伟大创造力和中华法制文明的深厚底蕴。"〔1〕中华法系形成于秦朝，经过历代的不断完善，到唐朝臻于成熟。《唐律疏议》作为中华法系的代表性法典，形成了十二篇目五百零二条的体例，创造性地运用了条标与"疏议"，立法技术之高超、内容之完备，为世界所仅有，在历史上深刻影响了包括日本、韩国、越南等东亚国家的法律。古代日本的《养老律》，被公认为是日本"历史上最完备的法典"，该律就是基本参照唐律制定的；《高丽史·刑法志》记载"高丽一代之制，大抵皆仿乎唐，至于刑法，亦采唐律，参酌时宜而用之"；越南的《国朝刑律》《皇越律例》、琉球群岛的《科律》等也均是先后模仿自中国的法典。

鸦片战争后，中华法系逐渐解体，列强以中国的法律落后为由，在中国设立"会审公廨"，获得了"治外法权"，直至民国后期，方因中国在世界反法西斯战争中的英勇贡献而废止。近代以来，包括法律在内的国际话语权长期由西方国家占有。在西方文明的冲击下，中国传统的法律文化曾经长期被认为是"落后""野蛮"的。但我们不能不看到，作为西方现代法治源流的西方古代法治，无论是古罗马帝制时期的法治还是中世纪英国的法治，都缺乏民主的基础和自由的精神；受到追捧的西方现代法治文明，也是在借鉴与利用传统的基础上不断改进而来的。〔2〕习近平强调："历史和现实都表明，一个抛弃了或者背叛了自己历史文化的民族，不仅不可能发展起来，而且很可能上演一场历史悲剧。"〔3〕面对纷繁复杂的外界冲击，中国的法律必须具有自己的主体性，以避免"文化失语"的问题。

三、传承发展中华优秀法律文化是践行"两个结合"的题中应有之义

习近平总书记在庆祝中国共产党成立100周年大会上的重要讲话中提出"两个结合"，即"坚持把马克思主义基本原理同中国具体实际相结合、同中华优秀传统文化相结合"。历史正反两方面的经验表明，"两个结合"是我们取得成功的最大法宝，是当代中国马克思主义理论的重大理论创新，蕴含着丰富而深刻的思想内涵。2023年6月，在文化传承发展座谈会上，习近平总书记又特别强调，把马克思主义基本原理同中华优秀传统文化相结合这"第二个结合""是又一次的思想解放"，"只有全面深入了解中华文明的历史，才能更有效地推动中华优秀传统文化创造性转化、创新性发展，更有力地推进中国特色社会主义文化建设，建设中华民族现代文明"。时间之网是连续而没有缝隙的，处在时间之网上的传统与现代具有连续性。中华现代法治文明不是无源之水，无本之木，"第二个结合"以历史为参照，立足中国实际，解决中国问题，为传承发展中华

---

〔1〕习近平：《坚定不移走中国特色社会主义法治道路　为全面建设社会主义现代化国家提供有力法治保障》，载《求是》2021年第5期。

〔2〕参见高鸿钧：《先秦和秦朝法治的现代省思》，载《中国法学》2003年第5期。

〔3〕习近平：《坚定文化自信，建设社会主义文化强国》，载《求是》2019年第12期。

优秀传统法律文化，不断推进知识创新、理论创新、方法创新提供了基本遵循。

“中华民族具有百万年的人类史、一万年的文化史、五千多年的文明史”[1]，历经数千年积淀形成的中华优秀传统法律文化，蕴含着丰富法治思想和深邃政治智慧，是中华文化的瑰宝，是中华现代法治文明的思想源泉和文化根脉。传承发展中华优秀传统法律文化，是践行“两个结合”的题中应有之义。习近平总书记强调：“中华优秀传统文化充实了马克思主义的文化生命，推动马克思主义不断实现中国化时代化的新飞跃。”[2]马克思主义实现中国化时代化的关键，在于拥有了中华优秀传统文化提供的生命力。只有立足于中华优秀传统法律文化，马克思主义法治理论才能拥有牢固的历史基础；有了中华优秀传统法律文化的本土滋养，马克思主义法治理论才能更好地成为“中华文化和中国精神的时代精华”。

第二节　中国古代优秀法律文化的传承发展

中华优秀传统法律文化源远流长、博大精深，“出礼入刑、隆礼重法的治国策略，民惟邦本、本固邦宁的民本理念，天下无讼、以和为贵的价值追求，德主刑辅、明德慎罚的慎刑思想，援法断罪、罚当其罪的平等观念，保护鳏寡孤独、老幼妇残的恤刑原则，等等，都彰显了中华优秀传统法律文化的智慧”[3]。中华法系凝聚了中华民族的精神和智慧，有很多优秀的思想和理念值得传承。

一、传统法律思想的传承与发展

（一）“以人为本”民本理念的传承发展

民本思想是中华优秀传统法律文化的重要基因。新时代法治建设吸收借鉴了天下为公、民为邦本、为政以德等传统治理理念，提出了以人民为中心的发展思想。《尚书·五子之歌》载：“皇祖有训，民可近，不可下。民惟邦本，本固邦宁。”春秋战国是民本思想发展的重要时期，“国将兴，听于民；国将亡，听于神”[4]的人本主义观念逐渐兴起，后经过儒家的提炼和阐释，“以人为本”的正统思想确立起来并延续千年。孔子从君与民的关系出发，提出：“民以君为心，君以民为本。”[5]孟子发展了孔子的理论，认为得民心者方能得天下，所谓“得天下有道：得其民，斯得天下矣。得其民有道：得其心，

〔1〕习近平：《在文化传承发展座谈会上的讲话》，载《求是》2023年第17期。

〔2〕习近平：《在文化传承发展座谈会上的讲话》，载《求是》2023年第17期。

〔3〕习近平：《坚定不移走中国特色社会主义法治道路　为全面建设社会主义现代化国家提供有力法治保障》，载《求是》2021年第5期。

〔4〕《左传·庄公三十二年》。

〔5〕《礼记·缁衣》。

斯得民矣”[1]。荀子在孔孟的基础上，进一步指出了民众对于国家的重要性：“君者，舟也；庶人者，水也。水则载舟，水则覆舟。”[2]自古以来，能够体恤民情的朝代，才能造就盛世；严刑峻法、罔顾民生，必将招致灭亡。这也就是唐太宗所说：“古来帝王以仁义为治者，国祚延长，任法御人者，虽救弊于一时，败亡亦促。”[3]作为中华法系典型成果的《唐律疏议》，其在《名例律》中开门见山地指出：“夫三才肇位，万象斯分。禀气含灵，人为称首。”受到民本思想的指引，中华传统法律不仅在惩戒方面形成了爱惜人命、矜恤弱小的特点，如老幼废疾减免刑罚、死刑复奏、限制刑讯等制度，还在更广阔的领域贯彻了“天下之本在国，国之本在家，家之本在身”的民生保障，意在实现人的发展。[4]

传统法律文化与现代法治文明在理念上文脉相通，都是以人为目的，以制度公正地保障人的权益，实现人的发展。习近平总书记在党的二十大报告中指出：“我们深入贯彻以人民为中心的发展思想，在幼有所育、学有所教、劳有所得、病有所医、老有所养、住有所居、弱有所扶上持续用力……建成世界上规模最大的教育体系、社会保障体系、医疗卫生体系……人民群众获得感、幸福感、安全感更加充实、更有保障、更可持续，共同富裕取得新成效。”党的二十大报告记述的是现代法治环境中取得的成就，也是未来努力的方向。保障和改善民生没有终点，只有连续不断的新起点。

（二）“无讼是求”价值追求的传承发展

“枫桥经验”是20世纪60年代初浙江诸暨枫桥镇干部群众创造的“依靠群众就地化解矛盾”的基层治理经验。这一经验在日后的实践中不断发展完善，成为全国政法综治战线的一面旗帜。“枫桥经验”所强调的“坚持矛盾不上交，就地解决，实现捕人少，治安好”与中国优秀传统法律文化中天下无讼、以和为贵的价值追求有着密切的联系，是对中国古代注重道德教化、调处息争的创造性转化、创新性发展。

“无讼”是中国古代法律文化的一大理想。这一理想根植于儒家的“听讼，吾犹人也，必也使无讼乎”[5]的理念，与儒家试图建立的仁爱社会相契合，在儒家思想成为封建王朝正统思想的背景下，融入社会的方方面面。调处作为一种非诉讼的纠纷解决机制，是中国传统法律制度的重要组成部分。调处的范围一般为婚姻、家财、田宅、债负等民事纠纷，以及轻微的刑事纠纷。明太祖时期颁布《教民榜文》，规定户婚、田土、斗殴、相争等没有较大危害性的事件，均需先以民间调处为前置程序。明朝还在各州县及乡里设立“申明亭”，取“申明教化”之意，由本乡人推举公直老人并报官备案，在申明亭中调解民间纠纷，以实现减少讼累的目标。

与传统法律文化中的“调处息争”类似，“枫桥经验”注重“切实把矛盾解决在萌

[1]《孟子·离娄上》。

[2]《荀子·哀公》。

[3]《贞观政要·仁义》。

[4] 参见张生：《立足“第二个结合”传承发展中华优秀传统法律文化》，载《中国社会科学报》2024年3月28日第1版。

[5]《论语·颜渊》。

芽状态、化解在基层”[1]；但与传统的调处所强调的宗法伦理不同，“枫桥经验”在汲取古代基层治理经验的基础上，取其精华、去其糟粕，是党的群众路线在法治工作中的生动体现。“法治建设既要抓末端、治已病，更要抓前端、治未病。”[2]我国有14亿人口，如果大大小小的事都要打官司，那必然不堪重负。坚持和发展新时代“枫桥经验”，完善预防性法律制度，向引导和疏导端用力，完善社会矛盾纠纷多元预防调处化解综合机制，是合理配置司法资源、减少诉讼成本的重要一环，更是促进社会和谐稳定的重要举措。

（三）“德法共治”治国策略的传承发展

早在西周时期，古代先人从商朝的灭亡中总结教训，将商朝以来的“神权法”思想纠正到“民之所欲，天必从之”的民本轨道上，强调了人心的重要性。西周统治者认为，商朝所谓的“天命”是会转移的，而转移的标准就在于君主品德的优劣与人心的向背，进而提出了“以德配天”“敬天保民”“明德慎罚”的法律主张，奠定了中国古代德法共治的传统。发展到汉代，董仲舒在总结前人学说的基础上，将“德”与“法”的关系阐释为“德主刑辅”，并受到汉武帝的采纳。到了唐朝，这一理念有了更进一步的发展。《唐律疏议》在《名例律》中开宗明义：“德礼为政教之本，刑罚为政教之用，犹昏晓阳秋，相须而成者也。”这一论断既指出了“德礼”与“刑罚”相辅相成、缺一不可，又明确了二者的关系是“德本刑用”。明朝初建，因明太祖采取了“刑乱国用重典”的治国策略，礼刑关系中“刑”的地位有了一定程度的提高，即“明刑弼教”，试图通过刑罚，让百姓畏法守法，达到道德教化所不能达到的效果。但“明刑弼教”绝非轻视道德的作用，德礼教化仍是必不可少的。总而言之，德法关系在不同历史阶段虽有不同的内涵，但二者的共同为治一以贯之，形成了中华传统法律文化的优秀基因。

法律和道德都是规范社会行为、维护社会秩序的利器：法律是成文的道德，具有规范作用；道德是内心的法律，具有教化作用。一方面，道德是法律的基础，合乎道德的善法才能够得到广泛遵循；另一方面，法律是道德的保障，通过国家强制力维护社会道德底线。法安天下，德润人心。法治和德治不可分离、不可偏废，国家治理需要法律和道德协同发力。

（四）“有典有则”法令体系的传承发展

从传世法律文献来看，中国自夏商周三代时期已形成了依据明确法律汇编进行国家治理的传统。《尚书·五子之歌》中记述了大禹以来依典则治国的传统：“明明我祖，万邦之君。有典有则，贻厥子孙。”夏商周三代的典则，还不能说是成文法典，但已是分门别类的国法汇编，具有成文化、体系化的特征。而《周礼》记述了“六官职掌六事”的体系（天官冢宰、地官司徒、春官宗伯、夏官司徒、秋官司寇、冬官百工），既有官法共构的现实，也有“有典有则”的治理理想。《周礼》对后世影响极大，至盛唐编

---

〔1〕《习近平在浙江考察时强调：统筹推进疫情防控和经济社会发展工作 奋力实现今年经济社会发展目标任务》，载《人民日报》2020年4月2日第1版。

〔2〕习近平：《坚定不移走中国特色社会主义法治道路 为全面建设社会主义现代化国家提供有力法治保障》，载《求是》2021年第5期。

纂《唐六典》即依准《周礼》“六事”体例。明太祖朱元璋仿照《唐六典》编修《诸司职掌》，仍以六部为首。明弘治年间在《诸司执掌》《皇明祖训》《大明集礼》《孝慈录》《大明律》等典则和百司之籍册编成《大明会典》，汇编了中央和地方政府各种典章制度，后经万历年间增修《大明会典》更为完备。清代延续明会典的编纂传统又有所发展，康熙、雍正、乾隆、嘉庆、光绪五朝相继编修《大清会典》，采取“以官统事，以事隶官”的体例，以政府机构为纲，汇编政府各部门的执掌、政令、事例及职官、仪礼等制度。《大清会典》是清代治国的大经常法，也是中国传统法律汇编的典范，一方面，会典是对国家权力的制度化限制，政府部门不可以任意增减，官吏员额不可以随意增减，职掌权力不可以恣意行使；另一方面，会典反映了国家法制的完备程度和文明程度，国家定罪量刑的《大清律例》（刑法典）条文数量仅占会典的十分之一左右，绝大多数的法律规范是关于职官、钱粮、礼仪、军事、营造等方面的制度。中国古代国家成文法典的编纂和法规大全的汇编，都服务于国家治理，法典的编纂水平和适用是法治的基本保障。

有典有则的法令体系兼具稳定性与灵活性，体现了中国传统法令体系的立法编纂成就和完备体系功能。典，以其价值理念的统摄性、法令规范的稳定性，构成法令体系的基干和框架；则，以其定期修订的灵活性和规则具体化，支撑法令体系的适用性。我国近代以来仿效了西方大陆法系的“六法全书”体系，却丢弃了“有典有则”体系，难免有妄自菲薄的浅陋。挖掘阐释、传承发展优秀法律传统，不仅有助于完善当代中国特色社会主义法律体系，更有助于推动中华现代法治文明建设。

（五）“分统结合”法治机制的传承发展

任何时代的法治都有成本，所行之法必有立改废释之讨论，执法之官吏、司法之法曹必有员额薪俸。国家多立一法律，必增一分执法、司法、守法的成本。国家若想长治久安，就必然要讲求治理效率，降低治理成本。中国古代国家的治理经验是建立“分与统相结合的法治机制”：分是指政府与社会分层治理，政府部门分门别类治理；统是指不同层级的组织、不同职能的部门在机制上有效协同统一。就分层治理而言，包括政府内部的职能分类，中央与地方的分层治理，政府与社会治理职能的区分。政府内部职能部门的区分以事务类别和专业化为基础。以清代为例，行政事务主要由吏、户、礼、兵、刑、工六大部门负责，监察权由都察院统属，全国共设十个主要职能部门，各部门分职任事，分别对上负责。中央和地方在上下统属的基础上职权有所区分，中央侧重于人事、监察、部分财政提取，给地方政府留有一定因地制宜的权力空间；政府与社会在法律统属关系的基础上有治理功能的区分，为了避免政府过于庞大、成本过于高昂，中国古代多采取精英化权威性政府的设计方案，政府部门高度整合、官吏员额严格限制，而国家将一部分职能授权社会组织，社会组织在调处纠纷、基层治理等方面具有一定权威。法治机制上的“分”是为了提高效率，集中政治法律资源处理重要事务，而“统”消除了体系冲突，提高了整体治理效能，同时也有助于通过权威来维护体系运行，避免国家分裂和治理体系失效。

中国传统的“分统结合的法治机制”在治理成本控制和治理效能方面，对我国当下坚持依法治国、依法执政、依法行政共同推进，坚持法治国家、法治政府、法治社会一体建设，具有借鉴意义。

（六）“援法断罪”法治原则的传承发展

中华优秀传统法律文化蕴含的援法断罪、罚当其罪的平等观念，是现代法治文明中人人平等原则的历史形态。我国古代很早就认识到了“法尚公平”的重要性，先秦诸子在解释法律的作用时，经常以度量衡为比喻，如管子所言：“法律政令者，吏民规矩绳墨也。”〔1〕度量衡是计算轻重、长短的标准，具有公正、客观和准确性。该比喻意在强调“刑无等级”“援法断罪”的平等原则，也是告诫世人对于法律保持敬畏之心。法律上的平等观念的起源，可以追溯至春秋战国时期。这一时期，成文法的公布打破了“刑不可知，威不可测，则民畏上也”〔2〕的禁锢，结束了法律掌握于少数人手中的秘密状态，为援法断罪创造了客观条件。商鞅变法的一项重要措施就是“犯国禁，乱上制者，罪死不赦”〔3〕。《唐律疏议·断狱》更是规定：“诸断罪皆须具引律令格式正文，违者笞三十。”

“援法断罪”的平等观念作为中华传统法律文化的优秀因素，有积极进步的一面，也有力所不逮的一面——中国古代的封建社会，难免只能做到狭窄的、少数人的平等。虽有一定缺陷，但这一优秀理念仍然能够为当下的法治建设供给养分，经过创造性转化与创新性发展，在新时代焕发出新的生命力。例如，古往今来，特权思想和特权现象屡禁不止，正是因为没有制约的权力必然走向腐败。故习近平总书记指出：“任何人违反宪法法律都要受到追究，绝不允许任何人以任何借口任何形式以言代法、以权压法、徇私枉法。”〔4〕习近平法治思想也重点关注了司法腐败案件暴露出的权力制约监督不到位问题，强调“要加快构建规范高效的制约监督体系，坚决破除‘关系网’、斩断‘利益链’，让‘猫腻’、‘暗门’无处遁形”〔5〕，切实维护好“法律面前人人平等”的基本原则。

此外，协和万邦、讲信修睦、亲仁善邻、和而不同等传统邦交之道，也是传统法律文化流传至今的智慧因子。“协和万邦”是中国作为文明古国所应承担的使命责任，从战国时期“百家争鸣”的文化热潮对“协和万邦”理念的支撑，到西域都护府为协和万邦提供实验的基地，再到《唐律疏议》所制定的保护化外人之法，均是民族智慧与和合文化的生动写照。

二、刑事法律文化的传承与发展

（一）刑法原则的传承发展

刑法在中国传统法律体系中长期占有重要地位。刑事法律文化是中国传统法律文化最重要的组成部分。中国传统刑事法律文化其思想及制度的一些内容至今依然具有生命

〔1〕《管子·七臣七主》。

〔2〕《左传·昭公六年》，孔颖达疏。

〔3〕《商君书·赏刑》。

〔4〕 习近平：《加快建设社会主义法治国家》，载《求是》2015 年第 1 期。

〔5〕 习近平：《坚定不移走中国特色社会主义法治道路　为全面建设社会主义现代化国家提供有力法治保障》，载《求是》2021 年第 5 期。

力。就我国当代刑法的三大基本原则而言，在中国传统刑法文化中都有源头可寻。第一是刑法面前人人平等原则。中国古代虽无绝对的刑法面前人人平等，但刑法面前相对平等的思想是存在的。先秦时期法家主张刑法实施上“不别亲疏，不殊贵贱，一断于法”“君臣上下贵贱皆从法”“法不阿贵，绳不挠曲”“刑过不避大臣，赏善不遗匹夫”。在法家观念中，除了君主之外，其他人在刑法面前都处于平等地位。第二是罪刑法定原则。唐律要求：“诸断罪皆须具引律、令、格、式正文，违者笞三十。诸制敕断罪，临时处分，不为永格者，不得引为后比。”对于普通司法者而言，罪刑法定原则对他们是有约束力的。第三是罪刑相当原则。体现罪刑相当精神的刑法思想早在西周时期即已出现。《尚书·立政》记载了周公称赞司寇苏忿生之言：“兹式有慎，以列用中罚。”孔颖达疏称：“列用中常之罚，不轻不重。”所谓中罚，就是刑罚的严厉程度与犯罪行为造成的危害程度相比应当基本相等。

除三大基本原则之外，当代刑罚中的罪责自负原则、法不溯及既往原则、宽待弱者原则、有利被告原则在中国古代的刑法文化中亦有相应的内容。

（二）刑法制度的传承与发展

中国古代的刑法制度中，有相当一部分能够体现刑法的谦抑性和人道性。主要有自首减免刑制度、疑罪从轻从无制度、偶犯与过失犯罪从轻制度、亲亲相隐不为罪制度、保辜制度等。

自首减免刑制度在古代立法中很早就已出现。秦简《法律答问》记载：“司寇盗百一十钱，先自告（自首），何论，当耐为隶臣。”《唐律疏议·名例》规定：“诸犯罪未发而自首者，原其罪。其轻罪虽发，因首重罪，免其重罪。即遣人代首者，若于法得兼容隐者为首及相告言者，各听如罪人身自首法。”自首免罪并不是绝对的，法律有许多例外情况，其中最主要的是犯罪行为侵损于人的则不免。

疑罪从轻及从无的观念最早出现在西周时期。《左传》引《尚书》逸文“与其杀不辜，宁失不经”，意即对于疑罪，从有处罚则可能冤杀无辜，不如不处罚，而宁愿让法律得不到实施。这是罪疑从无的态度。《礼记·王制》中主张：“疑狱，泛与众共之，众疑赦之，必察小大之比以成之。”“众疑赦之”亦属于疑罪从无。《尚书·吕刑》载：“五辞简孚，正于五刑，五刑不简，正于五罚。”[1]意即当事人犯应处五刑之罪，若证据确实，则入于五刑。如证据不确实，则入于五罚。五罚是五刑之罪有疑的做法，可以视为罪疑从轻。《唐律疏议·断狱》规定：“诸疑罪，各依所犯，以赎论。”疑罪从赎是疑罪从轻具体的实施方式。

偶犯与过失犯罪从轻的理念在西周时期也已出现。《尚书·康诰》载周公之言：“人有小罪，非眚（音省），乃惟终，自作不典，式尔，有厥罪小，乃不可不杀。乃有大罪，非终，乃惟眚灾，适尔；既道极厥辜，时乃不可杀。”眚是过失，非眚则是故意；惟终是犯法不改，非终则是偶犯。周公之言表达了过失犯与偶犯应当从轻的思想。秦律将故意称为端，过失为不端。同一行为如果是主观状态不同，则定性也不同。

---

〔1〕《尚书》卷第十二，［汉］孔安国传，［唐］陆德明音义，相台岳氏家塾本，第169页。

亲亲相隐不为罪的观念先秦时期已经出现。孔子主张“父为子隐，子为父隐，直在其中”，成为后世亲亲相隐思想的源头。汉宣帝下诏称：“父子之亲，夫妇之道，天性也。虽有祸患，犹蒙死而存之。诚爱结于心，仁厚之至也，岂能违之哉？自今子首匿父母、妻匿夫，孙匿大父母，皆勿坐。其父母匿子，夫匿妻，大父母匿孙，罪殊死，皆上请廷尉以闻。”此即为亲亲得相首匿制度。到了唐代，亲属相隐的范围有所扩大。

保辜制度是中国古代刑法中关于犯罪后果如何认定的制度。法律规定，凡是斗殴伤人案件，被告要在一定期限内对受害人的伤情变化负责。如果受害人在限期内因伤情恶化死亡，被告应按杀人罪论处。如超出期限，则按伤人论罪。此即保辜制度，所定期限称为辜限。

三、民事经济法律文化的传承与发展

（一）民事法律文化的传承发展

中国传统社会中，民法虽不如刑法发达，但内容也相当丰富。其中不乏与现代社会价值能够兼容的部分。在民事主体、婚姻和继承等法律方面都有体现。

就民事主体方面的法律而言，首先是法律规定食禄之人不得与民争利。这一观念至迟在春秋时期已经形成。《史记》载：“公仪休为相时，奉法循理。使食禄者不得与下民争利，受大者不得取小。”西汉时董仲舒主张：“故受禄之家，食禄而已，不与民争业，然后利可均布而民可家足。”唐高祖武德七年（624 年）明令“食禄之家，不得与下人争利”，禁止贵族官僚从事工商业经营。唐太宗贞观年间两次颁布敕令，严禁五品以上的高级官员经商牟利。明初禁止地方四品以上官员经商，清朝康熙六年（1667 年）下令官员不得经商。

其次是对平民权益的保护。受时代局限，中国古代对民事主体长期存在良贱之分，但保障贱民基本权益的法律条文也始终存在。官府经常有免贱为良的诏令。除了释贱为良，对于还保持贱民身份的人，法律也保护其基本权益。秦代和汉初，奴主对奴婢尚有“谒杀”权；汉武帝以后，有相当一部分人因擅杀奴婢获罪。东汉光武帝下诏说：“天地之性人为贵。其杀奴婢，不得减罪。敢炙灼奴婢者论如律，免所炙灼者为庶民。”又除奴婢射伤人弃市律。东汉时私买奴婢亦为法律所禁。北魏推行了“均田制”，“奴从耕、婢从织者，皆可受田”，奴婢获得了土地，就有机会转变为自耕农。北宋太宗、真宗朝，进一步保护奴婢的身体权与生命权，主人不得私自黥面及擅杀奴婢，更不能把奴婢视为畜产估价。

在婚姻法律方面，中国古代社会男女不平等，表现在离婚中，男子享有自主权，丈夫可以以七种理由出妻。但法律对妻子的婚姻权亦有一定的保护措施，即三不去制度。此外，还存在体现妻子意愿的和离制度。

中国古代的继承制度特别是财产继承制度中亦有人性化的内容。中国古代家庭的子女中，虽有嫡庶之分，但对继承的影响主要表现在身份继承上，对财产继承影响不大。中国古代绝大部分时期，财产继承都实行诸子均分制度。而且如果诸子中有先于父亲死亡的，其子可以承继父份，与今天的代位继承相似。此外，中国古代法律还在一定

程度上承认女子的继承权。宋代法律规定，在室女继承的份额可达男子聘财的一半。如是户绝家庭，在室女可继承全部财产，出嫁女可得三分之一财产。明代则不问是在室还是出嫁，户绝家庭亲生女可继承全部财产。清代法律承认奸生子的继承权，依子数量与半分。

中国古代重视家教、家风、家训的传统，也为当代留下了家庭和睦、社会和谐的治理经验。中国共产党作为中华优秀传统文化的传承者和弘扬者，在指导民法典编纂过程中，注重汲取中华优秀传统法律文化，使民法典在价值理念、一般条款、具体制度、倡导性规定等方面均体现了对优秀传统法律文化的传承发展。如民法典第五编以"婚姻家庭"命名，重视家庭在社会生活中的作用，第一千零四十三条规定"家庭应当树立优良家风，弘扬家庭美德，重视家庭文明建设"，这源自中国传统法以"户婚"为枢纽的制度理念，有别于大陆法系民法只规定婚姻、亲子关系、监护权。"优良家风""家庭美德""家庭文明"虽然是提倡性规定，但超越了个人主义民法而体现了优秀传统理念，把个人、家庭、社会连接为一体。

（二）经济社会法律文化的传承

中国古代的经济社会法律观念与制度中，亦有许多能够体现仁政爱民思想的内容，主要有以下四个方面：

一是轻税思想。税收是官府取之于民的财富，税负的轻重直接影响民众的生活状况。轻税思想在中国古代很早就已产生。在轻税观念影响下，官府也往往有轻税之举。

二是均田思想及相应制度。农业是中国古代的主要生产方式，土地是最重要的生产资料。古代法律中保障耕者有其田的制度也成为土地制度中重要的组成部分。汉代提出限民占田的主张，规定诸侯与吏民占有土地不得超过三十顷，意在限制土地无限兼并。王莽时期短暂实行均田制。西晋时限制官民占田规模，规定男子占田七十亩，女子三十亩，各级官员按品级高低占五十顷至十顷不等。北魏至唐朝前期，国家实行按人口授田的均田制度。清代实行摊丁入亩的赋税制度，客观上有利于限制土地无序兼并。

三是优抚弱势群体的观念与制度。中国古代统治者重视仁政，非常关注弱者生存状况的改善。善待弱者不仅是官府的职责，也是乡里的责任。

四是资源保护方面的思想与制度。资源保护就其本质而言，是重民生思想的扩展。古人对自然资源的保护是因为他们认识到自然资源是人民赖以生存的基础。自然资源被破坏，则会导致民生艰难。中国古代很早就出现限制自然资源过度使用的规范。周文王时《伐崇令》要求："毋坏屋，毋填井，毋伐树木，毋动六畜。有不如令者，死无赦。"以后历代都有保护自然资源的法律。《唐律》具体地规定了保护自然环境和生活环境的措施及对违反者的处罚标准。北宋十分重视资源与环境保护方面的立法、执法，官府屡次颁布这方面的禁令，保护的对象包括山场、林木、植被、河流、湖泊、鸟兽、鱼鳖等众多方面。

四、行政法律文化的传承与发展

中国古代的行政法律文化同样有许多值得当今社会借鉴之处。中国古代统治者主张治国以治吏为先。为此在官制方面形成了良好的制度。主要有以下三个方面：一是选贤任能制度，二是官员考核制度，三是监察制度。

（一）官吏的选拔制度

三代之时，古代官员的产生实行世卿世禄制度。秦代实行军功爵制度，已有选贤任能的色彩。汉代实行察举制度，“举孝廉”重视官员的道德，“举秀才”与“贤良文学”则是重视官员的能力。到了隋以后实行科举选拔人才，则主要是以人的才能为依据。科举制度是中国古代存在时间最久的官员选拔制度。可见中国古代的官员选拔以选贤任能制为主，以门第为辅。在实行科举制度时，虽也有门荫与捐纳制为补充，但高级官员特别是宰辅官员通常只能由科举出身的官员担任。如北宋出任宰相的七十一人中，就有六十四人为进士出身。

（二）官员考核制度

秦代时已有官吏考核制度，称为“课殿最”，如南郡守就发布要课县官的文告。汉代对官员考核分为三个系统，一是对地方最高长官的考核，每年一次的考核称为常课，三年一次的详考称为大课。二是地方上级对下级的考核。三是各级主官对属吏的考核。唐朝对官员考核则明确了“四善二十七最”的标准。考核分为九个等级，考核结果作为官员升降的重要依据。宋代关于官员考核主要有磨勘制与历纸制。前者指考核官员的政绩以定升迁，后者是记录官员功过的文字资料，是考核的依据。不过这两种制度在实践中出现了重资历轻实绩的现象。明代官员考核实行考满法，三年一考，数考为满，据政绩以定陟黜。清代实行京察与大计之法，前者为对京官与督抚的考核，三年一次；后者为对各省布按及以下官员考核。以四格八法为标准。四格为才、守、政、年。八法即“贪、酷、无为、不谨、年老、有疾、浮躁、才弱”八种缺陷。后去贪、酷，称为六法。考核结果是优者赏，劣者罚。

（三）监察制度

中国古代形成了集中统一、权威高效的监察体系。秦代已初步建立监察制度。御史大夫负责中央官员，地方各郡县设立监御史，负责郡县官员的监察。汉代对中央官员的监察三线并行。御史大夫专司监察，丞相司直负责行政监察，司隶校尉监察三公、外戚、宦官及京师附近的二千石官。地方监察在惠帝时有监察御史监察郡守与国相。武帝时设刺史监察郡守与国相，郡以下由郡守派督邮监察。汉代监察法规主要有武帝时的《六条问事》，作为刺史监察郡守的主要依据。唐代设御史台专司监察。御史台内设台院、殿院、察院。台院负责纠弹百官，殿院监察朝仪，察院主要监察六部及地方。地方分为十三道，由察院派出监察御史依据“六察法”进行监察。宋代监察制度沿袭唐代，不同在于唐代专司规谏皇帝的谏官与台官一体化，谏官亦可以谏正百官。同时加强地方监察，路以监司、州以通判、沿边和战事地区以走马承受行使监察权，体系完备。明代将御史台改为都察院。设十三道监察御史监察地方，设六科给事中监察六部。两者并称科道官，品低而权重。清代监察制度沿袭明代。地方督抚兼职监察，省内有按察使、分巡道负责省内监察。监察以《钦定台规》《都察院则例》为主要依据。中国古代监察制度是国家治理体系的重要一环，对实现良好的政治法律秩序有着不可或缺的作用，汉朝的文景之治，唐朝的贞观之治、开元盛世，清朝的康乾盛世莫不有监察制度为之保障；明朝阉党柄政、皇帝昏聩，却能享国二百七十余年，其中也不乏众多监察官竭力维系之功。

五、优秀司法文化的传承与发展

传统司法重视实体正义及体现仁政，强调发现案件真实、正确法律适用及宽厚对待诉讼参与人，为此形成了一系列有利于实现实体正义及仁政理念的制度。主要有以下五个方面：

（一）多重审理制度

多重审理的目的在于减少案件判决的错误。早在先秦时期，就有多重审理的制度性规定。汉代的多重审理有三类：一是疑罪重审，二是当事人不服的案件重审，三是录囚。唐代实行死刑执行的覆奏程序，京师地区死刑案件，须经五覆奏；地方死刑案件，经三覆奏。清代实行审转制，州县只能审决笞杖刑案件，徒刑案件要经州县、府、按察使及督抚四级审理，流刑案件在此基础上增加刑部审理，死刑案件分为立决和监候两类，无论是哪一类，最终执行都要由皇帝批准。

（二）换推与别勘制度

司法公正需要法官与案件没有利害关系。这一点古代立法者很早就有清醒认识，因此立法确立了法官回避制度。法官回避称为换推。唐代首先确立了换推制度，审理者与当事人有五服内亲属，或其大功以上亲有婚姻关系、师生关系，曾为本部都督、刺史、县令者，此前曾有仇嫌关系者等情形，皆须回避。宋代法官与被告为科考的同年、同门、同科目关系的也须回避。明律中有“听讼回避条”，回避情形有两类：一是地区回避，二是身份回避。清代回避类型包括三方面：亲族回避、地区回避、职务回避。回避制度的实施主要是防止法官有偏袒、偏见与成见，以保证官员能够公正审理案件。

（三）重视证据及情理

中国古代司法很早就重视证据的作用。西周时期设“司厉”，负责管理盗贼案件的工具与赃物；民事诉讼主张以地邻为证，土地纠纷以地图作为证据。秦代重视命案的现场勘验，《睡虎地秦墓竹简·封诊式》中的《贼死》详细记载了案件现场的方位，死者的状况、衣服、伤口及出血情况。汉代也很重视证据。周勃被控谋反无法自辩时，狱吏便教其以公主为证。唐代更加重视证据，法律规定对于“赃状露验、理不可疑”的案件，即使被告人不认罪，亦可以直接认定有罪。《唐律·断狱·老幼不拷讯》规定对不能拷讯的人“皆据众证定罪”。宋代同样重视证据的作用，检验制度及理论都有很大发展。南宋人宋慈撰写的《洗冤集录》是世界现存最早的司法检验书，被翻译成多种文字。清代则要求司法者只有在被告人之罪已被查明证据明白还不认罪时才可以适用，将证据作为刑讯适用的前提条件。

中国传统司法重视证据但又不简单地依靠证据，而主张通过情理来判断证据及发现真实。南宋郑克说：“盖赃或非真，证或非实，唯以情理察之，然后不致枉滥。”《元典章》主张：“其告指不明，无证验可据者，先须以理推寻，不得辄加拷掠。”[1]《大明令》要求“凡鞫问罪囚，必须依法详情推理，毋得非法苦楚。”[2]清代也非常重视情理，王又槐认为：“供词须近情理，若非情理，再要推问开导，使之吐露真情，切不可装点情节，以致不成信谳。”[3]

（四）婚田入务

中国古代极重农业生产。而民事纠纷又被官府视为小利之争。为了不使小利之争影响农业生产这一大事，古代社会形成了在特定时期不受理民间婚田案件的务限制度。如在清代，《大清律例》“告状不受理”门规定：“每年自四月初一至七月三十日，时正农忙，一切民词，除谋反、叛逆、盗贼、人命及贪赃坏法等重情，并奸牙铺户骗劫客货，查有确据者，俱照常受理外。其一应户婚、田土等细事，一概不准受理；自八月初一以后方许听断。若农忙期内受理细事者，该督抚指名题参。”[4]

（五）善待诉讼参加人

中国古代统治重视仁政，其重要表现之一就是在司法中善待诉讼参加人。秦代的司法理念中，强调慎用刑讯，主张：“治狱，毋笞掠而得人情为上，笞掠为下，有恐为败。”汉代路温舒亦反对刑讯，认为：“捶楚之下，何求不得。”汉景帝时定《棰令》，限制刑讯的用具。汉景帝后元三年（前141年），诏称：“高年老长，人所尊敬也；鳏、寡不属逮者，人所哀怜也。其著令：年八十以上，八岁以下，及孕者未乳，师、朱儒当鞠系者，颂系之。”即对老、幼、孕等弱势群体给予特别优待。北魏时期法律规定：“妇人当刑而孕，产后百日乃决。”给孕妇一定程度上的善待。唐律规定对老幼疾者犯罪不得拷讯，只能依众证定罪。对普通犯人，亦规定拷讯不得过三度，总数不得过二百，杖罪以下不得过所犯之数。此外，唐律还规定对于无依靠的囚犯给予衣粮，生病给医药。明代实行热审与寒审，显然有减轻囚犯在监狱中痛苦的考虑在内。

第三节 近代移植外国法律与本土化调适

一、宪法行政法律制度的移植与调适

（一）宪法的移植及调适

宪法是中国历史上前所未有的法律门类。清末移植宪法，对中国来说完全属于新生事物。清政府显然也认识到了新法引进可能引起的不适应，故而没有直接引入，而是采

---

〔1〕［元］佚名：《元典章》卷四十，元刻本，第748页。

〔2〕怀效锋点校：《大明律》，法律出版社1999年版，第262页。

〔3〕［清］王又槐：《刑钱必览》卷一。引自杨一凡主编：《历代珍稀司法文献》（第三册），社会科学文献出版社2012年版，第1217页。

〔4〕［清］朱轼：《大清律集解附例》卷二十二，清雍正三年内府刻本，第642页。

取预备立宪的做法，规定了九年的预备立宪期限，为宪法的移植适用准备了充足的调适空间。预备期间，清政府设立宪政编查馆，负责宪政预备的编制、调查与审查。改革官制是宪法实施的另一调适措施。有实质意义的主要有两个方面。一是地方设立各级审判厅，这是为实现司法权独立而进行的官制改革。二是中央设立资政院，地方设立谘议局。资政院作为国会预备机构，不过其功能主要在于博采舆论，与立宪国家的国会职能相差很大。资政院与谘议局是立宪国家国会与地方议会机构引入中国的调适载体。

清末作为宪法移植调适的载体是1908年颁行的《钦定宪法大纲》。“大纲”努力调和传统的君主专制与现代社会的民主宪政，故而既规定君主具有极大权力与不可侵犯的尊严，又规定了臣民的相应权利与义务。虽然与现代国家宪法的主权在民原则有别，但与传统的君权至上同样有别。面对民众对《钦定宪法大纲》的不满，清政府又颁行《宪法重大信条十九条》，规定皇帝的权力限于宪法所定，并将国家的实际统治权赋于国会。《宪法重大信条十九条》是在清王朝即将灭亡的背景下制定的，因此相对限制了皇帝的权力，采用的是“英国君主立宪主义”原则。可以说，《宪法重大信条十九条》是宪法移植过程中进一步调适的产物。此外，资政院也拥有了选举总理大臣的实际权力。

清政府灭亡后，北洋政府认为南京临时政府的临时约法过于简单，主张开国会另行制定宪法，后来完成了被称为“天坛宪草”的宪法草案。后因国会被解散，宪草未能生效。袁世凯上台后，制定《中华民国约法》，大大扩充了总统的权力，为袁世凯称帝准备了条件。可以说是宪法移植过程中一次倒退的调适。1923年，在军阀混战中胜出的曹锟在“天坛宪草”基础上修订了《中华民国宪法》，这部宪法采取地方自治制度，是直系军阀接受由自己主政中央，地方小军阀自治的政治军事格局的结果，也是一种宪法制定过程进行调适的结果。

南京国民政府成立后，于1928年通过《中华民国训政纲领》，在此基础上又于1931年制定《中华民国训政时期约法》。《训政时期约法》规定由国民党代表大会代表国民大会行使政权。这是为了强化国民党一党专政而进行的立宪调适。1947年，南京国民政府召开伪国大，制定并公布《中华民国宪法》，依这部宪法，中华民国实行总统制。总统凌驾于五院之上，掌握国家的各项重要权力，本质上是总统集权，与民主共和精神相悖。这次制宪是国民党为了实现个人独裁与国民党一党专政的一次调适。与前述几次立宪一样，也是倒退的立宪调适。

（二）行政法的移植与调适

1910年4月，宪政编查馆拟定了《钦定行政纲目》，这是清末制定的最重要的一部具有近代行政法性质的法律。《钦定行政纲目》“谨按宪法大纲，君主立宪政体，君上有统治国家之大权，凡立法行政司法皆归总揽。而以议院协赞立法，以政府辅弼行政，以法院遵律司法”。这已有在君权总揽的前提下确立三权分立的观念，行政纲目的主要内容“以属于国家行政事务为限”，表明它将国家事务和皇室事务分开，这显然和中国传统“朕即国家”观念有质的区别。此外，清末还制定了民政部、度支部、学部、法部及各省官制章程等一系列行政法方面的文件。中国古代虽有官制法，但并无统一行政法典。此次修律拟定行政法典，主要是移植他国法律的结果。此外，将此前成立的巡警部改称民政部，并将户部改为度支部。巡警部的成立原本就是移植西方国家法律的结果，此次改革，将原属户部的户籍婚姻等事务划入，户部成为纯粹的财政机关，故而改名度支部。这是对移植制度进行调适的结果。

民初南京临时政府制定《中央行政各部及权限》《各部官制通则》，将实业部分为农林部与工商部，使得职掌进一步细化。南京国民政府时期，行政立法进一步细化。总计有行政组织类法律如《行政院组织法》及各行政机关组织法，内政类法律如《国籍法》《户籍法》，教育类法律如《考试法》，军政类法律如《军事征用法》，财政类法律如《银行法》，经济类法律如《矿业法》，人事类法律如《公务员服务法》，专门职业类如《会计师法》。从内容上看，涉及行政主体、行政行为、行政救济及部门行政法多个层面。但南京国民政府时期的行政立法存在着立法数量多，缺少统一法典，立法程序简单等问题。立法数量多意味着政府掌控的事务多，缺少法典是中国古代社会行政立法的传统。清末虽制定了行政法典，但并未生效。立法程度简单与立法数量多是相辅相成的。上述特征正是南京国民政府行政立法既注重移植也注意调适的结果。

二、刑事法律制度的移植与调适

（一）刑事法律制度的移植

清末修订刑律时移植他国刑法，在原则与制度上都有体现。在原则上，移植了罪刑法定原则，删除了清律中的比附制度；移植了法律面前人人平等的原则，取消了因官秩、良贱、服制而在刑律适用上形成差别的制度，取消了沿用千年的“八议”制度；移植了尊重人权、人道主义的原则，删除了凌迟、枭首、戮尸、刺字等酷刑，废止笞杖刑，死刑一律改为绞。

1912 年，北洋政府决定将清末的《大清新刑律》改为《中华民国暂行刑律》加以适用，删除了《大清新刑律》中侵犯皇室罪十二条。1919 年，北洋政府成立修订法律馆，修正刑法，仿各国晚近立法例，明文规定故意与过失，依照 1902 年万国刑法学会议决议，规定犯人只能对其能预见的结果负责。同时参照多数国家立法例，提高刑事责任年龄为十四岁。十四以上不满十六者，得减轻刑罚。增加由监护人交纳保证金自行监督的管束方法。

南京国民政府时期于 1928 年修订刑法，引入短期自由刑可以易科罚金之制。1935 年修订刑法，引入保安处分制度。对认为有犯罪嫌疑或有妨害社会秩序危险的人员采取隔离措施，以达到维护社会安定并预防犯罪的目的。

（二）移植刑事法律的调适

清末修订《大清新刑律》，以沈家本为代表的“法理派”与以张之洞、劳乃宣为代表的“礼教派”进行了激烈的“礼法之争”。“礼法之争”本质上是移植法律与本土价值观的冲突。双方争论的核心，在于如何理解并在新律中处理法律与道德的关系问题。结果清廷以“凡我旧律义关伦常诸条，不可率行变革”的诏谕，结束了这场争论。新制定的《大清新刑律》，以律文之后的五条“暂行章程”保留了这些维护纲常名教的条款。

1915 年，北洋政府成立法律编查会，修正刑法草案。遵守立法依乎礼俗的原则，将中国古代刑律中“亲族加重”纳入修正案中，对直系尊亲属犯罪者，加重本刑二等；对旁系尊亲属犯罪者，加重本刑一等，可以加至死刑。将《暂行刑律补充条例》中的“限制（子孙卑幼对尊长）正当防卫”与“无夫奸”纳入修正案。增加侵犯大总统罪一章，列入分则第一则。同时增加私盐罪。上述条文有的体现维护纲常名教的目的，有的体现了维护最高统治者利益的考虑，也有的出于增加官府收入，但都是传统刑律中的既有内容，体现立法者对移植法律的调适。

北洋时期还颁布了大量的刑事特别法。1916 年司法部发布《妇女犯轻罪特别通饬》，规定妇女犯轻罪，不依《暂行新刑律》加以处罚，而是根据清朝律例予以宽免，由夫或父保释管束。又在特别法中规定官吏犯赃达到五百元处死，地方军政长官可以将盗匪就地枪决。并颁行《徒刑改遣条例》《易笞条例》。将重罪徒刑改为发遣，轻罪徒刑改易笞刑。这些做法与刑法典相比，既有恢复传统法律做法的内容，也有方便官府镇压人民反抗的内容，同样是对刑法内容的变通。

南京国民政府时期，1928 年的旧刑法规定短期自由刑可易科罚金，但实际亦未采用，致使各监狱的轻罪犯人人满为患。为了加大对内乱、外患罪的处罚力度，南京国民政府制定了大量的刑事特别法，对于内乱、外患罪量刑较刑法典规定的更重，如规定构成内乱罪者，为首要处以死刑。而刑法典规定的刑罚为无期徒刑。还规定对尊亲属犯罪较对普通人加重刑罚二分之一，亲族之间犯盗可以免予处罚，纳妾不属重婚犯罪。这些规定都与刑法典正文有别，体现了特别立法维护传统伦理的调适。

三、民商经济法律的移植与调适

（一）民法的移植与调适

清末修订法律馆修订《大清民律草案》遵循四个原则，注重世界最普通之法则，原本后出最精之法理，求最适于中国民情之法则，期于改进上最有利益之法则。这四个原则表明修律者有移植法律及主动调适的自觉性。立法既参照德国、日本和瑞士的相关法律制度，同时又选派馆员赴各省调查民俗习惯。《大清民律草案》移植了西方民法诚实信用原则、明确行为能力原则，规范了法人制度。《大清民律草案》分为财产法与身份法。财产法多移植德日等国法律，但对中国传统关注不够，比如规范了不动产质权，却未关注固有典权。身份法方面较多考虑到中国传统的礼教民情风俗，如亲属法以宗亲为核心，家政统一于家长，亲等制采寺院法而非罗马法，从而与原服制图中的亲等更接近。1926 年，北洋政府修订法律馆完成民国《民律草案》编纂。1931 年，南京国民政府颁行《中华民国民法》，内容分为总则、债编、物权编、亲属编与继承编。《中华民国民法》顺应民法由个人本位转向社会本位的潮流，采社会本位原则，限制所有权与契约自由，采取无过失责任。

（二）商法经济法的移植与调适

清末修订法律，采民商分立体系，起草制定了《钦定大清商律》《破产律》《改定商律草案》等法律。《钦定大清商律》中的《公司律》首次以法律形式肯定了公司这一企业组织形式，将公司分为合资公司、合资有限公司、股份公司、股份有限公司，并区分企业责任与投资者的个人责任。《改定商律草案》对各种商业行为作出详细规定。清末商事法的制定更多的是移植欧陆法律的结果。北洋政府时期仍采民商分立立法体系，修订完成《公司法草案》《破产法草案》《票据法草案》等。

南京国民政府采取民商合一立法体例，未制定独立的商法典，也无独立的商法总则，商法以单行法规形式出现，有《公司法》《票据法》《海商法》《保险法》等。各部单行法的内容已相当完备。《票据法》不仅借鉴德国日本票据法的内容，还部分借鉴了《海事票据公约》的相关内容，是移植法律比较成功的典范。

此外，南京国民政府时期还大量制定了经济法规。这些法律规范了土地、赋税、市场管理等内容。经济法不在六法体系之内，没有基本法典，内容较为单一。经济法调整的法律关系在传统社会虽也存在，但它与传统社会的礼教关系不大，因而传统特色较弱，故而在法律移植过程中的调适没有成为立法关注的焦点。

四、司法制度的移植与调适

（一）清末司法制度的移植与调适

1905 年，沈家本、伍廷芳上奏《议复江督等会奏恤刑狱折》，赞同有保留地废止刑讯。同时建议清政府变更诉讼制度。随后制定《大清刑事民事诉讼法草案》。该法采英美法传统，实行律师制、陪审制与公开审判制。这是中国开始实体法与程序法分立的尝试。其中的律师制、陪审制与公开审判制都为中国传统司法所无，是移植西方法律为我所用的法律继受。1909 年，《大清刑事诉讼律草案》完成。该法采用告劾式取代纠问式，检察官提起公诉，以自由心证、直接审理和言词辩论为原则，采用原被告待遇平等，审判公开，当事人无处分权，干涉主义，三审制度做法。上述内容是移植日本法律的结果。从法律传统上看，德日法律较英美法律与中国法律传统更为接近，因此刑事诉讼立法借鉴对象的变化也是法律移植调适的结果。同时清末起草的《大清民事诉讼律草案》，也主要参考了日本的《民事诉讼法》。

在修订诉讼法律的同时，清政府也对司法体制进行改革。改大理寺为大理院，为最高审判机关，建立四级三审制。地方设立高等审判厅、地方审判厅和初级审判厅。原地方的提刑按察使司改制为提法使司，承担地方司法行政职能。同时各级审判厅内分别设立总检察厅、高等检察厅、地方检察厅和初级检察厅。负责提起公诉、指挥警察逮捕犯罪者及监督审判。在科举已废的情况下，直接引入国外的法官考试制度，由法部负责。这些制度都是移植国外做法，因与中国传统做法并无明显冲突，因此基本属于直接移植，进行调适的力度较小。

（二）民初北洋时期的司法制度的移植与调适

南京临时政府时期颁布法令废止刑讯，并下令无论是民事诉讼还是刑事诉讼都禁止体罚当事人。北洋时期，《中华民国暂行法院编制法》承袭清末规定，设立各级审判厅。贯彻司法独立原则，声明院长亦不得指挥审判。还赋予了大理院解释法令的职权。在初级审判厅难以设立的情况下，中央政府允许县知事兼理应由初级审判厅审理的案件。这一做法不符合近代社会强调的司法独立标准，是传统中国行政兼理司法的再现，可以视为司法制度方面无可奈何的调适。1917 年，北洋政府又下令设立县司法公署，以保证审判权独立行使。但未从根本上改变县知事兼理司法的状况。此外，北洋政府还颁布《平政院编制令》，设立平政院，直属于大总统，专门审理行政诉讼。平政院内设肃政厅，负责提起行政公诉。平政院还可变更原行政机关的裁决。平政院的设立是移植国外法制的结果，但其关于肃政厅的设置及直接隶属于大总统则是受到中国传统司法体制与特色的影响，是本土化调适的结果。

（三）南京国民政府时期司法制度的移植与调适

1932 年，南京国民政府公布《中华民国法院组织法》。法院分为普通法院和行政法院两类。普通法院分为地方法院、高等法院和最高法院三级，实行三级三审制，第三审仅为法律审。司法体制实行审检合署制。检察机关独立行使检察权。同时颁布的《行政法院组织法》规定："行政法院负责全国行政审判事务。行政诉讼仅设一所，以一审为限，对其裁判不得上诉和抗告。"此外，南京国民政府还设立特种刑事法庭，专门审理危害民国及反革命案件。刑事法庭地位与最高法院相等，其裁判也不得上告。特种刑事法庭的设立是国民党一党专政破坏司法独立的结果，是一种开历史倒车的法律调适。

1928 年和 1935 年，南京国民政府两次颁行了《中华民国刑事诉讼法》。后一次修订将前法的四级三审制改为三级三审制，同时增加保安处分的内容。确立了自由心证原则，规定"证据之证明力，由法院判断之"。1932 年和 1935 年，南京国民政府两次颁行《中华民国民事诉讼法》。后者比前者在诉讼程序的设定上更简洁，内容上更完备。1930 年，立法院通过《民事调解法》，规定在一审法院附设民事调解处，初级管辖及人事诉讼案件，不经调解程序不得起诉。调解结案经书记官登记在记载簿后，与判决具有同等效力。再则，依据《区乡镇坊调解委员会权限章程》，刑事案件经被害人同意，亦可由调解委员会调解。中国传统司法注重调解。近代社会在引入西方诉讼体制后，依然在立法上保证调解能够得到有效实施，是法律为适应国情而主动进行的调适。

五、近代移植外国法律与本土化调适的历史启示

社会转型是一个复杂的历史过程，革命式的法律变革难以一蹴而就。清末向近代社会的转型过程中，变法修律学习西方法律文化，知识搬运总量之庞大，法治传统转变之急剧，为数千年所未有。面对内忧外患的积聚，清末启动的法律变革一直带有"超前立法"的紧迫色彩，政府对法统的变革寄予厚望，希望以近代化的法律体系塑造近代政府，实现社会转型。因此，对本土法制的改造落入了"照搬西法"的怪圈，诸多传统制度未经严格讨论即遭废止，而新制一时之间又难以扎根，徒有空壳。文明的外来因素能够成功植入本土的前提，应当是对自身传统的扬弃与创造，当传承与变革的平衡被打破，理想与现实之间折返往复的阵痛则难以避免。以这一时期监察法制的变革为例，清末对监察制度的改造是以效仿西方为鹄的，都察院的改造方案，先后曾有改为议院或行政审判院等多种构想，但最终因王朝覆灭而不了了之。民国肇建，作为封建皇权之代表

的都察院旋遭废止。从都察院陡然发展至民初的议会监察，这一变换可谓大刀阔斧，却并不符合社会发展的规律，在现实中必然遭到一定程度的抵制。且民国初年的国会政治难以持续平稳运作，依托议会行使的监察权亦随之运行不良。《中华民国临时约法》公布施行后，一年间所提起之弹劾案不过尔尔，且皆因议员人数不足而未能成立，“徒堕议院之声价，启政府侮玩之心……实不足以代表吾民之真意，而尽其监督政府之机能也”[1]。

良好的法律制度不是孤立地存在和生长着的，它的完善与进步、功能与实效，无不仰赖于一国之历史经验智慧与现实发展状况。就法律变革而言，不加甄别的传承自不可取，而以“进步”“求新”的名义抛弃优秀传统因素的存在，也将贻害无穷。就今日的法治现代化而言，吸收世界先进法律文明成果是必不可少的，但是更主要的任务在于，要加强对传统法律文化的创造性转化与创新性发展，以确定在新的条件下，应该发扬哪些有利于现代化的因素，应该去除哪些糟粕。凡不能与中国实际相结合、未能有效内化为中国法治要素的制度和学说，也需再学习、再消化，取其精华。

第四节　革命法律传统的传承发展

一、宪法法律传统的传承与发展

（一）第一次国内革命战争时期党的宪法观念

1922年，《中国共产党第二次全国代表大会宣言》提出党的新民主主义革命奋斗目标。宣言主张，党的最低纲领是消除内乱，打倒军阀，建设国内和平；推翻国际帝国主义的压迫，达到中华民族完全独立；统一中国为真正的民主共和国。这是党关于未来国体的主张。此外，党还提出保障人民结社、集会、言论、出版自由的权利，实行无限制的普通选举，实行乡村自治，制定限制田租率的法律，改良工人待遇，承认男女平等，统一财政，废除苛捐杂税，改良教育制度，普及教育；改良司法，废止肉刑。上述内容是中国共产党为制定宪法而进行的早期探索，宣言是具有宪法性精神的文件。

（二）中华苏维埃共和国的宪法性文件

1931年11月，第一次苏维埃代表大会通过《中华苏维埃共和国宪法大纲》，1934年1月，第二次全国苏维埃代表大会对《中华苏维埃共和国宪法大纲》进行修正。宪法大纲规定红色政权的国体是工农民主专政，政体是工农兵苏维埃代表大会制度。规定政权的基本任务是消灭封建残余，赶走列强势力，统一中国。确定公民的基本权利，包括平等自由权、参政议政权、参军参战权、经济发展权、劳动权、受教育权、妇女解放与婚姻自由权、民族自治权与信教自由权。宪法大纲中关于政权目标与公民权利的内容显

〔1〕 芬圃：《临时约法上之弹劾问题》，载《宪法新闻》1913年第2期。

然是继承了党的二大纲领中的宣言内容。表明党的意志在政权建立后上升为国家意志，是中国共产党人不忘初心的体现。

（三）抗日民主政权的宪法性文件

1941 年 11 月，陕甘宁边区第二届参议会通过《陕甘宁边区施政纲领》，规定了政权目标是保卫边区、保卫中国、驱逐日本帝国主义出中国。规定了抗日民主专政的政权性质，是既赞成抗日又赞成民主的人们的政权，是革命阶级对反动派的民主专政。和反革命政权有区别，和工农民主专政政权也有区别。规定了抗日人民的各项权利。《晋察冀边区目前施政纲领》最早提出了保障人权的问题。山东抗日根据地临时参议会制定《山东省保障人权条例》十二条。1940 年 12 月，中共中央《论政策》肯定了人权保障原则。规定对任何犯人，应坚决废止肉刑，重证据而不轻信口供。规定只有司法机关和治安机关才有逮捕犯人的权力。抗日民主政权相比工农民主政权，具有地方政权的性质，也有抗战这一时代的特殊性，因此宪法性文件的内容与工农民主政权的宪法性文件相比有一定的不同，比如国体部分就由工农变为赞同抗日与民主者。但与变化相比，传承的内容是本质的。比如政权民主性以及对人民权利及人权的保障都是一以贯之的。

（四）解放区宪法性文件

1946 年 4 月，陕甘宁边区第三届参议会通过《陕甘宁边区宪法原则》，宪法原则虽未规定政权性质，但将政体表述为"边区、县、乡人民代表会议（参议会）为人民管理政权机关"。既然政权是人民政权，可见国体是人民当家作主。此外《宪法原则》还规定了人民享有广泛的权利，包括政治权利、经济与社会生活权利。各少数民族可以组织民族自治政权，在不与省宪抵触的原则下，可以订立自治法规。妇女除有男子平等权利外，还应照顾妇女的特殊利益。各级司法机关独立行使职权，除服从法律外，不受任何干涉。除公安司法机关依法执行职务外，任何机关团体不得有逮捕审讯的行为。1948 年 8 月，华北临时人民代表大会通过《华北人民政府施政方针》，在政治方面，要求建立各级人民代表会议，保障人民民主权利，开展文化教育工作。上述宪法性文件规定了国体为人民当家作主，政体为人民代表会议或大会，广泛保障人民权利，促进社会发展。与前述三个时期相比，少了统一中国、反帝等内容。之所以有这一变化，是因为随着时代的变化，党领导人民反帝及统一中国的任务已基本完成。解放战争时期的宪法中关于人民民主的国体、人民代表大会的政体与之前的工农民主、苏维埃代表会议及抗日人民民主及参议会的政体具有明显的继承关系。对新中国成立后的人民民主专政的国体及人民代表大会制政体的选择无疑具有重大的影响。

二、刑事法律传统的传承与发展

（一）第一次国内革命战争时期的刑法

1927 年 1 月，湖南省制定《湖南省惩治土豪劣绅暂行条例》，3 月，湖北省制定《湖北省惩治土豪劣绅暂行条例》，湖北省的条例列举了十一种罪行，分别规定各种刑罚，对贪没公款的行为按数额不同规定了不同的量刑标准。湖北的刑事立法有两点可贵之处，一是立法走群众路线。草案拟定后，在报上全文刊载，征求群众意见，并在此基础上对草案条款进行增删和修正。二是立法规定犯罪行为的具体罪状并给予相应的处罚，已具备罪刑法定及罪刑相当的精神。

（二）中华苏维埃共和国的刑法

1934 年 4 月，中央苏区颁布了《中华苏维埃共和国惩治反革命条例》，规定了反革命罪的概念和种类，采取概括和列举相结合的方式规定罪状。概括罪状为："凡一切图谋推翻或破坏苏维埃政府及工农民主革命所得到的权利，意图或恢复豪绅地主资产阶级的统治者，不论用什么方法，都是反革命行为。"列举罪状为："组织反革命武装侵犯苏区，在苏区内举行反革命暴动，组织反革命团体进行破坏活动，以反革命为目的杀害群众，投敌等。"概括罪状和列举罪状相结合的办法既可以使司法机关精准打击反革命犯罪，又能够防止反革命分子钻法律漏洞逃脱处罚。此外，条例还规定了各种刑罚，有死刑、监禁、没收财产、剥夺公民权等。此外，中华苏维埃共和国中央政府执行委员会还于 1932 年 12 月颁布《关于惩治贪污浪费》训令，规定机关、国营企业及公共团体的工作人员贪污公款以图私利的，依数额不同，分别处以相应刑罚。这一规定同样具有罪刑相当的精神。

（三）抗日民主政权的刑法

1939 年，陕甘宁边区政府制定《陕甘宁边区抗战时期惩治汉奸条例》，规定："阴谋建立傀儡伪政权者，各种侦探、间谍特务、组织领导叛乱者，抢枪投敌者，纵火抢劫者，破坏货币或紊乱金融者，视情节轻重判处有期徒刑或死刑，并没收本犯全部财产或处以罚金。"同年制定的《陕甘宁边区抗战时期惩治盗匪条例》，列举了盗匪罪的十二种表现形式。《陕甘宁边区抗战时期惩治汉奸条例》的制定体现了边区政府因时立法的特点。从具体条文来看，两部条例都采用的列举罪状的做法能够体现罪刑法定原则，而视情节轻重量刑则体现了罪刑相当原则。这一时期的刑事司法实践还能够体现刑法面前人人平等的原则，特别是边区法院在审理黄克功逼婚不成杀害未达法定婚龄的刘茜案中，黄克功虽立过战功，但并未对法律适用产生影响，最终还是依法被判死刑。由此可见，当代刑法的罪刑法定、罪刑相当、刑法面前人人平等三大原则在抗日民主政权的刑法及其实践中都有体现。

（四）解放区民主政权的刑法

解放战争时期，各解放区根据当时实际，分别制定了具有自身特色的刑事法律。如《苏皖边区危害解放区紧急治罪暂行条例》《苏皖边区第一行政区破坏解放区革命秩序治罪办法》《晋冀鲁豫边区破坏土地改革治罪条例》《华北人民政府解散所有会门道门封建迷信组织的布告》《东北解放区惩治贪污暂行条例》。1947 年，《中国人民解放军宣言》指出，对蒋方人员采取分别对待的方针，即首恶必办，胁从者不问，立功者受奖。在刑罚方面还创立了管制刑种，缓刑、减刑、假释也被广泛应用。

综观四个时期的刑事立法，我们发现有些刑法原则从一开始就已经显现，比如罪刑法定与罪刑相当，有的原则是从实践中总结出来的，比如法律面前人人平等。这些原则长期传承，成为我国刑法的优秀传统，因此在新中国的刑事立法中最终得以基本原则的形态呈现。从立法内容看，打击危害政权的犯罪行为从反革命罪演进到危害解放区罪，这一演变轨迹与新中国刑法中反革命罪演变为危害国家安全罪极为相似，很显然是受到革命时期刑法演进的影响。再则，从革命根据地时期开始，刑法就很重视惩治贪污浪费行为，这一做法也得以长期传承，新中国成立之初的“三反”“五反”也是传承了这一做法。直到今天，刑法依然是反腐败的利器。此外解放战争时期各解放区制定了具有地方特色的刑事法规。刑事立法呈现多样化与区域性特色。这一特色现在还影响着我国的刑事立法，比如少数民族单行条例中就有刑事法律的特别规定。

三、民事经济法律的传承与发展

（一）第一次国内革命时期的民事经济法律

1921 年 9 月，浙江萧山《衙前农民协会章程》最早提出减轻地租的原则：以收成及会员平均的消费所剩余的为标准。1923 年，广东海丰农民协会确定“至多三成交租”，1925 年，中国共产党《告农民书》提出“二五减租”原则。1922 年，中共中央委托中国劳动组合书记部制定劳动法，规定八小时工作制、最低工资制，并提出对女工及童工的保护措施。1926 年，第三次全国劳动大会通过《劳动法大纲决议案》，对之前过高的规定作了调整，将每周休息一天半改为星期日休息。关于婚姻家庭的立法原则中，党的历次代表大会提出解放妇女及婚姻家庭立法原则，如男女平等、婚姻自由、一夫一妻、保护妇女儿童和老人的原则，明确女子享有财产权及继承权。省港罢工工人代表大会通过决议，与广州政府商定在海关征收“二五附加税”作为结束罢工的条件。海关附加税的征收显然有利于保护中国工人的利益。

（二）革命根据地的民事经济法律

1928 年的《井冈山土地法》规定没收一切土地。1929 年的《兴国土地法》规定：“没收一切公共土地及地主阶级的土地。”1931 年 12 月的《中华苏维埃共和国土地法》规定没收封建地主、豪绅、军阀、官僚、富农以及一切反革命分子的土地，分给贫农、中农、劳动贫民。1935 年的《关于改变富农政策的命令》规定，停止对富农土地的没收。1931 年 11 月的《中华苏维埃共和国劳动法》规定了八小时及最低工资，女工产假为六至八星期，照常发工资。1931 年 12 月颁布的《中华苏维埃共和国婚姻条例》及 1934 年颁布的《中华苏维埃共和国婚姻法》规定了男女婚姻自由，废除包办婚姻、强迫和买卖婚姻，禁止童养媳，实行一夫一妻制。苏维埃政府还颁布了《关于经济政策的决议案》《工商投资暂行条例》等经济法规，在一定程度上促进了经济发展。

（三）抗日根据地的民事经济法律

抗日战争时期，抗日根据地政权停止没收地主土地，实行减租减息。原则上二五减租。借债年息以一分半为准。1940 年 12 月，中共中央发布《论政策》，提出不宜普遍推行八小时工作制，允许某些生产部门实行十小时工作制。抗日根据地婚姻立法沿用苏区立法，都实行婚姻自由、一夫一妻原则。但在具体问题上各根据地有灵活规定。比如最低婚龄，有的地区规定男二十，女十八；有些地区则是男十八，女十六。有的地方承认订婚的程序性效力，有的地区则不承认。在经济政策方面，以发展经济保障供给为总方针，实行公私兼顾、军民兼顾、统一领导、分散经营的原则。此外还制定许多具体的行业发展法规。

（四）解放区的民事经济法律

1946 年 5 月，中共中央发表《关于土地问题的指示》，决定将减租减息改为没收地主土地分给农民的政策。1947 年公布《中国土地法大纲》，规定“废除封建性及半封建性剥削的土地制度，废除一切地主的土地所有权”。没收地主土地，按乡村人口平均分配，地主富农也分给土地。1948 年第六次全国劳动大会通过了《关于中国职工运动当前任务的决议》及《中华全国总工会章程》，规定实行八到十小时工作制，保障职工最低水准的工资。在婚姻方面，沿用抗日民主根据地的法律。中央法制委员会确立了婚姻家庭立法四项原则：男女平等，婚姻自由，一夫一妻，保护妇女儿童老人合法权益。经济法律上确立了“发展生产，繁荣经济，公私兼顾，劳资两利”的总目标。

从民事经济立法的演进我们可以看，对于婚姻家庭立法，基本上以沿续为主，土地立法虽然常有变化，但实行土地公有的精神一直没有变，承认土地私有都是特殊时期的要求。而劳动立法亦以保护劳工利益为宗旨，对资方进行让步同样是特殊时期的要求。总的看来，民事经济法律在精神上一脉相承，对新中国成立后的立法产生了深远的影响。

四、司法传统的传承与发展

（一）第一次国内革命战争时的司法制度

第一次国内革命战争时期，湖南省与湖北省分别制定了《湖南省审判土豪劣绅特别法庭组织条例》《湖北省审判土豪劣绅委员会暂行条例》。湖南省成立省县两级特别法庭，湖北省成立省县两级审判委员会。湖北省实行上诉制度，两审终审，上诉期限为五日；省级一审则为一审终审。湖南省实行自动复审，一审审完后第二审复核，有疑义的提案复审。省港罢工委员会下设会审处和军法处，后又与广州国民政府联合成立特别法庭，专门审理破坏罢工的重要案犯，由政府派出审判员三人和委员会派出陪审员三人组成。此为我国陪审制度的源头。

（二）中华苏维埃共和国的司法制度

1932 年 2 月，中央设立临时最高法庭，1934 年改为最高法院。地方设省、县、区三级裁判部，在红军中设初级、高级军事裁判所。采取审检合一制，检察机关设在审判机关之内，独立行使检察权。在政府的人民委员部中设司法人民委员部，为司法行政机关。最高法院有解释法律的职权，并审查各裁判部及军事裁判所的判决书及决议。案件审理允许上诉与抗议。上诉由被告人提出，抗议则由检察员提出。上诉与抗议都须逐级进行。

（三）抗日民主政权的司法制度

抗日战争时期，陕甘宁边区设高等法院，所辖各县设司法处，实行两级两审。1942 年 7 月，边区政府设立审判委员会，受理三审上诉案件。此后实行三级三审制。1944 年 2 月，撤销边区政府审判委员会，边区司法恢复两审终审制。后在边区各分区设立边区高等法院分庭，由各专员兼任分庭庭长，以便利人民上诉。边区高等法院分庭受理不服该分区内所辖各地方法院或县司法处第一审判决上诉的民刑案件。

（四）解放区民主政权的司法制度

解放战争时期，解放区的司法制度有了较大变化。土地改革运动中建立了土地革命人民法庭，在新解放城市的军事管制时期，成立军事法庭。各大行政区形成后，设立三级人民法院，即大区高级人民法院，省人民法院，县市人民法院。其中华北和东北人民政府还成立司法部，负责辖区内的司法行政工作。

在新民主主义革命时期，司法制度非常重视群众路线。贯彻群众路线在组织上的一个重要表现是成立巡回法庭。巡回法庭便于司法者在案件发生地进行审理，可以吸引群众旁听，既可教育群众，又能方便司法者听取群众意见，从而更便于发现案件真实及做出合理的裁判。走群众路线的第二个表现是推行人民调解制度。著名的马锡五审判方式就是巡回法庭与人民调解制度结合的典范。

中国古代法律传统是由中国古代社会的特点决定的。中国现代社会与古代社会相比虽然发生了巨大变化，但中华文明的传承从未断绝，因而古代法律的优秀部分在当代社会仍然有其价值。具体而言，中国古代法律传统可为当代法律借鉴的有以下几个方面：

（1）在法律思想领域，民惟邦本、本固邦宁的民本理念，天下无讼、以和为贵的价值追求，德主刑辅、德法共治的治国策略，援法断罪、罚当其罪的平等观念，惟在得人、选贤与能的人才标准等。

（2）在刑法领域，古代刑事立法的罪刑法定、罪刑相当、刑法面前人人平等、罪责自负原则及疑罪从轻制度、亲亲相隐制度及保辜制度。

（3）在民事经济法领域的禁止官员与民争利、保护贱民基本权利、适度保护妇女的婚姻权利、财产平均继承、提倡轻税、保护生存环境、关爱弱势群体权益等做法。

（4）行政法领域的选择贤能者为官，并重视对官员进行考核与监督。

（5）司法领域重视通过多重审理、重视证据与情理相结合来发现案件真实及注重仁政司法。

在近代移植外国法律过程中，立法者没有简单地照搬外国法律，而是对移植的法律做出了符合本国国情的调适，这一对待外国法与本国固有传统的态度值得当代立法者学习。

革命法律传统在宪法方面主要表现为建立人民通过代表会议方式行使当家作主权利的政权，保护人民的各项权利。在刑法领域间接体现了罪刑法定与罪刑相当精神，刑事司法实践中体现了人人平等的原则。在民事经济法领域强调婚姻自由、男女平等及保护劳工权益。在司法领域禁用刑讯并重视通过调解解决纠纷。

重要名词术语

法律移植、传统法、中华优秀传统法律文化

思考题

1. 试述中国传统法律中对“以人为本”的制度体现。
2. 试述中国古代官员的考核与监督制度。
3. 试述中国对西方法律制度的移植与调适。
4. 试述红色法治传统的主要内容及时代意义。

参考文献

一、史料

1.《春秋繁露》，中华书局 2012 年版。

2.《邓中夏文集》，人民出版社 1983 年版。

3.《第一次国内革命战争时期的农民运动资料》，人民出版社 1983 年版。

4.《汉书》，中华书局 1962 年版。

5.《红色档案——延安时期文献档案汇编：陕甘宁边区政府文件选编》，陕西人民出版社 2013 年版。

6.《金史》，中华书局 1975 年版。

7.《晋书》，中华书局 1974 年版。

8.《旧唐书》，中华书局 1975 年版。

9.《李达文集》，人民出版社 1980 年版。

10.《辽史》，中华书局 1974 年版。

11.《毛泽东选集》，人民出版社 1991 年版。

12.《名公书判清明集》，中华书局 1987 年版。

13.《明史》，中华书局 1974 年版。

14.《清史稿》，中华书局 1977 年版。

15.《史记》，中华书局 1959 年版。

16.《宋会要辑稿》，中华书局 1957 年版。

17.《宋史》，中华书局 1985 年版。

18.《宋刑统》，中华书局 1984 年版。

19.《隋书》，中华书局 1973 年版。

20.《唐六典》，中华书局 1992 年版。

21.《唐律疏议》，中华书局 1983 年版。

22.《通典》，中华书局 2016 年版。

23.《魏书》，中华书局 1974 年版。

24.《文献通考》，中华书局 1986 年版。

25.《谢觉哉日记》，人民出版社 1984 年版。

26.《元史》，中华书局 1976 年版。

27.《贞观政要》，上海古籍出版社 1978 年版。

28.《中华民国六法判例理由汇编》，上海会文堂新记书局 1941 年版。

29. 北京图书馆编：《民国时期总书目》（法律卷），书目文献出版社 1986 年版。

30. 蔡鸿源主编：《民国法规集成》，黄山书社 1999 年版。

31. 陈启天校释，葛红丽校订：《商君书》，商务印书馆 2022 年版。

32. 第二历史档案馆编：《北洋政府档案》，中国档案出版社 2010 年版。

33. 第二历史档案馆编：《中华民国史档案资料汇编》，江苏古籍出版社 1991 年版。

34. 高潮、马建石主编：《中国历代刑法志注译》，吉林人民出版社 1994 年版。

35. 谷安林主编：《中国共产党历史·组织机构辞典》，中共党史出版社、党建读物出版社 2019 年版。

36. 故宫博物院明清档案部编：《清末筹备立宪档案史料》，中华书局 1979 年版。

37. 顾颉刚、刘起釪：《尚书校释译论》，中华书局 2005 年版。

38. 郭卫编：《大理院判决例全书》，成文出版社 1972 年版。

39. 韩延龙、常兆儒编：《革命根据地法制文献选编》，中国社会科学出版社 2013 年版。

40. 怀效锋主编：《清末法制变革史料》（上下卷），中国政法大学出版社 2010 年版。

41. 蒋礼鸿：《商君书锥指》，中华书局 1986 年版。

42. 荆州博物馆编：《张家山汉墓竹简（336 号墓）》，文物出版社 2022 年版。

43. 李山、轩新丽译注：《管子》，中华书局 2019 年版。

44. 刘寿林等编：《民国职官年表》，中华书局 1995 年版。

45. 睡虎地秦墓竹简整理小组编：《睡虎地秦墓竹简》，文物出版社 1978 年版。

46. 天津市档案馆编：《北洋军阀天津档案史料选编》，天津古籍出版社 1990 年版。

47. 王利器：《新语校注》，中华书局 2012 年版。

48. 王沛主编：《甲骨、金文、简牍法制史料提要》，上海古籍出版社 2022 年版。

49. 王先慎：《韩非子集解》，中华书局 2016 年版。

50. 西北五省区编纂领导小组、中央档案馆编：《中国共产党历史资料丛书·陕甘宁边区抗日民主根据地文献卷》，中共党史资料出版社 1990 年版。

51. 夏新华等整理：《近代中国宪政历程：史料荟萃》，中国政法大学出版社 2004 年版。

52. 徐元诰：《国语集解》，中华书局 2002 年版。

53. 杨伯峻：《春秋左传注》，中华书局 2009 年版。

54. 张家山二四七号汉墓竹简整理小组编：《张家山汉墓竹简（二四七号墓）》（释文修订本），文物出版社 2006 年版。

55. 中共中央文献研究室、中央档案馆编：《建党以来重要文献选编（一九二一——一九四九》，中央文献出版社 2011 年版。

56. 中国社会科学院近代史研究所编：《临时政府公报·辛亥革命资料》，中华书局 1961 年版。

57. 中国台湾“国史馆”编印：《中华民国史法律志（初稿）》，编者刊行 1994 年。

二、专著

1.［清］沈家本:《历代刑法考》，商务印书馆 1985 年版。

2. 艾绍润、高海深:《陕甘宁边区审判史》，陕西人民出版社 2007 年版。

3. 蔡枢衡:《中国法理学自觉的发展》，清华大学出版社 2005 年版。

4. 陈宝良:《明代社会生活史》，中国社会科学出版社 2004 年版。

5. 陈佳臻:《元代刑部研究》，中国社会科学出版社 2021 年版。

6. 陈梦家:《西周铜器断代》，中华书局 2004 年版。

7. 陈伟等著:《秦简牍整理与研究》，经济科学出版社 2017 年版。

8. 陈新宇:《从比附援引到罪刑法定——以规则的分析与案例的论证为中心》，北京大学出版社 2007 年版。

9. 陈寅恪:《隋唐制度渊源略论稿·唐代政治史述论稿》，商务印书馆 2011 年版。

10. 程树德:《九朝律考》，中华书局 1963 年版。

11. 戴建国:《宋代法制初探》，黑龙江人民出版社 2000 年版。

12. 邓中夏:《中国职工运动简史（1919—1926）》，人民出版社 1949 年版。

13. 高汉成、宗恒:《中国近代领事裁判权问题与晚清法律改革》，中国法制出版社 2020 年版。

14. 高恒:《中国古代法制论考》，中国社会科学出版社 2013 年版。

15. 郭东旭:《宋朝法律史论》，河北大学出版社 2001 年版。

16. 郭沫若:《两周金文辞大系图录考释》，上海书店出版社 1999 年版。

17. 黄仁宇:《明代的漕运》，新星出版社 2005 年版。

18. 黄源盛:《汉唐法制与儒家传统》（增订本），广西师范大学出版社 2020 年版。

19. 黄源盛:《晚清民国刑法春秋》，台湾梨斋社有限公司 2018 年版。

20. 黄源盛:《中国法史导论》，广西师范大学出版社 2014 年版。

21. 经君健:《清代社会的贱民等级》，中国人民大学出版社 2009 年版。

22. 李峰:《西周的政体——中国早期的官僚制度和国家》，生活·读书·新知三联书店 2010 年版。

23. 李欣荣:《自创良法：清季新刑律的编修与纷争》，社会科学文献出版社 2018 年版。

24. 李学勤:《东周与秦代文明》，上海人民出版社 2007 年版。

25. 李学勤:《新出青铜器研究》（增订版），人民美术出版社 2016 年版。

26. 梁方仲:《明代赋役制度》，中华书局 2008 年版。

27. 林毓生:《中国传统的创造性转化》，生活·读书·新知三联书店 1988 年版。

28. 刘海年:《战国秦代法治管窥》，法律出版社 2006 年版。

29. 刘俊文:《唐代法制研究》，文津出版社 1999 年版。

30. 钱大群:《唐律研究》，法律出版社 2000 年版。

31. 钱大群:《唐律与唐代法制考辨》，社科文献出版社 2013 年版。

32. 钱端升等：《民国政制史》（上、下），上海人民出版社 2008 年版。
33. 邱澎生、陈熙远编：《明清法律运作中的权力与文化》，广西师范大学出版社 2017 年版。
34. 瞿同祖：《中国法律与中国社会》，商务印书馆 2010 年版。
35. 邵芳：《西夏法制研究》，人民出版社 2009 年版。
36. 沈国威：《新语往还：中日近代语言交涉史》，社会科学文献出版社 2020 年版。
37. 苏秉琦：《中国文明起源新探》，生活·读书·新知三联书店 2019 年版。
38. 苏亦工：《明清律典与条例》（修订版），商务印书馆 2020 年版。
39. 孙家红：《清代的死刑监候》，社会科学文献出版社 2007 年版。
40. 童书业：《春秋史》，上海古籍出版社 2010 年版。
41. 王伯琦：《近代法律思潮与中国固有文化》，清华大学出版社 2005 年版。
42. 王健编：《西法东渐：外国人与中国法的近代变革》，译林出版社 2020 年版。
43. 王捷：《包山楚司法简考论》，上海人民出版社 2015 年版。
44. 王沛：《刑书与道术：大变局下的早期中国法》，法律出版社 2018 年版。
45. 王震中：《中国古代国家的起源与王权的形成》，中国社会科学出版社 2013 年版。
46. 王志强：《清代国家法：多元差异与集权统一》，社会科学文献出版社 2017 年版。
47. 武玉环：《辽制研究》，吉林大学出版社 2001 年版。
48. 夏利亚：《睡虎地秦简文字集释》，上海交通大学出版社 2019 年版。
49. 谢振民编著：《中华民国立法史》（上、下），中国政法大学出版社 2000 年版。
50. 许宏：《最早的中国——二里头文明的崛起》，生活·读书·新知三联书店 2021 年版。
51. 薛梅卿：《〈宋刑统〉研究》，法律出版社 1997 年版。
52. 杨国桢：《明清土地契约文书研究》，中国人民大学出版社 2009 年版。
53. 杨宽：《西周史》，上海人民出版社 2003 年版。
54. 杨宽：《战国史》，上海人民出版社 2016 年版。
55. 杨树达：《积微居金文说》，上海古籍出版社 2013 年版。
56. 杨一凡：《明代立法研究》，社会科学文献出版社 2013 年版。
57. 尤陈俊：《聚讼纷纭：清代的“健讼之风”话语及其表达性现实》，北京大学出版社 2022 年版。
58. 俞江：《近代中国的法律与学术》，北京大学出版社 2008 年版。
59. 曾代伟：《金元法制丛考》，社会科学文献出版社 2010 年版。
60. 张伯元：《包山楚简案例举隅》，上海人民出版社 2014 年版。
61. 张光直：《商文明》，生活·读书·新知三联书店 2019 年版。
62. 张国庆：《辽代社会史研究》，中国社会科学出版社 2006 年版。
63. 张生：《中国近代民法法典化研究（1901—1949）》，中国政法大学出版社 2004 年版。
64. 赵晓耕：《宋代法制研究》，中国政法大学出版社 1994 年版。

65. 郑鹏:《制度与秩序：元代地方司法运作研究》，社科文献出版社 2023 年版。

66. 郑秦:《清代法律制度研究》，中国政法大学出版社 2000 年版。

67. 郑小悠:《人命关天：清代刑部的政务与官员（1644—1906）》，上海人民出版社 2022 年版。

68. 朱凤瀚:《商周家族形态研究》，商务印书馆 2022 年版。

69. 朱勇:《清代宗族法研究》，法律出版社 2017 年版。

70. 朱勇:《中国法律的艰辛历程》，黑龙江人民出版社 2002 年版。

三、译著

1.［美］埃尔曼:《比较法律文化》，贺卫方、高鸿钧译，生活·读书·新知三联书店 1990 年版。

2.［美］爱德华·希尔斯:《论传统》，傅铿、吕乐译，上海人民出版社 2014 年版。

3.［美］伯尔曼:《法律与革命》，贺卫方、高鸿钧等译，中国大百科全书出版社 1993 年版。

4.［美］亨廷顿:《变动社会中的政治秩序》，王冠华、刘为等译，上海世纪出版集团 2008 年版。

5.［美］孔飞力:《叫魂：1768 年中国妖术大恐慌》，陈兼、刘昶译，生活·读书·新知三联书店 2014 年版。

6.［美］西里尔·布莱克:《比较现代化》，杨豫、陈祖洲译，上海译文出版社 1996 年版。

7.［日］工藤元男:《睡虎地秦简所见秦代国家与社会》，［日］广濑薰雄、曹峰译，上海古籍出版社 2018 年版。

8.［日］森田成满:《清代中国土地法研究》，牛杰译，法律出版社 2012 年版。

9.［日］滋贺秀三等:《明清时期的民事审判与民间契约》，王亚新等译，法律出版社 1998 年版。

10.［日］佐竹靖彦主编:《殷周秦汉史学的基本问题》，中华书局 2008 年版。

四、论文

1.［日］籾山明:《甲骨文中の“五刑”をめぐつて》,《信大史学》第 5 号，1980 年。

2. 蔡晓荣:《民国时期社会法理论溯源》,《清华法学》2018 年第 3 期。

3. 柴荣:《宋代女性的土地权利保护》,《中国社会科学》2022 年第 7 期。

4. 柴荣:《中国传统生态环境法文化及当代价值研究》,《中国法学》2021 年第 3 期。

5. 陈国平:《明代监察系统内部监察制度析论》,《法学研究》2022 年第 6 期。

6. 陈会林:《回避婚约：新中国婚姻立法的历史选择及其因由》,《政法论坛》2021 年第 2 期。

7. 陈伟:《秦汉简牍所见的律典体系》,《中国社会科学》2021 年第 1 期。

8. 邓建鹏:《清代“依法裁决”问题的再研究》,《四川大学学报（哲学社会科学版）》

2021 年第 2 期。

9. 高汉成：《大清刑律草案签注考论》，《法学研究》2015 年第 1 期。

10. 高汉成：《中国近代“治外法权”概念的词汇史考察》，《厦门大学学报（哲学社会科学版）》2018 年第 5 期。

11. 高汉成：《中国近代刑法继受的肇端和取向》，《政法论坛》2014 年第 5 期。

12. 高仰光：《法典化的历史叙事》，《中国法学》2021 年第 5 期。

13. 韩涛：《乾坤挪移玄机深　晚清官制改革中的“改寺为院”》，《中外法学》2016 年第 1 期。

14. 郝铁川：《正确认识和评价马锡五审判方式》，《中国法学》2023 年第 6 期。

15. 何勤华：《法律文明的内涵及其历史解读》，《法商研究》2018 年第 6 期。

16. 何勤华：《新中国法学发展规律考》，《中国法学》2013 年第 3 期。

17. 何勤华：《以古代中国与日本为中心的中华法系之律家考》，《中国法学》2017 年第 5 期。

18. 侯欣一：《晚清时期国人对法院组织的认知》，《法学研究》2022 年第 4 期。

19. 侯欣一：《中国近现代法治进程的法理阐释》，《南开学报（哲学社会科学版）》2020 年第 2 期。

20. 胡学军：《中国传统司法如何处置“真伪不明”》，《中国法学》2022 年第 5 期。

21. 胡玉鸿：《唐律说“理”》，《中国社会科学》2023 年第 9 期。

22. 霍存福：《宋代“鞫谳分司”：“听”“断”合一与分立的体制机制考察》，《社会科学辑刊》2016 年第 6 期。

23. 蒋铁初：《清代君臣的法外施仁博弈》，《法学研究》2021 年第 2 期。

24. 蒋铁初：《中国传统司法中的察狱以情及其现代价值》，《中国法学》2022 年第 5 期。

25. 李栋：《超越“依法裁判”的清代司法》，《中国法学》2021 年第 4 期。

26. 李启成：《帝制中国的“权利”辨析》，《清华法学》2019 年第 1 期。

27. 栗铭徽：《清代法律位阶关系新论》，《华东政法大学学报》2017 年第 3 期。

28. 梁治平：《“事律”与“民法”之间》，《政法论坛》2017 年第 6 期。

29. 刘文鹏：《军机大臣议复机制与清朝国家政治体制重构》，《中国社会科学》2023 年第 5 期。

30. 刘昕杰：《成文法背景下的判例实践——近代中国最高审判机构判例汇编与实效》，《法学研究》2021 年第 5 期。

31. 刘昕杰：《实验法院：近代中国司法改革的一次地方试点》，《中国法学》2015 年第 5 期。

32. 罗冠男：《行政法典编纂视角下明清会典的编纂理念、立法模式及启示》，《中国法学》2023 年第 3 期。

33. 茆巍：《1768 年叫魂案再审视与解读》，《中国社会科学》2023 年第 6 期。

34. 明辉：《“御史监察”的历史构造与运转实效》，《法学研究》2020 年第 4 期。

35. 聂鑫：《第三审为法律审？》，《法律科学（西北政法大学学报）》2022 年第 5 期。

36. 聂鑫:《国民政府时期立法院的地位与权限》,《历史研究》2014 年第 6 期。
37. 聂鑫:《近代中国统一法律适用的实践》,《法学研究》2023 年第 4 期。
38. 齐云:《论罗马民事诉讼法上的证讼》,《比较法研究》2015 年第 2 期。
39. 裘锡圭:《西周铜器铭文中的“履”》,载王宇信主编:《甲骨文与殷商史》(第三辑),上海古籍出版社 1991 年版。
40. 屈文生:《英美在近代中国行使治外法权主体之型化与形替》,《法学研究》2023 年第 3 期。
41. 苏亦工:《“八议”源流与腹边文化互动》,《法学研究》2019 年第 1 期。
42. 汪世荣:《陕西紫阳诉讼档案中的清代土地交易规范及其私法理念》,《法学研究》2021 年第 1 期。
43. 汪太贤:《先秦法的概念隐喻》,《中国社会科学》2023 年第 2 期。
44. 汪雄涛:《中国法律史研究的三种神话》,《法学评论》2013 年第 4 期。
45. 王沛:《西周邦国的法秩序构建:以新出金文为中心》,《法学研究》2016 年第 6 期。
46. 王沛:《刑鼎、宗族法令与成文法公布——以两周铭文为基础的研究》,《中国社会科学》2019 年第 3 期。
47. 王沛:《子产铸刑书新考:以清华简〈子产〉为中心的研究》,《政法论坛》2018 年第 2 期。
48. 王志强:《我们为什么研习法律史?》,《清华法学》2015 年第 6 期。
49. 魏琼:《中华法律文化之起源考》,《中国法学》2024 年第 2 期。
50. 武乾:《官治夹缝中的自治:明清江南市镇的非正式政体》,《法学》2013 年第 12 期。
51. 杨际平:《论北朝隋唐的土地法规与土地制度》,《中国社会科学》2021 年第 2 期。
52. 杨一凡:《重述中国法律思想史》,《华东政法大学学报》2021 年第 4 期。
53. 姚宇:《原情与抑情:从“崔三过失杀父案”看清代中期的礼教与司法》,《法学研究》2022 年第 5 期。
54. 尤陈俊:《“案多人少”的应对之道:清代、民国与当代的比较研究》,《法商研究》2013 年第 3 期。
55. 尤陈俊:《“讼师恶报”话语模式的力量及其复合功能》,《学术月刊》2019 年第 3 期。
56. 张德美:《试析明清律中的“罪坐所由”》,《中国法学》2024 年第 2 期。
57. 张德美:《宋代故事:一种遵循先例制度的考察》,《法学研究》2021 年第 4 期。
58. 张晋藩:《论中国古代的民本思想》,《中国法学》2022 年第 5 期。
59. 张玲玉:《浙路风潮中的诸权之争》,《法学研究》2022 年第 5 期。
60. 张生:《〈中华民国民法〉“第一条”的源流与功能》,《政法论坛》2022 年第 3 期。
61. 张生:《民国民法典的制定:复合立法机构的组织与运作》,《比较法研究》2015 年第 3 期。
62. 张生:《中国古代权威秩序中的法统——一个结构与功能的分析》,《中国政法大学学报》2014 年第 1 期。

63. 张守东:《人命与人权：宋代死刑控制的数据、程序及启示》,《政法论坛》2015 年第 2 期。

64. 张一民:《晚清杀尊亲属罪转型中的基本问题》,《法学研究》2022 年第 3 期。

65. 赵晶:《唐代笔记所载灵异案件反映的法律文化》,《法学研究》2024 年第 3 期。

66. 赵明:《中华法系的百年历史叙事》,《法学研究》2022 年第 1 期。

67. 赵佩馨:《甲骨文中所见商代五刑》,《考古》1973 年第 2 期。

68. 朱腾:《秦汉时代律令的传播》,《法学评论》2017 年第 4 期。

69. 朱腾:《唐以前盗罪之变迁研究》,《法学研究》2022 年第 1 期。

70. 朱勇:《“官法同构”：中国古代的大国治理之路》,《学术月刊》2019 年第 11 期。

71. 朱勇:《“祖制”的法律解读》,《法学研究》2016 年第 4 期。

附录：中国法律史大事年表

前 3300—前 2300 年	良渚文明兴起，证实了中华民族五千多年的文明史。以玉器石器所表征的礼制著称，显露出中国宗法政治之端倪。
前 2300—前 1900 年	陶寺文化兴盛，考古研究认为中国古代的巫文化崇拜、祖先崇拜以及礼乐典章制度的发达应当肇始于陶寺文化。
前 1750—前 1520 年	二里头文化产生，相当于古代文献中的夏、商时期。《左传·昭公六年》记载：“夏有乱政，而作禹刑；商有乱政，而作汤刑。”
前 1046—前 771 年	周公制礼；周成王时作《九刑》；司寇吕侯制《吕刑》（西周）。
前 536 年	郑国子产“铸刑鼎”，为中国古代第一次公布法律（周景王九年）。
前 407 年	魏国李悝制《法经》六篇，为中国古代社会第一部系统的成文法典（周威烈王十九年）。
前 359 年	秦孝公任用商鞅定变法之令，改法为律，制定秦律（周显王十年）。
前 206 年	刘邦入咸阳，与民“约法三章”，“杀人者死，伤人及盗抵罪”，除秦苛法（汉高祖元年）。
前 201 年	丞相萧何受命作《九章律》，在前代基础上增加了“户”“兴”“厩”三篇（汉高祖六年）。
前 167 年	缇萦上书，汉文帝下诏进行刑制改革，废除肉刑（汉文帝十三年）。
前 140 年	汉武帝“罢黜百家，独尊儒术”（汉武帝建元元年）。
220 年	曹丕称帝，施行“九品中正制”（汉献帝建安二十五年、魏文帝黄初元年）。
268 年	西晋《晋律》（又称“泰始律”）颁行，张斐、杜预为之作注，经晋武帝批准后一并颁行，又称“张杜律”（晋武帝泰始四年）。
495 年	《北魏律》二十篇制定完成（北魏孝文帝太和十九年）。
564 年	《北齐律》制定完成，确立十二篇的体例结构（北齐武成帝河清三年）。
583 年	《开皇律》颁行，是为唐律之蓝本（隋文帝开皇三年）。
607 年	《大业律》颁行（隋炀帝大业三年）。
624 年	《武德律》颁行（唐高祖武德七年）。
631 年	唐太宗因怒令斩大理丞张蕴古（“张蕴古案”），既而悔之，诏曰：“凡有死刑，虽令即决，皆须五复奏。”“张蕴古案”为唐代死刑五复奏制度建立之契机（唐太宗贞观五年）。
637 年	《贞观律》颁行（唐太宗贞观十一年）。
651 年	《永徽律》颁行（十二篇）（唐高宗永徽二年）。
653 年	《永徽律疏》（元代以后称《唐律疏议》）颁行，为我国现存最早最完整的一部法典，中华法系的代表作（唐高宗永徽四年）。
737 年	《开元律》颁行（唐玄宗开元二十五年）。

738 年	《唐六典》颁行（唐玄宗开元二十六年）。
963 年	《宋建隆重详定刑统》（简称《宋刑统》）颁行，为我国历史上第一部刊印颁行的法典（宋太祖建隆四年）。
1181 年	《淳熙条法事类》颁行，为宋代第一部“条法事类”体例的综合法典（宋孝宗淳熙八年）。
1206 年	成吉思汗建蒙古国后，颁行《大札撒》。
1247 年	被誉为“法医学之父”的宋慈撰成世界上第一部法医学著作《洗冤集录》（南宋理宗淳祐七年）。
1291 年	《至元新格》颁行，为元朝统一后颁布的第一部法典，是诸法合体的综合性法典（元世祖至元二十八年）。
1323 年	《大元圣政国朝典章》（《元典章》）制定完成，《大元通制》颁行（元英宗至治三年）。
1346 年	《至正条格》颁行（元顺帝至正六年）。
1374 年	以唐律为蓝本的《大明律》颁行，篇目上“一准于唐”（明太祖洪武七年）。
1385 年	《御制大诰》颁行（明太祖洪武十八年）。
1389 年	修订《大明律》，名例律下以吏、户、礼、兵、刑、工六部分类（明太祖洪武二十二年）。
1397 年	《大明律》颁行（明太祖洪武三十年）。
1500 年	《问刑条例》颁行（明孝宗弘治十三年），明武宗正德年间（1506—1521 年），明世宗嘉靖二十八年（1549 年）、三十四年（1555 年），明神宗万历十三年（1585 年）续修。
1502 年	《大明会典》制定完成，但未颁行（明孝宗弘治十五年），明武宗、明世宗、明神宗三朝相继续纂重修，分别为《正德会典》（1509 年）、《嘉靖会典》（1549 年）、《万历会典》（1587 年）。
1644 年	摄政王多尔衮下令：“自后问刑，准依明律。”（清顺治元年）。
1647 年	《大清律集解附例》颁行，为清朝第一部综合性法典（清顺治四年）。
1690 年	《康熙会典》制定完成，为清朝颁行的第一部具有行政法性质的法典（清康熙二十九年），其后，雍正、乾隆、嘉庆和光绪朝四次修订，分别为《雍正会典》《乾隆会典》《嘉庆会典》《光绪会典》，后人统称为《大清会典》或“五朝会典”。
1727 年	《大清律集解》颁行（清雍正五年）。
1740 年	《大清律例》“刊布中外，永远遵行”（清乾隆五年）。
1853 年	太平天国颁布《天朝田亩制度》（清咸丰三年）。
1859 年	太平天国刊行洪仁玕的《资政新篇》（清咸丰九年）。
1898 年	6 月 11 日，光绪皇帝颁诏“明定国是”，宣布变法，至 9 月 21 日慈禧太后发动政变止，史称“戊戌变法”（“百日维新”）（清光绪二十四年）。
1901 年	1 月 29 日，清廷发布“变法”上谕（清光绪二十六年）
1902 年	设立修订法律馆（清光绪二十八年）。
1903 年	《钦定大清商律》（包括《商人通例》与《公司律》）颁布实施（清光绪二十九年）。
1905 年	7 月 16 日，清廷发布“考察政治上谕”，决定派五大臣出洋考察宪政（清光绪三十一年）。 8 月 20 日，中国同盟会在日本东京正式成立，提出“驱除鞑虏，恢复中华，创立民国，平均地权”的主张。 12 月至 1906 年 4 月，五大臣分两路考察各国政治。

1906 年	9 月 1 日，清政府发布“宣布预备立宪”上谕，推行“官制改革”（清光绪三十二年）。 11 月 6 日，清廷下诏厘定官制，以为立宪之预备。
1907 年	8 月，日本法学家冈田朝太郎协助起草的《大清刑律草案》编纂完成，后由法部增《附则》五条（《暂行章程》）（清光绪三十三年）。 8 月 13 日，改“考察政治馆”为“宪政编查馆”。 9 月 20 日，清廷谕令设立资政院，同月，命各省筹设谘议局。
1908 年	7 月 22 日，清廷颁布《各省谘议局章程》及《谘议局议员选举章程》，限定各省谘议局一年内办齐（清光绪三十四年）。 8 月 27 日，清廷明定召开国会年限，并颁布中国历史上第一部宪法性文件——《钦定宪法大纲》。 12 月 3 日，溥仪登基，改元宣统，重申于宣统八年颁布宪法，召开议会。
1909 年	8 月 23 日，清廷颁行《资政院院章》（清宣统元年）。 10 月 14 日，各省谘议局开幕。 10 月 26 日，资政院奏准《资政院议员选举章程》。 12 月 28 日，颁行《各级审判厅试办章程》。 同年，编纂完成《大清现行刑律》。
1910 年	10 月，资政院在北京正式开会，谘议局代表举行第三次请愿（清宣统二年）。 12 月，新《刑事诉讼律草案》与《民事诉讼律草案》分别完成。
1911 年	5 月 8 日，清廷裁撤原内阁、军机处、会议政务处，设立内阁，颁布《内阁官制》，任命奕劻为总理大臣（清宣统三年）。 8 月，分别由修订法律馆和礼学馆起草的《民律草案》总则、债权、物权、亲属、继承五编完成。 10 月 10 日，武昌起义爆发，成立中华民国军政府，并制定颁布《中华民国军政府条例》《中华民国鄂州约法》等纲领性文件。 11 月 3 日，清廷颁布《宪法重大信条十九条》（简称《十九信条》）。 12 月，各省都督府代表联合会议决议宣布《中华民国临时政府组织大纲》，采行总统制。
1912 年	1 月 1 日，孙中山宣誓就任临时大总统。 3 月 11 日，参议院决议通过《中华民国临时约法》，采行责任内阁制，以期日后限制袁世凯。北京政府发布《临时大总统宣告暂行援用前清法律及〈暂行新刑律〉令》。 3 月 23 日，“姚荣泽案”开庭审判，为中华民国历史上第一次按照西方法律程序公开审理的案件，被称为“民国第一案”“司法独立第一案”。 4 月 30 日，修订《中华民国暂行新刑律》。
1913 年	4 月 8 日，中华民国第一届国会开幕。 7 月 12 日，国会宪法起草委员会正式成立，起草宪法。 10 月 31 日，宪法起草委员会三读通过《中华民国宪法草案》（又称“天坛宪草”），袁世凯旋即解散国民党，解散国会，宪法草案被搁置。
1914 年	5 月 1 日，袁世凯公布《中华民国约法》（又称“袁记约法”），同时废止《临时约法》，改行总统制。 12 月 29 日，袁世凯公布《修正大总统选举法》，实际确认大总统终身制和世袭制。
1915 年	8 月 14 日，杨度、孙毓筠、严复、刘师培等六人组织“筹安会”，鼓吹帝制。

1916 年	6 月 29 日，黎元洪继任大总统后申令恢复民国元年约法，继续召集国会，裁撤拥立帝制的参政院。
1917 年	7 月 19 日，孙中山发起“护法运动”。 9 月 29 日，段祺瑞宣布成立临时参议院，为过渡性立法机关。
1919 年	5 月 28 日，孙中山发表护法宣言，主张恢复民国法统。 8 月 12 日，段祺瑞执政期间完成《中华民国宪法草案》，但未及交“安福国会”讨论。 同年，修订法律馆修订完成《刑法》，为《刑法第二次修正案》，更多地吸收了近代西方国家的刑法理念和原则。
1920 年	11 月 2 日，湖南省宣布自治，开始制定省宪。
1921 年	5 月 5 日，孙中山在广东就任非常大总统，再度“护法”，历时年余，以失败告终。
1922 年	1 月 1 日，湖南省宪法公布实施。
1923 年	10 月 10 日，曹锟就任大总统，同时举行宪法公布典礼，正式颁布《中华民国宪法》（又称“曹锟宪法”“贿选宪法”）。
1928 年	3 月 10 日，南京国民政府颁布《中华民国刑法》（又称“二八刑法”）。 7 月 28 日，南京国民政府颁布《中华民国刑事诉讼法》。 8 月 8 日，国民党第二届五中全会通过《中国国民党训政纲领》，宣布军政时期结束。 10 月，改组南京国民政府为五院制政体。 12 月，中国共产党最早的土地法——《井冈山土地法》颁布。
1929 年	4 月 20 日，南京国民政府立法院通过《民法·总则编》，其他各编亦陆续制定通过。
1931 年	5 月 12 日，在南京召开的国民会议三读通过《训政时期约法》（民国二十年）。 11 月 7 日，中国共产党第一次全国工农兵代表大会通过《中华苏维埃共和国宪法大纲》《中华苏维埃共和国土地法》《中华苏维埃共和国劳动法》等法律。
1933 年	10 月 15 日，中华苏维埃中央执行委员会通过并发布《关于重新颁布劳动法的决议》，新《中华苏维埃共和国劳动法》生效实施。
1934 年	1 月 22 日，中国共产党在瑞金召开的第二次全国工农兵代表大会通过修改后的《中华苏维埃共和国宪法大纲》。 4 月，在《中华苏维埃共和国婚姻条例》基础上修订颁布《中华苏维埃共和国婚姻法》；中央执行委员会公布《中华苏维埃共和国司法程序》。 10 月，南京国民政府立法院召开全体会议，审议通过了国民政府起草完成的《中华民国宪法草案》。
1935 年	1 月 1 日，南京国民政府公布第二部《中华民国刑法》（又称“三五刑法”）和第二部《刑事诉讼法》。 12 月 25 日，中国共产党在陕北召开中央政治局会议，提出建立抗日民族统一战线的方针，并宣布将“工农民主共和国”改为“人民共和国”。
1936 年	5 月 5 日，南京国民政府公布《中华民国宪法草案》（又称“五五宪草”）。
1937 年	10 月，雷经天任陕甘宁边区高等法院代院长，并主持审判轰动一时的“黄克功枪杀刘茜案”。
1939 年	陕甘宁边区制定《陕甘宁边区抗战时期惩治汉奸条例》，规定汉奸罪的十八种行为。
1941 年	11 月，陕甘宁边区第二届参议会通过了带有根本法性质的《陕甘宁边区施政纲领》。

1944 年	3 月 13 日，《解放日报》发表题为《马锡五同志的审判方式》的评论，“马锡五审判方式”成为一种新的人民民主审判方式。
1946 年	1 月 31 日，由国民党、共产党及各民主党派参加的政治协商会议（“旧政协”）通过《关于宪草问题的协议》。 3 月，国民党六届二中全会推翻“旧政协”通过的《关于宪草问题的协议》。 4 月 23 日，延安召开第三届边区参议会第一次大会，通过《陕甘宁边区政府宪法原则》。 12 月 25 日，国民党主导的制宪国民大会通过《中华民国宪法》。
1947 年	1 月 1 日，国民政府公布《中华民国宪法》。 9 月，中国共产党在西柏坡举行全国土地会议，通过《中国土地法大纲》，并于 10 月 10 日公布。
1949 年	2 月 22 日，《中共中央关于废除国民党的六法全书与确定解放区的司法原则的指示》发布，华北人民政府也相继发布《废除国民党的六法全书及一切反动法律》的训令。 9 月 21 日，中国人民政治协商会议第一届全体会议在北平正式开幕，会议一致通过《中国人民政治协商会议共同纲领》《中华人民共和国中央人民政府组织法》《中国人民政治协商会议组织法》。 10 月 1 日，中华人民共和国宣告成立。
1950 年	4 月 13 日，中央人民政府委员会第七次会议讨论通过《中华人民共和国婚姻法》，为新中国制定的第一部法律。 6 月 28 日，通过《中华人民共和国土地改革法》，为我国社会主义过渡时期实现农村土地变迁的指导性法律文件。
1951 年	2 月，中央人民政府颁布《中华人民共和国惩治反革命条例》。 9 月 3 日，中央人民政府委员会第十二次会议通过《中华人民共和国人民法院暂行组织条例》《中央人民政府最高人民检察署暂行组织条例》《各级地方人民检察署组织通则》等。 12 月 1 日，中共中央作出《关于实行精兵简政、增产节约、反对贪污、反对浪费和反对官僚主义的决定》，开展“三反”运动。
1952 年	1 月 26 日，中共中央发出《关于在城市中限期展开大规模的坚决彻底的“五反”斗争的指示》，开展“反行贿、反偷税漏税、反盗骗国家财产、反偷工减料、反盗窃国家经济情报”的“五反”运动。 2 月 10 日，河北省人民政府举行“公审大贪污犯刘青山、张子善大会”，随后河北省人民法院报请最高人民法院批准，判处刘青山、张子善死刑，“刘青山、张子善案”被称为“新中国反腐第一大案”。
1953 年	2 月 11 日，中央人民政府委员会第二十二次会议通过《全国人民代表大会及地方各级人民代表大会选举法》。
1954 年	2 月，政务院制定颁布《人民调解委员会暂行组织条例》。 9 月 20 日，第一届全国人民代表大会第一次会议一致通过《中华人民共和国宪法》（“五四宪法”），由大会主席团当日发布公告公布施行。
1971 年	10 月 25 日，第二十六届联合国大会通过决议，恢复中国在联合国的合法席位。
1975 年	1 月 17 日，第四届全国人民代表大会第一次会议通过修改后的《中华人民共和国宪法》（“七五宪法”）。
1978 年	3 月 5 日，第五届全国人民代表大会第一次会议一致通过新的《中华人民共和国宪法》（“七八宪法”）。

1979年 7月1日，第五届全国人民代表大会第二次会议通过《宪法修正案》《全国人民代表大会和地方各级人民代表大会选举法》《地方各级人民代表大会和地方各级人民政府组织法》《人民法院组织法》《人民检察院组织法》《刑法》《刑事诉讼法》《中外合资经营企业法》等基本法律。

8月1日，我国正式加入《维也纳领事关系公约》。

1980年 9月10日，第五届全国人民代表大会第三次会议通过《中华人民共和国婚姻法》。

11月20日，最高人民法院特别法庭公开审理"林彪、江青反革命集团案"。

1982年 12月4日，第五届全国人民代表大会第五次会议通过了新的《中华人民共和国宪法》，即现行宪法（"八二宪法"）。

1983年 8月25日，中共中央作出《关于严厉打击刑事犯罪活动的决定》，并进行第一次"依法从重从快严厉打击刑事犯罪活动"的"严打"活动。

1984年 12月19日，《中华人民共和国政府和大不列颠及北爱尔兰联合王国政府关于香港问题的联合声明》（简称《中英联合声明》）签署，中华人民共和国政府决定于1997年7月1日对香港恢复行使主权。

1986年 4月12日，第六届全国人民代表大会第四次会议通过《中华人民共和国民法通则》《中华人民共和国义务教育法》《中华人民共和国外资企业法》等法律。

1987年 4月13日，《中华人民共和国政府和葡萄牙共和国政府关于澳门问题的联合声明》（《中葡联合声明》）签署。中华人民共和国政府决定于1999年12月20日对澳门恢复行使主权。

4月22日，我国正式加入《承认及执行外国仲裁裁决公约》。

1988年 1月1日，我国正式加入《联合国国际货物销售合同公约》。

4月3日，第七届全国人民代表大会第一次会议通过《中华人民共和国全民所有制工业企业法》。

4月12日，第七届全国人民代表大会第一次会议通过《宪法修正案》，并由国家主席公布施行。

4月28日，我国政府签署《多边投资担保机构公约》。

1989年 4月4日，第七届全国人民代表大会第二次会议通过《中华人民共和国行政诉讼法》，建立起"民告官"的法律制度。

1990年 4月4日，第七届全国人民代表大会第三次会议通过《中华人民共和国香港特别行政区基本法》。

1991年 4月9日，第七届全国人民代表大会第四次会议通过《中华人民共和国民事诉讼法》。

1992年 1月1日，我国正式加入《关于向国外送达民事或商事司法文书和司法外文书公约》。

1993年 3月29日，第八届全国人民代表大会第一次会议通过《宪法修正案》，并由国家主席公布施行。

3月31日，第八届全国人民代表大会第一次会议通过《中华人民共和国澳门特别行政区基本法》。

1995年 3月18日，第八届全国人民代表大会第三次会议通过《中华人民共和国中国人民银行法》。

1996年 3月17日，第八届全国人民代表大会第四次会议通过《中华人民共和国行政处罚法》以及修正后的《中华人民共和国刑事诉讼法》。

5月1日，我国加入《联合国海洋法公约》。

1997 年	3 月 14 日，第八届全国人民代表大会第五次会议通过修改后的《中华人民共和国刑法》，历时十余年的刑法修订工作宣告结束。 7 月 1 日，《中华人民共和国香港特别行政区基本法》正式实施。 9 月，中国共产党第十五次全国代表大会强调，依法治国，建设社会主义法治国家，是党领导人民治理国家的基本方略。
1999 年	3 月 15 日，第九届全国人民代表大会第二次会议通过《宪法修正案》，将“依法治国”写入宪法。 12 月 20 日，《中华人民共和国澳门特别行政区基本法》正式实施。
2001 年	12 月 11 日，我国正式成为世界贸易组织（WTO）成员。
2002 年	11 月 8 日，中国共产党第十六次全国代表大会报告提出“到 2010 年形成中国特色社会主义法律体系”。
2004 年	3 月 14 日，第十届全国人民代表大会第二次会议通过宪法修正案，将“国家尊重和保障人权”写入宪法，凸显了我国宪法的价值取向和社会主义法治建设的目标。
2006 年	10 月 30 日，第十届全国人民代表大会常务委员会第二十四次会议通过《中华人民共和国农民专业合作社法》及《关于修改〈中华人民共和国法院组织法〉的决定》，由最高人民法院统一行使死刑案件核准权。
2007 年	1 月 17 日，国务院颁布《中华人民共和国政府信息公开条例》。 3 月 16 日，第十届全国人民代表大会第五次会议通过了历经八次审议的《中华人民共和国物权法》以及《中华人民共和国企业所得税法》等法律。 10 月 15 日，中国共产党第十七次全国代表大会报告提出：“中国特色社会主义法律体系基本形成。”
2011 年	3 月 10 日，全国人民代表大会常务委员会委员长吴邦国在十一届全国人民代表大会第四次会议上作全国人大常委会工作报告时庄严宣布：“一个立足中国国情和实际、适应改革开放和社会主义现代化建设需要、集中体现党和人民意志的，以宪法为统帅，以宪法相关法、民法商法等多个法律部门的法律为主干，由法律、行政法规、地方性法规等多个层次的法律规范构成的中国特色社会主义法律体系已经形成。”
2012 年	3 月 14 日，十一届全国人民代表大会第五次会议表决通过关于修改刑事诉讼法的决定，修改后的刑事诉讼法将“尊重和保障人权”写入总则。 11 月 8 日，中国共产党第十八次全国代表大会报告指出“中国特色社会主义法律体系形成，社会主义法治国家建设成绩显著”，提出全面推进依法治国，明确法治是治国理政基本方式。 12 月 4 日，首都各界纪念现行宪法公布施行 30 周年大会举行。
2014 年	10 月 20 日，党的十八届四中全会举行。全会审议通过《中共中央关于全面推进依法治国若干重大问题的决定》，明确提出“编纂民法典”。
2016 年	2 月 26 日，十二届全国人大常委会首次举行宪法宣誓仪式。
2020 年	5 月 28 日，十三届全国人大三次会议表决通过《中华人民共和国民法典》，宣告中国迈入“民法典时代”。这是新中国历史上首个以“法典”命名的法律。 11 月 16 日—17 日，中国共产党的历史上首次召开的中央全面依法治国工作会议，将“习近平法治思想”明确为全面依法治国的指导思想。
2021 年	11 月，在中央全面依法治国工作会议召开一周年之际，《习近平法治思想学习纲要》出版发行。

2022 年	4 月，中央依法治国办组织编写的《中国共产党百年法治大事记》出版发行。 10 月，中国共产党第二十次全国代表大会报告第七部分聚焦“坚持全面依法治国，推进法治中国建设”主题进行论述。
2023 年	2 月，中共中央办公厅、国务院办公厅印发《关于加强新时代法学教育和法学理论研究的意见》。
2024 年	1 月 13 日—14 日，中央政法工作会议在北京召开。

后　记

中国法律史是中国社会科学院大学法学院研究生必修的重要基础性课程，也是法学教育的核心课程。

本教材以历史朝代更替和时间发展为线索，描述中国法律发展的基本脉络和基本规律，其中着重介绍历史上不同时期的法律思想、法律体系、民事法律、刑事法律、司法制度及历史上的重要法制变革，引导学生在纵向比较的基础上加深思考，融会贯通地理解法学理论，完善法学基础知识和学科体系。本教材主要面向研究生使用，在总结以往教材编写经验的基础上，广泛吸收中国法律史学科的研究成果，在保证学科体系先进性、适应性的前提下，强调以学生为中心，突出体现中国社会科学院大学研究生培养的教学特点。本教材每章均设计了内容提要、重要名词术语、思考题、典型案例等栏目，以适应研究生教学需要。

本教材由中国社会科学院法学研究所张生研究员任主编，各章节撰稿人及撰写分工如下（以撰写章节先后为序）：中国社会科学院法学研究所张生研究员撰写导论、第七章、第八章、第十三章、第十四章、第十六章，中国社会科学院法学研究所黄海助理研究员撰写第一章、第二章、第三章，中国社会科学院法学研究所高汉成研究员撰写第四章、第五章、第十二章，中国社会科学院大学法学院苗鸣宇副教授撰写第六章、第十五章，中国社会科学院法学研究所王帅一副研究员撰写第九章、第十章、第十一章。

由于笔者水平所限，本教材难免存在不足之处，敬请读者赐教，以俾进一步修改完善。

编者

2024 年 7 月